Going to the Joseon Tongsinsa

A Beautiful 200-year-old Diplomatic Story built with Negotiations not by Wars

by Seo In-Beom

Published by Hangilsa Publishing Co., Ltd., Korea, 2018

통신사의 길을 가다

전쟁이 아닌 협상으로 일군 아름다운 200년의 외교 이야기

서인범 지음

한길사

통신사의 길을 가다

전쟁이 아닌 협상으로 일군 아름다운 200년의 외교 이야기

지은이 서인범
펴낸이 김언호
펴낸곳 (주)도서출판 한길사

등록 1976년 12월 24일 제74호
주소 413-120 경기도 파주시 광인사길 37
홈페이지 www.hangilsa.co.kr
전자우편 hangilsa@hangilsa.co.kr
전화 031-955-2000~3 **팩스** 031-955-2005

부사장 박관순 **총괄이사** 김서영 **관리이사** 곽명호
영업이사 이경호 **경영이사** 김관영
편집 김광연 백은숙 노유연 김지연 김대일 김지수 김명선
관리 이주환 문주상 이희문 김선희 원선아 **마케팅** 서승아
디자인 창포 031-955-9933

인쇄 및 제본 예림인쇄

제1판 제1쇄 2018년 11월 30일

값 28,000원
ISBN 978-89-356-6551-8 03910

- 잘못 만들어진 책은 구입하신 서점에서 바꿔드립니다.
- 이 도서의 국립중앙도서관 출판시도서목록(CIP)은
  e-CIP홈페이지(http://www.nl.go.kr/ecip)에서 이용하실 수 있습니다.
  (CIP제어번호: CIP2018042074)
- 이 도서는 한국출판문화산업진흥원 2018년 우수출판콘텐츠 제작 지원 사업 선정작입니다.

"통신사는 '믿음을 통하는 사신'이다.
200여 년간 일본에 총 12번 파견된 통신사는
그 자체로 양국 간 대화와 교류를 상징한다.
왕명을 완수하고 평화를 정착시키기 위해 노력한
통신사의 길은 여전히 남아
조선시대 대일외교의 역동적인 모습을 보여준다."

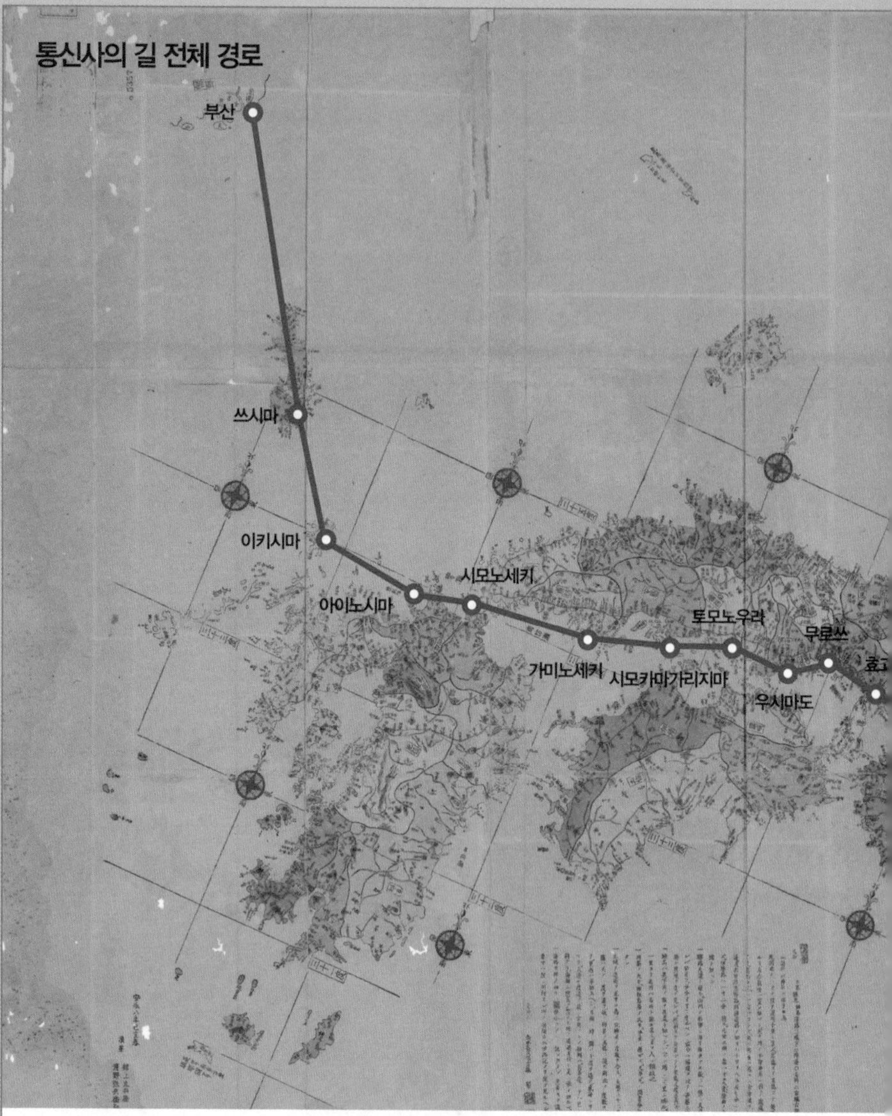

나카부쿄 세크스이長久保赤水, 1717~1801가 그린
「일본여지노정전도」日本輿地路程全図의 1791년 개정판이다.
당시 일본의 행정구역과 도로, 주요 산천이 굉장히 자세하게 그려져 있다.

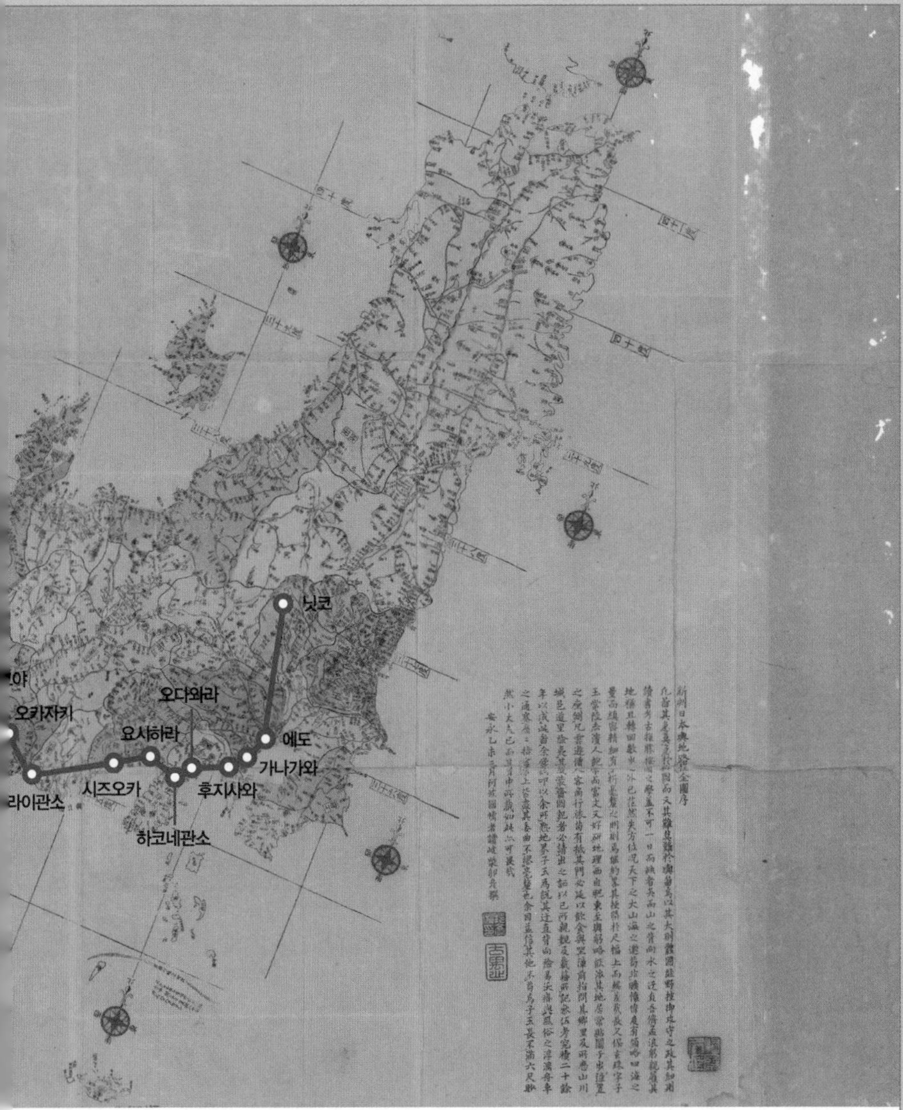

통신사의 길

부산→쓰시마対馬島→이키시마壱岐島→아이노시마藍島→시모노세키下関→가미노세키上関→시모카마가리지마下蒲刈島→토모노우리鞆の浦→우시마도牛窓→무로쓰室津→효고兵庫→오사카大阪→교토京都→오미하치만近江八幡→히코네彦根→오가키大垣→나고야名古屋→오카자키岡崎→아라이新居관소→시즈오카静岡→요시하라吉原→하코네箱根관소→오다와라小田原→후지사와藤沢→가나가와神奈川→에도江戸→닛코日光

답사길 전체 경로

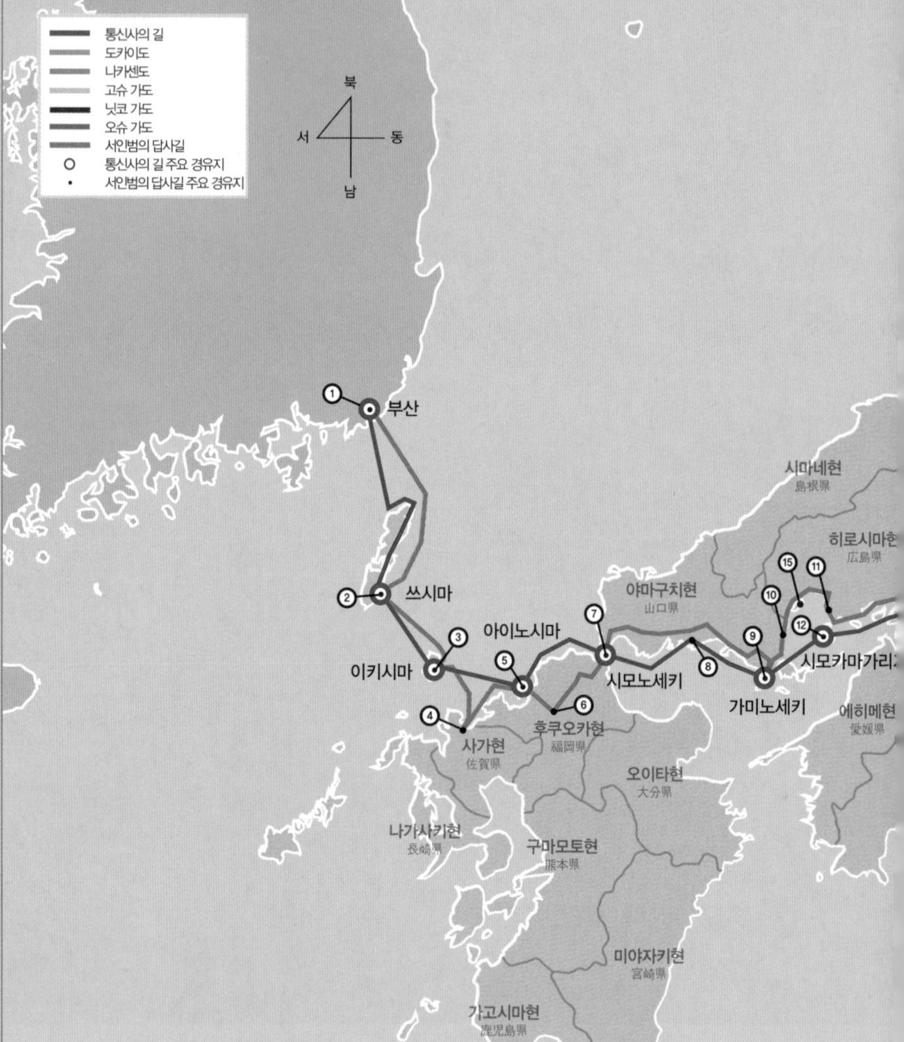

실측 지도에 그린 답사길의 주요 경유지다. 답사에서 통신사가 지난 주요 경유지 여러 곳을 둘러볼 수 있었다. 통신사는 바다와 내해, 즉 세토나이카이瀬戸内海를 지나 오사카에 도착할 때까지는 배를 탔고 이후에는 육로를 이용했다.
이때 일본의 5대 가도街道 중 나카센도中山道와 도카이도東海道를 걸었다.
실측 지도에는 이 두 가도 외에도 고슈甲州 가도, 오슈奥州 가도, 닛코 가도를 모두 표시했다.
본문의 제1부에서는 1~6, 제2부에서는 7~21, 제3부에서는 22~30, 58, 제4부에서는 31~48, 제5부에서는 49~57을 다룬다.
각 부의 세부 경로는 40쪽, 154쪽, 270쪽, 408쪽, 572쪽에 나와 있다.

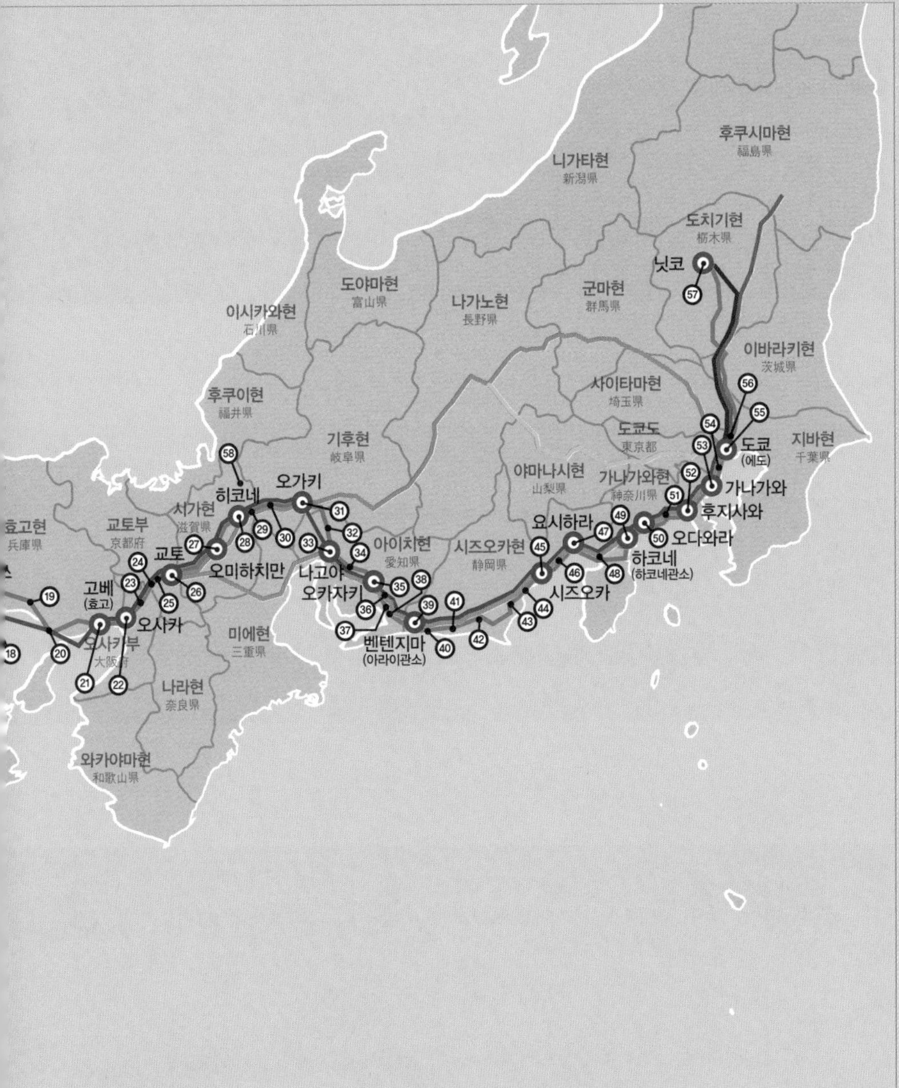

서인범의 답사길

1 **부산** → 2 **쓰시마** → 3 이키시마 → 4 가라쓰唐津 → 5 **아이노시마** → 6 하카타博多 → 7 **시모노세키** →
8 무카이시마向島 → 9 **가미노세키** → 10 이와쿠니岩国 → 11 구레呉 → 12 **시모카마가리지마** → 13 후쿠야마福山 →
14 **토모노우라** → 15 이쓰쿠시마厳島 → 16 오카야마岡山 → 17 **우시마도** → 18 **무로쓰** → 19 히메지姬路 →
20 아카시明石 → 21 **고베**神戸, 효고 → 22 **오사카** → 23 히라카타枚方 → 24 요도淀 →
25 후시미모모야마伏見桃山 → 26 **교토** → 27 **오미하치만** → 28 **히코네** → 29 도리이모토鳥居本 →
30 세키가하라関ヶ原 → 31 **오가키** → 32 오와리이치노미야尾張一宮 → 33 **나고야** → 34 나루미鳴海 →
35 **오카자키** → 36 후지카와藤川 → 37 메이덴아카사카名電赤坂 → 38 도요하시豊橋 →
39 **벤텐지마**弁天島, 아라이관소 → 40 하마마쓰浜松 → 41 이와타磐田 → 42 가케가와掛川 →
43 가나야金谷 → 44 후지에다藤枝 → 45 **시즈오카** → 46 오키쓰興津 → 47 **요시하라** → 48 미시마三島 →
49 **하코네**하코네관소 → 50 **오다와라** → 51 오이소大磯 → 52 **후지사와** → 53 **가나가와** → 54 시나가와品川 →
55 **도쿄**東京, 에도 → 56 아사쿠사浅草 → 57 **닛코** → 58 다카쓰키高月

· 경유지 명칭은 열차역 이름을 기준으로 한다.

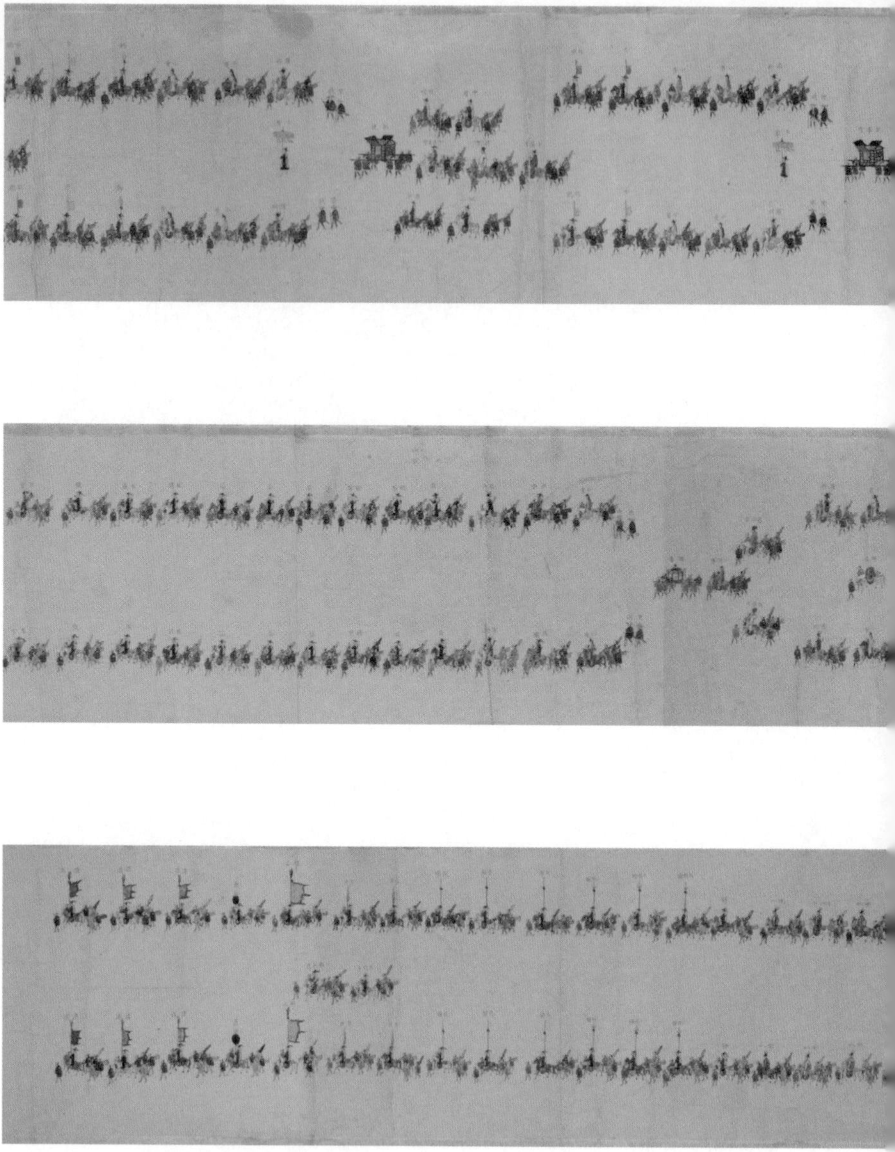

「조선국통신사행렬도」(朝鮮國通信使行列圖). 국립중앙박물관이 소장한 것으로 1636년 파견된 통신사를 그렸다. 에도에 들어가는 모습으로, 펼치면 6미터에 달한다. 유네스코 세계기록유산에 등재되었다.

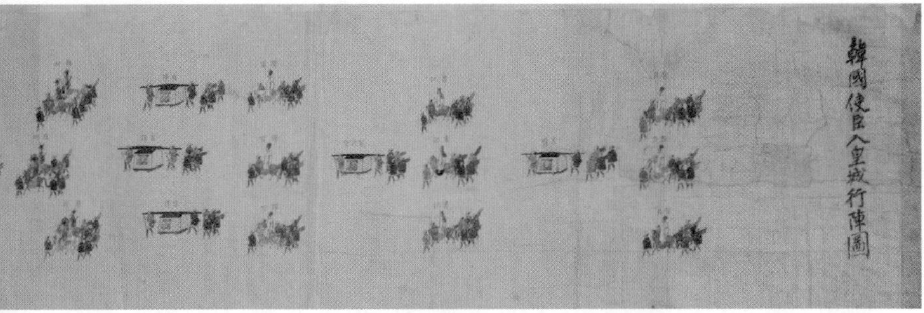
韓國使臣入皇城行陣圖

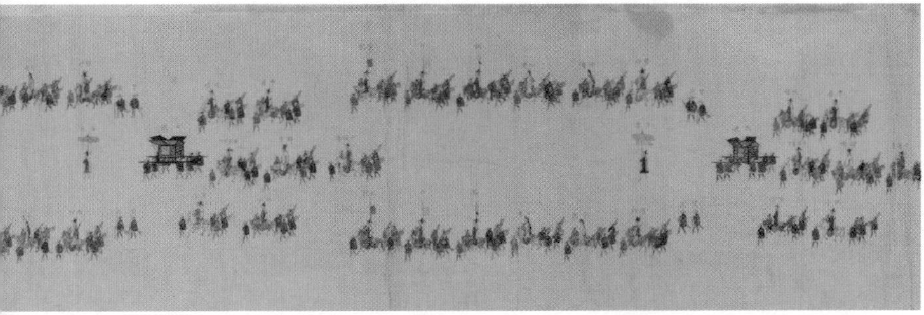

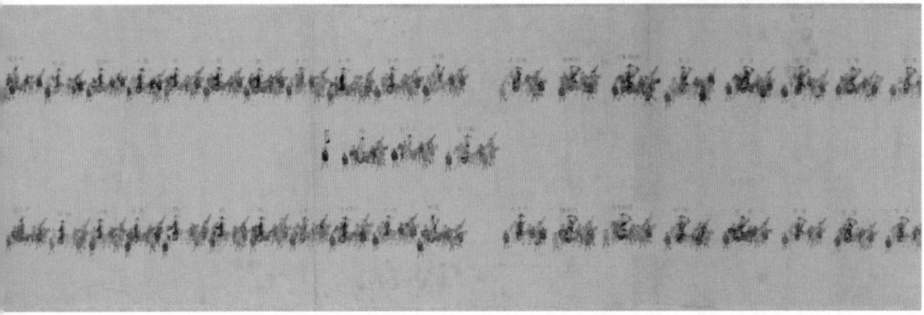

「**원부번참근교대행렬도**」(園部藩参勤交代行列図). 산킨코타이 행렬을 잘 묘사한 그림이다. 에도시대에 다이묘들은 1년 걸러 에도를 방문해야 했고 그들의 처자는 에도에 머물러야 했다. 다이묘가 행차하니 행렬의 규모가 매우 컸고 이 때문에 숙박업이 발달할 수 있었다. 통신사도 다이묘들이 산킨코타이 때 이용한 길을 주로 걸었다.

町奉行附同心町内先拂ニ
勤ム

挾箱

통신사의 길을 가다

통신사의 길 전체 경로 · 6

답사길 전체 경로 · 8

동조궁의 잠자는 고양이 | 머리말 · 19

통신사는 누구인가 · 28

제1부 떨리는 마음으로 닻을 올리다

부산[1] → 하카타[6] 구간 세부 경로 · 40

1 부산에서 만난 통신사 · 42

2 왜관의 자취는 사라지고 · 50

3 해신제를 지내며 출항의 안전을 기원하다 · 63

4 닻을 올리고 돛을 펼치다 · 69

5 물마루를 넘어 쓰시마로 · 79

6 조선과의 관계를 생명처럼 여긴 쓰시마번 · 83

7 조선인의 심성을 간파한 호슈 · 107

8 조선과 쓰시마번, 좁혀지지 않는 거리 · 116

9 원나라군의 흔적이 남은 이키시마 · 121

10 조선 침략의 전초기지 나고야성 · 131

11 고양이의 천국 아이노시마 · 143

제2부 외해를 건너니 내해가 펼쳐지다

시모노세키[7] → 고베[21] 구간 세부 경로 · 154

12 시모노세키의 격류를 거스르다 · 156

13 천혜의 양항 가미노세키 · 171

14 통신사 기록의 보고 조코관 · 186
15 시모카마가리지마의 진수성찬 · 191
16 일본 제일의 경승지 토모노우라 · 206
17 사람과 신이 공존하는 이쓰쿠시마 · 216
18 일본의 에게해 우시마도 · 224
19 산킨코타이의 거점 무로쓰 · 239
20 일본의 국보 히메지성 · 250
21 통신사의 객관을 찾아 고베를 누비다 · 261

제3부 드디어 일본 땅을 밟다

오사카[22] → 세키가하라[30], 다카쓰키[58] 구간 세부 경로 · 270

22 바다와 육지를 연결한 오사카 · 272
23 활력 넘치는 관광명소 도톤보리 · 285
24 마지막 물길 50리 · 296
25 수로 항해의 종착지 요도천 · 303
26 백성의 피와 땀이 서린 후시미성 · 314
27 천년 고도 교토의 사찰을 둘러보다 · 322
28 니조성에서 조선 호랑이를 만나다 · 343
29 조선인의 한이 서린 이총 · 352
30 선의후리를 고집한 오미하치만의 상인들 · 364
31 가문을 지켜낸 천하의 여걸 나오토라 · 374
32 호슈의 고향 다카쓰키정 · 389
33 역사를 바꾼 세키가하라전투 · 396

제4부 내처 걷는 발걸음에 관동을 가로지르다

오가키[31] → 미시마[48] 구간 세부 경로 · 408

34 배 300척을 연결한 기소천의 부교 · 410

35 성 중의 성 나고야성 · 429

36 오카자키성에서 이에야스를 만나다 · 442

37 후지카와숙에서 요시다숙까지 · 454

38 금절하에서 보여준 조선 관원의 기개 · 462

39 후지산은 일본에서 두 번째로 높다 · 477

40 건너려야 건널 수 없는 오이천 · 491

• 「도카이도53차」로 보는 에도시대의 풍경 · 503

41 슨푸의 오고쇼는 건재하다 · 530

42 통신사를 감동케 한 절경 중의 절경 청견사 · 539

43 쓰나미가 요시하라숙을 밀어내다 · 552

44 통신사 대접에 최선을 다한 미시마숙 · 562

제5부 에도에 들어가 장군을 알현하다

하코네[49] → 닛코[57] 구간 세부 경로 · 572

45 에도 방어의 최전선 하코네관소 · 574

46 난공불락의 오다와라성이 함락되다 · 595

47 오이소의 고려인 마을 · 604

48 요코하마의 밤을 밝히는 랜드마크타워 · 613

49 시나가와에서 관복으로 갈아입다 · 625

50 풍악을 울리며 입성한 에도성 · 640

51 장군을 알현하다 · 652

52 금빛 찬란한 닛코의 동조궁 · 660
53 장군이 사랑한 마상재 · 682
54 나라를 뒤흔든 야나가와 잇켄 · 692
55 장군은 일본국왕인가 대군인가 · 698

제6부 우여곡절 끝에 귀환하다

56 피로인의 슬픔을 누가 달래줄까 · 710
57 오사카의 원혼이 된 최천종 · 716
58 수행원의 다툼과 죽음 · 728
59 임금 앞에 복명하다 · 740

역사 해석의 간극 | 맺는말 · 745

통신사의 길에서 만난 한·중·일 118인 · 757
역사용어·역사지명 풀이 113선 · 779
표로 정리한 통신사 파견 · 798
통신사 관련 유네스코 세계기록유산 등재 목록 · 800

일러두기

1 일본의 지명은 외래어표기법에 따른 일본어 음으로 표기하되 행정단위를 나타내는 부府, 현縣, 시市, 정町, 촌村 등은 한자 음으로 표기했다.
예) 자하현滋賀県 → 시가현, 풍옥정豊玉町 → 도요타마정

2 쓰시마는 1587년 도요토미 히데요시에게 복속되고 1600년의 세키가하라전투 이후 도쿠가와 이에야스에게 신속臣屬했다. 이 과정에서 쓰시마도주는 쓰시마번주가 된다. 이때 소 요시토시는 제20대 쓰시마도주이자 제1대 쓰시마번주가 되는데, 이 책에서는 그를 제1대 쓰시마번주로 통일한다. 또한 지리적 섬으로 쓰시마를 지칭할 때가 아니면 쓰시마번으로 쓴다.

3 단위는 현대에 쓰는 단위로 환산하되, 정확치 않거나 사료의 기록대로 밝혀야 할 경우 당시의 단위를 썼다. 이때 현대의 단위로 환산한 값을 병기했다. 거리단위 리里는 나라별, 시대별, 지역별로 편차가 커서 편의상 대략 400미터로 환산했다. 1마장馬場은 대략 60미터, 1보步는 대략 1.45미터, 1간間, 칸은 대략 1.8미터, 1장丈은 대략 1.6미터, 1척尺은 대략 3미터다.

4 통신사의 길을 답사하던 2017년 4, 5월 당시의 100엔은 한화로 1,050원이었다.

5 본문 장제목 오른쪽 위에 표시된 숫자는 답사길 주요 경유지의 번호다.

6 문헌사료를 확보하지 못한 극히 일부분에 한해 구글, 위키피디아를 참조했다.

동조궁의 잠자는 고양이

• 머리말

조선과 일본, 평화의 길을 놓다

연구년을 어느 대학에서 보낼까 망설이고 있을 때 도쿄에 있는 도요대학東洋大學의 다케무라 마키오竹村牧男 총장이 내가 몸담고 있는 동국대학교를 방문했다. 대학의 세계화를 위해 한국의 대학생들을 모집하러 홍보차 내한한 것인데, 첫 만남에서 총장다운 위엄보다 세일즈맨 같은 편안함을 주었다. 웃음기 가득한 환한 얼굴로 대학의 상징이 새겨진 볼펜을 건네며 기숙사도 제공하겠다고 귀띔해주었다. 일본으로 돌아간 그는 일본고대사를 전공한 사학과의 모리 기미아키森公章 교수가 신원보증인 역할을 수락했다는 소식을 메일로 알려왔다.

비자 취득 후 2월 말 홀로 비행기에 올라 도쿄 분쿄구文京区 센다기千駄木에 위치한 국제회관에 짐을 풀었다. 일주일 뒤 국문과 김상일 교수도 도착했다. 그는 연행길을 같이 걸었던 동료로서 이번에도 함께하게 되었는데, 통신사通信使가 남긴 시詩에 관심이 많았다.

일본은 한국보다 한 달 늦은 4월 1일부터 신학기가 시작되기 때문에 도요대학 하쿠산白山 캠퍼스는 한산했다. 학교 측에서 배정해준 연구실을 찾아갔다. 나쁘지 않았지만, 창문을 열 수가 없어 답답했다. 캠퍼스가 주택단지에 붙어 있다 보니 소음이 새어나가지 않도록 그리 조치한 것이다. 결국 기숙사에서 집필작업에 매진했다. 거실에 폭 넓은 책상이 놓여 있어 작업하기에 안성맞춤이었다. 3월 초에는 조선시대에 청주 한씨韓氏 자매가 명나라 황제의 후궁이 된 이야기를 썼다. 통신사 관련 자료의 수집과 발굴은 뒤로 미룬 상태였다. 그러던 어느 날 도쿄대학東京大學 대학원에서 박사과정을 밟고 있는 제자 임경준 군에게서 메시지를 받았다. 다음 날 아침 한 TV 프로그램에서 닛코日光 동조궁東照宮을 소개한다는 내용이었다.

임경준 군이 알려준 TV 프로그램을 보니, 남녀 아나운서가 현장에서 만난 시민과 퀴즈를 풀며 자연스럽게 닛코를 소개하고 있었다. 닛코는 제1대 장군 도쿠가와 이에야스德川家康, 1543~1616의 묘지가 있는 곳으로 들어가는 문 상단에 잠자는 고양이가 조각되어 있었다. 이른 아침인데도 벌써 관광객들이 그 앞에 모여 연신 사진을 찍었다. 남자 아나운서가 잠자는 고양이 뒤편에도 조각이 있다며 여자 아나운서를 이끌었다.

남자 아나운서 잠자는 고양이 조각의 뒤편에는 새 조각이 있습니다. 입구 앞뒤로 한쪽은 잠자는 고양이를, 그 반대쪽에는 새를 조각해놓은 것인데요, 그 이유는 무엇일까요?

여자 아나운서 글쎄요? 잘 모르겠어요.

남자 아나운서 고양이와 새는 천적이죠. 고양이가 새를 잡아먹잖아요. 하지만 이곳 닛코에서는 모든 동물이 평화롭게 지낸다는 의미로 고양이가 잠들어 있는 모습을 표현한 거라고 합니다.

남자 아나운서는 이 조각들이 새가 날고 있어도 고양이는 잡을 생각 없이 잠들어 있는 세계, 즉 평화의 세계를 상징한다고 해설했다. 잠자는 고양이 조각은 정말 푹 자고 있는 모습이었는데, 그러면서도 앞발로 땅을 단단히 디디고 있었다. 이에야스를 보호하기 위해서라면 언제든지 달려들 것 같았다.

동조궁의 주인공 이에야스. 그는 도요토미 히데요시豊臣秀吉, 1537~98가 조선을 침략해 교린交隣이 중단된 것 때문에 마음이 불편했다. 히데요시는 죽기 전에 모리 데루모토毛利輝元, 1553~1625와 이에야스 등에게 그의 유지를 받들어 후사를 책임질 것을 맹세받았다. 데루모토는 히데요시 정권의 핵심인 다섯 명의 대로大老 중의 한 명이었다. 세키가하라関ヶ原전투에서 이에야스가 승리하고 실권을 쥐자 그는 영 못마땅해했다. 그러면서 그는 이에야스에게 조선을 쳐부순 공이라도 양보해달라고 요구했다. 하지만 이에야스는 무위武威를 내세운 적이 없는 조선과 싸워 이긴 게 무슨 공적이냐며 요구를 단칼에 거절했다.

"조선은 예의의 나라로 문교文教를 숭상해 무武를 드날리거나 군대를 뽐내는 일을 하지 않았다. 이유 없이 군대를 일으켜 전쟁에 이기기는 했지만, 무武라 할 수 없는데 무슨 공이 있는가."

이에야스(왼쪽)와 히데요시. 이에야스는 히데요시가 일으킨 임란으로 교린이 중단된 것을 안타깝게 생각했다. 그는 쓰시마번주에게 조선과의 관계를 회복하라고 명했다.

이에야스는 제1대 쓰시마번주 소 요시토시宗義智, 1568~1615와 야나가와 시게노부柳川調信, ?~1605에게 조선과의 외교를 복구하라고 지시했다.

"조선과 일본이 화목한 지 오래되었다. 이유 없는 전쟁은 화목보다 못하다. 우호友好로 친교를 맺는 것이 서로에게 이익이다. 서로 최근의 원한을 잊고 영원한 이웃으로 친교를 맺자고 조선에 알려라."

이에야스는 이웃인 조선과 우호관계를 맺는 것이 도리에 맞는다고 판단했다. 조선과 일본의 평화로운 관계는 옛날부터 이어져온 것으로, 서로 친하게 지내는 게 두 나라를 위한 일이라고 인식한 것이다. 일본이 조선국왕의 분묘를 도굴한 사건에 대해 조선이 서신을 보내 '불구대천' 운운하자 매우 우려하기도 했다. 무엇보다 조선이 때를 엿보다가 명나라에 군사를 청해 거병하면 도쿠가와 정권이 공고해지는 데 어려움이 생길 거라고 예측했다. 원나라에게 침략당한 일을 귀감 삼아 조선과 화목하면 그런 사변을 사전에 탐지할 수 있을 것이라 믿었다. 나아가 명나라에도 에도막부江戸幕府의 무력이나 위세를 알림으로써 전쟁을 예방할 수 있다고 여겼다. 양국 간에 관계를 회복하면 이처럼 전쟁을 방지할 수 있고, 사신이 왕래해 외국에 장군의 위광威光도 보일 수 있으며, 국내의 인심도 다스릴 수 있다는 점에서 득책이라 판단했다. 이에야스에게는 조선과의 친교야말로 자신의 정권을 영구히 지켜낼 수 있는 방법이었던 것이었다.

이를 실현시키기 위해 이에야스는 쓰시마번주를 매개로 조선에 국교재개를 청했다. 수교를 요청받은 조선은 왜정을 탐문할 사신으로 선조 39년1605 2월 승려 유정惟政, 1544~1610, 즉 사명대사四溟大師와 무관 손문욱孫文彧을 일본에 파견했다. 당시 장군직을 아들 도쿠가와 히데타다德川秀忠, 1579~1632에게 양위하고 오고쇼大御所로 물러나 슨푸駿府, 현재의 시즈오카靜岡에 머물던 이에야스는 후시미성伏見城까지 나와 사명대사를 응대했다. 그는 조선 침략에 본인이 관여하지 않았음을 강조하며 국교회복을 갈망했다.

"나는 관동關東에 있었기 때문에 임진년의 일에 대해서 미리 알지 못했소. 지금은 히데요시의 잘못을 바로잡았소. 진실로 조선과 나와는 원한이 없소. 화친하기를 바라오."

실제로 이에야스는 임란 때 군사 1만 5,000명의 배치를 지시받고 나고야名護屋의 다이묘大名들과 연락을 취했을 뿐 바다를 건너 조선에 들어오지는 않았다.

선조는 일본을 적賊으로 지칭했다. 화친을 요청하는 것은 쓰시마번주가 꾸민 일로, 이에야스를 사칭하는 거짓말이라며 믿지 않았다. 조선은 불구대천의 원수인 일본은 물론 임란 때 선봉 역할을 맡은 쓰시마번주를 신뢰할 수 없었다. 막부가 성신誠信의 마음 없이 맹약을 맺자는 것으로 보고 주저했다.

조선은 먼저 이에야스가 조선을 침략하지 않겠다는 국서國書를 보낼 것, 성종과 성종비의 능묘인 선릉宣陵과 중종의 능묘인 정릉靖陵을 파헤친 자를 인도할 것을 요구했다. 우여곡절 끝에 쓰시마번주의 획책이 받아들여져 범인 두 명을 조선에 넘겼다. 국교회복의 길이 열렸다. 선조 40년1607 정사 여우길呂祐吉, 1567~1632을 정사로 임명해 일본 에도江戶, 즉 도쿄에 파견했다. 이후 오사카大阪 평정 같은 긴급한 현안을 논의하거나 장군들의 아들 출산, 또는 습직襲職을 축하하기 위해 순조 11년1811까지 통신사는 바다를 건넜다. 그 200여 년간 양국 간에는 평화가 지속되었다.

통신사에게 구하는 대일외교의 지혜

2015년 4월 7일 일본 정부는 외교청서를 발표했다. "한국은 가장 중요한 이웃 동료이고, 우호적인 한일관계는 아시아, 태평양지역의 평화와 안정에 불가결하다"라는 인식을 밝혔다. 다만 "한국은 민주주의, 기본적인 인권 등 가치를 공유하는 이웃"이라는 이전 외교청서의 내용이 삭제되고, 그 대신에 "독도는 일본 고유의 영토"라는 점을 명시했다.

일본의 이러한 행동과 태도는 우리나라 국민의 분노를 유발시킨다. 이 맹렬한 파도가 일본을 덮친다. 일본의 우익정치인들이 이런 반목을 증폭시킨다. 양국 간에는 계속해서 불신감과 멸시감이 재생산된다. 동반자관계를 구축하고 발전시키고자 했던 노력은 사라지고 불신과 갈등으로 점철된 시대로 역행하고 있다는 느낌마저 든다. 임란 후 통신사는 국가를 안정시키고 피로인被擄人 쇄환刷還 등의 난제를 풀며 궁극적으로 두 나라의 관계를 정상화하기 위해 의관衣冠을 정제하고 위엄을 갖추며 적이었던 국가의 심장부 에도로 들어갔다. 그들의 외교적 노력과 역할을 이 시대에 되살릴 수는 없을까.

그 전에 과연 통신사를 기억하는 한국인은 얼마나 될까. 얼마 전 뉴스를 보니 부산시가 통신사가 탔던 배를 복원해 전시했다고 한다. 하지만 우리나라에서 통신사의 실질적인 활동을 깊이 있게 연구해 세계에 발표하는 일은 매우 드물다. 일반인의 주목도 받기 힘들다. 중국과 일본 사이에서 눈물 어린 외교 활동을 펼친 선조들의 이야기는 몇백 년 전의 흐릿한 과거로 치부되고 있는 것이 실정이다. 다만 불행 중 다행으로 최근 한국과 일본은 통신사 관련 기록을 유네스코 세계기록유산으로 등재시키는 데 성공했다.

역사는 무 자르듯이 어느 시점, 어느 순간만을 따로 떼어내 해석할 수 있는 것이 아니다. 그 변화는 서서히 그리고 완만하게 진행되어왔다. 우리의 근현대사도 어느 순간에 갑자기 새롭게 펼쳐지지

조일외교의 최전선에서 활약한 호슈. 그의 말처럼 상대의 정서와 정세를 아는 것이 외교의 첫걸음이다. 그렇다면 오늘날 우리는 일본을, 일본은 우리를 얼마나 이해하고 있는가.

않았다. 그런 의미에서 우리는 일본과의 관계를 이해하는 데 조선시대를 다시 들여다볼 필요가 있다. 그 시대는 우리의 근현대사를 인식하는 데 중요한 변곡점이었기 때문이다.

에도시대 중기의 유학자이자 쓰시마번주의 외교참모였던 아메노모리 호슈雨森芳洲, 1668~1755는 "조선과의 교류에서 가장 중요한 것은 조선의 정서와 그 정세를 아는 것이다"라고 말했다. 이를 우리 관점에서 반대로 해석해보면 일본의 정서와 정세를 정확히 파악하는 일이 일본을 이해하는 지름길이라는 얘기다. 국제외교가에는 "외교의 아름다움은 전쟁이 아닌 협상으로 상대방의 전략을 바꾸는 데 있다"라는 말이 전해진다.

우리는 지금 역사의 어느 기점에 서 있는가. 이번 답사에서는 동아시아를 포괄적으로 파악하기 위해 전작 『연행사의 길을 가다』

2014, 한길사에서 활약해준 서장관 필筆을 다시 한번 불러냈다. 이번에 필은 서장관이 아니라 통신사의 정사正使로 변신해 그를 수행하는 종사관從事官과 문답을 나누며 조선시대 대일외교의 다양한 모습을 자세하게 보여줄 것이다.

2018년 겨울
서인범

통신사는 누구인가

믿음으로 일본을 대하다

통신사는 '믿음을 통하는 사신'이라고 정의할 수 있다. 강원대학 손승철 교수는 조선왕조의 대일정책인 '교린정책을 실현하기 위한 외교적인 목적을 지닌 신의의 사절'로 정의했다.

사실 일본에 파견한 사신은 그 명칭이 일정하지 않다. 회례사回禮使, 보빙사報聘使, 통신사 등의 명칭이 혼재하며, 그 편성과 목적도 다양하다. 우선 일찍이 태조가 피로인을 쇄환하고 해적질을 금지한 데 사례하기 위해 회례사를 파견했다. 세종 때도 이 명칭이 기록에 빈번하게 등장한다. 목적도 보빙報聘과 조상弔喪, 일본의 조선국왕의 즉위 축하 및 화호和好 요청에 대한 답례, 장군의 계위 축하 등이었다. 회례사는 장군과 현재의 야마구치현山口県, 시마네현島根県 등 6주州를 통치하는 다이묘 오우치 요시히로大内義弘, 1356~99를 만났다.

특이한 사례도 있다. 태조 초 섬라곡국暹羅斛國, 현재의 태국이 붉은 염료로 사용하는 소목蘇木 등을 바치자 회례사를 파견하기도 했다.

다음은 보빙사의 경우다. 예로부터 중국에서 제후는 천자에게 매년 한 번씩 소빙小聘의 의례를, 3년에 한 번씩 대빙大聘의 의례를 거행했다. 여기서 유추할 수 있듯이 보빙사는 일본이 조선에 빙례聘禮한 데 대한 답례로 파견하는 사신이다. 고려 말에 일본과 친선을 도모하고 왜구倭寇를 근절할 기회라며 보빙사를 선발했다. 조선이 들어선 후에는 정종 때 처음으로 일본에 보빙했다는 기록이 보인다. 이때 『대장경』 등 각종 물품을 지참했다. 장군을 위시해 오우치大內도노殿, 구주절도사九州節度使, 쓰시마번주를 만났다. 세조 이후에는 이 명칭이 점점 사라지는데, 조선 말기인 고종 때 다시 등장한다. 미국과 일본에 파견하는 사절을 모두 보빙사로 불렀다.

일본도 조선에 파견하는 사절을 보빙사라 칭했다. 임란 후인 1591년에 보빙사로 게이테쓰 겐소景轍玄蘇, 1537~1611와 야나가와 가게나오柳川景直, 1539~1605가 조선에 파견되었다.

통신사는 고려 때 처음 등장하는데, 우왕 원년1375에 판전객시사判典客寺事 나흥유羅興儒가 글을 올려 일본과 화친하기를 청하자 그를 통신사로 삼아 일본에 보냈다. 통신사 대신 통신관通信官의 이름으로 파견된 적도 있다. 조선 정종 때 통신관 박돈지朴惇之, 1342~1422가 왜구의 근절책에 관해 교섭하고 돌아올 때 남녀 100여 명을 쇄환했다. 태종 때는 통신관 박화朴和가 일본에 잡혀간 100여 명을 추쇄推刷해서 돌아왔다. 태종 13년1413에는 검교공조참의檢校工曹參議 박분朴賁을 일본에 보내려고 했으나, 이듬해 왜선倭船이 명나라를 약탈하자 중지시켰다. 이 과정에서 그의 명칭이 통신관에서 통신사로 바뀌었다.

세종 연간에는 회례사와 통신사를 혼용했다. 세종 초 회례사로 정사 송희경宋希璟, 1376~1446이 일본에 다녀왔다. 세종 10년1428에는 무로마치막부室町幕府의 제5대 장군 아시카가 요시카즈足利義量, 1407~25의 죽음을 애도하고, 신주新主인 아시카가 요시노리足利義教, 1394~1441의 사위嗣位를 하례하기 위해 박서생朴瑞生을 정사로 삼아 50명의 사절단을 교토京都로 보냈다. 이때 세종은 요시카즈가 신의와 친목으로 조선과의 강화를 수호하고, 임란 때 잡혀간 이들을 돌려보내준 것과 왜구의 절도를 금지해준 것에 대해 사례하는 제문을 지어 보냈다. 이후 세종 21년1439 고득종高得宗, 1388~1452, 세종 25년1443 변효문卞孝文, 1396~?이 교토로 들어갔다.

교토나 에도로 들어가서 장군을 만나는 사신만 통신사라고 호칭한 것은 아니었다. 성종 5년1474 사성司成 민정閔貞을 통신사로 쓰시마対馬島에 파견하기로 결정했으나, 성균관 생원들과 신숙주申叔舟, 1417~75의 반대로 철회되었다. 성종은 일본의 병화가 그친 후에 파견하겠다며 뜻을 바꿨다.

원수와도 대화할 수 있다

왜란이 발생하면 통신사 파견을 중지했다. 중종 5년1510 삼포왜란三浦倭亂이 발생하자 통신사 파견을 중지했다. 그 후 세월이 흐른 선조 21년1588에 제1대 쓰시마번주 소 요시토시와 겐소가 통신사 파견을 요청해왔으나 해로에 익숙하지 않다는 이유를 들어 거절했다. 당시 왜구가 남쪽 변방을 침범했고, 잡혀간 백성을 일본이 일절 쇄환하지 않았기 때문이었다. 유성룡柳成龍, 1542~1607은 왜구를 포박해 보내고, 아울러 잡혀간 백성을 빠짐없이 돌려보낸다면 통신사 파견을 논의하겠다는 뜻을 내비쳤다. 그로부터 2년 후 정사로 황윤길黃允吉, 1536~?을, 부사로 김성일金誠一, 1538~93을, 서장관으로 허성許筬, 1548~1612을 통신사로 차출해 보냈다. 이들은 교토 취락제聚楽第에서 히데요시와 회견했다.

앞에서도 서술했듯이 임란 후 제1대 장군 이에야스가 소 요시토시를 통해 강화를 청해오자 선조는 사명대사와 손문욱을 쓰시마에 파견했다. 이듬해 3월 후시미성에서 이에야스, 히데타다 부자와의 회견이 성사되었다.

사명대사가 이에야스 부자를 만나고 온 후 조선은 통신사 파견 문제를 논의하기 시작했다. 통신사라는 명칭 대신에 통유사通諭使라고 호칭하자는 안이 나왔다. 비변사備邊司가 일본의 정세를 상세히 알지 못하는 상황에서 통신사라 호칭하는 것은 타당하지 않다고 이유를 댔다. 이웃 나라에 보내는 사신의 명칭에 '유'諭 자를 쓰기 어렵고, 문서에는 사신의 명칭을 기록하지 않으니 '회유사'回諭使로 호칭하자는 안도 나왔다. 선조는 회유사 대신 '회답사'回答使라 칭하자는 의견을 냈다.

> "전부터 일본을 왕래하는 사신은 통신사라 칭해왔고 회답사란 호칭은 없었다. 이번에도 그 명칭을 생각해보다가 적당한 명칭이 없어서 부득이 회답사라 칭했다. 만일 쇄환사로 부르기로 한다면 '회답'回答 두 글자는 지워버려라. 서계書契에 그들의 정성스러운 뜻에 대해 답하고, 붙잡

「울산성전투도」(蔚山城戰鬪図)의 제2도.
17세기 일본에서 제작된 그림으로
왜란 막바지의 최대 승부처였던 울산성 전투를 그렸다.
조선군과 명군이 왜군에 밀려 퇴각하고 있다.

혀간 우리 백성의 쇄환을 청해야 할 것이다. '우리 백성은 바로 천자의 적자赤子이니 고국으로 쇄환시켜 각기 그들의 생업에 편안히 종사케 하는 것이 진실로 교린의 도리다'라는 내용으로 작성한다면 사리에도 마땅할 것이다."

비변사는 피로인 쇄환 의지를 반영하기 위해서는 회답 겸 쇄환사回答兼刷還使라는 명칭이 좋겠다는 의견을 내놓았다. 결국 이 안이 채택되었다. 통신사라는 명칭을 피하고 일본의 요청에 회답한다는 명분을 담았다. 이 호칭은 후금後金, 즉 청나라에 사신을 파견할 때도 사용했다.

『만기요람』萬機要覽에는 '신사'信使라는 항목이 들어 있다. 통신사 대신 신사라고 표기한 것이다. 선조 23년1590에 일본 측의 요청으로 사신을 파견했고, 선조 40년1607에는 화친을 허락한 후 회답사를 보냈는데 '신사'라는 명칭이 이때 처음 사용되었다고 기록했다. 조선은 즉각 이러한 사실을 명나라 예부禮部에 알렸다.

통신사의 역사

1607년 제1차 회답사 겸 쇄환사로 명망 있는 여우길이 정사로 선발되었다. 2년 뒤인 1609년에는 양국 간에 국교정상화 조약인 기유조약己酉條約이 체결되었다. 이후 일본에 경하할 일이 생기면 조선은 통신사에게 국서와 별폭別幅, 즉 예물을 지참시켜 장군에게 보냈다.

「조선통신사내조도」(朝鮮通信使來朝図). 1748년 파견된 제10차 통신사를 그린 것으로, 장군을 알현한 후 숙소로 돌아가는 모습으로 추정된다.

12차의 파견 중 처음 세 번1607, 1617, 1624은 회답사 겸 쇄환사라는 명칭으로, 제4차 파견1636부터 제12차 파견1811까지는 통신사라는 명칭으로 파견되었다. 제3차 파견까지는 천황 및 서국西国. 교토의 서쪽에 있는 주고쿠中国, 시코쿠四国, 규슈九州 다이묘를 감찰하는 쇼시다이所司代에게 접대받았다. 제1차 파견 때는 에도성에서 제2대 장군 히데타다에게 국서를 전달하고 귀로에 슨푸에서 오고쇼 이에야스와 접견했다. 제2차 파견 때는 히데타다가 후시미성에 체재하고 있어 에도로 들어가지 않았다. 제2차 파견과 마지막인 제12차 파견을 제외하면 통신사는 에도성에서 장군을 알현했다. 제12

「동래부사접왜사도」(東莱
倭使圖). 겸재(謙齋) 정선
1676~1759)의 화풍이
그림이다. 제8도에는 일본
이 조선국왕의 전패(殿牌
하는 장면이, 제10도(부분
동래부사(東萊府使)가 일
신을 접대하는 장면이 그
다. 이처럼 일본도 조선에
을 보냈다.

차 파견은 이른바 역지통신易地通信이라 해 통신사 행렬이 쓰시마에서 끝났다. 1786년 제10대 장군 도쿠가와 이에하루德川家治, 1737~86가 죽고 이듬해 제11대 장군 도쿠가와 이에나리德川家斉, 1773~1841가 즉위했다. 노중老中 마쓰다이라 사다노부松平定信, 1759~1829가 정치를 담당했다. 그는 에도와 교토의 대화재, 연이은 흉년으로 도시와 농촌에서 소요 사태가 발생하고, 재정상태가 궁핍하니 통신사 파견을 연기해줄 것을 조선에 통고하라고 제11대 쓰시마번주 소 요시카쓰宗義功, 1771~85에게 지시했다. 3년 후에는 에도성에서 통신사 맞이하는 일을 중지하기로 결정하고는 조선과의 교섭을 쓰시마번주에게 떠넘겼다. 교섭을 거듭한 끝에 1798년에 역지통신이 결정되었다. 막부는 쓰시마번주에게 1805년에는 금 1만 냥을, 1807년에는 8만 냥을 지원했다. 마침내 1811년 마지막 통신사가 쓰시마로 향했다. 1837년 제12대 장군 도쿠가와 이에요시德川家慶, 1793~1853의 습직 때 오사카에서 통신사를 맞이하자는 안이 나오기도 했으나 실행되지 않았다. 이후에도 통신사 파견 문제가 거론되었으나 일본 측 사정으로 논의가 이어지지 않았다.

1876년의 강화도조약 이후에는 수신사修信使로 명칭이 바뀌었다. 제1차 수신사1876로 예조참의 김기수金綺秀, 1832~?가, 제2차 수신사1880로 예조참의 김홍집이 일본에 파견되었다.

한편 일본의 외교관계 사료집으로 1853년에 편찬된 『통항일람』通航一覽에는 '신사'라는 용어가 등장한다. 래빙사來聘使라는 용어도 보인다. 일본은 조선이 빙례를 하러 왔다고 본 것이다.

조선만이 일본에 통신사를 보낸 것은 아니었다. 일본도 71회에 걸쳐 국왕사를 한양에 파견했다. 후에는 왜관倭館에만 머물도록 제한했다. 국왕사로는 주로 교토 오산五山의 승려가 임명되었다. 이들은 하카타博多 등지의 상인들에게 도움을 받아 조선으로 건너왔다. 그들의 목적은 『대장경』 등의 불전이나 고급 면제품을 수입하는 것이었다.

일본 연구자들의 주장처럼 도쿠가와막부 초기에는 청나라의 정보를 입수하고, 동아시아 전역으로 통상通商권을 전개, 유지하며, 유럽을 시야에 넣기 위해서는 조선과의 화평, 선린관계 구축이 피해갈 수 없는 일이었다.

제1부

떨리는 마음으로 닻을 올리다

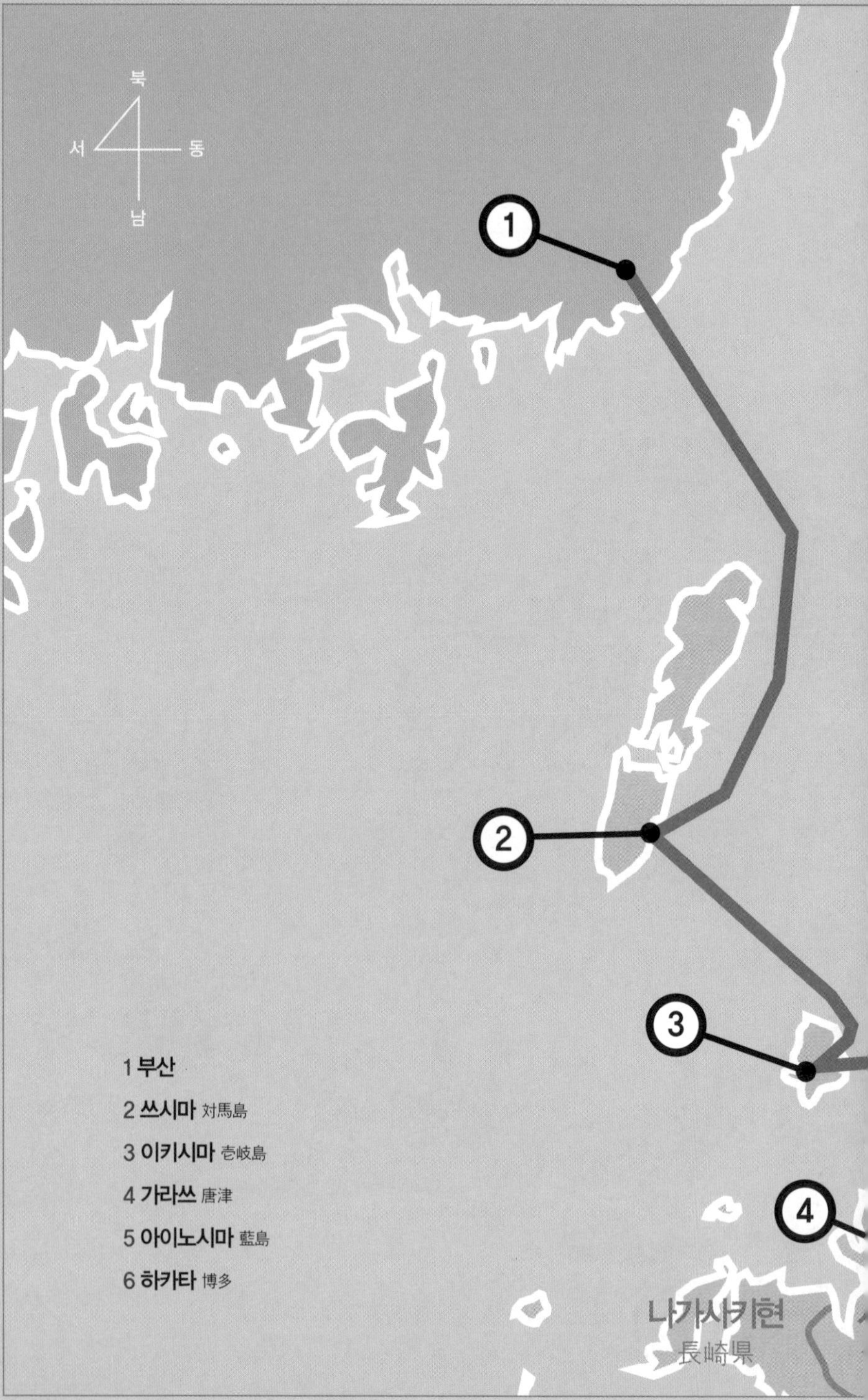

북
서
동
남
1
2
3
4
1 부산
2 쓰시마 対馬島
3 이키시마 壱岐島
4 가라쓰 唐津
5 아이노시마 藍島
6 하카타 博多
나가사키현
長崎県

제1부 세부 경로

제1부는 부산에서 하카타까지 다룬다.
통신사는 쓰시마와 이키시마를 거쳐 일본 근해에 도달했다.
험한 바다를 건너야 했기 때문에 부산에서 해신에게 제사를 올렸다.
쓰시마에서는 조선과 일본의 중재자 역할을 한 쓰시마번주를 만났다.
화려하게 펼쳐진 향응 뒤로 치열한 조일외교의 막이 오르고 있었다.

1 부산에서 만난 통신사 1

북경에서 에도까지, 조선 최고의 외교관 정사 필

도쿄에 체재하다 본격적으로 통신사가 걸은 길을 답사하기 위해 2017년 4월 16일 귀국했다. 방송통신대학의 신춘호 교수에게 답사 관련 자료를 건네받았다. 연행사燕行使가 밟은 길을 일일이 직접 다니고 사진과 영상으로 남긴 열정 넘치는 연구자다. 나보다도 일찍 통신사의 길에 눈을 돌렸다. 20일 오전 가족의 배웅을 받으며 일산역에서 지하철에 올랐다. 옷가지를 넣은 배낭, 컴퓨터를 넣은 가방, 카메라와 삼각대 등 짐이 한가득이었다. 어깨를 짓누르는 듯했다. 서울역에서 대구행 KTX로 갈아탔다. 창밖으로 고개를 돌리니 황사로 산 중턱이 뿌옇게 보였다. 반쯤 내린 창문 사이로 봄의 기운이 스며들었다. 벚꽃의 잔영과 연두색 이파리가 회색빛 하늘을 그나마 싱그럽게 비춰주었다.

대구에 도착하니 답사에 동행하는 친구 이도희가 반갑게 맞아주었다. 3년간 건설회사 CEO로 일하다가 그만두고 오랜만의 휴식을 취하고 있었다. 여행에 동참하고 싶다는 뜻을 전해와 동행하기로 했다. 일본문화사를 전공해 천군만마를 얻은 기분이었다.

친구 부인이 정성스럽게 준비한 전복죽을 먹었다. 장비를 점검하고 부산행 KTX에 올랐다. 한양을 출발한 통신사 일행이 동래에 도착하기까지 한 달 이상 걸리던 때와 비교하면 전광석화인 셈이다.

이도희 오랜만에 여행을 떠나니 기분이 좋군. 통신사의 길을 가서 더 의미 있는 여행이기도 하고 말이야. 그래, 통신사 파견절차는 어떻게 진행되었어?

서인범 좋은 질문이야. 장군이 새로 계위하면 노중은 에도에 거주하고 있는 쓰시마번의 역인役人에게 통신사 파견을 조선에 요청하라고 명령을 내려. 역인은 즉각 쓰시마번주에게 통보하지. 지시를 받은 쓰시마번주는 임시 사절인 차왜差倭에게 예조참판 앞으로 보내는 서계를 지참시켜 부산으로 파견해. 동래부사東萊府使는 그 서계를 조정에 올리지. 그러면 예조와 비변사가 통신사 파견을 논의해. 결정이 나면 왜관에 통보하지. 그러면 쓰시마번주는 재차 통신사 파견절차 등을 협의하기 위해 차왜를 동래에 보내와. 세세한 교섭은 이때부터 시작되는 거지. 에도와의 서신 왕복, 태풍이나 계절 등을 고려해 실제 파견까지 1년 또는 2년 이상의 세월이 걸리기도 했어.

조정에서는 시와 문장에 능한 관료를 삼사, 즉 정사, 부사, 종사관으로 선발했다. 임금은 연행사의 일원으로 북경에 다녀왔던 서장관 필筆을 통신사의 정사로 임명했다.

임금 그대는 서장관으로 북경에 들어가 황제를 알현한 경험이 있어 장군을 적절하게 응대하리라 믿으오. 부사와 서장관, 제술관製述官도 뛰어난 인물들로 뽑아 그대를 보좌하게 했으니 짐의 명을 완수하는 데 손색이 없을 것이오.

정사 필 황공하옵니다. 해역의 풍파와 도로의 험난함은 있겠으나, 일본인의 심성을 잘 헤아려 임금님의 분부를 완수하고 돌아오겠습니다.

임금은 삼사에게 활과 화살, 호피虎皮, 약물藥物, 나침반을, 수행하는 원역員役들에게는 부채 두 자루씩을 하사했다.

조선시대 명나라에 파견한 연행사의 경우 정2품 정사는 종1품으로, 정3품 부사는 종2품으로, 정5품 서장관은 정4품으로 한 등급씩 올려주었다. 반면 통신사의 경우 정사는 정3품의 당상관문관으로, 부사는 종3품의 당하관으로, 종사관은 정5, 6품의 관료로 선발했다. 본래 조선 초에는 통신사도 서장관이라 칭했으나, 선조 23년 1590부터 종사관으로 바뀌었다. 연행사가 통신사보다 관품이 높았음을 알 수 있다. 당시 조선 외교의 중심이 중국이었기 때문이다.

정사 필을 보좌하게 될 종사관은 일본길이 초행이었다. 그는 왕명을 가슴에 새긴 채 집으로 돌아와 선영의 묘에 참배하고, 부모와 가족, 친지들에게 하직 인사를 올렸다. 일찍이 세조 때 정사 송처검宋處儉과 서장관 이근李覲 등이 쓰시마에서 풍랑을 만나 표류하다가 죽었다는 이야기를 알고 있는 가족들은 못내 불안해했다. 바닷길이 평탄치 않음을 알고 있는 부친은 뒷짐을 지고 헛기침만 했다. 모친과 아내는 연신 눈물을 흘리며 차마 말을 잇지 못했다. 아이들도 담벼락에 숨어 슬피 울었다.

조정의 반대와 험한 바다로 무거운 마음

다음 날 정사 필은 부사, 종사관과 상면하고 부지런히 길 떠날 채비를 했다.

종사관 임란이 끝난 지 얼마 되지도 않았는데 임금께서 통신사 파견이라는 용단을 내리셨네요.

정사 필 그러네. 임금께서는 일본이 강화를 요청해왔지만, 이는 실로 우리나라의 수치라고 여기셨지. 일본이 '전대의 잘못, 즉 히데요시가 일으킨 임란을 반성한다'라며 성의를 보였기에 통신사를 파견하기로 결정하셨네.

종사관 일본이 반성한다고 해도 조정 대신이나 재야 선비들의 반대가 만만치 않았을 텐데요.

정사 필 맞아. 조정 대신들은 불구대천의 원수인 일본에 사신을 파견하는 것 자체가 치욕이자 굴욕이라 생각했네. 참판 윤안성尹安性, 1542~1615의 시에 그런 점이 극명하게 드러나지.

회답사란 이름으로 어디로 향해 가나
오늘날 교린의 뜻 난 아직 모르겠네.
한강에 이르러 저 위를 바라보니
두 능의 소나무엔 가지 아직 안 나왔네.

使名回答向何之　此日交隣我未知
試到漢江江上望　二陵松柏不生枝

윤안성은 임란 때 도굴당한 선릉과 정릉의 능묘에 심은 소나무에 아직 가지도 나지 않았는데 일본에 사신을 파견한다는 소식을 듣고 울분을 토해냈다. 조정 대신들은 새로이 등극한 장군이 다이묘들에게 권위를 세우기 위해 통신사를 청한 것이라며 파견 중지를 극렬하게 아뢰었다. 마치 조선이 장군을 후원하는 것처럼 이용된 데 대해 원망하고 후회했다. 불구대천의 원수를 향한 복수심을 해소했다며 자조하는 이도 있었다.

길 떠나는 통신사에게는 조정 대신들의 반대라는 부담 외에도 바다를 건너야 한다는 부담이 있었다. 많은 이가 이를 두려워했다. 항법장치나 기상예보, 철선鐵船이 없는 시대였기에 당연했으리라.

종사관 조정 대신들의 반대도 반대지만 먼 여행길에 걱정이 앞섭니다. 바다를 건너는 게 쉬운 일은 아니니까요.

정사 필 그리 걱정하지 말게. 앞서 일본에 다녀온 이들이 남긴 기록을 읽어보면 도움이 될 걸세. 삼사, 제술관, 역관 등이 남긴 글이 많이 있네. 지중추부사를 지낸 정사 홍계희洪啓禧, 1703~71가 이 글들을 수집해 『해행총재』海行摠載로 정리했지. 이를 다시 부제학 서명응徐命膺, 1716~87이 베껴 쓴 게 『식파록』息波錄이야. 총 61편의 글이 들어 있는데, 사신들의 필독서라네.

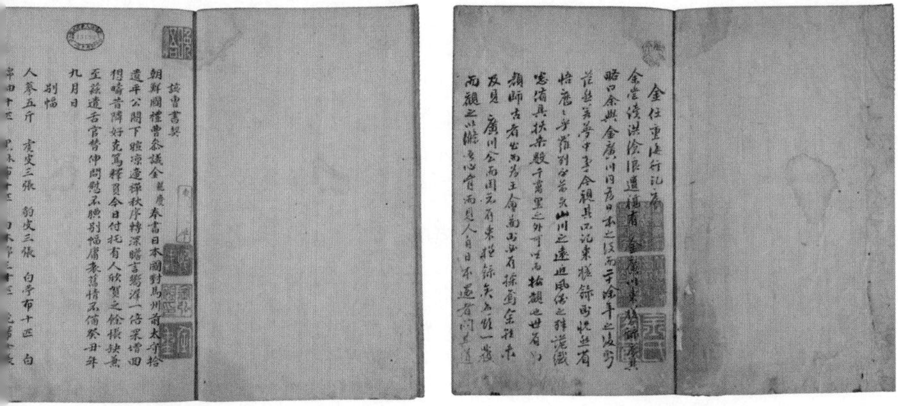

『해행기』(海行記). 통신사 역관 김홍조(金弘祖, 1698~1748)가 1734년 문위행(問慰行)으로 쓰시마에 다녀온 후 보고 겪은 것을 기록한 책이다. 당시 조선이 쓰시마번을 어떻게 인식했는지 잘 드러나 있는 중요한 사료다.

『해행총재』에는 일본의 산천, 풍속, 관직, 법제, 제도, 역사는 물론 의복, 음식, 기명器皿, 화훼, 의절儀節 그리고 사신 일행에게 지급되는 물품 등이 잘 정리돼 있어 사신들에게 큰 도움이 되었다.

아쉬움만 남은 조선통신사역사관

통신사 일행이 일본에 건너가기 전부터 일본에 대한 지식을 넓혀 갔듯이, 나도 한국에서 간행된 통신사 관련 서적과 일본 아카시서점明石書店에서 발간한 『조선통신사대계』朝鮮通信使大系, 총 8권를 읽으며 통신사의 길을 익혔다. 『조선통신사대계』의 각 권 앞부분에 실려 있는 연대별 통신사의 길을 복사해 챙겼다.

부산역에 도착해 어깨 치료로 출발이 늦어진 동국대학 국문과 김상일 교수를 기다렸다. 연행사의 길도 같이 걸었던 동료다. 김상일 교수가 도착하자 즉시 택시를 잡아타고 자성로에 있는 조선통신사

역사관으로 향했다. 답사의 시작이었는데, 우선 부산지역의 통신사 관련 내용을 확인하고자 했다. 건물 뒤로는 부산진 지성枝城이 있는 자성대공원이 있고, 옆에는 기와집 건물이 한 채 보였다. 영가대永嘉臺였다. 조선통신사역사관의 모습도 기와집과 비슷해 잘 어울렸다. 2층 건물로 1층은 영상관이고, 2층은 통신사가 탄 배모형, 닥종이로 만든 마상재馬上才인형, 통신사의 여정을 기록해놓은 패널을 전시해놓았다. 영상관에서 7분 정도 길이의 영상을 관람했다. 어린 아이의 상상 속에 통신사가 등장해 이런저런 대화를 주고받으며 정보를 제공하는 형식이었는데 그 내용이 실망스러웠다. 통신사가 탄 배 여섯 척이 출항하는 장면만 기억에 남았다. 예산을 더 들여 흥미를 유발할 수 있는 내용으로 다시 제작할 필요가 있다. 쓰시마번의 배들이 동래에 들어오는 모습, 통신사를 배웅하는 가족이나 구경꾼들의 모습, 긴장되는 마음을 품고 대해로 출항하는 선조들의 모습, 풍랑을 겪으며 고군분투하는 모습 등을 넣으면 더 극적이지 않을까. 선조들이 고난 속에서도 임무를 완수하는 모습이나 에도시대의 일본을 잘 보여줄 수 있는 장면들로 재구성해야 할 것이다.

영상만이 문제가 아니다. 통신사 관련 자료도 보강해야 한다. 「조선통신사행렬도」 등의 그림, 일본에 있는 통신사 관련 유적지 사진 등 다양한 사료와 자료를 전시할 필요가 있다. 아울러 통신사를 전공하는 연구자들의 공간도 확보해야 한다. 전공자들의 깊이 있는 설명이 더해지면 통신사에 대한 흥미가 커질 것이다. 통신사 관련 사료가 유네스코 세계기록유산에 등재된 현실을 생각하면 너무나도 단출한 조선통신사역사관이었다.

조선통신사역사관에는 전문 학예사가 없어 부산박물관을 찾아갔다. 부산 시내의 통신사 관련 유적지를 설명해줄 학예사나 연구자, 또는 향토사학자를 소개받을 생각이었다. 부산박물관에 도착해 학예연구실로 가니 학예사 한 분이 친절하게 맞아주고 박물관에서 간행한 조선통신사 관련 책도 건네주었다. 그 와중에 최정예 전시운영팀장이 곧바로 통신사 관련 유적지를 상세하게 알고 있는 부경근대사료연구소의 김한근 소장에게 전화를 걸었다. 다음 날 오후에 짬을 내서 동래부東萊府와 왜관 등지를 안내해주겠다는 약속을 받았다.

2 왜관의 자취는 사라지고 1

대일외교의 창구 역할을 한 왜관

날씨가 흐렸다. 점심을 일찍 먹고 김한근 소장과 만나기로 한 약속장소인 부산데파트로 향했다. 초량왜관 터가 있던 곳이다. 현재는 건물이 들어서 있기 때문에 흔적을 찾기가 대단히 어려웠다. 흰머리가 잘 어울리는 김한근 소장은 열정적이었다. 자료를 전해주고 동관과 서관의 위치를 일일이 발로 뛰며 확인해주었다.

김한근 소장의 설명을 들으며 용두산에 있던 왜관을 머릿속에서 그려보았다. 왜관 연구자인 김강일 선생은 '일본 사신을 위해 15세기 초부터 19세기 말까지 우리나라에 설치되어 있던 접대시설로, 넓은 의미로는 객관客館과 그 주변에 퍼져 있던 일본인 거주구역까지를 가리킨다'고 정의했다. 다시 말하면 조공하러 온 일본 사신의 공적 숙소이자, 무역하려고 내항하는 일본인—주로 쓰시마 주민—을 접대, 통제하기 위해 설치한 특수시설이었던 것이다.

조선 전기에는 한양의 동평관東平館과 삼포三浦, 현재의 진해시 부근에 있는 내이포乃而浦, 제포薺浦라고도 함, 부산포, 염포鹽浦의 왜관 그리고 대구 화원현花園縣에 설치되어 무역소 역할을 한 왜물고倭物庫가 있었다. 중종 5년1510 삼포왜란이 발생하자 왜관을 모두 폐쇄했다가 2년 뒤 제포 한 곳만 개방했다. 중종 39년1544에 사량왜변蛇梁倭變이 발생하자 제포도 폐쇄하고 부산포로 단일화했다.

임란 후 한시적으로 절영도絶影島에 왜관을 설치했다가, 선조 40년1607에 일본과의 국교재개가 논의되면서 정식으로 두모포豆毛浦에 왜관을 설치했다. 하지만 부지가 협소해 선박 출입이 불편했다. 게다가 토사가 흘러 들어오는 일이 잦았는데, 왜관의 지세가 낮아 이를 방비하기 어렵다는 쓰시마번対馬藩의 끈질긴 요구로 숙종 4년1678에 초량草梁으로 이전하게 되었다. 현재의 용두산공원 일대다.

초량왜관은 10만 평의 터에 동서 450간間, 대략 810미터, 남북 250간대략 450미터의 크기였다. 대부분 건축비용은 조선이 부담했다. 단 쓰시마 출신의 역인, 상인, 직인의 주거지, 창고 등을 짓는 비용은 쓰시마번이 지출했다. 서관에는 쓰시마번 등지에서 파견한 사절이 머문 건물이, 동관에는 왜관에 오래 체제하며 업무를 처리하는 왜인들이 머문 건물 여섯 동이 들어섰다. 관수옥館守屋에는 왜관을 통괄하는 관수가 거주했다. 관수는 쓰시마번의 상급병사로 2~3년 단위로 교대했다. 조선의 상인들과 교역하는 개시대청開市大廳, 외교교섭관인 재판옥裁判屋, 통사通詞, 응사鷹師, 외교문서를 관장하는 임제종臨濟宗의 동향사 등도 이곳에 배치되었다. 대략 400~600명의 일본인이 거주했다. 왜관을 유지하기 위해 경상도에서 거두어들인 세금의 22퍼센트가 지출되었을 정도였다.

초량왜관(草梁倭官).
쓰시마번에서 파견한 사신과
무역하러 온 이들이 머물렀
관을 유지하기 위해 경상도에
두어들인 세금 22퍼센트가
니 규모가 상당했음을 알 수

사건, 사고가 끊이지 않다

원칙적으로 왜관에 체재하는 일본인의 무단외출, 즉 난출闌出은 불법이었지만 끊임없이 일어났다. 밀무역이 주된 이유였다. 이뿐만이 아니었다. 남성만의 공간이었던 탓에 조선 여인이 금령禁令을 어기고 왜관으로 들어가 일본인과 매춘하는 사건도 벌어졌다.

종사관 왜관의 규모가 굉장했네요. 일본인도 많다 보니 통제가 쉽지 않았겠습니다.

정사 필 쉽지 않은 정도가 아니라 심각한 수준이었네. 숙종 임금 때는 왜인들이 관을 나와 소란을 피운 적도 있었지. 동래부에서 직접 쓰시마번주에게 통보해 엄한 형벌에 처하도록 해 똑같은 폐단이 일어나지 않도록 했지. 금법을 새긴 빗돌을 왜관 안에 세워 행동을 통제하려고도 했어.

종사관 금법의 내용은 무엇인가요.

정사 필 금법은 네 가지였네. 첫째, 금표禁標를 세워 경계를 정하고, 크고 작은 일을 막론하고 함부로 경계를 넘는 자는 사형을 논한다. 둘째, 노부세路浮稅가 발각되어 붙잡히면 준 자와 받은 자는 똑같이 사형에 처한다. 셋째, 개시開市 때 각 방房에 몰래 들어가 은밀히 물건을 사고파는 자는 피차 사형에 처한다. 넷째, 닷새마다 잡물雜物을 들여보낼 때 색리色吏, 고자庫子, 소통사小通事 등을 절대로 구타하지 말아야 한다는 것이었어. 이처럼 금법 자체는 굉장히 엄격했다네. 쓰시마번 측은 정도가 너무 과하다며 받아들이려고 하지 않았지. 그

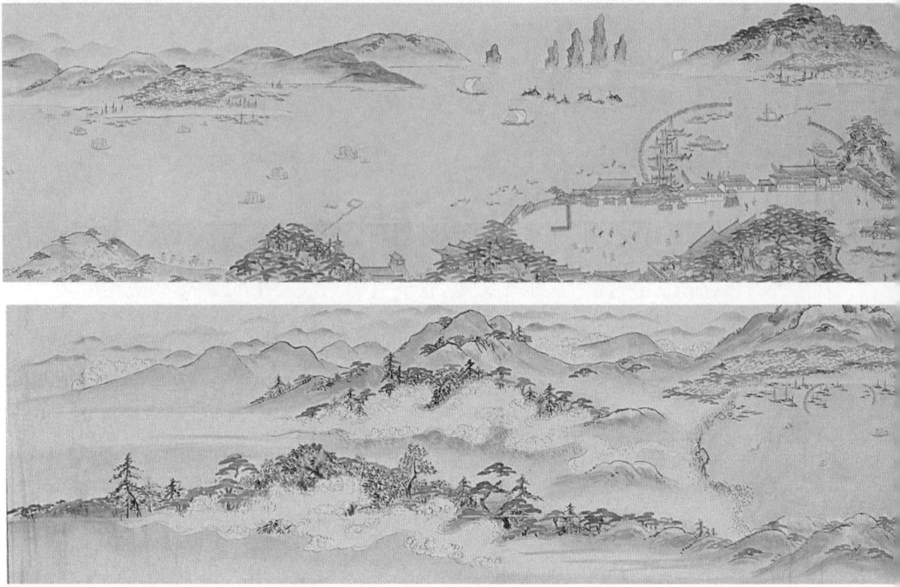

「부산포초량화관지도」(釜山浦草梁和館之圖). 초량 왜관의 모습뿐 아니라 두모포, 적기(赤岐), 오륙도, 영도의 모습이 잘 묘사되어 있다.

래서 잘 지켜지지 않기 일쑤였어.

왜관에는 문을 지키는 조선 군관과 병사가 배치되어 출입을 통제했는데도, 왜인들은 생선과 채소를 매매한다는 핑계를 대며 제멋대로 출입했다. 심지어는 관소館所에서 10리 밖에 있는 선암사仙庵寺에까지 왕래했다. 이들을 단속해야 할 훈도訓導와 역관들은 그 사실을 숨기기 급급했다. 군관들도 제지하지 않았고, 부산진의 방위를 책임지는 부산첨사釜山僉使도 상부에 보고하지 않았다.

숙종 33년1707 부장 송중만이 감옥甘玉이라는 조선 여인을 데리고 몰래 왜관에 들어가 일본인과 매춘하는 사건이 발생했다. 조선은 이들을 모두 사형에 처하도록 지시했고 실제로 감옥과 송중만은

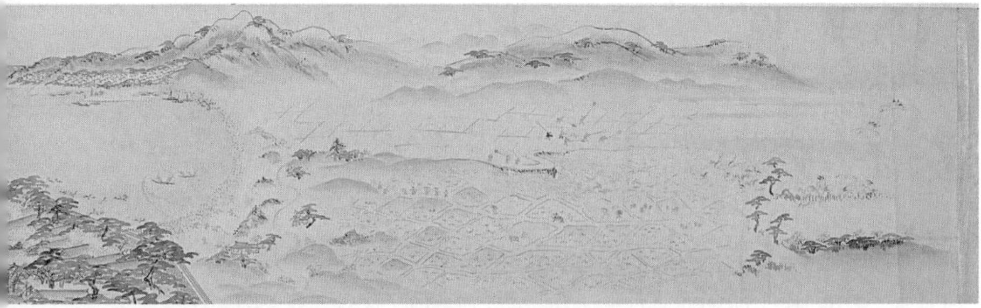

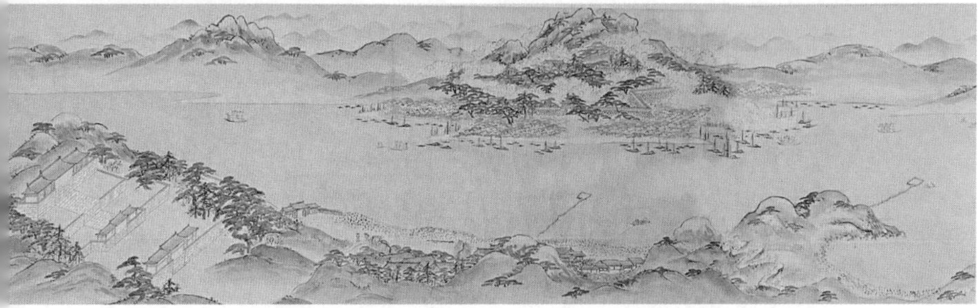

왜관의 문밖에서 사형당했다. 하지만 왜관 관리의 총책임자인 관수왜館守倭가 일본인의 사형을 거부했다. 동래부사가 외교 의례의 기본을 무시한 무례한 행위라며 강력하게 비난했으나 죄를 범한 일본인은 결국 쓰시마로 건너갔다. 그는 양국에 분쟁을 일으켰다는 죄명으로 벌을 받았으나 사형은 아니었다.

종사관 쓰시마번주가 좀처럼 금법을 이행하려고 하지 않았네요.

정사 필 아주 골머리를 앓았지. 쓰시마번주가 금법을 이행하겠다는 약서를 조선에 보내지 않자, 통신사가 직접 노중에게 알리겠다고 겁을 주었어. 그제야 위기를 느낀 쓰시마번주가 말을 들었다네. 결국 조선과 같은 법령法令으로 처벌한다는 조약이 체결되었네.

조약의 내용은 세 가지였다. 첫째, 쓰시마 사람이 초량왜관을 빠져나와 여인을 강간하면 사형에 처한다. 둘째, 조선 여인을 유인해 화간한 자 및 강간미수자는 영원히 유배에 처한다. 셋째, 왜관에 잠입한 조선 여인과 교간交奸한 자는 유배에 처한다는 것이었다. 하지만 이 조약이 맺어지고 난 후에도 사건은 끊임없이 벌어졌다. 초량에 사는 사노私奴 순홍順弘이라는 자와 부산에 사는 여인 양선善陽이 몰래 왜관으로 들어가 일본인과 간통하고 쌀 3말 5되와 은자 4전을 받아 효시당했다. 순홍의 처는 남편 말만 듣고 일본인을 데려온 죄로 유배되었다.

이처럼 폐해가 많았던 왜관을 조선은 어째서 강력하게 통제하지 않았을까? 능력이 없어 못한 것일까? 조선은 쓰시마번주를 변방의 신하로 간주했다. 쓰시마번주가 서신을 주고받는 대상은 정3품의 예조참의였는데, 그는 서계에 쓰시마번주를 '족하'足下라고 표기했다. 후에는 '대마주태수습유합하각하對馬州太守拾遺閤下閣下'라고 개칭했다. 이렇듯이 조선과 쓰시마번주는 군주와 신하라는 상하관계였는데도 쓰시마번주가 파견하는 재판왜裁判倭 등은 순종하지 않고 자신들의 뜻을 관철하려고 막무가내였다. 조선이 이를 따지다가 피곤해서 그냥 놔두었는데 이것이 버릇되었다.

사실 쓰시마번주도 그리 호락호락하지 않았다. 자신들의 뒤에 막부가 있기에 언제든지 무력으로 조선을 제압할 수 있다는 생각을 은근히 내비쳤다. 그렇다고 조선이 이를 괘씸하게 여겨 쓰시마번을 칠 수 있는 것도 아니었다. 조선의 대중외교가 북경, 요양遼陽, 심양瀋陽을 중심으로 진행되었다면, 대일외교는 에도와 쓰시마번을 중심으로 진행되었기 때문이다.

마지막으로 큰 나라인 조선이 작은 나라인 쓰시마번과 이해를 따져서는 안 된다는 이념이 작용했다. 먼 나라 사람에게 후하게 줘야 한다는 생각에 일은 대체大體를 봐가며 처리해야 한다는 생각이 더해진 결과였다. 연장선에서 조선은 문위행問慰行이라 일컫는 사신을 54차례나 쓰시마번에 파견했다. 쓰시마번주가 에도에서 환도還島했거나 장군이나 쓰시마번주에게 경조사가 있으면 치하致賀, 조위弔慰하기 위해서였다. 대일외교의 창구 역할을 맡은 쓰시마번주를 신경 썼던 것이다.

이러지도 저러지도 못하고 오히려 쓰시마번주를 달래기에 급급했던 조선의 모습에 심정이 착잡해졌다.

임기 채우기가 힘들었던 동래부사

일본이 파견한 사절이 머물던 초량왜관 터에는 동래초등학교가 들어서 있었다. 그들이 초량에 도착하면 접위관接慰官이 맞이해 국왕의 전패殿牌에 숙배를 드리게 하고 예물을 증정하는 장소였다. 일본 사절은 의식이 끝난 후 초량왜관으로 들어갔다. 초량왜관의 최고 책임자인 관수의 저택은 계단의 흔적만 남아 있었다. 후에 일본 영사관 등으로 이용되었다고 한다.

초량왜관 터를 모두 둘러본 다음 왜인들을 감시하기 위해 초소를 설치한 복병산伏兵山으로 향했다. 이곳은 초량왜관에 살던 쓰시마 사람이나 표류하다 죽은 일본인들을 묻은 장소이기도 했다. 복병산

복원한 동래부청의 모습. 정문 안쪽에 정당이 있는데, 동래부사는 정당에서 업무를 보았다. 정문과 정당에 병사와 부사를 재현한 인형을 설치해놓았다.

옆으로 동래부사가 관수를 만나러오던 길이 나 있었다.

부산진시장을 옆으로 끼고 도니 사거리가 나왔다. 그곳에서 회의에 참석하느라 자리를 비운 김한근 소장을 기다렸다. 부산진시장은 말 그대로 시장통이었다. 야쿠르트를 파는 아주머니가 능숙한 솜씨로 배달차를 몰고 정체된 사거리를 유유히 빠져나갔다. 신호가 바뀌었는데도 차머리를 들이대는 운전자들로 도로는 주차장이 되었다. 경적이 사정없이 울려댔다.

곧 도착한 김한근 소장과 함께 서면을 갔다. 동래부사가 업무를 보던 곳이다. 서면시장으로 들어가니 최근에 세운 듯한 건물이 시야에 들어왔다. 새로 복원한 동래부청으로, 정문 양쪽에 창을 든 모양의 병사 조형물이 서 있었다. 정문 안쪽으로 정당正堂이 배치되어 있고, 그 안에 동래부사 조형물이 있었다. 정청正廳 뒤쪽에는 송공단宋公壇이 있는데, 동래성을 지키다 순절한 송상현宋象賢, 1551~92과 의사義士들의 제단이다. 송상현의 공적비와 동래성이 함락당할 때 끝까지 싸운 이름 모를 백성들을 기리는 비석이 전란의 아픔을 대변하고 있었다. 송상현은 왜군이 동래성을 공격하자 항복하지 않고 끝까지 항전했다. 성이 함락당하자 조복朝服을 입고 앉은 채로 순사했다.

동래부사는 일본 사절을 접대했고, 이들의 행동을 경상감사를 통해 중앙에 보고했다. 광해군은 왜정에 관계된 일은 경상감사를 통하지 말고 직접 보고하라고 했을 정도로 신경을 곤두세웠다.

종사관 사절뿐 아니라 무역으로 이익을 얻으려는 자들도 많이 몰려들었다고 들었습니다. 동래부사가 이를 처리하는 데 골머리를 앓았을 것 같아요.

정사 필 안 그랬겠나. 특히 인삼 때문에 몰려들었어. 그 폐단이 이만저만이 아니었지. 납 등의 잡물을 인삼 속에 끼워 넣어 무게를 늘리기도 했다네. 이게 왜인에게 들통나 환불을 요구받으면 싸움이 나기도 했어. 교묘한 속임수 때문에 왜인에게 배척당해 통탄하는 자도 많았네.

영조는 성신의 중요성을 설파했다. 동래부 관리들에게는 땔감 같은 작은 물건을 주고받더라도 속이고 약속을 저버리는 일이 없도록 주지시켰다.

왕이 나서 성신을 강조할 정도로 초량왜관에서는 늘 크고 작은 갈등이 발생했다. 김한근 소장은 동래부사의 35퍼센트가 임기를 채우지 못했는데, 초량왜관 처리 문제 때문이라고 했다. 부사가 초량왜관을 적절히 통제하지 못하면 파면당하거나 면직당했다. 김강일 선생의 연구에 따르면 당상관인 동래부사의 임기는 2년 6개월이지만 초량왜관을 담당한 동래부사의 임기는 평균 12개월 전후였다고 한다. 동래부사 148명 중 임기를 마치고 이임한 자는 12명에 불과했으나, 1년도 채우지 못하고 해임된 부사는 65명에 이르렀다. 왜인과의 교섭이나 통제가 얼마나 성가신 일이었는지를 짐작할 수 있다.

통신사의 길을 답사하는 사람들

웅성거리는 소리가 들려 고개를 돌리자 깃발을 들고 걸어오는 사람들이 보였다. 통신사의 길을 답사하는 이들이었다. 서울에서 출발해 도보로 동래부청까지 행군해왔다고 한다. 한국인과 일본인이 섞여 있었다. 주駐부산 일본국 총영사 등이 참여하는 식전행사를 보다가 청사를 빠져나왔다.

최근 지방자치가 활성화되면서 유적지나 지역 출신 위인을 선양하는 작업이 덩달아 활발해지고 있다. 통신사 관련 유적지를 부각하려면 부산시의 투자와 의지가 절실하다. 하지만 초량왜관의 위치가 어디인지조차 알 수 없는 게 현실이다. 유적지를 발굴하고 유지, 보존해 후손들에게 역사의 진실과 교훈을 전하려는 뜻이 모여야 가

능한 일이다.

이번 답사에서 일본인들은 단순히 기록으로만 역사를 대하지 않는다는 사실을 알았다. 대중이 알기 쉽도록, 접근하기 쉽도록 다양한 그림과 지도를 제작해 남겨놓았다. 통신사 연구에 혁혁한 성과를 거둔 게이오대학慶應大學의 명예교수 다시로 가즈이田代和生는 "국제관계는 구두약속으로 끝나는 것이 아니다. 반드시 기록으로 남겨둘 필요가 있다. 외교라고 하는 직무는 특히 고사故事와 선례를 소중히 여겨, 선례는 관습이 되고 그대로 법의 형태로 정착한다. 언제, 어디서, 누가, 어떻게 처리했는지 기록을 남겨두면 후에 같은 문제가 발생했을 때 발단에서 처리까지의 상세한 전말을 알 수 있다. 그것이 해결의 실마리가 되고, 또는 교섭을 유리하게 이끌기 위한 단서를 제공한다"라고 단언했다. 역사를 전공하는 이들, 아니 이 시대를 함께 살아가는 우리 모두에게 꼭 필요한 말이다. 그의 말이 새삼스럽게 가슴을 찌르는 이유는 무엇일까.

도요대학에 짐을 푼 후의 일로 하루는 기숙사에서 TV 프로그램을 시청하고 있었다. 다모리라고 하는 유명한 방송인이 오카야마현岡山県의 구라시키시倉敷市를 소개하는 프로그램이었다. 조선통신사가 거쳐 간 도시였다. 에도시대부터 메이지明治시대까지의 건물이 잘 보존되어 있었다. 제2차 세계대전의 전화戰禍도 피해간 탓에 마을의 모습이 온존했다. 더 감명 깊었던 것은 한 상인이 돈을 벌자 고향의 아름다움을 후손에게 전하겠다는 의지를 품고 마을을 정비했다는 것이다. 그 결과 지금은 매년 관광객 350만 명이 찾아온다고 한다.

우리는 어떠한가. 부끄러운 역사도 역사임을 잊어서는 안 된다.

초량왜관을 조선의 치부가 드러나는 장소로만 간주해서는 절대로 안 된다. 영화로운 역사를 강조하는 것도 중요하지만 우리가 보고 느끼고 깨달아야 할 부끄러운 역사도 후세에 전달할 의무가 있다. 역사의 교훈이라는 거창한 용어로 포장할 필요까지는 없겠지만, 역사를 모르면 언제가 또다시 치욕의 역사를 되풀이할 수 있다. 지역 단체장이 자신의 임기 중에 마무리할 수 있는, 또는 화려하기만 한 업적에만 신경 쓸 것이 아니라, 먼 훗날을 내다보고 조선통신사역사관이나 초량왜관, 동래부청 등의 유적지를 재단장했으면 하는 바람이다.

3 해신제를 지내며 출항의 안전을 기원하다 1

호환, 마마보다 무서운 바다

조선통신사역사관 옆의 영가대는 통신사가 출항을 앞두고 항해의 무사를 빌었던 곳이었다. 부산의 8대臺 가운데 하나다. 광해군 6년1614에 경상도 순찰사 권반權盼이 자성대子城臺 근처 해안에 선착장을 만들었는데, 해안을 파낼 때 생긴 토사가 작은 언덕을 이루자 여기에 8각의 정자를 세웠다. 광해군 16년1624에 선위사 이민구李敏求, 1589~1670가 권반의 본관인 안동의 옛 이름이 영가永嘉인 데 착안해 '영가대'라고 이름 붙였다.

통신사 일행은 해신제를 지내기 전에 서약서를 쓰고 신에게 맹세했다. 삼사부터 군인, 서리書吏, 하인, 뱃사람이 모두 서약서에 이름을 올렸다. 승선하는 인원은 이틀 동안 행동을 조심했다. 목욕재계하고 술, 담배를 끊었다. 신이 싫어하는 고기, 파, 마늘 등도 입에 대지 않고 가무를 삼갔다. 초상에 문상하거나 문병도 자제하는 등 밤낮으로 몸가짐을 가지런히 했다. 부정 타는 행위는 일절 금지했던

영가대. 조선통신사역사관 옆에 있다. 통신사는 출항 전 영가대에서 항해의 무사를 빌었다. 당시만 해도 바다를 건넌다는 것은 목숨을 건 일이었다.

것이다.

고위 역관은 왜관으로 들어가 재판왜 등을 만나 출항하는 날짜를 논의했다. 일정이 정해지면 종사관은 새벽에 관원들을 거느리고 영가대로 걸음을 옮겼다. 언덕 길이가 10여 길이나 되는 높은 곳에 웅장한 누각이 솟아 있었다. 남쪽으로는 멀리 절영도가 희미하게 자태를 드러내고, 서쪽으로는 개운포開雲浦와 두모포가 내려다보이는 절경지였다.

영가대 앞에 3단짜리 제단이 꾸며져 있었다. 상단에는 신위神位를 모셨는데, 위패位牌에 '대해신위'大海神位라고 썼다. 중단에는 제물을 진설하고 향로와 향을 놓았다. 하단에서는 술을 따르는 헌관獻官과

집사가 일을 맡아보았다. 그 아래로 제관祭官 이하 집사들이 나열했다. 주위에 포장布帳을 둘러쳤는데, 바다신이 출입할 문을 만들어놓았다.

새벽 한 시가 되면 통신사는 검은색의 단령團領으로 갈아입었다. 검은 사모에 은띠를 두르고 제단으로 나아가 해신에게 제사를 올렸다.

이도희 굉장히 격식을 갖춘 제사였군.

서인범 그렇고말고. 제문을 쓸 때도 정성을 다했지. 문장으로 명성을 떨쳐 제술관에 선발되어 일본에 들어갔던 신유한申維翰, 1681~1752의 제문을 소개할게.

"저희는 사신의 임무를 띠고 일본에 갑니다. 일본은 1만 리 길로, 바다 밖의 오랑캐 땅입니다. 저 날뛰고 교활한 것들을 회유시켜, 평화로이 좋게 지내려고 사신이 자주 왕래했습니다. 임금께서 친히 국서를 주시고 신에게 명해 폐백幣帛을 보내셨습니다.

나라가 이웃과 평화로우면 신神도 경사로울 것입니다. 이에 박한 제물 차려놓고 정성껏 비나이다. 신이여 훤하게 살피시고 차분히 옆에 있어주시며, 은혜를 내리고 민망히 여겨 우리를 잘 가도록 빨리 바람에 명령하소서. 아름다운 상서를 내려주어 편리한 바람 따라가고, 사납고 지친 바람 없게 하면 고래가 두려워하고 악어가 도망갈 것입니다. 계수나무 구름돛으로 순식간에 건너가면 임금의 위엄을 떨치게 되고 나라의 신의를 펴게 될 것입니다. 예禮가 끝나고 일이 잘되어 날짜를 손꼽아 돌아오면 신과 사람이 서로 기뻐 큰 복이 번창하리다. 이 행차의 일이 잘된 것을 어디선들 잊겠습니까. 살찐 희생犧牲과 맑은 술잔에 제수祭需가 향기롭습니다. 강림해 흠향하시고 신령의 감응이 나타나기를 공손히 바라나이다."

제사를 마치면 맑고 구름 한 점 없는 새벽하늘에 별과 은하수가 찬란했을 것이다. 그 아래 바다와 산이 아름다움을 다투었으리라. 뱃사람들은 오늘 제사로 신이 취하고 배불렀을 것이라며 떠들어댔다. 불안을 애써 억누르고 싶은 간절한 몸부림이었다.

신유한이 해신제를 지냈을 때 이런 일도 있었다. 해신제를 준비하며 목욕재계한 신유한이 꿈을 꿨는데, 훌륭한 장부가 나타나 '유'酉 자를 크게 써 보였다. 잠에서 깨어난 신유한은 꿈이 괴이하다고 여겼다. 점치는 자에게 자신이 태어난 해의 간지干支가 '신유'辛酉인데 이런 꿈을 꿨다고 얘기하자 상서로운 징조라는 답이 돌아왔다. 그 후 일행의 배는 공교롭게도 '신유辛酉일'에 순풍을 만나 출항했고, '계유癸酉일'에 오사카에 도착했다. 돌아올 때 쓰시마에서 신유한은 동료들에게 정월 6일에 부산에 도착할 것이라고 은근히 얘기했다.

과연 그의 말대로 순풍을 만나 정월 6일인 '계유일'에 부산에 도착했다. 모든 동료가 신기해했다. 신유한은 용부龍府의 어른이 글자를 써서 자신에게 알려주었기 때문이라며 특이한 일이라 여기고는 기록으로 남겼다.

통신사만이 아니라 연행사도 선사포에서 배를 띄우기 전 해신제를 거행했다. 배를 타본 적이 없는 양반 출신 관료들은 목숨을 담보해줄 존재로 해신을 찾을 수밖에 없었다. 그 신이 해신이든 중국에서 신봉하는 '천비'天妃이든 상관없었다.

영가대는 어디에

영가대에서 제사 지내는 모습을 상상하고 있는데, 김한근 소장이 나를 불렀다. 그는 영가대의 실제 터는 이곳이 아니라 서면시장 끝에 있다고 설명해주었다.

아! 이렇게 허무할 수가 있나. 안내판을 다시 보니 원래 영가대는 범일동의 성남초등학교 서쪽에 있었는데, 철도 부설공사로 소실되었으며, 2003년 현재의 위치로 옮겼다는 내용이 적혀 있었다. 김한근 소장의 안내로 다시 실제 터를 찾아갔는데, 어느 집 앞에서 걸음을 멈추었다. 영가대 터에 울타리를 치고 문을 달았는데, 이 집의 주인이 그 열쇠를 가지고 있다는 것이었다. 문을 두드렸으나 인기척이 없어 잠시 기다렸다. 주인이 외출 중인 듯해 혹시나 하는 마음에 문을 밀치니 열리는 것이 아닌가. 문 안쪽은 사람의 손길이 닿지 않은 듯 잡풀로 무성했다. 밭 한쪽에 이곳 주민들이 돈을 내어 세웠다는 비석이 있었다.

신유한은 영가대를 부산성 서쪽 바닷가에 있다고 기록했다. 일제강점기에 해안을 매립해 당시의 흔적을 찾기가 쉽지 않았다. 1951년에 뜻있는 주민들의 성원이 없었다면 아예 역사 속에서 지워져버렸을 것이다.

실제 영가대 터(왼쪽)와 기념비. 철도를 놓느라 실제 영가대는 터만 남았다. 문화재 보존의 측면에서 아쉬운 부분이다.

김한근 소장은 통사 현덕윤玄德潤, 1676~1737이 역관의 숙소를 개축하고 호슈를 기려 이름 붙인 성신당誠信堂과 초량왜관 터를 안내해주었다. 저녁에는 우리나라의 유적지 보존에 대한 실망감을 안주 삼아 해물찌개를 먹으며 소주를 들이켰다.

4 닻을 올리고 돛을 펼치다 1

드디어 배가 뜨다

자명종이 요란하게 울려 눈을 떴다. 아직 새벽이었지만 짐을 주섬주섬 챙기고 2층 식당으로 내려갔다. 하룻밤 묵은 곳은 일본계 호텔 토요코인이었다. 일본 전역에서 쉽게 찾을 수 있는 중저가의 호텔이다. 어느 사이엔가 우리나라에도 지점이 여러 개 생겼다. 호텔뿐이랴. TV를 틀면 일본계 대부업체 광고를 쉽게 접할 수 있다. 다양한 잡화를 저렴하게 살 수 있는 일본계 1,000원 샵과 싸고 실용적인 옷을 파는 일본계 의류매장이 우리나라 곳곳에 진출해 있다.

부산역 근처에도 토요코인이 있다. 접근이 편리하고 가격이 저렴해 이용하는 사람이 많다. 일본에서 쌓은 호텔경영 노하우가 있으니 손님 떨어질 틈이 없어 보였다. 세계화시대에 특별하거나 잘못된 일은 아니지만 일본의 거대자본이 우리나라에 들어와 또 그만큼 거대한 돈을 가져간다는 게 새삼 놀라웠다.

조선시대 때도 비슷한 일이 있었다. 초량왜관에서 일본과 무역할 때 간혹 조선 상인이 일본 상인에게 빚을 졌는데, 이를 노부세라고 했다. 결과적으로 일본 자금이 유입된 것이다.

호텔에서 체크아웃을 하고 부산역 근처로 갔다. 아직 7시도 되지 않았는데 그곳의 식당들도 사람들로 가득했다. 배의 출항시간에 늦지 않으려고 발걸음을 돌렸다. 부산역을 가로질러 부산항 국제여객터미널로 걸어갔다. 거대한 건물이 인상적이었다. 다양한 여객선이 정박해 있었다. 예전에 우리나라 사람들이 쇼핑하러 쓰시마에 간다는 뉴스를 본 적 있었다. 그 기억이 나 관광객들을 유심히 살펴보았다. 대부분 중년의 남녀였다. 낚싯대를 든 중년 남성, 친구와 재잘대며 휴대폰으로 사진을 찍어대는 여학생, 한 묶음의 여권을 들고 서두르는 가이드 등 각양각색의 사람들이 모여 있었다.

우리가 탈 배는 오션스 플라워 제2호로 쓰시마 이즈하라嚴原행이었다. 원래 통신사는 쓰시마의 사스나우라佐須奈浦나 와니우라鰐浦를 향해 출항했다. 우리는 일정 관계상 쓰시마번주가 집무를 보던 후추府中로 곧장 가기 위해 이즈하라행을 택했다. 매표소 옆에서 미리 주문한 와이파이 공유기를 넘겨받았다.

오션스 플라워 제2호는 배 밑으로 공기와 바닷물이 통할 수 있게 설계된 독특한 형태의 배였다. 날씬하게 빠졌다. 누가 봐도 속도를 낼 수 있는 모양이었다. 2층은 일반석이고, 3층은 우등석이었는데, 드문드문 빈자리가 눈에 띄었다. 벽면에 붙은 안내판을 보니 825명이 탈 수 있었다. 4,114톤의 거대한 배로, 최대 속력은 30노트, 이즈하라항까지 2시간 10분이면 간다고 한다.

김상일 와! 정말 큰 배입니다. 통신사가 탄 배는 크기가 어느 정도였죠?

서인범 사료에 정사 홍계희가 타고 간 배의 크기가 기록되어 있는데, 길이가 34미터, 폭이 11미터였어요. 지금으로 치면 200톤 정도의 크기입니다.

사신들이 똑같은 배를 탄 것은 아니다. 정사들이 탄 배의 경우 길이 40미터, 폭 6.4미터로 추정된다.

당연한 얘기지만 오션스 플라워 제2호는 넓고 안락했다. 뱃멀미도 걱정할 필요가 없었다. 통신사가 탄 목선과 비교할 수 없으리라. 출국수속을 마치고 8시 20분이 되자 배는 서서히 바다로 미끄러져 들어갔다. 바닷바람이 싱그러웠다. 한 달여를 부산에서 체류하던 통신사도 신선한 바닷바람을 맞으며 기분이 상쾌해졌을 것이다. 바다의 물결은 잔잔한 편이었다. 배 꽁무니에 달린 태극기가 바람을 못 이겨 펄럭이다가 이내 휘감겼다. 그 풍경을 보며 이도희와 대화를 나눴다.

이도희 이 배 한 척에 800명이 넘게 탄다니 신기하네. 통신사는 아무래도 여러 대의 배에 나눠 탔겠지? 목선에 사람이 많이 타기 힘들 테니까 말이야.

서인범 정확한 지적이야. 제1차와 제12차 파견 때는 네 척, 제2~11차 파견 때는 여섯 척에 나눠 탔어. 정사, 부사, 종사관이 각각 한 척씩 나눠 타고, 나머지 세 척에는 식량과 복물卜物, 즉 장군에게 줄 예물을 실었지.

이도희 나름 규모 있는 사절단이었네. 그러면 인원은 총 몇 명이었어?

서인범 대략 300~500명 정도였어. 역관, 제술관, 군관, 소동小童, 마상재, 화공, 의원, 격군格軍, 노를 젓는 사람 등으로 구성되었지. 재미있는 건 악대도 타고 있었다는 건데, 30~50명이나 되었다고 해. 단 순조 11년1811에 파견한 역지통신 때는 그 성격상 350명을 초과하지 않도록 했어.

이도희 300~500명이 여섯 척에 나눠 탔는데, 지금은 800명이 한 척에 타다니, 기술의 발전이 놀랍군. 그러면 시간은 얼마나 걸렸어? 연행사들이 북경에 다녀올 때는 5개월 정도 걸렸다고 본 기억이 나.

서인범 북경보다 에도가 훨씬 멀어. 대략 6개월에서 8개월 정도 걸렸다고 해. 길게는 1년까지 걸린 적도 있지.

이도희 하긴 통신사는 바다로 갔으니 시간이 꽤 걸렸겠구나. 어떤 길로 갔는지도 설명해줄 수 있어?

서인범 크게 구분하면 해로와 육로로 나눌 수 있겠지. 우선 해로를 알아보지. 통신사는 부산에서 배를 탔어. 그러고는 쓰시마나 시모노세키下関에서 혼슈本州와 시코쿠 사이의 해역인 세토나이카이瀬戸内海를 거쳐 오사카항으로 들어갔지. 여기에서 오사카성에 들렀다가 일본 배로 갈아타고 요도천淀川을 거슬러 올라가. 요도라는 곳에 도착하면 하선하는데, 여기부터 육로가 시작돼. 이제 교토, 나고야名古屋를 거쳐 에도로 들어가지.

눈코 뜰 새 없이 바쁜 정사관

지금이야 비행기든 배든 두 시간 정도면 일본에 도착하지만 조선 시대에는 길면 1년도 걸리는 길이었다. 중간중간 위험한 일도 많았는데, 특히 해로에서 나쁜 날씨 때문에 목숨을 잃는 경우가 종종 있었다. 당연히 통신사를 떠나보내는 가족들 마음이 좋을 리 없었다. 통신사가 출항을 앞두고 부산에 체류하고 있으면, 아내와 자식은 물론이고 친척들까지 동래에 모여 배웅했다. 가족과 작별할 때 슬픈 마음을 억누르느라 힘들어하지 않은 이가 어디 있겠냐마는, 임금에게 부여받은 임무가 막중해 겉으로 괴로움을 드러낼 수 없었다. 더욱이 한 번도 배를 탄 적이 없는 삼사와 원역들은 험난한 망망대해를 건널 생각에 정신이 아득해졌다.

종사관은 각 선박의 인원과 물품을 철저히 점검했다. 황당하게도 남의 이름을 사칭해 따라가려는 자를 적발한 적도 있었다. 검사가 시작되면 많은 이가 바닷물에 물품을 던졌다. 금법을 어기고 인삼과 비단을 숨긴 자들이 많았기 때문이다. 한 의원은 인삼을 약상자에 감추었고, 역관과 비장裨將의 종들은 인삼을 옷장 속에 감추었다가 발각되었다. 종사관은 죄의 경중에 따라 그들을 엄하게 처벌하고 물품은 몰수했다. 한번은 소동이 소량의 인삼을 소지하고 있다가 적발되었는데, 15세가 채 안 돼 태형笞刑으로 다스렸다.

식량 점검도 종사관의 몫이었다. 바다를 건널 동안 필요한 양식이 부족하면 즉각 조정에 요청했다. 필요한 만큼 잘 준비했어도 바람을 오래 기다리면 그동안 상당한 양을 먹어버리기 때문에 배가

「사로승구도」(槎路勝區圖)의 제1폭 '부산'. 1748년에 통신사를 수행한 화원(畵員) 이성린(李聖麟, 1718~77)이 그렸다. 총 30폭으로 부산에서 에도까지의 여정이 잘 묘사되어 있다. 그림이야 아름답고 여유롭지만 출항을 준비하는 통신사는 한시도 긴장을 놓을 수 없었다.

뜨기 전 식량을 점검하는 건 굉장히 중요한 일이었다. 보통 300석 정도를 마련했는데 한번은 닻을 올리기도 전에 100여 석을 먹어버린 적도 있었다.

종사관은 동물들도 챙겨야 했다. 예단마禮單馬 두 필, 마상재 말 세 필을 왜선에 싣고 매 70마리를 진상선 세 척과 쓰시마번의 배 한 척에 나누어 싣게 했다.

일행에게 노정 중에 지켜야 할 사항을 공지하고 지킬 것을 다짐받는 일도 종사관이 반드시 챙겨야 할 일이었다. 만 리 길의 괴로움을 함께할 것, 대소인원大小人員은 일체 술을 마시지 말 것, 종들은 말을 고르지 말 것, 유곽에 드나들지 말 것, 아무 곳에나 침을 뱉지 말 것, 대소변은 반드시 정해진 곳에서 눌 것 등이었다.

주로 예의범절에 관한 것이었는데, 일본의 엄격한 상하관계를 의

식한 것이었다. 특히나 천하가 우리나라를 예의의 나라라고 칭찬하고 공경하며 존중하는데, 몇 명의 일탈로 비웃음을 산다면 얼마나 창피한 일이겠는가. 한번은 쓰시마번주가 역관에게 글을 보내 주의할 사항을 알려주기도 했다. 술에 취해 문이나 기둥에 흠집을 내거나, 돗자리나 병풍을 베어내거나, 벽에 침을 뱉거나, 오줌을 계단에 누는 행위 등을 금지해달라는 것이었다. 바꿔 말하면 조선인이 이런 일들을 저질렀다는 얘기다.

이처럼 배가 뜨기 전에는 식량부터 예의범절까지 신경 써야 할 게 많았다. 그래도 해신제를 마칠 즈음이 되면 수십 명의 쓰시마 금도禁徒, 통사, 사공沙工 등이 배 점검을 마친 상태였다. 이때 간혹 일본이 재미있는 요구를 해와 이를 반영하기도 했다.

종사관 이번에 일본 측에서 우리가 타고 가는 배에 비단을 두르라고 요구했다는 말을 들었습니다. 무슨 일인가요?

정사 필 음, 보통 통신사가 타는 배는 수수하기 마련이야. 그런데 오사카에 도착하면 수심이 얕아 일본 배로 갈아타는데 그 배가 정말 화려했어. 당연히 통신사가 탄 배는 초라하게 보였지. 장군의 권위를 세워주러 온 통신사가 초라하게 보이면 그들 처지에서는 난감하지 않았겠어? 그래서 배에다 비단을 둘러달라고 요구해온 거지.

한번은 쓰시마번 측에서 통신사의 배에 붉은 난간을 세우고 그 좌우로 붉은 비단장막을 쳐달라고 요청했다. 선판船板에는 청룡을 그려 넣어 일본인들이 눈을 동그랗게 뜨고 볼 수 있게 해달라고도

▲**「신행도해선도」(信行渡海船圖)**. 진재(眞宰) 김윤겸(金允謙, 1711-75)이 그린 것으로 배를 타고 바다를 건너는 통신사의 모습을 생동감 있게 그렸다.

▼**2018년 국립해양문화재연구소가 실제 크기로 복원한 통신사선**. 길이 34미터, 너비 9.3미터, 높이 3미터, 돛대높이 22미터에 이른다.

했다. 조정이 이를 수락하자 임금이 동래부사에게 배를 요청 대로 꾸미라고 명했다. 동래부사는 배에 붉은 비단장막을 치고 안에는 판옥板屋 12칸을 설치해 포주庖廚와 창고, 앉는 곳, 눕는 곳, 잠자는 곳, 밥 먹는 곳을 갖췄다.

사신이 타는 배는 보통 깃발로 구분했다. 정사는 청색 깃발에 적색으로 '정'正 자를, 부사는 황색 깃발에 백색으로 '부'副 자를, 종사관은 적색 깃발에 백색으로 '종'從 자를 써넣었다. 예물을 실은 배에 단 깃발은 삼사가 승선하는 기선의 깃발 색과 구분되는 색으로 달아 왜인들이 기선과 복선을 곧바로 판별할 수 있도록 했다.

본래 기선과 복선은 풀로 엮은 자리돛을 사용했다. 막부는 통신사가 에도를 왕래하면서 극히 볼품없는 자리돛을 사용하자 무명돛으로 대체하라고 요구했다. 조정에서는 돛의 색과 모양이 왜인이 지시할 바는 아니라며 거절의사를 표했다. 하지만 임금이 배를 건조하는 통영統營 및 경상좌수영과 논의해 시행하라고 명했다.

돌아와요 부산항에

통사왜通事倭 두 명, 금도왜禁徒倭 두 명, 사공왜沙工倭 두 명, 하왜下倭 두 명이 각 배에 분승했다. 배 위에 청도기淸道旗, 순시기巡視旗 등을 세우고 풍악을 울렸다. 포를 쏘아 출항을 알렸다. 닻줄을 풀고 배를 출항시켰다. 북과 피리소리가 요란했다. 쓰시마번주가 보낸 배들이 통신사의 배를 앞에서 인도했다. 선원 중에는 동래와 부산 사람이 많았다. 배웅하는 그들 처자의 울음소리가 끊이지 않아 그 광경이 서글펐다.

쓰시마번주는 통신사가 부산을 출항한 사실, 쓰시마 도착 예상일시, 통신사 일행의 명부를 에도에 통지했다. 통신사가 출항하기 전에 말과 매는 이미 쓰시마에 도착했다. 보고받은 막부는 연회를 베풀어야 할 각 지역의 다이묘들에게 통신사 행차 사실을 통보했다.

내가 탄 오션스 플라워 제2호는 통신사가 탄 배와는 비교할 수 없을 정도로 최신형 배였다. 거친 파고도 미끄러지듯이 넘어갈 듯했다. 그런데 부산 앞바다를 빠져나갈 때까지도 속도를 내지 않았다. 의아하게 생각하던 찰나 안내방송이 나왔다. 이 배는 물을 흡입, 분사하는 방식으로 나아가는데, 네 개의 엔진 중 하나에 이물질이 들어가 제 속도를 내지 못한다는 내용이었다. 따라서 도착이 30분 정도 지연된다고 했다. 우리가 해신에게 제사를 지내지 않아서였을까?

5 물마루를 넘어 쓰시마로 2

고개를 넘는 듯해 붙여진 이름 물마루

해신제를 지내고 출항한 통신사의 배도 순조롭게 쓰시마에 도착한 것은 아니었다. 쓰시마에 도착하려면 북동풍이나 북서풍이 불어야 했다. 정사 필이 탄 배는 출항하고 얼마 지나지 않아 동풍을 만났다. 바람이 크게 불어 배를 흔들고 거센 물결이 하늘로 치솟았다. 뱃사공이 중심을 잃어 배가 일순 기우뚱했다. 배가 솟을 적에는 하늘에 닿는 듯하고, 꺼질 적에는 구천九泉으로 떨어지는 듯했다. 배를 때리다가 부서지는 파도가 흩날리는 눈 같았고, 갑판으로 쏟아지는 격한 물결이 장대비 같았다. 얼마나 항해했을까? 키가 부러졌다며 난리가 났다. 준비해온 예비키로 대체했으나 얼마 못 가 또다시 부러졌다. 키 없는 배는 제자리를 빙빙 맴돌기만 했다. 배에 물이 차 갑판에 스밀 정도였다. 예물과 짐이 몽땅 젖었다. 그릇은 떠내려가 남은 것이 없었다.

바람이 겨우 진정될 무렵 물마루[水宗]를 지나게 되었다. '마루'

라고 이름 붙었으나 물론 고개가 있는 것은 아니다. 큰 바다 한가운데 물살이 세차게 부딪치는 곳이 있어 이렇게 불렀다. 멀리서 바라보면 물살이 서로 부딪치며 솟아올라 마치 언덕 같았다. 배가 물마루에 도달하자 바람의 기세가 더욱 사나워졌다. 산처럼 거대한 파도 탓에 배가 몹시 흔들렸다. 다른 배를 흘깃 바라보니, 떠오르면 배 바닥이 드러나고 가라앉으면 돛대 끝이 보였다. 배 안의 사람이 모두 어지러워 토하고 격군도 노 사이에 쓰러져 정신을 잃었다. 왜인들도 놀라 가슴을 쳤다. 사람들이 "물마루는 위험해 거의 고개를 넘는 것 같다"라고 웅성거렸다.

종사관 황호는 물마루에 도달한 소감을 기록으로 남겼다. '물결이 만 가지 형상으로 용솟음치고 가없는 푸른 바다는 쓰시마의 앞바다와 견주어 10배나 되며 그 사이에 한 점의 섬도 없다'며 두려워했다.

종사관 바람과 파도가 너무 거세 정말 죽겠구나 싶습니다. 엎친 데 덮친 격으로 물마루를 지나야 한다니 정말 해신에게 빌고 싶은 심정이네요. 이전 통신사는 이곳에 이르면 제사를 지냈다고 하더군요.

정사 필 그렇게 했지. 신에게 치성을 다해야 한다며 밥을 짓고 국을 끓였네. 그리고 갑판에 깨끗한 널빤지를 깔고 절을 했어. 쌀 한 섬을 돛대 밑에 놓고 바다에 뿌리며 이곳을 무사히 빠져나가게 해달라고 빌었네.

종사관은 격군들을 재촉해 쉬지 않고 노를 젓게 했다. 그렇게 간

「해동지도」(海東地圖)**의 '대구부'**(大邱府). 오른쪽 아래 쓰시마가 그려져 있다. 1750년대 초에 그려진 「해동지도」를 보면 쓰시마가 마치 조선의 땅인 것처럼 표시되어 있다. 지리적으로나 정치적으로나 매우 가까운 쓰시마에 가기 위해서는 바다의 언덕, 즉 물마루를 지나야 한다.

신히 물마루를 빠져나왔다. 조수가 물러가자 배가 빨리 나아갔다. 배 안의 사람들이 환호성을 질렀다. 날이 저물자 붉은 해가 서쪽으로 잠기는데 금빛 노을이 황홀하게 불탔다. 달이 동쪽 바다에서 구름을 헤치고 솟아올랐다. 사방은 아득하기만 하고 수평선이 지워져 파도가 맑은 하늘에 떠 있는 듯했다.

일본 연구자들은 이 물마루를 조선과 일본의 해양경계라고 하는데, 정작 선원들에 따르면 물마루는 여러 개가 있기 때문에 경계로 삼기 어렵다고 한다.

쓰시마가 모습을 드러내다

새벽에 일어난 탓에 그만 깜빡 졸았다. 힘은 산을 뽑을 만하고, 기개는 세상을 덮을 만한 항우項羽도 이길 수 없는 게 눈꺼풀이다. 배는 포말을 내뿜으며 부드럽게 나아갔지만 중간중간 요동치기도 했다. 약간의 멀미를 느꼈다. 선조들이 두려움을 느낀 물마루를 두 눈으로 확인하고 싶었으나 망망대해에서 확인할 방법이 없었다. 김상일 교수가 나를 툭 쳤다. 쓰시마라며 잠을 깨웠다. 부스스한 얼굴로 일어나 카메라를 들고 창가 쪽으로 가 섬의 전경을 찍었다. 일자 형태의 기다란 섬이 수목으로 덮여 있었다.

선원들이 우등석인 3층의 여객부터 하선하도록 안내했다. 시골스러운 입국장에서 일본인이 통과하는 줄에 섰다. 이즈하라항 왼쪽은 산으로 중턱까지 집들이 들어서 있었다. 평화로운 항구 도시였다.

6 조선과의 관계를 생명처럼 여긴 쓰시마번 2

일본보다 한국에 더 가까운 쓰시마

고치대학高知大學의 다니구치谷口 교수가 숙소로 금석관金石館이라는 여관을 예약해주었다. 그 이름이 종씨宗氏의 저택에서 따온 듯했다. 이즈하라항에서 500미터도 떨어져 있지 않았는데, 가는 길에 이즈하라가 통신사와 관련이 깊다는 사실을 단번에 알게 되었다. 건물 벽면에 역지빙례易地聘禮 200주년을 기념해 「조선통신사행렬도」를 그려 넣었기 때문이다.

여관에 짐을 맡기고 나오니 앞으로 폭이 4~5미터 정도 되는 냇물이 유유히 흐르고 있었다. 맑고 투명한 물에 자그마한 물고기들이 유영하고 있었다. 마을을 산이 앞뒤로 감싸고 있어 편안한 느낌을 주었다. 막부가 통신사를 맞이한 장소, 막부의 사신이 머문 객관 등을 비석으로 일일이 표시해놓았다. 고대부터 중세까지 중국으로 건너가는 이들의 기항지였기 때문에 크고 작은 유적지가 많았다.

쓰시마는 남북으로 길게 늘어진 형태의 섬이다. 길이는 82킬로미

쓰시마의 이즈하라항. 산으로 둘러싸여 있어 고즈넉하다. 드나드는 관광객의 수에 비해 규모가 작아 놀랐다.

터, 폭은 18킬로미터로 우리가 하선한 이즈하라항이 있는 하도下島와 가미쓰시마정上対馬町 등이 있는 상도上島로 나뉜다. 쓰시마 최북단에서 부산까지는 대략 53킬로미터, 후쿠오카현福岡県 텐진天神까지는 대략 123킬로미터다. 지리적으로 한국이 더 가까운 셈이다. 후쿠오카현 소속이 아니라 나가사키현長崎県 소속이라는 점도 흥미롭다. 쓰시마는 95개의 섬으로 구성되어 있는데, 이 중 90퍼센트의 섬은 산악지대로 논과 밭이 적어 농업만으로는 생계를 유지하기가 어렵다. 예로부터 물고기와 소금을 팔아서 생계를 유지했는데 가난을 면키 힘들었다. 미곡이 부족해 이키시마壱岐島나 사가현佐賀県, 나가사키현 등지에서 공급받았다. 조선에서도 막대한 양을 공급받았다.

통신사가 쓰시마에 왔음을 알리는 비석. 길 곳곳에 막부가 통신사를 맞이한 장소, 막부의 사신이 머문 객관 등을 알리는 비석이 세워져 있었다.

조선에 도항하는 자들은 예외 없이 쓰시마번주가 발행하는 도항증서를 휴대해야만 했다. 그가 조선과의 무역권을 독점했기 때문에 도항을 철저히 통제했던 것이다. 에도시대의 소 요시토시, 소 요시나리宗義成, 1604~57, 소 요시자네宗義眞, 1639~1702의 제1~3대에 걸친 치세에 기반을 다졌다. 소 요시토시는 중신 야나가와 시게오키柳川調興, 1603~84와 외교승 겐소를 앞세워 조선과의 교섭을 진행했고, 통신사가 일본으로 건너가는 데 혁혁한 공을 세웠다. 이후 에도 막부는 소씨宗氏를 공식적으로 조선과의 외교를 책임지는 다이묘로 인정했다. 1609년에는 조선과 기유조약을 체결해 무역을 재개했다. 막부는 고쿠다카石高, 행정구역의 경제력을 쌀 생산량으로 환산한 것 2만 석에 불과한 쓰시마번의 가격家格을 조선과의 외교를 담당케 할 목적으로 10만 석으로 높여주었다. 그렇다면 조선과 쓰시마번의 관계는

왼쪽부터 소 요시나리, 소 요시자네, 제4대 쓰시마번주
시쓰구(宗義倫, 1671~ 94), 제11대 쓰시마번주 소 요시카
13대 쓰시마번주 소 요시카타(宗義質, 1800~38). 이들
번주는 조선과 일본을 중재하는 막중한 임무를 맡고 있었

실제로 어떠했을까?

종사관 막부가 쓰시마번주를 특별하게 대하는 건 확실한 듯합니다. 그렇다면 조선은 쓰시마번주를 어느 정도로 대우했나요?

정사 필 간단히 말해 한 고을 정도로 보았지. 번신藩臣으로 여겼다네.

종사관 그렇다면 이를 서계에서 확인할 수 있겠네요.

정사 필 자네 말이 맞아. 쓰시마번주에게 서신을 보내는 이는 예조참의였어. 쓰시마번주를 '족하'로 표기했지. 후에 쓰시마번이 막부의 통치하에 완전히 편입되었을 때는 '일본국대마주태수습유평공각하'日本国対馬州太守拾遺平公閣下라고 썼네. 쓰시마번주는 '조선국예조참의대인합하'朝鮮国礼曹参議大人閣下라고 명기했지.

예조참의는 쓰시마번주를 족하로, 쓰시마번주는 예조참의를 대인大人으로 호칭했다. 삼사에게도 자신을 족하라고 칭했다. 사실 일본 전국을 평정하기 전까지만 해도 막부는 쓰시마번에 관심을 기울일 여유가 없었다. 그때는 조선이 쓰시마번을 관할하고 있어 이러한 호칭이 성립할 수 있었다.

어떻게 부를까, 어떻게 대할까

쓰시마번주가 통신사를 영접한 후추는 높은 산으로 3면이 에워싸인 형국이었다. 통신사는 하선할 때 관대冠帶를 갖추고 국서를 받들었다. 날이 어두워지자 등불로 앞을 밝히고 연안을 따라 걸어갔다. 여염閭閻마다 모두 등불을 달아 길을 밝혔고 구경하는 사람들이 길가를 메웠다.

숙소에 들자 쓰시마번주가 술과 밥을 보내 요기했다. 숙소는 온돌방이었는데, 통신사의 행차를 위해 특별히 만든 것이다. 쓰시마번주는 숙소를 개조하기 위해 막부에 5만 냥을 빌렸다. 한번은 후추에 화재가 발생해 저택 1,718채, 배 네 척, 다리 여덟 곳이 불탔던 적도 있었다.

하루가 지나고 날이 밝아 통신사가 아침 식사를 마칠 때쯤 쓰시마번주의 가신家臣이 예조의 서계와 조선국왕이 하사한 물품을 수령하기 위해 관사 앞에 와서 기다렸다. 삼사 등은 관대를 갖추고 대청에 나와 앉았다. 가신이 공복公服을 입고 조선국왕이 있는 북쪽을 향해 사배四拜했다. 쓰시마번주와 조선의 외교를 담당하는 이정암以酊庵의 장로가 예물을 받아 나갔다. 조금 지나자 장로는 가사袈裟 차림을, 쓰시마번주와 가신은 공복 차림을 갖추고 신을 벗은 채 관사로 들어와 서로 읍례揖禮했다. 이어서 삼사는 동쪽 벽에, 쓰시마번주 이하는 서쪽 벽에 자리 잡고 의자에 앉아 다례茶禮를 행했다. 상과 탁자들은 화려하고 사치스러웠다. 그릇들은 금, 은, 유리를 사용해 초목이나 날짐승, 길짐승이 살아 움직이는 형상으로 만들었다. 삼사는 술을 아홉 잔 마시고 간단히 식사한 후 평복으로 갈아입었다. 광대들이 나와 흥을 돋웠다.

이 과정에서 많은 일이 일어났다. 제술관으로 정사 조태억趙泰億, 1675~1728을 수행했던 신유한과 관련된 일화가 매우 재미있다. 쓰시마번 부교[奉行]가 식순을 소개하며 제술관이 두 번 절하면 태수

太守가 앉아서 답례할 것이라고 하자, 신유한이 이는 매우 거만한 짓이라며 태수가 일어서야 한다고 주장했다.

신유한이 규정을 지키려 하지 않자 이전의 관행을 준수하지 않는다며 부교가 역관을 힐난했다. 그러자 종사관이 중재했다.

"이 섬은 조선의 한 고을과 같다. 태수가 도장圖章을 받았고 조정의 녹을 먹으며 큰일이든 작은 일이든 명령을 받으니 우리나라에 대해 번신의 의리가 있다. 예조참의, 동래부사와 더불어 대등하게 문서를 교환하니, 즉 그 등급이 같은 것이다. 우리나라 법에 경관京官으로 일이 있어 밖에 나가 있는 사람은 존비를 막론하고 번신과 더불어 한자리에 앉아 서로 경의를 표하게 되어 있다."

어쩔 수 없이 쓰시마번의 규정을 따르게 된 신유한은 군관, 역관과 더불어 쓰시마번주의 면전 대신 허공을 바라보고 두 번 절했다. 미묘한 신경전이 벌어진 것이다.

통신사 일행의 규모가 워낙 크다 보니 이처럼 다양한 일이 벌어졌다. 시중드는 왜인들의 수도 헤아릴 수 없을 정도였다. 담배 피우는 기구만 챙겨 따르는 자도 있었다. 모두 말이 없었다. 구경하는 아이들까지도 줄을 맞추어 앉아 있었다. 이들도 종일토록 말하지 않았다. 반면에 통신사의 하인들은 아무리 금해도 떠드는 소리가 그치지 않았다.

만송원에서 찾은 쓰시마번주의 흔적

우리는 만송원万松院으로 발걸음을 옮겼다. 1615년 소 요시나리는 부친 소 요시토시의 명복을 빌며 송음사松音寺를 창건했는데, 이후 부친의 법호를 따서 만송원이라 개칭했다. 가나자와시金沢市의 마에다번前田藩 묘지, 하기시萩市의 모리번毛利藩 묘지와 함께 일본 3대 묘지로 꼽힌다. 1691년 불이 나 건물은 불타고 산문山門만 당시 형태를 유지하고 있다.

도로를 정비하는 아주머니의 친절한 안내로 만송원에 쉽게 도착했다. 만송원이라는 표지판을 찾아 그리로 걸어가니 대형 관광버스가 연이어 들어와 주차했다. 금석성金石城 터와 동쪽으로 흐르는 금석천金石川에 연해 들어서 있는 소씨의 거처를 보았다. 1528년에 소 마사모리宗將盛, 1568~1615가 이곳에 성을 조영했다. 동서로 400미터 가량 뻗은 크기였다. 이후 통신사를 맞이하기 위해 성곽으로 개조했다. 1659년과 1661년의 화재로 소실되었으나 이후 재정비한 후 금석성으로 불렀다. 이후 사지키하라桟原로 성을 옮길 때까지 150년간 쓰시마번주의 생활공간으로 쓰였다.

성터 내에 고종과 귀인貴人 양씨梁氏 사이에서 태어난 덕혜옹주德惠翁主, 1912~89와 제36대 쓰시마번주인 소 다케유키宗武志, 1908~85의 결혼식 관련 유적이 몇 개 있었다. 결혼기념비도 보였다. 1931년 덕혜옹주 부부가 쓰시마를 방문했을 때 이곳의 조선인 단체가 성금을 모아 비석을 건립했다고 한다. 덕혜옹주는 1925년 도쿄에 유학했고, 1931년 소 다케유키와 결혼했다. 당시 그는 쓰시마번주가

금석성 입구. 소 마사모리가 조영한 성으로 17세기 화재로 소실된 것을 다시 재정비했다. 이후 150년간 쓰시마번주의 생활공간이었다.

아닌 백작이었다. 정신병을 앓은 덕혜옹주는 1955년에 이혼했다. 1961년에는 38년간의 일본 생활을 청산하고 귀국했다. 1989년 78세의 나이로 한 많은 세상을 등졌다. 비문에는 "두 사람의 고난의 생애를 되돌아보면서 두 나라 민족의 진정한 화해와 영원한 평화를 희망한다"라고 쓰여 있었다.

관광객 일군을 이끌고 온 가이드가 덕혜옹주에 관한 장광설을 풀어냈다. 우리는 조용히 그 자리를 빠져나와 냇물이 흐르는 돌담을 따라 산 쪽으로 올라가 만송원에 도착했다. 그런데 대문이 굳게 닫혀 있는 것 아닌가. 헛걸음했구나 하며 실망하는 순간 입구라고 쓰인 간판이 보였다. 안도의 한숨을 내쉬며 가보니 나이가 지긋한 여성이 표를 팔았다. 300엔이었다. 한국 관광객들은 이곳을 찾지 않

만송원 입구. 소 요시나리가 부친 소 요시토시의 명복을 빌기 위해 지은 절이다. 쓰시마번주의 위세가 느껴질 정도로 규모가 컸다.

느냐고 묻자 큰 소리로 입장료가 있어서 그런지 안 온다며 서운한 표정을 지었다. 덕혜옹주도 중요하지만 조선시대 일본과의 중요한 역할을 담당했던 소씨의 무덤을 찾아보는 것도 큰 의의가 있을 텐데 하는 생각에 나도 아쉬웠다.

만송원에 들어가 숨을 고르고 산세를 살펴보니 굉장히 뛰어났다. 산 전체가 화분 같다는 이도희의 말에 수긍했다. 산 양쪽으로 석등을 무수히 설치해 소씨의 위세를 충분히 직감할 수 있었다. 본당으로 들어가는 한편에 돌로 만든 간고諫鼓가 설치되어 있었다. 상단은 태극 모양 세 개가 감싸 도는 형태였고, 하단은 용을 부조浮彫해 넣었다. 일종의 신문고라 할 수 있다. 안내판을 읽어보니 "영주에게 간언하려고 하는 사람들이 울리게 하려고 설치한 북이다. 간고를 사용한 지 오래되었다. 간고 위에서 새들이 놀았다. 즉 간고를 사용할 필요가 없을 정도로 영주가 선정을 베풀었다고 한다"라며 쓰시마번주를 칭예했다. 필시 조선과의 교섭으로 조달받은 미곡을 백성들에게 시여해준 덕분이리라. 본당 내부에는 광해군이 보내준 삼구족三具足, 즉 향로, 화병, 촛대가 진열되어 있었다. 그 옆으로 도쿠가와막부 장군들의 위패가 안치되어 있었다.

본당을 지나 132개의 돌계단을 올라가자 돌로 만든 묘지가 가지런히 정돈되어 있었다. 묘지는 총 3단이었는데, 하단과 중단에는 쓰시마번주의 측실과 아이들의 묘지를, 상단에는 제19대부터 제32대까지의 역대 쓰시마번주와 부인, 아들들의 묘지를 놓았다. 본당 서쪽에는 소씨 일족과 출가한 사람들이 잠들어 있었다. 상단에 오르자 둘레 6~7미터, 높이 35~40미터에 이르는 거대한 삼나무가 위용을 자랑했다. 임란 이전에 심어진 것으로 수령은 대략 400년이라고 한다. 오른쪽 길로 더 올라가자 소 요시토시의 묘가 조성되어 있었다. 그의 아들 소 요시나리의 묘는 부조로 꾸민 탑이었다. 묘지에는 쓰시마번주의 정실을 부인이라 표기했다. 소 요시자네의 정실은 '경극부인'京極夫人, 소 요시나리의 정실은 '일야부인'日野夫人이었다. 경극이나 일야는 출신지를 의미한다. 조선에서도 종친과 관료 중 정3품 이상의 처를 부인이라 호칭했다. 조선의 외명부外命婦 품계를 의식한 조치였을까 하는 생각에 흥미로웠다.

소 요시토시는 임란 때 조선 침략의 선봉을 맡았다. 그러면서도 조선 침략이 무모하다고 생각해 정작 전투에는 적당히 발을 빼고 고니시 유키나가小西行長, 1555~1600 뒤에 숨어 전쟁 이후의 화평과

▲**만송원의 본당을 지나면 나오는 132개 돌계단.**
▼**돌계단을 모두 오르면 나오는 묘지.** 소씨 일족과 출가한 사람들, 쓰시마번주의 부인과 측실, 아이들의 묘지가 모두 있다.

전후처리에 고심했다고 한다. 그는 조선과의 평화 없이는 쓰시마번이 생존할 수 없다는 사실을 충분히 인지하고 있었다. 후에 서술하겠지만 조선국왕의 국서를 위조, 개찬改竄하면서까지 도쿠가와막부와의 외교를 성사시키려고 했다.

통신사 파견의 물꼬를 튼 겐소

삼나무 아래서 잠시 쉬고 있는 사이 한 아주머니가 올라왔다. 이야기를 나누어보니 쓰시마 원주민이었다.

서인범 안녕하세요. 저는 한국에서 통신사를 연구하는 학자입니다. 쓰시마에 오니 감회가 새롭군요. 몇 가지 여쭤보고 싶은데 괜찮을까요? 요즘 쓰시마 인구가 몇 명 정도 되는지 혹시 아시나요?

아주머니 안녕하세요. 요즘은 3만 2,000여 명 정도 됩니다.

서인범 생각보다 적군요. 많을 때는 6만 명이라 하던데요.

아주머니 많이 줄었어요. 젊은이들이 도쿄로 가버렸거든요. 쓰시마에서는 직업을 찾기 어렵기 때문이지요. 그래서 인구가 적어요.

담소를 마치고 만송원 근처의 역사민속관을 찾아갔더니 2017년 4월부터 2년간 재수축한다는 내용의 안내문이 붙어 있었다. 아쉬웠다. 그 앞에 있는 조선통신사기념비를 보고 통신사가 묵었던 서산사西山寺로 향했다. 조선과의 외교를 담당하던 겐소가 주석駐錫하던 사찰이다. 그는 쓰시마 할려산瞎驢山에 암자를 세우고 이름을 이

「사로승구도」의 제3폭 '서산사'. 그림처럼 바다에 접한 아름다운 절이었다.

정암이라 지었다. 겐소가 태어난 해가 정유년丁酉年이라 그렇게 지었다고 한다.

겐소는 1580년에 쓰시마에 들어와 서산사에 주석했다. 임란이 발생하기 전에 히데요시의 명을 받들어 소 요시토시, 시게노부 등과 함께 조선과 교섭하는 역할을 맡았다. 당시 일본은 명나라를 정벌하는 데 조선이 향도 역할을 하거나 길을 빌려달라고 요구했다. 도쿠가와막부가 들어서자 조선과의 수호修好를 일임받고, 1609년에 기유조약을 체결시켰다.

겐소는 통신사 파견을 중재하기 위해 조선에는 장군이 국서를 보내는 것처럼, 반면 장군에게는 조선이 국서를 보내는 것처럼 개찬했다. 내용도 조선의 뜻에 합하도록 위조했다. 후에 자세히 서술하겠지만 그가 죽은 후 일이 매우 심각해져 관련자들이 1635년에 장군 앞에서 심문받게 된다. 막부는 이 사건 이후 국서 개찬을 방지하

서산사의 안뜰. 황윤길을 수행한 이해룡이 글을 쓴 편액이 대웅전에 걸려 있다고 한다.

기 위해 이정암을 직접 관리한다. 막부는 교토 오산의 석학승碩學僧을 1년 기한후에는 2년 기한으로 쓰시마번에 파견했다. 이른바 이정암 윤번제輪番制의 확립이다. 이들 장로는 대조선외교의 제일선에 섰다. 유불儒佛의 교양을 익히고 한시漢詩, 필담에도 능통했다. 이정암의 장로는 막부에게 쓰시마번주보다 훨씬 신뢰할 수 있는 존재였다. 이들은 감찰, 외교서한 관장, 통신사 응대 및 수행의 임무를 맡았다. 1635년 11월 교토의 동복사東福寺 보승원宝勝院의 교쿠호 고린玉峰光璘이 최초로 이정암에 부임했다.

통신사 일행이 숙박했던 서산사는 관청에서 멀지 않은 곳에 있었다. 관청을 끼고 돌아 오르막길을 오르자 석축石築을 쌓고 나무와 꽃으로 정문을 단장한 사찰이 나왔다. 멋지고 아름다운 사찰이었다.

김성일의 시비. 1590년 일본에 파견된 김성일은 돌아와 보고하기를 일본은 조선을 침략하지 않을 것이라 해 이후 큰 비난을 받았다.

저 멀리 통신사의 배가 들어오는 모습이 한눈에 내려다보이는 자리였다. 최근에는 승려나 참배자들을 위한 숙박시설로 이용되고 있다. 주지는 아주머니들과 차모임을 하고 있어 좀처럼 얼굴을 밖으로 내밀지 않았다. 대웅전 편액扁額에 '만송산'万松山 세 자字가 쓰여 있다고 했다. 선조 23년1590 여름에 명필로 명성이 높던 이해룡李海龍이 사자관寫字官으로 정사 황윤길을 수행했는데, 그가 썼다고 한다. 하지만 주지를 보지 못해 확인할 수 없었다. 배달 온 도시락을 받으러 주지가 잠시 얼굴을 내비치긴 했는데, 금방 도로 들어가 버렸다. 겐소의 무덤과 통신사 유적에 관해서도 묻고 싶었는데 그러지 못했다. 겐소의 목상木像이 사찰에 안치되어 있다고 하는데 보지 못해 너무 아쉬웠다.

김상일 교수와 사찰 뒷산에 올라 무덤을 찾아보았으나 성과를 거두지 못했다. 다만 김상일 교수가 무언가를 발견했다. 부사 김성일의 시비詩碑로, 그의 제14대 후손들이 건립한 것이었다. 칠언절구七言節句로 뒤의 두 구句는 "극진한 접대와 환대에 만족하니 누가 주인이고 누가 객인지 묻지 마라"는 내용이었다. 주지와 찻잔을 마주하며 담소를 나누는 건 헛된 기대였나. 그나마 사찰 저 위로 매 한 마리가 활공하며 우리를 반겼다.

사찰과 신사에서 통신사의 흔적을 찾다

사찰을 나와 소씨 일족과 무가武家, 즉 사무라이들이 살았던 길을 걸었다. 산을 끼고 작은 냇물이 흘렀다. 맑고 깨끗한 물이 겨울인데도 얼지 않았다. 또다시 좁은 골목길로 들어서자 석축을 쌓은 집이 보였다. 첫눈에 무가의 저택임을 알 수 있었다. 옛 모습은 사라졌지만, 기반을 이루고 있는 돌은 당시의 영화를 알려주려는 듯 고풍스러운 형태를 유지하고 있었다. 전통적인 무가 저택의 풍모가 예사롭지 않았다. 나무들과 꽃들로 꾸며 편안하고 아늑하게 느껴졌다. 근처에서 한 할머니를 만났다. 김상일 교수가 "젊었을 때는 미인이셨겠네요"라고 말을 건네자 미소를 짓는데, 꼭 시골에서 밭매며 살아가는 한국 할머니의 얼굴이었다. 이런저런 이야기를 나누며 함께 걸었는데, 할머니의 발걸음에 맞추다 보니 천천히 걷게 되었다. 유유자적했다.

산 아래로 500미터 정도까지 무가의 저택들이 이어져 있었다. 담장은 카가미쯔미鏡積み, 즉 큰 석재를 적당한 간격으로 배치하고 그

무가의 집. 비교적 옛모습을 잘 유지하고 있었다. 돌담과 석축에서 오랜 세월이 전해졌다.

사이에 작은 돌들을 채워 넣는 방식으로 쌓았다. 쓰시마만의 독특한 방식이었다. 길이 끝나는 지점에서 유턴하자 소씨 가로家老의 저택과 고려문高麗門이 나타났다. 고려문은 유치원 정문으로 변해 있었다. 대로변에 쓰시마번의 가로 우지에氏江가 살던 저택이 있었는데 문이 굳게 닫혀 있었다. 이 일대가 온통 가신들의 저택이었다. 돌담이 사람 키보다 높았다. 정신없이 둘러보는 와중에 호슈의 서당을 그만 지나버렸다.

대신 백제 비구니 법묘法妙가 창건에 관계한 수선사修善寺를 둘러보았다. 일본에서 남작 작위를 받은 친일파 김학진金鶴鎭, 1838~1917이 직접 현판에 글을 썼다. 근처의 최익현 선생을 기리는 비석과 극명하게 대조되었다. 최익현 선생은 항일운동을 하다가 체포되어 쓰시마로 끌려와 단발을 강요당했으나 단식으로 저항한 끝에 순사했다. 이곳 유지들은 선생의 순절을 사모해 비석이 있는 곳에 유해를 모시고 제사를 지냈다.

얼추 답사를 마치고 장소를 옮기기로 했다. 일단 통신사의 숙소였던 원통사圓通寺에 가기로 했다. 관광안내소에서 택시를 세 시간 정도 빌리고 싶다고 하니 예약해주었다. 원통사는 상도와 하도의 중간 정도 지점인 미네정峰町에 있는데, 세 시간으로는 다녀오기 힘들다고 해 거금이 들었다. 그렇게까지 오래 걸릴 거리가 아닌데 이상하다 싶었다. 일단 택시에 타고 이동하니 그 이유가 곧 밝혀졌다. 도로표지판에 40~50킬로미터 속도로 주행하라고 쓰여 있었다. 우리나라였으면 최소 70킬로미터 속도로 달렸을 도로였다. 운전기사는 쓰시마에서 나고 자란 이로 이름은 마쓰다松田였다. 30대 후반 정도로 보였는데, 결혼하지 않았다기에 이유를 물으니 돈도 돈이지만 무엇보다 상대를 찾기 어렵다고 했다.

원통사는 소씨 일족의 원찰願刹이다. 입구에 눈길을 끄는 비석이 있었다. 통신사의 정사와 부사를 지낸 이예李藝, 1373~1445의 공적비였다. 그는 태조 때 울산군에서 아전으로 일했는데, 왜구에게 붙잡혀간 지울산군사知蔚山郡事 이은李殷을 따라가 정성껏 모셨다. 쓰시마에서 돌아오자 임금이 그를 가상히 여겨 아전의 역을 면제하고 벼슬을 제수했다. 이후 회례관回禮官과 통신사의 자격으로 쓰시마, 류큐琉球, 현재의 오키나와沖繩가 포함된 난세이南西제도의 남반부 등지의 피로인을 쇄환해왔다. 하지만 어렸을 때 왜구에 납치된 어머니와는 끝내 재회하지 못했다. 세종 초에는 쓰시마 정벌에도 참여했고, 세종 25년1443에는 명나라 사람 서성徐成도 구조했다. 그는 명나라 절강성浙江省의 군인으로 왜구에 포로로 잡혀 머리를 깎고 원통사에서 승려 생활을 하고 있었다. 이예는 피로인 500여 명을 쇄환해온 공로로 종2품의 동지중추원사同知中樞院事가 되었다. 쓰시마번 측에서 인정하는 그의 최대 공적은 조선과 쓰시마번의 '통교무역'通交貿易을 허가하는 조약을 체결시킨 것이다. 왜구를 진정시키고 쓰시마번과의 관계를 개선하는 데 크게 이바지했다.

그런 이예의 비석이 왜 하필 원통사 입구에 있을까? 비문에 따르면 제8대 쓰시마번주 소 사다시게宗貞茂, ?~1418가 죽자 이예가 왕명을 받들어 조문하러 후추로 들어가는 중에 원통사에 이르러 향을 피우고 제사를 지냈다고 한다. 이런 인연으로 비석을 세운 것이다.

본당 옆에 조성된 묘지에 조선 관련 인물이 잠들어 있을까 하고 찾아보았으나 없었다. 사찰을 뒤로하고 도요타마정豊玉町의 와다즈미신사和多都美神社로 향했다. 해신을 모시는 신사로 용궁 전설이 전해지고 있는 곳이다. 쓰시마는 대륙으로 이어지는 항로의 요충지인 까닭에 항해 수호신이나 무신武神 신앙이 깊이 뿌리내렸다. 특히 해신의 딸인 도요타마 히코노미코도豊玉彦尊를 중요하게 생각했다. 히코노미코도는 해궁海宮을 짓고 1남 2녀의 신神을 두었다. 쓰시마 주민들은 그를 항해 수호, 안산安産, 풍어 등에 영험을 발휘하는 친근한 신으로 떠받들었다.

관광객들이 탄 차가 길을 가득 메웠다. 바다에 두 개의 도리이鳥居가, 신사 앞에 또 두 개의 도리이가, 도로를 건너자마자 바다 쪽으로 또 하나의 도리이가 있었다. 아마 네 개가 주는 의미를 불쾌하게 생

▲**와다즈미신사의 도리이**. 총 다섯 개가 있다. 밀물 때면 도리이가 물에 떠 있는 듯해 신비하다.
▼**와다즈미신사**.

에보시다케에서 바라본 풍경.
아소만을 수놓은 섬 107개가 참으로 아름답다.
지금도 많은 관광객이 찾는 쓰시마의 명소다.

각해 다섯 개를 세운 것 같다. 밀물 때에는 도리이가 물에 떠 있는 듯한 신비로운 광경이 펼쳐진다. 마치 히로시마広島의 이쓰쿠시마 신사厳島神社를 연상시키는 멋진 장소였다. 입구 한쪽에 자매가 단팥을 넣은 빵과 아이스크림, 커피를 팔고 있었다.

사찰에서 나와 다시 택시를 타고 해발 176미터의 에보시다케烏帽子嶽를 올랐다. 도중에 멋진 광경이 나와 촬영 욕심에 차를 세우고 싶었으나 마쓰다 씨가 곧 전망대에 도착하니 조금만 참으라고 했다. 잠시 후 버스들이 잔뜩 주차된 곳에 택시가 멈췄다. 완만한 산길을 걸어 올라가자 전망대가 나왔다. 한국 관광객들이 사진을 찍느라 정신이 없었다. 사방을 돌아보니 아소만浅茅灣을 수놓은 섬 107개가 보였다. 신록의 산들, 양식장을 수놓은 흰색 부표들, 작은 점처럼 멀어지는 어촌들, 리아스식 풍광이 절경이었다. 저 멀리 점점이 흩어진 섬들이 다가오는 듯했다. 매 두 마리가 머리 위로 비상하며 소리를 질렀다. 표지판에 쓰시마에서 부산까지는 56킬로미터, 후쿠오카福岡까지는 140여 킬로미터라고 쓰여 있었다. 북동 방면으로 부산이 보인다는데 흐릿했다. 답사를 떠난 지 며칠이 되었다고 고국을 그리는지.

7 조선인의 심성을 간파한 호슈 2

조선과의 외교에 평생을 바치다

몸살기가 있어 일찍 잠을 청했다. 자정에 일어나 일기를 썼다. 그 날그날 기록을 남기지 않으면 잊어버려 게으름을 피울 수 없었다. 일기를 다 쓰고 느긋하게 아침을 맞았다. 식당을 갖추고 있는 여관이라 내려가보니 아주머니 혼자서 반찬을 만드는 듯 홀로 분주히 움직였다. 반찬이 셀 수 없을 정도였다. 잘게 썬 나물, 장아찌, 낫토, 계란말이, 날달걀, 야채가 입맛에 맞았다. 투숙객이 많지 않은 듯했다.

커피를 마시며 답사일정을 논의했다. 제일 먼저 제12차 파견에서 통신사의 객관으로 사용되었던 국분사国分寺를 찾기로 했다. 숙소에서 그리 멀리 떨어져 있지 않았다. 따분하리만큼 조용한 골목을 지나자 산으로 둘러싸인 사찰이 나왔다. 산문은 쓰시마 유일의 사각문四脚門으로 1807년 건립 당시의 형태를 그대로 보존하고 있었다. 사찰의 다른 건물은 화재로 소실돼 그 흔적을 찾을 수 없었다. 인기척이 없어 큰 소리로 사람을 불러보았으나 답이 없었다. 얼마나 지났을까, 차량 한 대가 마당으로 들어왔다. 아주머니가 내리기에 얼른 달려가 찾아온 사정을 말했다. 사찰에 공양물을 바치러 왔다는 그녀에게 주지를 불러달라고 부탁했다. 곧 밖으로 나온 주지에게 명함을 건네며 통신사와 국분사의 관계에 대해 묻자 객관은 불타 버렸고, 다만 공터가 통신사가 이용한 자리라고 간단히 설명해주었다. 산 쪽으로 묘지가 조성되어 있어 혹시나 하는 기대를 품고 일일이 살펴보았으나 통신사와 관련된 비석은 없었다.

국분사를 나와 호슈의 묘지가 조성된 장수원長壽院으로 향했다. 호슈는 조선에 우삼동雨森東으로 알려진 인물이다. 시가현滋賀県 다카쓰키정高月町, 현재의 나가하마시長浜市에서 의사의 아들로 태어났다. 18세에 에도시대의 대표적 유학자로 제5대 장군 도쿠가와 쓰나요시德川綱吉, 1646~1709의 시강侍講을 맡았던 기노시타 준안木下順庵, 1621~99의 문하생이 되었다. 후에 자세하게 서술하겠지만 그의 밑에서 통신사 접대규정을 개정한 아라이 하쿠세키新井白石, 1657~1725와 무로 규소室鳩巣, 1658~1734, 기온 난카이祇園南海, 1676~1751, 사카키바라 고슈榊原篁洲, 1656~1706 등 다섯 명의 준재가 학문을 갈고닦았다. 호슈는 스승의 천거로 제3대 쓰시마번주 소 요시자네의 가신이 되었다. 나가사키에서 중국어를 배웠고, 26세 때 쓰시마번에 부임했다. 늦은 나이인 36세에 초량왜관에 들어가 조선 관련 사무를 보며 조선어를 습득했다. 평생을 조선과의 외교와 무역에 전념했다. 쓰시마번주가 조선인삼을 밀수하는 등 위험한 정책을 펼치자 불만을 표하고는 보좌역을 아들에게 물려주었다. 이후 특사로 초량왜관을 방문하기도 했다. 일본 최초의 조선어 입문서인 『교린수지』

▲**국분사의 산문**. 쓰시마 유일의 사각문으로 건립 당시의 모습을 그대로 보존하고 있다.
▼**국분사의 본당**. 다른 건물은 화재로 모두 소실되었다.

장수원. 한글로 적은 '아메노모리 호오슈우의 묘'라는 글귀가 눈에 띈다. 조선에는 우삼동으로 알려졌다.

交隣須知를 저술했다. 이 책은 쓰시마번 통사의 교과서로 사용되었다.

정사 조태억과 홍치중洪致中, 1667~1732의 행차 때는 진문역眞文役, 즉 사신 접대와 문서관리를 맡아 에도까지 동행했다. 만년에 조선과의 교류에 관한 제언서이자 지침서인 『교린제성』交隣提醒을 저술했다. 그는 '서로 속이지 않고, 다투지 않으며, 진실로 교류하는 성신'을 강조했다. 호슈가 책을 쓴 데는 기록을 중시하는 그의 성격도 한몫했다. 확실하게 남긴 기록은 몇백 년 뒤에도 훌륭한 참모 역할을 한다고 설파했다.

동문인 하쿠세키는 11세 연하인 호슈를 "인품이 뛰어나며, 사물의 이치를 명확하게 분석해 확실하게 판단하는 재주에 두각을 나타냈다. 준안 선생의 제자 중 제일이다"라고 칭예했다.

이상과 현실의 괴리에 슬피 울다

제술관 신유한의 『해유록』海遊錄에는 호슈와의 만남이 자세히 기록되어 있다. 신유한은 그에 대한 첫인상을 이렇게 적었다.

> "머리에 흙색 세모 모양의 관을 쓰고 두 폭 아롱진 적삼을 입은 그의 모습을 보니 놀랍고 괴이하다. 얼굴이 푸르고 말이 무거우며 마음속을 드러내지 않아 문인으로서의 소탈한 기상이 보이지 않았다. 일찍이 조선에 있을 때부터 호슈가 한어漢語에 능통하고 시와 문장으로 일본에서 제일이라는 말을 들어 알고 있었다."

당시 호슈의 나이는 52세로 머리카락이 반쯤 희었다. 신유한이 본 그는 화를 잘 내는 사나운 성격의 소유자였다. 그는 화풀이할 데가 없자 당상역관堂上譯官인 수역관首譯官들과 사사로운 말싸움을 벌였다. 조선어와 일본어를 섞어가며 사자처럼 으르렁거리고 고슴도치처럼 화를 냈다. 신유한은 어금니를 드러내고 눈을 부라리는 호슈의 모습이 마치 칼집에서 나온 칼 같다고 묘사했다. 필시 조선인들과의 외교가 뜻대로 되지 않자 화를 낸 것이리라.

신유한 그대는 글을 읽는 사람이 아닌가. 어찌 이렇게까지 행패를 부리오.

호슈 아니, 어째서 화를 내느냐고 물으시니 오히려 제가 더 당황스럽습니다. 통신사가 지금 국가의 사적을 믿지 아니하고 공식적인 대접을 받지 않으려 하니, 우리를 낮추어 보는 것이자 약하게 보는 것이

「조선통신사행렬도」에 묘사된 호슈. 1711년에 파견된 통신사를 쓰시마에서 에도까지 수행하는 모습이다. 그의 삶은 곧 조선과 일본의 외교사 자체라고 해도 무방하다.

아니고 무엇입니까. 너무 분해 죽고 말겠소.

신유한 허허, 당신이 사소한 혈기로 분을 참지 못하고 일개 역관과 사사로이 싸우니 이것은 조말曹沫을 본받고자 하는 것이오. 부디 너그러워지시오.

호슈가 화를 낸 것은 통신사 일행이 교토에 있는 대불사大佛寺, 현재의 방광사方広寺 참배를 거부했기 때문이다. 신유한이 말한 조말은 제나라 환공桓公이 노나라와 회맹會盟할 때 비수를 들고 단에 올라 환공을 협박해 제나라가 빼앗은 노나라의 땅을 돌려받은 이다. 신유한에게 따끔하게 지적받은 호슈는 화를 가라앉히고 사과한 뒤 돌아갔다.

신유한과 호슈가 갈등만 빚었던 것은 아니다. 한번은 호슈와 필담하며 신유한이 시를 지었다.

오늘 밤 정을 둔 이 나를 전송하게 되면

이승에 다시 그댈 만날 길이 없겠구려
今夕有情來送我 此生無計更逢君

호슈는 이 시를 읽고 눈물을 흘렸다. 이전에는 보이지 않던 모습이었다. 강심장의 그가 아녀자의 태도를 보인 것이다. 신유한은 그가 작은 섬의 서기書記로 살다가 늙어 죽게 되는 것을 부끄러이 여겨 우는 것이라 여겼다. 자기 자신의 처지가 슬퍼 운다는 것이다.

죽어서도 통신사를 맞이하리라

호슈의 불같은 성격에 긴장해서였을까. 장수원으로 가다가 길을 잘못 들어 헤맸다. 다행히 길에서 마주친 노인과 어린아이가 친절하게 일러주어 찾을 수 있었다. 편액에 '임제종 장수원'이라고 쓰여 있었다. 여느 일본의 사찰처럼 한가하고 적적했다. 근처 가게에서 주인이 나오기에 호슈의 묘지를 찾는다고 하자 산으로 10분 정도 올라가란다. 산은 그리 높지 않았다. 대나무가 산을 온통 뒤덮고 있었다. 산 입구에 참배객을 위해 대나무 지팡이 몇 개를 광주리에 꽂아놓았다. 대나무숲 사이로 올라가자 길옆으로 묘비가 늘어서 있었다. 정상에 오르자 성신외교의 중개자 호슈의 묘가 우리를 반겨주었다.

88세까지 장수한 그의 묘지는 생각보다 단출했다. 부인의 묘석에는 '유인'孺人이라고 쓰여 있었다. 본래 '유인'은 조선시대 정9품이나 종9품의 부인을 칭할 때, 또는 벼슬하지 못한 사람의 아내가 죽

호슈의 묘. 외교무대의 최전선에서 조선을 상대한 그의 묘는 매우 단촐했다.

어 그 신주神主나 명정銘旌을 쓸 때 사용하는 존칭이다. 그렇다면 호슈 부인의 묘석에 쓰인 '유인'은 중화中華의 인간으로 태어나고 싶다던 갈망을 드러낸 것일까?

공간이 협소한 탓이었는지 모르겠으나 묘가 한국처럼 항렬순으로 배치되어 있지 않았다. 즉 부친의 묘를 위에, 자식의 묘를 아래에 배치하지 않았다. 대신 옆으로 늘어서 있었는데, 큰아들은 호슈 오른쪽에, 작은아들은 부친과 형 사이에 묘를 조성했다. 종사관 조명채曹命采, 1700~64는 호슈의 아들도 성품이 매우 사납다고 서술했다. 부친의 성격을 물려받은 듯하다.

조선과 일본의 수호를 위해 때로는 불같이 성을 내고 때로는 애태운 그에게 두 손을 모았다. 그도 곡물과 군대가 없던 쓰시마번이 택할 수 있는 최선의 방법은 조선과 일본이 평화롭게 지내는 것이라고 굳게 믿었을 것이다. 쓰시마번주의 참모로 활약한 그의 묘는 왜 이렇게 단출할까? 그의 묘는 통신사가 들어오는 이즈하라항의 모습을 훤히 내려다볼 수 있는 곳에 있었다. 죽어서도 통신사를 맞이하려고 했던 그의 인품이 존경스러웠다.

8 조선과 쓰시마번, 좁혀지지 않는 거리 2

예나 지금이나 쓰시마를 먹여 살리는 우리나라

부산항만공사의 조사에 따르면 매년 한국 관광객 25만 명 정도가 쓰시마를 찾는다고 한다. 2017년에는 무려 73만 명이 방문했다고 하니 앞으로 점점 늘어날 것으로 보인다. 당연히 쓰시마가 한국 관광객 유치로 벌어들이는 돈도 어마어마한데, 10여 년 전인 2007년도 나가사키현 통계자료를 보더라도 그 재정효과가 이미 200억 원을 넘어섰다. 최근에는 낚시꾼보다 자전거를 타는 사람들이 급격히 증가했다고 한다. 조선시대나 지금이나 쓰시마를 먹여 살리는 것은 우리나라가 아닌가 하는 생각이 퍼뜩 들었다.

정말로 조선이 쓰시마번의 생명줄을 쥐고 있었다고 해도 과언이 아니다. 쓰시마번은 임란 때 병사로 젊은 남자 5,000명을 동원했고, 정유재란 때는 농민과 어민까지 동원했다. 전쟁이 끝나자 쓰시마번은 극도로 피폐해졌다. 조선과의 무역 단절은 쓰시마번 백성들의 생존 자체를 위협하는 일이었다. 그들에게 조선과의 국교회복은 생

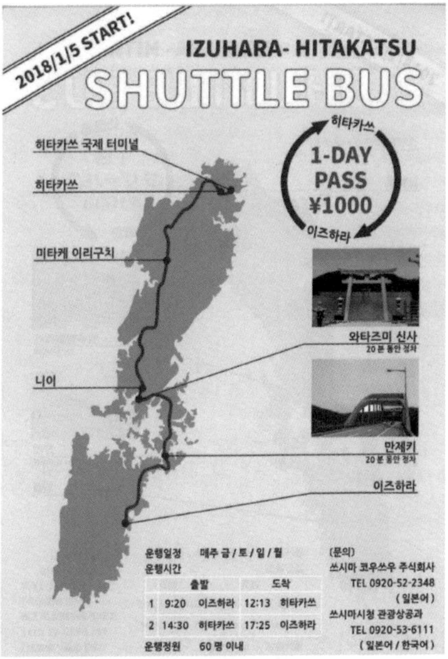

쓰시마 셔틀버스 포스터. 나가사키현에서 운영하는 관광 홈페이지에 올라 있는 포스터다. 포스터뿐 아니라 홈페이지 자체가 우리말로 되어 있을 정도로 쓰시마와 나가사키현이 한국인 관광객으로 벌어들이는 수입은 어마어마하다.

사가 달린 문제였다.

조선은 쓰시마번에 매년 쌀과 콩을 200석씩, 후에는 250석씩 공급해주었다.

종사관 당연한 얘기지만 작은 섬에 사는 사람들이 외부의 지원 없이 생존하기란 어려운 일이지요. 쓰시마번 역시 일본에서든 조선에서든 도움을 많이 받고자 했을 듯합니다. 조선은 쓰시마번에 얼마나 지원해주었나요?

정사 필 18세기 중엽이기는 한데, 쌀 2만 수천여 석, 공목公木, 즉 무명 720여 동同, 3만 6,000필을 주었지. 값을 따져 계산하면 30만 냥이 훨씬 넘는 규모라네.

종사관 굉장한 규모네요. 그렇다면 쓰시마번이 조선에 바치는 물품은 없었나요?

정사 필 물론 있었네. 그들은 흑각黑角, 동철銅鐵, 후추[胡椒], 명반明礬, 단목丹木 등을 바쳤어. 하지만 다 해봤자 값을 따지면 3만여 냥에 지나지 않았으니, 그들이 바치는 것은 우리가 주는 것과 비교하면 10분의 1에 불과했던 거지.

이와 관련해 정사 윤지완尹趾完, 1635~1718이 쓰시마번 통사와 대화를 나눈 적이 있었다.

윤지완 이 절도絶島에 곡식이 나올 땅이 없는 것으로 아는데, 너희는 어떻게 살아가고 있느냐?

통사 조선에서 쌀을 얻기 전에는 백성이 자식을 낳아도 굶어 죽는 것을 차마 볼 수 없어서 물에 던졌습니다. 지금은 자식을 낳으면 모두 기릅니다. 섬이 번성하고 있습니다. 소인들은 비록 일본인이지만 실제로는 조선의 변방에 사는 백성과 다름이 없습니다.

스스로 조선의 변방에 산다고 생각한 쓰시마 사람들은 조선에서 벼슬을 제수받기도 했다. 호군護軍에 임명된 자는 해마다 한 번씩 동래에 들어왔다. 이때 들어오는 배가 무려 50여 척에 달했다. 몇 달씩 체재하는 탓에 경상하도慶尙下道의 미곡이 동날 지경이었다. 영조 24년1748 무렵에는 공작미公作米 1만 6,000여 석, 요미料米 2,000여 석, 쌀과 콩 1,000여 석 등 곡식 2만 수천 여석을 제공했다. 공작미는 일본에서 공무역품公貿易品을 수입할 때 결제수단으로 지급하던 공목 대신 준 쌀을 가리킨다. 요미는 왜관 소속 관리, 조선의 사행원이나 송사送使, 쓰시마번의 사절인 차왜 등에게 지급하는 쌀이다. 이 양곡으로 쓰시마 사람들은 생계를 유지했다. 대부분 땅이 메마른 자갈땅으로 농사지을 수 있는 평지가 적어 조선이 하사하는 쌀에 의지하지 않을 수 없는 형국이었다. 조선인삼은 병치레하는 자들에게 영약이었다. 이키시마를 지나서부터는 가격이 더 붙어 에도에서는 조선인삼 한 근의 값이 거의 1,000금에 달했다. 조선이 하사하는 곡물과 조선인삼 그리고 조선과의 무역으로 쓰시마번은 부를 누렸다.

'밀고 당기기'의 달인

이처럼 쓰시마번은 많은 부분, 특히 생존에 직결되는 물품을 조선에 크게 의존했다. 이러한 관계였는데도 조선과 쓰시마번 사이에는 좁혀지지 않는 간극이 존재했다. 쉽게 말해 쓰시마번이 조선에 그리 순종적이지 않았고 상당히 이중적인 모습을 자주 드러냈다. 쓰시마번주는 조선과 일본 사이에 끼어 있어 의심을 사는 일이 많다는 걸 이유로 들었다.

조선이 양식도 공급해주고 초량왜관을 설치해 무역으로 부를 쌓게도 해주었는데, 쓰시마번이 왜란을 일으키거나 은근히 막부의 무위를 부추기는 등 이중적인 태도를 취하자 조선은 자못 못마땅했다. 약조로 정한 액수 이상의 재물을 노리는 차왜들은 해를 넘어도 쓰시마로 돌아가지 않았다. 조선은 왜인들의 간사한 버릇이 날마다

심해진다며 통탄해했다. 그들은 본디 교활하다며 무시하고 멸시하는 감정을 적나라하게 드러내기도 했다.

쓰시마번도 나름 변명거리가 있었다. 조선인은 의심이 많아 가벼운 일이나 중한 일, 큰일이나 작은 일에 모두 논의가 분분하다는 것이었다. 때로는 이미 결정했던 약조도 번복하거나 중지해 믿을 수 없다는 투였다. 무역을 할 때도 조선인은 무게를 속인다며 불만을 토로했다.

오늘날에도 이 거리는 좁혀지지 않았다. 쓰시마를 관광하는 일부 한국인의 나쁜 행동이 지역주민들에게 불만을 샀다. 게다가 쓰시마 소재 사찰의 불상을 훔치는 일도 벌어져 통신사 관련 축제가 중지되기도 했다. 이처럼 여전히 앙금이 남아 있다. 우동을 먹으러 들어간 식당주인이 굉장히 불친절한 데서 그 앙금의 크기를 짐작했다. 호슈가 강조한 성신은 공허한 외침으로 끝날 것인가?

9 원나라군의 흔적이 남은 이키시마 3

원나라군과 고려군의 일본 공략

통신사는 쓰시마에서 대략 한 달가량 체류했다. 그다음 경유지는 이키시마였다. 쓰시마의 남쪽에 있는데, 대략 60킬로미터 정도 떨어져 있다. 정사 홍계희가 행차할 때 쓰시마번의 병사 등 800여 명이 100여 척의 대소선에 승선해 이키시마로 출항했다.

우리는 오전 8시 50분 이즈하라항에서 출항하는 치쿠시ちくし호를 탔다. 쓰시마, 이키시마, 후쿠오카를 왕래하는 배였다. 2등칸을 탔는데 넓은 다다미疊, 짚으로 만든 사각형 돗자리가 깔린 방이었다. 손님이 적어 여유 있게 자리를 잡고 누웠다. 바다는 고요했고 물결은 잔잔했다. 얼마 안 가 방파제가 보이기 시작했다. 활처럼 휘어진 항구를 따라 집들이 들어서 있었다. 2시간 15분 만에 이키시마의 아시베항芦辺港에 도착했다.

민박집 히토미瞳의 주인 구사노 마사아키草野正亮 씨에게 전화를 걸었다. 그는 벌써 아시베항에 나와 출구 쪽에 차를 대고 우리를 기

민박집 히토미와 두 동료. 이번 답사는 김상일 교수(왼쪽)와 벗 이도희가 큰 도움을 주었다.

다리고 있었다. 약간 허리가 굽은 노인이 '히토미'라고 쓰인 팻말을 들고 서 있었다. 히토미는 눈동자라는 의미다. 차에 오르기 전에 다음 날 인도지항印通寺港에서 가라쓰唐津로 가는 배편을 알아보고 싶다고 하자 흔쾌히 인도지항으로 안내했다. 인도지항에서 가라쓰까지 가는 배는 네 시간마다 한 편씩 있었다.

이키시마는 동서 15킬로미터, 남북 17킬로미터로 쓰시마의 5분의 1 크기다. 해발 100미터를 넘는 산이 극히 적다. 쓰시마와 오도五島를 연결하는 해상교통의 요충지다.

서인범 이키시마는 참으로 아담한 섬이네요. 쓰시마와 비교해서 확실히 사람도 적은 것 같은데, 인구는 얼마나 됩니까?

구사노 예전에는 4만 5,000명이었는데 지금은 2만 7,000명으로 줄었어요.

18세기 중반 이키시마는 포구에만 인가가 100호 남짓 들어선 번화한 섬이었다. 쓰시마보다 논과 밭이 많았기 때문이다. 곡식을 경작하는 방법이 쓰시마보다 뛰어났고 토산물도 풍부했다. 민박집이 있는 이시다정石田町의 주산물도 쌀이었다. 평야가 넓게 펼쳐져 있어 벼를 재배하기에 적합했다. 이전에는 쓰시마의 표고버섯과 이키시마의 쌀을 교환했다고 한다. 많은 쓰시마 사람이 이키시마에 들어와 장사했다.

우리가 방문했을 때는 논을 갈거나 이앙기로 모를 심는 계절이었다. 어떤 이는 예초기로 풀을 깎고 있었다. 소먹이란다. 길가 밭에 심어진 풀이 모두 소먹이였다. 논과 밭에서 일하는 대부분 이가 노인이었다. 젊은이들이 도시로 떠나 노인들만 남았다고 한다. 한국과 비슷했다. 민박집을 운영하는 구사노 씨는 70세로 용접을 부업으로 하고 있었다. 젊었을 때는 담배를 재배하고 소도 10두頭를 사육했다고 한다.

항만 가까이 있는 수산시장에서 해산물로 채운 도시락을 사서 배를 채웠다. 구사노 씨에게 유적지를 안내해달라고 요청하자 흔쾌히 수락했다. 먼저 민박집에서 그리 멀지 않은 안국사安国寺로 차를 몰았다. 임제종 사찰로 원래 이름은 해인사였는데 1338년 아시카가 다카우지足利尊氏, 1305~58가 평화를 기원하고 원구元寇, 즉 원나라군의 공략으로 발생한 전사자의 명복을 빌기 위해 안국사로 바꾸었

안국사. 원나라군의 일본 공략으로 발생한 전사자의 명복을 비는 사찰이다. 귀중한 고려의 문화재를 많이 소장하고 있다.

다. 다만 편액에는 노송산老松山이라고 쓰여 있어 이유를 물으니, 사찰 옆의 삼나무 때문이라고 했다. 이 삼나무는 그 둘레가 6미터나 되었는데, 수령이 최소 400년이라고 해 놀랐다. 삼나무뿐 아니라 무로마치시대의 귀중한 문화재들도 안국사의 볼거리다. 그중에서도 고려에서 만든 『대반야바라밀다경』大般若波羅蜜多經은 중요문화재로 지정되어 있어 한국인에게 묘한 자부심을 느끼게 한다.

다음 행선지는 가쓰모토항勝本港이었다. 가쓰모토항은 이키시마의 최북단에 있는 항구인데 오징어를 집하하는 곳이다. 구사노 씨가 차를 몰고 가는 중에 길가에서 비석을 발견했다. 차를 멈추고 확인해보니 원구를 기록한 비석이었다. 첫 번째 원구는 1274년, 두 번째 원구는 1281년으로 원나라 쿠빌라이가 고려군과 연합해 일

▲ **원나라군의 침략을 기록한 비석.**

▼ **천인총.** 원나라군과 고려군은 총 두 차례 일본을 공략했다. 첫 번째 공략에서 고려군이 일본군 1,000명을 살해했다는데 격전지였던 곳에 묘를 조성했다.

본을 공략했다. 전투는 규슈 북부지역에서 벌어졌다. 1274년에 원나라군과 고려군은 쓰시마를 거쳐 이키시마로 진출했다. 이키시마 주는 100여 명의 기병으로 항전했으나 크게 패했다. 『고려사』에도 고려군이 일본군 1,000명을 살해했다는 기록이 있다. 격전지였던 이곳에 묘를 조성해 천인총千人塚이라 불렀다. 죽은 이들을 기리는 비석이었다.

천인총에서 20여 분을 더 달리니 바다가 보이기 시작했다. 계곡에서 바라다보이는 항구에는 집어등을 단 배들이 즐비했다. 항구 주변으로 집들이 오밀조밀 들어서 있었다. 산과 들이 바람과 파도를 막아주는 양항良港이었다. 항구가 전부 내려다보이는 곳에서 한 노인을 만났다. 우리가 한국인인 걸 알더니 북한 관련 질문을 던졌다.

노인 남한에서 오셨다고요? 한국은 휴전 중인 국가 아닙니까? 북핵이 무섭지는 않으세요?

서인범 물론 아예 무섭지 않은 건 아니지만 일본인들이 걱정하는 수준은 아닙니다. 일본 방송에서 과도하게 북한을 위협적인 존재로 보도하고 있는 것 같습니다.

우리가 이키시마를 방문했을 때 아베 총리의 부인이 초등학교에 100만 엔을 기부한 것이 정치 스캔들로 비화돼 연일 보도되고 있었다. 정치적으로 궁지에 몰린 아베 정권이 지지도를 올리기 위해 북한의 위협을 지나치게 부각하는 면이 분명 존재했다. 때마침 전투기 60여 대를 탑재한 미국의 항공모함 칼빈슨호가 오스트레일리아

해군과의 합동훈련을 마치고 북상해 일본 해상자위대와 훈련한다는 소식이 들려왔다. 북한과 중국을 압박하는 형국이었다. 매일 거의 모든 언론이 북핵 문제를 다루었다. 패널로 참가한 북한 전문가들의 평론도 부정적이었다. 일본이 위협받는다는 논조 일색이었다. 여기에 원구라는 역사적 경험이 더해져 두려움을 낳는 듯했다.

순풍이 불어 통신사가 어서 떠나길 바란 주민들

대화 중에 노인은 이전에는 이곳이 '가쓰모토우라'勝本浦가 아니라 '가자모토우라'風本浦로 불렸다고 귀띔해주었다. 북풍이 세차게 불어오는 곳이기 때문인데, 실제로 통신사도 '풍본포'로 기록했다. 이곳에는 설화의 주인공인 신공황후神功皇后, 169~269의 삼한三韓 정벌과 관련된 이야기가 전해지기도 하는데, 고래가 많이 잡히는 곳으로도 유명했다. 『해행총재』에는 이곳에서 일본인들이 통신사 일행에게 고래 잡는 모습을 시연하는 장면이 나온다. 고래들은 초겨울에 오오츠쿠해에서 출발해 동해를 거쳐 이키시마 근처로 오고, 초봄에는 반대로 북상하는데 주로 이 두 시기에 고래를 잡았다.

17세기 중엽 이곳 어촌의 인가는 50~60호 정도로 꽤 많은 편이었다. 산에는 나무가 없고 샘과 우물이 드물었으나, 밭과 논은 기름졌다. 항 안쪽은 물이 얕아 작은 배를 연결해 부교浮橋를 만들었다. 이곳에서는 통신사를 매우 극진히 대접했다. 영접하는 히라도번平戸藩의 배가 100여 척이 넘어 운집한 돛대가 바다를 뒤덮었다. 수종하는 왜인은 800여 명에 달했다. 화분과 금으로 만든 그릇이 쓰시

용궁사. 신공황후를 받드는 사당이다. 해안 가까운 곳에 있는데, 원나라군과 고려군이 상륙한 곳이기도 하다.

마번보다 더 훌륭했다. 통신사를 대접하는 데 하루에만 자그마치 쌀 50석, 계란 1만 5,000개, 마麻 1,500개, 전복 2,000관貫, 오징어 5,000근, 술 15홉을 썼다. 통신사를 위한 저택을 새로 짓기도 했다. 규정상으로는 하라도번이 비용을 부담해야 했는데, 실제로는 주민들에게 부과되었다. 고통을 겪은 백성은 순풍이 불어 하루라도 빨리 통신사가 출발하기를 신사에 모여 기원했다고 한다.

통신사는 신공황후를 받드는 사당인 용궁사龍宮祠에서 묵기도 했다. 이곳은 성모궁聖母宮이라 불리기도 하는데, 성모는 곧 산신山神의 이름으로 이키시마 사람들은 산신을 믿었다. 용궁사는 해안 가까운 곳에 있다. 1274년 원나라군과 고려군이 상륙한 곳이기도 하다. 임란 시에 가토 기요마사加藤清正, 1562~1611가 정문을 기증했다고 한

에도시대의 모습을 지키고 있는 주택가. 폭 5미터 정도의 길에 목재로 지어진 주택들이 100여 미터 이어져 있었다. 얽히고설킨 전선이 흠이었지만 비교적 옛 모습을 잘 유지하고 있었다.

다. 편액에는 항해의 안전과 풍어를 기원하는 글귀가 쓰여 있다. 10월에는 이곳에서 성모축제가 열린다.

용궁사를 나오는 순간 낯설지 않은 옷차림이 눈에 띄었다. 동래부청에서 만난 통신사의 길을 걷는 사람들이었다. 이들을 여기서 다시 만날 줄이야. 일행 중에는 센다기에 사는 일본인 여성도 있었다.

용궁사 근처는 조선통신사를 위해 건립했던 마을 모습을 재현해 놓은 듯했다. 폭 5미터 정도의 길에 목재로 지어진 주택들이 처마가 맞닿을 정도의 간격으로 100여 미터 이어져 있었다. 아미타 불상을 보존하고 있는 집이 객관이었다고 한다. 세월이 오래된 만큼 완전한 옛 모습은 사라졌지만 나름 에도시대의 풍경을 전하고 있었다.

얼마 떨어지지 않은 곳에 돌로 만든 고래 공양탑이 있었다. 그 앞에 누군가 놓은 음료수 캔이 쓸쓸해 보였다. 항해의 안전과 풍어를 기원하는 비석도 함께 있었다. 일순 미소를 지었는데 비석을 설명한 안내문 때문이었다. 히라도平戶번주가 이 지역 최후의 고래잡이인 하라다原田가 고래를 오랫동안 잡을 수 있도록 염원하는 마음에 '영취'永取라는 성姓을 하사했다는 것이다.

답사를 마치고 돌아온 민박집 앞으로 푸른 바다와 백사장이 아름답게 펼쳐져 있었다. 뒤로 뻗은 논은 매우 기름졌다. 게다가 민박집은 지어진 지 125년이나 된 목조주택이기에 그 자체로도 풍취風趣가 좋았다. 여름이면 가족 단위 여행객들이 몰려온다고 한다. 구사노 내외는 인심이 좋았다. 저녁은 일본 전통 가정요리였다. 간장과 생강을 넣어 요리한 생선과 오징어, 회 등을 정갈하게 차렸다. 눈과 입이 호사스러웠다. 호텔에서 먹는 음식보다 맛있었다. 이곳 특산품인 25도짜리 소주를 한 잔씩 들이켰다.

10 조선 침략의 전초기지 나고야성 4

나고야성의 의미를 제대로 파악하지 못한 조선

다음 날 아침 인도지항에서 10시 50분발 가라쓰행 배에 올랐다. 가라쓰는 사가현 북서쪽에 있는 도시다. 배 이름은 아즈사였다. 가래나무라는 뜻이다. 책을 상재上梓한다고 할 때의 의미로도 쓰인다. 그 큰 배에 20명도 채 안 탔다. 사람들은 배 한쪽에 모여 조용히 도시락을 먹고 있었는데, 복장이 같은 것으로 보아 공무원이 아닐까 싶었다. 바다는 검고 잔잔했다. 1시간 50분 정도 걸려 가라쓰항에 도착했다. 여관주인에게 전화하자 80세는 가뿐히 넘음 직한 노인이 본인만큼이나 세월을 맞은 듯한 봉고차를 몰고 나왔다. 여관은 가라쓰성唐津城 근처에 있었다. 성벽을 따라 좁은 골목 안쪽으로 들어가니 여관이 나왔다. 문을 열고 인사하니 흰머리가 희끗희끗한 할머니가 머리를 숙였다. 어딘가 행동이 부자연스러워 유심히 보니 오른손을 불편한 듯 떨고 있었다. 그 몸으로 우리를 안내하겠다며 힘겹게 발을 옮겼다. 여관의 영화는 옛말이 된 듯 방은 비었고 적막

했다. 손님은 우리가 다였다. 2층에 짐을 풀었다.

한숨 돌리고 나와 우체국에 들러 그간 수집한 책과 사료집을 도쿄로 부치고 버스를 이용해 진제이정鎮西町에 있는 나고야성名護屋城으로 향했다. 버스는 노인들로 가득했다. 창밖으로 보이는 들녘에는 모가 자라고 있었다. 30여 분 정도 달린 후 요부코呼子라는 곳에서 내려 점보택시로 갈아탔다. 얼마 안 가 언덕길이 나왔는데 여기서부터는 걸어야 했다. 언덕길을 오르자 왼쪽에는 박물관이, 오른쪽에는 나고야 성터와 우물이 보이기 시작했다. 깊지 않은 우물에서 조선통보, 돌절구 등이 출토되어 화제가 되었다. 당시의 생활상을 엿볼 수 있는 귀중한 자료들이다.

박물관은 일본과 한반도의 교류사를 주제로 삼아 나고야성 건립 이전과 이후를 비교해 전시했다. 2층을 상설전시장으로 꾸며놓았는데, 고대부터 현대까지의 유물을 전시하고 간단한 설명을 덧붙여 놓았다. 우리는 통신사 관련 자료가 전시된 곳을 살폈다.

박물관을 나와 나고야 성터로 발걸음을 옮겼다. 매표소에서 청소비 명목으로 1인당 100엔씩을 받았다. 입구에서 오른쪽이 성터, 왼쪽이 연못이었다. 성터 내의 일본군 배치도를 한 장 샀다. 160명의 다이묘가 성에 집결해 그중 130명이 진지구축에 동원되었다. 전국에서 동원된 군사만도 20만 명 이상이었다.

1585년 관백關白이 된 히데요시는 대륙 침공 의사를 표명했다. 2년 뒤인 1587년에 규슈를 거의 지배한 시마즈 요시히사島津義久, 1533~1611를 무릎 꿇렸다. 규슈가 평정되자 히데요시의 생각은 구체화되었다. 처음에는 하카타를 조선 침략의 전초기지로 삼으려고

나고야 성터. 나고야성은 조선 침략의 전초기지다. 성을 짓는 데 전국에서 군사 20만 명 이상이 동원되었다.

했으나 최종적으로는 나고야로 정했다. 성의 설계는 후쿠오카번주 구로다 칸베에黒田官兵衛, 1546~1604가 맡았다. 1591년 8월 축성을 결정하고, 10월부터 여러 다이묘가 공사를 진행해, 히데요시가 나고야성에 들어오기 전인 1592년 2~4월에 완성되었다. 공사를 시작한 지 5개월 만의 일이다.

성터는 깨끗하게 정리되어 있었다. 나고야성은 해발 87미터의 낮은 산 위에 세워졌는데, 동서 약 600미터, 남북 300미터의 크기였다. 히데요시의 아들이 축성한 혼마루本丸로 올라가자 바다가 시야를 가득 채웠다. 나고야유지名護屋遺趾라고 새긴 큼직한 비석 옆에 이곳에서 내려다보이는 섬들의 모습을 그린 표지판이 있었다. 쓰시마와 이키시마의 위치를 정확하게 파악할 수 있었다. 혼마루의 천수

나고야성의 혼마루에 있는 표지판. 나고야성에서는 쓰시마가 한눈에 보인다. 히데요시가 얼마나 철저하게 조선 침략을 계획했는지 알 수 있다.

각은 5층이었으나 현재는 남아 있지 않았다. 여러 다이묘의 움직임은 물론, 이키시마로 향하는 군선들의 항로를 일목요연하게 감시하고 통제할 수 있는 위치였다.

정사 필 소문대로 시야가 탁 트인 곳이구먼. 종사관 자네는 일본군이 어째서 가라쓰가 아닌 이곳에 성을 쌓았다고 생각하는가?

종사관 글쎄요. 조류 때문이 아닐까요.

정사 필 조류라기보다는 지정학적 위치 때문일세. 눈으로 봐도 아주 명확하게 알 수 있는 부분이지. 한번 먼바다를 바라보게나. 섬과 섬 사이로 쓰시마와 이키시마가 보이는가? 이곳에서 일직선으로 배를 저어가면 바로 쓰시마가 나오지. 그렇다면 그다음은 어디겠나?

종사관 아, 부산이지요.

히데요시가 이곳을 전초기지로 삼은 이유가 명확해졌다. 성터 앞의 항은 다수의 선박을 정박시키는 데 적합했다. 이 지역은 왜구 또는 무사들의 모임인 마쓰우라당松浦黨의 교역 거점지였다. 고대부터 이곳의 물길을 숙지하고 활용한 사람들이 살고 있었던 것도 전초기지로 정한 이유 중 하나였다.

1592년 정월 히데요시는 조선 침략 명령을 하달했다. 센다이번仙台藩의 다테 마사무네伊達正宗, 1567~1636, 이에야스 등 전국 다이묘들의 군대가 나고야성에 집결했다. 군대는 아홉 개 대隊로 편성되었다. 제1대는 유키나가와 그의 장인 제1대 쓰시마번주 소 요시토시의 군사 1만 8,000여 명, 제2대는 기요마사의 군사 2만 1,000여 명, 제3대는 구로다 마사노리黒田政則, 오토모 요시무네大友義統, 1558~1605의 군사, 제4대는 시마즈 요시히로島津義弘, 1535~1619 등의 군사로 채워졌다. 수군水軍은 9,000여 명으로, 전군 15만 명 규모의 군세였다. 특이한 점은 제1대에서 제4대까지가 규슈지역에 자리 잡은 다이묘들의 군사였다는 것이다. 이들은 조선과의 무역에서 이익을 보고 있던 자들이다. 다만 이에야스는 배를 타고 바다를 건너지는 않았다.

여러 의문이 교차했다. 겐소가 일본이 조선을 침략할 것이라고 귀띔해주었는데도 조선은 어째서 나고야성에 버젓이 침략을 위한 전초기지가 축조되는 모습을 사전에 파악하지 못했을까? 바다에서 고기를 잡던 우리나라 어부들조차 이들의 동향을 전혀 눈치 채지

「**정왜기공도병풍**」(**征倭紀功圖屛風**). 가장 사실적으로 임란을 묘사한 「정왜기공도권」(征倭紀功圖卷)을 바탕으로 순천왜성전투와 노량해전을 그렸다. 조선은 나고야성이 버젓이 축성되는데도, 겐소가 일본의 조선 침략을 귀띔해주었는데도 어째서 아무런 조치도 취하지 않았을까.

못했을까? 왜구의 해적질이 뜸해지자 근심이 아예 사라진 것이었을까? 조선은 기본적인 해안 방위태세도 갖추지 못했던 것 아닐까? 동래부사와 첨사는 어째서 아무런 대책도 세우지 않았을까? 조선은 쓰시마번에 그 많은 곡물을 공급해주면서도 일본의 움직임을 엿볼 생각은 어째서 하지 못했을까? 여러 생각에 호흡이 가빠졌다. 최소한 쓰시마나 규슈 일대에라도 첩자를 파견해 움직임을 사전에 포착하고 준비했다면 백성이 그 오랜 세월 고통을 겪지는 않았을 것이다.

당인이 된 조선인

몇 년 전 학과 학생들을 가라쓰까지 인솔한 적이 있었다. 당시는 가라쓰성만 관람하고 되돌아갔는데 나고야성을 답사하지 못한 점이 내내 마음에 걸렸다. 이번 답사에서의 나처럼 학생들이 역사의 현장에서 임란의 아픔을 반성하고 되새길 좋은 기회였는데 말이다.

임란과 정유재란 때 잡혀온 대부분 조선인은 사가현이나 나가사키현에 정착했다. 나고야성에서 30리 정도 떨어진 곳에 수백 호 규모의 고려촌高麗村이 형성되었다. 이들은 도자기를 구우며 생활했다.

선조 40년1607의 제1차 통신사와 인조 21년1643의 제5차 통신사는 이곳을 거쳐 갔다. 아이노시마藍島로 방향을 잡았으나 풍향 탓에 급거 경로를 변경했다. 나고야성에 가까워져서도 물살이 거셌지만 일단 포구에만 접근하면 섬이 빙 둘러싸고 있어 많이 잔잔해졌다. 제1차 통신사의 부사였던 경섬慶暹, 1562~1620은 포구에 도착한 뒤

배 위에서 잤을 정도다. 인가는 겨우 10여 호밖에 안 되었다. 주민이 설명하길 원래는 번성하고 물산이 풍부한 마을이었으나, 병란을 겪은 뒤로 쇠퇴를 면치 못했다고 했다. 통신사 일행은 배를 타고 포구의 외딴 섬을 둘러보았다. 전복잡이 왜인 10여 명이 물질을 하며 전복을 잡아 올렸다. 모두 여인들이었다. 전복을 많이 채취하자 쌀 3석을 상으로 주었다.

제5차 통신사가 이곳에서 숙박했을 때는 마을이 약간 커져 있었다. 인가가 50여 호나 되었다. 황혼에 도착한 탓에 횃불을 들고 기다리는 사람이 수백 명이나 되었다. 마치 대낮 같았다. 관사는 새로 지었으며 병풍 같은 물건이 화려하고 아름답기 비할 데 없었다.

통신사가 묵었다는 관사는 확인할 수 없었지만, 성터 아래 숲이 우거진 사이로 집들이 들어서 있었다. 산과 들이 병풍처럼 둘러싼 항구는 고요했다. 그 옛날 침략을 외치는 히데요시의 고함을 애써 감추려는 듯 침묵만이 가득했다.

무거운 가슴을 안고 가라쓰성으로 돌아왔다. 바다로 빠져나가는 물길에 성의 모습이 아름답게 비쳤다. 가라쓰성은 히데요시가 총애한 가신으로 가라쓰의 초대 번주를 지낸 데라자와 히로타카寺沢広高, 1563~1633가 축조했다. 나고야성이 폐허가 된 후 거기서 나온 자재를 사용했다. 학이 날개를 펼친 형태여서 무학성舞鶴城이라고도 불렸다. 성의 계단을 오르니 라일락 향기가 코를 찔렀다. 성은 한창 수리 중이라 어수선했다. 5층짜리 천수각도 출입을 금지했다.

성 오른편으로 눈을 돌리자 거대한 산이 가라쓰를 호위하고 있었다. 왼편으로도 산이 항구를 감싸며 바다로 뻗어갔다. 백사장과 바

가라쓰성.
히데요시가 총애한 가신
히로타카가 축조한 성이다. 학이 날개를
펼친 형태여서 무학성이라고도 불렸다.

다 앞의 섬들이 어울려 절경을 이루었다. 조선의 상인이나 통신사가 들어오는 모습이 연상되었다. 6세기 무렵에는 이곳이 한반도로 배를 띄우는 거점이었다. 11세기 후반에는 하카타에 중국인 거류지가 형성되었는데, 가시와지마神集島 및 대안對岸의 당방唐坊에 중국인 거주지가 형성되어 가라쓰라는 이름이 붙여졌다.

우리나라 충청도에도 당진시가 있다. '당나라로 건너가는 나루터'라는 뜻에서 붙여진 이름이다. 일본에서는 중국인만을 당인唐人이라고 부르지 않는다. 조선인을 지칭하는 경우도 많다. 제3대 장군 도쿠가와 이에미쓰德川家光, 1604~51가 통신사를 칙사勅使, 하인을 당인이라 부르게 한 일도 있다.

11 고양이의 천국 아이노시마 5, 6

통신사맞이에 정성을 다한 다이묘들

아이노시마로 출발하기 위해 일찍 서둘렀다. 눈을 뜨니 비가 을씨년스럽게 추적추적 내리고 있었다. 아침은 계란말이와 생선구이가 나왔다. 역까지 바래다준 주인과 작별하고 열차를 탔다. 잘 가다가 잠깐 한눈판 사이에 내렸어야 할 지쿠젠마에바루역築前前原駅을 지나쳐버렸다. 그곳에서 후쿠오카행 열차를 타야 했다. 되돌아와 20여 분간을 기다렸다가 열차에 올랐다. 하카타역에 도착하자 무인 물품보관함에 1,000엔을 넣고 짐을 보관했다. 관광안내소에 길을 물어보고는 다시 열차를 타고 훗코다이마에역福工大前駅에서 내렸다. 신구항新宮港으로 가는 버스가 있었으나, 비가 내린다는 핑계를 대고 택시를 탔다. 버스비로 100엔이면 갈 곳을 택시비로는 무려 1,200엔이나 나왔다. 선착장 근처에서 점심을 해결하려 했으나 택시비가 너무 많이 나와 굶기로 했다. 배표는 직원에게 살 수도, 자동판매기에서 끊을 수도 있었다. 아이노시마까지 운임은 460엔이었다. 고양이 두 마리가 입구에 천연덕스럽게 드러누워 있었다. 한 청년이 쓰다듬어주니 펄쩍 뛰어들어 안겼다. 알고 보니 한국인 청년이라 이런저런 대화를 나누었다. 인터넷에서 아이노시마가 고양이의 섬으로 각광받고 있다는 정보를 접하고 여행 왔다고 했다. 대단한 청년이었다. 우리 세대와는 전혀 생각이 달랐다. 자신이 좋아하는 고양이를 찾아 이곳까지 여행한다는 발상이 놀랍기만 했다.

신구항에서 아이노시마까지는 대략 8킬로미터 거리다. 흰 바탕에 붉은 띠를 칠한 2층 배를 탔는데, 20분 만에 섬에 도착했다. 섬은 길이 대략 2킬로미터, 폭 500미터의 동서로 긴 반월형 형태다. 제일 높은 산이 100미터도 되지 않는다. 에도시대에는 밀무역선이 출몰하던 곳이자, 행상行商들이 바람을 피해 배를 정박하던 곳이었다. 이곳 바다는 조류의 영향도 적었고 파도도 크게 일지 않았다.

통신사가 이키시마를 출발해 아이노시마로 출항한다는 소식이 전해지면 고쿠다카가 52만 석을 넘는 웅번雄藩 지쿠젠국筑前国, 현재의 후쿠오카현 서부지역의 부교가 통신사 일행의 배를 끄는 예선曳船 144척, 쓰시마번의 예선 243척을 거느리고 현계탄玄界灘까지 마중 나왔다.

통신사가 거쳐 가는 지역의 다이묘는 고쿠다카가 10만 석 이상일 경우 전액 자비로 통신사를 접대했다. 통신사가 두 지역에 걸쳐 있다면 한 곳은 자비로, 한 곳은 대관소代官所가 부담했다. 고쿠다카가 10만 석 이하인 곳에는 막부에서 일을 처리하는 대관代官이 나와 비용을 댔다.

후쿠오카번의 다이묘는 전년부터 통신사맞이와 호위 등을 면밀히 준비하고 경우에 따라 예행연습을 했다. 인근 섬에는 봉화대를 설치하고 수심이 얕은 곳에는 감시선을 배치했다. 정사 홍치중의 행차 때는 부교가 준비한 선단만 500여 척으로 선두船頭, 수부 등까지 합하면 총 3,060명이 동원되었다. 이 밖에 매를 실은 배 50척, 얕은 여울을 표시하는 배 17척, 연안경비선 수십 척이 배치되었다. 배마다 등을 네다섯 개씩 달았는데 그 빛이 바다에 되비쳐 장관을 이루었다. 통신사가 질서정연하게 육지에 내리자 악대가 곡을 연주하고 왜인 남녀들이 등불을 밝히며 줄지어 섰다.

몇 년 전 유네스코 세계유산으로 선정된 관광지 윈난雲南 리장麗江에서 국사편찬위원회의 고성훈 선생과 저녁을 함께했다. 친우인 그의 생일을 축하하는 자리였는데, 상점 앞의 냇가에 등불이 줄지어 달려 있었다. 붉은빛을 강렬하게 발하는 등불을 배경으로 소수민족 여인들이 노래를 불렀다. 마치 등불이 속삭이며 우는 듯했다. 그 구슬픈 가락이 밤하늘에 가득 울려 퍼졌다. 나와 고성훈 선생도 흥이 올라 노래 부르던 모습이 떠올랐다. 수천 개의 등불 아래를 걸었던 통신사나 인도하는 일본인들도 빛과 소리에 넋이 나갔으리라.

아이노시마의 손님맞이

작은 섬은 통신사와 수행원 400~500명, 쓰시마번의 무사와 부하 400~600여 명, 후쿠오카번의 무사 등 대략 2,000여 명의 사람으로 북적거렸다. 객관은 인부 3,500여 명을 동원해 통신사가 올 때마다 신축했다. 동서 117미터, 남북 126미터로, 크고 작은 저택 24동, 대략 1,000칸의 규모였다. 정원의 대나무는 교토에서 공수해왔다. 객관에는 무려 시계도 있었다. 삼사는 객관으로 들어갔다. 웅장하고 화려함이 이키시마의 객관보다 몇 배나 훌륭했다. 병풍과 장막 등의 기물도 대단히 사치스러웠다.

종사관 정말 그 화려함이 어디 비할 데가 없을 정도입니다. 체면을 차려야 하는데도 입이 저절로 벌어집니다. 이렇게 작은 섬에 이 정도 규모의 객관이 있을 줄 누가 상상이나 했겠습니까? 일본인들이 굳이 아이노시마에서 통신사를 맞이한 이유가 있나요?

정사 필 글쎄. 조류 때문이라는 설, 우리나라 사람들을 통제하는 데 용이하기 때문이라는 설, 해안 방위태세를 보여주지 않기 위해서라는 설, 하카타성 일대에 구로다 나가마사黒田長政, 1568~1623가 연행해 온 우리나라 피로인들의 거주지가 있어서 접촉을 금지하기 위해서라는 설 등이 있지.

사실 아이노시마를 들르지 않고 곧바로 규슈에 상륙하면 시모노세키로 걸어가기만 하면 되니 훨씬 편리했다. 굳이 이 작은 섬에 객관을 지을 이유가 없었던 것이다. 이키시마에서 아이노시마를 지나 시모노세키까지 항해하는 바닷길은 또 어찌나 험했는지 많은 통신사가 뱃멀미를 호소했다.

일본은 통신사에게 요리를 대접하거나 식자재를 제공했다. 전자는 숙공熟供이라 하고 후자는 건공乾供이라 한다. 후쿠오카번은 통신사 일행의 하루치 식사를 위해 계란 2,000여 개, 닭 300여 마리를 준비했다. 장군에게 바치는 매와 말도 먹여야 했다. 매 한 마리당 참새 12마리, 메추라기 세 마리, 비둘기는 큰 것은 한 마리 반, 작은 것은 두 마리를 먹이로 주었다. 닭은 100마리를 준비했다. 말먹이로 하루에 대두 3승升, 백미 2승, 밀가루 2승, 소금 2합合, 꼴 26속束, 참기름 1합을 준비했다. 교토에서 금박, 접시, 차, 대추를, 오사카에서 솥, 담배, 젓가락, 술, 야채절임, 초, 가다랑어포 등을, 나가사키長崎에서 돼지, 사탕, 종이, 다양한 종류의 그릇과 찻잔 등을, 히로시마의 카마가리蒲刈에서 산 도미 600마리를, 고쿠라小倉에서 소라, 닭새우를 공급했다. 통신사 일행은 귤을 매우 선호했다. 어떤 때는 3,000개나 제공받은 적도 있었다.

식기는 금과 은을 발라 새로이 만들었다. 생선은 신선도를 유지하기 위해 해당 번藩에서 직접 잡아 가져왔고, 멧돼지나 사슴은 통신사가 도착했다는 봉화가 오르면 포획해 운반해왔다. 쌀은 통신사가 도착한 후에 정미할 정도로 접대에 굉장히 신경 썼다. 안주에 금빛이나 은빛 꽃을 뿌리기도 했다. 금으로 만든 학과 거북의 등에 음식을 올려놓았다. 그 정교함에 통신사가 감탄했다.

시중드는 사람들은 긴 바지를 입고 몸을 굽혀 총총걸음으로 다녔다. 공손하기가 그지없었다. 조금이라도 통신사 일행이 불편해하지 않을까 근심했다. 접대 수준과 물품의 융숭함이 쓰시마나 이키시마의 객관보다 훨씬 훌륭했다. 1년 전부터 준비했으니 오죽하랴. 후쿠오카번의 부를 이곳에 쏟아부을 정도로 극진히 통신사를 접대한 것이다.

음식만 신경 쓴 것이 아니었다. 배가 안전하게 섬에 접안할 수 있도록 방파제를 축조했다. 1682년에 3,850명이 2개월 만에 두 개의 방파제를 쌓았다. 길이 47미터, 폭 5미터 크기의 방파제는 통신사 전용이었고, 길이 27미터, 폭 3.9미터 크기의 방파제는 쓰시마번의 무사와 수행원이 이용했다. 현재 이 방파제는 '미래에 남기고 싶은 어촌의 역사문화재 100선'에 선정되었다.

정사 필 아이노시마의 통신사를 맞는 정성에 기쁘지 않을 수가 없다네. 이곳에서의 재미있는 일화가 떠오르는구먼. 종사관 자네는 정사 임광任絖, 1579~1644의 행차 때 동행한 서예가 전영全榮의 일화를 알고 있는가?

종사관 잘 모르겠습니다. 무슨 일인가요?

정사 필 그 생각만 하면 웃음이 절로 나온다네. 자네도 일본인들이 글씨와 그림을 소중하게 여기는 것을 알고 있지 않나. 특히 전영의 글씨를 구하려는 자가 많았지. 그의 초서는 정말 아름다웠거든. 그래서인지 일본에서 매은梅隱이라 불리며 명성을 떨쳤다네. 이 섬에 왔을 때 전영을 만나기를 청하는 자들이 굉장히 많았네. 수행원 중 한 사람이 자색紫色 옷을 입은 이가 바로 전영이라고 알려주었지. 그런데 하필이면 역관 윤정우尹廷羽가 자색 옷을 입고 배에서 내렸던 거야. 그러자 일본인들이 벌떼처럼 몰려들었지. 이 광경을 보고 있던 왜통사倭通事가 그는 전영이 아니라고 외치자 일본인들이 허탈한 표정을 짓고 흩어졌어.

통신사의 묘지. 1719년 통신사를 영접하기 위해 미리 아이노시마에 와 있다가 폭풍우를 만나 목숨을 잃은 병사와 수부가 잠들어 있다.

'조선통신사의 섬 성신 교린'

17세기 초 아이노시마의 인가는 겨우 30여 호에 지나지 않았다. 지금은 300명 정도가 살며 대부분 어업에 종사하고 있다. 주로 도미, 전복, 성게, 소라 등을 잡아 판다. 섬에는 식당이 하나밖에 없었다. 공교롭게도 수요일이 휴일이라 우리가 방문했을 때는 문을 닫았다. 해산물을 판매하는 2층으로 올라가 햄버거와 커피, 한 접시에 500엔 하는 방어회를 세 팩 시켰다. 음식들의 궁합이 맞지 않았으나 달리 방도가 없었다. 햄버거를 한 입 물자 매표소에서 만난 청년이 계단을 올라왔다. 동석을 권하고 음식을 나누어 먹었다. 직장에서 휴가를 얻어 최소의 비용으로 일본을 탐방 중이라고 했다. 한국에서 후

'조선통신사의 섬 성신 교린'. 신궁사를 찾아 나선 길에서 찾은 비석으로 아이노시마를 상징하는 듯 고양이 상을 함께 놓았다.

쿠오카까지 왕복 항공료 11만 원, 캡슐호텔 숙박료 8만 5,000원에 기타 잡비도 최대한 아끼는 초저예산 여행을 하고 있었다.

헤어질 때 시간 관계상 들르지 못한 통신사의 묘지를 사진 찍어서 메일로 보내달라고 부탁했다. 1719년 통신사 영접을 준비하기 위해 섬에 와 있던 병사와 수부 61명이 폭풍우를 만나 조난당한 사건이 있었다. 그중 유명을 달리한 수 명의 묘비가 섬 북동쪽에 있는 적석총積石塚에서 발견되었다. 적석총은 고분시대에 죽은 사람을 매장하던 곳이다.

식사를 마친 후 신궁사神宮寺를 찾아 나섰다. '조선통신사의 섬 성신 교린'이라 쓰인 비석 옆으로 왼팔을 치켜든 고양이 상을 조성해 놓았다. 조선통신사를 유네스코 세계기록유산에 등재시키자는 플래카드가 여기저기서 펄럭이고 있었다.

신궁사 바로 앞의 객관 터. 한글로 적은 '어서오십시오 아이노시마에'라는 글귀가 눈에 띈다.

길에서 만난 이가 주지에게 통신사 이야기를 꺼내면 반갑게 상대해줄 것이라고 귀띔해주었다. 그 말 그대로였다. 주지는 차를 내놓고 신명 난 듯 통신사 이야기를 펼쳐놓았다. 거실 한쪽 벽에는 통신사 관련 저서와 자료가 책장을 가득 메우고 있었다. 방에는 객관 지도를 걸어놓았다.

절 앞 텃밭이 객관 터였다. 유적지임을 알리는 비석이 세워져 있었다. 저 멀리 바다 위에 점점이 떠 있는 부표가 보였다. 진주 양식장이라고 했다.

8일간, 길 때는 24일간 아이노시마에서 체류한 통신사의 배가 출항하는 모습이 눈에 선했다. 묵중한 통신사의 배를 끄는 수많은 예선에서 노를 젓는 이들이 내뿜는 함성을 귀에 담고 우리도 배에 올랐다.

제2부

외해를 건너니 내해가 펼쳐지다

제2부 세부 경로

제2부는 시모노세키에서 고베까지 다룬다.
시모노세키의 격류를 지나면 일본의 내해, 즉 세토나이카이가 나온다.
통신사는 배를 타고 세토나이카이를 지나며
바닷가의 숙장들에서 휴식을 취했다.
수많은 인파가 통신사를 보기 위해 길가를 메웠다.
일본의 유자와 승려들은 숙장에까지 찾아와 만남을 청했다.
당시 통신사는 어쩌면 진정한 의미의 '한류'였는지도 모른다.

북
서
동
남
돗토리현
鳥取県
효고현
兵庫県
오카야마현
岡山県
16
19
18
17
20
21
14
가가와현
香川県
도쿠시마현
徳島県
고치현
愛媛県
7 시모노세키 下関
8 무카이시마 向島
9 가미노세키 上関
10 이와쿠니 岩国
11 구레 呉
12 시모카마가리지마 下蒲刈島
13 후쿠야마 福山
14 토모노우라 鞆の浦
15 이쓰쿠시마 厳島
16 오카야마 岡山
17 우시마도 牛窓
18 무로쓰 室津
19 히메지 姫路
20 아카시 明石
21 고베 神戸, 효고兵庫

12 시모노세키의 격류를 거스르다 7

수장고의 문을 여는 기쁨

배는 통신사의 눈길을 끌었던 5층짜리 문루門樓와 바다에 걸쳐진 홍교虹橋의 도시 고쿠라시小倉市를 지나 시모노세키로 향했다. 조선과의 무역이 흥성했던 곳으로 백제계 후손으로 여겨지는 오우치씨大內氏가 이 지역을 지배하고 있었다. 그는 조선에 빈번히 사신을 파견해 무역을 행했다.

이번 답사에서 진품 사료를 친람할 수 있게 해주는 데 도움을 준 이는 야마구치현립山口県立 우베니시宇部西고등학교의 후지무라 야수오藤村泰夫 선생이었다. 도요대학 사학과의 이와시타 테츠노리岩下哲典 교수의 소개로 우연히 알게 된 사이였는데 박물관 등에 협조를 구해주었다. 후지무라 선생의 소개로 시모노세키 시립역사박물관의 마치다 가즈토町田一仁 관장과 만나기로 약속을 잡았다.

하카타역에서 신칸센 표를 끊었다. 25분 정도를 타는데 자그마치 3,200엔이었다. 신시모노세키역新下関駅에서 내려 택시를 탔다. 박물

김상일 교수와 마치다 관장(가운데), 야수오 선생. 야수오 선생은 우베나시고등학교에서 역사를 가르치며 학생들에게 통신사를 알리고 있는데, 이번 답사에 큰 도움을 주었다. 그의 소개로 알게 된 마치다 관장은 시모노세키 시립역사박물관의 수장고를 개방해 각종 사료를 마음껏 볼 수 있게 해주었다.

관은 통신사 접대를 책임지던 모리가毛利家의 다이묘들에게 보호받던 공산사功山寺 옆에 있었다. 명함을 주고받은 후 관장은 전시장 한쪽으로 우리를 안내했다. 조후번長府藩의 접대기록과 각종 행정문서, 통신사의 유묵, 「조선통신사행렬도」 등이 전시되어 있었다. 그중 유네스코 세계유산에 등재를 신청한 자료는 네 건 아홉 점이었다.

관장의 호의는 여기서 끝나지 않았다. 묵중한 수장고의 철문을 열어주었다. 역사학자로서 수장고의 문이 열리는 기쁨은 필설로 풀어낼 수 없을 정도로 크다. 관장은 먼저 서기 임무를 맡은 성대중成大中, 1732~1809 등의 시를 펼쳐 보였다. '추월'秋月이라는 단어로 끝맺은 문서의 주인은 정사 조엄趙曮, 1719~77을 제술관으로 수행한 남옥南玉, 1722~70이었고, '현천'玄川이라 서명한 시와 글의 주인공은 서기 역할을 맡은 원중거元重擧, 1719~90였다. 정사 조태억은 당나라 시인 장계張繼, 1882~1947가 지은 「풍교야박」楓橋夜泊을 옮겨 써서 쓰

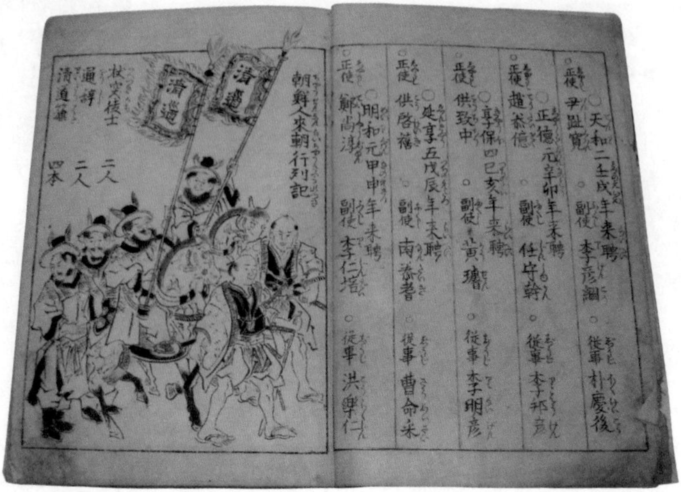

「조선인내조행렬기」가 담긴 책. 17세기부터 19세기까지 일본에 파견된 통신사의 성명이 적혀 있는데 윤지완의 이름이 잘못 기록되어 있었다.

시마번주에게 주었는데 그 시도 있었다. 제5대 장군 쓰나요시가 다스리던 겐로쿠元祿 8년1695에 간행된 『징비록』懲毖錄, 1711년 오사카에서 정사 조태억이 서문을 써준 『백석시초』白石詩草 등 희귀서도 열람했다. 1682년부터 1811년까지 일본을 방문한 통신사의 성명과 「조선인내조행렬기」朝鮮人來朝行列記를 흑백으로 담은 책도 보았다. 책을 넘기다가 정사 윤지완의 이름이 윤지관尹趾寬으로 잘못 기록되어 있음을 눈치챘다. 자료에 파묻혀 있으니 선조의 숨결이 느껴지는 듯했다.

마지막으로 화룡점정이라 할 수 있는 「조선통신사등성행렬도」朝鮮通信使登城行列図를 보았다. 통신사 묘사는 정치하지 못했으나 그림 위에 글이 쓰여 있었다. 근세 일본어라 해독이 안 되었다. 사진 촬영을 허락해달라는 말이 목구멍까지 치솟았다. 내 표정이 흥분으로 가득한 걸 본 마치다 관장이 촬영해도 좋다고 허락해주었다. 그러

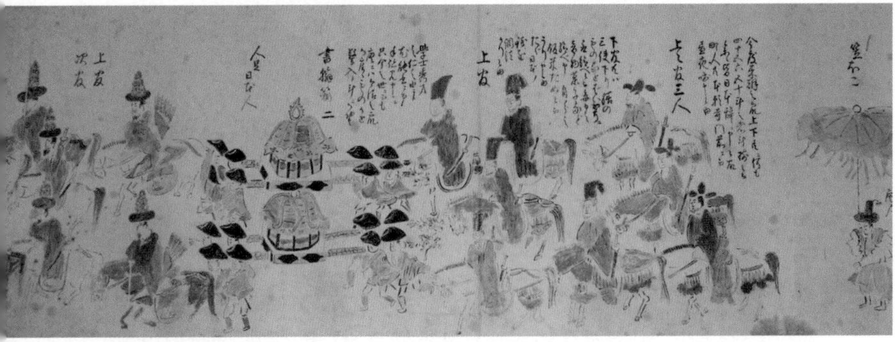

「**조선통신사등성행렬도**」. 정사 홍계희, 부사 남태기(南泰耆, 1699~1763), 종사관 조명채의 이름이 쓰여 있어 1748년 파견된 제10차 통신사를 그린 것임을 알 수 있다.

면서 그림에 담겨 있는 흥미로운 이야기를 들려주었다. 그림 자체는 뛰어나지 않으나 글이 재미있다는 것이다. 예를 들면 정사가 술을 잘 마신다든가, 소동이 글을 잘 쓴다든가, 화축花軸의 금붙이 등을 조선인이 훔쳐갔다든가, 수행원이 오이를 즐겨 에도의 오이가 동났다든가 하는 등의 뒷이야기를 들려주었다.

음식에 관한 이야기가 특히 재미있었다. 이곳의 요리사들은 조선인의 입맛에 맞게 조리하려 노력했다. 조선인이 좋아하는 해산물을 듬뿍 썼음은 물론이고, 통신사가 체재한 지역 중에서 유일하게 마늘을 사용했다. 조선의 육식문화를 고려해 돼지, 사슴, 토끼 고기 등도 사전에 준비했다. 통신사 수행원 중에 도우장屠牛匠 한 명이 포함되었을 정도였다. 소를 잡는 이였는데, 격군이 겸직했다. 쓰시마번에서도 조선인이 고기를 먹는 사실을 알고 소를 내놓는 경우가 종종 있었다. 『해행총재』에서는 볼 수 없었던 흥미진진한 이야기였다.

땀으로 젖은 얼굴을 닦고 수장고를 나와 1층 전시장을 둘러보았다. 전시품 중 눈에 띈 것은 복건福建상인의 깃발이었다. 이 깃발을 내건 배만이 일본과 무역할 수 있었다. 1832년 에도로 들어가는 류큐 사절의 행렬도도 걸려 있어 촬영했다. 1711과 1748년에 통신사 행차를 맞이해 출판한 책들도 있었다. 1748년 판본에는 요도천에서 통신사를 실어 나른 호화스러운 배 가와고자부네川御座船가 컬러로 그려져 있었다. 모리가 등의 서국 다이묘들이 가와고자부네를 제공했다. 마치다 관장이 이런 자료까지 볼 수 있게 해주리라고는 꿈에도 생각하지 못했다.

천재일우의 기회를 얻어 촬영을 무사히 마친 우리는 마치다 관장에게 감사의 뜻으로 저녁을 대접하겠다고 했으나 회의가 있다며 손을 내저었다. 옷이라도 벗어주고픈 심정이었다. 박물관을 나와서 웅장한 모리가 저택을 둘러보고 숙소인 플라자호텔 시모노세키로 발걸음을 뗐다. 호텔 맞은편에 모지항門司港이 있었다.

진품인 「조선통신사등성행렬도」가 눈앞에 어른거렸다. 절로 미소가 감돌았다. 「조선통신사등성행렬도」 촬영을 조선시대사 전공자인 노대환 교수에게 자랑스럽게 떠벌렸다. 만족감과 희열에 들떠 숙소에서 10분 정도 떨어진 한국식 삼겹살집을 찾아갔다. 상호가 일용日龍이었다. 갈빗살과 소주로 배를 채웠다. 우연히도 여주인의 며느리가 도요대학에서 카운슬러counselor로 일한다는 이야기를 듣고 이것도 신기한 일이라고 생각했다.

아름다운 강산 시모노세키

다음 날 아침 해협의 전경이 내려다보이는 호텔 10층의 테라스에서 밥을 먹고 느지막이 길을 나섰다. 아카마신궁赤間神宮까지 걸어가려 했으나 여종업원이 도보로는 30~40분 걸린다고 해 택시를 탔다. 차로는 10분도 안 되는 짧은 거리였다. 아카마신궁은 산 중턱에 있었다. 신궁에 입장하기 앞서 먼저 해협을 보기로 했다. 거센 물살이 정신을 사납게 했다. 울타리에 물살이 세니 가까이 가지 말라는 경고문이 붙어 있었다.

이도희 물살이 엄청 거센걸. 빨려 들어갈 것 같아.

서인범 예로부터 배를 타고 통과하기가 무척이나 어려운 지역으로 유명한 곳이었어. 통신사는 이곳 해협의 물살이 대양大洋보다 더 험하다고 했지.

통신사도 급하게 흘러가는 물살에 분명 놀랐을 것이다. 보고만 있어도 왠지 물살에 빨려 들어갈 것 같았다. 간담이 싸늘해지는 전율을 느꼈다. 해협의 넓이는 1킬로미터 정도일 듯싶었다. 반대편인 규슈로 이어지는 대교를 놓았는데, 그 아래로 인도를 설치해 걸어서 건너갈 수 있었다. 해협은 해안경비대 경비함을 위시해 왕래하는 거대한 상선들로 가득했다. 모지항에서 시모노세키 쪽으로 관광객을 실은 배가 속도를 내며 바다를 가로질러왔다. 물살에 지지 않으려는 듯 속력을 내는 모습이 힘겨워 보였다. 해협의 한쪽에는 닻이 설치되어 있었는데, '조선통신사 상륙, 체재 지점'이라고 쓰인 기념비가 함께 세워져 있었다.

시모노세키의 육상경비와 귀국 시의 향응접대는 조슈번長州藩, 현재의 야마구치현의 지번支藩인 조후번 담당이었다. 고쿠다카가 37만 석

▲**통신사가 상륙한 지점을 표시한 기념비**. 시모노세키의 물살은 빠르고 거칠기로 유명했다. 아마 통신사도 적잖이 마음 졸였으리라.

▼**「사로승구도」의 제7폭 '아카마세키'**. 통신사는 이곳에서 향응을 제공받았다.

에 달하는 조슈번은 암류도巖流島에서부터 히로시마 번령藩領까지의 통신사 선단 호위, 객관 건립, 가미노세키上関와 아카마세키赤間関, 현재의 시모노세키에서의 향응 제공, 가와고자부네 제공을, 지번 조후번은 스루가駿河와 요시하라吉原에서의 향응 제공, 호위선 준비, 에도에서의 객관경비 등을 맡았다.

조태억의 행차 시에는 조슈번주 모리 요시모토毛利吉元, 1677~1731가 몸소 시모노세키로 나와 일련의 과정을 진두지휘했다. 관반館伴 자격으로 통신사와 대면하고 향응을 베푸는 등 이례적인 수준으로 접대했다. 당시 막부의 노중은 요시모토에게 산킨코타이參勤交代, 전국의 다이묘들을 에도에 출사出仕시키는 정책를 연기하고 통신사를 대접하라는 서신을 보냈다. 요시모토는 노중과 빈번히 연락을 주고받으며 통신사를 맞이할 준비를 착착 진행했다. 객관을 수축하고 향응을 베풀며 선물과 물자를 조달하는 데 백성 9,700명, 배 1,400여 척이 징집되었다. 이 정도 규모로 통신사를 맞이했으니 조슈번의 재정부담이 어떠했을지 짐작할 수 있다. 그다음 통신사로 행차한 정사 홍치중이 시모노세키와 가미노세키에 체재했을 때의 기록인 『조선신사어기록』朝鮮信使御記錄에 따르면, 시모노세키에서 병사 및 백성 4,529명, 배 803척을 동원했다고 한다. 머물던 이들이 나갈 때에도 대규모 인원이 필요했다. 조태억의 출항 시에는 백성 2,922명, 배 655척이, 조엄의 출항 시에는 선장 34명, 선원 5,589명, 배 726척이 동원되었다.

객관 주변에는 12개소의 번소番所를 설치했다. 객관의 문 안에는 돗자리가 깔려 있었다. 새로이 지은 객관은 양탄자와 장막, 금병풍

아카마신궁. 통신사가 묵던 곳으로 특유의 붉은색 벽이 강렬했다. 다이묘가 산킨코타이 때 숙박하기도 했다.

등으로 장식했다. 밤중에는 해변에 화톳불을 피우고, 인가는 등롱이나 가로등을 달아 어둠을 밝혔다. 마을 사람들에게는 선착장에 나가거나 멀리서, 또는 여관이나 숙장宿場의 2층에서 구경하는 일을 금했다. 일 때문에 어쩔 수 없이 선착장으로 나갈 때도 예의를 지키라고 주의를 환기했다. 밤에 순찰하는 자에게는 인가나 사택에 불을 피운 집이 있다면 끄게 할 것을 지시하는 등 방범, 방화에도 신경 썼다.

조엄은 시모노세키가 우리나라의 용산, 마포 같았으나, 집들의 화려함과 우거진 화초가 매우 훌륭해 '아름다운 강산'이라고 부를 만하다고 솔직한 감상을 기록했다.

안토쿠천황의 묘로 들어가는 문. 안토쿠천황은 슬픈 죽음을 맞았는데, 그래서인지 통신사마다 그의 관한 이야기를 기록으로 남겼다.

'파도 아래에도 도시가 있다'

옛 화려함을 상상하는 일은 끝이 없었다. 그만 생각을 멈추고 길을 건너 아카마신궁으로 올라갔다. 큰 소나무 사이로 붉은색 벽이 강렬하게 다가왔다. 원래 명칭은 아미타사阿彌陀寺였는데 메이지유신明治維新 이후 '신불분리'神佛分離, 즉 신도와 불교를 분리하는 정책으로 안토쿠천황安德天皇, 1178~85을 받드는 신궁이 되었다. 제2차 세계대전 때 불탔으나 전후 재건되었다.

아카마신궁은 통신사가 묵던 곳이다. 에도시대에는 이곳 해안가에 인가가 400~500호나 있어 번화했는데, 선착장에 내린 통신사는 객관까지 돗자리를 깐 대로를 걸었다. 삼사와 통역을 담당하는

「안덕천황연기회도」(安德天皇緣起絵図). 단노우라전투를 묘사한 총 8면의 그림으로 왼쪽부터 이야기가 진행되어 종국에는 후백하황후와 안토쿠천황의 최후를 묘사한다.

당상역관인 상상관上上官은 아미타사에, 중관과 하관은 인접사引接寺에, 쓰시마번주는 혼진本陣에, 쓰시마번의 병사는 아미타사 근처 상인의 집에 묵었다. 혼진은 다이묘, 공가公家, 칙사 등이 여행할 때 휴식하는 장소였다. 현관, 서원, 문구門構를 갖춘 건물로 다이묘가 산킨코타이 때 이곳에서 숙박했다. 혼진이 문을 닫은 경우에는 와키혼진脇本陣을 이용했다.

용궁성을 본떠 만든 문에 수천문水天門이라고 쓰인 이채로운 편액이 걸려 있었다. 안토쿠천황이 수천궁水天宮의 신이 된 까닭에 그렇게 이름 붙였다. 본전 옆으로 박물관이 있었다. 촬영금지라 안토쿠천황의 소상塑像을 촬영할 수 없었다. 그의 묘를 보고 싶었으나 입구가 굳게 닫혀 있었다. 그의 애절한 이야기는 통신사의 기록에 빠지지 않고 등장한다. 부사 강홍중姜弘重, 1577~1642의 기록이다.

"아미타사에 사처를 정했다. 절 옆에 사당이 있으니, '안덕천황신당'安德天皇神堂이라 했다. 왜인에게 물으니, '옛날 안토쿠천황이 미나모토 요리

토모源頼朝, 1147~99의 침공을 받자 다이라노 기요모리平清盛, 1118~81가 안토쿠천황을 끼고 서해로 달아났다. 패해 이곳에 이르러 힘이 다하자 그의 조모 후백하황후後白河皇后, 1126~85가 안토쿠천황을 등에 업고 바다에 몸을 던졌다. 시종 일곱 명과 궁녀 몇 명이 함께 빠져 죽었다. 나라 사람들이 슬퍼해 어린아이의 소상을 만들고 사당을 세워 제사를 지내고, 사찰 승려에게 수호하게 해 지금에 이르렀다' 한다."

헤이안平安시대 말인 1185년 단노우라壇ノ浦, 현재의 시모노세키전투에서 미나모토씨源氏 군대에 패한 안토쿠천황은 기요모리의 정실이자 외조모인 후백하황후의 품에 안겨 급류에 몸을 던졌다. 후백하황후는 8세의 어린 안토쿠천황을 안심시키기 위해 "이 세상은 괴롭고 번거로우니 극락정토에 데리고 가겠다. 파도 아래에도 도시가 있다"라고 둘러댔다. 기요모리의 넷째 아들로 단노우라전투에서 패한 다이라노 토모모리平知盛, 1152~85도 닻을 등에 지고 어린 안토쿠천황과 함께 바다 깊이 용궁성으로 여행을 떠났다. 좀 전에 본 닻은 신을 위로하고 해협의 평안을 기원하기 위해 설치한 것이었다. 길

단노우라전투를 묘사한 그림. 김지남이 본 바로 그 그림이다.

가에서 본 어머니가 아들을 품은 형상의 동상도 후백하황후가 안토쿠천황을 품고 있는 모습이었다.

역관 김지남金指南, 1654~1718이 머물던 방에는 안토쿠천황과 요리토모의 전투 장면을 그린 그림이 걸려 있었다. 김지남은 그림이 어찌나 생생한지 싸움터에서 실제로 보는 것 같다고 기록했다. 그 그림이 지금도 걸려 있는 것이다. 토모모리는 산발에 칼을 쥐고 상대 병사를 노려보고 있고, 후백하황후는 안토쿠천황을 품에 안고 바다에 뛰어들고 있었다. 극적인 장면을 사실적으로 또 찬란하게 재현해놓았다.

비파 연주로 귀신을 홀리다

박물관 옆으로 돌아가자 기담奇談의 주인공 '귀 없는 승려 방일芳一'의 목상을 안치한 건물이 나왔다. 전해지는 이야기에 따르면, 언젠가 아미타사에 눈이 보이지 않는 비파법사琵琶法師 방일이 주석하

방일의 목상. 과연 그냥 전설에 불과한지, 아니면 정치적 의미가 숨어 있는지 알 수 없다.

고 있었다. 어느 날 밤 방일의 앞에 한 무사가 나타나 고귀한 신분의 아무개 저택에 가서 비파를 연주해달라고 부탁했다. 그의 청을 수락한 방일이 그 저택에 갔는데, 단노우라전투에 관한 곡을 부탁받았다. 연주가 절정에 이르자 모두 감동했다.

방일은 일주일 동안 밤에 와서 연주해줄 것을 부탁받았기에, 매일 밤마다 저택으로 향했다. 이를 이상하게 생각한 주지가 잡일하는 사람을 시켜 뒤를 쫓도록 했다. 그 사람이 본즉 방일은 안토쿠천황의 묘 앞에서 비파를 켜며 혼자 중얼거리고 있었다. 이를 전해 들은 주지는 원령怨靈들이 방일의 비파를 듣는 것에만 만족하지 않고 그를 죽일까 걱정했다. 몸에 불경을 적으면 원령이 보지 못한다는 점을 안 주지는 방일의 몸에 『반야심경』般若心經을 적었는데, 그만

귀에 적는 것을 잊었다.

그날 저녁 원령인 무사가 방일을 데리러 왔는데 비파만 보이고 몸은 보이지 않았다. 그러자 그의 눈에 보이는 두 귀만 떼어갔다. 주지가 뒤늦게 자신의 실수를 깨달았지만, 어쩔 도리가 없었다. 그나마 귀의 상처가 빨리 아문 것이 다행이었다. 이 기묘한 이야기는 이후 세상에 널리 퍼졌다. 단지 상상이라 치부할 수만은 없는 이야기였다. 특출한 능력을 갖춘 사람이 그 영향력을 우려한 기득권자의 음모 때문에 암살당한 일을 설화처럼 꾸민 게 아닐까 생각했다.

이곳에서 유명한 것은 방일의 얘기만이 아니었다. 벼루가 명품으로 대접받았다. 이 지역의 유력자들은 통신사에게 벼루를 선물하면서 글씨를 청했다. 직접 만나기 어려운 경우에는 역관을 통해서 은밀히 벼루와 금전을 보내고는 글을 청하기도 했다.

아카마신궁에서 나와 가라토唐戸시장으로 갔다. 이 지역에서 일본 복어 어획량의 80퍼센트가 충당되는 만큼 시장은 굉장히 활기 넘쳤다. 도미, 방어 등도 유명했다. 도미회와 복어회를 한 팩씩 사고 사케도 한 병 샀다. 해안가 벤치에 앉아 먹었는데, 회가 자연산이라 그런지 야들야들하고 쫄깃쫄깃했다. 이곳에서는 복어를 '후구'ふぐ라고 표기하지 않고 '후쿠'ふく라고 표기했다. '후쿠', 즉 복福이 오도록 기원하는 의미에서다. 복어를 얇게 썰어 부챗살처럼 펼쳐놓으니 하나의 예술작품이었다. 비싼 것은 한 팩에 1만 엔이나 했다.

시모노세키에서는 2004년부터 통신사 행렬을 재현하고 있다. 한일 양국에서 많은 사람이 참여하고 있다. 이를 바칸마쓰리馬関祭라고 한다.

13 천혜의 양항 가미노세키 8, 9

민박집에서 만난 통신사

점심을 생략하고 서둘러 시모노세키역으로 갔다. JR산요본선JR山陽本線을 이용해 세토나이카이에 연해 있는 호우후시防府市까지 가기로 했다. 푯값은 1,490엔이었다. 철길 옆으로 늘어선 집들은 짙은 남색 빛깔의 개량기와로 깨끗하게 단장돼 있었다. 전통적인 선을 표현한 듯한 형태였다. 집마다 나무와 꽃이 많았다.

호우후역에서 내려 택시를 타고 무카이시마向島로 달렸다. 육교를 놓아 차로 건널 수 있었다. 공민관公民館에 들러 관장과 대화를 나누었다. 통신사에 대해 잘 알지 못했다. 다만 공민관 터가 예전에는 바다였고, 주민들이 거주하는 반대편 지역도 전부 바다였다고 했다. 실제로 썰물 때가 되니 마을 깊숙이 바닷물이 들어왔다. 물때를 기다리는 작은 배도 많았다. 통신사는 이곳에 상륙하지 않고 배에서 머물렀다.

호우후시에는 모리 본가本家의 정원과 박물관이 있었으나 시간이 없어 역으로 돌아왔다. 소득을 얻지 못하고 야나이柳井행 열차를 탔다. 일본은 철도의 나라다. 자그마한 역에도 플랫폼이 서너 개는 된다. 승객이 그리 많지도 않은데 신기한 일이다. 열차를 타니 할머니들이 담소를 나누고 있었다. 모임에라도 참석했다가 귀가하는지 예쁘게 꾸민 모습이 화사해 보였다. 한 할머니가 먼저 내리자 나머지 분들이 잘 가라는 손짓을 연신 했다.

그 와중에 야나이역에 도착했다. 열차에서 내린 후 곧바로 가미노세키로 향했다. 가미노세키는 야마구치현 동남부의 나가시마長島에 있는 항구인데, 시모노세키에서 이곳까지는 대략 140킬로미터다. 통신사가 지나는 경로 중 항구와 항구 사이의 거리가 가장 길다. 항로도 험난했다. 하기번萩藩이 향응을 베풀었다.

우리의 여정도 약간은 험난했다. 가미노세키로 가는 차편을 알아보니 버스가 이미 15분 전에 출발해버렸다는 것 아닌가. 난처했다. 미리 예약해놓은 가미노세키 근처의 민박집 가이쿄관カイキョー館에 전화를 걸었다. 주인아주머니가 "데리러 갈까요?" 하고 묻는데 어찌나 고맙던지. 다만 기름값으로 2,000~3,000엔을 내란다. 버스비가 1인당 1,140엔이니 이득인 셈이다. 30여 분 기다리자 민박집 주인이 차를 몰고 마중 나왔다. 주인의 이름은 야마네 노보루山根昇로 68세의 나이지만 무슨 일이든 적극적이었다. 특히 통신사 이야기만 나오면 꼭 한마디씩 끼어들었다. 예전에는 고기도 잡았다는데, 지금은 민박집만 경영한다고 했다. 민박집은 두 동이었는데 좁게 뻗은 형태였다. 우리 말고도 다른 일본인들이 숙박하고 있었다. 해변가 정중앙에 있어 풍광이 좋았다. 바로 앞에 출항을 준비하는 배들이 정

박해 있었다. 벽에 초전사超專寺가 소장하고 있는 「조선통신사선상관내항도」朝鮮通信使船上関來航図의 모사품이 걸려 있어 서둘러 카메라를 꺼냈다. 통신사가 탄 여섯 척의 배와 하기번의 경비선을 담은 그림이다. 초전사는 에도시대 후기에 화재로 소실되었다가 이후 재건했는데, 「조선통신사선상관내항도」에서 에도시대의 모습을 확인할 수 있었다. 지금의 산문은 오차야御茶屋에 있던 출입문을 옮겨 축조한 것이다.

지역 관광협회에서 출간한 책은 우리가 묵는 민박집이 이 지역의 생선을 요리해 가정식을 제공한다고 소개했다. 정말로 저녁에 생선회와 튀김, 볼락 간장찜이 나왔다. 해가 지니 바다가 붉은빛으로 물들었다. 섬 사이로 지는 해가 눈을 어지럽게 할 정도로 찬란했다.

새벽에 잠이 깼다. 창문을 여니 여명이 어슴푸레하게 밝아오고 있었다. 무로쓰室津, 과거의 무로즈미室隅까지 놓인 상관대교上関大橋가 희미하게 자태를 드러냈다.

화려했던 옛 영화는 어디로

시모노세키의 험한 바다를 통과한 통신사의 배는 해안을 따라 이동했지만 풍랑은 여전히 거셌다. 거친 파도를 이겨내고 도착한 가미노세키는 천혜의 양항이었다. 에도시대에는 해운업으로 번성한 항구였다. 17세기 중엽에는 100여 호 정도의 인가가 모여 있었다고 한다. 포구는 사면이 산으로 둘러싸여 있다. 산천이 수려하고 바다가 넓게 펼쳐져 한가롭고 여유로운 마을이었다. 정유재란 때 피

「조선통신사선상관내항도」.
통신사가 가미노세키항에 입항하는 모습을 그렸다.
통신사가 탄 배는 여섯 척이고 나머지는 이를 호위하는
하기번의 경비선이다.

「사로승구도」의 제8폭 '가미노세키'. 「조선통신사선상관내항도」와 전체적인 지형과 건물 배치가 흡사하다.

로인으로 잡혀 이곳을 거쳐 간 강항姜沆, 1567~1618은 바다와 산이 그림 같고 감귤이 아름답게 빛나지만, 전쟁 때문에 귀신소굴이 된 것 같아 애석하다고 감상을 남겼다.

이곳도 여느 곳과 마찬가지로 통신사의 상륙을 돕기 위해 목재로 가교를 설치했다. 객관에서 포구에 이르기까지 길가에 등불을 달아서 밝기가 대낮 같았다. 통신사 중에는 나고야名古屋와 함께 이곳을 절경으로 꼽은 이도 있었다.

이곳은 조호관竈戸関이라고도 불렸다. 관소가 설치된 무로쓰반도室津半島의 남단과 나가시마 사이에 170미터 너비의 해협이 있는데, 해협의 지형이 멀리서 보면 부뚜막 같다고 해서 붙인 이름이다. 고대에는 이곳 주변의 바다를 가라노우라可良の浦, 韓の浦라 불렀다는 데서 중국이나 조선을 왕래하는 배들이 머무는 곳이었다고 추정할 수 있다. 통신사는 이곳에서 조류를 기다리고 물품과 물을 보급받

았다. 한번은 전라도 사람 10여 명이 이 먼 곳까지 표류하기도 했다. 의아한 사건이었다.

통신사가 가미노세키에 입항하면 조슈번이 총괄하고 이와쿠니번岩国藩이 보조해 접대했다. 정사 조태억이 행차했을 때 조슈번의 관선関船, 통선通船, 소조선小早船 등 배 650척, 백성 4,566명이 동원되었다.

숙박은 오차야, 아미타사, 명관사明関寺에서 해결했다. 물품이 부족한 경우에는 오사카에서 구매해 가지고 왔다. 배와 백성은 무로쓰나 근처 마을에서 징집했다. 집을 짓는 재료인 나무, 대나무, 끈, 덩굴풀을 모으고, 매의 먹이로 비둘기 2,000마리, 참새 1,000마리, 메추라기 123마리를 장만했다. 통신사가 먹을 것으로는 닭 150마리, 계란 500개, 돼지 한 마리를 준비했다. 물이 부족해 히로시마의 미하라三原에서 식수를 길어 배 100척을 동원해 운송했다.

아직 해가 완전히 뜨지 않았지만 이도희와 산책을 나섰다. 주인이 가르쳐준 대로 골목길로 접어들자 고풍스러운 주택들이 모습을 드러냈다. 안내판에 옛 거리라고 쓰여 있었다. 에도시대의 자취가 남아 있는 곳이었다. 언덕을 오르자 탁 트인 바다가 시원스럽게 펼쳐졌다. 아침이 되니 구름이 서서히 거치고 있었다. 제방을 넘어 모래사장을 밟으니 물결이 소리를 질렀다. 고운 모래 사이로 빛나는 물체가 있어 집어 들었다. 오랜 세월 파도에 씻긴 돌로 투명하게 빛났다. 그런 돌이 많았는데 색깔이 다양했다. 푸른 돌, 하얀 돌, 무늬가 있는 돌 등 각양각색이었다. 어떤 돌은 인공적인 문양이 있는 것으로 보아 깨진 도자기 따위가 파도에 갈고 닦여 변형된 듯했다.

대나무와 소나무가 숲을 이룬 산이 항구를 감싸고 있었다. 노인들이 도로를 청소하고 꽃을 가꾸고 있었다. 단정하게 교복을 입은 여학생이 등교하는 모습이 정겨웠다. 마을 뒷산의 도로를 한 시간 정도 산책하고 민박집으로 돌아왔다. 차를 마시러 식당으로 들어가자 주인이 산책했느냐며 말을 걸어왔다.

서인범 새벽에 산책하기 참으로 좋은 마을이네요. 바다가 있어서 그런지 새벽 공기가 참으로 상쾌합니다. 이곳을 거쳐간 통신사도 비슷하게 느꼈을 것 같아요. 에도시대에는 산킨코타이에 나선 규슈지역의 다이묘들과 통신사가 왕래하여 마을이 굉장히 활기를 띠었다고 하는데 지금은 어떻습니까? 먹고살 만합니까?

집주인 옛날에나 그랬지, 지금은 생활이 힘들어요. 좋았던 시절에는 1년에 1,000만 엔 정도 벌었는데, 지금은 반 토막도 안 됩니다. 200~300만 엔 정도지요.

서인범 많이 줄었군요. 그러면 인구도 줄었습니까?

집주인 네, 당연하지요. 수입이 주니 다들 대도시로 갔답니다. 지금은 이곳에 사는 사람이 3,000명이 좀 안 될 거예요.

술과 차를 마시던 오차야

집주인의 적극적인 성격이 어려운 경제를 살려보려는 각오에서 비롯된 것일 수도 있겠다는 생각을 했다. 이유야 무엇이든 그런 성격은 이곳에서의 답사에 큰 도움이 되었다. 그의 적극적인 주선과 후지무라 선생의 연락 덕에 가미노세키정上関町 관광협회의 야스다 가즈유키安田和幸 사무국장이 아침 일찍 오기로 했다. 집주인은 야스다 사무국장이 늦는다며 전화로 연신 재촉했다. 된장국과 계란말이, 기름에 살짝 구운 연어로 아침을 먹으며 야스다 사무국장을 기다렸다.

헐레벌떡 달려온 그는 모자를 쓴 탓에 나이를 가늠하기 어려웠으나 대략 집주인 또래로 보였다. 말투는 느리고 어눌했으나 진지함이 배어 있었다. 봉투 세 개를 건네주기에 살펴보니 통신사 일행의 숙박처 조감도와 왕로往路와 귀로 시 머물렀던 내용을 표로 자세하게 정리한 자료가 들어 있었다. 정사 홍계희를 수행한 화원畫員 이성린李聖麟, 1718~77이 부산에서 에도까지의 노정을 30폭幅에 걸쳐 그린 「사로승구도」槎路勝區圖에도 이곳 지형이나 오차야의 위치가 정확하게 묘사되어 있다.

야스다 사무국장은 이곳이 조호관으로 불렸다는 것으로 이야기를 시작했다. 지리적으로 가미노세키의 맞은편이 무로쓰이고, 상관대교 쪽에서는 북풍이, 가미노세키 쪽에서는 남풍이 그리고 내해內海 쪽에서는 서풍이 불어온다고 했다. 상관대교 근처에는 쓰시마번주의 배가 정박하는 곳이 있다고도 알려주었다.

설명을 마친 야스다 사무국장은 우리를 무라카미신사村上神社로 데리고 갔다. 무라카미는 중세시대에 세토나이카이를 무대로 활동하던 해적—수군이라는 설도 있다—이었다. 하지만 이후 모리가毛利家에 복속해 가신이 되었다. 무라카미신사를 둘러보다가 석등을 발견했다. 정사 조엄의 물길을 안내하던 무라카미 히로다케村上広武

가 선조 무라카미 요시아키村上義顯, 1501~73를 기리기 위해 기진寄進한 것이었다.

무라카미신사에서 나와 그 근처를 탐방했다. 야스다 사무국장이 구석구석 안내했는데, 옛 지도를 보여주며 실제 현장과 비교해볼 수 있도록 해주었다. 가장 먼저 눈에 띈 것은 오랜 세월 탓에 변해버린 지형이었다. 일례로 지금 도로가 난 곳은 원래 바다였다. 해안에서 마을을 바라보니 산 두 개가 마을을 나누고 있었다. 그 사이에 통신사의 숙박처가 존재했다.

종사관 아무래도 작은 지역이다 보니 인구도 많지 않네요. 대략 40~50호밖에 안 될 것 같습니다. 객관도 따로 짓지 않았을 것 같아요.

정사 필 객관을 따로 지었다기보다는 오차야를 객관으로 사용했어. 그래도 통신사를 맞이하기 위해 오차야 주위에 새로이 수백 칸을 짓고 병풍, 술과 음식, 그릇을 가장 좋은 것으로, 사치스럽고 화려하게 준비했어. 나름 최선을 다한 거지.

마을을 나누는 산 중 첫 번째 산의 정상에 삼사가 머물던 오차야가 있었다. 제술관 신유한은 당시의 오차야를 이렇게 기록했다.

"산수 좋은 곳에는 반드시 정사精舍와 별관別館이 있는데, 깨끗하고 명랑해 신선이나 도사가 거처하는 곳 같다. 그것은 반드시 관백 이하 각 주州의 태수가 설치한 찻집[茶屋]이라 하니, 곧 그들이 왕래할 때 쉬면서 술과 차를 마시는 곳이었다."

오차야 터. 에도시대에 쌓았던 석축이 그대로 남아 있었다. 배수시설도 보존상태가 좋았다. 많은 이가 머무는 만큼 우물도 충분히 마련해놓았다.

오차야는 사찰이나 신사의 참배객에게 차를 접대하는 곳인데, 장군이나 다이묘들이 길을 가다가 차를 마시며 휴식을 취하는 곳이기도 했다. 통신사에게는 과자, 차, 담배 등이 제공되었다.

직접 가서 보니 에도시대에 쌓았던 석축이 그대로 남아 있었다. 상관上官의 숙소에 물이 고이지 않도록 하는 배수시설도 보존상태가 좋았다. 두 번째 산에는 중관中官이 머무는 객관이 있었다. 다다미 120첩帖 정도의 규모였는데, 200명이 머물 수 있는 크기였다. 그 옆으로 50첩 규모의 하관下官이 머무는 객관이 있었다. 각 객관 뒤에는 우물을 하나씩 마련해놓았다. 대규모 일행이 머물렀기에 물이 가장 중요했다.

야스다 사무국장은 이 정도 규모로는 통신사 일행을 전부 수용할 수 없었을 텐데 어떻게 대처했는지 모르겠다며 의문을 표했다.

서인범 통신사가 남긴 기록을 보면 주민이 사는 집을 비워줘 그곳에 머물렀다고 해요.

야스다 아, 그렇군요. 충분히 가능성 있는 이야기죠.

조선인과 일본인의 교제를 금하라

하관의 객사 옆에는 번소가 있었다. 이곳에서 항구를 경비, 감시하는 일을 맡아 했다. 또한 지나는 배들을 수색하고 적화물을 검사하며 세금을 징수했다. 조선인과 일본인이 교제하는 것을 통제하기도 했다. 하지만 밤이 샐 때까지 통신사 일행은 마을을 누볐다. 부녀자들과도 뒤섞였다. 통신사의 배에 올라타는 일본인도 있었다. 그중에는 호신용 칼을 찬 사람도 있어서 일본은 무기의 밀매를 우려했다. 배를 지키던 역인을 엄히 추궁하는 동시에 삼사에게도 국법을 준수해달라고 요구했다. 하는 일이 이렇다 보니 당연히 창, 총, 목과 팔을 제압하는 도구 등을 구비해놓았다. 원래 번소는 그 목적에 맞게 해안에 있었다고 하는데, 그래서인지 번소 옆 건물에 통신사 일행의 배가 들어오는 모습을 묘사한 그림 등을 전시해놓았다. 다만 땅주인과 문제가 생겨 1996년에 지금의 자리로 옮겼다고 했다. 해안에 있던 건물이 산 정상을 올랐으니 보이는 풍경도 달라졌다. 맞은편 산 중턱에 있는 명관사가 보였다. 멀리서 보기에도 경치가 뛰어났다.

번소. 원래 해안가에 있던 것을 지금의 자리로 옮겼다. 원래 자리에서는 바다가 잘 보여 오가는 배를 감시하는 데 적합했다.

2002년에 번소 입구에 '조선통신사내항 기념시비'朝鮮通信使來航記念詩碑를 놓았다. 하기번 명륜관明倫館의 학두學頭 오구라 쇼사이小倉尚斎, 1677~1737와 신유한이 창화한 시를 새겨놓았다. 김상일 교수가 이 시를 보더니 눈의 휘둥그레졌다. 그가 유창하게 시를 해석하며 쇼사이가 읊은 시 제1, 2, 4행의 마지막 음을 신유한이 그대로 차운次韻했다고 설명해주었다. 상대가 읊은 시를 그 자리에서 바로 차운한다는 것이 쉬운 일은 아닐 텐데, 신유한의 재치와 기지 그리고 시작詩作 능력이 뛰어났음을 알 수 있었다.

해설을 마친 야스다 사무국장은 차에 우리를 태우고 상관대교를 건너 무로쓰 해협 관광안내소로 안내했다. 그곳에서는 통신사 관련 자료를 전시하고 있었다. 그중에 '무로쓰'라는 지명이 어디서 유래했는지 소개하는 자료도 있었는데, 내용이 재미있었다. 배를 이곳에 정박해 바람을 피하는 것이 마치 '방'[室]에 있는 것 같아 지명에 '실'室이 들어갔다는 것이다. 실제로 무로쓰는 크기가 작은 만인 데다가 세 방향을 곶과 산이 감싸 안는 형상으로 천혜의 양항이었다.

서인범 무로쓰에는 통신사 관련 자료가 정말 많은 것 같습니다. 이곳 전체가 박물관처럼 느껴지네요. 이 정도로 관심이 많다면 통신사 축제를 해보는 것은 어떻습니까?

야스다 좋은 의견이십니다. 그렇지 않아도 축제를 계획 중입니다.

관광안내소 맞은편에 서양식 흰색 건물이 있어 자세히 보니 사계루四階樓였다. 막부 말기에 지은 건물로 거래처의 직원이나 선주를 접대하기 위한 시설이었다.

거학산巨壑山이라고 쓰인 편액이 걸려 있었다. 숙종 때의 사자관 이수장李壽長, 1661~1733이 쓴 것이다. 거학산은 명관사의 산호山號다. 사계루는 중요문화재로 지정되어 있는데, 야스다 사무국장은 편액을 만들기 위해 쓴 글의 원본이 있었다면 문화재 등급이 높아졌을 거라며 아쉬워했다.

근처에서 차와 지역의 명물인 떡을 대접받았다. 신선한 해산물을 팔고 있는 관광안내소의 이노우에 미도리井上美登里 씨가 안녕히 가라며 정겹게 인사했다. 그녀는 지역에 남아 있는 사료를 바탕으로 통신사 관련 논문도 집필한 전문가다. 이후 다시 민박집으로 돌아가 짐을 정리하니 주인이 야나이역까지 우리를 배웅해주었다. 도중에 상관대교에서 잠시 내려주었다. 배를 타고 건넜을 통신사 일행이 항해에 지쳐 푸념하는 소리가 들려오는 듯했다.

오사카에서 흘러 내려오는 강물이 세토나이카이에서 바다와 만났기에 물살이 얌전한 편은 아니었다. 통신사는 바람과 조수가 모두 순해져야 비로소 배를 띄울 수 있었다.

종사관 세토나이카이는 내해인데도 항해가 쉽지 않습니다.

정사 필 그렇다네. 여울이 사납고 급하게 흘러 반드시 조수가 순해져야 항해할 수 있지. 바람과 물결이 조금만 거세도 항해하기가 몹시 어렵다네.

세토나이카이는 혼슈와 시코쿠 사이에 끼어 있는 동서 450킬로미터, 남북 15~55킬로미터, 평균 수심 38미터, 최대 수심 105미터의 내해다. 3,000여 개의 섬이 있고 조수간만의 차가 심하다.

통신사는 무로쓰에서 남만인南蠻人을 보기도 했다. 그들은 무역하러 나가사키 등지를 왕래했는데, 배가 너무 커서 세토나이카이에 들어올 수 없자 일본 배에 화물을 옮겨 싣고 연안의 여러 항구를 돌며 물건을 판매했다.

14 통신사 기록의 보고 조코관 10, 11

두루마리를 펼치니 역사가 펼쳐지다

오후 열차를 타고 조코관徵古館이 있는 이와쿠니시로 떠났다. 원래는 곧바로 히로시마현広島県 구레시呉市로 갈 예정이었으나 급거 변경한 것이다. 조코관은 원래 모리가毛利家를 섬긴 요시카와가吉川家의 문서와 공예품을 주로 전시하는 박물관인데, 통신사 관련 자료도 제법 소장하고 있다는 정보를 들었기 때문이다. 이노우에 씨가 조코관에 전화를 걸어 나를 바꿔주었다. 「조선통신사행렬도」가 박물관에 있느냐고 묻자 잘 모르겠다는 답이 돌아왔다. 급히 인터넷으로 검색해보니 소장목록이 나와 있지 않았다. 후지무라 선생에게 전화해 긴급히 도움을 요청하자, 조코관에 가미노세키 오차야의 도면이 있다는 낭보를 전해주었다. 또 한 건 했다는 생각에 만면에 미소가 번졌다.

마침 점심시간이라 라면으로 간단하게 끼니를 때우면서 조코관의 개관을 기다렸다. 1945년에 준공된 조코관은 높은 산들에 둘러싸여 있었다. 그 앞으로 냇가가 흘러 아늑했다. 마침 꽃축제가 열려 경치가 더 아름다웠다. 모란을 중심으로 50여 종류의 꽃이 만발했다. 사무실로 들어가 명함을 건네자 직원 두 명이 응대해주었다. 마쓰오카 토모노리松岡智訓 부관장과 가네다 카즈야兼田和弥 학예사였다. 우리를 본관 옆의 건물로 안내했다. 창고이자 수장고였다. 그들은 이미 준비를 끝내놓은 상태였다. 1748년의 아이노시마 지도, 가미노세키 오차야 도면, 통신사가 지은 한시가 적혀 있는 두루마기가 테이블 위에 가지런히 정렬되어 있었다. 바로 눈앞에 역사가 생생하게 펼쳐졌다. 마쓰오카 부관장은 사료가 혹시 손상될 까봐 신중하게 다루었다. 가미노세키 오차야의 도면은 생각보다 컸다. 몇 개의 책상을 이어붙인 끝에 완전히 펼칠 수 있었다. 한시가 적힌 두루마기는 더 길었다.

김상일 교수는 신이 났다. 한시가 적힌 두루마기에서 자신이 보고 싶어 했던 자료가 나왔기 때문이다. 카메라의 감도와 조리개를 조정해가며 신중하게 몇 번씩 촬영했다.

박물관 측의 호의에 감사를 표하고 금대교錦帶橋 쪽으로 걸음을 옮겼다. 일본을 대표하는 목조다리다. 2004년 무렵 일본에 일시 체류하고 있을 때 장인들이 다리를 해체하고 새롭게 건설하는 과정을 담은 다큐멘터리를 보았다. 장인들은 1673년에 그려진 도면을 참조해가며 주의 깊게 자재를 꿰맞추어 다리를 조립했다. 곡선형 아치가 만들어지는 과정이 자못 정교하고 세밀했다. 다리의 길이는 직선으로 193미터지만, 곡선으로 재면 210미터다. 폭은 5미터, 높이는 6.6미터다. 강을 가로지르며 매끄러운 곡선을 뽐내는 다리로

조코관의 한시 두루마기. 조코관에는 통신사와 관련된 각종 사료가 즐비했다. 수장고에서 여러 사료를 볼 수 있었는데, 특히 한시가 적힌 긴 두루마리가 인상적이었다.

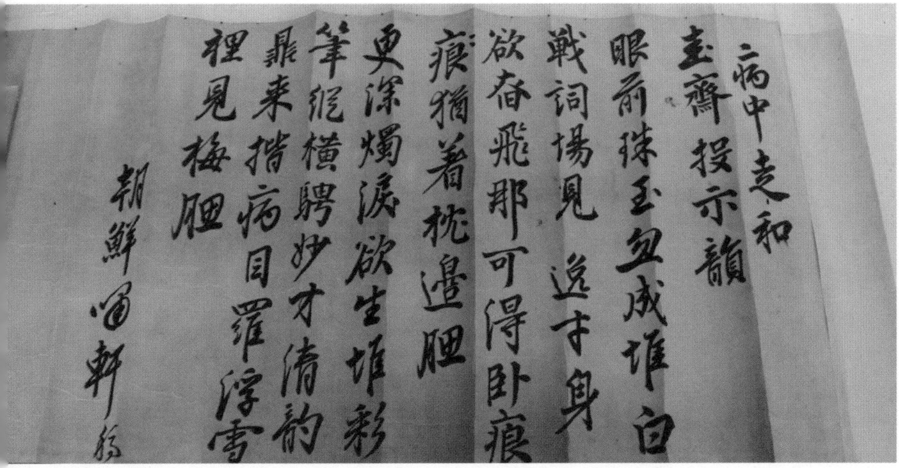

통신사가 지은 한시. 통신사가 지은 시문은 당시 일본인들에게 굉장히 귀중한 것이었다.

일본인의 자랑거리다.

다리를 건너가려 하자 1인당 300엔을 내란다. 어디든 돈이 우선시 되는 것 같아 씁쓸했다. 몰려든 중국 관광객들은 사진 촬영에 여념이 없었다.

이와쿠니역에서 작은 해프닝을 겪었다. 구레행 직통 표를 끊었는데 열차가 오지 않는 것 아닌가. 역무원에게 문의하니 이미 한 시간 전에 출발했다는 것이다. 화도 낼 수 없었다. 시간표를 확실히 확인하지 못한 우리 탓이었다. 어쩔 수 없이 히로시마를 경유해 구레시로 가는 열차를 탈 수밖에 없었다. 구레역에 내리니 구레시가 일본의 4대 군항도시로 인정받았다는 내용의 플래카드가 눈에 띄었다. 4대 군항도시는 사세보시佐世保市, 요코스카시橫須賀市, 마이즈루시舞鶴市, 구레시를 말한다. 특히 구레시는 지형적으로 보아도 천혜의 양항인데, 옛적에는 무라카미村上 수군의 근거지였고, 메이지시대 이후에는 일본제국 해군과 일본 해상자위대의 거점이었다.

숙소는 비즈니스호텔로 역에서 매우 가까워 도보로 2분도 채 걸리지 않았다. 긴 하루였지만 조코관에서의 통신사 관련 자료를 잔뜩 열람할 수 있었기에 피곤하지 않았다.

15 시모카마가리지마의 진수성찬 12

바다 가운데의 명승지

다음 날 아침 구레시 동남쪽에 있는 시모카마가리지마下蒲刈島로 가기 위해 구레역으로 갔으나 교통편을 제대로 아는 사람이 없었다. 나이 많은 운전기사가 가르쳐준 버스정류장으로 갔으나 허사였다. 투덜거리며 구레역 옆의 관광안내소를 찾았다. 직원이 열차노선표에 형광펜으로 경로를 자세히 표시해주었다. 구레역에서 세 정거장 떨어진 히로역広駅에 내려 버스로 갈아타면 되었다. 우여곡절 끝에 히로역에 도착했으나 버스가 적었다. 40여 분을 기다려야 했다. 책방이라도 들어가 시간을 때우려고 했지만 10시도 안 된 이른 시간이라 아무 데도 문을 열지 않았다. 그래도 10여 분간 발을 동동 구르고 있으니 다행히도 만화책과 게임기를 판매하는 가게에서 문을 열어주었다. 만화책 중에 역사물도 있기에 사려다가 짐이 무거워 포기했다.

얼마간 기다린 끝에 도착한 버스를 타고 30여 분간 달리자 대교

가 보이기 시작했다. 육지와 섬을 연결하는 현수교로 기둥을 하늘색으로 칠해 구름 위를 달리는 듯했다. 다리에서 보니 해안가에 집들이 밀집해 있었다. 다리를 건넌 버스가 산허리를 돌고 돌아 도착한 곳도 바로 그 해안가였다. 가는 와중에 산 중턱에서 바라본 섬들이 한 폭의 수채화 같았다. 고이노보리鯉のぼり, 어린이날가 가까워져서인지 주차장에 걸어놓은 잉어깃발이 바다를 거슬러 올라갈 기세로 펄럭였다.

시모카마가리지마의 둘레는 16킬로미터다. 섬의 동쪽에 있는 항구도시 산노세三ノ瀬는 일찍이 무로마치막부의 제3대 장군 아시카가 요시미쓰足利義滿, 1358~1408가 히로시마의 이쓰쿠시마신사를 참배할 때 기항했던 곳이다. 그 외에도 통신사가 행차할 때, 서국 다이묘가 산킨코타이를 수행할 때, 나가사키 부교가 막부에 연락할 때, 네덜란드인인 데지마出島 상관장商館長이나 류큐 사절이 방문할 때 이곳을 거쳐 갔다. 산노세에서는 10월 셋째 주 일요일에 통신사 행렬을 재현한다.

『해행총재』에는 이곳이 포예蒲刈, 겸예鎌刈로 표기돼 있다. 제술관 신유한이 이런 소감을 남기기도 했다.

> "솔밭, 대밭 사이에 민가가 비늘처럼 빽빽해, 앞바다로 더불어 거울같이 서로 비추니, 명랑하고 깨끗한 것이 바다 가운데의 명승지다."

당시에는 소나무와 대나무가 울창했던 것 같다. 아마 그 사이사이에 집들이 숨어 있는 듯이 보여 경치가 더욱 빼어났으리라.

시모카마가리지마 바로 앞에 더 큰 섬이 하나 있는데 카마가리지마다. 안내판에 귤과 딸기, 장미를 섬의 어디에서 재배하는지 위치를 표시해놓았다.

귀면을 새겨 거친 파도를 헤쳐나가다

섬을 대강 훑어본 후 송도원松濤園을 찾아 나섰다. 송도원은 1994년 문을 연 박물관으로 통신사 관련 자료를 보존하고 있고, 세토나이카이를 배경으로 푸르고 무성한 소나무 정원을 거닐 수 있는 곳이었다. 송도원 내에는 자료관이 네 개 있었다. 각 자료관은 일본 각지에서 옮겨와 복원한 저택을 활용했다. 건물의 담장은 대나무를 엮어 정비했다. 석등과 나무들이 어우러져 분위기를 더했다. 송도원의 첫인상은 아름다움 그 자체였다. 정원 뒤로 하늘색의 철교가 지나가 감성을 더 자극했다. 한국의 문인을 본떠 만든 석상이 멀리서 온 우리를 맞이했다. 석상은 18세기나 19세기에 만들어진 듯했다.

자료관 중 2층짜리 목조건물인 고치소우이치반관御馳走一番館으로 들어갔다. 1층은 통신사에게 대접한 요리모형과 삼사가 승선한 돛두 개짜리 배를 10분의 1로 축소한 모형이 있었다. 약간 좀먹은 「조선통신사행렬도」도 장관이었다. 국서와 청도기 정도만 붉은색이고, 나머지는 곤색, 흰색 등 극히 절제된 색으로 묘사했다. 어느 시기의 그림인지는 알 수 없었지만, 호랑이나 표범 가죽을 깐 가마 등이 정밀하게 묘사되어 있었다.

유네스코 세계기록유산의 등재자료 가운데 하나가 이곳에 전시

▲**송도원**. 석등과 나무, 건물 뒤로 난 하늘색 철교가 굉장히 아름다운 풍경을 연출하고 있었다.
▼**송도원의 소나무**. 송도원이 있는 시모카마가리지마는 소나무가 많기로 유명하다. 송도원에서도 멋진 소나무를 볼 수 있다.

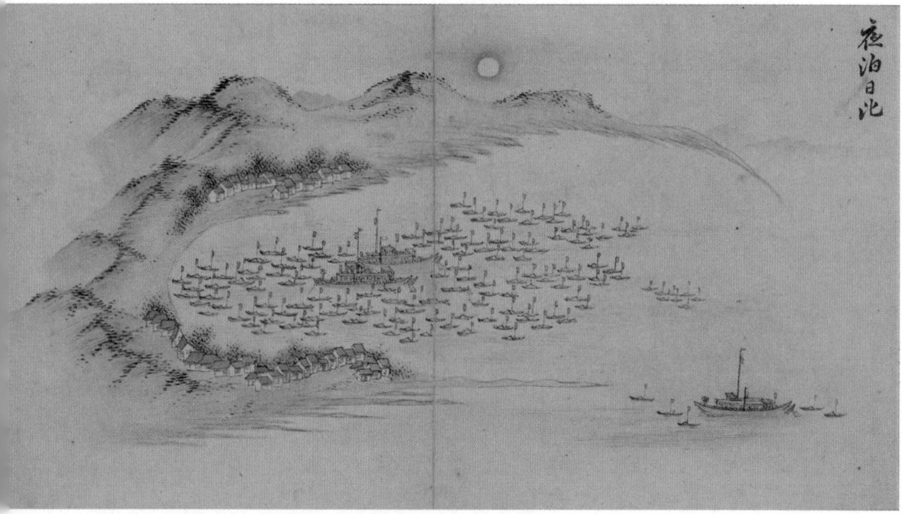

「사로승구도」의 제14폭 '히비'(日比). 통신사 선단의 모습이 그려져 있다.

된 「내조각비전어치주선행렬도」來朝覺備前御馳走船行列図다. 폭 14.5센티미터, 길이 8미터 25센티미터 크기의 두루마기 그림이다. 정사 홍계희 일행이 오카야마현의 히비오키日比沖에서 우시마도牛窓로 이동하는 장면을 묘사했다. 크고 작은 배 수백 척이 통신사의 배를 호위하며 항해하는 모습을 담았다. 이를 보면 당시 배의 구조나 장비, 선단의 구성, 오카야마현의 해상경비에 대해서 추측할 수 있다. 그림에 역관이 탄 조선 배에는 곡식 1,000석을 실을 수 있다고 쓰여 있었다. 일본 배보다 크고 튼튼했던 것이다. 선수에는 귀면鬼面을 그려놓았는데, 귀신의 얼굴에서 험난한 파도를 거뜬히 이겨낼 수 있다는 자신감이 느껴졌다. 이 당시 쓰시마의 와니우라에서 배 한 척이 화재로 소실되어 오카야마현에서 부사가 일본 배를 빌려 탔다고 하는데, 이로써 통신사의 일거수일투족이 행차경로에 포함된 기항지들에 정확히 전달되었다는 사실을 알 수 있다.

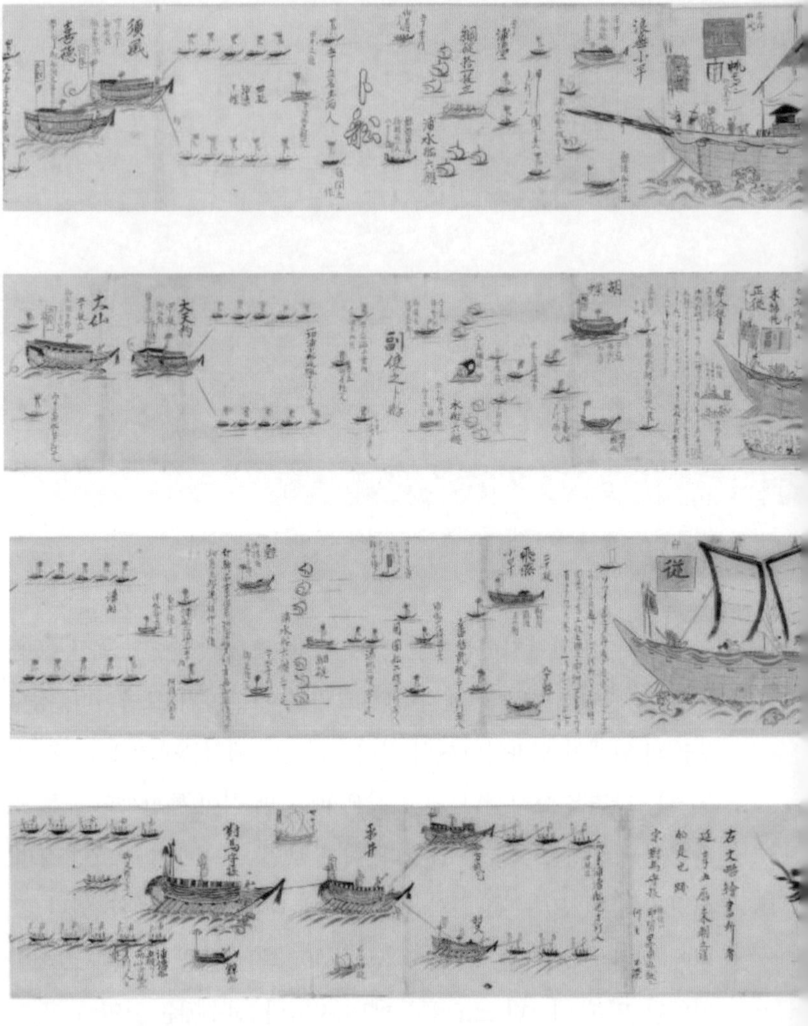

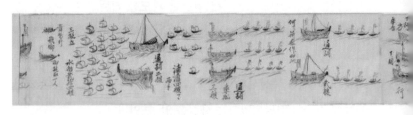

「**내조각비전어치주선행렬도**」. 오카야마현의 히비오키에서 우시마도로 이동하는 통신사 선단의 모습을 담았다. 통신사가 탄 배의 구조나 장비, 선단의 구성 등을 알 수 있다.

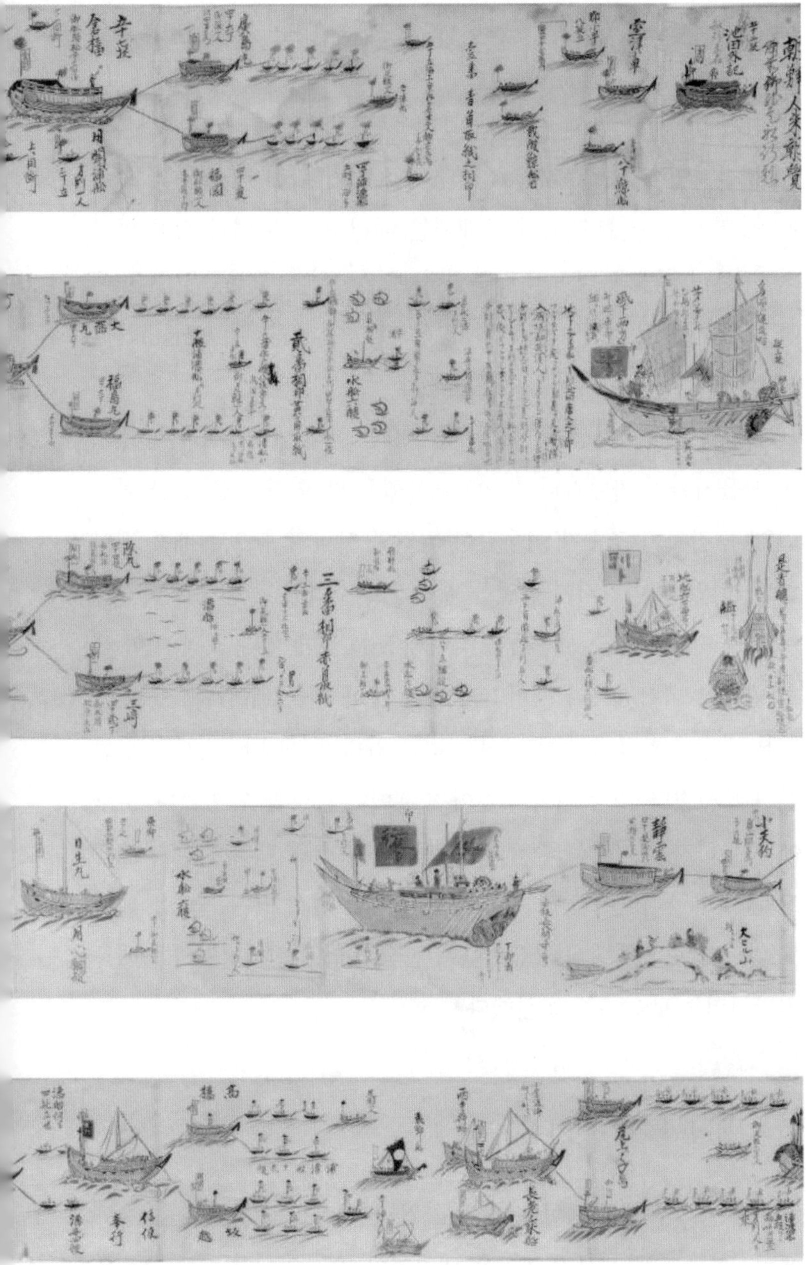

히로시마번은 정사 홍계희 일행을 시모카마가리지마에서 다음 행선지인 토모노우리鞆の浦까지 호위하기 위해 배 334척, 선원 2,781명을 동원했다. 삼사의 배에는 여러 종류의 배가 각각 여섯 척씩, 복선에는 네 척이 따라붙었다. 조선국왕의 증정품을 실은 배가 도착하자 배 83척, 선원 587명을 더 동원해 총 배 439척, 선원 3,508명의 거대한 선단을 이루었다.

그렇게 많은 호위선과 인원이 붙었지만 항해는 여전히 위험했다. 정사 윤지완이 카마가리지마에 도착했을 때 험한 꼴을 당한 적도 있었다. 갑자기 조수가 여울같이 밀려와 사람의 힘으로 배를 제어할 수 없었다. 여기저기서 닻을 내리라고 소리쳤다. 종사관 박경준이 이를 따르지 않고 사공들을 격려해 노를 젓게 했다. 북을 치며 세 번 앞으로 나아갔으나 뱃머리가 빙글 돌아 배를 제어하지 못했다. 일본 배들이 황급히 노를 저어 구하러 갔다가 조선 배에 부딪혀 선체가 부서졌다. 결국 여울이 잦아진 후에야 출발할 수 있었다. 포구에 도착하자 윤지완은 즉시 부사와 종사관이 탄 배의 선장과 도훈도都訓導를 불러들여 엄히 질책했다. 목숨을 걸고 거친 물살을 헤치고 나아가 포구에 다다른 선원들이 한숨 돌리며 질서정연하게 배를 정박시키는 모습이 눈에 선했다.

일본 제일의 진수성찬을 맛보다

송도원 직원에게 명함을 건네고 촬영 허락을 요청했다. 오가와 에이시小川英史 학예사가 조건을 내걸었다. 송도원이 소장한 작품은

ⓒ松濤園 御馳走一番館 蔵(日本国広島県呉市下蒲刈町)

통신사에게 대접한 요리모형. 전체적으로 일본 전통음식으로 차렸지만 고기를 넣어 통신사의 입맛을 배려했다.

얼마든지 촬영해도 되지만, 대여해 전시하고 있는 작품은 불가능하다는 것이었다. 당연한 요구이기에 감사한 마음으로 그러겠노라 답하고 본격적으로 전시품들을 살펴보았다.

1층은 통신사에게 대접한 요리모형을 전시해놓았다. 삼사의 조식과 석식은 7첩, 5첩, 3첩 요리가, 중식은 5첩, 5첩, 3첩 요리가 순서대로 올랐다. 사실 이들 음식은 의식용으로 통신사가 실제로 먹은 것은 그다음에 나오는 3즙 15채국 세 개, 반찬 15개 요리였다. 고기로는 돼지, 멧돼지, 사슴, 닭, 꿩, 오리를, 해산물로는 도미, 농어, 대구, 연어, 넙치, 전복, 오징어, 해삼을 준비했다. 후식은 카스텔라, 만주, 양갱이, 야채 등이었다. 그릇은 금으로 칠했다. 조리설비, 요리의 풍성함과 사치스러움이 이제까지 거쳐온 어떤 곳보다 더 뛰어났다. 이곳에서 통신사 대접에 쓴 비용만 3,000냥1636년 기준으로, 현 시세

「**조선통신사향응등차제회도**」(朝鮮通信使饗應等次第絵図). 이와쿠니번이 삼사와 상상관에게 대접한 음식을 그린 그림의 부분이다. 의식용 음식으로 에도시대 최고 수준으로 차린 것이다.

로 환산하면 12~14억 엔약 114~134억 원이다. 주민들은 통신사 접대에 시모카마가리지마가 침몰할 정도라며 비명을 질렀다.

히로시마번주 역시 시모카마가리지마의 향응이 제일이라고 자부했다. 이곳 음식에는 통신사가 칭찬했다는 의미로 '고치소우이치반'御馳走一番이란 이름이 붙었다. 일본에서 통신사 연구의 제1인자로 꼽히는 교토조형예술대학교 나카오 히로시仲尾宏, 1936~ 교수는 '주인이 베푼 요리를 손님이 잘 먹었다'는 의미라고 해석했다. 산노세는 유수의 어항으로 신선한 해산물을 잡는 즉시 상에 올릴 수 있었기 때문에 통신사도 그 맛을 칭찬했을 것이다.

요리모형조차 맛있어 보여 배가 고파졌지만, 애써 참고 2층으로 올라갔다. 통신사인형을 만들어 전시해놓은 곳이었다. 그 외에도 다양한 인형이 있었다.

「조선통신사행렬도」 등을 촬영하고 이곳에서 발간한 도록을 세

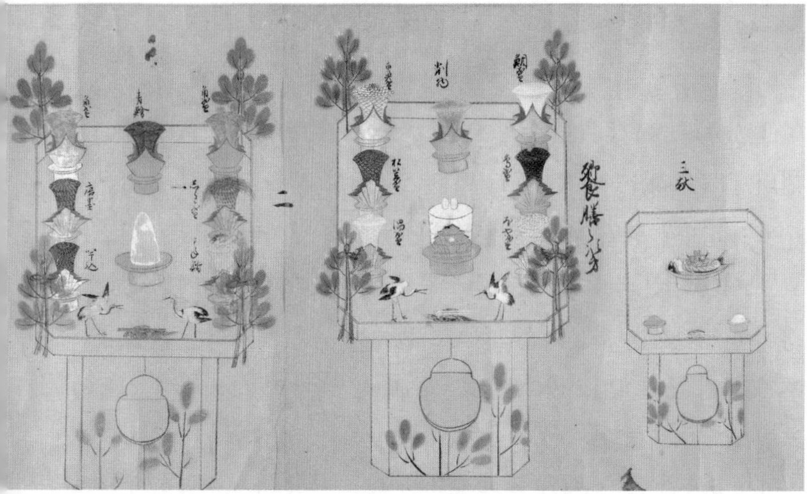

권 구매했다. 오가와 학예사에게 통신사가 묵은 객관 터를 안내해 달라고 하자 기꺼이 응해주었다. 가는 길에 번소를 지났다. 모리번의 번소를 복원한 건물로 에도시대 초기의 특징이 잘 드러났다. 아사노번浅野藩의 오차야 역할을 한 2층짜리 마루모토가丸本家 주택도 잘 보존되어 있었다.

별처럼 빛난 객관의 등

번소 끝에 상야등常夜燈이 설치되어 있었다. 세토나이카이에서는 등롱탑燈籠塔이라 부른 것이다. 그 옆에 정사 송희경, 종사관 남용익南龍翼, 1628~92 등의 시를 새겨 넣은 비석이 있었다. 마을 안쪽으로 발걸음을 옮기니 혼진 유적지가 나왔다. 그 앞으로 간기雁木가 보였다. 쉽게 말하면 석축으로 쌓은 계단식 선착장이다. 기러기가 날아가는 형상과 비슷해 이러한 이름이 붙여졌다. 후쿠시마 마사노리福

島正則, 1561~1624가 막부의 명을 받들어 축조했다. 본래는 길이 113미터, 11단이었는데, 지금은 길이 55.5미터, 14단으로 변했다. 최근 수위가 4미터 정도 높아져 새로 계단을 쌓은 탓이다. 바닷물 밑으로 보이는 검은색 돌이 에도시대에 쌓은 계단이다. 당시에는 선착장에서 객관까지 화문석을 펴놓고, 뜰에는 붉은 돗자리를 깔았다. 혼진 뒤에 쓰시마번주가 묵었고, 삼사는 그 위쪽의 오차야에 짐을 풀었다. 중관과 하관은 혼진 오른쪽에 숙박했다.

마을 안쪽에는 '통신사 객관 유적지'라고 쓰인 비석이 세워져 있었다. 혼진에는 사람 2,000여 명이 음용할 수 있는 우물이 있었다. 물이 마르면 대안의 가와지리川尻에서 길어왔다. 히로시마번에서 배 100여 척을 동원해 식수와 식량을 공급했다. 정사 홍계희가 행차했을 때는 시모카마가리지마만이 아니라 다른 마을에서도 배와 사람을 징집했는데, 무려 배 334척, 수부 2,781명이었다. 장군에게 증정하는 예물을 운반하기 위해서는 배 33척, 수부 585명을 동원했다.

통신사 접대를 위해 6개월 전부터 준비했다. 쓰시마와 이키시마, 시모노세키 등지에 사자使者를 파견해 접대가 어떻게 이루어졌는지를 꼼꼼히 파악했다. 항구와 숙소, 오차야 정비, 식료품 조달을 위해 인근 마을과 번내藩內 등지에서 인력을 징집하는 등 착실히 준비했다. 통신사를 맞이하고 배웅할 때 역인들이 있어야 할 위치까지 세세하게 지정할 정도였다. 주민들은 집을 비우고 산으로 올라갔다. 통신사 일행이 자신들의 집을 숙소로 사용하도록 한 것이다. 이 정도 규모로 준비했으니 돈도 많이 들었다. 통신사를 맞이하는 장소에 장막을 치는 비용으로만 3,000냥을 썼다. 선박이나 수부의 동원에도 돈이 들었다. 히로시마번에서 지급하는 수부의 식량은 늘 부족했다. 사람들은 통신사가 만약 해마다 온다면 온 나라가 절로 탕진할 것이라고 떠들어댔다.

객관에는 밤새 등을 걸어 불을 밝혔다고 한다. 그 빛이 물결에 비쳐 별이 반짝이는 듯했으리라. 지극한 사치스러움을 상상해보며 하관이 묵었던 곳을 떠나 홍원사弘願寺로 올라갔다. 고색 찬란한 사찰이었다. 주지에게 말을 걸자 관심을 보이며 아들을 시켜 문을 잠가둔 자료실까지도 열어주었다. 부인도 사찰 관련 자료를 가지고 나와 보여주었다. 통신사 관련 자료는 없었지만, 사찰에 흥미를 끄는 묘비가 하나 있었다. '다가야 사다요시多賀谷定幹의 묘' 라고 새겨져 있었는데, 주지는 묘지의 주인공이 왜구이자 수군이라고 설명했다. 시모카마가리지마의 사다요시는 전국戰国시기 오우치씨大内氏에 속한 수군으로 활약했다. 다시 말해 세토나이카이를 주름잡던 해적이었다. 주지는 통신사가 오간 시대가 한일 간 평화의 시대였다며 다시 평화롭게 지내보자고 덕담을 건넸다.

인동주를 마시다

오가와 학예사는 서양미술이 전공인데도 통신사에 관심이 있다고 했다. 그와 대화를 주고받다가 갑자기 인동주가 떠올랐다.

서인범 통신사에 관심이 많으시다니 뭐 하나만 물어봅시다. 혹시 통신사가 마셨다는 인동주를 판매하나요?

오가와 물론이지요!

서인범 오, 좋은 소식이군요! 그래, 그 술은 여기서 만드나요?

오가와 아쉽게도 아니랍니다. 지금은 아이치현愛知県에서 만들지요.

서인범 그렇군요. 관광객들이 그 술에 대해 좀 아는가요? 많이 팔리는지 궁금하네요.

오가와 많이 팔리지는 않지만 호기심에서 사는 분들이 있답니다.

인동주는 인동忍冬의 뿌리, 인삼, 감초 등으로 만든 술이다. 큰 병은 2,100엔, 작은 병은 1,600엔이었다. 통신사가 맛있는 술이라 칭찬했다니 기대가 되어 큰 병으로 두 병이나 샀다. 한 병은 이도희의 친구들과 만날 때를 위해, 다른 한 병은 김상일 교수의 교토 지인에게 선물로 주기 위해서였다.

종사관 이것이 그 유명한 인동주군요. 맛은 어떠한가요?

정사 필 이 고을 명주라는데 맛은 독해. 인동과 인삼으로 술을 빚었기 때문에 달면서도 은근히 독하다네.

통신사도 술에 관해 여러 기록을 남겼다. 부사 임수간은 인동주는 맛이 매우 감미롭고 독해 참으로 천하에 좋은 술이라고 칭찬했다. 신유한은 제백諸白, 청주은 최고로 맛있는 술이고, 인동주는 향기가 좋은 술이라고 품평했다. 부사 김세렴은 인동주보다도 청주가 최고라고 상찬했다.

부사 조경趙絅, 1586~1669이 인동주를 시로 읊었다.

겸예 땅서 빚어진 맛 좋은 인동주
옥 술잔에 담아내니 호박처럼 짙고나
입안에 넣자마자 대도를 통하나니
어찌 말술 많이 마셔 괴한 흉금 토할 건가
忍冬美酒出鎌刈 玉椀盛來琥珀濃
頃刻入唇通大道 何須呑石吐奇胸

우리도 인동주를 한 잔씩 시음해보았다. 단맛은 났지만, 통신사처럼 극찬할 정도는 아니었다. 도수는 24도로 이도희의 일본인 친구들도 좀 독한 것 같다며 몇 잔 마시고는 더 잔을 들지 않았다.

16 일본 제일의 경승지 토모노우라 13, 14

만화의 배경이 된 절경

구레역에서 미하라를 거쳐 후쿠야마福山로 가는 열차를 탔다. 도중에 통신사가 지난 다다노우미忠海를 스쳐 지나갔다. 연이어 이마바리今治 조선소를 지났다. 가까운 바다에 섬들이 평온히 떠 있었다. 하지만 이곳 바닷속에는 암초가 많아 항해하는 데 신경을 곤두세워야 했다. 통신사의 안전을 위해 암초가 있는 곳에는 반드시 왜선을 배치했다. 암초 위에는 나무를 꽂거나, 또는 배를 띄워 표시했다. 밤에는 불을 들고 흔들어서 배가 피해가도록 했다. 후쿠야마번은 요리사나 시중드는 사람을 1,000명이나 동원했다. 음식을 준비할 때는 우선 쓰시마번에서 조선인이 좋아하는 음식목록을 수령했다. 소, 멧돼지, 돼지, 사슴, 닭, 꿩, 도미 등의 각종 육류와 생선류를 비롯해 무, 미나리, 버섯, 가지, 오이 등의 채소와 수박, 감, 배, 포도 등의 과일을 마련했다. 목록에는 떡, 만두, 카스텔라 같은 간식류도 포함되어 있었다. 이 중에서도 육류를 확보하는 데 골몰했다. 특히 사

후쿠야마성. 꽤 웅장한 크기로 꽃들이 만발해 경치가 볼 만했다. 대부분 일본 성은 현재 공원으로 사용되는데, 후쿠야마성에도 노인들이 모여 새벽운동을 만끽하고 있었다.

슴 등을 배당받은 마을은 산 채로 생포해야 했기 때문에 많은 어려움을 겪었다.

후쿠야마역에서 걸어서 2분도 채 안 걸리는 거리의 비즈니스호텔에 투숙했다. 다음 날 아침 카메라를 목에 걸고 산책에 나섰다. 호텔 바로 앞에 후쿠야마성이 있었다. 성 입구에서는 노인들이 쇠구슬을 던지며 새벽운동을 만끽하고 있었다. 성은 총 5층으로 매우 웅장했다. 꽃들이 만발해 경치가 더욱 볼 만했다.

아침으로 소고기덮밥을 먹었다. 그리고 한 시간에 세 편밖에 없는 토모노우라행 버스를 탔다. 비용은 1인당 520엔이었다. 목적지에 도착해 관광안내소를 찾아가니 사람은 없고 안내책자만 덩그러니 놓여 있었다. 일본의 저명한 애니메이션 감독이자 제작자인 미

야자키 하야오宮崎駿 감독의 2008년 작 「벼랑 위의 포뇨」崖の上のポニョ의 무대가 된 마을이란다. 토모노우라는 세토나이카이를 지나는 항로의 중간 지점으로 해로의 분기점이자 배들이 밀물을 기다리는 항구다. 만조 때에서 간조 때까지 토모노우라에서 분고수도豊後水道와 기이수도紀伊水島 방향으로 조류가 흐른다. 간조 때에서 만조 때까지는 그 반대다. 즉 배들은 만조 때 토모노우라에 입항하고 간조 때 출항한다. 1826년 데지마에서 상관의商館醫로 일했던 독일인 의사 필리프 지볼트Philipp Siebold, 1796~1866는 이곳을 활기가 넘치는 항구라 기록했다.

방파제가 마을을 굳게 지키고 있었다. 길을 따라 항구 쪽으로 걸어갔다. 목재로 만든 2층 주택이 눈에 띄었다. 오랜 세월을 버텨온 듯했다.

종사관 여기까지 오는 데 우여곡절이 많았습니다. 그래도 마침내 천하 제일의 명승지를 구경하게 되었네요.

정사 필 그러게 말일세. 우리를 위해 선착장에서 객관까지 노상에 돗자리를 깔아 먼지 한 점 없네그려. 다섯 보마다 장대를 세워 큰 등을 걸어놓으니 마치 대낮 같아. 집마다 올린 기와지붕의 처마도 한번 보세. 간격이 촘촘해 약간의 틈도 보이지 않으이. 수많은 사람이 좁은 길을 가득 매울 정도로 나와 꿇어앉은 채 우리의 행렬을 구경하는구먼.

종사관 예, 정말 사람들이 많네요. 다들 표정이 공손합니다. 사람은 많은데 아무 소리도 내지 않아 고요하니 이상하기까지 합니다. 발을 내린 행랑에는 비단옷을 입은 아름다운 여인들이 모여 있네요. 상인과 유녀遊女도 보입니다.

토모노우라에 도착한 통신사는 1690년에 지은 대조루対潮樓에 묵었다. 대조루는 복선사福禪寺의 본당으로 이곳에서 바다를 바라다보면 절경이 눈앞에 펼쳐진다고 했다. 정사 필의 말처럼 대조루로 가는 길에는 양탄자, 돗자리가 깔렸는데, 준비한 돗자리만 3,500매에 달했다. 등은 6,000개, 초는 4만 개를 준비했다. 길가에는 고급진 찻집도 즐비했고 주택도 화려했다. 인가는 1,000호에 달했다. 휘황찬란한 등불이 가미노세키에 버금갔다. 여러 지역에서 온 가신들도 모두 나와 통신사를 맞았다.

두보도 감탄할 만하다

통신사가 극진한 환대를 받으며 밟은 길을 따라 걸으니 감회가 새로웠다. 에도시대를 연상시키는 저택들도 간간이 눈에 띄었다. 후쿠야마시에서 운영하는 도선장渡船場에서 방향을 틀어 해안산海岸山의 언덕을 오르자 복선사가 모습을 드러냈다. 대조루는 관음당觀音堂 옆에 있었다. 정사 홍계희의 둘째 아들 홍경해洪景海, 1725~59가 부친을 수행하기 위해 따라왔다가 현판에 써준 '대조루' 석 자가 눈에 확 들어왔다. 신을 벗고 입장료 200엔씩을 냈다. 드디어 대조루로 들어가니 바닥에는 다다미가 깔려 있고 벽에는 창틀 네 개가 마치 미술작품의 액자처럼 바다와 섬의 아름다운 경치를 담아내고 있었다. 특히 한가운데 창문에서 보이는 풍광이 장관이었다. 정면으로는 다보탑이 있는 벤텐지마弁天島가, 오른쪽에는 반원형의 코고지마皇后島가, 그 너머로는 센스이지마仙醉島가 보였다. 선인도 취할 정도로 아름다운 섬이라고 해 이러한 이름이 붙여졌다. 토모노우라 최대의 섬이다. 섬 사이로 돛대가 세 개인 증기선이 손님을 태우고 유유히 지나갔다.

창문 위에 '일동제일형승'日東第一形勝이라고 쓰인 편액이 걸려 있었다. 정사 조태억의 종사관 이방언李邦彦, 1675~?의 글씨다.

김상일 정말 경치가 아름답습니다. 압도적이네요. 통신사도 이곳 경치를 절찬했겠지요?

서인범 당연하지요. 일본 연로沿路의 제일 명승지라고 하거나, 중국 동정호洞庭湖에 비유하기도, 또는 악양루嶽陽樓에 비유하기도 했어요.

김상일 정말 그럴 만합니다. 기록을 보니 제술관 신유한은 사찰 서쪽에 머물렀네요. 소나무, 삼나무, 귤나무, 유자나무 등 온갖 나무가 사찰 양쪽에 숲을 이뤄 사방이 녹음으로 가득하고 그 그림자가 물에 비치니 제일의 경치라고 감탄했다고 합니다.

서인범 정사 조엄도 기록을 남겼는데, 삼면이 바다로 둘러싸여 남쪽을 바라보면 가없고, 동쪽과 서쪽을 바라보면 작은 섬들이 두 손을 마주 잡고 읍揖하는 것처럼 늘어서서 아양을 떠는 듯하다고 멋지게 표현했지요.

경치에 취한 통신사가 당나라의 시인 두보杜甫, 712~770가 지은

▲ **대조루**. 복선사의 본당으로 이곳에서 바다를 바라보면 절경이 펼쳐진다. 정면으로는 벤텐지마가, 오른쪽에는 코고지마가, 그 너머로는 센스이지마가 보인다.

▼ **대조루의 편액과 바라본 풍경**. 편액의 글은 정사 조택억의 종사관 이방언이 쓴 것이다.

「등악양루」登嶽陽樓를 차운해 승려에게 선물하기도 했다.

물론 마냥 좋았던 것만은 아니다. 한번은 일본이 복선사를 숙소로 내주지 않았다. 연전에 화재가 발생해 객관을 옮겨야 한다는 핑계를 댔다. 하는 수 없이 아미타사에서 숙박했다. 통신사는 귀로에 이곳에 다시 들렀는데, 홍계희가 복선사에서 숙박할 수 없다면 배에서 숙박하겠다고 고집을 피웠다. 그러자 일본이 숙박은 안 되도 관람은 가능하다며 선심을 썼다. 삼사가 사찰을 구경하러 올라갔다. 종사관 조명채는 그때의 감상을 이렇게 적었다.

"구름이 지나가고 달이 솟으매 만경창파가 비단을 펼친 듯하다. 수많은 돛단배가 언덕 아래에 정박하고는 점점이 등을 달아 곧 하계下界의 별빛이 되었다. 사람이 신선이 되어 하늘을 오르는 기분이 들게 한다."

층층으로 된 바위와 절벽으로 비단병풍을 두른 것 같았던 복선사는 원형을 짐작할 수 없을 정도로 변해버렸다. 지금 우리 눈앞에 있는 '일동제일형승'이 쓰인 편액도 원본이 상할까 봐 따로 판각해놓은 것이다. 그래도 사찰에는 방을 하나 정해 통신사 관련 자료를 전시해놓았다. 조태억, 부사 임수간, 이방언이 쓴 글도 걸어놓았다. 그 옆에 간단한 해설도 적어놓았다. 에도시대 후기에 활동한 후쿠야마번의 학자 에기 가쿠스이江木鰐水, 1811~81가 한시 짓는 법이나 서도書道를 가르치기 위해 일종의 학교인 세이시관誠之館의 학생들과 함께 자주 대조루를 찾았다는 기록도 있었다.

상야등. 화강암으로 만들었는데 높이가 5.5미터나 된다. 석축에 바다를 지키는 수호신의 이름까지 적었으니 항구의 안전을 지키는 데 부족함이 없었을 것이다.

도미는 옛 영화를 기억할까

복선사를 방문한 날은 일본의 황금연휴가 시작된 날이어서 매우 붐볐다. 사찰을 나와 토모노우라 안쪽으로 들어갔다. 마치 항아리처럼 생긴 형태였다. 바다 쪽으로 뻗은 산이 바람을 막아주고, 그 아래로 마을이 들어서 있었다. 산자락이 바다와 만나는 곳에 돌을 깎아 제방을 만들었다. 담담히 조류를 맞는 토모노우라. 화강암으로 축조한 간기를 밟으니 항구의 정취가 가슴을 채웠다.

화강암으로 만든 상야등이 항구의 안전을 지키고 있었다. 높이가 5.5미터로 다른 지역의 것보다 거대했다. 청어 기름으로 불을 밝힌다는데, 하루에 0.27리터를 태운다고 한다. 항구의 안전을 지키는 것이 또 있었으니, 상야등의 석축에 걸린 돌편액이었다. 석축 남면의 돌편액에는 '금비라대권현'金毘羅大權現이, 북면의 돌편액에는

'당소기원궁'當所祇園宮이 쓰여 있었다. 둘 다 바다를 지키는 수호신이다. 저 멀리 바다에서 뱃고동이 울리면 배를 맞이하는 사람들의 몸놀림이 분주해졌다.

항구를 거닐다 만난 할머니 한 분이 보명주保命酒를 마셔보라며 권했다. 약초로 만든 달콤한 술로 한국의 양명주養命酒와 맛이 거의 같았다. 기념으로 작은 병을 하나 샀다. 550엔이었다. 항구 초입에 보명주를 만들어 파는 오타가太田家 주택이 있었는데, 입장료가 400엔이나 해 들어가지 않고 밖에 서서 안을 들여다보았다. 1655년 오사카에서 이주해온 나카무라 기치베中村吉兵衛가 이곳에서 보명주사업을 시작했다고 한다. 지황, 육계 등 13종류의 약재를 조합해서 만든 술이다. 그 후 4년 뒤부터 한방약주와 보명주를 제조, 판매하기 시작했다. 현재는 16종류의 약재를 넣어 제조한단다. 그래서 '16미지황보명주'十六味地黃保命酒라고도 부른다. 지금까지 수많은 선원이 조류를 기다리며 필시 이 집에 들러 술을 마셨을 것이다. 보명주는 통신사도 애음했는데, 막부 말기에 일본을 개국시킨 매슈 페리Matthew Perry, 1794~1858 제독에게도 이 술을 권했다고 한다.

다음으로 토모노우라 역사민속자료관에 들러 통신사 관련 자료집을 한 권 사고 전시실에 걸려 있는 객관 배치도를 촬영했다. 명함을 건네며 통신사의 길을 따라가는 책을 쓰는 데 도움을 달라고 하니 선뜻 응하며 1748년에 간행된 『조선인대행렬기』朝鮮人大行列記라는 고문서를 보여주었다. 그 마지막 장에 담배나 술 등의 단어를 조선어로 어떻게 표현하는지를 가나かな로 옮겨놓았다.

역사민속자료관을 나와 통신사가 묵었다는 아미타사로 갔다. 카

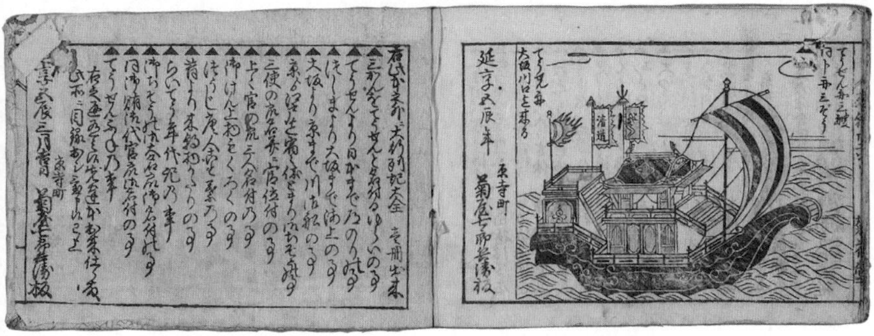

『조선인대행렬기』. 1748년 간행된 고문서로 통신사 행차의 면면을 잘 기록했다.

스텔라를 파는 여인에게 사찰 위치를 물으니 친절하게 알려주었다. 고마움의 표시로 빵 두 개를 샀다. 대단히 감미롭고 부드러웠다. 사찰은 상야등으로 가는 길의 오른쪽에 있었다. 절에는 사람 그림자조차 보이지 않았다.

우리가 토모노우라를 둘러보았을 때는 타이아미鯛網, 도미를 잡는 그물축제가 한창이었다. 이곳은 원래부터 도미로 유명했다. 도미는 선명한 붉은색을 띠며 초여름이 제철인데, 요리로는 첫째가 회, 둘째가 구이, 셋째가 졸임이다. 유명한 축제인지 정오가 채 안 되었는데도 항구를 비롯한 전 지역이 관광객으로 만원이었다. 이곳에서 유명한 도미요리 전문점인 '치토세'千とせ로 갔다. 가격이 만만치 않았다. 도미 머리를 올려 양념간장에 찍어 먹는 소면은 1,320엔이고, 포동포동한 흰 살이 발라져 나오는 메시飯는 2,000엔 이상이었다. 간단히 때울 요량으로 타이소면을 시켰다. 아쉽게도 국수 양이 적은 데다 너무 담백해 맛을 별로 느낄 수 없었다.

평소 토모노우라는 한산하다고 한다. 메이지시대 이후 철도의 개통, 기선의 취항으로 입항하는 배 자체가 줄었기 때문이다. 이제 그 옛날의 영화는 다시 볼 수 없으리라.

17 사람과 신이 공존하는 이쓰쿠시마[15]

뜻밖에 만난 라잔

일본 전역이 황금연휴에 접어들었다. 숙박업소를 예약하기 어려워 일단 후쿠야마시에서 머물며 상황을 지켜보기로 했다. 김상일 교수는 개인적인 용무가 있어 호텔에 남고 이도희와 히로시마현 남서부에 있는 이쓰쿠시마에 가기로 했다. 일반적으로 미야지마宮島로 불리는 곳이다. 유네스코 세계유산에 등재되었다. 옛날에는 세토나이카이의 자연을 대표하는 미산瀰山의 원시림이 펼쳐진 이쓰쿠시마 전체가 일종의 신령처럼 여겨져 숭배의 대상이 되었다. 이곳에 이쓰쿠시마신사가 있는데, 6세기 무렵에 창건되었다. 헤이안시대 말 이후부터 무장 기요모리의 비호를 받아 신사의 영향력이 확대되었으며, 해상교통의 거점으로서 그 중요성이 더해졌다. 에도시대 중기부터는 일본 굴지의 관광지로 번성했다. 지금은 매해 국내외 관광객 300만 명이 방문한다.

이쓰쿠시마는 코가 닿을 거리에 있었다. 선착장에서 3층 배에 탔다. 저 멀리 보이는 붉은 도리이가 신의 영역임을 알리고 있었다. 배가 출발한 지 10분 만에 도착했다. 선착장에 막 도착한 다른 배들도 관광객을 토해냈다. '일본삼경비'日本三景碑라고 쓰인 비석이 있어 이곳이 절경지임을 단번에 알 수 있었다. 이를 처음 말한 이는 하야시 가호林鵞峰, 1618~80였다. 1643년 출간된 그의 저서 『일본국사적고』日本国事跡考를 보면 일본 3대 절경지로 미야기현宮城県의 마쓰시마松島, 교토의 아마노하시다테天橋立, 히로시마의 이쓰쿠시마를 꼽고 있다.

가호는 일본의 대유학자 하야시 라잔林羅山, 1583~1657의 셋째 아들이다. 이곳에서 라잔을 만나게 될 줄은 꿈에도 생각하지 못했다. 통신사의 기록에는 임도춘林道春이라는 이름으로 등장한다. 그는 정유재란 때 피로인이었던 강항과 교류한 후지와라 세이카藤原惺窩, 1561~1619의 추천으로 제1대 장군 이에야스를 위해 일하게 된다. 두뇌 역할을 맡은 그는 이후 막부의 토대를 구축하는 데 공헌했다. 다양한 제도와 의례에 관한 규정을 만들고, 주자학의 발전, 유학의 관학화官學化에 공헌했다. 유신儒臣으로서 이에야스부터 제4대 장군 도쿠가와 이에쓰나德川家綱, 1641~80까지 섬겼다. 조선과 외교할 때 국왕과 장군이라는 칭호 대신 대군大君이라는 칭호를 사용하자고 주장한 당사자이기도 하다. 뒤에서 자세하게 설명하겠지만 국서 위작 사건을 둘러싸고 벌어진 야나가와 잇켄柳川一件 때는 쓰시마번주 편을 들지 않아 정사 임광이 애를 먹었다. 겐소도 통신사가 에도에 머물 때 라잔이 괴상한 일을 꾸며 방해했다고 혹평했다. 하지만 정사 윤순지尹順之, 1591~1666 일행과 이별할 때는 옷을 선물하기도 했다. 종사관 남용익은 그의 시문이 해박하지만 앞으로 더 연마할 필요가 있다고 평했다. 제술관 신유한은 조선과의 외교를 맡은 라잔의 후손 모두 그만 못하다며 칭예했다.

라잔의 일을 물려받은 게 바로 셋째 아들 가호다. 그는 시문은 다소 알았으나 성질이 미련스럽고 행동이 거만했다. 통신사는 그를 박하게 보았지만 일본에서는 높이 평가한다. 막부 초기의 각종 편찬사업을 주도해 근세 역사학에 커다란 영향을 미쳤다며 추숭한다.

반면 라잔의 첫째 아들 하야시 슈쿠쇼우林叔勝는 미목眉目이 곱고 준수하며 작문과 쓰기에 모두 능하다고 호평받았으나 일찍 세상을 떠났다. 라잔의 둘째 하야시 조우키치林長吉도 마찬가지로 요절했다. 부사 임수간은 가호의 아들 하야시 호코林鳳岡, 1644~1732를 임신독林信篤으로 기록했다. 종사관 조명채는 호코의 아들 하야시 류코林信充, 1681~1758, 손자 하야시 호코쿠林鳳谷, 1721~74와 통성명하고 시를 선물로 주고받았다.

섬 자체가 신

라잔 일가의 역사를 떠올리며 해안가를 거닐고 있자니 사람들은 신경도 쓰지 않고 유유자적 걸어다니는 사슴들이 눈에 띄었다. 사슴들 사이로 거대한 붉은 도리이가 보였다. 책이나 TV 프로그램에서만 보던 도리이를 실제로 보니 가슴이 뛰었다. 본전에서 200미터 정도 떨어져 있는 도리이는 신성한 장소의 입구 역할을 한다. 기둥은 총 여섯 개인데, 그중 가장 큰 두 기둥은 잘 썩지 않고 벌레가 꼬이지 않는 튼튼한 녹나무로 만들었다. 수령 500~600년짜리일 거라고 한다. 각 기둥의 둘레는 10미터, 높이는 16.6미터, 중량은 60톤이다. 두 기둥을 보조하는 네 개의 기둥은 삼나무로 만들었으며, 역시 쉽게 삭거나 쓰러지지 않는다고 한다. 물론 영원한 것은 없다고 현재의 도리이는 제8대째로 1875년에 재건한 것이다.

도리이에 걸린 편액은 두 개인데, 바다 쪽으로 걸린 편액에는 '이쓰쿠시마신사'가, 사전社殿 쪽으로 걸린 편액에는 '이쓰키시마신사'伊都岐島神社가 쓰여 있었다. 섬 자체가 신이라 건물을 조영할 수 없어 바다에 세웠다고 한다. 예전에는 섬에 접근할 수조차 없어 해상에서 참배했단다. 도리이가 미산을 빨아들일 듯한 태세로 서 있었다.

도리이 주변은 중국 관광객들로 붐볐다. 최근 사드 배치 문제로 한국 여행이 제한되자 일본으로 방향을 튼 것이다. 맥고모자를 쓴 채 작은 배에 오른 일단의 관광객들이 도리이 주변을 맴돌았다. 폭 4미터, 길이 275미터의 회랑으로 연결된 사전은 바다 위의 도리이와 쌍을 이루듯 붉었다. 1168년 기요모리는 바다 위에 떠 있는 침전寢殿 양식, 즉 사전을 중심에 놓는 독창적인 신사를 지었다. 이 방식은 헤이안시대에 귀족의 저택을 짓던 양식이다. 주인이 거주하는 침전을 중심으로 동서에 집을 짓고 통로로 연결하는 형태다. 이쓰쿠시마가 유네스코 세계유산으로 선정되는 데 이 독특한 양식이 한몫했다고 한다.

통신사는 이곳을 관람하지 못했다. 행차경로에서 멀리 떨어진 곳이기 때문이다. 다만 조명채는 시모카마가리지마의 객관에서 우연히 이쓰쿠시마를 그린 그림을 접했다.

이쓰쿠시마의 도리이.
붉은 도리이가 신의 영역임을 알리고 있다.
이쓰쿠시마는 일본 3대 절경지로 꼽힌다.

"안예주安藝州의 이쓰쿠시마를 왜인이 으뜸가는 경치로 일컫는다 한다. 무지개 같은 돌다리와 그 위에 거의 수백 간이 넘는 집을 지어놓은 것을 그린 병풍이 있다. 바로 섬의 좋은 경치를 본뜬 것이다. 그 다리와 누각의 크고 아름다운 것은 그림에서 보고도 미루어 알 만하다."

만약 그가 실제로 이곳을 방문했다면 아름다운 풍광에 취해 더 멋진 글을 남겼을 것이다.

미산 정상에 오르기 위해 무더위를 식혀주는 원시림 사이로 난 샛길을 걸었다. 투명한 바닷물이 촉촉이 적신 모랫길이었는데 연녹색 나뭇잎과 철쭉이 그림자를 드리워 시원했다. 걷다 보니 케이블카 타는 곳이 나왔다. 왕복 1,800엔으로 생각보다 저렴해 타기로 했다. 케이블카는 산의 계곡을 따라 올라갔는데, 세토나이카이와 히로시마의 풍경이 서서히 눈에 들어오기 시작했다. 해발 535미터의 정상에 도착하니 내려다보이는 풍경에 입이 다물어지지 않았다. 사방을 둘러보아도 눈에 걸리는 게 없었다. 탄성이 절로 났다. 세토나이카이의 섬들이 점처럼 보였다. 과연 이쓰쿠시마는 일본인들이 자랑하는 그대로 사람과 신이 공존하는 섬이었다.

통신사의 길을 답사하면서 유적지를 잘 보존하고 관리해 국내외 관광객을 불러들이는 일본의 문화적 수준이 늘 부러웠다. 유적지뿐만이 아니다. 입으로 즐길 수 있는 다양한 음식도 인상적이었다. 우리나라는 서울이나 제주도나 음식이 똑같다. 각 지역의 특징을 살린 음식이 있어야 관광객을 사로잡을 수 있다. 특산품도 중요하다. 자연이 주는 특산품도 있지만 솜씨 좋은 장인들이 만들어내는 특산품도 중요하다. 그들이 경제적 어려움 없이 창의력을 살려 멋진 특산품을 세상에 내놓을 수 있도록 제도적·정책적으로 보조해야 한다. 우리도 한 걸음 더 나아가야 한다.

18 일본의 에게해 우시마도 16, 17

설화 속 오니가 조선인?

이쓰쿠시마를 다녀온 다음 날은 날씨가 유독 쾌청해 기분이 좋았다. 오카야마역에 가기 위해 신칸센을 탔다. 15분 거리인데도 푯값이 2,700엔이나 했다. 교통비가 비싼 나라임을 실감했다. 역을 빠져나오자 이 지역의 유명한 설화 속 주인공인 모모타로오桃太郞 동상이 맞이해주었다. 모모타로오 좌우로 개와 원숭이 동상도 만들어놓았다. 일순 동상의 어깨와 손 위에 앉은 비둘기도 동상의 일부로 착각했다.

모모타로오 설화는 대략 이런 내용이다. 옛날 옛적에 노부부가 냇가에 떠내려오는 커다란 복숭아를 건져 쪼개자 그 안에서 아이가 태어났다. 모모타로오라고 이름을 붙이고 정성껏 키웠다. 장성한 모모타로오는 어느 섬의 주민들이 귀신들에게 괴롭힘당한다는 소식을 듣게 된다. 수수경단을 개, 원숭이, 꿩 등에게 나누어주고 그들을 부하로 삼은 모모타로오는 섬에 들어가 귀신들과 싸워 이겼다.

모모타로오 동상. 모모타로오 설화는 일본에서 굉장히 유명한데, 여기 나오는 귀신이 조선인이라는 이야기가 있다. 실체는 분명하지 않으나 굉장히 흥미로웠다.

이후 귀신들에게 빼앗은 보물을 가지고 돌아온 모모타로오는 자신을 키워준 노부부에게 효도하며 행복하게 살았다.

이도희의 친구 요시무라 마코토吉村誠 씨와 후시모토 유지藤本勇次 씨는 모모타로오 설화에 나오는 오니鬼, 즉 귀신이 사실은 조선인이라는 설이 있다고 귀띔해주었다. 이곳을 항해하다 표류한 조선인을 오니로 묘사했다는 것인데, 머리는 풀어헤쳤지, 의복은 남루하지, 언어는 다르지 그래서 귀신으로 생각하고 설화에 오니로 등장시켰다는 것이다. 흥미로운 이야기였다. 그 실체는 분명하지 않으나, 실제로 세토나이카이 지역에는 고대부터 우리나라 사람들이 왕래한 흔적이 곳곳에 산재한다.

재미있는 이야기를 들으니 기분이 더욱 좋아졌다. 서둘러 호텔에 짐을 맡기고 카메라와 삼각대를 챙겨 역 옆의 관광안내소로 갔다.

일본의 양대 올리브 산지 중 하나인 우시마도로 가는 길을 물었다. 직원이 종이에 지도를 그려가며 버스 타고 가는 방법을 친절히 알려주었다. 서대사西大寺로 가는 버스를 타고 종점에서 내려 우시마도행 버스로 갈아타라고 했다. 버스에 타니 장을 보고 귀가하는 할머니들이 앞자리를 꿰차고 있었다. 뒤에 앉아 창밖을 바라보니 시골스러운 풍경이 정겨웠다. 특이한 것은 길가의 집들이었다. 적당히 태운 나무를 재목으로 사용했다. 언젠가 TV 프로그램에서 본 내용이 떠올랐다. 나무를 연기에 그을리면 더 단단해지고 벌레도 꼬이지 않는다고 했다. 아마 같은 이유였으리라. 창밖 풍경에 취해 있으니 어느새 서대사에 도착했다. 시간이 얼마 안 걸린 줄 알았는데 한 시간이나 지났다. 서대사에서부터 우시마도까지는 버스로 20분 정도 걸렸다.

조선과 활발히 교류한 우시마도

토모노우라에서 우시마도까지는 해로로 80킬로미터 거리다. 우시마도는 고대부터 바람과 조류를 기다리며 쉬어가는 항구로 번창했다. 오사카, 규슈, 에도, 북부지역까지 발을 넓힌 상인들의 배가 각양각색의 물품을 산적하고 이곳에 기항했다. 낮에는 쌀, 면포, 재목, 목탄, 도자기, 소금 등을 거래하느라 시끌벅적했고, 밤에는 술 마시고 노느라 소란스러웠다. 붉은 등불이 밝혀지면 요염한 여인의 호객소리가 봄바람을 타고 밤하늘을 가득 채웠다.

우리가 갔을 때도 우시마도에는 보트가 즐비하게 정박해 있었다.

「사로승구도」의 제15폭 '우시마도'. 일본의 에게해라고 불릴 정도로 아름다운 곳으로 조선, 중국과의 교역도 활발한 곳이었다.

일본의 에게해라고 불릴 만했다. 흰색 호텔이 푸른색 바다와 멋지게 조화를 이루고 있었다. 이곳은 노을로도 유명한데 '일본의 석양 100선'에 선정되기도 했다. 항구 앞쪽으로 자그마한 돌섬이 방파제 역할을 하고 있었다. 아마 고대부터 지금까지 그 자리를 지켰을 것이다. 사실 우시마도는 조류의 물살이 급한 편이라 항해하기 쉬운 곳은 아니었다. 지금은 파도를 막기 위해 폭 2.7미터, 길이 678미터의 제방을 축조해놓았다. 상인들의 재력으로 공사비를 충당했다고 한다. 우시마도 바로 앞에 마에지마前島가 있다. 배를 타고 5분이면 가는데 녹도緑島라고도 한다. 아름다운 자연림이 우거져 섬 전체가 국립공원으로 지정되었다.

1420년에는 조선 사절이 우시마도에 정박했고, 1467년에는 우시마도의 대관이 조선에 사절을 파견하는 등 조선과의 교류도 활발했다. 무로마치시대에는 이 지역 최대 영주이자 해상海商이었던 이시하라石原가 우시마도를 거점으로 일본 국내는 물론이고 조선, 중국과 교역하기도 했다.

이곳에 도착한 통신사는 본련사本蓮寺에 머물렀다. 하지만 그 공간이 협소한 탓에 1681년부터는 오카야마번주의 오차야에 묵었다. 통신사 접대에 굉장히 신경 쓴 것인데, 정사 조태억이 우시마도에 기항할 때는 오카야마번의 배뿐 아니라 일반 백성의 배까지 동원했다. 내항 시에는 배 838척, 사람 3,057명, 귀항 시에는 배 943척, 백성 3,747명이 동원되었다. 전체 호수가 769호인데, 통신사 접대에 422호가 참여했으니 그 규모를 알 만하다. 통신사의 숙소 배정을 보면 삼사에게는 오차야가, 수행원에게는 마을의 저택 12채가, 쓰시마번 역인에게는 역시 마을의 저택 33채가 배정되었다. 통신사 일행에게 내주기 위해 주민들은 통신사 도착 한 달 전부터 집을 비웠고 심지어 통신사가 에도에서 일을 본 후 조선으로 돌아가기 전까지 아예 출입하지 못했다. 주민들에게는 통신사 접대가 굉장히 곤란한 일이었다.

오차야에 최초로 머문 건 정사 윤지완이다. 통신사가 도착하기 반년 전부터 수리하고 각종 물품을 조달해 비치했다. 선착장에서 오차야까지 난 길 주변의 주택과 도로를 전부 보수했다. 통신사가 쓰시마에 도착했다는 연락을 받으면 연락용 배 25척을 배치했고, 토모노우라에 도착했다는 연락을 받으면 각종 임무를 부여받은 배 119척이 정해진 장소로 일사불란하게 이동했다. 식료품을 운반하는 배는 현재의 구라시키시 관할인 시모즈이항下津井港에서 대기했다. 부교는 선단을 이끌고 후쿠야마번과의 경계까지 나가 통신사 일행을 맞이했다. 호위선단은 정사선 44척, 부사선 44척, 종사관선 44척, 통사선 81척, 쓰시마번의 배 160척 등 총 845척이고, 선두와 수부는 3,707명이었다.

선착장에서 오차야까지 이어진 길에는 민가 수백 호가 접해 있었다. 모두 창문을 닫고 장막이나 수렴을 둘렀다. 길에는 왕골을 깔고 한 걸음마다 등을 걸어 대낮처럼 밝았다. 길 양옆에는 구경꾼들이 장벽을 치듯이 빽빽이 늘어섰다.

여느 곳과 마찬가지로 접대하는 역인들을 엄격한 법령으로 관리했다. 땔나무와 물을 준비해 통신사가 불편하지 않도록 하고, 음식물이 부패하지 않도록 신경 쓰게 했다. 그 외에도 조선인은 일본 풍속을 모르기에 무례를 범하더라도 질책하지 말 것, 역인이 아니고서는 조선인을 대접하는 곳에 함부로 들어가 어울리지 말 것, 조선인과는 결코 매매하지 말 것, 남녀가 뒤섞이지 말 것, 발이나 장막, 병풍 등을 치고 예절 바르게 구경할 것 등을 일렀다.

법령을 보면 통신사와의 접촉을 엄격히 통제하고 예의를 지켜 수치당하지 않으려고 고심한 흔적이 여실하다. 시문을 얻을 때조차 쓰시마번주의 진문역을 통하라고 할 정도였다. 앞에서 서술했지만 진문역은 호슈가 맡았다.

삼사 접대의 책임자는 번藩의 가로 정도 되는 중신으로 오차야에서 향응을 베풀었다. 번주가 직접 객관에 나가 접대한 사례도 있었다. 삼사 외의 수행원들은 혼진이나 일반 민가에서 접대했다. 삼사를 위시해 하관까지의 접대를 맡은 담당자가 일일이 정해져 있었는데, 그 인원이 자그마치 900명에 달했다. 번주가 무사히 도착했음

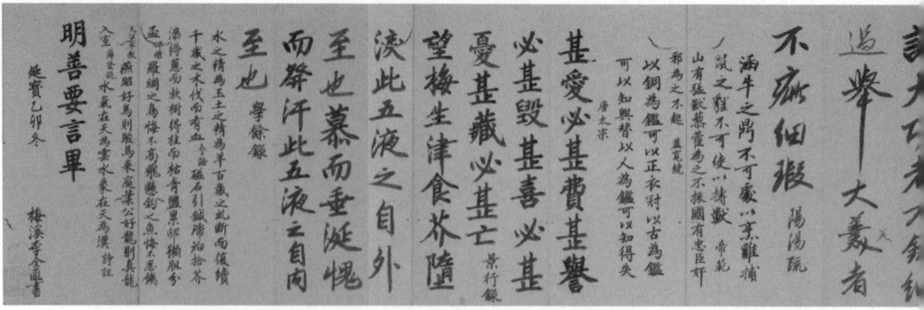

『명선요언』(明善要言). 피로인의 자손인 이매계(李梅溪, 1617~82)가 쓴 것으로 통신사와 나눈 대화를 기록한 것이다. 일본은 통신사와 일본인의 만남을 엄격히 관리했다. 혹시나 '국가기밀'이 새어나갈까 봐 조심했던 것이다.

을 축하하며 밀감, 꿩 등을 선물하자 삼사도 그들의 후한 향응에 감사하며 인삼, 황모필黃毛筆, 색지 등을 증례품으로 건넸다.

통신사는 객관에서 가끔 번의 유자들과 시문과 필담을 나눴다. 이때 늘 역인이 동석해 시문과 필담을 빠짐없이 모아 하야시 대학두林大學頭에게 제출했다. 사실 일본은 시문 증답하는 행위를 금지하고 있었다. 혹시나 일본의 체면을 손상시키는 글이 오갈까 봐 걱정한 것이다. 이 점은 통신사도 마찬가지였다. 조선의 외교, 국방 등과 관련된 사항은 절대로 누설해서는 안 되었다.

통신사 앞에서 재롱을 떤 가라코오도리

우리는 통신사의 자취를 좇아 본련사로 올라갔다. 경내는 국國급의 사적이었다. 방장이라 쓰인 팻말이 붙어 있는 건물 앞에는 300년 전에 심었다는 소철만이 남아 통신사의 옛이야기를 전해주고 있었다. 본당의 규모는 웅장했다. 바다를 조망할 수 있는 본당 옆으로 3층 목탑을 세워 우시마도로 들어오는 배의 등대 역할을 했다.

본련사의 본당. 본련사는 통신사가 묵은 사찰로 본당에서는 바다를 볼 수 있었다. 옆에 목탑을 세워 등대로 사용했다.

본련사에서 내려오면 바로 해유문화관海遊文化館이 나온다. 1887년에 건설되어 경찰서로 사용되었다. 통신사 관련 자료나 지역축제에서 활약하는 단지리[壇尻, 楽車, 山車], 즉 축제나 제례祭禮 때 사용하는 장식용 수레 등을 전시하고 있었다. 직원은 해유문화관을 지을 때 제술관 신유한의 『해유록』에서 이름을 따왔다고 했다. 명함을 건네고 사진 촬영을 허락해달라고 요청하자 기꺼이 허가해주었다. 본격적인 촬영에 앞서 단지리가 있는 방에서 축제 관련 영상을 10분간, 통신사 관련 영상을 35분간 보았다.

영상은 우시마도에 목수[大工] 600명이 있었다고 설명했다. 재목을 운반하는 상인, 특히 호상豪商들이 단지리를 만들었다는데, 뱃머리에는 용이나 사자의 형상을 만들어 걸었단다. 통신사의 배를

단지리. 단지리는 축제 때 쓰는 일종의 수레다. 이곳의 단지리는 배 모양으로 만들었는데, 뱃머리에 용이나 사자의 형상을 만들어 걸어놓았다.

보고 흉내 낸 것이다. 실제로 당시 일본인들은 통신사의 배에 달린 돛이 무명인 것을 보고 매우 놀랐다. 당시 일본은 왕골로 돛을 만들었기 때문이다.

문화관에는 특별히 눈에 띄는 통신사 관련 자료가 없었다. 인형으로 통신사 행렬를 재현해놓은 정도였다. 다만 1811년 역지통신의 정사 김이교金履喬, 1764~1832가 배에 탄 모습을 담은 그림이 전시되어 있어 유심히 살폈다. 이곳과는 전혀 관련 없는 그림이었으나, 배에 관한 설명이 흥미로웠다. 배는 2층짜리로 길이 25간間, 46미터, 폭 8간15미터이었으며 뱃머리에는 용 형상을 달았다고 한다. 국립역사민속박물관이 소장하고 있는 「강호도병풍」江戸図屛風도 특별전시 중이었다. 정사 정립鄭岦, 1574~1629의 행차를 그린 것으로 추정

조선통신사인물도(朝鮮通信使人物図). 첫 번째 그림과 두 번째 그림은 각각 흑단령(黑團領)과 금관 조복(金冠朝服)을 입은 이면구(왼쪽)와 김이교다. 일본인들이 그린 통신사의 모습이 흥미롭다.

가라코오도리. 통신사의 흥을 돋기 위해 춤추도록 선발한 6, 7세의 어린아이를 말한다. 손과 발의 곡선이 우리나라의 춤 맵시를 흉내 낸 듯 보였다.

되는 병풍도다. 「강호도병풍」 속에는 에도성에 도착한 통신사가 예물, 이를테면 호랑이 가죽, 표범 가죽 등을 펼쳐놓는 모습도 그려져 있다. 후에 나리타成田공항으로 가는 길목에 있는 국립역사민속박물관에서 「강호도병풍」를 촬영하는 데 성공했다.

다음으로는 축제 때 조선인 복장을 하고 춤추는 모습의 어린아이 조형물이 눈길을 끌었다. 가라코오도리唐子踊다. 단지리를 소개하는 영상에도 나왔는데, 역신사疫神社에서 6, 7세의 어린아이를 선발해 춤추게 했다고 한다. 통신사가 항해로 피곤해하자 여흥거리로 소동을 춤추게 한 데서 유래했다. 손과 발의 곡선이 우리나라의 춤 맵시를 제법 흉내 냈다. 10월 둘째 주 일요일에 열리는 축제 때 가라코오도리도 재현하고 있다고 한다.

가슴 아픈 루리히메 이야기

해유문화관을 돌아보고 나오니 어느새 오후 2시를 가리켰다. 허기를 느껴 본련사 앞에 있는 선태善太라는 식당으로 들어가 끼니를 때웠다. 흥미로운 것은 처마에 보호宝戸, 즉 법련사 우왕牛王이라고 쓴 종이가 붙어 있었다는 점이다. 마을 곳곳에 이러한 종이를 발견할 수 있었다. 사찰명만 조금씩 달랐을 뿐이다. 도로 뒤쪽의 집들은 대부분 사라졌지만, 거리는 예전 모습 그대로였다. 골목 곳곳에 우물의 흔적이 남아 있었다.

골목을 오르다 우연히 할머니 두 분을 만났다. 한 분은 83세의 가와사키 토미가河崎富加 씨였고, 한 분은 72세의 스에오카 사다末岡定 씨였다. 나이에 비해 건강해 보였다. 우물의 흔적을 찾자 조선인과 관련된 사당으로 안내해주었다. 사당 구석에 비석이 놓여 있었는데, 새겨진 글자가 희미했다. '조선마장'朝鮮馬場으로 해독했는데, 세 번째 글자인 '마'馬를 정확하게 읽은 것인지 의문이다. 두 할머니도, 우연히 그 근처를 지나던 할아버지도 해독하지 못했다. 두 할머니는 과자와 물을 나눠주는 등 매우 친절했는데, 가와사키 할머니는 전설처럼 전해 내려오는 조선인과 관련된 이야기도 들려주었다.

가와사키 옛날에 신분이 높은 루리히메瑠璃姫라는 여성이 배를 타고 이곳을 지나다가 우시마도 앞바다에서 배가 침몰해 죽고 말았지. 그러자 정장町長이었던 마키모토가 그녀를 건져 땅에 묻어주었어. 그런데 이 루리히메가 바로 조선인이라는 거야. 아직도 매년 음력 9

월이 되면 과일 등을 차려 제사를 지내줘. 제사에 쓰인 과일은 나중에 동네 사람들에게 나눠주지.

서인범 흥미로운 전설이네요. 혹시 루리히메가 통신사와 관련된 인물인가요?

가와사키 아니지. 이 전설은 통신사와는 관련이 없다네.

서인범 그럼 혹시 언제적 이야기인줄은 아십니까?

가와사키 글쎄, 정확한 시기는 나도 모르겠어.

가와사키 할머니는 우시마도의 앞바다는 지형이 좁고 조류가 빨라 소용돌이친다고 설명해주었다. 어쨌든 모모타로오 설화와 루리히메 전설의 공통점은 우시마도 근처 바다가 항해하기 어려우며, 이곳까지 우리나라 사람들이 출입했다는 것이다. 조선인의 복장과 모습이 자신들과 다르기에 오니로 표현하거나 신분이 높은 이로 모셔 제사를 지내고 있다는 사실에 놀랐다.

후에 교토대학京都大學의 우에다 마사아키上田正昭, 1927~2016 명예교수가 쓴 글을 읽을 기회가 있었다. 조선장대명신朝鮮場大明神 신앙이 이 지역에 전해져 내려오고 있다는 내용이었다. 그 신앙은 1594년 가을 이곳에 표류해온 조선 여인에게서 비롯되었다. 일본인들은 그녀가 죽자 조선영신朝鮮靈神으로 숭배하기 시작했다. 조선장대명신축제도 열었다. 여인은 임란 중에 끌려 온 것일까, 아니면 단순히 배가 난파해 표류한 것일까? 아니면 죽음을 무릅쓰고 탈출하다가 이곳에 표착한 것일까?

이와 관련해서 통신사의 길을 걷는 한 일본인이 자신의 블로그에

조선인으로 추정되는 루리히메를 모신 사당. 여인은 어째서 이곳까지 와서 죽었을까. 표류한 것일까. 아니면 임란 때 잡혀 온 것일까.

쓴 글을 우연히 발견했다. 그 내용을 간단히 정리하면 이렇다.

"전 우시마도 정장 히가시하라 가즈로東原和郎의 선조 히가시하라 야우에몬東原彌右衛門이 1594년에 작은 배를 타고 표류하고 있던 여인을 구조했다. 조선 의복을 걸치고 있었는데 수일 후 숨을 거두었다. 히데요시의 조선 공격 때 포로가 된 사람들을 쫓아온 것 아닌가 하고 상상했다. 그 영혼을 위해 '조선장대명신'이라고 이름 붙인 작은 사전을 만들어 위로해왔다."

절절한 전설은 뒤로 하고 통신사의 식수원이었던 우물 흔적을 계속 찾아 나섰다. 우시마도는 커다란 하천이 없어 여름만 되면 물 때문에 싸움이 나기도 하고 외지의 사람들이 물을 팔러 오기도 하던 곳이다. 정사 조형趙珩, 1606~79이 올 때 오카야마번에서 오차야 근처에 우물을 팠다. 겉은 돌을 쌓아 사각형이지만 안은 일반적인 우물처럼 원형이었다. 깊이 판 탓에 다른 곳이 말라도 이곳은 물이 찼다고 한다.

답사를 마치고 오쿠역邑久駅행 버스를 탔다. 역에 도착하자마자 오카야마행 열차가 들어왔다. 30분 만에 오카야마역으로 되돌아왔다. 갈 때보다 30분이나 빨랐다.

숙소로 돌아오니 송도원의 오가와 학예사에게 메일이 와 있었다. 송도원에서 찍은 사진 사용에 관한 메일이었다. 똑같은 메일을 이미 세 번이나 받았기 때문에 지나치게 까다롭게 구는 것 같아 짜증이 났다. 책에 싣는 사진을 최종 결정하고 공식적으로 허락을 요청할 생각이었다. 아직 원고도 쓰지 않은 상태에서 사진 사용에 관한 절차를 독촉하니 짜증이 안 날 수 있나.

이처럼 마음 어려운 일은 과거에도 있었다. 한번은 통신사가 출항하기로 한 날 우시마도의 날씨가 너무 나빠 결국 하루 더 체류하게 되었다. 가뜩이나 부족한 재정에 통신사 접대비용까지 책임져야 했던 담당 병사가 낙심해 셋푸쿠切腹, 즉 할복자살을 해버렸다. 통신사 접대는 그만큼 무거운 책임이 따르는 일이었다.

19 산킨코타이의 거점 무로쓰 18

일곱 굽이 길을 따라 도착한 무로쓰항

새벽 다섯 시에 눈을 떴다. 우시마도 관련 자료를 조사하고 오카야마성으로 산책을 나섰다. 도시는 아직 잠에서 깨지 않았다. 골목에 '남대문'이라고 쓰인 간판이 보였다. 정겨운 마음에 가까이 가서 보니 불고기집이었다. 실제로 역 주위에 야쿠니쿠燒肉집이 많이 몰려 있었다. 대부분 우리나라 사람이 운영하는 가게였다. 이 먼 곳까지 진출했다니 괜스레 뿌듯했다. 그들이 여기까지 와서 가게를 연 이유를 조사했다면 더 좋았을 것이다. 20여 분 걸어가니 강이 나왔다. 완만하게 굽이쳐 흐르고 있었다. 우거진 신록이 투명한 냇물에 비쳐 울렁거렸다. 새벽 공기가 신선하게 얼굴을 스쳤다.

그렇게 도착한 오카야마성은 평야의 산과 구릉을 이용해 쌓은 평산성平山城으로 다른 지역 다이묘의 성과는 약간 달랐다. 벽면을 흰색이 아닌 검은색으로 칠한 것인데, 그래서 오성烏城이나 금오성金烏城으로 불렸다. 풀이하자면 까마귀성이다. 1597년 우키다 히데이

오카야마성.
다른 일본의 성과 다르게
검은색으로 칠해 중후한 매력이 특징이다.
색 때문에 까마귀성으로 불렸다.

에宇喜多秀家, 1573~1655가 축성했다. 1600년 세키가하라전투에서 서군西軍의 주력이었던 우키타 히데이에宇喜多秀家, 1572~1655는 전투에 패해 유형流刑을 떠난다. 그를 대신해 고바야카와 히데아키小早川秀秋, 1577~1602가 성의 수리와 해자 공사를 맡아 농민과 무사를 동원해 20일 만에 끝냈다. 메이지유신 이후 성을 폐하라는 명령을 받아 성을 해체했는데, 이후 천수각만은 철근콘크리트로 재건했다. 검은색으로 칠한 성은 독특하고 화려했다. 검은색이 주는 중후함과 창틀 등 군데군데 칠한 흰색과 금색이 주는 강렬함이 시선을 끌었다.

우리가 찾았을 때는 성에서 에치고국越後国, 현재의 니가타新潟지역을 다스린 다이묘 우에스기 겐신上杉謙信, 1530~78, 우에스기 가게가쓰上杉景勝, 1556~1623가 애용한 히젠도肥前刀의 최고봉인 야마토리게山鳥毛의 특별전시회가 열리고 있었다. 사가현, 나가사키현에서 이름을 떨치고 있는 유명한 도공刀工이 참석해 직접 도검을 설명한다고 했다.

호텔로 돌아와 식당에서 아침을 먹었다. 후쿠야마의 호텔과 숙박료가 거의 같은데도 음식은 형편없었다. 밥은 질고 반찬으로는 계란말이와 된장국, 하루사메春雨, 일본식 잡채가 전부였다. 배를 채워야 무로쓰를 답사할 수 있다는 생각에 젓가락을 들었다.

지금 말하는 무로쓰는 앞에서 시모카마가리를 서술할 때 언급한 무로쓰와 다른 곳이다. 이곳 무로쓰는 효고현兵庫県 다쓰노시たつの市에 있는 마을로, 현재의 미쓰정御津町이다. 우시마도에서 40여 킬로미터 떨어져 있다.

호텔에서 나와 오카야마역에서 열차를 탄 지 두 시간도 안 돼 아이오이역相生駅에 도착했다. 역 근처의 비즈니스호텔에 짐을 맡긴 뒤 다시 열차를 타고 아보시역網幹駅으로 가 그곳에서 산덴아보시역山電網幹駅행 열차로 갈아탔다. 무로쓰 가는 길이 만만치 않았다. 산덴아보시역에서 역무원의 도움을 받아 버스 타는 곳으로 갔다. 무로쓰로 가는 직행 버스는 없었다. 어쩔 수 없이 도중에 한 번 더 갈아타야 했다. 실소를 지을 수밖에 없었던 것은 버스편이 한두 시간에 한 대꼴이 아니라 하루에 다섯 편밖에 없었기 때문이다.

그래도 운 좋게 시간이 잘 맞아 버스를 오래 기다리지는 않았다. 버스에 오르니 승객은 우리를 포함해 전부 네 명이었다. 창밖 풍경도 완전 시골이었다. 보리가 바람에 흔들렸다. 보리 이삭을 짚불에 넣어 알갱이가 튀어나오기를 기다렸다가 검댕이 묻은 손으로 하얀 알갱이를 주워 먹던, 그래서 입 주위가 온통 시꺼메지던 어린 시절이 떠올랐다.

추억에 잠겨 있다 보니 어느새 무로쓰에 도착했다. 12시 6분이었다. 아이오이역에서 오전 9시 20분에 출발했으니 자그마치 3시간이나 걸린 것이다. 정류장에 붙은 팻말에 무로쓰에서 아이오이역까지 11킬로미터 거리라고 되어 있는 걸 보니 우리가 길을 돌아왔던 것 같다.

무로쓰로 접어드는 250번 국도에 정류장이 있어 가보니 나나마가리七曲り 정류장이었다. 일곱 굽이라는 뜻이다. 이름대로 굴곡진 해안선을 따라 달리면 배들이 즐비하게 정박해 있는 무로쓰항에 다다른다. 무로쓰는 '방처럼 아늑한 나루터'라는 뜻인데, 산이 항구의 삼면을 감싸고 있는 모습을 보니 쉽게 이해되었다. "이곳에 정박

무로쓰항. 이곳에서 이번 답사에서 가장 많은 배를 보았다. 통신사가 입항했을 때는 500~600척의 배가 정박했다고 한다. 많은 배가 오가니 부유한 고장이 되었다.

하면 바람을 막는 것이 마치 방과 같다"라는 말도 전해 내려오고 있다. 천혜의 지형 때문에 고대부터 해상과 육상교통의 요충지 역할을 했다. '무로쓰 저택 1,000채' '서국 제일의 바다 도시'라는 말이 나올 정도였다. 에도시대 산킨코타이를 행하는 대부분 서국 다이묘가 이곳에 상륙한 후 걸어서 에도로 들어갔다. 이 주변이 일본 최대 규모의 숙장이 된 이유다. 통상 숙장에는 혼진 한 채 또는 두 채가 들어섰는데, 무로쓰에는 16채나 들어섰다.

어서 무로쓰항을 보고 싶어 들뜬 마음에 250번 국도를 따라 언덕길을 걸어 내려갔다. 국도 중간에 '무로쓰의 가도街道'라 쓰인 팻말을 보았다. 검은 돌에 흰 글씨로 해역관海駅館, 혼진, 민속관, 오차야 등의 유적지 위치를 표기해놓았다. 해역관으로 가기 위해 오른쪽 길을 택했다. 가는 길에 무로쓰항이 보였다. 이번 답사 중에 본 항구 중에서 가장 많은 배가 정박해 있었다. 더 놀라운 것은 배들 주위로 팔뚝만 한 물고기들이 유유히 유영하는 모습이었다. 이곳 낚시꾼들은 이 정도 고기에 관심을 보이지 않는 모양이었다.

무로쓰항을 가득 매운 통신사 일행

통신사가 탄 배 500~600척 정도는 무로쓰항에 쉽게 정박했다. 기록을 보면 그중 누선樓船 30여 척이 붉은 비단을 두르고 있으니 비단에 반사된 햇빛이 물에 비쳐 찬란하기가 마치 금을 띄운 것 같았단다. 해안가의 조밀한 여염 중 태반이 기와집이었다고 하니 부유한 고장이었다. 통신사가 도착하면 많은 남녀가 금령을 어기고 뒤섞여 배를 타고 포구까지 나왔다. 헤아릴 수 없을 만큼 많은 사람이 바다를 메웠다. 정사 홍계희가 행차할 때는 배 532척, 선원 2,975명이 무로쓰항에 집결했다.

삼사는 번주의 별장인 오차야에, 중관은 정운사淨運寺에, 하관은 적정사寂靜寺나 덕승사德乘寺에 짐을 풀었다. 객관의 병풍이나 방치장은 대단히 화려했다. 음식은 극히 풍성했다. 특별히 찰떡도 준비했다. 종사관 조명채는 이곳에서 실소를 지었다. 뒷간에 붙여 놓은 '동사'東司라고 쓴 종이를 보고서였다. 우리나라에서 뒷간을 '통사'通司라고 하는 것을 듣고는 잘못 적은 것이다. 그는 일본어에서 동東과 통通이 같은 음임을 기록으로 남겼다.

서인범 일본의 항구는 참 아름다운 것 같아요. 특히 야경이 멋지죠. 통신사도 비슷하게 느꼈을 것 같습니다. 아마 밤에 입항할 때는 그 정경을 어떻게 필설로 표현해야 하나 꽤나 고민했을 겁니다.

김상일 네, 분명 그랬을 거예요. 제술관 신유한이 무로쓰항에 들어왔을 때 일본의 호행선護行船만 1,000척에 달했다고 해요. 배마다 네다섯 개의 등불을 달았으니 그 빛이 바다를 가득 채웠을 테죠. 삼사의 배에서 화전火箭을 쏘아 응하고, 고각鼓角을 일제히 울리니 별과 은하수가 흔들거렸다고 합니다.

당시 신유한은 배에서 자다가 새벽 두 시경에 출발했을 때 본 무로쓰항의 모습을 묘사했다. 삼사의 배를 맴도는 작은 일본 배들에 달린 등불이 여기저기서 빛을 발하고, 선원들의 노 젓는 소리가 잠든 만물을 뒤흔들어 깨웠으리라.

무로쓰항을 지나니 해역관이 보였다. 2층 건물이다. 에도시대에 항구에서의 상품판매와 운송업무를 관장한 곳으로, 숙장에 설치된 혼진에 자리가 부족할 경우를 대비해 와키혼진 역할까지 겸했다.

해역관은 통신사인형, 홍계희 일행의 성명을 기록한 목록, 통신사 객관 배치도, 접대용 음식모형 따위로 꾸며져 있었다. 무로쓰에 들린 다이묘들이 다스린 번들을 지도에 표시해놓은 자료나 네덜란드인들의 항로, 무로쓰를 방문한 지볼트에 관한 기록도 전시 중이었다. 10월에는 통신사 특별전을 연다고 했다.

해역관을 나와 민속관으로 향했다. 호상이 해산물의 도매업무를 관장한 곳으로 2층짜리 목재건물이었다. 이곳 역시 와키혼진으로

가모신사. 기요모리가 항해의 안전과 여행의 평안을 기도한 곳이다. 헌금한 상인들의 이름을 새긴 비석이 많았다. 바다가 보여 고즈넉한 분위기를 연출했다.

이용되었다. 아주머니 두 명이 관리했다. 에도시대의 고지도 등을 전시하고 있었으나, 촬영할 만한 자료는 그리 많지 않았다. 그나마 사무라이 영화에서나 볼 법한 전통적인 기법으로 화장한 여인상이 있어 흥미로웠다. 당시 담배를 어떻게 만들었는지 설명하는 여러 그림과 실제 사용한 도구도 흥미로웠다. 민속관 옆에는 무로쓰에서 잡은 물고기만 가지고 요리한다는 요릿집 '마루요시'가 있었다. 회정식이 1,200엔, 일종의 초밥인 지라시스시가 1,600엔이었다.

해역관과 민속관 사이로 뻗어 있는 골목은 옛 정치를 그대로 품고 있었다. 녹나무를 통으로 써 조각한 비사문천毘沙門天 입상을 보존하고 있는 견성사見性寺를 거쳐 오차야로 향했다. 골목길에 이곳이 혼진임을 밝힌 비석이 세워져 있었다. 하지만 오차야를 찾지 못해 대략적인 위치만 파악하는 것으로 만족했다. 대신 가모신사賀茂神社가 눈에 띄어 그리로 향했다. 가는 길에 복용사龍福寺라고 쓰인 간판이 있어 신사 대신 절이 있나 싶었는데, 역시 절은 없고 기요모리의 신사가 나왔다. 그는 항해의 안전과 여행의 평안을 기도하기 위해 이곳에 참배했다. 가가와현香川県의 고토히라궁金刀比羅宮만큼은 아니지만 신사에 헌금한 상인들의 이름을 새긴 비석이 즐비했다. 말 두 마리가 본당을 호위하고 있었다. 신사에서 조망하는 바다는 고즈넉했다. 군데군데 설치된 양식장에서 어민들의 수고가 느껴졌다.

무로쓰를 대표한 유녀 무로노기미와 우군

다음으로 중관이 묵은 정운사에 들렀다. 유녀의 원조격인 우군友君의 목상과 무덤이 있는 사찰이다. 에도시대에 유곽이 공식적으로 허가된 곳은 에도의 요시하라, 교토의 시마바라島原, 나가사키의 마루야마丸山 그리고 이곳 무로쓰 등 25개 지역에 불과했다. 무로쓰는 유녀의 발상지로, 전설의 미녀 '무로노기미'室の君, 유녀의 원조 우군 등의 이야기가 전해 내려오고 있다.

무로쓰의 유녀 무로노기미는 용모, 자태, 품격, 기예 등에서 발군이었다. 본명은 후키로 어떤 이의 세 번째 부인이었다. 남편이 죽자 이곳에 머무르며 유녀가 되었다. 그녀는 절대로 팁을 받지 않았는데, 다만 죽은 아이와 남편을 위해 기도하고 있다는 사실을 안 여행객들이 자발적으로 내는 향값만 받았다.

우군의 이야기는 이렇다. 1207년 유배행에 처해진 법연法然, 1133~1212이 교토에서 가가와현으로 가고 있었다. 무로쓰에서 조류를 기다리던 그를 우군이 찾아가 유녀로서의 불안한 장래를 토로했다. 그러자 법연은 우군의 죄가 절대 가볍지 않다며 다른 길을 찾으라고 조언했다. 만약 어떤 길로 가야 할지 모르겠다면 염불만이라도 외우라고 했다. 그러면 아미타여래가 구해준다는 것이었다.

법연의 설법에 감격한 우군은 출가해 정련사로 들어갔다. 이는 법연의 공적을 기리기 위해 만들어낸 이야기이지만서도 항구라는 세계에 사는 여인들의 애환이 서린 이야기이기도 하다. 물론 통신사는 아무리 이런 이야기를 많이 들어도 실제로 유녀를 만날 수 없었다. 일본 역인들이 엄히 통제했기 때문이다.

무로쓰 구경을 모두 마치고 다시 숙소로 돌아가기 위해 버스정류장으로 갔다. 하루에 다섯 편 밖에 없는 버스를 마냥 서서 기다릴 수 없어 도로 한쪽에 드러누웠다. 무료한 1시간 30분이었다.

20 일본의 국보 히메지성 19, 20

일본 3대 성으로 꼽히는 히메지성

통신사가 오카야마번에서 히메지번姬路藩으로 넘어갈 때면 히메지번의 안내선, 경호선 등 배 800여 척이 바다를 메웠다. 반나절이면 갈 거리지만, 큰 바다가 펼쳐져 있었다. 오사카에서 흘러 내려온 강물이 바다와 만나는 곳이기도 하기에 배를 띄울 때 신중해야 했다. 제술관 신유한은 이곳을 지날 때 고개를 돌려 북쪽 해변에 우뚝 솟은 히메지성을 바라보았다.

> "성은 높고 커서 수십 리에 뻗쳤으며 5층 문루가 굽이마다 솟아 있다. 희미한 새벽빛 속에서 번성한 시가의 인가를 보니, 해문海門 중에서 가장 웅부雄府였다. 일명 낭니성娘尼城이다."

다른 통신사도 공중에 떠 있는 듯한 천수각의 장엄한 광경을 보았다. 여염이 끊이지 않고 이어져 땅을 뒤덮었다. 태수 원정방源正邦

이 그곳에 거처했다고 한다. 그가 바로 초대 히메지번주 사카키바라 마사쿠니榊原政邦, 1675~1726다.

일정에 여유가 생겨 히메지성을 답사하기로 했다. 아침 일찍 아이오이역으로 나가 히메지姬路행 특급열차를 탔다. 황금연휴인지라 인파로 붐볐다. 20여 분만에 히메지역에 도착했다. 무인 물품보관함에 짐을 넣고 천천히 성으로 걸어갔다. 곧게 뻗은 도로 저 멀리에서 성이 모습을 드러냈다. 성도 성이지만 가는 길이 참으로 아름다웠다. 넓은 차도 양쪽으로 상큼한 신록이 펼쳐져 있었다. 노란색과 푸른색으로 칠해진 4단 등롱이 거리를 물들였다. 5월 12일부터 14일까지 축제가 열린다는 내용이 적혀 있었다. 천수각의 상징이자 상상의 동물인 샤치鯱 조형물도 길가에 설치해놓았다. 샤치는 호랑이 머리에 물고기 몸을 한 상상 속 동물로, 등에는 날카로운 가시 여러 개가 솟아 있고, 꼬리와 지느러미는 늘 하늘을 향하고 있다. 일본인들은 샤치가 화제를 예방해준다고 믿었기 때문에 중요한 건물에 샤치 조형물을 설치했다.

길 끝에는 히메지성의 해자가 있었다. 성을 빙 두른 해자에는 관광객을 태운 배가 지나다녔다. 사람이 직접 노를 저었다. 힘들어 보였다. 다리를 건너 성의 입구 오테몬大手門을 통과해 안으로 들어갔다. 산노마루三ノ丸 광장이 우리를 반겨주었다. 드넓은 부지 위에 올린 5층짜리 천수각이 다이묘의 권력과 위세를 말해주는 듯했다. 천수각으로 올라가는 길은 인파로 장사진을 이루었다.

일본 3대 성의 하나인 히메지성은 백로성白鷺城으로도 불린다. 1993년 유네스코 세계유산에 등록되었다. 세키가하라전투 이후 성

히메지성.
신유한도 기록을 남겼을 정도로
웅장하고 멋진 성이다. 일본 3대 성으로 꼽히며
백로성으로도 불린다.

히메지성의 해자. 해자를 따라 관광객을 태운 배가 지나다녔는데, 사람이 직접 노를 저어 힘들어 보였다.

주가 된 이케다 데루마사池田輝政, 1565~1613가 성곽을 대폭 확장했다. 이후 히메지성의 성주는 서국의 도자마 다이묘外樣大名들, 즉 세키가하라전투에서 패해 도쿠가와가문에 지배당한 서국 다이묘들을 감시하는 탐제探題로 일했다. 탐제는 정무, 소송, 군사, 재판을 담당하는 지방장관이었다. 히메지성의 성주가 어리거나 무능하면 서국 다이묘들을 제대로 견제할 수 없어 빈번히 교체되었다.

제2차 세계대전 때는 공습당한 적도 있으나 다행히도 천수각에 떨어진 폭탄이 불발탄이어서 형태를 보존할 수 있었다.

여전히 바다를 지키는 사람들

히메지성을 촬영하고 카메라와 노트북을 연결하는 선을 사러 전자상가를 찾아갔다. 여행 중에 선을 분실했는데, 행여 사진을 노트북에 저장하지 못할까 봐 마음 졸이던 참이었다. 선을 사고 히메지역에서 아카시明石로 이동해 값싼 비즈니스호텔을 잡았다. 자그마한 건물로 객실이 10개밖에 없었다. 객실을 두 개밖에 예약하지 못해 1층 객실을 김상일 교수가 혼자 쓰고, 2층 객실을 나와 이도희가 함께 쓰기로 했다.

숙소에서 도보로 5분 정도 거리에 금강교錦江橋가 있었다. 오차야 다리라고도 불렸다. 다리 중간에는 자그마한 하중도河中島가 있어 마치 여의도 같았다. 다리 초입에 놓인 표지판을 보니 다리 건너편에 오차야가 있다고 적혀 있었다. 에도시대에는 2층집이 처마를 잇대고 늘어설 정도로 번성했다고 한다. 그 앞으로는 소나무숲이 백사장 수십 리를 빙 둘렀다고 하는데, 지금은 맨션들만 들어서 있다. 세월의 변화가 무쌍했다.

다리 앞에서 머뭇거리다가 한 노인을 만나 다짜고짜 통신사에 관해 아는 게 있느냐고 물었다. 노인은 다리를 건너면 아와지시마淡路島의 항구가 나오는데, 예전의 모습은 다 사라졌다고 일러주었다. 또한 항구에 접한 바다는 세토나이카이로 대략 15만 톤 크기의 배는 항행할 수 있지만, 그 이상 큰 배는 아와지시마 뒤쪽, 즉 태평양으로 빠진다고 했다.

다리를 건너는 대신 지도를 보며 사찰이 많다고 표시된 마을을 찾아갔다. 어망을 정리하는 이들이 있어 인사를 건네니 부자지간이었다. 아들은 어부는 아니었으나 휴일을 맞아 아버지를 돕기 위해 방문했다고 한다. 성이 무라카미村上였다.

서인범 부자가 함께 일하는 모습을 보니 훈훈하네요. 아드님이 참으로 효자이십니다. 그나저나 여쭤볼 것이 있는데, 혹시 통신사에 관한 이야기를 들어보신 적 있나요?

아들 글쎄요, 잘 모르겠습니다.

서인범 음, 그렇다면 여기가 옛날부터 이용되던 아카시항이 맞나요?

아버지 네 맞습니다. 예전에는 지금 서 있는 곳보다 더 안쪽으로까지 바닷물이 들어왔지요. 세 번째 다리가 있는 곳까지 들어왔답니다. 그 바닷물을 타고 재목을 운반하는 배들이 들락거렸답니다.

서인범 그렇습니까? 그런데 아카시항에는 진흙이 많아 배가 통행하기 어렵다는 기록이 있던데요.

아버지 그렇습니까? 이상하네요. 여긴 수심이 꽤 깊어요. 깊은 곳은 100미터 이상입니다.

서인범 아, 기록과 다르군요. 그럼 물살은 어떤가요? 물의 흐름이 산만하고 빨라 쓰시마 사람들은 이곳을 가장 험한 곳으로 꼽았다고 기록되어 있는데, 이것도 사실과 다른가요?

아버지 아니요, 기록대로 이곳의 조류는 꽤 급한 편이에요.

서인범 그러면 조류는 어떻게 움직이나요?

아들 하루에 두 번 바뀌지요. 왼쪽에서 오른쪽으로, 오른쪽에서 왼쪽으로. 그래서 모터가 없는 배도 조류만 잘 타면 바다로 나가 고기를 잡을 수 있어요.

옛날에는 아카시번주의 권력이 막강해 이곳 어부들은 오사카나 무로쓰까지 가서 고기를 잡았다고 설명하는 부자의 얼굴에서 자부심이 느껴졌다.

부사 강홍중의 기록이 떠올랐다. 그는 오사카 하구河口에 상선이 끊임없이 왕래하고, 크고 작은 나무가 언덕에 산더미처럼 쌓였는데 떼[筏]를 지어 강에 띄운 것이 그 수효를 헤아릴 수 없을 정도였다고 썼다. 부자와의 대화에서 그 목재들이 이곳으로 운반되었음을 확인할 수 있었다.

아버지는 한 달에 한 번씩 들리는 아들에게 고마워했다. 얘기를 들어보니 아들의 꿈도 원래는 어부였다. 하지만 아버지와의 긴 대화 끝에 꿈을 접고 배 엔진을 만드는 회사에 취직했단다. 사실 이곳 어촌의 대부분 청년은 중학교까지만 다니고 곧바로 어업에 뛰어든다. 그리고 힘이 달리기 시작하는 50대에 은퇴하는 게 일반적이다. 다만 최근에는 자동으로 그물을 끌어 올리는 윈치가 있어 노인들도 여전히 바다로 나간다고 한다. 아버지도 83세라고 했다. 아들에게 아직은 괜찮다며 웃어 보이는 얼굴에 화색이 돌았다. 그래도 예전만큼 고기가 잡히지 않는 것은 아쉽다고 했다. 1년 수입이 1,000만 엔 정도로 좋은 시절도 있었는데, 지금은 반토막이란다. 고깃값 자체가 너무 저렴해진 데다가 남획과 달라진 환경, 어업조정권 등으로 수확량이 줄어든 탓이다. 아들은 저인망으로 문어, 가자미, 넙치 등을 잡는데, 수입이 일정 수준을 넘어가면 세금이 급격하게 증가

한다고 하소연했다.

사람과 사람의 만남을 막을 수 있으랴

서인범 촌의 청년들에게 가장 큰 문제는 결혼 아니겠습니까? 고기 잡는 일이 쉽지 않을 텐데 여성들이 시집오려고 하나요?

아들 보통 남자가 고기 잡고 여자가 경매하는데, 경매도 힘든 일이죠. 그래서 시집오려고 하지 않습니다. 혼자 사는 사람도 많아요.

서인범 우리나라도 사정은 비슷합니다. 다만 한국의 촌에서는 동남아시아 출신 여성과 결혼하는 일이 흔합니다. 이곳은 어떤가요?

아들 그런가요? 제가 알기로 그렇게 결혼한 경우는 없습니다. 다만 드물게 중국 여성과 결혼한 사람은 있지요.

아들은 자신의 딸이 지금 중국 대련大連에서 유학 중인데 한국인 남자친구를 사귀고 있다고 살짝 귀띔해주었다. 그 얘기를 들으니 통신사가 활동하던 시절이나 지금이나 사람과 사람의 만남은 막기 어려운 일 아닐까 하는 생각이 들었다.

실제로 아카시항에 통신사가 도착하면 구경하려는 사람들이 인산인해를 이루었다. 두세 명의 늙은 여인네와 예닐곱 명의 처녀가 나뭇잎만 한 조각배를 타고, 통신사 일행의 배를 앞서거니 뒤서거니 하며 따라갔다. 종종 사고도 났다. 구경하다가 바람에 휘말리거나, 통신사가 탄 배 밑으로 구경꾼들의 배가 끼어 뒤집히는 일 따위였다. 다치고 죽는 이들의 울부짖는 소리가 차마 들을 수 없을 정도였다고 한다. 당황한 수부들은 허둥대기만 했다. 그나마 할 수 있는 게 노로 밀쳐내는 일이었다. 제때에 밀쳐내기만 하면 사고를 예방할 수 있었다. 천우신조로 사고를 막으면 그제야 구경꾼들은 손을 이마 위에 모으고 머리를 조아리며 흩어졌다.

얼마간의 소란 이후 텅 빈 바다를 달이 비추고 각 배의 고물[船尾]에서 퉁소와 거문고를 연주하는 소리가 들려오면 통신사 일행의 간장은 끊어질 듯했다. 아직 바다도 벗어나지 못했는데 고국의 음악에 괜스레 마음만 저렸으리라.

그 마음을 달래기 위함일까? 아카시항 옆에는 항해의 무사를 빌고 풍어를 기원하는 이와야신사岩屋神社가 있었다. 신사를 대충 둘러보고 아카시성으로 걸어갔다. 희춘성喜春城이나 금강성錦江城으로도 불린 곳이다. 신유한은 "큰 소나무들이 북쪽 언덕에 뻗쳤는데 문루와 시가가 그 사이에 숨었다 비쳤다 하면서 어른거리고 빛남이 문득 한 폭의 아름다운 그림과 같았다"라고 기록했다. 실제로 이름 모를 거대한 나무들이 빽빽이 들어서 울창한 숲을 이루고 있었다. 천수각은 사라진 지 오래고 오직 망루만이 덩그러니 남아 쓸쓸했다. 망루에 올라 시내를 일망하니 마침 축제가 중이라 알록달록하게 보였다. 특히 각양각색으로 꾸민 여러 포장마차에서 사람들이 이것저것 먹는 모습이 눈에 확 들어왔다. 배가 고파졌다.

서둘러 택시를 타고 일종의 먹자골목인 우오노타나魚の棚, 현지에서는 우온타나로 발음로 갔다. 입구에 커다란 문어가 달린 간판을 설치해 해산물 시장임을 알렸다. 상인들은 아카시 해협의 급한 조류와 풍부한 플랑크톤 때문에 이곳 생선은 굉장히 쫄깃쫄깃하다고 자부했다.

다마고야키卵焼き, 계란구이를 잘 만든다는 가게로 갔다. 유명한 맛집인지 사람들로 문전성시였다. 동그란 틀에 계란을 푼 뒤 문어를 넣어 익힌 다마고야키는 10개에 560엔이었다. 문어를 넣고 지은 아카시메시明石飯는 한 팩에 500엔이었다. 문어요리, 아카시메시, 다마고야키를 포장해 호텔로 가지고 와서 먹었다. 맛은 있었지만 줄 서서 먹을 정도는 아니었다. 오사카의 다코야키たこ焼き를 흉내 냈으나 훨씬 담백해 호불호가 갈릴 듯했다.

21 통신사의 객관을 찾아 고베를 누비다 21

호수 같은 바다

다음 답사지는 고베神戸였다. 효고兵庫로도 불리는 이곳은 예로부터 상업의 중심지이자 내해 항로의 요충지였다. 막부는 효고의 영주로 세키가하라전투 이전부터 대대로 도쿠가와가문에 신종臣從한 후다이 다이묘譜代大名를 임명했다. 효고진兵庫津을 오사카의 서쪽을 감시하는 중요한 거점으로 보았기 때문에, 또한 이곳에서 거두는 세금은 장군의 사재가 되었기 때문에 정말 믿을 수 있는 인물을 영주로 앉힌 것이다. 1679년에는 효고진을 아예 막부 직할지로 편입시켰다. 이후 막부 재정을 윤택하게 하는 창고 역할을 톡톡히 했다.

효고는 복원경福原京, 대륜전박大輪田泊으로도 불렸는데, 여러 섬이 바다를 둘러싸고 있는 모습이라 일본인들은 중국의 동정호에 비유했다. 정말 호수처럼 물이 넘치기도 했던 것 같다. 정사 조엄은 효고항, 즉 고베항에 입항할 때 물이 범람해 항구가 망가진 상태였다고 적었다. 정비를 위해 수많은 인부가 동원되었다고 한다.

청성교에 안치된 기요모리 인형. 송나라와 무역한 기요모리는 효고를 발전시킨 인물로 여전히 칭송받고 있다.

항구의 상태와는 별개로 효고는 상업이 워낙 발달한 곳이기에 상점도 많고 상선의 출입도 끊이지 않았으며 목재도 많이 들어왔다. 돛을 펼치고 무로쓰로 가는 상선이 바다를 뒤덮었다고 한다. 헤이안시대 말에는 기요모리가 송나라와 무역할 때 거점으로 삼기도 했다. 이후 명나라와의 무역에서도 중요한 항구로 사용되었다. 기요모리는 아직도 이 지역을 발전시킨 위인으로 칭송받고 있다. 그의 이름을 딴 다리인 청성교清盛橋가 있을 정도다. 청성교에는 기요모리 인형을 안치해두었는데, 대머리에 부리부리한 눈매와 콧수염으로 남자답고 마음씨 좋은 인상을 하고 있었다.

이렇게 북적거리는 곳이었으니 통신사의 배라도 입항하면 호위선단까지 더해져 정말 배밖에 안 보였다. 정사 홍치중이 왔을 때는 호위를 위해서만 배 762척, 수부 3,762명이 동원되었다고 한다.

정사 필 저 수많은 배를 좀 보세나. 지나온 곳 중 이곳이 으뜸인 것 같네.

종사관 예, 그렇습니다. 상업이 발달한 곳이라고는 익히 들었으나 이렇게 사람과 물품이 많을 줄은 몰랐습니다.

정사 필 산수는 또 어떠한가! 정말 맑고 곱지 않은가!

종사관 그러게나 말입니다. 흰 모래가 베를 누인 듯합니다. 우리나라의 양주楊州, 장단長湍과 풍경이 비슷하네요. 구경하러 나온 인파가 참으로 헤아릴 수 없습니다.

장군처럼 대접받은 통신사

해변에서 큰길을 따라 객관까지 가는 길이 4, 5리쯤 되는데 통신사가 오기 전에 워낙 깨끗하게 청소해놔 티끌 한 점 없었다고 한다. 길가를 메운 구경꾼 뒤로 집집마다 장대 끝에 달아놓은 등이 빛을 뿜었다. 환영의 의미였다. 통신사 일행은 오차야와 크고 화려한 저택 21채에 흩어져 유숙했다. 통신사 접대를 위해 현재의 아마가사키시尼崎市 일대를 지배하던 아마가사키번尼崎藩에서만 1만 명이 징집되었다.

후다이 다이묘가 통치하는 지역의 상징성 때문에 통신사맞이를 장군이 대접하는 급으로 준비했다. 그래서 준비한 식료와 비품이 극히 풍부하고 사치스러웠다. 촛대까지도 금과 은으로 만들었다. 돗자리의 단은 비단으로 둘렀다. 오사카 북중부와 효고현 동남부를 다스리는 셋쓰주攝津州 태수가 채금으로 만든 함에 떡과 과실을 가득 담아 바쳤는데, 이 역시 장군이 태수에게 미리 준비시켰던 것이다. 그 외에도 쌀, 술, 소, 돼지, 꿩, 닭, 생선, 건어乾魚, 곶감, 유자, 밀감, 사탕, 떡, 심지어는 담배, 채소, 시탄柴炭까지 배에 가득 신고 와서 진상했다. 이 모든 비용을 효고 혼자 감당할 수 없었다. 오마가사키번 관할하의 오마가사키, 니시노미야西宮가 분담했다.

제술관 신유한은 번잡한 것이 싫어 밤이 되자 객관 밖으로 나갔다. 목판을 펼쳐놓은 항구에 나가 악공에게는 북을 치고 피리를 불도록, 동자에게는 춤을 추도록 했다. 그러자 왜인들이 구름처럼 모여들었다. 종이와 붓을 가지고 와서 글씨를 청하는 자도 있었다. 신유한은 흥이 나는 대로 글을 써주었다. 60년 뒤 북경과 열하熱河를 방문한 박지원朴趾源, 1737~1805도 거리낄 것 없이 자유롭게 행동했다. 혹시 박지원이 문필이 뛰어났던 신유한의 글을 읽지는 않았을까? 시정을 드나들며 대화를 나누던 박지원의 행동은 신유한에게서 영향받은 것 아닐까?

객관을 찾아서

통신사의 길을 걷고 있지만, 우리도 자유롭기는 매한가지였다. 걷다가 힘들면 쉬고 그러다가 또 걸었다. 길을 잃거나 궁금한 게 생기면 지나가는 사람들을 붙잡았다. 이번에는 효고역 앞을 어슬렁거리던 노인에게 말을 걸었다. 통신사 이야기를 들어본 적이 있느냐, 바다는 가까이 있느냐 등을 물었다. 노인은 고베항에 면하는 와다미사키和田岬로 가면 바다가 보일 것이라고 시큰둥하게 답했다. 통신사 관련 자료를 수집하는 데 크게 이바지한 신기수 선생의 기록에 따르면, 효고역 동쪽 끝에 에도시대의 흔적이 남아 있다고 했다. 하지만 장소를 특정할 수 없었다. 어디서부터 실마리를 풀어야 할지 난감했다. 이럴 때일수록 감이 중요하다. 자전거를 타던 다른 노인을 멈춰 세웠다. 앞의 노인에게 한 질문을 똑같이 하자 효고역 왼편에 매립지와 사찰이 있는데, 통신사와 관련 있는 것으로 안다고 답해주었다. 약간은 실마리를 찾은 느낌이었다. 특히 매립지가 있다는 것은 이곳이 과거에 바다였다는 것, 즉 통신사의 배가 드나들었다는 것이기 때문에 중요했다.

겨우 잡은 실마리를 놓치지 않기 위해 급히 매립지를 향해 발걸음을 옮겼다. 그런데 매립지가 아니라 운하가 나타났다. 메이지유신 이후 바람을 피하기 위해 만든 신천新川운하였다. 근처를 지나던 노인에게 물어보니 매립지가 아니라 원래 육지였던 곳을 파내 운하로 만들었다고 하는 것 아닌가. 노인마다 이야기가 제각기였다. 이곳이 바다와 연결되어 있다는 것을 확인한 정도에서 만족해야 하는지 고민하다가 일단 운하를 따라 계속 걸어보기로 했다.

그런데 얼마 안 가 고베항의 전경이 그려진 표지판을 발견했다. 특이하게도 최근 모습이 아닌 향보享保 연간1716~36의 모습과 메이지시대 이후의 모습이 그려져 있었다. 그런데 향보 연간의 모습을 자세히 보니 무언가 어색했다. 현재 초대형 상점 '이온 몰'AEON MALL이 들어서 있는 부분이 보이지 않았던 것이다. 에도시대에는 바다였다가 메이지시대 이후 매립했다는 확실한 증거였다. 따라서 이 지역으로 통신사의 배가 들어왔음을 확신할 수 있었다. 좀더 내려가니 비석이 나왔다. 효고성이 있던 자리를 표시한 것으로, 후에

효고 성터를 표시한 비석. 통신사가 묵은 객관을 찾는 도중 발견한 비석이다. 이 근처의 객관이나 상점에 통신사가 숙박했을 것이다.

현청으로 사용했다고 한다. 그렇다면 통신사는 필시 효고성 근처의 객관이나 상점에서 숙박했을 것이다.

서민의 애환을 함께하는 사찰과 신사

다음으로 운하에서 조금 떨어진 곳에 있는 진광사眞光寺를 찾았다. 기요모리에게 차를 대접할 때 물을 길은 우물이 있었다. 무연고자들의 무덤도 보였다. 마지막으로 메이지시대에 항해의 안전을 기원하기 위해 건립한 스미요시신사住吉神社를 향했다. 위치를 몰라 헤매고 있으니 일본인 부부가 휴대폰으로 지도를 검색해가며 길을 찾아주려고 애썼다. 아이들이 보채는 것도 못들은 체하며 열심이었다. 괜스레 미안해져 괜찮다며 우리끼리 찾아보겠다 하고 헤어졌

스미요시신사. 일본인 부부의 도움으로 겨우 찾은 스미요시신사에는 기요모리의 동상과 그의 생질인 쓰네마사의 묘가 있었다.

다. 그러고 나서 몇 발자국이나 걸었을까? 부인이 기쁜 목소리로 위치를 찾았다며 우리를 멈춰 세웠다. 100여 미터도 떨어지지 않은 곳이었다. 낯선 곳을 여행하게 되면 주변이 잘 보이지 않는 법이다. 그런 어려움을 제 일처럼 나서 해결해준 부부에게 최대한으로 고마움을 표하고 서둘러 발걸음을 뗐다. 스미요시신사에는 기요모리의 동상과 그의 생질로 비파의 명수였던 다이라노 쓰네마사平経正, ?~1184의 묘인 비파총琵琶塚이 있었다.

지금 와 생각해보니 일본에는 정말 사찰과 신사가 많았다. 어떤 길을 걸어도 한 번은 꼭 지나쳤다. 연행사의 길을 따라 중국을 여행할 때는 묵객들의 시가 적힌 명산의 바위를 무시로 보았다면, 통신사의 길을 따라 일본을 여행할 때는 서민의 애환을 함께하는 신사나 사찰을 늘 보았다.

서인범 이번 여행에서 새삼 깨달은 건 일본은 사찰과 신사의 나라라는 거야.

이도희 하하! 나도 동감이야. 전 일본의 가옥 중 절반이 사찰과 신사라는 말이 있을 정도지. 큰 도시든 작은 시골마을이든 경치가 좋은 곳에는 어김없이 사찰이 여러 채 들어서 있어. 어떤 사찰은 구리기와를 얹고 금붙이로 화려하게 꾸며 다이묘의 집보다 훨씬 훌륭하고 장대하지.

서인범 맞아. 그런 걸 보면 서민들은 사찰에 가지 못했을 것 같아.

이도희 그렇지. 사찰은 귀족이나 사무라이가 찾는 장소였어.

서인범 그렇다면 승려들의 권세가 대단했겠네?

이도희 그렇고말고. 사찰에서 백성의 호적을 관리하고 세금을 받았을 정도니까. 하늘을 찔렀다고 봐도 무방하지.

가난한 백성이 어째서 신사를 찾았는지 비로소 깨달았다. 그들도 오늘날의 우리처럼 집에서 가까운 신사를 찾아 두 손을 모으고 가정의 평화, 건강, 행복한 삶, 자식의 성공, 무병장수 등을 기원했을 것이다.

제3부

드디어 일본 땅을 밟다

제3부 세부 경로

제3부는 오사카에서 세키가하라까지 다룬다.
오사카에 도착한 통신사는 얼마간의 수로 항해를 마친 후
드디어 육로를 걷기 시작한다.
통신사는 보통 나카센도를 따라 걸었는데, 천년 고도 교토의 번화함과
비와호의 아름다움에 입을 다물지 못했다.
이후 세키가하라전투가 벌어졌던 격전지를 지난 통신사는
나카센도를 벗어나 나고야로 향했다.
그 분기점에서 일본 역사의 변곡점을 몸소 느꼈으리라.

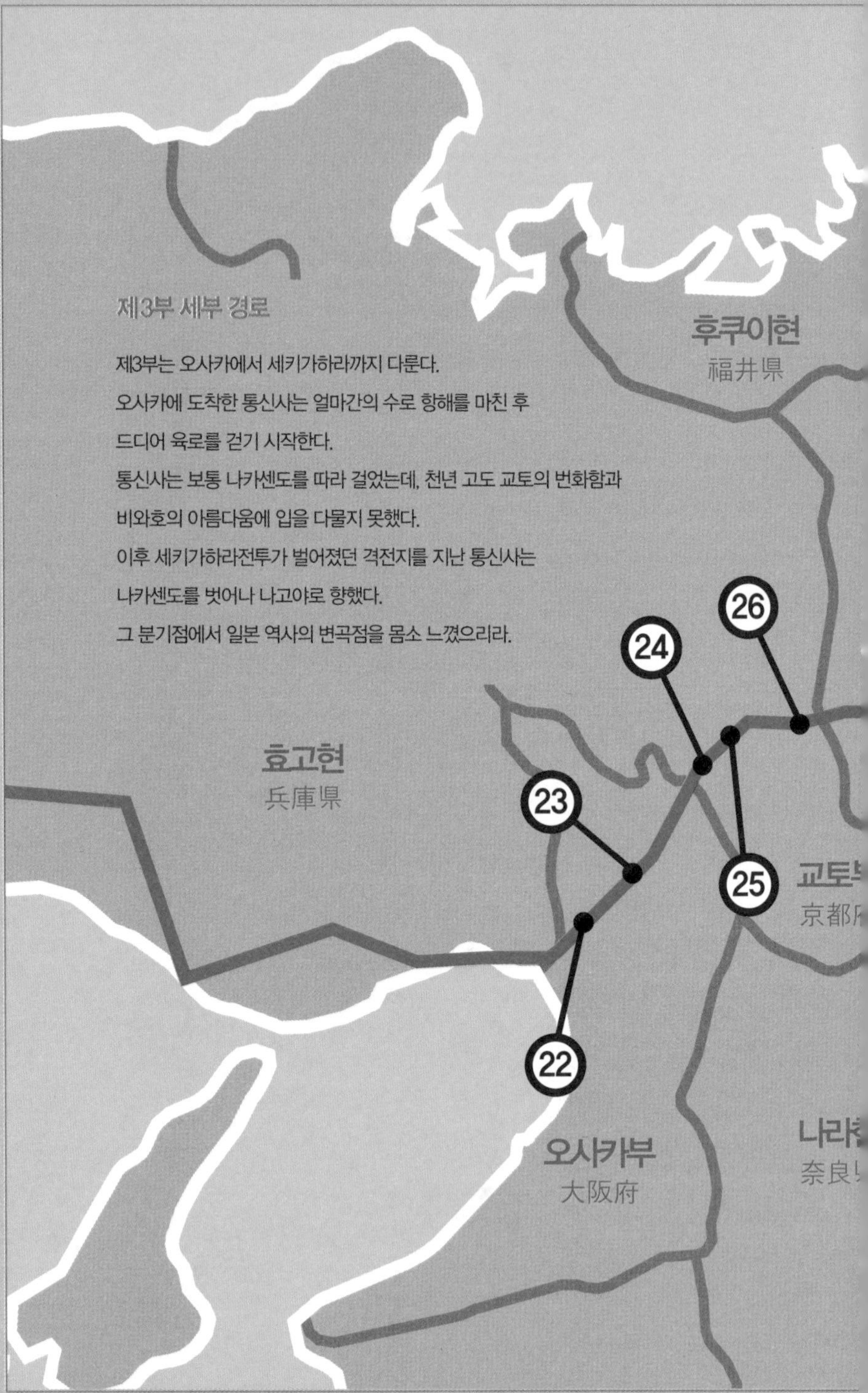

북
서
동
남
58
30
기후현
岐阜県
29
28
27
아이치현
愛知県
ㅣ가현
滋賀県
미에현
三重県
22 오사카 大阪
23 히라카타 枚方
24 요도 淀
25 후시미모모야마 伏見桃山
26 교토 京都
27 오미하치만 近江八幡
28 히코네 彦根
29 도리이모토 鳥居本
30 세키가하라 関ヶ原
58 다카쓰키 高月

22 바다와 육지를 연결한 오사카 22

땅을 밟는 기쁨에 비할쏘냐

우리의 다음 답사지는 오사카였다. 통신사는 이곳에서부터 육로로 이동했다. 여러 기록을 살피면 각 섬에서 받은 대접이 아무리 훌륭했어도 땅을 밟는다는 기쁨이 훨씬 컸다고 한다. 더 이상 배를 안 타도 된다는 사실에 마음이 놓인 것이리라.

여행을 새로 시작하는 마음으로 오사카역에 도착했다. 도쿄대학에서 공부 중인 임경준 군이 에어비앤비AirBnB로 아파트를 예약해 주었다. 에어비앤비는 일반인이 자기 소유의 집을 숙박시설로 대여해주는 서비스다. 집주인마다 서비스가 천차만별이지만 잘만 선택하면 여러 명이 정말 자기 집처럼 있을 수 있어 굉장히 편리하다. 우리가 묵을 아파트는 오사카역에서 택시로 10분 정도 거리에 있었다. 편지함에서 열쇠를 꺼내 문을 열었다. 방은 넓었고 깨끗하게 정리되어 있었다. 1박에 2만 엔으로, 황금연휴인 관계로 평소보다 비싼 가격이었다. 이틀을 묵기로 했다. 짐을 풀고 다시 택시를 잡아 오

고노하나구항. 오사카만의 전경이 눈에 들어왔다. 통신사는 오사카부터 육로로 이동했다. 배에서 내릴 때 얼마나 기뻤을까. 나 역시 눈물이 날 지경이었다.

사카항으로 갔다. 통신사가 고난의 항해를 끝마치고 육지로 올라온 오사카 하구를 수소문하기로 했다. 요도가와구淀川区의 어느 곳이 하구였는지 알 수 없어 기사에게 일단 오사카항으로 가자고 했다. 기사는 항구와 고베를 연결하는 고속도로를 탔다. 우연히 고노하나구此花区-포트port라고 적힌 표지판을 보아 그쪽으로 들어가 달라고 했다. 대교를 건너니 오사카만의 전경이 한눈에 들어왔다. 일순 가슴에서 환희의 기쁨이 솟구쳐 나왔다. 부산에서 출발한 후 얼마 만인가? 쓰시마부터 쳐도 한 달 이상을 뱃길로 여행한 참이었다. 통신사는 단 한 명도 빠짐없이 뱃머리로 나와 육지에서 불어오는 바람을 들이키며 환호성을 질렀다. 지긋지긋한 뱃멀미와 소금에 찌든 옷과 이별하는 순간이었다. 나 역시 눈물이 날 지경이었다. 저 멀리

고베와 아와지시마를 연결하는 대교가 희미하게 자태를 드러냈다. 그 아래로 통신사의 배가 입항하는 모습이 자연스레 그려졌다.

우리가 도착한 곳은 오사카항 북쪽의 녹지로 매립지인 듯했다. 반대편은 니시요도가와구西淀川区였다. 근처에 있는 리조트호텔에서 젊은 부부들이 아이들과 휴일을 즐기고 있었다. 항구에 정박한 요트의 돛이 창살처럼 하늘을 찔렀다. 약간은 검게 보이는 하천이 바람을 타고 빠르고 힘차게 바다로 빠져나갔다. 길게 늘어선 제방 위로 낚시를 즐기는 강태공들이 보였다. 그들은 통신사의 행차를 알고 있으려나.

오사카만에서 바다와 만나는 하천은 시가현의 비와호琵琶湖에서부터 흘러온 요도천이다. 이곳 하구는 깊이가 얕아 통신사는 밀물에 맞춰 도착했다. 그래도 일본은 만전을 기하기 위해 하구를 준설하는 배와 인부를 따로 편성했다. 물론 지금의 하구는 꾸준한 준설 작업으로 매우 깊고 넓어졌다.

일본의 정세를 탐문하려는 목적으로 파견된 정사 황윤길, 1596년 강화를 논의하기 위해 명나라 사신 심유경沈惟敬, ?~1597과 함께 파견된 황신黃愼, 1560~1617은 오사카 남쪽에 있는 사카이시堺市 근처 강어귀에 하선했다. 중세시대에는 동양의 베네치아로 불리며 영화를 누렸던 도시인데, 특히 이곳에서 조립되는 철포가 유명했다. 다만 1704년 이후 대화천大和川 공사를 하며 토사가 쌓이자 큰 배가 정박하지 못하게 되었다. 원래도 강어귀가 그리 깊지 않았던지 황신 이후에 파견된 통신사는 앞바다에 닻을 내리고 일본이 준비한 작은 배에 옮겨 탔다.

「조선통신사선단도」(朝鮮通信使船團図).
총 24폭의 병풍 중 한 폭으로 작은 배에 옮겨
뭍에 오르는 통신사의 모습이 보인다.
해로가 끝났다고 배를 아예 안 탈 수는 없었다.
통신사는 작은 배를 타고 요도천을 거슬러 올라갔다.

아름다운 배 가와고자부네

오사카항을 답사하며 통신사가 과연 어디에 정박했을지, 정확한 위치를 찾고 싶었다. 조선 배는 둔중해서 얕은 요도천으로 진입할 수 없었다. 따라서 통신사는 하구에서 가와고자부네로 갈아탔다. 『봉사록』에는 목진천木津川에서 일본 배에 물품을 옮겨 실었다고 기록되어 있다. 목진천은 요도천의 지류다. 또한 소동 김한중金漢仲이 배에서 병들자 근처 죽림사竹林寺로 옮겨 치료했다는 기록도 있다.

답사를 마치고 도요대학 도서관에 들러 통신사 관련 저서와 논문을 찾아보았다. 문헌으로라도 통신사의 정박지를 찾기 위해서였다. 다행히도 몇몇 가설을 확인할 수 있었다. 우선 다나카 다케오田中健夫, 1923~2009는 통신사가 고노하나구 덴포傳法의 덴포오키傳法沖에 정박했다고 보았다. 실제로 덴포구치傳法口라 불리는 덴포천傳法川 하구에는 이곳이 수로水路였음을 알리는 커다란 표지가 세워져 있다. 대형 선박은 이곳에서 작은 배로 물품을 옮겨 실었다.

요도천의 지류인 시리나시천尻無川에 정박했다는 설도 있다. 『보력물어』宝暦物語에 관련된 기록이 보인다. 막부의 공식기록이 아닌 소설이라 신빙성이 좀 떨어지지만, 완전한 허구는 아닐 것이다.

"보력宝暦 14년 2월 상순. 비가 20여 일간 내렸다. 배로 왕래하는 일도 지체하게 된다. 오사카로 가는 길도 험난하고, 우산, 나무신을 더 준비하는 데 틈이 없다. 비는 나니와성浪花城 밖 물가를 적시고, 제방을 때린다. 조선 배는 구조시리나시천九条尻無川에 정박하고 있는데 이곳에도 물이 불어 배가 물가에 부딪혀 파손될 것을 우려했다. 배를 옮겨 시모난바지마下難波嶋에 정박했다."

보력 14년은 1764년으로, 이때의 통신사는 정사 조엄이다. 그의 배가 정박했다는 구조시리나시천은 요도천의 분류分流로, 현재의 오사카시 남서부를 흐른다. 근처에 유니버설 스튜디오가 있다.

가와고자부네는 막부와 서국 다이묘들이 오사카에 배치한 특별선으로 지붕이 달린 화려한 배였다. 산킨코타이 중인 다이묘나 통신사, 류큐 사절이 요도천을 왕래할 때 사용했다. 오사카에는 제1대 장군 이에야스의 열째 아들이 통치하는 기이국紀伊国, 현재의 와카야마현의 배를 포함한 막부의 누선 네 척, 서국 다이묘들의 가와고자부네 일곱 척, 쓰시마번주의 배 한 척이 배치되어 있었다. 이들 배에 통신사가 분승했다.

서인범 답사 초기에 시모노세키 시립역사박물관에서 가와고자부네를 정교하게 묘사한 그림을 보았었죠. 오래된 그림인데도 어찌나 사치스럽고 화려하던지, 눈이 부실 정도였습니다.

김상일 제술관 신유한은 금빛의 화려한 배를 보고 "배 위에 층루層樓를 세웠으되 나무로 기와의 형상을 조각해 푸른 칠을 했다. 지붕 이하는 전체가 검은색인데 미끄럽고 밝아서 사람의 얼굴이 비쳐 보일 정도였다. 추녀, 난간, 기둥에는 황금을 입혔다. 창과 문도 그렇다. 사람이 앉고 누우면 의복에 황금이 묻어 금빛으로 빛났다. 붉은 비단으로 장막을 만들어 사면을 둘렀다. 배마다 노 젓는 사람은 28명이다. 붉은 옷, 누런 옷, 푸른 옷을 입었으며 각각 다른 색으로 거북 무늬를 수놓았다"라고 묘사했죠.

아카시서점에서 편찬한 『조선통신사대계』에는 신기수 선생이 수집한 가와고자부네의 그림이 선명하게 실려 있다. 이요마쓰야마번伊予松山藩, 현재의 에히메현愛媛県이 제공한 배로 선두와 선미를 붉은색으로, 지붕을 검은색으로 칠했고 군데군데 황금을 입혔으며 비단 장막을 드리웠다. 갑판에는 통신사가 나와 주변을 둘러보고 있다. 일본인들조차 필설로는 표현할 수 없어 단지 탄성만 지르는 아름다운 배였다고 한다.

종사관 가와고자부네 같은 배는 생전 처음 봅니다. 입이 다물어지지 않네요. 죽을 때까지 잊지 못할 것 같습니다.

정사 필 맞아, 저 배는 볼 때마다 놀라워. 황금을 입힌 곳이 햇빛에 비쳐 바다를 금빛으로 수놓으니 마음이 설레고 눈이 부셔 제대로 쳐다볼 수 없을 정도라네.

가와고자부네 중 정사가 탄 배에는 선두에서 노를 젓는 자 14명, 선미에서 노를 젓는 자 16명이 승선했다. 길이 29미터, 폭 6미터의 크기였다. 2층 지붕에 가문家紋이 그려져 있었다.

배의 행렬은 쓰시마번주가 탄 배, 청도기를 실은 가와고자부네, 악대가 탄 배, 국서를 실은 가와고자부네, 정사가 탄 배, 부사가 탄 배, 종사관이 탄 배 순이었다. 배 사이로 가와고자부네를 끄는 작은

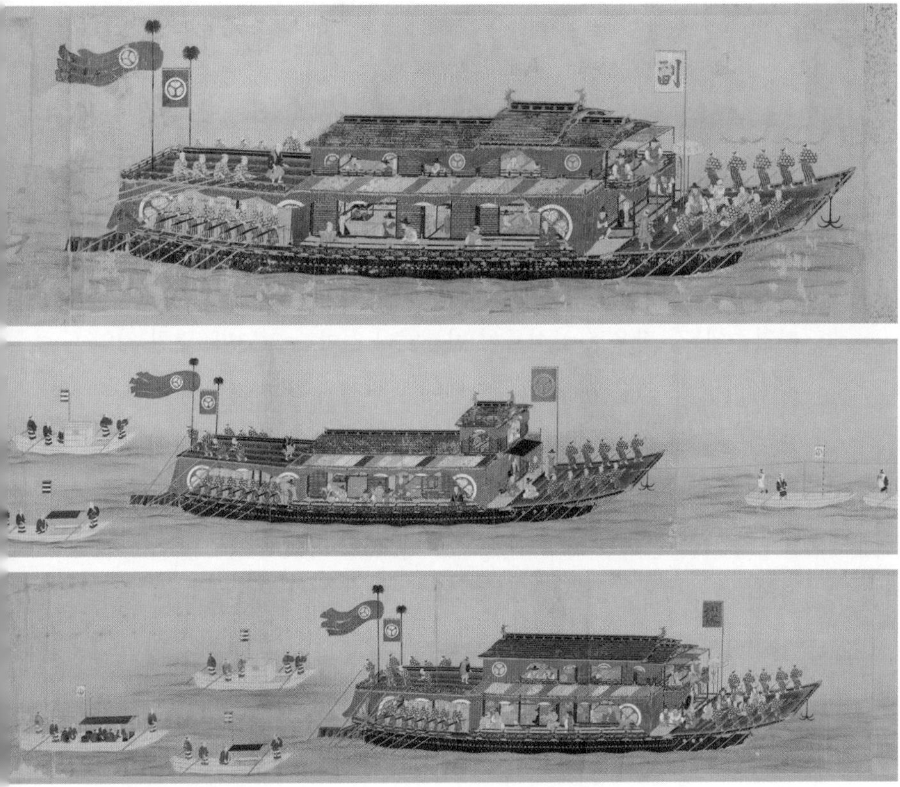

「국서누선도」(国書樓船図). 요도천을 지나는 통신사 선단을 그렸다. 국서를 실은 '국서봉안선'(国書奉安船, 위쪽)이 눈에 띈다.

배들이 줄지어 운행했다. 가와고자부네 한 척을 끄는 데 80명이 필요했다. 작은 배인 과서선過書船이나 30선석船石은 다섯 명에서 20명이 끌었다. 총 배 105척, 인부 1,478명이 동원되었다. 사공은 모시로 만든 옷을 입었는데 소매가 넓었다. 노래로 서로 화답하며 노를 저어갔다. 그 소리가 몹시 낭랑했다. 요도천은 상선과 떼로 묶어 강에 띄운 크고 작은 목재들로 가득했다. 목재들을 건져 양쪽 언덕에 산더미처럼 쌓았다. 장관이 아닌 것이 하나 없었다.

통신사를 놀라게 한 오사카의 발전상

통신사는 오사카시를 흐르는 요도천의 분류인 도사보리천土佐堀川을 거슬러 오사카성 안으로 진입했다. 하구에서 성城까지 거리는 30리였는데, 강 좌우로 상선들이 빈틈없이 정박해 있었다. 몇천 척인지 헤아릴 수 없을 정도였다. 강변에 들어선 누각과 저택은 하얀 흙으로 담을 칠해 마침 별처럼 빛나 눈이 부실 정도였다. 그 사이 사이로 술집과 찻집이 보였다.

구경 나온 인파가 이루 셀 수 없었다. 배를 타고 구경하는 자가 많았다. 신기하게도 떠드는 이가 아무도 없었다. 배의 갑판이나 흙바닥에 아무렇게나 꿇어앉아 구경하는 아이들도 조용했다. 강 상류에는 다리 19개가 설치되어 있었다. 통신사가 탄 누선은 다리 아래를 통과했다.

어디에서 하선했는지도 고증해야 할 부분이다. 종사관 이경직은 오판교五坂橋를 지난 다음 배에서 내렸다. 오판교의 오五가 다섯 번째 다리임을 뜻하지는 않는다. 다섯 번째 다리는 비후교肥後橋다. 정사 윤순지, 부사 강홍중, 종사관 남용익, 조엄은 일곱 번째 다리를 지난 다음 하선했다고 기록했다. 재일한국인 역사학자 이진희는 일곱 번째 다리는 정옥교淀屋橋로, 하구에서 3리 정도 떨어져 있다고 밝혔다. 반면 나카오 교수는 정옥교 다음인 난파교難波橋 부근에서 하선했다고 주장했다.

지금은 다리가 더 많이 건설되어 옛 기록과는 차이가 난다는 점에 유의해야 한다. 에도시대에 그려진 오사카 지도에 표시된 다리

「사로승구도」의 제17폭 '오사카에 들어가다'. 다리가 많은 오사카의 특징을 잘 표현했다.

들을 자세히 조사할 필요가 있다.

이경직이 오사카에 체재했을 때는 오고쇼로 물러난 이에야스가 히데요시의 아들 도요토미 히데요리豊臣秀頼, 1593~1615를 물리친 지 얼마 되지 않은 시점이었다. 그는 새롭게 태어난 도시의 모습에 충격을 받았다. 전쟁으로 파괴된 여염은 전부 개보수했고, 길은 정井자 모양으로 정비해 어디로나 막힘없이 통했으며, 어딜 가나 인파로 붐볐다. 도저히 얼마 전까지 치열한 전투가 벌어진 곳이라고는 믿을 수 없었다.

종사관 오사카의 발전이 무서울 정도입니다. 하늘이 일본인을 키우고 이처럼 번성하게 하는 것은 무슨 뜻입니까?

정사 필 그러게 말일세. 땅은 넓고 사람은 많아 앞으로도 계속 발전할 듯해. 오사카성은 또 어떠한가. 요새처럼 험하고 튼튼하지. 어떠한 적

「사로승구도」의 제18폭 '오사카 관소'. 통신사는 오사카의 발전한 모습을 보고 부러움과 질투심을 표했다. 당시 오사카의 인구는 한양의 인구보다 두 배가량 되었다.

도 감히 공격할 생각을 하지 못할걸세. 가히 제일가는 명승지야.

많은 통신사가 부러움과 질투심을 동시에 표출했다. 하수河水를 끌어들여 도랑을 만들고 구름다리를 곳곳에 설치해 선박이 잔뜩 들어왔다. 오사카에는 사람도 많았는데 17세기에 28만 명이던 것이 18세기 중기가 되면 40만 명까지 증가한다. 조선의 수도 한양의 인구가 17세기에 15만 명이다가 18세기에 이르러 30만 명으로 증가한 사실과 비교하면 오사카의 번성이 어느 정도였는지를 가늠할 수 있다.

이렇게 번성한 도시가 전력을 다해 통신사를 대접했으니 그 규모를 쉬이 상상할 수 없다. 벽안碧眼의 외국인도 접대 규모에 놀랐는데, 히라도 상관장인 영국인 리처드 콕스Richard Cocks, 1566~1624가 관련 기록을 남겼다. 그는 1617년 통상 확대를 요구하기 위해 오사카에 체류하고 있었다. 마침 통신사가 온다기에 제2대 쓰시마번주 소 요시나리를 찾아가 통신사와의 회견을 허락해달라고 요청했다. 소 요시나리의 거절 때문에 통신사와 만나지는 못했지만 콕스는 일기에 당시 장군이 통신사를 어떻게 접대했는지 자세하게 썼다.

> "장군은 그들이 통과하는 모든 장소에서 정중히 대우하라는 명령을 내렸다. 쓰시마에서도 히라도에서도 하카타에서도 시모노세키에서도 그 말대로 접대했다. 모든 지역에서 그들을 영접하기 위해 새로운 객관을 지었다. 해상에서는 그들을 운반하기 위한 배를 갖추었고 육상에서는 말과 교자를 준비했다. 장군의 돈으로 마련한 것이었다."

배에 격리된 사람들

배에서 내린 통신사는 인부 여덟 명이 메는 교자를 타고, 수역관부터 제술관까지는 현교懸轎를 타고, 그 외 상관과 중관은 말을 타고 숙박할 본원사本願寺로 출발했다. 이후 정비를 마치는 대로 에도로 가는 길에 올랐다. 이때 대부분 하관으로 구성된 100여 명 정도가 오사카에 남았다. 통신사는 배를 지키는 일본인 사공들에게 쌀 한 석씩을 나눠주고, 조선인 사공들에게도 쌀과 반찬 등을 지급해주었다. 군관과 일부 통사도 배에 머물며 혹시라도 사공들이 문제를 일으킬까 감시했다.

종사관 이렇게 선원들만 남겨두면 문제가 생기지 않을까요? 사고가 나거나 사건이 벌어질까 염려스럽습니다.

정사 필 맞는 말일세. 군관과 통사를 몇 명 남겨 선원들이 일절 뭍에 내리지 못하도록 감독하라 일러야겠구려.

종사관 배를 정박한 곳 근처에 유곽이 있어 유녀들이 손을 흔들며 선원들을 유혹합니다. 하루에도 몇 번씩 배에 오르려 하니 엄히 지키도록 하소서.

배에 남은 이들은 통신사가 에도에서 장군을 알현하고 오사카로 돌아올 때까지 60~70일을 격리된 채 생활해야 했다. 배에만 있어야 했고 일본인과의 접촉도 허락되지 않았다. 심지어 일본인들이 조선 배를 구경하는 것도 금지했다. 쌀과 간장 등 생필품은 쓰시마번 역인이 전해주었다.

배에서 내리지 못하게 하자 선원들은 스트레스를 받아 병에 걸리기도 했다. 한번은 선원이 화상을 입어 배에서 치료가 불가능하자 육지에 임시로 자그마한 집을 지어 옮겼다. 일본은 이들의 고통을 덜어주기 위해 날을 잡아 죽림사로 초대해 연회를 베풀어주었다. 술, 생선조림, 만주를 대접했다. 씨름판도 만들어줘 몸을 풀게 했다. 일본인들이 스모를 하자고 제안했는데, 방식이 달라 실현되지는 않았다.

23 활력 넘치는 관광명소 도톤보리 22

오사카의 번화함을 마음껏 즐겨라

통신사가 무사히 항해를 마치고 오사카에 상륙하는 장면을 상상하자 괜스레 마음이 벅차올랐다. 하선한 통신사는 교자를 타고 객관으로 향했다. 길 양옆을 메운 요리점, 주점 등 온갖 점포가 손님들로 북적였다. 사녀士女들은 문밖으로 나오지 않았다. 하인들이 길에 물을 뿌리고 비로 쓸며 통신사가 지나가길 기다렸다.

오늘날 오사카도 그 역동적인 모습만큼은 크게 달라지지 않았다. 하늘을 찌를 듯 솟은 고층빌딩들 사이로 많은 사람이 급류처럼 분주히 이동한다. 밤이 되면 거리는 불야성을 이룬다. 대표적인 명소가 중앙구中央区의 도톤보리道頓堀다. 언제나 TV 프로그램에서만 보던 곳이다. 건강미 넘치는 남성이 두 팔을 든 채 달리는 모습의 네온사인 광고판이 유명하다. 제과회사 글리코Glico의 광고판으로 '건강과 맛'이라는 캐치프레이즈가 적혀 있다. 오사카를 찾는 관광객들이 반드시 들르는 명소다.

도톤보리천. 글리코의 광고판 옆으로 관광객이 탄 배가 유유히 도톤보리천을 따라 흐르고 있다.

오사카를 가로지르는 도톤보리천道頓堀川에는 밤이고 낮이고 많은 배가 오간다. 밤바람을 만끽할 수 있게 창문도 덮개도 달지 않았다. 강에 놓인 다리는 수많은 청춘남녀로 북적인다. 멋지게 꾸민 한국 관광객들도 쉽게 찾아볼 수 있다. 다양한 국적의 외국인들이 뒤엉켜 늘 소란스럽다.

우리도 오사카의 번화함을 마음껏 즐겼다. 제술관 신유한의 표현처럼 왼쪽의 것을 볼 때는 오른쪽의 것을 놓칠까 두려웠고, 오른쪽의 것을 볼 때는 왼쪽의 것을 놓칠까 근심스러웠다. 골목마다 술집과 식당이 넘쳐났다. 우동, 게, 스테이크, 스시, 빵 등 안 파는 게 없었다. 그래도 오사카의 명물 다코야키를 파는 가게가 가장 많았다. 입은 침으로 가득하고, 코는 온갖 냄새로 마비될 지경이었다. 게다가 가게들을 어찌나 예쁘게 꾸며놓았던지 두 눈이 색에 취할 정도였다.

식당을 쉽게 정하지 못했다. 사람이 너무 많아 이동하기 힘들었고, 무엇보다 다 맛있어 보였다. 행복한 고민이었다. 그러던 중에 이도희가 오사카에 오면 반드시 먹어봐야 할 라면이 있다며 '김용라면'으로 안내했다. 이곳도 사람들이 장사진을 치고 있었다. 오랜 기다림 끝에 식당 밖 식탁에 겨우 자리를 잡았다. 일반 라면은 600엔, 가늘게 썬 돼지고기를 몇 점 더 넣어주는 차슈라면은 900엔이었다. 재밌게도 김치를 반찬으로 주었다. 일본인이나 외국인은 라면 그 자체의 풍미를 즐기고, 한국인은 김치와 부추, 마늘을 듬뿍 넣어 얼큰한 맛을 즐겼다. 아! 오랜만에 본 김치가 반가워 너무 많이 넣었다. 혀가 얼얼했지만 그릇을 깨끗이 비웠다. 기분 좋게 숙소로 돌아갔다. 가는 길에 만화 주인공 복장으로 '코스프레'한 일본 젊은이들을 보았다. 재미있는 이야기가 떠올랐다.

정사 필 이보게, 저기 좀 보세. 아름답게 꾸미고 지나가는 여자아이들이 보이는가?

종사관 예, 참으로 곱게 단장했네요.

정사 필 후후, 잘 보게. 사실 여자가 아니야. 남자지.

종사관 예? 복색과 단장이 웬만한 여자보다도 예쁜데요?

정사 필 그렇지. 나도 처음에는 적잖이 놀랐다네. 저렇게 꾸미고 다니는 남자아이들을 와가瓦家라고 해. '귀여움받는 사내'라는 뜻이야. 일본의 풍속이 남색男色을 아주 중히 여긴다지 뭐야. 보통 7, 8세에서 20세 언저리까지의 남자아이들에게 고운 옷을 입히고 얼굴을 예쁘게 단장시킨다네. 너무 예뻐서 원망하는 여자가 많다고 해.

신유한도 비슷한 기록을 남겼다.

"남녀들은 비단옷을 입었고, 여자는 검은 머리에 기름을 바르고 꽃비녀, 대모로 만든 빗을 꽂았다. 연지와 분을 바르고 붉고 푸른색으로 칠한 그림이 그려진 긴 옷을 입고 보배 띠로 허리를 묶었다. 허리는 가늘고 길어서 바라보면 불화佛畫 같았다. 수려한 동남童男은 그 복색과 단장이 여자보다도 더욱 예뻤다. 나이 8세 이상만 되면 보배 칼을 왼쪽 옷깃에 꽂지 않은 자가 없었다. 강보에 싸인 어린아이들도 모두 주옥珠玉을 걸치고 무릎에 안겨 있거나 등에 업혀 있었다. 그 형상이 수풀에 붉고 푸르고 누런 1만 꽃송이가 있는 것 같았다."

남색 풍습에 관해 통신사가 남긴 기록이 많다. 엄격한 유교식 교육을 받은 이들이 보기에 굉장히 신기했던 것 같다. 일본인은 워낙 남색을 좋아해 아내나 첩보다도 더 위했다고 한다. 와가 한 명을 두고 다투다가 살인까지 하는 경우도 많았다.

조선의 요리는 별미이고 붓글씨는 귀하다

부른 배와 재미있는 얘기로 만족스러운 저녁 시간을 보내서인지 잠도 깊이 들었다. 다음 날 개운하게 일어나 편의점 도시락으로 간단히 요기하고 곧바로 오사카성으로 출발했다. 히데요시, 히데요리

부자의 권력의 무대였던 오사카성은 1615년 5월 전화로 맹렬히 타오르며 이에야스에게 넘어갔다. 1620년부터 본격적으로 다시 축조했다. 1665년에는 낙뢰로 천수각이 무너졌다. 이후 260여 년간 별 탈 없이 꿋꿋이 자리를 지키던 성은 1868년 제15대 장군 도쿠가와 요시노부德川慶喜, 1837~1913가 에도로 도망하는 중에 또다시 잿더미로 변했다. 유명세만큼이나 부침이 많은 성이었다.

오사카성까지 걷는 중에 커다란 도리이가 보여 들어갔다. 고토히라신사金刀比羅神社였다. 고토히라는 항해의 안전을 기원하는 신이었는데, 점차 농업과 상업의 신으로도 떠받들어져 신사가 전국에 널리 퍼졌다. 대충 둘러보고 서둘러 오사카성에 가니 근처에 오사카역사박물관이 있었다. '도래인渡來人은 어디에서 왔을까'라는 주제로 열린 특별전이 한창이었다. 입장료가 자그마치 1,500엔이라 표를 끊지 않고 안내서만 집어 들었다. 두 노인이 방문객에게 오사카의 역사를 설명해주고 있었다. 통신사가 묵은 본원사의 위치를 물으니 이와쿠니신사 근처에 있다고 했다. 자세한 내용은 역사박물관 2층에 있는 연구원에게 물어보란다. 연구원을 찾아가니 본원사는 중앙구 본정本町에 있다고 친절하게 설명해주면서 복사한 지도에 위치를 표시해주었다. 본원사의 전체 이름은 본원사진촌별원本願寺津村別院인데, 북어당北御堂으로도 불린다. 1724년 대화재로 오사카의 3분의 2가 소실되었을 때 본원사도 불타버렸다. 그 후 재건했으나 제2차 세계대전 때 공습당해 완전히 사라졌다. 지금 건물은 1964년에 수축한 것으로 옛 흔적은 전혀 찾아볼 수 없다.

역사박물관의 안내서에 사찰의 역사를 소개하는 난이 있어 보니 정사 조형이 숙박했다고 적혀 있었다. 통신사가 숙박했을 당시 본원사는 오사카에서 가장 크고 장대한 사찰이었다. 본래 명칭은 아미타사였다. 법당은 무늬 있는 느티나무로 기둥을 세우고 돌을 깎아 바닥을 깔았는데 높이가 10척尺, 대략 30미터이나 되었다. 법당 안의 기둥과 들보에는 금칠을 했다. 그 크기만큼 방도 많았는데, 자그마치 1,000여 칸에 달했다. 그 방들이 얽히고설키면서 사방으로 연결돼 방향을 알 수 없고 입구를 찾지 못할 정도였다. 통신사는 문에 임시로 표지를 써 붙여 각자 거처할 방을 찾았다.

방만 많은 게 아니라 사람도 많았다. 통신사가 불편함을 느끼지 않도록 접대하는 인부만 해도 400~500명 규모였다. 목패木牌를 차서 분간했다. 잡인의 출입을 막는 자들도 따로 배치했다. 붉은 옷을 입고 막대를 들었다. 대문 위에는 '무용인불용출인'無用人不用出人, 용무가 없는 사람은 드나들지 말라이라고 쓴 현판을 걸었다. 조선인 인부들도 일하느라 바빴다. 『조선인내조물어』朝鮮人來朝物語를 보면, 주방에서 조선인 요리사가 웃통을 벗고 커다란 부채를 부쳐가며 산양을 장작불에 통째로 굽는 장면이 나온다. 요리사 옆에는 보조가 있어 누구는 산양의 껍질을 벗기고, 누구는 닭을 잡아 털을 뽑으며 요리를 준비하고 있다.

그 광경이 일본인들에게 진귀했던 모양이다. 실제로 몇몇 일본인 요리사가 조선의 요리를 배웠다고 한다. 일본인들은 본래 고기를 먹지 않아 조선인 요리사가 만드는 고기요리가 별미였다. 그 맛이 일본인 사이에서 입소문을 탔다.

인부들만큼은 아니었겠지만 통신사도 나름 할 일이 있었다. 글을 청하는 일본인들을 상대하는 것이었다. 통신사는 찾아온 일본인 서생들과 새벽까지 대화하고 글을 써주었다. 어찌나 많이 찾아왔던지 신발이 산을 이뤘다. 서생이 데리고 온 동자들은 땀이 나도록 먹을 갈았다. 한번은 14세에 불과한 동자가 종이와 붓을 들고 온 적이 있었다. 통신사가 어디에서 왔느냐고 물으니 4,000리나 떨어진 북륙도北陸道, 현재의 니가타현新潟県, 도야마현富山県, 이시카와현石川県, 후쿠이현福井県에서 부친과 함께 왔다고 했다. 이에 감격한 통신사가 동자의 머리를 쓰다듬으며 신동이라고 칭찬하자, 그의 부친이 크게 감사해하며 자字와 호號를 지어달라고 청했다.

종사관 이렇게나 많은 일본인이 글을 청해오다니, 기분 좋으면서도 붓을 놓을 새가 없어 손목이 다 아플 지경입니다.

정사 필 그러게나 말일세. 오사카에서 글을 청하는 자가 다른 곳의 배는 되지 싶네. 얘기를 들어보니 다른 이들도 고생이더구먼. 부사와 제술관도 닭이 울도록 자지 못하거나, 입에 넣은 음식을 전부 토할 정도로 분주했던 모양이야.

외교전과 첩보전의 경계를 넘나들다

물론 통신사가 글만 써주다가 온 것은 아니다. 통신사의 지위를 활용해 일본이 지닌 여러 자료를 살펴보고, 일본의 국내 사정을 조심스럽게 탐색했다. 조엄은 개정한 일본 지도를 얻어 화원 김유성金有聲, 1725~?에게 따라 그리게 했다.

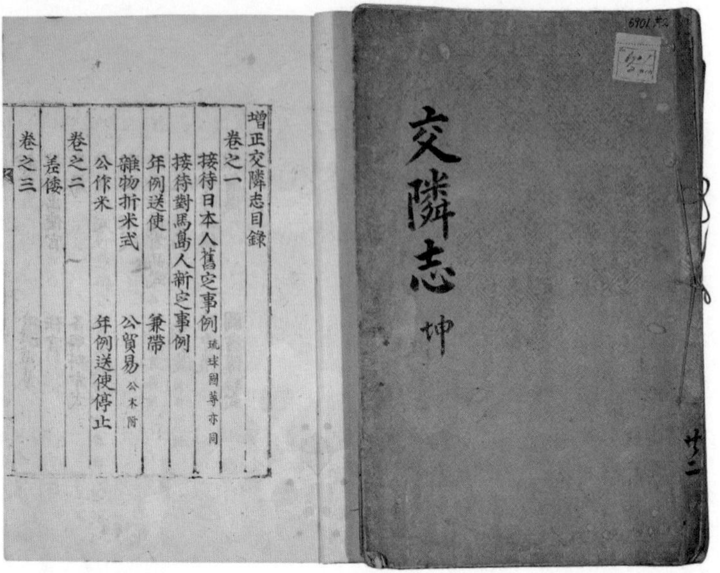

『증정교린지』(增正交隣志). 1802년 당상역관 김건서(金健瑞) 등이 외교절차를 정리한 책이다. 『통문관지』를 참고했다.

이와는 반대로 일본으로 얼마나 많은 '국가기밀'이 빠져나갔는지 알게 된 경우도 있었다. 한번은 우연히 『객관최찬록』客館璀璨錄, 『봉도유주록』蓬島遺珠錄이라는 책을 열람했다. 정사 홍치중을 수행한 제술관과 서기가 일본인들과 수창酬唱하고 필담한 것을 수록한 책이다. 성종 때 명나라 학사學士 동월董越이 사신 자격으로 조선을 왕래하며 지은 『조선부』朝鮮賦가 간행된 것도 보았다. 『고사촬요』攷事撮要, 『여지승람』輿地勝覽 등은 물론, 『병학지남』兵學指南, 『통문관지』通文館志도 오사카에서 쉽게 구할 수 있었다. 더욱 통탄할 일은 김성일의 『해사록』海槎錄, 유성룡의 『징비록』, 강항의 『간양록』看羊錄처럼 두 나라 사이의 비밀을 많이 기록한 책도 버젓이 구비되어 있었다는 것이다. 적賊을 정탐한 사실을 적에게 알린 꼴이나 마찬가지였다.

전모는 이러한데, 나라의 기강이 해이해진 틈에 국법을 두려워하지 않은 역관들이 이익을 꾀하고자 밀무역을 행한 것이었다. 한심하기 그지없었다. 재화를 탐한 역관들은 사생死生을 잊고 설치면서 일본의 사정을 탐지하기는커녕 우리나라의 정보를 죄다 누설했다. 당시 일본인들이 조선에 인물이 없다고 여겼을까 봐 괜스레 기분이 나빠졌다.

일본은 섬나라라는 특성상 앎에 대한 갈급함이 강했다. 조선에서 구해온 책이 100권이라면, 중국 남경南京상인들에게서 사 온 책은 1,000권이었다. 민간에서 간행한 고금의 기이한 글, 백가百家의 문집이 조선의 10배가 넘었다. 그 옛날에도 일본은 출판 강국이었던 것이다.

조선 후기의 사회사를 전공한 서울대학 규장각 한국학연구원의 김현영 연구원은 박지원, 박제가 등 북학파들이 오사카상인이 형성한 수준 높은 오사카문화와 그 문화를 향유하고 발전시킨, 3만 권의 서적을 소장했다고 알려진 기무라 겐카도木村兼葭堂, 1736~1802 같은 인물을 충분히 파악하고 높이 평가한 점을 긍정적으로 보았다. 김현영 연구원은 북학파가 도입하자고 주장한 것은 중국의 선진문물뿐 아니라 일본의 선진문물까지 포함한다고 설명한다. 즉 통신사가 소개한 일본에 관한 정보가 조선 후기 지식인들의 세계관을 확장시켰다는 것이다.

안내서를 읽다 보니 생각에 생각이 꼬리를 물었다. 시간이 너무 늦어질까 안내서를 덮고 오사카성을 카메라에 담기 시작했다. 일전에 오사카성을 관람한 적이 있어 성내로 들어가지는 않고 멀리서

오사카성. 천수각 3층에 그려진 금색 호랑이 두 마리가 눈에 확 들어왔다. 지금은 고층 빌딩에 가려 보이지 않지만 통신사가 지났을 적에는 오사카성에서 요도천을 볼 수 있었다.

외용만 촬영했다. 멀리서도 천수각 3층에 그려진 금색 호랑이 두 마리가 보였다. 행여 성의 북쪽에서 흐르는 요도천이 보이나 이리저리 둘러보았으나 고층 빌딩들에 가려져 보이지 않았다. 다만 성벽이 해자를 채운 물에 포개지듯 비치고 있었다.

오사카성 촬영을 마치고 덴마바시역天滿橋駅 뒤쪽의 팔헌가빈八軒家濱 선착장까지 걸어가 요도천을 유람하는 배를 탔다. 배는 신전야교新鳴野橋 밑을 통과해 오사카성까지 항해한 후 돌아왔다. 다리를 지날 즈음 안내방송이 흘러나왔다. 배 천장이 낮아지니 걱정하지 말라는 내용이었다. 안내방송이 끝나기가 무섭게 정말로 배 천장이 30센티미터 정도 천천히 낮아졌다. 밑으로 지나야 할 다리가 많다 보니 배 천장을 내린 것이다.

부사 임수간도 오사카에서 천장이 '내려앉는' 경험을 했다. 평생 처음 지진을 겪은 것이다. 거대한 본원사가 쓰러질 듯 흔들렸다. 부교가 밖으로 피신하라고 외쳐 뜰로 나갔다. 일본인들이야 자주 겪는 일이라지만 지진이 처음인 조선인들은 얼마나 무서웠을까?

24 마지막 물길 50리[23]

품격 있는 숙장 히라카타

통신사는 옷맵시를 단정히 하고 본원사를 나섰다. 수로 항해의 종착지인 요도천이 있는 히라카타枚方로 서둘러 배를 몰았다. 이 마지막 물길은 50리 정도의 짧은 거리였지만 모래가 많이 쌓여 준설하는 데 인부가 2만 명이나 동원되었다. 누선과 작은 배 200여 척이 질서정연하게 미끄러졌다. 배에 타고 있는 선군船軍의 수도 많았는데, 정사 홍계희가 요도천을 거슬러 올라갈 때는 1,720여 명에 달했다. 깃발과 돛이 강을 덮어 수미首尾가 20여 리나 이어졌다. 쓰시마번 배에는 예물과 행장을 실었다.

수로라는 특성상 바람이나 노를 이용하기보다 육지에서 사람이 직접 배를 끌었다. 인부들이 강의 북쪽과 남쪽 언덕에서 대기하다가 배가 북쪽으로 가면 북쪽 언덕에 있는 인부들이, 남쪽으로 가면 남쪽 언덕에 있는 인부들이 끌어당기는 식이었다. 그들이 외치는 소리에 산과 바다가 진동해 가히 장관이었다.

밤에 길을 나선 통신사도 있었다. 강가에 등불을 걸고 일제히 불을 밝혔다. 등롱 1,500개, 양초 3,000개, 횃불 4,500개, 화톳불 200개가 어두운 밤을 훤히 밝혀 대낮 같았다.

게이한京阪전철을 타고 통신사의 뒤를 쫓아 히라카타역으로 출발했다. 30분 만에 도착했다. 히라카타에는 도카이도東海道의 연장으로 오사카와 교토를 잇는 경가도京街道에 설치한 56번째 숙장이 있어 역체驛遞업무를 보았다. 이에야스는 세키가하라전투에서 승리해 패권을 차지하자 전국적으로 가도를 정비하고 숙박시설을 설치했다. 히라카타도 17세기 중기에는 인가가 100여 호에 불과했지만, 이후 1,000척 이상의 배가 왕래하면서 수운水運의 중계지로 번성했다. "여기가 어디냐고 선장에 물으면, 이곳은 히라카타 카기야鍵屋 포구다. 이곳 나루터에는 닻이 필요 없다. 일본 전통악기로 세 개의 줄이 있는 샤미센三味線이나 태고太鼓로 배를 멈춘다"라는 노래가 불릴 정도로 번창했다. 쌀, 목면, 야채 등 각종 물산의 집산지였다. 이곳을 드나든 배들은 일명 '30석 배'라고 불렸는데, 길이 11~15미터, 폭 2미터 정도로 수부 네 명, 승객 28명 정도가 탔다. 그보다 작은 배들이 요리조리 다니며 요리를 팔았다.

히라카타의 옛 이름은 다점茶店이었는데, 이름에서도 알 수 있듯이 이곳의 혼진은 서민이나 일반 무사가 묵는 일반 하타고旅籠와 달리 문, 현관, 마루 등이 제대로 갖추어져 있는 품격 있는 건물이었다. 이에야스의 자손인 신반親藩 다이묘, 세키가하라전투 이전부터 대대로 도쿠가와가문에 신종한 후다이 다이묘 등 도쿠가와가문에 연고가 있는 다이묘는 산킨코타이 때 이곳에서 휴식을 취하거나 숙박했다.

1843년 히라카타의 숙장에는 혼진 한 채, 돈야 또는 도이야問屋 두 채, 하타고 또는 하타고야旅籠屋 69채, 호 378채가 있었다. 도이야는 숙장의 중심 시설로 각종 업무를 지휘, 감독하는 최고책임자가 사무를 보는 곳이다. 큰 저울을 갖추어놓고 화물의 무게를 달아 운송비를 정했다. 말을 갈아타는 일, 공무를 맡은 여행자의 숙박, 민간의 수송 등 모든 사무를 다뤘다. 인부 100명, 말 100필이 편성되어 있었다. 교통량이 많은 경우에는 근처 마을에서 인마人馬를 모았다. 이를 조향助鄕제도라고 한다. 하타고나 하타고야는 서민이나 일반 무사가 숙박하는 시설로 식사를 제공했다. 1843년 무렵 도카이도의 각 숙장 중에서 나고야의 아쓰타熱田에 하타고가 가장 많았으니 무려 248채였다. 그 정도는 아니지만 히라카타도 경가도의 다른 숙장 보다 매우 많은 하타고가 들어선 곳이었다. 통신사가 온다는 소식이 들리면 이 많은 하타고의 벽을 새로 칠하고 망가진 지붕을 고쳤다. 막부 말이 되면 하타고의 숙박 요금이 대략 200문文 전후로, 현재의 7,000엔 수준으로 오른다. 일반 백성이 묵기에는 비싼 요금으로, 주로 관리나 부유한 상인이 투숙하게 되었다.

여행객을 유혹한 메시모리온나

숙장은 유녀가 있는 곳과 없는 곳으로 구분된다. 본래 막부는 공인 유곽 외에는 유녀를 두지 말도록 금령을 내렸으나 잘 지켜지지 않았다. 통신사가 남긴 기록을 보면 히라카타에도 유녀들이 활동하

히라카타 숙장의 위치를 표시한 비석. 히라카타 숙장에는 유녀가 있었다. 워낙 많은 여행자가 요도천을 따라 이동하며 이곳을 거쳐갔기 때문이다.

고 있었음을 알 수 있다. 아마도 수로를 거쳐가는 귀인이나 선원, 여행자가 워낙 많았기 때문이리라. 부사 김세렴은 유녀들이 손님을 끌어들여 잠자리를 같이하는 모습을 놓치지 않았다. 에도로 들어가던 지볼트도 히라카타는 오사카 사람들의 유흥가로 거리에는 매춘부가 많다고 기록했다.

히라카타역 주변을 돌아다니다가 히라카타 숙장을 상세히 설명한 안내판을 찾았다. 비석도 세워져 있었다. 내친김에 쓰쓰미정堤町에 있는 목재건물 카기야자료관으로 갔다. 숙장에 관계된 고문서와 출토된 유물을 전시했다. 인부 세 명이 끈을 머리에 두르고 배를 끄는 모습을 담은 그림이 이곳의 역사를 말해주는 듯했다. "이 역은 교토와 오사카의 통로이자, 서국 다이묘들이 에도로 향하는 산킨코타이의 길이어서 숙소, 혼진, 다점, 술과 요리를 파는 집이 많고, 메시모리온나飯盛女 등이 있어 밤낮으로 떠들썩했다"라고 쓰인 안내판이 있었다. 메시모리온나는 본래 봉공인奉公人의 하녀로 음식을 접대하는 일을 맡았다. 이후 하타고에서 음식을 파는 여자를 가리켰는데, 실제로는 여행객들에게 잔시중을 들며 몸을 파는 매춘부였다. 슈쿠바조로宿場女郎, 데온나出女 등으로도 불렸다. 정덕正德 연간1711~16에는 한 집에 다섯 명씩이나 있었다. 1718년에 두 명으로 제한했다. 그중 절반이 16세부터 20세까지의 젊은 여인이었다. 에도시대에는 많은 사람이 사찰이나 신사에 참배하기 위해, 또는 유람하기 위해 여행을 떠났다. 대부분 숙소에서 이들에게 메시모리온나와의 동침을 강요했다. 1인 숙박은 돈이 되지 않았기 때문이다.

카기야자료관의 학예사에게 '카기야'의 뜻을 물으니 '열쇠'라고 했다. 보물을 넣어둔 창고의 문을 열쇠로 여니 운수가 좋다는 의미란다. 앞에서도 말했지만 실제로 카기야는 굉장히 부흥한 항구였다. 에도시대 후기에는 승객을 태우고 내리는 일, 그들에게 음식을 만들어 파는 일이 '대박'을 쳤고, 18세기 중엽에는 떡 등을 파는 장사가 크게 번창했다고 한다. 근대에 들어서는 요정으로 이름을 떨쳤다. 자료관을 나서려 하자 학예사가 촬영한 사진은 사용에 앞서 허락을 받아야 한다고 알려주었다.

다음으로 요도천자료관으로 이동했다. 요도천의 치수, 홍수 관련 자료를 전시한 곳이다. 통신사 관련 자료는 보이지 않았다. 볼 만한 게 없어 자료관을 나와 둑방에 올라갔다. 오사카 방향으로 히라카타대교가 보였다. 강이 활처럼 크게 휘어진 쪽에 숙장이 있었을 것이다. 통신사가 이 강을 지나갔을 거란 생각에 연신 카메라 셔터를

오차야 터. 이곳에는 오차야어전이라는 신사가 있는데 에도시대에 제2대 장군 히데타다와 제3대 장군 이에미쓰가 머물렀다고 한다.

눌렀다.

역으로 돌아와 오차야를 찾아 나섰다. 젊은 커플에게 오차야의 위치를 묻자 카페로 알아듣고 오늘은 문을 닫았다고 해 실소했다. 젊은이보다는 나이 든 분이 잘 알 거라 생각해 지나가는 노인을 멈춰 세웠다. 역시나 단번에 답이 나왔다. 오차야는 대나무가 우거진 곳에 있다며 손가락으로 가리켰다. 노인이 알려준 길을 따라 언덕을 오르니 신사가 나왔다. 히데요시가 건설한 오차야어전御茶屋御殿이었다. 에도시대에는 제2대 장군 히데타다와 제3대 장군 이에미쓰가 이곳에 머물렀다.

신사에 걸린 안내판을 읽어보니 흥미로운 내용이 있었다. 통신사가 이곳에서 식사할 때 숟가락과 젓가락이 나왔다는 것이다. 조선의 것과 매우 흡사했는데, 이곳에 피로인이 많이 거주했기 때문이었다. 신사를 나오는 길에 교통을 통제하는 경비원을 만나 이 지역의 지리에 대해 간단히 묻자 한국말로 답했다. 재일동포였다. 조선인 마을의 유무를 물었으나 모른다며 머리를 저었다. 아쉽지만 시간이 늦어 훗날을 기약한 채 오사카역 앞의 아파트로 돌아왔다. 아, 이 아파트가 한국의 집이라면 좋으련만!

25 수로 항해의 종착지 요도천[24]

수심이 얕은 요도천

답사를 떠난 지 보름이 지났다. 점점 한국 생각이 커지는데, 여기까지 오는 데만 두세 달 가까이 걸린 통신사의 마음은 오죽했으랴. 배가 부르면 마음이 달래질까 식당을 찾았는데 황금연휴라 대부분 휴업이었다. 이리저리 헤매다가 문을 연 이자카야居酒屋, 선술집가 있어 들어갔다. 돼지고기를 넣은 찌개, 계란말이, 어묵, 김치, 창자를 시켰다. 찌개를 아주 맵게 해달라고 했으나 단맛이 더 났다. 여행의 신고辛苦를 매운맛으로 날려버리려 했으나 그러질 못했다. 여행을 시작하며 밥과 술은 최대한 줄이자고 했는데, 이날은 유독 많이 먹고 마셨다. 그 탓에 잠이 들 때 더부룩해서 힘들었다.

다들 몸상태가 영 별로였다. 곧 60이 가까워지는 나이인지라 무리가 따랐다. 그래도 답사를 멈출 수는 없었다. 체력을 보충하기 위해 푹 자고 늦게 일어났다. 에어비앤비로 빌린 아파트를 깨끗이 정리하고 열쇠를 편지함에 넣은 후 신사이바시역心斎橋駅으로 출발했

거상 사부로에몬을 기리는 비석. 사부로에몬은 재목, 쌀, 기모노를 취급하며 부를 쌓았다. 비록 편의점에서 산 도시락이었지만 그와 함께 밥을 먹는다고 생각하니 남부러울 것 없었다.

다. 전철을 타고 가다가 아침을 때울 요량으로 요도야바시역淀屋橋駅에 내렸으나 식당이 없었다. 어쩔 수 없이 편의점에서 도시락과 메밀국수, 우동을 하나씩 샀다. 가게 옆에 작은 공간이 있어 이곳에서 음식을 먹어도 되느냐고 묻자 안 된다고 하기에 역 바로 앞 강가의 한적한 계단에 자리를 잡고 도시락을 풀었다. 늘어선 벚나무가 하늘거려 나름 운치 있었다. 그리 풍족한 아침은 아니었지만, 굳이 의미를 부여하자면 에도시대 전기를 호령한 거상 요도야 사부로에몬淀屋三郎右衛門, 1576~1643을 기리는 비석이 있었다는 것이다. 그는 재목, 쌀, 기모노着物를 취급했다. 거상과의 만찬이라 생각하니 약간은 위로가 되었다.

식사를 끝내고 본격적으로 수로 항해의 종착지인 요도천의 숙장을 찾아 나섰다. 히라카타 숙장에서 요도천을 따라 50리 정도 거슬러 올라가면 나오는데, 고대에는 지방영주에게 공납물貢納物을 바치러 가거나 서일본지역에서 교토로 해산물과 소금을 운반할 때 이용했다고 한다.

통신사에게는 배와 작별하고 두 발로 걸어 이동하는 기점이기도 했다. 다시 전철을 타고 요도역으로 이동했다. 창밖으로 요도 성터가 스쳐 지나갔다. 교토시 후시미구伏見区에 있는 요도역은 제법 규모가 컸다. 역에서 내리자 경비원들이 길을 통제하고 있어 무슨 일인가 궁금해하던 찰나에 김상일 교수가 교토경마장이 보인다고 일러주었다. 한 손에 신문을 쥔 사람들이 경마장으로 큰 꿈을 품고 보무당당하게 걸어갔다. 그중 한 노인에게 통신사가 묵은 노소納所의 위치를 물었으나 모른다고 했다. 마침 잡담을 나누고 있는 택시기사들이 눈에 들어왔다. 잘되었다 싶었다. 지리에 정통한 기사가 역을 돌아가면 가쓰라천桂川이 나온다고 알려주었다. 그가 알려준 길을 따라 5분쯤 걸었을까. 오사카와 교토를 연결하는 국도가 나왔다. 사거리에서 신호를 기다리며 주위를 살피다가 '노소'라고 쓰인 표지판을 발견했다. 그 반대쪽으로 걸어가자 궁전교宮前橋가 보였다. 더 이상 가지 않고 지도를 펼쳐 꼼꼼히 살펴보니, 우리가 서 있는 쪽의 강이 교토로 흘러가는 가쓰라천이고, 마을로 흘러가는 또 다른 강이 우지천宇治川인데, 마을이 끝나는 지점에서 두 강이 합쳐져 이를 요도천이라 했다.

가쓰라천의 폭은 상당히 넓었다. 갈수기라 그런지 물이 말라 거의 흐르지 않았다. 수심도 얕았다. 갈대 천지였다. 이 상태에서는 도

「사로승구도」의 제19폭 '요도천'. 요도천은 교토로 흘러가는 가쓰라천과 또 다른 강인 우지천이 합쳐져 이룬 강이다. 이곳의 숙장은 수로 항해의 종착지로 통신사는 이후부터 육로로만 이동했다.

저히 배가 뜨지 못했을 것이다. 몇백 년의 시간 동안 생태환경이 극적으로 변했기 때문에 당시 상황을 완벽하게 상상하기란 불가능했다. 다만 수많은 인부가 힘을 모아 배를 끄는 소리가 귓가를 울렸다.

정사 홍계희 일행이 요도천의 숙장에 도착한 모습을 접대역인 병사 와타나베 젠우에몬渡辺善上衛門이 책과 그림으로 남겨놓았다. 『조선인래빙기』朝鮮人來聘記와 「조선빙례사정성래착도」朝鮮聘礼使淀城來着図가 그것이다. 고오리야마번郡山藩 등 향응에 관계한 다른 번의 동향도 자세히 정리했다. 기록에 따르면 고오리야마번은 교토에서의 접대를 위해 돼지 100마리를 사러 나가사키에 사람을 보냈다. 요도번도 돼지 10마리가 필요하자 나가사키에서 사려고 했다. 그림에서는 수심이 얕아 겪은 곤란이 생생히 전해졌다. 선단의 선두에 준설선 다섯 척을 배치한 모습, 요도천에 쌓인 모래를 퍼내고 강가에서 배를 끄는 모습, 통신사가 한밤 중에 도착하자 길안내를 위해 화

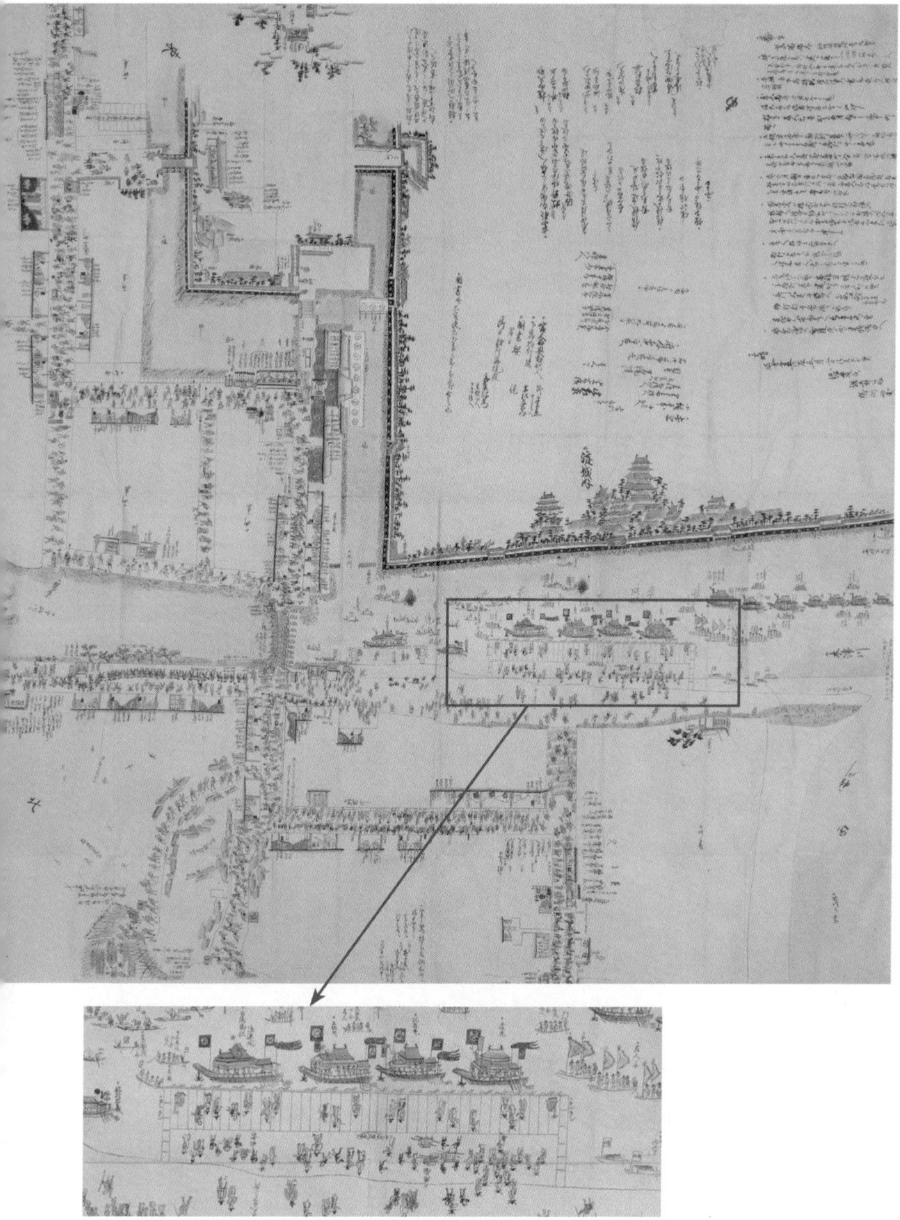

「조선빙례사정성래착도」. 요도천의 숙장에서 통신사를 어떻게 접대했는지 자세하게 그린 그림이다. 이곳은 수로 항해의 종착지로 통신사 일행이 가와고자부네에서 하선하고 있다(부분).

횃불을 실은 배 두 척과 장작을 실은 배 두 척이 동행하는 모습, 접안을 위해 초롱 3,000개를 밝히고 인부 1,500명이 모래를 퍼내는 모습 등이 역력하게 묘사돼 있다.

요도 성터의 위치를 밝히다

그림이 워낙 생생하게 떠올라 배를 접안한 곳이 아직도 남아 있지 않을까 하는 생각이 들었다. 혹시 몰라 강둑을 내려갔다. 곧 돌계단이 눈에 들어왔다. 다만 아무리 자세히 보아도 에도시대의 것인지 최근의 것인지 알 수 없었다. 기대를 접고 강기슭을 채우던 옛 선부들의 노랫소리를 따라 뱃길이 끝나는 지점까지 걸어갔다. 강둑을 올라오니 자전거 사이클링을 즐기는 젊은이들이 힘차게 페달을 밟고 있었다. 바람이 그토록 싱그러울 수 없었다.

둑방을 잠시 산책하다가 요도 성터로 향했다. 히데요시의 측실 차차茶茶, 1567~1615가 아들을 낳은 곳에 쌓은 성이다. 그녀를 요도淀도노로 부르는 이유가 여기에 있다. 아쉽게도 그녀의 자취와 요도성은 현재 모두 사라진 상태다. 지금 있는 요도 성터는 제2대 장군 히데타다가 후시미성을 폐하고 수륙의 요충지인 이곳에 새로 올린 성의 흔적이다. 1625년 완공했다. 물가에 성을 쌓아 하수로 해자를 만들고, 3~4층 높이의 망루를 곳곳에 세웠다. 원래 요도성에서 500미터 정도 떨어져 있다.

김상일 드디어 요도 성터에 도착했네요. 기록을 보니 수차水車가 있었다

요도 성터. 요도성은 히데타다가 쌓은 성으로, 수차 두 대가 설치되어 있어 호수의 물을 성안으로 퍼 올렸다고 한다.

고 하던데요?

서인범 네, 두 대가 있었다고 합니다. 호수의 물을 성까지 끌어 올리는 큰 바퀴 모양의 장치로 높이 5, 6장丈, 8~10미터 정도였다고 해요. 장치를 호수에 놓으면 물결을 타고 절로 돌았다고 해요. 바큇살이 모두 16개인데, 살마다 작은 통을 달아서 바퀴가 돌 때마다 통에 담긴 호수의 물이 성으로 쏟아지는 원리입니다. 나무를 파서 수도水道도 만들었다고 하죠.

수차는 요도성의 서남쪽과 북쪽에 설치되었다. 이후 "요도천 여울의 수차는 누구를 기다리며 돌아가는가"라는 노래가 불릴 정도로 지나가는 사람의 눈길을 끌었다고 한다.

통신사가 기이하게 여겼던 수차는 흔적도 없이 사라졌다. 정사

당인간기의 위치를 표시한 비석. 요도천을 거슬러 오른 통신사는 당인간기에서 하선했다. 당인은 당시 조선인 등을 가리키던 말로 당인간기란 '조선인이 사용하는 부두' 정도로 해석할 수 있다.

조엄은 별파진別破陣 허규許圭, 도훈도 변박卞璞에게 수차의 모양과 원리를 자세히 살펴보게 했다. 조선에도 보급하면 논에 물을 댈 때 사용할 수 있을 것이라고 여겼다.

요도 성터는 공원으로 사용되고 있었다. 성터와 일부 해자, 당인간기唐人雁木의 옛터만 남아 있었다. 간기에 관한 설명이 적힌 표지판이 있어 읽어보니, 성터에서 200미터 위쪽이 통신사가 상륙한 지점이라는데, 대략 길이 65미터, 폭 13미터 정도의 다리가 있었다고 한다. 그 지점을 두 눈으로 확인하지는 못했지만 노소의 대략적인 위치를 밝힌 셈이다. 공원을 지키는 거대한 나무가 성의 성쇠와 통신사의 왕래를 말해주는 듯했다. 후에 원고를 쓰면서 더 조사해보니 노소정納所町 길가에도 당인간기적唐人雁木跡 비석을 세운 사실을 알게 되었다. 지도를 찾아보니 노소라고 쓰인 표지판이 있던 사거리 근처였다.

닭을 훔치고 고양이를 잡아먹는다는 괴소문

같은 이름의 두 성이 지어졌다가 없어지길 반복하는 동안에도 요도천의 숙장은 늘 번화했다. 17세기 중반 숙장의 인가는 2,850여 호였다. 카기야자료관의 자료에는 836호라 되어 있는데, 차이가 크지만 여하튼 히라카타 숙장의 378호보다는 배가 넘었다. 인구도 두 배였으나 하타고는 16채에 불과했다.

통신사는 이곳의 번영을 눈여겨보았다. 집마다 강가 언덕에 누각을 세웠고, 젊은 유녀들이 두셋씩 떼를 지어 누각 위에 서서 부채로 사람을 유혹하며 차 마시기를 권했다. 요도천도 히라카타와 마찬가지로 영주들의 배와 물품이 지나는 곳이라 곱게 단장한 유녀들이 남성들을 유혹한 것이리라. 상인과 협객 중 이곳에 배를 정박하지 않는 자가 없었다.

요도천의 숙장에는 혼진이 설치되어 있지 않았다. 그래서 통신사는 오차야에 머물렀다. 꽃, 돌, 대臺, 못 등을 대단히 사치스럽게 꾸며놓아 멋졌다고 하는데 아쉽게도 그 흔적을 찾을 수 없었다.

통신사가 도착한 후 이런저런 일이 많이 벌어졌는데, 흥미롭게도 고양이와 관련된 일화가 있어 소개한다.

정사 필 자네, 조선인이 고양이를 잡아 요리해 먹었다는 이야기를 들은 적이 있나?

종사관 예? 그런 일이 있었습니까? 전혀 처음 듣는 일입니다.

정사 필 음. 하선한 통신사가 마을을 걷다가 닭을 훔쳐 달아나는 사건이 발생했어. 당연히 일본인과 싸움이 붙었다네. 나중에 조사해보니 훔친 것도 아니었지만. 어쨌든 이에 악의를 품은 자가 있었던지, 통신사 일행이 고양이를 잡아먹어 한 마리도 남지 않았다는 소문이 퍼졌어. 실제인지 아닌지는 확실치 않아.

종사관 제 생각에는 육식하는 조선인이 신기해 그런 얘기가 퍼졌던 것 같습니다.

이 이야기는 「조선빙례사정성래착도」에 그려져 있다. 경도시역사자료관京都市歷史資料館에서 발간한 책에는 통신사가 닭을 훔친 게 아니라 식사를 준비하는 '하행소'下行所에서 도망간 닭을 붙잡는 것이라고 해석했다. 『조선인래빙기』의 작자 젠우에몬의 기록에는 닭이 도망갔다는 내용만 있지 훔쳤다는 내용은 없다는 이유에서였다. 반면 인터넷에서는 일본인이 몽둥이를 들고 조선인을 때리는 그림을 보이며 닭을 훔친 조선인을 비난하고 있다. 이에 대해서는 종사관 조명채의 기록으로 충분히 반박할 수 있다. 그는 일본으로 건너간 후 아이치현 오카자키岡崎에서 처음으로 고양이를 봤다고 썼다. 한 마리당 은 10냥에 팔리고 있었다. 이 정도로 비싸게 팔리던 고양이를 정말 잡아먹었다면 종사관들이 엄하게 처벌했을 것이다. 먼 과거부터 지금까지 점점 변형, 왜곡되어온 그릇된 시각이 일본 사회에 전파, 확대되고 있는 것은 아닌지 심히 우려스러웠다. 조선과

「마카나이 도진」(왼쪽)과 「조선빙례사정성래착도」에서 닭을 훔치는 조선인을 그린 부분. 육식을 즐기는 조선인을 신기하게 여긴 일본인의 관점이 투영된 그림들이다. 통신사에게 고기를 대접하는 것도 중요한 일이었다.

막부의 선린을 이해하지 않고 작은 사건을 확대해석해 한국을 폄하하려는 태도를 보인 일부 사람의 역사 인식이 안타까울 뿐이다.

다만 당시 일본인이 육식하는 조선인을 신기하게 여긴 것은 사실이다. 에도시대 중기의 화가 하나부사 잇초英一蝶, 1652~1724가 그린 「마카나이 도진」賄い唐人이라는 작품이 있다. 축제를 묘사한 그림인데 제목을 우리말로 옮기면 '요리사 조선인' 정도가 된다. 그림을 자세히 보면 말안장에 몇 개의 새장이 걸려 있는데, 식용으로 쓸 토끼, 닭이 들어 있다. 1812년에 그려진 「토포어제례지도」土浦御祭礼之図라는 그림에도 조선인 요리사가 등장하는데 왼손에는 닭을, 오른손에는 갓 뜯어낸 털을 들고 있다. 기록을 보면 축제 때 실제로 말안장에 새장을 걸고 토끼, 닭 등을 넣어놓았는데, 살아 있는 동물이 아닌 비슷하게 만든 과자였다고 한다.

26 백성의 피와 땀이 서린 후시미성 25

통신사의 육로 행렬

통신사는 요도천 이후부터 육로로 이동했다. 삼사는 옥교屋轎를, 당상관과 제술관, 양의는 현교를, 상관부터 하관까지는 말을 탔다. 삼사가 타는 가마에는 교군轎軍이 20명씩 배정되었다. 교대로 가마를 멨다. 이들은 에도에서 고용한 사람으로 품삯은 1인당 은 100냥이었다. 교군 외에 수종하는 인부가 각각 30명이었다.

당상관 이하는 가마꾼의 수가 20명, 16명, 12명으로 차이가 났다. 안장만 얹은 예비용 말도 뒤따랐다. 상관을 수종하는 자는 적게는 예닐곱에서 많게는 10명이었다. 두 명은 말을 끌고, 한 명은 차와 담배를 권하고, 한 명은 기旗와 등燈을 들고, 한 명은 크고 작은 우산을 휴대하고, 한 명은 궤짝을 멨다. 궤짝 속에는 요기할 물건과 말먹이, 편자, 우비 등 잡물이 들어 있었다. 중관은 대여섯 명이, 하관은 두세 명이 수종했다. 짐 싣는 말에는 마부만 있었다. 워낙에 장거리 여행이다 보니 수많은 물품을 길에서 소비했다. 아라이新居관소까지 가는 데만 초 1만 3,000여 개를 태워야 했다.

정사 홍치중의 행차 때는 물품을 운반하는 인부 834명, 말 811마리가 동원되었다. 쓰시마번의 병사 800명이 선도했다. 통신사를 앞뒤로 경호하는 다이묘의 군사, 휴게소 및 숙소에서의 접대역, 가마, 말, 새장 등을 담당하는 자가 총 3,000여 명에 달했다. 『통항일람』에는 정사 조태억의 행차에 동원된 인원이 자세하게 기록되어 있는데 에도로 들어갈 때는 처음부터 끝까지 수행하는 하인 310명, 중간부터 수행하는 하인 1만 661명, 말 9,745마리가, 에도에서 돌아올 때는 처음부터 끝까지 수행하는 하인 310명, 중간부터 수행하는 하인 1만 2,707명, 말 8,161마리가 동원되었다 한다. 이 거대한 행렬이 청도기, 용을 그린 형명기形名旗를 앞세우고 힘차게 발을 내디뎠다.

후시미성에서 장군을 알현하다

우리는 일단 후시미모모야마성伏見桃山城을 들렀다가 교토로 들어가기로 했다. 요도역에서 열차를 타고 난바역難波駅에서 하차했다. 언제나처럼 무인 물품보관함에 짐을 넣고 가벼운 몸으로 후시미모모야마성을 찾아 나섰다. 히데요시는 1591년에 양자 도요토미 히데쓰구豊臣秀次, 1568~95에게 관백을 양위하고, 이듬해 은거할 곳으로 후시미시즈키산指月山에 후시미성伏見城을 지었다. 이후 1594년에 대규모로 개조했는데, 1596년에 발생한 큰 지진으로 성이 무너졌다. 하여 동북쪽으로 500미터 정도 떨어진 고하타산木幡山에 새로

이 성을 쌓았다. 1598년 8월 히데요시는 이곳에서 숨을 거둔다. 그의 아들 히데요리는 오사카성으로 들어갔고, 그 대신 이에야스가 후시미성에 들어와 정무를 보았다. 그러다 1600년 이곳에서 세키가하라전투의 전초전이 벌어지면서 소실되었다. 이듬해 이에야스가 재건했으나 1623년에 제3대 장군 이에미쓰가 무너뜨리면서 완전히 폐성이 되었다. 1624년 부사 강홍중이 교토로 들어갈 때 이곳을 지나쳤는데 후시미성은 그 터만 남았다고 썼다. 제5대 장군 쓰나요시의 겐로쿠 연간1688~1703 무렵까지 성곽 주변에 복숭아나무를 심은 탓에 모모야마성桃山城이라고 불렸다. 지금의 후시미모모야마성은 1964년 테마파크를 만들면서 철근콘크리트로 지은 건물이다.

종사관 산에 있는 성이라 고즈넉하네요. 통신사 중에 후시미성에 들른 이가 있었나요?

정사 필 정사 오윤겸이 들렀지. 오윤겸은 히데타다가 제2대 장군으로 즉위한 후 후시미성에 머물자 교토의 대덕사大德寺를 출발해 이곳으로 왔어. 다른 통신사는 후시미성을 먼발치서만 바라보고 그냥 지나쳤지.

후시미성에 당도한 오윤겸은 삼중문三重門으로 들어갔다. 교자에서 내려 장군이 거처하고 있는 정청 문밖에 이르자 제2대 쓰시마번주 소 요시나리, 시게오키 등이 영접했다. 장군이 정청에 좌정하자 시게오키가 국서를 받들었다. 삼사는 기둥 안의 중당中堂에서, 역관과 군관은 기둥 밖에서, 하인은 뜰아래서 장군에게 배례拜禮했다. 이어 삼사가 정청의 동쪽 벽에 앉으면서 장군과 대화가 시작되었다.

히데타다 삼사를 만나는 것은 희귀한 일이자 성대하고 아름다운 일이오. 이 먼 곳까지 와주어 심히 고맙게 생각하는 바이오.

오윤겸 200년 동안 우호적이던 의義가 중간에 무너졌는데, 지금 다행히 원수인 적賊을 죽이고 다시 예전의 우호를 닦게 된 것은 두 나라 생민의 복입니다.

술이 세 순배 돌았다. 히데타다는 사신이 멀리서 왔다며 노고를 위로하고자 두 잔을 더 마시자고 했다. 이후 히데타다는 물러가고 아우들이 식사를 응대했다. 이에야스의 아홉째 아들이자 오와리尾張, 현재의 나고야번주인 도쿠가와 요시나오德川義直, 1601~50와 열째 아들이자 스루가번주인 도쿠가와 요리노부德川賴宣, 1602~71였다. 도쿠가와가문 다음으로 지위가 높은 도쿠가와 고산케德川御三家, 이에야스의 후손가문인 오와리번, 미토번, 기슈번紀州藩의 번주가문에서도 두 명이 참가해 향응을 베풀었다. 열한째 아들인 미토水戶번주 도쿠가와 요리후사德川賴房, 1603~61는 불참했다. 의례는 밥을 먹고 술을 다섯 순배 돌리고 나서 파했다. 오윤겸은 집정執政에 피로인 쇄환에 힘을 쏟아달라고 요구하며 그것이 진정한 수호이자 성신이라고 설파했다. 본격적인 외교전이 시작된 것이다.

피로인 강항의 일침

사람들에게 물어물어 후시미모모야마성을 찾아갔다. 도중에 간무천황桓武天皇, 736~806의 능묘를 지나쳤다. 궁내청에서 세운 안내판에 "함부로 들어가지 말 것, 물고기와 새를 잡지 말 것, 대나무와 나무를 꺾지 말 것"이라고 적혀 있었다. 백원릉柏原陵이라고 적힌 비석이 있을 뿐 경계가 삼엄하지 않았다. 울창한 숲속으로 건물이 보였으나 접근할 수 없었다.

갑자기 일본의 천황이 조선에 대해 언급한 적이 있었나 하는 생각이 들었다. 옛날은 아니지만 최근에 그런 일이 있었다. 2001년 아키히토천황明仁天皇은 기자회견에서 "나 자신은 간무천황의 생모가 백제 무령왕의 자손이라고 『속일본기』續日本記에 기록돼 있는 사실에서 한국과의 관계를 느끼고 있다"라고 말했다. 일본의 언론은 크게 다루지 않았지만, 한국에서는 반향이 컸던 기억이 났다.

능묘에서 그리 멀지 않은 곳에 후시미모모야마성이 있었다. 각양각색의 소철이 눈을 어지럽혔다. 꽃 사이로 걷다 보면 웅장한 성문이 버티고 서 있는데, 안으로 들어가면 쌍탑처럼 나란히 세워진 천수각 두 개가 나타난다. 대부분 일본의 성이 흰색인 데 반해 이곳은 색이 약간 달랐다.

정유재란 때 피로인으로 잡힌 강항이 왜승倭僧을 따라 성안으로 몰래 들어간 일이 있었다. 그는 성을 살펴보고 이렇게 비판했다.

"다섯 걸음에 절이 하나씩, 열 걸음에 누각이 하나씩 있었다. 이리저리

간무천황의 능묘로 들어가는 입구. 딱히 경계가 삼엄하지는 않았으나 문을 닫아놔 접근할 수 없었다.

연결되어 어느 길을 따라 나가야 할지 모를 정도였다. 비록 귀신이 재목을 운반해준다 해도 한두 해에 공사를 끝낼 수가 없을 것 같은데, 1년이 못 되어 건축을 마쳤다고 한다. 그러니 왜노가 제 백성을 혹사한 것과 왜인들이 역사에 힘을 다해 일했다는 것을 족히 상상하고도 남음이 있었다."

1년 만에 성을 축조한 사실에 놀라워하는 동시에 히데요시가 백성들을 혹사시켰음을 비판한 것이다.

성을 보고 긴테쓰선近鐵線을 타고 교토에 도착한 후, JR서일본선으로 갈아타 이시야마역石山駅에 내렸다. 교토 시내의 호텔은 비싸기 때문에 교외인 오쓰大津에 숙소를 마련했기 때문이다. 역에서 도

▲**후시미모모야마성의 성문**. 꽤 웅장한 크기였다. 이 성문으로 들어가면 바로 천수각이 보인다.
▼**후시미모모야마성의 천수각**. 대부분 일본의 성이 흰색인 데 반해 후시미모모야마성의 천수각은 색이 약간 달랐다.

보로 2분 정도 거리에 있는 레이나 오쓰 이시야마 호텔이었다. 역에서 가깝고 저렴한 데다가 온천풍의 목욕탕까지 갖춰져 있었다. 피로에 찌든 여행객에게는 최고의 숙소였다. 장기여행에서 숙소만큼 중요한 게 또 있겠는가. 특히 이번 답사에서는 숙소가 정말 중요했다. 답사 내내 숙소는 제2의 연구실이었다. 사진을 컴퓨터에 옮기고 그날의 행적을 정리했다. 최대한 꼼꼼하게 기록하려다 보니 쉬운 일은 아니었다. 그다음에 답사할 통신사 관련 유적지를 검색하는 일도 매우 힘들었다. 한국을 떠나기 전 주요 유적지는 미리 검색해놓았지만, 워낙 방대한 지역을 답사하다 보니 몇몇 곳은 놓치게 되었다. 특히 건물이 새로 들어서거나 명칭이 변한 경우가 많아 곤혹스러웠다. 그러다 보니 답사 중간중간에 통신사 관련 이야기나 유적지 등을 계속 검색해야 했다. 더위에 지치거나 오래 걸었던 날은 수마가 찾아와 일단 침대에 누웠다. 그런 날은 새벽녘에 퍼뜩 잠에서 깨 『해행총재』의 기록을 들췄다.

다음 숙소를 검색, 예약하는 일도 중요했다. 휴일이나 축제가 있으면 최소 일주일 전에 예약해야 했다. 될 수 있는 한 역 주변의 저렴한 호텔을 골랐다.

27 천년 고도 교토의 사찰을 둘러보다 26

대도시 교토

김상일 교수의 조카가 교토의 류코쿠대학龍谷大學 건축디자인학교 대학원에서 석사과정을 밟고 있었다. 저녁에 호텔로 찾아왔기에 선술집에 데리고 갔다. 1인당 2,500엔이었다. 좋아하는 닭고기 요리가 많아 급히 먹다 보니 어느새 만복이었다.

다음 날 교토 시내를 둘러보았다. 우선 교토역에 갔는데, 철골로 지은 건물이 웅장했다. 천장까지의 높이가 특히 높았다. 지나는 열차노선도 여러 개였다. 열차 도착과 출발을 알리는 안내판이 붉게 빛났다. 분주하게 일하는 개미들처럼 사람들도 바쁘게 움직였다.

고도古都인데도 경주와는 비교할 수 없을 만큼 고층 빌딩이 많이 들어섰다. 25년 전에 들른 적이 있는데, 그때보다 훨씬 번화해졌다. 그래도 도시의 중심은 여전히 교토타워 호텔이었다. 관광안내소에서 받은 지도를 펼쳐놓고 어디를 답사할지 논의했다. 니조성二条城을 가되 일단 시내 왼편에 포진한 사찰들을 먼저 탐방하기로 했다.

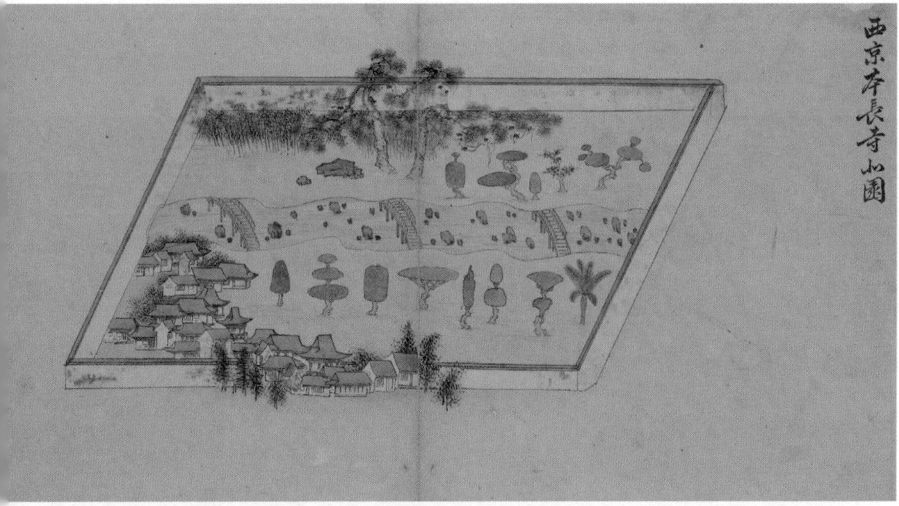

「사로승구도」의 제20폭 '본장사'. 사실 이 그림은 본장사가 아니라 다른 사찰을 그린 것이다. 「사로승구도」는 제10차 통신사의 일행이었던 이성린이 그린 것인데, 당시 함께했던 조명채가 본장사로 오기한 것을 그대로 쓴 탓에 발생한 오류다. 이성린은 어느 사찰을 그렸던 것일까.

이 사찰들에 통신사가 묵었기 때문이다. 온종일 이용할 수 있는 버스표를 500엔에 구입했다.

통신사가 묵은 사찰은 시기에 따라 달랐다. 동경사東京寺나 실상사實相寺에 도착하면 삼사는 홍단령紅團領으로, 원역은 관복冠服으로, 군관은 융복戎服으로 갈아입었다. 『해행총재』에 따르면 제1, 2차 파견 때는 대덕사 및 그 부속 사찰인 천서사天瑞寺에, 제3, 4, 11차 파견 때는 본국사本国寺에, 제9차 파견 때는 본능사本能寺에, 제6차 파견 때는 부상富商의 저택에, 제8차 파견 때는 본국사 앞마을에 머물렀다. 제10차 파견 때 종사관으로 따라나선 조명채가 본장사本長寺에서 묵었다고 기록했는데 오기인 듯하다. 본장사는 다음에 들를 오쓰에 있는 사찰이기 때문이다. 정사 정립은 에도로 출발할 때 사찰에 수행원 114명을 남겨두었다. 군관, 통사, 화원 등도 함께 남아

「락중락외도병풍」(洛中洛外図屛風). 이와사 마타베(岩佐又兵衛, 1578~1650)가 17세기의 교토를 그린 병풍이다. 거대한 교토의 모습이 압도적이다.

그들의 행동을 통제했다.

정사 필 드디어 교토에 도착했구먼. 지금까지 들른 섬과 도시도 훌륭했지만 교토야말로 진정한 대도시지. 자네의 감상을 좀 들려주게.

종사관 놀라움 그 자체입니다. 끝없이 늘어선 집하며, 시전市廛은 여기저기 포진해 있고, 재화가 산더미처럼 쌓여 있어요. 사람은 붐비고 물품은 풍부합니다. 발길이 서로 포개지고 인력거가 줄지어 달리는 게 오사카의 갑절은 될 것 같습니다.

정사 필 그렇고말고. 도시가 워낙 크다 보니 세로로 난 거리는 정町, 가로로 난 거리는 통通이라 부르며 구분했네. 자, 저길 보게나. 사찰도 저렇게나 많다네. 5층탑이 웅장하고 화려하기가 비길 데 없잖은가!

지금이야 오사카가 교토보다 더 큰 도시라지만, 통신사가 행차했을 때는 교토가 훨씬 발달했다. 당시 교토 인구는 대략 35만 명에서 52만 명 수준이었다. 현재는 2015년 기준 147만여 명으로, 오사카보다도 120여만 명이 적다.

구카이가 가지고 온 불사리

우선 남구南区 구조정九条町에 있는 동사東寺를 찾았다. 관사官寺, 즉 국립사원인 동사는 진언종眞言宗의 총본산으로 유네스코 세계유산에 등재된 곳이다. 교토역에서 1.5킬로미터밖에 떨어져 있지 않아 터벅터벅 걸어서 갔다. 그런데 하필 더위가 찾아와 땀을 뻘뻘 흘렸

길에서 본 동사의 5층탑. 어찌나 큰지 원근감을 잃을 정도다. 신유한은 5층탑을 보고 동사를 궁궐로 착각했다.

다. 잠바를 벗었지만 목을 조여오는 카메라 때문에 지치고 말았다. 발걸음이 느려질 때쯤 저 멀리서 통신사가 이정표로 삼은 5층탑이 모습을 드러냈다. 그 위용이 어찌나 굉장한지 제술관 신유한은 동사를 궁궐로 착각할 정도였다.

우리는 정문에서 조금 떨어진 쪽문으로 들어갔다. 흰색 담장이 쭉 뻗어 있어 광대한 사찰임을 직감했다. 입장료는 800엔이었다. 더위에 지쳐 시원한 커피를 사 마셨다. 외국인들도 아이스크림을 손에 들고 있었다. 정신을 차리고 보니 정원이 참으로 아름다웠다. 예부터 일본인들은 정원을 가꾸는 일에 흐트러짐 없는 자세와 정신으로 임했다. 동사의 아름답게 단정된 정원과 못 역시 한 폭의 그림 같았다. 정원 한쪽에 유독 눈에 띄는 벚나무가 있었다. 분홍색 꽃

잎이 겹쳐서 피는 벚나무였는데, 시다레자쿠라枝垂れ櫻라고 해서 가지가 축 늘어지는 종이었다. 가까이 가보니 '불이야'不二夜라고 쓰인 이름표가 달려 있었다. 동사를 창건한 헤이안시대의 승려 홍법대사弘法大師 구카이空海, 774~835가 설법한 '불이不二의 가르침, 즉 둘도 없는 귀중한 가르침'에서 따온 이름이란다. 구카이는 당나라에 들어가 구법 활동을 했고 일본에 밀교密敎를 전파했다.

동사의 본당은 금당金堂으로 불리며 국보다. 한국의 대형 사찰을 훨씬 능가하는 규모였다. 2층처럼 보였는데 자세히 보니 처마를 두른 1층 건물이었다. 병든 사람을 치료해주는 약사여래상을 모셔놓았다.

5층탑은 위압감을 줄 정도로 장려壯麗했다. 통신사가 공중에 솟아 있는 것 같다고 기록할 만했다. 현재도 교토의 상징 중 하나다. 낙뢰로 네 번이나 소실되었으나 1644년에 높이 55미터의 목조탑으로 다시 태어났다. 탑 안은 극채색으로 장식한 밀교 사당이었다. 구카이가 당나라에서 가지고 온 불사리를 모셔놓았다. 사방의 기둥에는 만다라를, 벽면에는 진언종 여덟 명의 조사祖師를 그려 넣었다. 그곳에서 삼장법사와 구카이를 대했다.

여행 중간중간 일본에 관한 재미있는 이야기를 들려준 이도희가 구카이에 관한 일화를 들려주었다.

이도희 일본에는 "구카이는 붓을 가리지 않으나, 구카이도 붓을 들어 실수할 때가 있다"라는 고사가 있어.

서인범 명필은 붓을 가리지 않으나 실수할 때가 있다는 뜻이구먼. 우리

5층탑의 전경. 위압감을 줄 정도로 장려한 모습에 몇몇은 공중에 솟아 있는 것 같다고 기록했다. 낙뢰로 네 번이나 소실되었으나 17세기에 다시 지었다.

나라 속담으로 치자면 "원숭이도 나무에서 떨어질 때가 있다" "장인은 도구를 탓하지 않는다" 정도가 되겠어.

고사에서 언급될 정도로 구카이는 일본의 3대 명필 중 한 명으로 손꼽힌다. 한번은 구카이가 '응'應 자를 쓰는데, 맨 위의 점을 잊었다. 그러자 붓을 던져 점을 찍었다. 고치는 방법도 일반인과는 차원이 달랐다.

사실 이 고사는 당나라 때 서도의 달인 우세남虞世南, 558~638, 저수량褚遂良, 597~658, 구양순歐陽詢, 557~641의 일화를 차용한 것이다. 저수량은 붓을 가렸지만, 구양순은 그렇지 않았다는 것이다. 붓이나 종이보다 더 중요한 것은 글을 쓰는 사람의 마음이 아닐까?

통신사의 자취를 찾아 떠난 사찰 순례

통신사는 동사에서 10리 정도 떨어진 본국사에 묵었다. 본국사는 일련종日蓮宗의 대본산으로 원래 로쿠조호리천六条堀川 근처에 있었다는데 이는 서본원사의 북쪽이다. 지금은 야마나시구山科区에 있다. 미토번의 제2대 번주인 도쿠가와 미쓰쿠니德川光国, 1628~1701가 생모의 명복을 빌기 위해 자신의 이름에서 '국'国 자를 따 본국사로 칭했다. 1788년의 대화재로 대부분 소실되었다.

자료를 보면 당시 사찰이 얼마나 으리으리했는지 알 수 있다. 어찌나 넓은지 1만 명을 수용했다고 한다. 불상을 모신 전각은 굉장히 화려했으며 목각木閣은 푸른 비취색으로 칠했단다. 5층 높이의

▲**서본원사의 카라몬.**

▼**서본원사의 본당**. 붉은색, 녹색, 흰색의 휘장이 눈에 띄었다.

누대樓臺에서 교토를 내려다보면 기름진 들이 1,000리나 뻗어 있었다는데, 탄성을 지르지 않는 이가 없었으리라.

동사를 나와 로쿠조호리천을 따라 걸으며 서본원사로 향했다. 3층짜리 본당 앞에 수령을 짐작할 수 없는 거대한 단풍나무 두 그루가 그늘을 넓게 드리우고 있었다. 아미타불을 모신 본당은 붉은색, 녹색, 흰색의 휘장을 둘렀다. 정문 역할을 하는 카라몬唐門도 금빛 찬란했다. 맞은편에 동본원사東本願寺, 현재의 아사쿠사데라가 있었으나 지나쳤다.

버스를 타고 북구北区 자야대덕사정紫野大德寺町의 대덕사로 향했다. 대로에서 100미터 떨어진 곳에 있었다. 임제종의 총본산으로 유수의 선종 사찰이다. 부지가 대단히 넓었는데, 본전에 이르는 길가로 소나무를 심었다. 고즈넉한 사찰이었다. 산문은 2층짜리 붉은색 건물로 금모각金毛閣이라고 적힌 편액이 걸려 있었다. 산하에 사찰 두 개, 원院 21개를 두었다. 마치 점포가 들어선 백화점 같았다. 각 원의 정원에 붉은 철쭉이 활짝 피었다. 그중 서봉원瑞峯院은 전국시대의 다이묘이자 그리스도교 다이묘로 유명했던 오토모 소린大友宗麟, 1530~87, 즉 오토모 요시시게大友義鎮의 보리사菩提寺였다. 오다 노부나가織田信長, 1534~82의 묘소도 있었으나 문이 굳게 닫혀 있었다.

통신사는 대덕사나 그 부속 사찰인 천서사에 짐을 풀었다. 천서사에는 삼사와 상관이, 총견원總見院에는 첨지와 중관 등이, 진주원珍珠院과 덕선사德善寺에는 하하관이 머물렀다. 흥림암興臨庵에는 쓰시마번주가, 사찰 앞마을에는 쓰시마번의 병사가 묵었다. 교토의

▲**대덕사**. 부지가 굉장히 넓었는데 소나무와 철쭉으로 꾸며 고즈넉한 분위기였다.
▼**서봉원**. 대덕사는 산하에 원 21개를 두었는데, 그중 하나가 그리스도교 다이묘로 유명한 소린의 보리사였다. 노부나가의 묘소도 있었으나 보지 못했다.

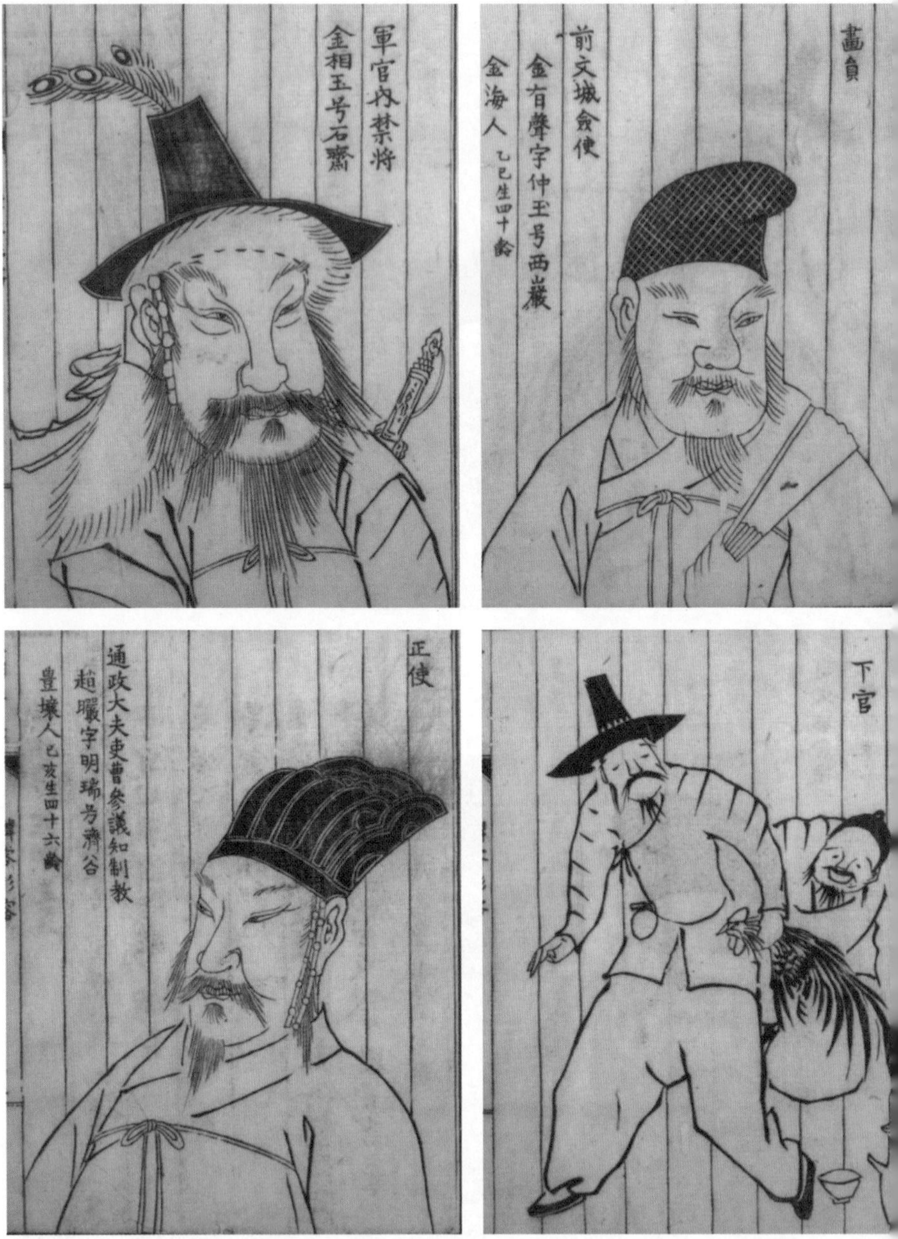

『한객인상필화』(韓客人相筆話)에 실린 통신사. 니야마 다이호(新山退甫, 1723~75)가 교토에서 만난 통신사의 초상을 그리고 나눈 대화를 엮은 책이다. 왼쪽부터 군관 김상옥(金相玉, 1727~?), 화원 김유성, 정사 조엄, 하관이다.

치안을 담당한 쇼시다이가 축국蹴鞠과 원숭이 묘기 등을 펼치며 통신사의 피로를 풀어주었다.

통신사는 사찰에 머무는 동안 주지들에게 감사의 표시로 종이, 붓, 돗자리 등의 물품을 선물했다. 인정물품을 받은 주지들은 쌀과 밤 등을 답례로 내놓았다.

대덕사를 둘러보았으니 그 부속 사찰인 천서사도 답사하기 위해 근처의 젊은 승려에게 위치를 물었다. 그러자 시큰둥한 투로 그 자취가 사라져 모른다고 하는 것 아닌가. 재차 다른 노승에게도 물었지만 비슷한 답이 돌아왔다. 교토의 승려는 그나마 학식을 갖추고 있을 것으로 생각했는데 오산이었다. 대덕사를 나오니 담장 옆에 통신사가 이곳에 네 번이나 머물렀다는 내용의 안내판이 세워져 있었다. 제일 처음 이곳에 머문 것은 1590년 7월의 일로 정사 황윤길, 부사 김성일 등 300여 명이 대덕사 총견원에 묵었다고 한다. 이후 통신사가 세 번 더 이곳에 숙박했다는데, 이처럼 사찰 근처에 안내판이 있는데도 승려는 모른다고만 했으니 부처의 가르침이 그리도 매정한 것인가? 후에 조사해보니 천서사는 용상사龍翔寺 부근에 있었으나 근세 들어 대덕사에 합병되었다고 한다.

앞에서 서술한 야나가와 잇켄이 수습된 이후 교토 오산, 즉 교토에 있는 임제종 사찰인 천룡사天龍寺, 상국사相国寺, 건인사建仁寺, 동복사, 만수사万壽寺의 장로가 윤번으로 쓰시마번의 이정암에 파견되어 조선과의 외교업무를 담당했다. 이 중의 한 사찰인 상국사를 찾아 상경구上京区로 이동했다. 절은 동지사대학同志社大學 근처에 있었다. 이곳도 규모가 엄청났다. 그 크기가 교토에서 두 번째였는데, 오

상국사. 교토에서 두 번째로 큰 사찰이다. 이곳의 장로가 다른 사찰의 장로와 윤번으로 돌아가며 쓰시마번의 이정암에 파견되어 조선과의 외교업무를 담당했다.

산 문학의 중심지였다. 절 안에 대명사大明寺 등 사찰 두 개와 원 10개가 있고, 그 외에도 관광명소로 유명한 금각사와 은각사 등 사찰 세 개를 관할하고 있었다.

상국사 옆문으로 들어가 별원인 서춘원瑞春院을 지났다. '기러기의 사찰'이라고 쓰인 팻말이 붙어 있었다. 서춘원은 승려의 타락을 그린 소설의 무대로 유명한 곳인데, 승려가 애인을 두었다는 줄거리 때문에 불교계가 맹비난을 퍼부운 일이 있었다. 길을 따라 계속 걸어 들어가니 적송赤松이 나오고 그 옆으로 본당이 보였다. 거대한 2층짜리 건물이었다. 특이한 양식으로 꾸민 부분이 있어 호기심에 자세히 살펴보니 욕실이었다. 정문은 황궁인 어소御所와 연결되었다.

본능사. 일본인치고 본능사를 모르는 사람은 없다. 유명한 본능사의 변이 일어난 곳이기 때문이다. 이때 사찰이 불타버려 16세기에 히데요시의 명으로 지금 자리에 다시 지었다. 이때 지은 사찰 역시 큰불에 훼손되었으나 근세 들어 재건했다.

다음으로 중경구中京区 하본능사전정下本能寺前町에 있는 본능사를 답사했다. 입구에 '대본산본능사'大本山本能寺라고 새겨진 비석과 '증정일위직전식장공어묘소'贈正一位織田信長公御廟所라고 새겨진 비석이 세워져 있었다. 묘소는 본당 남쪽에 있었다.

통신사 중에는 정사 홍치중이 본능사에 묵었는데, 본래 호리카와시죠堀川四条 부근에 있었다. 일본인 치고 본능사를 모르는 이가 없는데, '본능사의 변變' 때문이다. 교토에 올 때 늘 이곳에서 묵던 노부나가는 1582년 5월 이에야스를 초청해 향응을 베풀었다. 전승을 축하하는 자리였다. 이를 주재한 이는 노부나가가 매우 신뢰한 명문가 출신 관료 아케치 미쓰히데明知光秀, 1528~82였다. 그런데 이에야스와의 유대를 두터이 하고 자신의 위광을 내세우려 한 노부나가의 의도는 미쓰히데의 어이없는 실수로 물거품이 되었다. 5월의 초여름 날씨 때문에 향응에 내놓은 생선요리가 그만 상해 역한 냄새를 풍긴 것이다. 노부나가는 자신의 체면이 손상되었다고 격노하면서 미쓰히데를 발로 걷어차고 해임해버렸다. 이 일로 깊은 배신감을 느낀 미쓰히데는 주인을 배신한다. 6월 2일 이른바 본능사의 변을 일으킨 것이다. 이 사건으로 사찰이 불탔다. 이후 1591년 히데요시의 명으로 사찰을 현재의 자리에 다시 지었다. 이후에도 불이 크게 나 소실되었으나 근세 들어 재건했다.

옛 벗을 만나다

교토 국립박물관에 들러 책 파는 곳을 구경하고 도호쿠대학東北大學에서 함께 공부한 가토加藤를 만나러 금강원金剛院으로 향했다. 버스를 탔는데, 졸음이 밀려와 세상모르게 곯아떨어졌다. 금강원 입구에 내려 얼마나 기다렸을까. 추억 속에만 남아 있던 반가운 목소리가 들려 쳐다보니 가토였다. 거의 30년 만의 해후였다. 차분하고 상냥했던 가토. 그가 주지로 있는 금강원은 통신사가 머물던 천룡사와 가까운 곳에 있었다. 여러모로 다시 만날 인연이었다. 그가 몸소 녹차를 끓여 냈다. 못 다한 얘기를 나눴다.

서인범 오랜만에 옛 벗을 만나니 너무나 기쁩니다. 건강한 모습을 볼 수 있어 마음이 놓여요. 주지가 되었다는 얘기는 예전에 들었습니다.

그래, 결혼은 안 했나요?

가토 저도 굉장히 반갑습니다. 답사경로에 마침 제가 있는 금강원이 있다니, 참 깊은 인연인가 봅니다. 결혼은 돈이 없어 하지 못했어요.

서인범 그렇군요. 일본의 주지는 돈이 많다고 들었는데, 아닌가 봐요?

가토 금강원은 묘지가 없어 수입이 적어요. 대학 졸업 후 부친이 돌아가시면서 출가를 결심했죠. 이후 3년간 수행한 끝에 스님이 되었는데 따로 수입이 없어 어렵게 생활했지요. 다른 사찰에 일이 있으면 가서 돕는 것으로 생활비를 벌어요.

서인범 그런 일이 있었군요. 수행의 연속이셨겠습니다 그려. 그런데 참! 물어볼 게 있어요. 원院이 있는 사찰이 있던데, 원은 무엇인가요? 금강원도 '사'寺가 아니라 '원'이잖아요.

가토 사찰에서 수행하던 승려들이 갈 곳이 없으면 일종의 집처럼 원을 하나씩 주지요. 아파트의 동과 비슷한 개념으로 보면 됩니다.

다른 승려들과 달리 가토의 얼굴에는 선승의 용맹함이 배어 있었다. 가녀리고 여린 체격에 모친을 공양하며 살아가는 모습이 조금은 애처로웠다. 차로 교토역까지 바래다준다는 것을 만류하고 다음에 다시 만나자 약속하고는 금강원을 나섰다.

교토 지도에는 사찰이 무수히 많이 표시되어 있다. 웅장하고 화려한 사찰을 지을 재정을 과연 어디에서 충당했을까?

이도희 사찰을 방문하는 이 엄청난 수의 관광객 좀 보라지. 조상 잘 둬서 후손이 돈을 벌어.

서인범 사찰을 지을 당시 백성은 고통받았을 텐데 말이야. 역사의 역설이야.

통신사는 교토에 체류하며 풍광이 뛰어나기로 유명한 동복사, 삼십삼간당三十三間堂, 청수사清水寺 등을 둘러보았다. 그러면서 백성을 사역시켰다고 혀를 찼다. 재력을 오로지 절에만 쏟는다고 비판했다. 하지만 세월이 흘러 관광객을 불러 모으는 명소가 될 줄이야 짐작이나 했겠는가?

28 니조성에서 조선 호랑이를 만나다[26]

상상으로 그린 호랑이와 표범

중요한 사찰들을 모두 둘러봤으니 다음으로 성을 보기로 했다. 바로 니조성이다. 교토를 대표하는 문화재 중 하나로 유네스코 세계유산에 등록되었다. 원리궁이조성元離宮二条城으로도 불린다. 세키가하라전투에서 승리한 이에야스가 교토에 체재하기 위해 제1대 장군에 오른 1603년 축조하기 시작해 3년 만에 완공했다. 이후 1624~26년에 제3대 장군 이에미쓰가 천황을 맞이할 목적으로 후시미성의 자재를 가져다가 개축했다. 1750년에는 낙뢰로 천수각이 불탔다. 제10대 장군 이에하루가 다스리던 천명天明 8년1788에 교토를 태운 대화재로 혼마루, 망루 등이 불탔다. 소실된 대부분 건물은 막부 말까지 수축되지 못했다. 이에야스가 장군으로 취임한 곳이자 대정봉환大政奉還, 즉 제15대 장군 요시노부가 정권을 메이지 천황에게 반납한 곳이기도 하다. 근대에는 교토부京都府의 부청府廳이나 황실의 이궁離宮으로 사용되었다.

나카오 교수에 따르면 통신사는 이곳에 들르지 않았다고 한다. 1636년 이후 통신사는 본국사에서 숙박했기 때문에 호리카와시죠의 북쪽으로 올라올 일이 없었다는 것이다.

그래도 니조성 답사에 심혈을 기울였다. 통신사는 에도성에서 장군을 알현했다. 하지만 현재 에도성은 천황이 사는 황거皇居이기 때문에 일반인의 출입이 불가능하다. 따라서 통신사가 장군을 어디서 어떻게 만났는지 알려면 니조성의 공간 배치 등을 참고하는 수밖에 없다.

매표소에서 입장권을 사는데 한 선생이 학생들에게 성의 구조를 차근차근 설명하고 있었다. 우리도 다시 학생인 된 것처럼 선생을 따라다녔다. 당연히 설명의 시작은 카라몬이었다. 지붕을 활 모양의 곡선으로 꾸미고 천황가의 상징인 국화와 학, 용, 호랑이 등의 동물을 조각해놓았다. 금칠은 눈이 부실 정도였다. 카라몬을 지나 니노마루어전二の丸御殿에 들어가기 위해 신발을 벗었다. 장군이 거처하는 저택, 무기나 병량兵糧 창고 등으로 구성되어 있었다. 그중 제일 먼저 토사무라이遠侍라고 적힌 방이 나왔다. 금빛 벽화가 그려져 있어 현란했다. 벽화는 모사품으로 원본은 따로 보관하고 있었다. 에도시대 초기의 화가 가노 단유狩野探幽, 1602~74가 이끄는 가노파絵師 화가들이 그렸다고 한다. 현재 니노마루어전에는 3,600면의 벽화가 보존되어 있다. 그중 1,016면이 1982년에 중요문화재로 지정되었다. 400년간 습기와 열에 무방비로 노출되어 있었기 때문에 색이 벗겨지고 균열이 생겨 상태가 좋지 않았다고 한다. 이에 1972년부터 모사품을 만들어 어전의 원화와 교체했다. 원화를 항구적으

니조성의 카라몬. 세키가하라전투의 승자 이에야스가 머물기 위해 축조한 성답게 카라몬부터 굉장히 화려했다. 금칠에 눈이 부셨다.

로 보존해 후세 사람들도 벽화를 감상할 수 있도록 하려는 원대한 계획이었다. 문화재를 소중하게 보존하고 관리하는 태도가 엿보였다.

토사무라이는 총 네 개의 방으로 나뉜다. 칙사의 방은 조정의 사자가, 그 외 다른 세 개의 방은 각지의 다이묘가 대기하는 방이다. 호랑이의 방이라고도 불린다. 벽화를 보면 대나무숲에서 호랑이와 표범이 물을 마시고 있다. 일본인들은 이 두 짐승을 본 적 없기 때문에 상상만으로 그렸다. 그래서일까? 어딘지 모르게 상당히 어색했다. 호랑이는 입을 크게 벌리고 포효하고 있었지만 전혀 당당해 보이지 않았다. 표범은 호랑이의 암컷이라고 생각했기 때문에 더 어색했다. 일본인들이 사무라이의 저택이나 성곽의 입구 가까운 곳에 호랑이를 많이 그린 이유는 조선인들에게 영향받았기 때문이다. 즉 호랑이가 조선에서 영험한 짐승으로 불린다는 사실을 알고 일종의 수호동물로서 그린 것이다.

천하의 히데요시도 오사카성에 큰 우리를 만들어 호랑이를 키웠다고 한다. 그는 시마즈번島津藩에 호랑이를 잡아 호피는 시마즈번이 갖고, 머리, 내장, 살코기는 자신에게 보내라고 명했다. 호랑이 고기를 먹고 장생하려고 했던 것이다. 호랑이 하면 떠오르는 인물로 기요마사를 빼놓을 수 없다. 그는 호랑이잡이로 명성을 떨쳤다. 조선은 기요마사를 흉적凶賊이라고 비난했다.

조선은 통신사를 파견할 때마다 매는 물론 호피, 표피彪皮를 예물로 보냈다. 장군과 장군의 아들, 노중 등에게 예물이나 선물로 주었다. 숙종 때는 일본이 산 호랑이를 요구해왔다. 만약 어렵다면 뼈 전부를 갖춘 죽은 호랑이를 보내달라고 했다. 그 정도로 일본인들은 호랑이를 좋아했다.

노중 듣자하니 호랑이는 사나운 어금니와 갈퀴 같은 발톱으로 사람을 잡아먹곤 한다지요. 한번 포효하면 산골이 찢어지는 듯하다는데, 정말인가요? 오획烏獲과 맹분孟賁 같은 용사도 감히 호랑이를 대적할 수 없다고 하던데요. 그런데 조선에서는 가죽을 얻기 위해 호랑이와 표범을 많이 잡는다는데, 어떻게 포획합니까?

신유한 노중의 말씀대로 호랑이는 사나운 맹수입니다. 조선인이 호랑이를 잘 잡기로 유명하지만 굉장히 위험한 일이란 걸 잘 알기에 만전을 기하지요. 저희는 함정 또는 조총과 화살로 잡습니다. 서북 변방의 용사들은 철갑鐵匣을 팔에 두르고 손으로 내리쳐서 잡는 경우도 많다고 들었습니다.

오획과 맹분은 진秦나라 무왕武王의 호위무사다. 1,000근을 들어 올린 힘센 장사 오획과 살아 있는 소의 뿔을 뽑은 맹분조차 호랑이의 맹위를 감당하기 쉽지 않을 거라는 일본인들 앞에서 제술관 신유한은 한껏 허세를 부렸다. 일본인들은 호랑이 실물을 본 적 없기에 호기심 가득한 얼굴로 신유한의 말에 연신 고개만 끄덕일 따름이었다. 신유한이 일본에 갔을 때가 18세기 초인데도 일본인들은 호랑이를 잘 알지 못했다.

방을 꾸민 아름다운 벽화들

토사무라이를 지나면 시키다이式台, 즉 노중의 방이 나온다. 노중은 막부의 최고직으로, 지금으로 치면 비서실장이라 할 수 있다. 다이묘들은 장군을 알현하기 전에 먼저 노중과 인사를 나누었다. 장군에게 바치는 선물도 이 방에서 전달했다. 방의 벽면은 장수의 상징인 소나무와 버드나무, 기러기와 백로로 장식했다. 천장은 단순하고 수수하게 나무로 꾸몄다.

시키다이를 나오면 드디어 장군과 다이묘가 대면하는 방인 오히로바大広間가 나온다. 토사무라이처럼 네 개의 방으로 나뉜다. 장군이 정좌하는 자리와 다이묘들이 참열하는 방은 단차를 두어 장군의 권위를 은연중에 나타냈다. 장군의 방 벽면에는 소나무를, 다이묘들이 정렬해 있는 방 벽면에는 소나무와 공작을 그려 넣었다. 다이묘들이 있는 곳 뒤쪽으로 또 방이 있는데, 벽면에 소나무, 공작, 매, 독수리를 그렸다. 장군의 방에 그려진 소나무가 특히 화려했는데 몇백 년이나 되었을 성싶은 거대한 소나무를 그리고 금박으로 장식했다. 소나무는 길상吉祥을 의미하는데, 특히 큰 나무는 장군을 상징했다. 소나무에 앉은 매가 금세라도 날아오를 듯했다. 장군을 알현하는 다이묘들의 정신이 꽤나 혼란스러웠으리라. 매사냥을 좋아하는 이에야스가 자신의 무용을 드러내고자 이런 그림을 그리도록 명한 듯싶다. 통신사는 많은 경우 매 50~70마리를 장군에게 선물로 증정했다. 장군이 있는 곳 뒤쪽으로도 방을 만들어 만일의 사태를 대비해 칼을 찬 무사들이 숨어 있도록 했다.

오히로바를 지나면 흑서원黑書院이 나온다. 소광간小広間이라고도 불렸다. 이곳도 방이 네 개였다. 장군이 신반 다이묘나 후다이 다이묘를 대면하던 곳이다. 1634년 이에미쓰가 상락上洛, 즉 교토로 들어갈 때 이곳에서 원사院使, 칙사 등 섭정과 대신을 대면하기도 했다. 장군의 방을 남성답게 꾸몄다면 이곳은 온화한 분위기였다. 벽에 벚꽃과 철쭉, 꿩과 산새, 소나무와 국화, 모란과 대나무 등을 그렸다. 춘하추동의 계절이 망라돼 있었다.

이어서 북서쪽으로 좁은 통로를 따라 걸어가면 백서원白書院과 연결된다. 이곳은 장군의 거실이자 침실이다. 장군 외에 심부름하는 자, 정무를 보좌하는 자가 출입했다. 아무래도 잠자는 곳이기 때문에 벽을 묵화墨畫로 장식했다. 중국 절강성 항주杭州의 서호西湖와 산수를 그렸다. 무로마치시대 이후 주인의 높은 교양을 뽐내려고 수

묵화를 그리는 게 유행했다고 한다.

그림 한쪽에 한나라 때의 인물로 찢어지게 가난한데도 학문에 힘써 출세한 주매신朱買臣, ?~기원전 109, 송나라 때의 인물로 매화와 학을 애호한 은일隱逸의 시인 임화정林和靖, 967~1028이 자리를 차지하고 있었다. 그 옆으로 호랑이에 기대 누운 승려와 빗자루를 들고 청소하다가 앉아 졸고 있는 두 제자가 보여 절로 미소 지어졌다. 당나라 때의 승려 풍간豊幹과 그의 제자 한산寒山과 습득習得이었다.

백서원에서 나올 때쯤 학생들과 길을 달리해 헤어졌다. 선생의 설명이 워낙 막힘없었기 때문에 한 학생에게 역사선생이느냐고 물었다. 그러자 자원봉사자로 택시기사라는 답이 돌아왔다. 정신이 번쩍 들었다. 공부에는 끝도 없고 한계도 없다는 생각에 겸허해졌다. 그분에게 고마움을 표하지 못해 아직까지 미안하다.

학생들과 헤어지고 나니 장군의 정원이 나왔다. 일본의 특별명승지로 선정될 정도로 멋지게 꾸민 정원이었다. 정원 한가운데에는 신선이 사는 섬 봉래도蓬萊島가 있었다. 그 아름다움에 카메라를 들지 않을 수 없었다. 어떤 방향으로 사진을 찍든 예술이었다. 눈에 보이는 정원의 풍경을 한 폭의 수채화처럼 화폭에 담고 싶었다. 이 정원 외에도 니조성에는 에도시대, 메이지시대, 쇼와昭和시대의 정원이 모두 다 있다.

그다음으로 혼마루를 보았다. 해자에 놓인 나무다리를 건너 들어갔다. 전시에는 다리를 해자에 빠뜨려 적이 침입하지 못하게 했다고 한다. 혼마루는 성의 중심으로 영주가 거주하는 저택이나 정청政廳, 천수각을 설치했다. 또한 이곳에 쌀을 비축하고 우물을 만들어

니조성의 정원. 특별명승지로 선정될 정도로 멋지게 꾸며놓았다. 정원 한가운데에는 신선이 사는 섬인 봉래도가 있다. 발걸음을 멈추고 감탄하지 않을 수 없었다.

농선전이 벌어져도 능히 버틸 수 있게 준비했다. 이곳에 꾸민 천황의 정원과 쇼와시대의 청류원淸流園은 소박했다.

니조성 답사를 마치고 막 떠나려던 참에 니조성 수장관에서 '희롱하는 호랑이'라는 특별전을 한다는 얘기를 듣고 잽싸게 뛰어갔다. 오히로바에 모사해놓은 호랑이 그림의 원화를 전시 중이었다.

황금칠을 한 그림을 자세히 보고 있자니 왠지 몇 년 전 교토에서 본 게이샤의 얼굴이 떠올랐다. 학술조사를 위해 한밤중에 교토 가모천鴨川 근처를 지날 때였다. 얼굴을 하얗게 분칠한 게이샤와 옷깃이 스쳤다. 앵두처럼 붉고 작은 입술과 근처 카페에서 울려퍼지던 기타와 색소폰소리가 뒤섞여 강렬한 인상으로 남았다. 연거푸 술잔을 들이키는 사람들의 환희와 열락은 또 어찌나 충만하던지. 신유

니조성의 해자 위 나무다리. 전시에는 다리를 해자에 빠뜨려 적의 침입을 방어했다. 이 다리를 건너면 성의 중심인 혼마루가 나온다.

한도 교토에서 1,000만 가지 기이한 체험을 했다고 썼다. 세상에서 일찍이 보던 것이 아니요, 황홀하기가 기화요초琪花瑤草 속에서 백금으로 된 신선의 궁궐을 보는 듯하다고 소회를 털어놓았다.

29 조선인의 한이 서린 이총 26

소금으로 절여도 냄새를 숨기지 못하리라

아침에 일어나 TV를 켜니 기상캐스터가 낭랑한 목소리로 오후 늦게 비가 내린다고 전했다. 좀 특별한 일정을 잡은 터라 평소보다 준비에 더 신경 썼다. 동산구東山区 대불사 근처에 있는 이총耳塚을 찾아가기로 한 것이다. 원래는 비총鼻塚이었으나 에도시대의 유학자 라잔이 코를 자르는 행위는 야만이라고 해 이총이라고 칭했다. 수치스러운 행동이었음을 자인한 것이다.

일본군은 임란 초기부터 코나 귀를 베는 만행을 서슴지 않았다. 1592년 사쓰마薩摩번주 시마즈 이에히사島津家久, 1547~87는 강원도에서 포로로 잡은 명나라 병사 70여 명의 귀와 코를 잘라 조선 침략의 전초기지인 나고야名護屋로 보냈다. 기요마사, 나베시마 나오시게鍋島直茂, 1538~1618 등도 함경도에서 조선 병사 1,300여 명의 귀를 잘라 일본으로 보냈다. 자른 귀의 숫자로 군공을 평가했기 때문이다.

정유재란 때 히데요시는 시게노부에게 전라도를 침공한 후 충청도로 진격하라는 명령을 하달했다. 이때 군공을 확인하는 방편으로 "사람의 귀는 각각 둘이지만 코는 하나다. 코를 베어 소금에 절여 보내라"라고 지시했다. 병사 한 명당 코 세 개씩 할당했다. 그러자 군공에 눈이 먼 병사들이 참혹하게도 일반 백성의 코까지 베었다. 어린아이도 예외는 아니었다. 큰 통에 코 1,000개 정도를 넣고 소금에 절여 교토로 보냈다.

1593년 대불사 서쪽 중문에 무덤을 조영하고 귀와 코가 든 통 15개를 매장했다. 4년 뒤 히데요시의 명령으로 교토 오산의 승려가 공양했다. 이때 묻힌 귀와 코가 적게는 3만 개, 많게는 21만 개로 파악된다. 10만 개 정도를 묻은 것으로 파악한 연구자도 있다.

이를 안 통신사는 통분을 감추지 못했다. 부사 강홍중은 히데요시가 조선인의 귀와 코를 모아 이곳에 묻었는데, 그가 죽은 후에 히데요리가 봉분을 만들고 비석을 세웠다고 기록했다. 어떤 이는 "진주성이 함락된 후에 그 수급首級을 이곳에 묻었다"라며 원통해했다.

피로인 신세였던 강항은 혈육의 참화를 슬퍼하며 제문을 지어 제사를 지냈다.

> 귀와 코는 서쪽에 묻혀 언덕을 이루었고,
> 수시脩蛇는 동쪽에 감추어 있도다.
> 제파帝豝에 소금을 재이니,
> 포어鮑魚가 향기롭지 못하도다.
> 鼻耳西峙 脩蛇東藏

帝羓藏鹽 鮑魚不香

이는 조선 백성의 고통을 은유적으로 읊은 시다. 우선 수사는 중국 고대신화에 나오는 뱀으로, 요堯임금 때 나타나 곡식을 태우고 초목을 없애 백성이 굶어 죽게 한 요괴다. 따라서 수사는 히데요시의 만행을 가리킨다. 제파는 요遼나라의 태종 야율덕광耶律德光, 902~947과 관련된 단어다. 야율덕광이 진晉나라를 멸망시키고 북으로 돌아가는 도중에 병으로 죽자 요나라 사람들이 그의 배를 갈라 소금 두어 말을 채워 썩지 않게 했다. 후진後晉 사람들이 이를 제파라고 불렀다. 포어는 소금에 절인 물고기를 가리킨다. 진시황秦始皇, 기원전 259~기원전 210이 동순東巡에 나섰다가 하북성河北省 사구沙丘에서 죽자 재상 이사李斯가 황제의 죽음을 비밀에 부치려고 포어를 실어 시신이 썩는 냄새를 감추었다. 조선인의 귀와 코를 소금으로 재웠어도 그 냄새까지는 숨기지 못함을 비유한 것이다.

세키가하라전투를 일으킨 범종

대불사는 이름 그대로 대불大佛을 모신 절이다. 1586년 히데요시가 나라시奈良市의 대불사인 동대사東大寺에 필적할 만한 규모로 조영할 것을 명했다. 1595년 완공되었으나 1596년 지진으로 붕괴되었다. 이후 오고쇼로 물러난 이에야스가 히데요리에게 재정을 허비시켜 난을 일으키지 못하게 할 요량으로 중수케 했다. 1614년 공사를 마친 히데요리가 개안공양開眼供養을 하려고 했으나 이에야스가

방광사의 범종. 이에야스는 범종에 새겨진 글귀 '군신풍락 국가안강'을 트집 잡아 히데요리의 개안공양을 연기시켰다. 이 범종이 세키가하라전투의 빌미를 제공했으니, 당시에 누군들 상상이나 했을까.

범종에 새겨진 글귀를 트집 잡아 연기시켰다. 이를 방광사종명方広寺鐘銘 사건이라 하는데, 뒤에서 자세히 설명하겠지만 이 사건은 세키가하라전투의 빌미를 제공한다.

석축을 따라 돌아서 들어가니 사찰이 나왔다. 하지만 우리가 도착했을 때는 본당의 문이 굳게 닫혀 있고 지키는 사람도 없었다. 통신사가 들렀을 때는 북적거렸을 텐데, 그 많은 이는 어디로 갔단 말인가.

통신사는 이곳에서 가장 먼저 대불을 보았다. 통신사가 남긴 기록을 보면 높이가 6장丈, 대략 10미터에 이른다고 한다. 목둘레는 성인 남자의 허리둘레만 하고, 손가락 하나가 팔뚝만 했다고 기록한 걸

보면 그 크기에 적잖이 놀랐던 것 같다. 1596년 지진으로 손상된 후 복구와 손상을 거듭하다가 1667년 아예 새로 만들었다. 1682년 파견된 정사 윤지완부터는 이 불상을 보았을 것이다. 대불이 놓인 대불전은 기둥둘레가 세 아름에 이를 정도로 웅장했다. 층탑層榻과 벽은 금칠해 아름답기가 이루 말로 다 할 수 없었다. 하지만 아무리 아름답더라도 영원할 수는 없다. 대불전은 1798년 낙뢰로 큰불이 나 완전히 소실되었다. 지금은 터만 남아 공원으로 꾸몄다.

대불사는 대불뿐 아니라 거대한 범종으로도 유명하다. 돌로 기반을 놓고 그 위에 목재건물을 세워 종을 보호했다. '군신풍락君臣豐楽 국가안강國家安康'이라는 글귀를 새겼다. 최근 들어 동복사 승려 세이칸淸韓, 1568~1621의 명문銘文으로 밝혀졌다. 세이칸은 기요마사를 수행하며 문서 작성이나 기록을 담당했던 인물이다.

이 범종이 유명한 건 그 크기나 모양 때문이 아니다. 바로 세키가하라전투의 발단이 되었기 때문이다. 이를 방광사종명 사건이라 부른다. 바야흐로 이에야스와 히데요리 사이에서 팽팽한 긴장감이 흐르는 시절이었다. 언제 전쟁이 벌어져도 이상한 상황이 아니었다. 다만 불꽃이 약간 엉뚱한 곳에서 튀었다. 범종의 명문 중 '국가안강'이 문제가 된 것이다. 1614년 대불사를 중수한 히데요리는 같은 해 8월 불전공양과 개안공양을 하기로 예정했다. 그런데 종명鐘銘에 불길한 문자가 들어 있다는 첩보가 슨푸의 이에야스에게 전해졌다. '국가안강'은 원래 국가가 장구히 지속되기를 바란다는 뜻인데, 히데요리는 '이에야스'의 한자명 '가'家와 '강'康을 쪼개어 배치함으로써 이에야스 때문에 국가가 둘로 나뉜다는 의미를 담아 범종에 새겼다는 것이다. 당연히 이에야스는 격노했다. 이처럼 글귀를 교묘히 해석한 이는 막부의 법도를 닦은 남선사南禪寺 주지 곤치인 스덴金地院崇傳, 1569~1633이었다. 히데요리를 토벌하고자 일을 꾸몄다고 한다.

'군신풍락'도 문제가 되었다. 여기에 들어 있는 '신'臣과 '풍'豊을 순서를 바꿔 합치면 사람의 성姓 '풍신'豊臣, 도요토미이 된다. 이러한 해석 때문에 히데요리가 이에야스를 깔본 것인지를 두고 의견이 분분했다. 이때 라잔이 말을 보탰다. 그는 종명의 서문에 새긴 '우복야조신가강공'右僕射源朝臣家康公이라는 글귀를 걸고넘어졌다. 그는 이 글귀가 '야射, 즉 화살로 이에야스를 쏜다'라는 뜻을 숨겼다고 참으로 기발하게 해석했다. 권력자 주변에는 항상 이렇게 아첨하는 부류가 있게 마련이다. 라잔을 '임수재'林秀才라 부르며 그의 재능을 높이 평가하고 막부에 천거했던 스승 세이카는 그에게 불만을 표시했다.

> "학문이라는 것은 명성을 구하고 이익을 생각하며 사욕을 위해 행해서는 안 된다. 만약 자신이 유명해지려고 그것을 이용하려고 한다면 배우지 않는 것이 더 낫다."

세이카는 라잔이 사욕과 명성을 추구한다고 생각한 것 같다. 어쨌든 이 사건이 계기가 되어 두 달 후 이에야스는 히데요리를 공격한다.

나라의 죄

대불사 주차장 옆에 히데요시를 제사 지내는 도요쿠니신사豊国神社가 있어 답사를 이어갔다. 1599년 창건된 이 신사는 히데요시에 대한 일본인들의 애정을 반영하듯 계속 확장되었다. 그 영향으로 대불사는 작아질 수밖에 없었다. 장대하고 금칠로 장식한 카라몬에서부터 그 위세가 느껴졌다. 이 카라몬은 국보로 지정되었다고 한다. 히데요시는 신사 근처 산에 묻혔는데, 산세가 참으로 좋았다. 신사를 창건한 데서도 알 수 있듯이 일본인들은 그를 신으로 받들었다. 그래서인지 풍국대명신豊国大明神이라고 적힌 편액이 걸려 있었다.

신사의 카라몬 근처에서 이총을 찾았다. 돌로 기단을 쌓고 그 위에 흙으로 봉분을 만든 고분 형태의 묘였다. 사리탑과 돌로 친 울타리도 있었다. 봉분에는 풀이 우거졌다. 얼핏 제단 부분에 새겨진 글이 보여 자세히 살펴보려 했으나 가까이 갈 수 없게 막아놔 제대로 읽을 수 없었다.

이총 앞에 히데요리가 비석을 세웠다고 하는데 보이지 않았다. 전해오는 바에 따르면 이렇게 새겨져 있다고 한다.

"너희에게 죄가 있는 것이 아니라, 너희 나라의 운수가 그러한 것이다."

국제정세의 흐름을 제대로 파악하지 못하고 임란과 정유재란을 초래한 선조와 위정자들 때문에 백성은 지옥을 경험했다. 그것도 귀나 코가 잘려져 나간 채로. 이런 생각에 가슴이 시려왔다.

이총. 도요쿠니신사의 카라몬 근처에서 이총을 찾았다. 그 거대한 크기에서 조선의 민초들이 겪었어야 할 고통이 절절히 느껴졌다.

1659년에 간행된 『조선정벌기』朝鮮征伐記에는 “대불전 앞에 무덤을 쌓아 승려들이 공양하며 애도하게 했다. 일본 말대까지 위광이 빛나니 코무덤 또는 귀무덤이라고 이름 짓자 아동들도 그 덕을 칭송했다. 조선인이 일본에 올 때는 나라를 위해 죽은 자들이라고 하며 제문을 짓고 곡하며 제사 지냈다고 한다”라고 기록되어 있다. 승려들이 죽은 자들을 위해 공양을 베푼다며 히데요시가 저지른 잔혹한 전쟁범죄를 미화한 것이다. 이보다 한술 더 뜬 이가 바로 외교문서 작성을 담당한 상국사 주지 세이쇼 조타이西笑承兌, 1548~1608다. 그는 조선멸시관을 조장한 장본인으로 히데요시가 조선을 멸시하지 않고 오히려 자비를 베풀었다고 분식粉飾했다. 즉 히데요시가 귀와 코가 잘린 조선인들을 불쌍히 여겨 오산의 승려 400명에게 수륙재水陸斎를 실시케 해, 적군과 아군의 차별 없이, 절대평등의 자비로운 마음으로 분묘를 만들었다는 것이다. 이처럼 황당한 논리가 또 있을까!

통신사는 이총 때문에 대불사를 잘 방문하려 하지 않았다. 실제로 에도시대에 편찬된 백과사전인 『화한삼재도회』和漢三才図会를 보면 "이총이 원당 대불사에 있다"라고 적혀 있다.

종사관 대불사에서 연회를 연다고 하는데 어떻게 하시겠습니까?

정사 필 대불사에는 이총이 있지 않은가. 조선인의 한이 서린 곳에서 어찌 연회를 즐길 수 있겠는가. 마음이 언짢으니 가지 않을 생각이네.

종사관 맞습니다. 대불사가 히데요시의 원당願堂이라는 말을 들었습니다. 이 적賊은 우리나라 100년의 원수로 의리상 같은 하늘 아래 있을 수 없는데 하물며 어찌 그 절에서 술을 마실 수 있겠습니까! 저도 후의厚意를 사양하려 합니다.

통신사가 반발하자 한번은 호슈가 설득에 나섰다. 대불사는 히데요시가 아니라 이에야스가 중건한 절이라고 말이다. 장군에게 연회를 베풀어 통신사를 위로하라고 명받은 경도윤京都尹, 즉 교토 장관將官도 자신의 집에 소장하고 있던 『일본연대기』日本年代記를 가지고 왔다. 그 책에는 "이에야스가 모년 모월 모일에 대불사를 중건했다"라고 쓰여 있었다. 설득이 계속되자 삼사는 고심 끝에 잠시 들르는 것으로 결정했다. 그래도 정사가 병을 핑계로 끝내 참석하지 않으려 하자 호슈가 버럭 화를 냈다.

호슈 절대 안 됩니다. 정사께서 대불사가 히데요시의 원당이라는 말을 듣고 원수의 절에 들어가지 않겠다고 하실 때는 누가 감탄하지 않겠습니까. 하지만 장군께서 이웃 나라와 우호를 돈독히 하기 위해 연회를 베푸는 예절을 중지하지 말라고 하셨습니다. 그런데 정사께서는 사적史籍에 이에야스의 사찰임을 밝혔는데도 믿지 않고 공식적인 접대를 거절하시려고 합니다. 이는 일본을 낮추어 보는 것이며 약하게 보는 것입니다.

정사 내가 몸이 좀 불편해서 그런 것이네. 이해하게.

결국 정사는 숙소에 머무르고 부사와 종사관만 참가했다고 한다.

왜곡된 역사 인식

1898년 히데요시 서거 300주년을 맞아 이총 주위를 정비하며, 그를 현창顯彰하고 개수사업의 경위를 기록한 '이총수영공양비'耳塚修営供養碑를 세웠다. 그 당시의 유명배우가 돌울타리를 기부했다고 한다. 비석에 적힌 내용을 간단히 정리하면 이렇다.

"이웃하는 적과 전쟁하는 것은 국위를 선양하려는 것이지 그 사람을 미워해 살육하려는 것은 아니다. ……공公, 도요토미가 은혜와 복수를 구분하지 않고, 적과 아군을 차별하지 않고, 자비와 인仁을 쏟아 평등공양을 베푼 것을 기렸다. 그 은혜가 해외에까지 미쳤다. ……공의 마음을 헤아려보니 오늘날 적십자의 뜻을 300년 전에 행했다고 할 수 있다."

조선인의 귀와 코를 벤 폭력적이고 야만적인 행위가 어느새 적십자정신으로 왜곡, 탈바꿈된 것이다. 일본을 대표하는 대학인 도쿄대학과 교토대학 학생 40명이 전국시대를 대표하는 무장을 꼽은 적이 있는데, 히데요시는 노부나가와 이에야스에 이어 3위를 차지했다. 일반인들이 꼽아도 이 순위는 크게 달라지지 않으리라 본다. 명분 없는 침략으로 조선 백성을 도탄에 빠뜨린 히데요시에 대해 일본인이 느끼는 감정과 한국인이 느끼는 감정 사이에는 상당한 괴리가 있다. 이 역사적 간극도 두 나라가 늘 충돌하는 요인 중 하나가 아닐까.

조선에 대한 무시와 멸시는 일본의 국학国學이 발흥하면서부터 본격화되었다. 이러한 역사관은 그 후에 편찬된 역사서나 문학작품에 그대로 반영되어 오늘날에 이른다. 역사 서술을 바로잡자고 요구하는 일부 시민단체도 결성되었지만, 이들의 목소리는 너무나 작다. 바로 이 순간에도 이총의 조선인 원혼들은 억울함을 풀지 못해 필시 구천을 떠돌고 있을 것이다.

대불사를 떠나며 못내 마음이 찝찝해 뒤를 돌아보니 꽤 많은 일본인이 도요쿠니신사에서 두 손을 모은 채 고개 숙여 무엇인가 기원하고 있었다. 그들은 고국으로 돌아가지 못하고 잠들어 있는 원령들의 존재를 알고나 있을까. 귀와 코를 잃고 괴로워하는 조선인의 슬픔과 원한이 층층이 쌓인 이총을 찾는 이는 거의 보이지 않았다. 단지 조화만이 그들이 이곳에 묻혀 있음을 알려줄 뿐이었다. 그 앞에 몇몇 택시기사가 무심히 도시락을 먹으며 손님을 기다리고 있었다.

그나마 위안이 되었던 것은 이총 앞에 의외로 솔직한 내용이 적힌 안내판이 있었다는 점이다.

> "히데요시가 일으킨 이 전쟁은 조선반도 사람들의 끈질긴 저항 때문에 패퇴로 끝났다. 전쟁이 남긴 이 이총은 전란으로 피해를 입은 조선 민중의 수난을 역사의 유훈으로서 오늘에 전하고 있다."

호슈도 이총에 대해 "히데요시가 명분 없는 전쟁을 일으켜 양국의 수많은 인민을 살해했다"라고 통렬하게 비판했다. 그의 외침이 공허한 울림으로 끝나지 않기를 희망한다.

30 선의후리를 고집한 오미하치만의 상인들 27

장군의 길을 걸은 통신사

다음 날에도 비가 내릴 듯 우중충한 날씨가 계속되었다. 맥도날드에서 새우버거와 샐러드를 먹고 이시야마역에서 오미하치만역近江八幡駅으로 가는 열차를 탔다. 좌우로 높다란 산이 이어지다가 어느 순간 평야로 접어들었다. 시원하게 펼쳐진 논에 트랙터가 바쁘게 움직였다. 이미 모를 심은 곳도, 간간이 쇠꼴을 키우는 곳도 보였다. 비와호에서 물을 끌어들여 논에 대고 있었다. 토질이 기름진 지역이었다.

구사쓰草津와 모리야마守山를 지나쳤다. 통신사를 위한 특별한 길인 '조선인가도'朝鮮人街道의 분기점이 있는 노스역野洲駅도 지나쳤다. 모리야마는 통신사가 숙박했던 곳인데 아쉽게도 일정상 답사할 수 없었다. 이곳에서 통신사는 팔번산八幡山의 향상사香常寺, 금대사金臺寺, 전수사專修寺 등지에 머물렀다. 통신사가 남긴 기록을 보면 금대사는 멋지게 꾸민 못과 죽림수석竹林水石의 경치가 글로 형언할 수 없을 정도였다고 한다. 전수사도 매우 아름다웠다고 하는데, 연못에 놓은 괴석怪石 사이사이에 붉게 핀 진달래꽃과 철쭉꽃의 향이 진했다고 기록했다.

풍경에 정신이 팔린 사이 어느새 오미하치만역에 도착했다. 거추장스러운 짐을 무인 물품보관함에 쑤셔 넣었다. 보관함은 이번 답사에서 큰 도움이 되었다. 보관함이 없었다면 짐에 눌려 제대로 답사하지 못했을 것이다. 다만 애용한 만큼 비용부담도 컸다. 보통 소형 보관함은 400엔, 대형 보관함은 600~700엔이었다. 세 사람분의 짐이라 중형 보관함과 대형 보관함을 한 개씩 빌렸는데, 지방으로 갈수록 보관함의 크기가 작아져 총 세 개를 빌려야 했다. 그 비용이 만만치 않았다.

역 앞에서 버스를 타고 10여 분 정도 달려 오미하치만 시립자료관으로 갔다. 버스가 시립자료관 바로 앞까지 가지는 않았기 때문에 근처에서 내려 걸어야 했다. 시가은행滋賀銀行이 이정표 역할을 했다. 옛 에도시대의 풍경이 고스란히 남아 있는 주택가를 거닐다 '조선인가도'를 표시한 비석을 찾았다. 너무나 기뻤다. 이곳에서 부르는 호칭인 '경가도'가 새겨져 있었는데, 앞에서 말한 오사카와 교토를 잇는 경가도와는 다른 길이다. 에도시대에는 큰 가도가 다섯 개 있었다. 에도와 교토를 잇는 도카이도와 나카센도中山道. 에도와 가이국甲斐国, 현재의 야마나시현으로 나카센도가 지난다을 잇는 고슈甲州 가도, 에도와 닛코를 잇는 닛코 가도, 에도와 오슈奥州, 현재의 후쿠시마현福島県, 미야기현, 이와테현岩手県, 아오모리현青森県과 아키타현秋田県의 일부를 잇는 오슈 가도가 그것이다. 그중 나카센도는 에도의 니혼바시日本橋와 교토의

'조선인가도'를 표시한 비석. 에도시대의 풍경을 고스란히 간직한 주택가에서 찾았다. 장군과 통신사만이 이 길을 걸었다.

산조오하시三条大橋를 연결하는데, 통신사가 숙박한 모리야마도 이 길 위에 있다. 모리야마를 지나 계속 걸으면 노스 근처에서 길이 갈라지는데 통신사는 왼쪽 길을 택했다. 비와호 방향으로 난 길이다. 이후 하치만八幡, 아즈치安土를 지나 히코네彦根의 도리이모토鳥居本까지 오면 다시 나카센도를 밟게 된다. 이 길이 조선인가도인 히코네도다. 길이는 대략 41킬로미터다.

'경가도'는 제1대 장군 이에야스가 교토의 천황을 만나러 갈 때 이용해서 붙은 이름이다. 이후 '승리의 길'이자 '경사스러운 길'로 인식되어 대대로 장군이 교토에 들어갈 때 이용했다. 통신사가 장군만이 이용할 수 있는 길을 걸었던 건 굉장한 특혜다. 데지마 상관장이나 류큐 사절이 구사쓰에서 가메야마亀山나 구와나桑名로 난 도카이도를 이용한 것과는 차원이 다르다.

기수의 복식을 한 질그릇인형. 통신사 행렬에서 깃발을 든 사람을 재현한 것이다. 표정이 무섭기도 우습기도 하다.

비석에서 얼마 떨어져 있지 않은 곳에 시립자료관이 있었다. 전통 무사인형, 지역상인들이 사용한 도구, 당시 생활상을 알 수 있는 각종 물품을 전시해놓았다. 정원에는 맷돌이 있었는데 보는 순간 수건을 머리에 두르고 콩을 갈던 어머니의 얼굴이 떠올라 다정하게 느껴졌다. 시립자료관의 직원 마에다 후미오前田文雄 씨가 통신사 관련 사료는 박물관에 있다고 친절하게 일러주었다.

박물관은 시립자료관 바로 맞은편에 있었다. 통신사를 본떠 만든 질그릇인형으로 「조선통신사행렬도」를 재현해놓았다. 정사 윤지완이 방문했을 당시 대접한 밥상도 전시했다. 질그릇인형은 기수旗手의 복식을 참고했다고 하는데 붉은 의복에 부릅뜬 눈과 빳빳한 수염이 무섭기도 우습기도 했다. 안내문이 따로 없었더라면 어떤 인물인지 알아볼 수 없었을 것이다.

'판매자에게 좋고, 구매자에게 좋고, 세상 사람들에게 좋고'

박물관에는 상인의 거리와 관련된 전시품도 있었다. 이 지역에서 활동한 오미상인近江商人은 오사카상인, 미에현三重県의 이세상인伊勢商人과 더불어 일본 3대 상인으로 꼽힌다. 히데요시의 양자 히데쓰구가 오미하치만을 자유롭게 상업할 수 있는 도시로 꾸몄다. 히데요시는 아들을 갖지 못하자 누나의 아들 히데쓰구를 양자로 삼아 관백 자리를 물려주었다. 그런데 얼마 후 아들 히데요리가 태어났다. 겨우 28세 나이의 히데쓰구에게는 비극이었다. 히데요시가 그에게 자결을 명했기 때문이다. 젊은 나이에 비정한 권력의 논리로 유명을 달리했지만 히데쓰구는 살아생전 매우 많은 것을 이루었다. 오미하치만을 마치 현재의 신도시처럼 바둑판 모양으로 반듯하게 조성하고 상업을 활성화시켰다. 이를 위해 우선 독점판매 등 막강한 특권을 지닌 좌상座商을 없앴다. 이어서 라쿠이치라쿠좌楽市楽座 제도를 시행해 세금을 면제해주거나 동업자단체에 가입하지 않아도 장사할 수 있도록 해주었다. 이로써 일본 각지에서 유력한 상인이나 직인이 찾아와 오미하치만은 날로 부흥했다.

상인들의 저택은 신정新町과 영원정永原町에 모여 있었다. 오미상인들이 취급한 품목은 담배, 마포, 사탕, 모기장, 옷, 담배 등 다양했다. 에도시대 중기 영원정에 자리 잡은 상인들을 판매상품에 따라 구분해보면 16종 30호가 넘었다고 한다. 등의 심지, 다다미, 누룩

오미상인들의 저택. 당시에는 집의 길이가 9미터만 되어도 저택이라 했는데 오미상인들의 저택은 작게는 20미터, 크게는 50미터에 달했다. 그들이 얼마나 많은 부를 쌓았는지 짐작할 수 있다.

등을 팔거나 전당포, 술집 등을 운영했다. 이들은 에도의 니혼바시, 교토, 오사카는 물론 영역을 넓혀 베트남과도 교역했다. 당시 일반적으로 길이가 9미터 정도 되는 집을 저택이라 불렀는데, 오미상인의 저택은 길이가 작게는 20미터, 크게는 50미터에 달했다고 하니 그들이 상업으로 얼마나 많은 부를 축적했을지 짐작할 수 있다.

오미상인이 단순히 히데쓰구의 정책만으로 번성한 것은 아니다. 이들에게는 특별한 가훈이 있었다. 바로 '산포요시'三方よし다. '판매자에게 좋고, 구매자에게 좋고, 세상 사람들에게 좋고'라는 뜻이다. 사는 사람과 파는 사람이 모두 만족하고 사회에도 공헌할 수 있는 장사꾼이 되겠다고 선언한 것이다. 실제로 이들은 의義를 먼저 내세우고 그다음으로 이익을 추구했다. 이 신념 때문에 오미상인은 세상 사람들에게 칭송받았다.

박물관에서 가장 가까운 상인의 저택은 담배와 삼베를 팔던 모리 고로베에森五郎兵衛, ?~1703의 저택이었다. 고로베에는 의복과 피륙으로 취급품목을 확장해 부를 쌓았다. 저택의 나무벽을 자세히 보니 불에 그을린 듯했다. 알고 보니 배의 널조각을 재사용한 것이라 한다. 물에 강하고 튼튼해 저택을 만들 때 많이 사용했단다. 중요문화재로 등록된 니시가와 쇼로쿠西川莊六家, 1694~1795의 저택도 둘러보았다. 쇼로쿠는 당시 오미상인을 대표하던 니시카와 리우에몬西川利右衛門, 1590~1646의 아들로, 니시가와가문은 쇼와 시대까지 300년간 활약했다. 모기장과 다다미, 사탕, 부채 등을 팔아 부를 쌓았다.

모기와의 악연

오미하치만에 들른 통신사와 쓰시마번 사절단이 쓴 물품도 이곳 상인들이 조달했다. 식료품, 의류 등의 항목을 입찰하면 번藩이나 마을의 어용상인들이 붙었다. 통신사와 쓰시마번 사절단의 수가 1,500~2,000여 명에 달했으니, 낙찰만 되면 큰돈을 벌었다. 통신사가 모기장을 썼다는 기록이 있는데, 그 모기장도 이들 상인이 판매한 것 아니었을까?

종사관 좋은 아침입니다. 잘 주무셨는지요? 저는 어제 거의 자지 못했습니다.

정사 필 나는 잘 잤다네. 자네는 안색이 별로 좋지 않구먼. 잠을 왜 설쳤는가?

종사관 모기 때문입니다. 일본인이 준 모기장을 쳤는데도, 모기들이 어찌나 맹렬하게 달려들던지 모기장을 뚫고 들어왔습니다. 모기들을 잡느라 잠을 잘 수 없었습니다.

일본은 기온이 습한 탓에 모기가 많다. 일본인들은 통신사가 머무는 객관을 깨끗이 청소해 모기가 최대한 꼬이지 않도록 했다. 부패한 어육魚肉은 즉시 땅에 묻었고 설은雪隱, 즉 분뇨는 약간만 쌓여도 퍼냈다. 하지만 그 무엇으로도 모기의 극성을 막을 수 없었다. 통신사는 입을 모아 일본에서 가장 참기 힘든 것 중 하나가 모기라고 했다. 날이 저물면 모기가 공중에 가득해 창문을 꼭 닫아도 틈으로 들어와 피를 빤다며 진절머리를 쳤다. 어찌나 괴로웠는지 부사 조경은 「모기장」蚊帳이라는 제목의 시까지 지었다.

바다 구석이 축축해 모기가 생겨나서
날 저무니 마른하늘 천둥소리 같아라.
소등에와 합세해 산이라도 등에 질 듯
철기마에 무리로 와 피를 다 말릴 듯
왜인들이 기책으로 이 우환을 막고자
침상에 둘러치면 큰 효험이 있다 하네.
날카로운 주둥이 윙윙대며 어디 갔나?
기운 쇠한 늙은이가 밤새도록 달게 자네
海隅陰瘴產蚊蟲 能作乾雷暮夜中

勢挾牛虻山可負 群欺鐵驥血應空

夷人防患行奇計 楚練圍牀奏大功

利觜營營何處去 終宵甘寢氣衰翁

「모기장」을 읽으며 문뜩 연행사의 길을 따라 걸었을 때가 생각났다. 압록강 너머 단둥시丹東市 근처의 구련성九連城을 지날 때 유독 모기가 많았던 기억이 난다. 연행사도 이곳의 모기가 많고 사나워 왼쪽 뺨을 때리면 오른쪽 뺨에 달라붙는 게 마치 초한楚漢전쟁을 치르는 것 같다고 했다. 통신사의 고통도 크게 다르지 않았을 것이다.

이렇게 크고 튼튼하게 지은 저택이 모기 몇 마리를 막지 못하다니, 웃음을 애써 참으며 서본원사의 별원別院으로 걸어갔다. 예전에는 금태사金台寺로 불렸는데, 히데쓰구가 아즈치성에 있던 것을 이축했다. 이에야스 부자가 교토로 들어갈 때 숙박했다고 한다. 통신사는 금태사에서 점심을 먹었는데, 삼사는 이곳에서, 수행원들은 근처 다른 곳에서 먹거나 쉬었다.

길을 잘못 들어 쪽문으로 들어가려 하니 정문의 종무소宗務所에서 허가를 받아야 한다고 해 어쩔 수 없이 다시 나와 정문을 찾았다. 종무소에 들어가니 사무원 여덟 명이 업무를 보고 있었다. 통신사의 길을 답사 중이라고 하니 반갑게 맞아주었다. 오미하치만시에서 오미상인을 홍보하기 위해 비매품으로 발간한 책을 보여주고 통신사와 관련된 부분을 복사해주었다. 특별히 안채도 보여주고 종사관 이방언의 칠언절구가 쓰여 있는 액자도 촬영하게 해주었다.

다다미가 깔린 안채에서 정원의 경관을 감상할 수 있었다. 석등

서본원사의 별원. 석등과 소나무, 단풍나무가 어울리고, 제비붓꽃이 아름답게 피어 있었다.

과 소나무, 단풍나무가 어울리고, 제비붓꽃이 아름답게 피어 있었다. 촬영을 마치니 어느새 점심이었다. 직원에게 근처의 괜찮은 식당을 소개해달라고 했다. 유명한 소바메밀국수 식당을 알려주었다. 지방문화재로 지정된 식당이라고 하는데, 과연 그 맛이 일품이었다. 값이 아깝지 않았다. 늘 이런 음식만 먹었다면 답사가 전혀 힘들지 않았을 텐데!

31 가문을 지켜낸 천하의 여걸 나오토라 28, 29

통신사의 초상을 보관한 종안사

별원을 나와 오미하치만역으로 되돌아갔다. 버스가 많지 않아 30분 정도 걸었다. 짐을 찾아 히코네시로 이동했다. 역 바로 앞에 호텔을 잡았다.

통신사가 히코네에 도착하면 삼사는 종안사宗安寺에, 중관은 대신사大信寺에, 하관은 명성사明性寺나 연화사蓮花寺에, 통사나 쓰시마번주는 호상 등 민가에 짐을 풀었다. 이정암의 장로는 선조사善照寺, 강국사江国寺, 장송원長松院에 숙박했다. 일본의 자료에 접대를 위해 마련한 집 등의 규모가 상세히 기록되어 있는데, 숙박한 집 126채, 마구간 51개였다고 한다. 종안사는 사찰명을 개칭한 적이 있어 『해행총재』에는 안국사로 기재돼 있다. 옛 이름으로 잘못 적은 것이다.

히코네번주는 종안사의 다다미를 효고상인과 오미상인에게서 사온 것으로 교체하고 화장실, 묘지, 덤불을 깨끗이 청소하라고 지시했다. 종안사가 통신사의 편의를 위해 준비한 병풍, 포장, 집기 등은 극히 화려했다. 식량, 침구, 연등, 다기茶器 등의 조달을 책임진 것은 이이번井伊藩이었다. 비용만도 금 1,331량이나 들었다. 현재의 금액으로 환산하면 6,340만 엔이나 되는 거금이었다. 이이번주는 우라오군蒲生郡 원산촌円山村에서 잡은 메기 20마리, 나가사키에서 산 돼지 15마리를 조달했다. 특별히 소도 준비했다. 세숫대야는 금칠했으며, 중관, 하관도 은수저를 썼다. 생필품이나 식료품도 풍부하게 지급받았다.

종안사는 이에야스가 천하를 통일하고 제1대 장군에 오르도록 도운 무장 이이 마사나오井伊直政, 1561~1602의 부인이 불교에 귀의해 창건한 사찰이다. 이후 대대로 이이가井伊家 여성들의 위패를 받들었다. 이곳에는 통신사의 흔적이 많이 남아 있다. 통신사의 고관으로 추정되는 이의 초상화가 걸려 있을 뿐 아니라 흑문黑門도 보존돼 있다. 흑문은 카라몬의 또 다른 이름으로, 고려문이라고도 불렸다. 통신사가 먹을 돼지나 사슴 등의 육류를 산문으로 들여보낼 수 없어 이 문을 만들었다는 설이 있다.

우리가 찾았을 때 종안사의 주지는 출타 중이었다. 입장료로 200엔을 내고 본당으로 들어갔다. 김상일 교수가 2009년에 방문했을 때는 일본인의 도움을 받아 통신사의 초상화 원본을 볼 수 있었다고 했다. 특별한 경우가 아니면 보여주지 않는다는데, 역시나 벽에 걸려 있는 건 복사본이었다. 그 옆으로 '교린성신'交隣誠信이라고 쓴 붓글씨와 '파옹구우'破甕救友, 즉 항아리를 깨 친구를 구救했다는 고사를 묘사한 그림이 벽면을 장식하고 있었다. 파옹구우 고사는 송나라 재상 사마광司馬光, 1019~86의 이야기인데, 그의 나이 일곱 살에

종안사. 이에야스의 천하통일을 도운 무장 마사나오의 부인이 불교에 귀의해 창건한 사찰이다. 통신사가 머물 때면 신경을 써서 단장했다.

함께 놀던 친구가 항아리에 빠지자 과감히 돌을 던져 항아리를 깨 친구를 구했다는 것이다. 침착한 표정의 사마광과 발만 동동 구르는 어른들 그리고 달려오는 승려들의 모습이 대비되었다.

사찰 한쪽에 세워둔 안내판을 읽으니 본당 옆의 서원書院에 국서를 봉안하고 삼사의 목욕탕과 화장실을 설치했다고 한다. 수행원이 거처하는 방의 배치도도 자세하게 표시해놓았다. 방 한가운데에 남북조시대 제齊나라 사람인 부대사傅大士, 497~569의 인물상이 있었다. 어려운 백성을 구제하고 미륵보살의 하생下生을 기원한 인물이다. 낮에는 품을 팔고 밤에는 아내와 함께 설법해 천하의 명승들이 모여들었다고 한다.

종안사는 부지가 큰 데 비해 건물이 별로 없었다. 1701년 큰불이

부대사의 인물상. 본당에 들어가면 한가운데에 제나라 사람인 부대사의 인물상이 있다. 미륵보살의 하생을 기원한 인물이다.

나 대부분 전소되었다는데, 원래는 사찰 남쪽에 통신사가 체재한 강국선사江国禪寺가 있었다고 한다. 현재는 서리 김의신金義信, 1603~?이 '강국사'라고 쓴 편액을 보관하고 있을 뿐이다.

특명! 가문을 지켜라

다음으로 히코네성을 답사했다. 히코네성은 이이가와 관련되는데, 특히 이이 나오토라井伊直虎, ?~1582의 이야기를 빼놓을 수 없다. 나오토라는 가문의 존폐가 위협받는 절체절명의 상황에서 이이가를 지켜낸 여성으로, 우연히도 통신사의 길을 답사하는 동안 NHK에서 그녀의 이야기를 「여자 성주 나오토라」おんな城主 直虎라는 제목

NHK에서 방영한 「여자 성주 나오토라」 포스터. 나오토라가 가문의 명맥을 지키기 위해 분투한 것은 맞지만 성주라 하기에는 무리가 있다.

의 대하드라마로 각색해 방송 중이었다. 드라마는 그녀를 '성주'로 내세우지만 이는 고증 오류다. 나오토라의 아버지가 이이노야성井伊谷城의 성주인 것과 그녀가 가문의 명맥이 끊어지지 않게 분투한 것은 역사적 사실이지만, 정식으로 성주에 오르지는 못했다.

나오토라가 언제 태어났는지, 어렸을 적 이름이 무엇인지는 여전히 밝혀지지 않았다. 드라마에선 이를 어떻게 표현했을까 궁금해 유심히 보니 오토와おとわ라고 불렀다. 그녀의 부친은 현재의 나고야名古屋 일대에서 벌어진 오케하자마桶狹間전투에서 죽었다. 전국시대의 3대 전투로 꼽히는 이 전투에서 노부나가는 자신을 습격한 이

ⓒWikimedia Commons

히코네성. 나오토라는 나오마사를 새 당주로 삼았다. 나오마사는 이후 이에야스를 극진히 모시는데, 나오마사 사후 그의 아들인 마사즈구가 히코네성을 지을 때 이에야스의 명으로 12명의 다이묘가 축성을 돕는다.

마가와 요시모토今川義元, 1519~60를 무찌르고 천하를 장악하게 된다. 역사적인 전투에서 부친을 여윈 그녀는 평생 결혼하지 않았다. 남자형제도 없었다. 용담사龍潭寺에 출가했다가 환속해 이이 나오토라로 이름을 바꾸고 성주가 되었다.

이이가의 남자들은 전국시대의 여러 전투에서 차례차례 전사하거나 살해당했다. 가문의 명맥이 끊길 위기였다. 그 와중에 등장한 나오토라가 후견인 자격으로 이에야스의 4대 천왕天王 중 한 명인 이이 나오마사井伊直政, 1561~1602를 가르쳐 당주로 세웠다. 이이가를 구해낸 것이다.

나오마사는 후다이 다이묘의 필두筆頭였다. 히코네성을 거점으로 비와호의 동쪽을 지배했다. 본능사의 변이 일어났을 때는 쫓기는 이에야스를 도왔고, 세키가하라전투에서도 혁혁한 군공을 세웠다. 이런 용맹하고 과감한 행동으로 사람들은 그를 '이이의 적귀赤鬼, 붉은 귀신'라 부르며 두려워했다. 나오마사가 병사하자 아들 이이 마사츠구井伊正繼가 부친의 유지를 받들어 히코네성을 짓기 시작했다. 이에야스가 특별히 7국国 12명의 다이묘에게 성의 축조를 도우라고 지시했다.

이에야스가 특별히 챙긴 성이었기 때문일까? 해자가 굉장히 길어 4킬로미터에 달한다. 해자에 걸친 돌다리가 물길과 어우러져 멋졌다. 성벽을 따라 심어진 매화나무의 푸른 잎이 눈에 띄었다. 전체적인 구조와 형태가 멋지게 설계된 성이라는 인상을 받았다. 우리가 갔을 때는 히코네성 축조 410년을 기념하는 축제가 한창이었다. 이이가와 함께 번영한 히코네번에 대한 자부심이 대단해 보였다.

국보로 지정된 천수각을 오르려다가 곧 포기했다. 1인당 입장료가 1,500엔으로, 아무리 히코네성 박물관 견학료가 포함된 가격이라지만 너무 비쌌다.

히코네성에서 나와 이이가 선조의 위패를 모신 보리사인 용담사를 찾았다. 정원이 아름답기로 유명한 명승지다. 하지만 문을 닫을 시간에 도착해서 제대로 보지 못했다. 어슴푸레하게나마 사진을 몇 장 찍는 것으로 만족할 수밖에 없었다. 사찰 입구 왼편에 세키가하라전투의 패장敗將 이시다 미쓰나리石田三成, 1560~1600의 좌상이 있었다. 전쟁에서 패한 자의 처량함이 전해졌다. 용담사를 제대로 보

미쓰나리의 좌상. 미쓰나리는 세키가하라전투의 패장이다. 그래서인지 처량하게 느껴졌다.

지 못한 허탈한 마음에 왠지 동질감을 느꼈다.

나카센도와 히코네도의 분기점에 서서

이로써 히코네 답사를 모두 마치고 호텔에서 제공하는 버스를 이용해 히코네역으로 돌아갔다. 역 벽면에 국보인 「히코네병풍」彦根屛風을 그려놓아 눈길을 끌었다. 제3대 장군 이에미쓰가 다스리던 시대의 대표적인 풍속화로 유곽의 일상을 담았다. 세밀한 묘사가 압권인데, 젊은 사무라이가 검에 기대어 여인들을 희롱하는 모습이 생생했다. 중국의 산천을 묘사한 수묵화 병풍 앞에서 한 여인이 손님과 바둑을 두고 있고, 그 옆에서 승려가 샤미센을 타고 있는 모습도 흥미로웠다.

「**히코네병풍**」. 유곽의 일상을 다룬 풍속화다. 젊은 사무라이가 여인들을 희롱하는 모습이 생생하게 묘사되어 있다.

그림을 넋 놓고 보다가 열차가 오는 소리에 퍼뜩 정신이 들었다. 오미선近江線을 타고 도리이모토역으로 출발했다. 두 량짜리 작은 열차를 탔는데 손님도 우리밖에 없었다. 도리이모토역은 한 정거장만 가면 되기 때문에 눈 깜짝할 새에 도착했다. 역은 썰렁했다. 역사는 허름했고 역무원도 없었다. 완전 시골역이었다. 조선인가도를 찾으려고 해도 물어볼 사람이 없어 난감했다. 국도를 횡단해 마을 안으로 들어가자 비로소 '나카센도'라고 새겨진 비석이 나왔다. 근처에 조선인가도가 있음을 직감하고 따라 걷는데, 노인 30명 정도가 우리 앞으로 다가왔다. 어디를 가느냐고 묻자 나카센도를 완주

하는 중이라고 했다. 2년 안에 완주하기로 목표를 정하고 한 달에 한 번 만나 길을 걷는다는데, 그 열정이 부러웠다. 조선인가도의 위치를 묻자 한 노인이 근처에 있던 우체국을 가리켰다.

우체국으로 가며 주변 주택들을 유심히 살펴보다가 이곳이 도리이모토 숙장이었음을 알아챘다. 실제로 이곳이 와키혼진과 도이야였다고 쓰인 안내판도 있었다. 와키혼진은 두 채였는데 에도에서부터 헤아리면 나카센도의 63번째 숙장이었다. 우비를 만들던 집도 발견했다. 마을 안으로 깊숙이 들어가자 숙장의 카아상かあさん 교류관이 나왔다. 문을 두드렸으나 인기척이 없었다. 대신 숙장 근처 지도가 걸려 있어 카메라로 찍었다. 지도에는 지역특산품을 소개하는

글도 적혀 있었는데, 이 지역은 수박의 명산지라고 했다. 특히 수박을 가공해 만든 수박사탕이 신장에 좋은 것으로 유명하단다. 복통, 설사 등에 잘 듣는 환약도 유명한 모양이었다.

마을을 좀더 탐사했다. 전종사專宗寺를 지나 우체국 근처를 걷다가 이곳이 나카센도와 조선인가도의 분기점임을 알리는 비석을 발견했다. 1817년에 세워진 것으로, 오른쪽이 조선인가도, 왼쪽이 나카센도였다. 히코네에서 온 통신사는 여기서 다시 나카센도를 밟았으리라.

시각과 미각을 모두 만족시켜주는 비와호

답사를 완전히 마무리하고 도요대학으로 돌아와 원고를 작성하던 8월 말에 동 대학 사학과의 이와시타 교수가 호의를 베풀어 히코네시를 재차 방문했다. 호슈의 고향인 다카쓰키정에서 열린 통신사 발표회에 참가하기 위해서였다. 고등학생들이 발표자로 나서 통신사의 역사 등을 설명했는데, 그 수준이 높아 깜짝 놀랐다. 일본의 고등학생들이 통신사에 많은 관심을 보인다는 게 우리나라의 실정과 비교돼 씁쓸하면서도 행운이라는 생각이 들었다.

행운은 또 있었다. 발표회에 참석하러 가는 길에 히코네성을 다시 들러 박물관을 견학한 것이다. 이이가의 다양한 공예품과 고문서를 전시하고 있었다. 이와시타 교수가 직접 유물을 하나하나 자세히 설명해주었다. 지난번에 보지 못한 히코네번주의 거실과 정원도 둘러보았다. 흥미롭게도 번주가 정무를 보는 곳과 부인이 있는

나가하마성. 히데요시의 거성으로 비와호가 한눈에 보인다.

방을 연결하는 통로 사이에 대문이 있었다. 단지 한 사람, 즉 번주만이 부인이 거주하는 내정에 출입할 수 있도록 한 것이다. 일본 전통 가면극인 능악能楽의 무대도 살펴볼 수 있었다.

히코네성뿐 아니라 나가하마시에 있는 히데요시의 거성居城 나가하마성도 방문했다. 이 성의 천수각에 올라 비와호를 조망했다. 오미하치만시에서는 비가 오고 안개가 껴 비와호를 제대로 보지 못했는데, 이번에는 날이 쾌청해 그 아름다운 모습이 한눈에 들어왔다. 비와호는 일본에서 가장 큰 호수다. 시가현 면적의 6분의 1을 차지하고 있다. 비와호의 물이 오사카만까지 흘러 내려간다. 비와호에 접해 사는 백성은 대대로 호수의 물을 끌어들여 농사짓거나 상수도로 이용했다. 현재도 대략 1,400만 명의 사람이 비와호의 물로 생

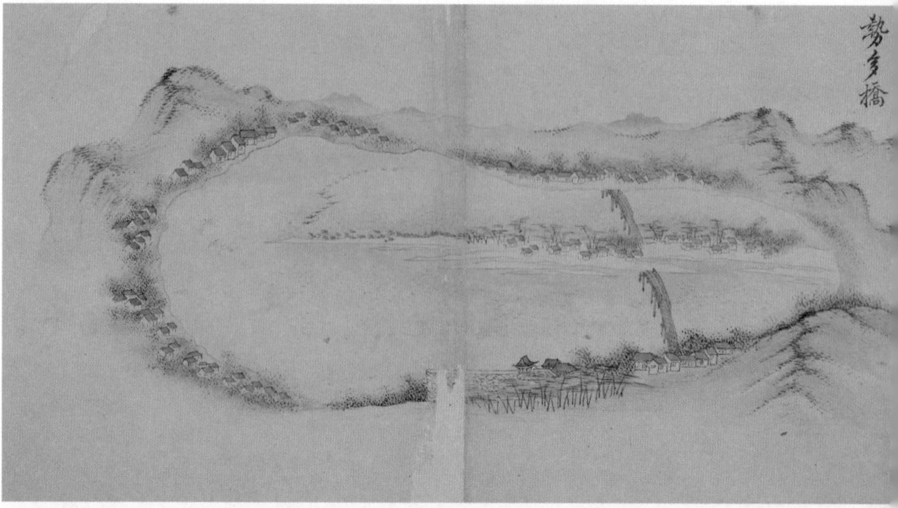

▲**「사로승구도」의 제21폭 '비와호'**. 일본에서 가장 큰 호수다. 통신사도 그 크기와 아름다움에 경탄을 금치 못했다.

▼**비와호**. 처음 답사 때는 안개가 껴 제대로 보지 못했는데, 답사를 마치고 다시 찾았을 때는 날이 맑아 제대로 감상할 수 있었다.

활하고 있다고 한다.

종사관 소문으로만 들은 비와호를 실제로 보니 입이 다물어지지 않습니다. 어쩌나 큰지 바다를 보는 듯해요. 물빛은 거울 같고 호수에 비친 산은 비단 같아서, 사람의 가슴을 시원하게 하고, 눈을 빛나게 하지요.

정사 필 자네 말이 맞네 그려. 제술관 신유한은 비와호의 아름다운 풍경이 부러워 '오랑캐가 이 좋은 강산을 가졌는가?' 하며 탄식했지.

종사관 저도 비슷한 마음입니다. 누각에 올라 비와호를 보고 있자니 조선으로 가져가고 싶은 생각마저 듭니다. 그런데 누각에 현판도 없고 편액도 없으니 의아합니다. 누각 꾸미는 문화가 없는 걸까요?

정사 필 그러게나 말일세. 중국의 누각들에는 묵객들의 시를 쓴 편액이 반드시 걸려 있는데, 이곳의 누각에는 그런 게 없으니 영 허전해.

비와호를 본 통신사는 모두 경탄을 금치 못했다. 노을이 지면 황금빛으로 빛나는 호수 위를 유유히 미끄러지는 오리와 화려하게 칠한 다리가 푸른 산야와 대비를 이뤄 보는 이의 마음을 홀렸다. 통신사는 비와호의 이런 풍경을 중국의 절경지에 빗댔다. 강서성江西省 남창시南昌市의 등왕각滕王閣과 절강성 항주의 서호, 호남성의 동정호의 경치가 모두 비와호에 존재한다며 감탄했다. 이처럼 많은 이가 칭송해 마지않은 비와호이지만 나에게는 매우 큰 호수로만 보였다. 섬을 운행하는 배를 타지 못해 비와호의 참모습을 살피지 못한 탓이리라.

「비파호도」(琵琶湖図). 비와호를 따라 걷는 통신사 행렬의 모습이 잘 그려져 있다.

비와호는 시각視覺뿐 아니라 미각味覺에도 만족감을 주는 호수다. 맛 좋기로 유명한 은어 때문이다. 최근 들어 미식가가 입맛을 다시던 비와호의 은어는 더욱 귀해졌다. 외부에서 유입된 플랑크톤이 갑자기 증식해 많은 물고기가 폐사했기 때문이다. 은어잡이 배에는 어획량이 예전만 못하다는 어민들의 푸념만 가득한 상황이다. 어느 곳이나 외래종이 토종을 몰아내는 생태계 문란현상이 벌어지고 있으니 안타까울 뿐이다.

32 호슈의 고향 다카쓰키정 58

어린 학생들의 통신사 사랑

답사 순서에서 벗어나지만 이와시타 교수와의 여행 이야기를 좀 더 풀어보려 한다. 호슈라는 인물을 찬찬히 살펴볼 수 있었던 귀중한 기회였기 때문이다.

8월 19일 아침 일찍 이와시타 교수와 도쿄역에서 신칸센을 타고 시가현 마이바라역米原駅으로 출발했다. 최종목적지는 다카쓰키역高月駅이었는데, 마이바라역에서 갈아타야 했다. 몇몇 중국 관광객이 짐가방을 끌고 같은 열차를 탔다. 2017년 기준 일본을 방문한 여행객 중 중국인이 560만 명으로 가장 많다는데, 사드 배치 문제로 명동 대신 하라주쿠를 택한 중국인들일까? 이유가 무엇이든, 중국인이든 한국인이든 여름의 일본을 찾은 여행객은 엄청나게 습한 날씨 때문에 고생을 피할 수 없다. 그날도 폭우가 막 그친 터라 습기가 굉장해 짜증이 날 정도였다. 하늘도 우중충했다. 푸른 하늘이 모습을 드러내다가도 금세 먹구름에 가려졌다. 도회지를 벗어난 열차의 창밖으로 보이는 탁 트인 평야가 그나마 마음을 달래주었다. 평야는 고개를 숙인 벼로 가득했다. 처음 길을 나섰을 때는 막 벼를 심고 있었는데, 어느새 무르익은 것이다. 어김없이 시간은 흐르고 절기는 바뀐다.

이와시타 교수가 열차에서 논문 한 편을 보여주었다. 조선은 장군, 노중 등에게 호피와 표피를 증정하거나 사여했는데, 예전에 내가 이를 논문으로 써보겠다고 한 말을 잊지 않고 일본 학자의 논문을 복사해온 것이다. 슬쩍 훑어보니 에도시대에는 호피를 말안장으로 썼다는 내용이 있었다.

논문을 보다 보니 어느새 마이바라역에 도착해 있었다. 여기까지 두 시간 정도 걸렸는데, 다카쓰키역까지는 열차를 갈아타고 20분 정도 더 가야 했다. 다카쓰키역에 도착하니 통신사 발표회 주최 측에서 마중 나와 있었다. 그들이 준비한 승용차를 타고 다카쓰키역 근처의 공민회관으로 가니 100여 석이 거의 다 차 있었다. 일본에서 통신사연구의 제1인자로 꼽히는 나카오 교수와 동아시아의 무역사와 외교사를 연구한 도쿄대학 무라이 쇼스케村井章介 명예교수도 초대받아 자리했다. 통신사 관련 책을 여러 권 출간한 나카오 교수는 기조강연을, 왜구 중에 조선인이 있었다는 주장으로 주목받은 무라이 교수는 사회를 맡았다. 두 교수에게 인사하고 명함을 건넸다. 오전 발표를 마치고 점심으로 도시락을 받았다. 3층짜리 반합이 달린 도시락인데, 반합마다 다양한 요리가 들어 있었다. 알고 보니 이 지역의 명물이었다.

식사 중에 호슈연구회 회장이 도착했다. 80은 족히 넘어 보였다.

나카오 교수(앞줄 왼쪽)와 함께. 나카오 교수는 일본에서 통신사연구의 제1 인자로 꼽히는 학자다. 이런 큰 학자가 고등학생들의 발표를 들으러 온다는 게 존경스러웠다.

발표회가 끝나는 순간까지도 자세를 흩뜨리지 않고 경청했다. 지역의 자랑스러운 인물로 호슈를 선양하는 데 자부심을 느끼고 있다는 사실을 직감할 수 있었다.

발표회의 제1부는 나카오 교수의 기조강연, 제2부는 통신사 관련 지역에서 온 고등학생들의 주제발표, 제3부는 무라이 교수가 사회를 맡은 대담으로 꾸려졌다. 나도 한국의 통신사 연구자로 대담에 참여했다.

나카오 교수의 기조강연은 중립적이고 공정한 시각을 견지했다. 예를 들면 일본의 많은 학자가 히데요시의 '침략'을 '진출'이나 '출병'出兵이라고 표현하는 데 반해, 나카오 교수는 '침략'이라는 용어를 사용했다. 히데요시가 일으킨 전쟁은 무모하고 대단히 포악한 행위였다고 비판했다.

일본의 다른 연구자 중에서는 통신사의 의미를 축소하려는 이도 있었다. 막부의 궁극적인 목표는 중국과의 외교였다며, 의도적으로 조선을 제치고 중국을 전면에 내세우려고 했다. 통신사는 중국과의 연결고리에 불과하다는 인식이었다. 물론 그런 의도가 어느 정도 있었겠지만, 일본으로서는 조선과의 국교회복이 가장 시급하고 중차대한 일이었다는 사실을 잊어서는 안 될 것이다. 이러한 점을 간과하면 역사 인식과 해석이 부정확해진다.

그런 점에서 나카오 교수는 통신사의 의의를 명료하게 제시했다고 본다. 그는 통신사 기록을 유네스코 세계기록유산에 등재하는 것의 역사적 의의를 차근차근 설명했다. 첫째, 국교회복으로 200년간의 평화를 가져왔다. 둘째, 근세 일본과 조선왕조 사이에서 대등한 관계를 구축했다. 이는 류큐, 중국, 네덜란드와의 통상관계와는 차원이 다르다. 셋째, 문화교류가 일반 민중에게까지 영향을 미쳤다. 조선의 유학, 의학, 서화, 한시 등 수많은 유품이 일본에 남아 있다. 조선에도 일본의 정치, 경제, 학술, 풍속, 민중의 지적 수준을 이해하는 기회가 되었다. 넷째, 부산의 왜관에서 쓰시마번과 공사公私 무역을 해 경제적으로 교류했다.

제2부에서는 총 일곱 개 학교의 고등학생들이 발표에 나섰다. 후쿠오카현이 1개교, 야마구치현이 3개교, 히로시마현이 1개교, 오카야마현이 1개교, 시가현이 1개교였다. 세 명에서 다섯 명이 한 조가 되어 사료를 조사하고 발표자료를 만들었다는데, 선생은 마지막 단

계에서야 조언해주는 정도였다고 했다. 그런데도 그 수준이 상당했다. 발표가 끝난 후 학생들에게 물어보니 보통 2주 정도 준비했다는데, 어떤 팀은 주제를 정하고 자료를 조사하는 데 넉 달이나 걸렸단다. 아이노시마에서 통신사의 행적을 다룬 학생들은 나보다도 더 많은 사료를 참고해 배 편성을 정리하고 수많은 예선이 통신사의 배를 끄는 장면을 묘사한 그림도 보여주었다. 청중이 매료될 만했다. 히로시마현의 에이신고등학교盈進高等學校 학생들은 예행연습을 정말 많이 했는지 발표가 수준급이었다. 다른 학교는 발표를 한 명이 전담했지만, 이 학교는 다섯 명 전원이 발표에 참가했다. 어느 학생이 한국어를 공부하는 모습이 담긴 동영상을 보여주는 등 한일 간의 거리를 좁히려고 노력하는 모습도 눈에 띄었다. 발표가 끝나고 나카오 교수가 학생들에게 근거 삼은 자료가 무엇인지 정확히 제시해야 한다고 촌평했는데, 내가 이미 고등학생의 수준을 넘어선 요구라고 반박해 회장에 웃음이 터졌다.

'학문은 사람됨을 배우는 까닭이다'

참가자들과 화기애애한 분위기에서 저녁을 먹고 히코네시로 가 하룻밤 묵었다. 다카쓰키역이 있는 나가하마시에서 숙소를 잡지 못해 어쩔 수 없었다. 젊은이들과 어울린 덕분일까? 다음 날 가볍게 눈이 떠졌다. 바로 준비하고 나와 통신사 발표회에 참가한 고등학생들과 호슈가 태어난 마을을 답사했다. 에도시대의 저택을 그대로 재현해놓았다. 물이 마을 안쪽으로 흘러가도록 설계했는데, 잉어들

▲**방주암**. 호슈를 모신 곳으로 에도시대의 저택을 그대로 재현해놓았다. 거대한 물푸레나무가 인상적이었다.

▼**호슈의 좌상**. 호슈가 남긴 사료들과 연구자들의 저서들이 빼곡히 들어차 있는 진열장이 그의 좌상 주위를 둘러싸고 있었다. 역시 호슈를 모신 곳다웠다.

이 유유히 헤엄치고 거대한 물레방아 두 개가 돌아가고 있었다. 호슈를 모신 방주암芳洲庵 입구에는 흘러간 세월을 말해주는 듯한 거대한 물푸레나무가 그늘을 드리우고 있었다. 입구로 들어가니 호슈의 좌상이 보였다. 그 주위를 그가 남긴 사료들과 연구자들의 저서들로 빼곡한 진열장이 둘러싸고 있었다. 호슈는 상당히 많은 자료를 남겼는데, 통신사의 유네스코 세계기록유산 등재를 위해 한국과 일본이 제출한 기록과 사료 333점 중 호슈와 관련된 게 무려 36점에 달할 정도다.

우리와 동행한 나가하마성 역사박물관의 학예사가 호슈의 학문적 성취뿐 아니라 인격적 위대함도 학생들에게 설명했다. 그는 "학문은 사람됨을 배우는 까닭이다"라는 호슈의 격언을 강조했다. 그래서인지 호슈는 죽을 때까지 공부를 놓지 않았는데, 80세가 되었을 때는 처음으로 일본의 전통적인 정형시 와카和歌를 배우기 시작했다. 이처럼 끊임없이 정진하며 호슈는 한국인, 일본인, 중국인 모두 마시는 술이 다르듯 생각과 처지가 다르기 때문에 서로 이해해야 함을 깨달았다. 자신의 문화가 우월하다고 상대의 문화를 멸시해서는 안 된다는 신념을 품은 것이다.

호슈의 마음을 되새기며 우리는 방주암을 나와 도안사道安寺로 향했다. 500엔을 내고 입장해 국보 십일면관음상十一面觀音像을 관람했다. 삼나무로 조각한 예술작품이었다. 나무를 자유자재로 다루던 일본인들의 재능이 빛났다. 주지는 관음상이 헤이안시대에 만들어졌을 거라고 했는데, 노부나가가 나가시마의 불교도를 제압할 때 화를 피하기 위해 땅속에 묻었다는 얘기를 들려주었다.

33 역사를 바꾼 세키가하라전투 30

길과 길이 연결되는 곳 세키가하라

호슈의 마음을 기억하며 다시 차근차근 통신사의 길을 따라가보자. 도리이모토역 근처에서 조선인가도를 확인한 우리는 다시 열차를 타고 마이바라역으로 갔다. 그곳에서 JR도카이도본선으로 갈아타고 세키가하라역으로 출발했다. 이렇게 또 현縣의 경계를 넘었으니, 도리이모토역과 마이바라역은 시가현, 세키가하라역은 기후현岐阜縣에 있다.

세키가하라역에 도착하니 어느 노인이 기후현의 관광명소가 정리된 팸플릿을 나눠주고 있었다. 일종의 자원봉사 같았는데, 근처 식당도 소개해주었다. 꼭 그 식당에서 먹어보라고 어찌나 채근하던지, 마침 배도 채울 요량으로 노인이 가리킨 식당으로 들어갔다. 들어와 보니 할머니 홀로 운영하는 식당이었다. 할머니는 대뜸 모든 메뉴가 맛있다고 자랑했다. '세키가하라 카레라이스'와 소바를 주문했다. 소바 국물이 입에 딱 맞았다. 식사를 마치고 후식으로 커피

세키가하라전투에 참전한 여러 가문의 깃발. 길가에 여러 깃발이 펄럭이기에 봤더니 세키가하라전투에 참전한 여러 가문의 상징이 그려져 있었다. 일본의 역사를 바꾼 전투인 만큼 주요 가문이 모두 참전했다.

를 주문하려다가 멈칫했다. 한 잔에 자그마치 400엔이나 했다. 멋쩍어 괜히 식당만 둘러보다 한구석에 걸린 한시가 눈에 들어왔다. 김상일 교수가 읽어보고 멋진 시라고 평하자 할머니가 무슨 뜻이냐고 물어 간단히 설명하니 만면에 미소를 띠었다. 그 옆에는 '안회배수지진'顔回背水之陣이라고 적힌 탁본이 결려 있었다. 글귀 옆에는 작게 '청나라 함풍鹹豊 9년1859 산서山西 후보지현候補知県'이라고 적혀 있었는데, 본인의 할아버지가 중국인에게 선물받았다고 했다. '배수지진'이라 쓴 걸 보면 아마도 세키가하라전투와 관련된 내용이 아니었을까 한다.

식당에서 나와 세키가하라정 역사민속자료관을 찾았다. 길가에는 세키가하라전투에 참전했던 여러 가문의 깃발이 펄럭였다. 가는 길에 통신사가 묵었던 관소의 흔적이나 찾아볼까 했지만 지금은 건물이 많이 들어서고 지형 자체가 워낙 바뀌어 쉽지 않았다. 이곳의 관소는 다른 곳에 비해 특이한 점이 있는데, 바로 평지에 들어섰다는 것이다. 보통 관소라면 전략적 요충지, 즉 산처럼 평지보다 높은 곳에 있는 것이 일반적인데 이곳은 전혀 그렇지 않았다. 그 이유가 궁금했는데, 역사민속자료관에 걸린 지형도를 보자 의문이 단번에 풀렸다. 지형도를 유심히 살펴보니 서쪽인 이마스今須에서 세키가하라로 넘어오는 길이 마치 바늘처럼 좁고 길게 나 있었다. 동시에 나카센도가 세키가하라의 정중앙을 지나고 있었는데, 그 주위가 전부 산이었다. 즉 이곳은 교통의 요충지였던 것으로, 실제로 일본 최초의 고속도로인 메이신名神고속도로도 세키가하라 아래쪽으로 지나간다.

누구의 편에 설 것인가

이처럼 길이 통하는 곳이니 역사의 전환기에 큰 전투가 일어날 수밖에 없었으리라. 바로 세키가하라전투다. 1600년 10월 21일 벌어진 세키가하라전투는 히데요시 사후 아슬아슬하게 유지되던 평화가 깨지고 전국의 다이묘가 동군과 서군으로 나뉘어 패권을 잡기 위해 싸운 사건이다. 동군은 이에야스의 지휘 아래 히데이에, 유키나가, 요시히로 등이, 서군은 도요토미가문의 충복 미쓰나리의 지휘 아래 임란에도 참가했던 마사노리, 나오마사 등이 포진했다. 양군 총 15만 명 규모였다. 결과는 동군의 승리로 전투 발발 6시간 만에 승패가 결정되었다. 불꽃이 튀듯 순식간에 끝난 전투라 전쟁사적 의의는 크지 않지만 정치적으로는 매우 중요한데, 이후 일본은 에도시대로 변했기 때문이다.

지형도에는 동군과 서군의 각 다이묘가 어디에 진지를 쌓았는지 표시해놓았다. 양군의 작전을 해설한 안내문도 있었는데, 워낙 짧은 전투였기에 내용이 간단했다. 처음에는 서군이 우세했다. 미쓰나리는 이에야스가 군사를 이끌고 오사카로 출진한다는 첩보를 입수해 세키가하라의 네 산, 즉 사사오산笹尾山, 덴만산天満山, 마쓰오산松尾山, 난구산南宮山에 군사를 배치, 학익진鶴翼陣을 쳤다. 동군을 포위한 형세로 누가 보아도 서군이 유리했다. 군사고문으로 일본에 와 있던 독일의 클레멘스 메켈Klemens Meckel, 1842~1905 소령이 서군의 승리를 장담했을 정도다.

운명의 날이 밝았다. 아침 안개가 어찌나 자욱한지 바로 옆 아군의 모습도 제대로 보이지 않았다 한다. 오전 10시가 되어 안개가 걷히니 미쓰나리가 마쓰오산에 진을 치고 있던 히데아키에게 공격을 명했다. 하지만 일찍부터 이에야스와 내통하고 있던 그는 정세를 관망한다는 핑계로 움직이지 않았다.

사실 정보를 먼저 입수해 압도적으로 유리하게 진을 친 미쓰나리가 승리를 자신한 만큼, 골짜기에 몰려 꼼짝도 못 하던 이에야스 역시 승리를 자신했는데, 서군의 다이묘들이 사이가 매우 안 좋다는 것을 알았기 때문이다.

「세키가하라전투병풍」(**関ケ原合戦屛風**). 가노 사다노부(狩野貞信, 1597~1623)가 그린 것으로 전투의 생동감 넘치는 묘사가 압권이다. 전투 전에는 서군의 승리를 점치는 이들이 많았지만 막상 전투가 벌어지자 서군의 내분으로 동군이 승리했다.

有

이도희 동군이 승리한 데 최고 공로자는 서군의 히데아키일지 몰라. 그가 미쓰나리를 배신하면서 진형이 무너지기 시작했거든.

서인범 그러게 말이야! 내부의 적을 경계하라는 말이 틀리지 않아.

히데아키는 히데요시가 매우 신뢰하던 다이묘였다. 임란 때 참전한 고바야카와 다카카게小早川隆景, 1533~97의 양자이기도 했다. 그런 배경에도 그는 이에야스와 내통, 우유부단함으로 일관하며 전투에 나서지 않았다. 재미있는 것은 히데아키가 미쓰나리의 명령도 따르지 않았지만, 그렇다고 곧바로 동군에 붙어 서군을 공격하지도 않았다는 것이다. 그의 행동이 정말 우유부단함이었는지, 철저히 계산된 배신이었는지는 여전히 논란거리다. 이유가 무엇이든 미쓰나리뿐 아니라 이에야스도 히데아키의 우유부단함을 곧 배신으로 받아들였다. 전선이 교착상태에 빠지자 초조해진 이에야스가 히데아키에게 속았다며 손가락을 물어뜯었다. 궁지에 몰렸을 때 나오는 버릇이었다.

결국 참다 못 한 이에야스가 히데아키 진영에 조총을 쏘도록 명령했다. 이에 놀란 히데아키가 마침내 에치젠번越前藩, 현재의 후쿠이현의 다이묘 오타니 요시쓰구大谷吉繼, 1558~1600를 공격했다. 그러자 서군의 다른 다이묘들도 연쇄적으로 깃발을 돌렸다. 그렇게 대세가 기울어졌다. 저녁 무렵이 되자 서군은 괴멸했다. 미쓰나리는 오사카성으로 도주하던 중에 잡혀 포로가 되었다.

히데아키의 비극적인 최후

배신을 약속하고도 주저한 히데아키. 당시 그의 나이 20세다. 요즘으로 치면 막 대학에 입학하거나 사회에 첫발을 내디뎠을 나이다. 그 어린 나이에 시대의 명운을 좌우할 결정을 내려야 했으니 그 심정이 오죽했으랴. 배신이라는 행위의 꺼림칙함은 물론이고, 전투에 패한 자신의 처지를 상상했을지도 모른다. 잘못되면 셋푸쿠, 즉 스스로 배를 갈라야 하거나 영지를 몰수당할 것이다. 그러니 어느 누가 히데아키의 우유부단함을 비난할 수 있겠는가?

물론 이는 어디까지나 내 역사적 상상이다. 일본사에 관한 깊은 지식이 없어 확정적으로 해석하거나 평가할 처지가 못 된다. 중국사에서 비슷한 상황에 처한 이들의 행동을 대입해보았을 뿐이다.

세키가하라전투 이후 히데아키는 공적을 인정받아 오카야마번주가 되었다. 하지만 하늘의 미움을 샀기 때문일까? 그는 21세의 나이로 급사했다. 사람들은 그가 저주받은 것이라고 입방아를 찌었다. 그에게 공격당한 요시쓰구가 할복 직전에 "히데아키, 너는 인면수심이다. 3년 안에 재앙이 닥칠 것이다"라고 저주해 미쳐서 사망했다는 소문이 돌았다. 실제로는 알코올중독으로 죽었다고 하는데, 어쨌든 그는 후사가 없었기 때문에 대가 끊기고 말았다.

우리는 어떤 사건의 전후를 모두 알고 있기에 역사를 너무 쉽게, 또는 가볍게 평가하는 경향이 있다. 세키가하라전투를 볼 때도 마찬가지다. 서군 패배의 책임을 히데아키에게만 묻는 것은 타당하지 않다. 서군의 다른 다이묘들도 전투에 적극적으로 참여하지 않고 배반의 기회를 엿보았기 때문이다. 다만 그 계기를 만든 것은 히데아키로 이러한 역사적 평가에서 벗어날 수는 없을 것이다. 배신은 비겁한 행위로 세상 사람들의 조롱거리가 되기 쉽지 않은가.

지금까지가 서군 패배에 관한 정설定說이라면 이설異說도 있다. 동군의 숫자가 훨씬 더 많았다는 것이다. 미쓰나리의 못난 인품에서 이유를 찾는 연구도 있다.

이도희 당시 서군을 두고 "서군은 천시天時와 지시地時는 얻었지만, 인시人時를 얻지 못했다"라고 해. 그래서 패했다는 거지.

서인범 천시, 지시, 인시라니, 도대체 그게 무슨 말이야?

이도희 미쓰나리가 너무나 똑똑한 나머지 다른 사람들에게 배척당했다는 거야.

한마디로 인화人和가 패배의 이유라는 얘기다. 미쓰나리는 너무나 똑똑한 나머지 다른 사람들을 인정하지 않았다. 당연히 다른 다이묘들에게 환영받지 못했다. 당시 사람들은 그를 출세를 위해 다른 사람을 위기에 빠뜨리는 옹졸한 야심가로 보았다. 물론 이 점은 승자인 이에야스 측에서 날조한 것일 수도 있다. 패자에게는 박한 평이 따르는 게 역사의 불문가지다. 미쓰나리는 최후에 참수형을 당했다.

서군에는 우리에게 익숙한 인물이 한 명 있기도 하다. 임란, 정유재란 때 유키나가의 선봉대 역할을 한 제1대 쓰시마번주 소 요시토시다. 서군에 가담한 그는 세키가하라전투 이후에도 목숨을 부지했는데, 조선과의 국교회복이라는 난제를 해결하기 위해 그가 필요했기 때문이다. 소 요시토시는 살아남기 위해서 필사적이었다. 부인인 유키나가의 딸과도 이혼했다. 매정한 사람이었다.

통신사가 세키가하라전투가 벌어진 곳을 지나간 이유는 무엇일까? 도쿠가와막부가 권위를 과시하기 위해 그렇게 했다는 설이 있다. 통신사는 이처럼 수많은 인물이 비정하게 스러지고 배신으로 가득한 이야기를 들으면서 무슨 생각을 했을까?

일본인들은 어찌 생각하는지 궁금해 역사민속자료관의 한 노인에게 당시 전투에 참가한 이 중 누가 가장 인기 있느냐고 물었다. 그러자 남녀노소, 사람마다 다르지 않겠느냐며 크게 웃는 것 아닌가! 가히 우문현답이었다.

제4부

내처 걷는 발걸음에 관동을 가로지르다

북
서
동
남
기후현
岐阜県
나가노현
長野県
아이치현
愛知県
시즈오
静岡
31
32
33
34
35
36
37
38
39
40
41
42

제4부 세부 경로

야마나시현
山梨県

제4부는 오가키에서 미시마까지 다룬다.
통신사는 나고야에서부터 도카이도를 따라 걸었다.
태평양에 연해 있는 이 가도에서 통신사는 두 개의 관소를 지나야 했다.
바로 아라이관소와 하코네관소다. 제4부에는 그중 아라이관소가 나오는데,
이곳을 지나면 후지산이 보이기 시작한다.
그 압도적인 크기에 감격하면서도 금강산과 비교하며
자부심을 드러낸 이가 적지 않았으니,
일본에 대한 경쟁심은 예전이나 지금이나 다르지 않다.

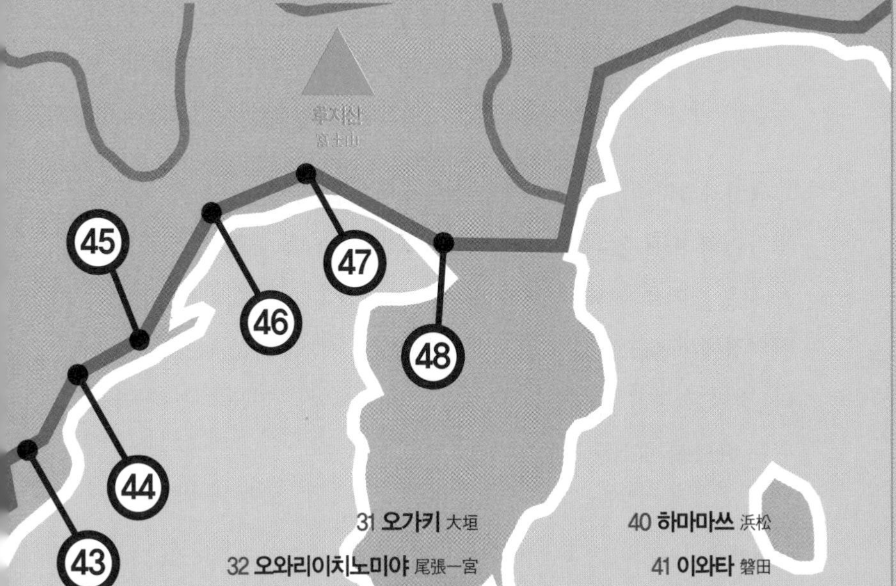

31 **오가키** 大垣
32 **오와리이치노미야** 尾張一宮
33 **나고야** 名古屋
34 **나루미** 鳴海
35 **오카자키** 岡崎
36 **후지카와** 藤川
37 **메이덴아카사카** 名電赤坂
38 **도요하시** 豊橋
39 **벤텐지마** 弁天島, 아라이관소
40 **하마마쓰** 浜松
41 **이와타** 磐田
42 **가케가와** 掛川
43 **가나야** 金谷
44 **후지에다** 藤枝
45 **시즈오카** 静岡
46 **오키쓰** 興津
47 **요시하라** 吉原
48 **미시마** 三島

34 배 300척을 연결한 기소천의 부교 31, 32

물, 물, 물

세키가하라정 역사민속자료관에서 나와 오가키시大垣市로 이동해 오가키역 바로 앞의 르와지르Loisir 호텔에 짐을 풀었다. 르와지르는 프랑스어로 '여가' '한가한 때' '자기만의 시간'이라는 뜻이다. 편의점에서 소고기덮밥 도시락과 한 통에 193엔 하는 김치를 사 왔다. 정말 효과가 있는지는 모르겠으나 도시락을 먹을 때는 건강을 위해 반드시 채소를 곁들였다.

서인범 이번 답사는 좀 특이합니다. 한 번도 식사를 거른 적이 없으니 말입니다. 집에 있을 때보다도 식사를 더 잘 챙겨 먹는 것 같아요.

김상일 맞아요. 이게 다 총무 덕입니다. 매끼를 잘 먹으니 종아리에 힘이 들어가요.

총무를 맡아 돈을 관리한 이도희가 열성적으로 식사를 조달해와 답사 내내 배를 곯지 않았다. 극진히 대접받은 통신사에 비할 수는 없겠지만 밥 한 공기와 국 한 그릇이 있다는 것 자체가 행복이었다. 연행사의 길을 걸을 때는 많이 굶었다. 식당을 찾기도 힘들고 무엇보다 너무 더워 입맛이 없었기 때문이다. 식당에 들어가면 밥은 안 먹고 맥주만 연신 들이킨 적도 많았다. 물론 이번 답사도 덥기는 매한가지였다. 아직 봄이었는데도 28도를 넘나들었다. 30도를 넘을 때도 있었다.

더우면 머물러 쉬는 게 최고다. 통신사도 마찬가지였을 것이다. 마침 오가키시는 '물의 도시'로 불릴 만큼 냇물이 많다. '물의 고향 100선'에 꼽히기도 했다. 옛날에는 집마다 우물이 있었다고 한다. 오랜 여행에 지친 통신사에게는 마치 사막의 오아시스 같은 곳 아니었을까? 통신사는 이곳에서 전창사全昌寺와 화림원花林院, 다니가谷家의 후나도이야船問屋에 머물렀다. 지도를 펼치고 전창사를 찾아 나섰다. 곧바로 큰 냇물인 수문천水門川을 만났다. 어찌나 투명한지 물속의 수초가 물결 따라 하늘거리는 모습이 보였다. 수문천 같은 수로가 곳곳에 거미줄처럼 뻗어 있었다. 물가에는 에도시대부터 오가키에서 구와나까지 오간 배들의 안전을 빌어준 상야등이 세월의 흐름에 굴하지 않고 꿋꿋이 버티고 있었다. 배를 대는 곳에는 높이 8미터의 목조등대를 세워 기름종이로 불을 밝혔다고 한다. 물길 따라 비석을 세워놓기도 했는데, 마쓰오 바쇼松尾芭蕉, 1644~94의 시를 새겨놓았다. 옛날에는 생필품과 석회 등을 실은 배가 물길을 타고 부지런히 드나들었다. 메이지시대에는 연간 1만 척이나 되는 배가 왕래했다고 한다. 여전히 수량은 풍부하고 물살이 빨랐다. 언뜻 작은 배에 몸을 맡기고 유유히 떠내려가고 싶다는 생각이 들었다.

길 곳곳에 붙은 전단지가 다음 날 열리는 축제를 열심히 알리고 있었다. 대대로 오가키하치만신사大垣八幡神社에서 거행한 출정식을 재현하는 게 메인프로그램이었다. 이때 붉은 오니鬼가면을 쓴 사람이 수레를 탄다. 1648년 오가키번주 도다 우지가네戸田氏鐵, 1576~1655가 신사를 재건하자, 성 아랫마을에서 미코시神輿, 즉 신을 모신 가마를 바쳤다. 이후 다른 마을에서도 화려하게 장식한 수레인 단지리를 만들어 끌던 것이 축제의 기원이다. 지금은 하지 않지만 통신사 행렬을 재현하기도 했다.

마침 오가키하치만신사를 지나치게 되어 살펴보니 입구 옆에 '오가키의 용수湧水', 즉 '오가키의 솟구쳐 나오는 물'이라고 쓰인 팻말이 보였다. 정말 물이 땅에서 세차게 솟구쳤다. 지하 127미터에서부터 뿜어져 나오는 물이었다. 많은 사람이 각자 준비해온 용기에 물을 담고 있었다. 우리도 한 모금씩 마셨다. 달고 시원했다.

통신사가 묵은 전창사는 좀처럼 모습을 드러내지 않았다. 오가키시에서 배포한 지도에는 분명히 위치가 표시되어 있었는데, 노인들에게 물어봐도 잘 모르겠다고만 했다. 어쩔 수 없이 지도만 보고 어찌어찌 찾아갔더니 쇠락한 절이 나왔다. 본래 우지가네의 정실이 숙부의 명복을 빌기 위해 아마가사키에 세운 사찰이었으나, 후에 이곳으로 옮겼다고 한다.

사찰 입구에 세워진 석비에 '술 마신 자는 산문에 출입을 금한다'라고 쓰여 있었다. 다행히 술은 마시지 않았기에 당당히 들어갔으나 볼만한 유적이 거의 없었다. 실망을 금치 못하고 절을 빠져나왔

▲**오가키의 수로**. 오가키시는 '물의 도시'로 불릴 만큼 냇물이 많다. '물의 고향 100선'에 꼽히기 도 했다. 실제로 수로가 거미줄처럼 곳곳에 뻗어 있었다.

▼**오가키의 우물**. 지금도 사용하는 우물이다. 옛날에는 집집마다 우물이 있었다고 한다.

▲**수로를 운행한 배**. 옛날에는 생필품과 석회 등
은 배가 연간 1만 척이나 오가키의 수로를 왕
다고 한다.

▼**수로를 밝힌 목조등대**. 높이 8미터의 등대로
종이로 불을 밝혔다.

다. 아쉬운 마음에 발이 쉬이 떨어지지 않아 탐문 겸 산책 겸 주변을 걸었다. 절에서 100미터 정도 갔을까? 나카센도가 나왔다. 통신사가 오가키성으로 갈 때 밟았던 길이다. 절은 우리에게 아무것도 보여주지 않았지만, 그래도 하늘은 스스로 돕는 자를 돕는다고, 나카센도라도 찾았으니 마음의 위로가 되었다.

다시 수문천 근처로 이동해 스미요시신사, 아키바신사를 차례대로 방문했다. 물길을 가로지르는 붉은색 다리가 신사로 이어지는 길을 알려주고 있었다. 그 부근에서 '왼쪽은 에도로 가는 길, 오른쪽은 교토로 가는 길'左 江戸道 右 京みち이라고 쓰인 원기둥 모양의 비석이 철쭉 사이로 모습을 드러냈다. 높이 2미터 크기의 석비로 1818~30년에 건립했다.

'급소 오가키성'

두 신사를 간단히 살피고 오가키성으로 향했다. 도카이도의 미야숙宮宿과 나카센도의 다루이숙垂井宿을 연결하는 전장全長 57킬로미터의 미노로美濃路를 따라 걸었다. 이에야스가 세키가하라전투에서 승리하고 개선할 때 밟은 길이다. 오가키성으로 들어가는 길에 오가키시 향토관이 있었다. 직원에게 자료를 촬영해도 되는지 묻자 오가키시 교육위원회에 허가받아야 하니 기다려달라고 했다. 얼마 지나지 않아 교육위원회에서 사람을 보내 참관하겠다고 답이 왔다. 마음이 달았지만 어쩌랴, 기다리는 수밖에.

담당 직원이 오고 간단히 인사를 나눴다. 곧 향토관을 돌며 각종

'조선왕'이라고 적힌 깃발(왼쪽)과 통신사의 생김새를 흉내 낸 인형 머리. 통신사 행렬을 재현할 때 사용했다.

자료를 카메라에 담았다. 우선 다케시마정竹嶋町에서 내건 '조선왕'이라 쓴 깃발과 통신사 행렬을 재현할 때 사용한, 관을 쓰고 수염을 길게 늘어뜨린 인형의 얼굴을 찍었다. 일설에는 가와이河合라는 자가 통신사 행렬에 매혹되어 의복과 악기 등을 만들고, 교토의 전문가에게 조선인이 입는 옷을 특별히 주문했다고 한다.

다른 전시실로 가자 호랑이를 그린 「맹호도육곡금병풍」猛虎図六曲金屛風과 세키가하라전투 이전부터 도쿠가와가문에 신종한 후다이다이묘의 도다가戸田家 인물도가 나란히 걸려 있었다. 병풍 속에는 호랑이 두 마리가 호기롭게 산을 뛰어넘고 있었는데, 그 모습이 진짜 호랑이와 비슷했다. 19세기 말 이 지역에서 태어난 일본 최고의 호랑이 화가 오하시 수이세키大橋翠石, 1865~1945의 작품이었다.

촬영을 모두 마치자 교육위원회 측에서 이후 책이 발간되면 한 권을 보내줄 것과 사진을 게재하면 반드시 사전에 허락받겠다는 내용

오가키성. 단아한 성이지만 히데요시는 이 성을 '급소'라고 불렀다. 오사카로 향하는 길목에 있기 때문이다. 세키가하라전투 당시 미쓰나리의 본거지이기도 했다.

의 서류를 내밀었다. 군말 없이 사인했다. 행정이 참으로 꼼꼼했다.

향토관을 나와 오가키성으로 가니 번주의 동상이 우리를 맞았다. 평지에 축조한 4층짜리 천수각이 크지도 화려하지도 않고 단아했다. 사실 이 천수각은 제2차 세계대전 중에 연합군의 폭격으로 소실된 것을 재건한 것이다. 히데요시는 오가키성을 '급소 오가키성'이라고 했는데, 오사카로 향하는 길목에 있기 때문이다. 세키가하라전투 당시 미쓰나리의 본거지이기도 했다. 동군, 서군 양측 모두 이 성에서 승패가 갈릴 것이라고 판단했다. 이에야스는 수공水攻을 계획하기도 했다고 한다.

「**맹호도육곡금병풍**」. 호랑이들이 호기롭게 산을 뛰어다니고 있다.
어찌나 진짜 같은지 어디선가 호랑이 울음소리가 들리는 듯했다.

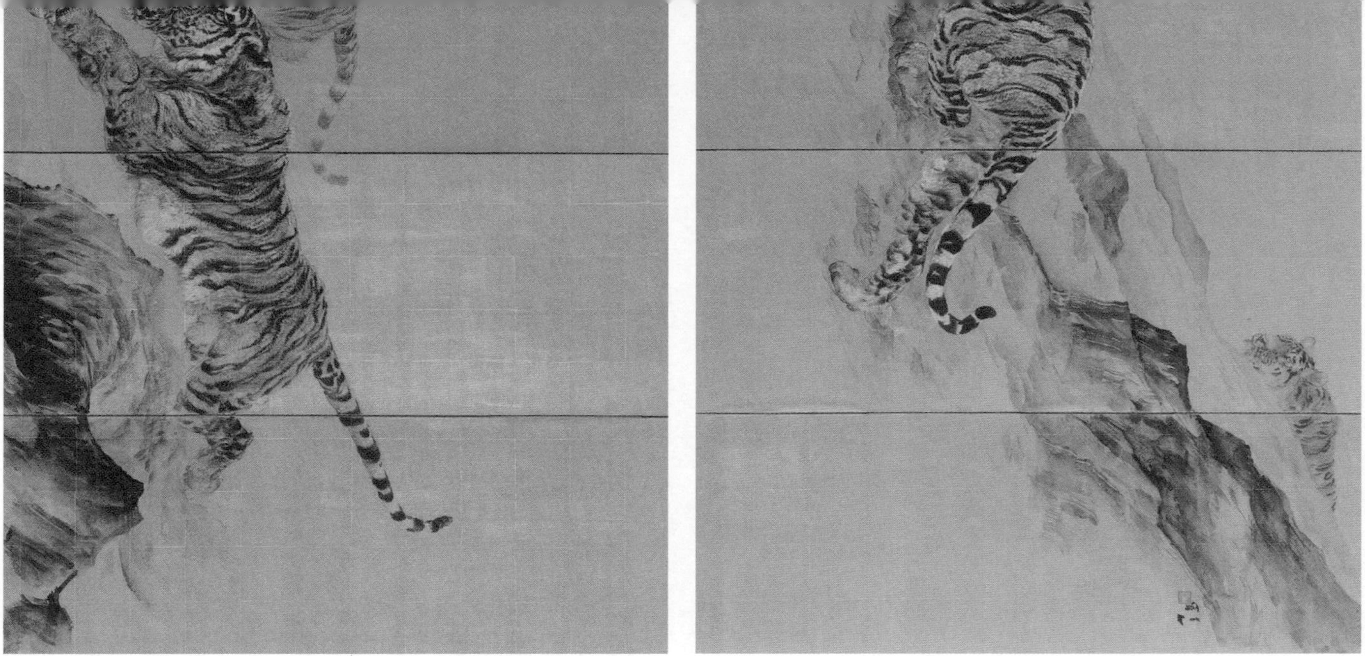

산킨코타이가 발전시킨 숙박산업

오가키성 답사를 마치고 다시 역으로 돌아와 근처 식당에서 수타우동을 먹었다. 이번 답사 중 먹은 음식 중 가장 맛있었다. 굵고 쫄깃쫄깃한 면발은 씹는 맛이 좋았고, 튀긴 가지와 생강, 파를 넣어 풍미를 더했다. 간장도 짜지 않고 향이 좋아 넘기기 수월했다. 전혀 기대하지 않은 곳에서 이런 음식을 먹다니, 참으로 운이 좋았다.

통신사도 우리처럼 맛 좋은 음식을 먹었을까? 적어도 우리보다는 느긋하게 먹지 못했을 듯하다. 기록을 보면 점심을 마친 통신사는 하천을 네 개나 건너야 했다. 첫 번째는 폭 218미터의 사와타리천佐渡川, 현재의 이비천揖斐川, 두 번째는 폭 275미터의 스노마타천墨俣川, 현재의 나가라천長良川, 세 번째는 폭 40미터의 오구마천小熊川 또는 계천界川, 현재의 기후현 남부에 있는 두 마을 미노美濃와 오와리의 경계, 네 번째는 오코시천起川, 현재의 기소천木曽川이었다. 일본은 이 하천들에 부교를 설치했는데, 사와타리천에는 배 70~80척을 연결했다.

통신사가 건넌 강 중 가장 폭이 넓었던 오코시천을 찾아 나섰다. 이 하천은 이치노미야시一宮市에 있기에 메이테츠나고야본선名鐵名古屋本線 열차를 타고 오와리이치노미야역尾張一宮駅으로 갔다. 역에 내려서도 버스를 타고 15분 정도 더 가야 했는데, 오키起 정류장에서 내리니 비사이尾西 역사민속자료관의 미야가와 다카시宮川充史 학예사가 마중 나와 있었다. 출발하기 전에 미리 전화로 간단한 안내를 부탁한 터였다. 그와 함께 역사민족자료관 앞에 있는 오키숙의 옛 하야시가林家 저택을 보았다. 오키숙에는 혼진 한 채, 와키혼진

한 채, 도이야 두 채가 있었는데, 이 목재로 지은 2층짜리 저택은 인마의 통행이 증가하자 1641년 설치한 와키혼진이었다. 혼진의 보조적인 역할을 한 와키혼진은 격이 낮은 무사나 일반인들도 숙박할 수 있었다. 혼진은 시다정下町 가도의 가토가加藤家 저택으로 도이야를 겸했다. 오키숙은 기소천과 이어지는 수로와 육로의 요충지였다. 에도시대 말기부터는 면화를 재배해 면직물산업이 발전하기도 했다.

와키혼진은 화재로 소실되었으나 후에 재건한 것이다. 방에 들어가니 격자 창틀 사이로 아름다운 정원이 보였다. 돌과 뒤틀린 소나무, 작은 연못 위에 걸쳐 있는 돌다리가 한 폭의 그림 같았다. 숙박한 이들의 마음이 한결 평안해졌을 것이다. 통신사가 이용한 혼진은 터만 남아 원형을 찾을 수 없었다.

일본 곳곳에 이처럼 큰 규모의 체계적인 숙박시설이 있었던 것은 꼭 통신사 때문만이 아니다. 오히려 산킨코타이의 영향이 컸다. 막부 말기로 갈수록 다이묘의 수가 많아져 266명에 달하게 된다. 그러자 제3대 장군 이에미쓰가 1635년 무가제법도武家諸法度를 개정하며 다이묘를 견제하기 위해 새로운 조항인 산킨코타이를 추가했다. 이는 다이묘가 1년에 한 차례 에도를 방문하게 하는 것으로, 반드시 지켜야 할 의무 중의 의무가 된다. 다만 약간의 예외도 두어, 마쓰마에松前번주는 6년에 1회, 쓰시마번주는 조선과의 외교관계에 집중하도록 배려해 3년에 1회, 관동지역의 번주는 반년에 1회로 정했다. 에도를 방문하는 시기도 정했는데, 매년 4월현재의 5월이었다. 물론 여기에도 예외가 있어, 도쿠가와 고산케는 특별대우를 받았다. 일단 오와리번, 기슈번은 3월에 교대했고, 미토번은 어차피 에도에서 장군을 시중들고 있었기에 산킨코타이를 시행하지 않았다. 다이묘의 처자는 산킨코타이와 상관없이 늘 에도에서 지내야 했다. 일종의 인질이었다. 이후에는 후다이 다이묘도 산킨코타이의 대상이 되었다. 산킨코타이를 행하는 다이묘의 행렬은 그 수가 적은 경우에는 수십 명, 많은 경우에는 2,000명에 달했다. 자연히 이들이 지나가는 도로는 물론, 숙박시설, 항구 등은 늘 정비에 정비를 거듭했다.

통신사를 위한 특별대우

와키혼진과 혼진 터를 모두 살펴보고 역사민속자료관으로 들어갔다. 부교모형, 인형으로 재현한 통신사가 부교를 건너는 장면 등을 전시했다. 미야가와 학예사가 부교에 대해 자세히 설명해주었다.

이도희 배를 이어 다리를 만들었다니 참 기발하군. 그 당시 통신사가 건넌 부교는 어떤 형태였어?

서인범 부교를 만들기 위해 제작한 배였기 때문에 크기가 모두 일정했지. 그 배들을 잇대어 판자를 댄 다음 새끼와 철사 또는 덩굴로 단단히 고정했어. 또 닻을 내리고 하천 양쪽에 세운 큰 기둥에도 밧줄을 매 부교가 흔들리지 않게 했어. 기둥에 맨 줄은 쇠[鐵]로 만들어 그 굵기가 사람 다리만 했다고 해. 큰물이 흘러도 꿈쩍도 안 했다지.

김상일 굉장히 정교하게 만든 부교였군요. 보통 배 몇 척을 연결했나요?

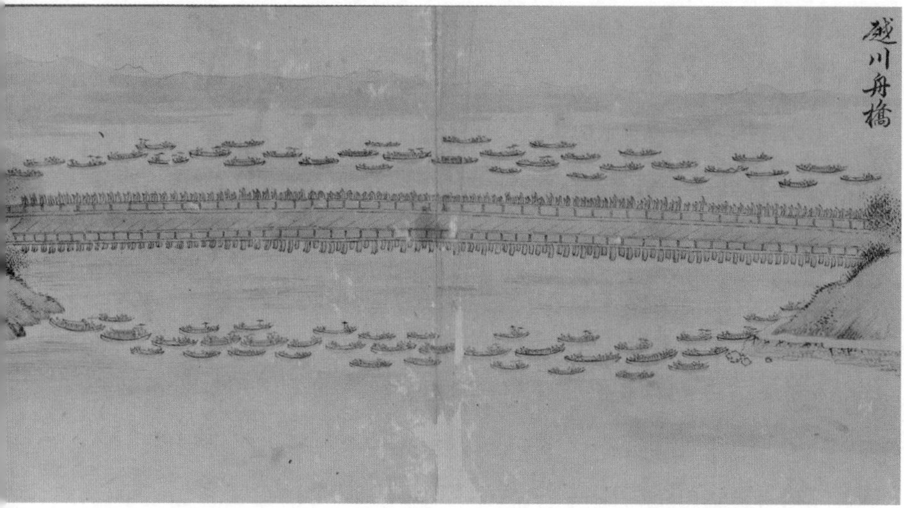

「사로승구도」의 제22폭 '오코시천의 부교'. 쇠줄 등으로 튼튼하게 고정해 꿈쩍도 안 했다고 한다.

서인범 폭이 넓은 기소천의 부교는 무려 300척 전후였답니다. 규모가 상당했죠.

이도희 이야, 정말 장관이었겠다. 통신사에게는 두 번 다시 보기 힘든 광경이었겠어.

서인범 그럼, 굉장히 볼만 했을 거야. 게다가 배 한 척마다 군인 한 명을 배치해 호위하도록 했으니 굉장히 위엄 넘치는 장관이었지.

김상일 위엄도 위엄이지만 비용도 만만치 않았겠어요.

서인범 그렇고말고요. 쇠줄의 비용과 하천을 파는 인건비, 배를 세낸 비용과 판자를 운반해온 운임, 통신사가 묵을 집을 짓는 비용이 수천 금에 이르렀다고 해요.

일본의 기록을 보면 당시 기소천의 부교는 길이 864미터, 폭 대략 2.7미터 크기였다. 정사 홍계희가 행차했을 때는 부교를 설치하기 위해 백성 7,578명, 대선 44척, 소선 233척을 징발했다. 판자는 3,036매를 준비했다. 관동의 도네천利根川에 설치된 부교가 272미터였던 것과 비교해보면 그 규모가 얼마나 큰지 알 수 있다.

오와리번은 통신사가 입성하기 3개월 전부터 가설작업을 시작해 부교를 완성했다. 배는 아이치현, 기후현의 강가 마을, 미에현 이세만伊勢灣의 어촌 마을에서 징집했다. 다리 양쪽에는 번소를 설치하고 총, 활, 장창 등을 갖추어놓았다. 혹시나 훼손될 것을 염려해 지나가는 말이 판자를 마구 밟지 못하게 했다.

미야가와 장군과 조선통신사가 올 때만 부교를 설치하고, 류큐 사절은 배를 타게 했습니다. 사실 장군이 왕래하는 일은 별로 없었기에 통신사를 위한 특별대우였죠.

세월이 지나고 환경이 변해 부교가 설치된 장소를 특정할 수 없었다. 다만 통신사가 마지막으로 에도에 들어간 지 100여 년이 지나 그려진 「오와리명소도회」尾張名所図會에는 오키숙의 모습이 묘사되어 있다. 하지만 여기에도 '해도海道 제일의 장관'이라 불렸던 부교는 그려져 있지 않다.

아쉬운 대로 기록을 참고해 통신사가 부교를 건너는 모습을 묘사해보려 한다. 그 광경이 어찌나 장관이었는지 구경하러 나온 남녀들이 길가를 가득 메우고 부교 근처까지 노를 저어 온 배가 강을 뒤덮었다. 귀한 집 부녀들은 가마를 타고 길 양쪽에 열 지어 구경했다. 미카와三河, 현재의 아이치현 동부, 미노, 오와리 등 먼 지역에서 온 사

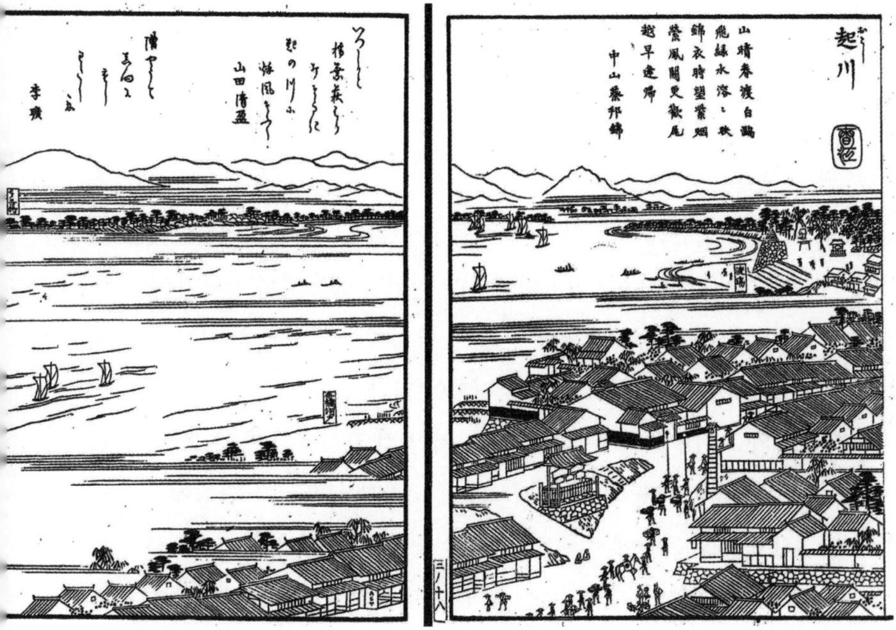

「**오와리명소도회**」. 기소천과 오키슉의 모습이 보인다. 하지만 부교는 그려져 있지 않다.

람들도 많았다. 이들은 통신사가 도착하기 전에 도착해 진을 치고 있었다.

먼 곳에서 왔기에 딱히 식사를 마련할 수가 없었다. 대충 떡이나 과자를 사 먹었다. 그러자 점점 떡값과 과잣값이 올랐다. 1문文에 팔리던 것은 3문에, 3문에 팔리던 것은 5문에 팔렸다. 찾는 사람은 많고 물건은 부족하니 자연스러운 현상이었다. 그뿐만이 아니었다. 땅바닥이 차기에 볏짚을 사서 돗자리처럼 깔았는데, 볏짚 한 묶음이 8~10문에 팔렸다. 볏짚 장사꾼은 사람들이 쓰고 버린 볏짚을 주워 다시 팔 수 있었기 때문에 다른 장사꾼들이 부러워했다. 1문이 현재의 시세로 대략 33엔 전후이니, 떡 하나가 100~150엔 정도, 볏짚 한 묶음이 240~300엔에 팔린 셈이다.

관직에 오른 코끼리

부교에 관해 충분히 설명을 듣고 나자 그 옆에 있던 코끼리모형에 눈이 갔다. 미야가와 학예사가 10년간 에도에서 살다가 죽은 녀석의 모형이라고 설명했다. 아마 중국에서 들여왔을 것이다. 실제로 코끼리와 관련된 비슷한 기록이 있다. 1728년 제8대 장군 도쿠가와 요시무네德川吉宗, 1684~1751가 암컷 코끼리를 베트남에서 들여왔다. 중국 배를 타고 나가사키에 도착한 코끼리는 환경에 적응하지 못하고 그곳에서 죽었다. 물론 죽지 않고 살아남아 에도까지 간 녀석도 있었다. 대략 두 달 동안 걸어갔다고 한다. 물이 깊어 건널 수 없는 곳은 배를 준비했고, 비가 오면 모래를 깔아 미끄러지지 않게 했다. 편히 걸을 수 있도록 돌을 골라내고 놀라지 않게 구경꾼들의 접근을 막았다. 물론 사람들은 코끼리를 볼 수 있는 평생의 유일한 기회였기 때문에 기를 쓰고 구경했다. 미시마숙三島宿에서는 혼진에 축사를 지었고, 코끼리가 좋아하는 감귤류와 풀을 준비했다. 다음 경유지인 하코네숙箱根宿까지 길이 험해 코끼리가 지치지 않도록 100미터마다 물통을 놓았다. 같이 이동하는 소나 말도 멀리 떼어놓아 코끼리의 '심기'를 거스르지 않도록 했다. 코끼리는 힘들게 도착한 하코네숙에서 사흘간 쉬었다. 우여곡절 끝에 에도에 도착하자 천황이 보고 싶어 했다. 천황을 마주하려면 아무리 코끼리라도 관위가 필요했기에 급히 '광남종사위백상'広南従四位白象에 서훈했다. 종4위 관직에 제수된 것이다. 하지만 최후에는 농민에게 불하되었다고 한다.

농미대교. 길이 780미터의 다리다. 대교와 비교해보면 800미터가 넘은 기소천의 부교가 얼마나 큰지 알 수 있다.

역사민속자료관을 나와 얼마간 걸으니 기소천이 나왔다. 도로 한쪽에 '선교적'船橋跡이라 적힌 비석이 풀에 가려져 있었다. 홍수를 방지하기 위해 이중으로 제방을 설치했는데, 그 아래 터널이 있어 강가로 갈 수 있었다. 기소천은 반대편 물가가 잘 보이지 않을 정도로 폭이 넓었다. 오른쪽으로 철교가 지나갔다. 길이 780미터에 달하는 농미대교濃美大橋였다. 철교를 보니 기소천의 부교가 얼마나 장대했을지 구체적으로 짐작되었다. 통신사가 놀랄 만했다. 다행히도 기소천은 물살이 세지 않아 큰 위험 없이 부교를 건널 수 있었다. 그래도 열차를 타고 간단히 건너는 편리에 비할 수 있으랴. 다만 통신사는 막중한 임무를 맡았기에 환경이 어떠하든 묵묵히 에도를 향해 나아갈 뿐이었다. 그들은 오키숙의 혼진, 본서사本誓寺, 덕행사德行寺

에서 점심을 먹고 다음 목적지로 출발했다.

그처럼 바쁜 와중에 정사 조태억을 수종한 의원 기두문奇斗文이 이 지역의 의사이자 서도가書道家인 기타오 슌포北尾春圃, 1658~1741와 만났다. 그는 조선인삼의 활용법과 여러 치료법을 물었는데, 한 번은 환자를 데리고 이마스까지 쫓아와 처방을 물을 정도로 열심이었다. 후에 기두문이 그와 나눈 필담을 정리해 『상한의담』桑韓醫談을 간행했다. 슌포는 이후에도 통신사가 머문 객관에 자식들을 데리고 와 시문을 나누기도 했다.

35 성 중의 성 나고야성[33]

교토에 버금가는 도시 나고야

바삐 움직이는 통신사를 따라잡기 위해 다음 날 쾌속열차를 타고 기후현에서 아이치현으로 넘어갔다. 여기서 작은 문제가 생겼다. 나고야역에 내려 미리 예약해놓은 호텔에 전화해 위치를 물으니 역에서 도보로 10분 거리라고 했다. 알려준 대로 가니 '메이테츠나고야 역전 호텔'이라는 상호가 보였다. 하지만 우리가 예약한 곳은 '메이테츠나고야 니시키錦 호텔'이었다. 내가 일본어를 잘못 알아들었나 싶어 고개를 갸웃하니 이도희가 대장을 탄핵하겠다며 압박해왔다. 주변을 지나가던 이에게 니시키 호텔의 위치를 물으니 걸어서 가면 30분 이상 걸린다고 해 어쩔 수 없이 택시를 탔다. 계획에 없던 2,000엔을 지출하고 말았다. 여하튼 호텔에 도착했으니 짐이나 풀고 좀 쉬자고 생각하는 찰나 또 문제가 터졌다. 여권을 받은 직원의 행동이 너무 굼떴다. 뭔가 잘못되었다는 표정으로 컴퓨터를 응시하더니 예약이 안 되었다는 것 아닌가!

깜짝 놀라 휴대폰으로 호텔 예약 사이트를 찾아 보여주었다. 그걸 본 직원의 입에서 전혀 예상 못 한 말이 튀어나왔다. 좀 전에 들렀던 메이테츠나고야 역전 호텔이 맞는다는 것이다. 호텔 예약 사이트가 잘못 표기한 것이다. 되돌아갈 힘이 없어 난처한 표정을 짓자 다른 직원이 이곳에서 숙박하는 게 어떻겠느냐고 제안했다. '불감청不敢請이언정 고소원固所願'이라, 사실 나 역시 그게 좋겠다고 생각하고 있었다. 이도희가 대장 책임이 아니라고 농을 건넸다. 명분상의 대장직이나마 내려놓겠다고 했으나 다들 손사래를 쳤다. 다 같이 웃으며 촌극은 마무리되었다. 이런 우여곡절 끝에 묵게 된 진짜 니시키 호텔 주변은 나고야시 밤문화의 중심지였다. 해가 지자 라면이나 야키니쿠, 해산물을 파는 가게들로 불야성이었다.

다음 날에는 비가 많이 내렸다. 답사 후 처음으로 만난 세찬 비였다. 통신사는 보통 저녁 무렵이 되어서야 나고야에 도착했다. 정사 임광은 나고야 도착 전에 큰비를 만났다. 나고야성을 40리 정도 남겨둔 곳이었다. 해는 지고 비는 억수로 쏟아지는데, 다행히도 큰길로 접어들자 길가의 저택들이 등불을 걸어주었다. 어떤 집은 나무를 태워 길을 밝혔다. 그렇게 수십 리 길을 인도해주었다고 한다.

통신사가 묵은 숙박처를 특정하기 위해 신춘호 교수에게 받은 통신사의 일정표와 한국고전번역원의 데이터베이스를 살펴보았다. 객관으로 대광사大光寺, 대수관음사大須觀音寺, 성고원性高院, 선독사善篤寺 등을 이용했다고 정리되어 있었다.

김상일 나고야 정도면 당시에도 상당한 대도시였을 텐데요, 나고야에 대한 통신사의 첫인상은 어땠나요?

서인범 도시의 번성함이 교토와 비견될 만하다고 연신 탄성을 질렀죠. 성곽과 누대가 어찌나 웅장하고 화려한지 웅부라고 했어요. 참! 제술관 신유한은 여기서도 글 써주느라 고생이 많았죠.

김상일 저도 그 기록을 본 적이 있어요. 시를 청하는 일본인들이 담장처럼 신유한을 둘러쌌다고 하죠. 글을 쓰기가 무섭게 소매에 넣고 가져가 버려 자신도 몇 편이나 썼는지 모르겠다고 했다네요. 먹을 가는 동자가 너무 힘들어하자 일본인에게 대신 갈게 했다고도 해요. 겹겹으로 쌓인 종이가 구름 같았고 거기에 꽂힌 붓이 수풀 같았다고 합니다.

통신사는 나고야를 오사카, 교토, 에도 다음가는 대도회지로 손꼽았다. 성 안팎에 민가가 즐비해 거의 4만 호에 이르렀다. 소금 굽는 가마와 생선을 파는 장삿배가 곳곳에 있었으니, 그 둘이 이 지역의 가장 주요한 수익원이었다. 현재도 인구 230만 명 이상의 대도시다.

밤을 새우며 글을 쓰고 그림을 그리다

이곳에 우뚝 선 나고야성은 오사카성, 구마모토성과 함께 일본의 3대 성으로 꼽힌다. 노부나가가 태어난 성으로도 유명하다. 세키가하라전투에서 천하의 패권을 장악한 제1대 장군 이에야스가 축성했는데, 육로와 수로가 만나는 요충지를 선점하기 위해, 또 아홉째 아들 요시나오의 거성으로 삼기 위해서였다. 이후 도쿠가와 고산케의 하나인 오와리 도쿠가와가尾張德川家의 거성居城이 되었다. 당시 오와리번은 도쿠가와 고산케가 다스리는 지역 중 유일하게 통신사가 지나는 곳이었다.

통신사의 나고야 생활을 상술한 『금부기교초』金府紀較抄에 따르면, 1682년 통신사는 성고원에 삼사 세 명, 상상관 세 명, 상관 42명, 중관 30명, 하관 40명, 통사 20명, 내통사두內通詞頭 여섯 명, 통사하하通詞下下 40명이, 대광원大光院에 중관 109명, 통사 11명, 통사하하 15명이, 선덕사善德寺에 상관과 중관 각 한 명, 하관 다섯 명이, 아미타사에 하관 65명, 통사 다섯 명, 하급통사 다섯 명이, 극락사極楽寺에 하관 65인, 통사 다섯 명, 하급통사 다섯 명이 체재했다. 총 476명인데, 역관 김지남은 『동사일록』東槎日錄에 473명으로 기록했다. 둘의 기록이 약간 다르다. 다만 일행 중 113명이 오사카에 잔류하고 있었다고 하니, 일본인들이 통신사와 같은 곳에 묵었음을 알 수 있다. 그 밖에 양림사養林寺에는 진장로辰長老가, 광명사에는 영장로靈長老가, 총견사惣見寺에는 쓰시마번주가 묵었다. 쓰시마번주를 수종하는 자는 2,307명으로, 이들은 문전정門前町, 귤정橘町, 본정 주변에 숙박했다. 이때 병사들의 숙박비용은 쓰시마번에서 지불했다.

나고야번주의 통신사 접대는 남달랐다. 대관을 보내 풍성한 향응을 베풀었다. 중관, 하관의 숙소에도 이불과 요를 제공했다. 나고야 동남쪽의 지다반도知多半島에 있는 섬들에서 도미, 전복, 소라, 새우 등을 대량으로 가지고 왔다. 치안에도 신경 써 밤이 되면 하급병사인 아시가루足輕가 밤새 순찰을 돌았다. 철포대鐵砲隊, 소방대도 삼엄

「조선인시문증답도」(朝鮮人詩文贈答図). 오다기리 슌코(小田切春江, 1810~88)가 성고원에서 통신사와 나눈 시문을 그리고 기록한 것이다.

한 경계태세를 유지했다. 도적이나 난폭한 자는 시비를 묻지 않고 잡아들였다.

나고야번의 부교 아사히 시게아키朝日重章, 1674~1718가 쓴 일종의 일기인 『앵무농중기』鸚鵡籠中記에는 정사 조태억 일행이 나고야성을 지나는 모습이 생생하게 묘사돼 있다. 거리의 상점은 문을 떼어내고 화려한 병풍을 세웠다. 온종일 구경하러 온 남녀로 시끌벅적해 마치 제례 같았다. 고관의 가족들도 아침 여덟 시에 나가 자정이 되어서야 귀가했다. 행렬의 선두는 점심쯤 도착했지만 삼사는 밤 11시가 넘어서야 나고야에 도착했기 때문이다. 그것으로 끝이 아니었다. 일본인들의 성화로 사자관이나 화원은 새벽까지 글을 쓰고 그림을 그려야 했다. 일본인들은 그 근성에 탄복했다. 시게아키도 밤새 기다려 글과 그림을 받아 가족들에게 자랑했다.

그는 일기에 수역관의 일본어 실력이 뛰어나다는 점과 일본인은 입에 대지 않는 고기를 대접하기 위해 나고야 교외의 산에서 사슴을 사냥하거나 생포하는 모습도 썼다. 미즈노水野라는 마을에서는 전년부터 사육한 사슴 다섯 마리를 나고야로 보냈는데, 도중에 한 마리가 죽었고, 히라야마다니平山谷라는 마을에서는 몰이꾼 2,500명을 동원해 사슴 16마리를 포획했다고 기록했다.

기록은 그만 읽고 본격적으로 객관을 찾아 나서기로 했다. 나고야에는 혼진과 와키혼진이 설치되어 있지 않아 다이묘는 숙박하지 않았다. 다만 공문서나 물품을 전달하는 이들이 말을 갈아타는 전마소傳馬所와 도이야는 설치되어 있었다. 우선 전마소 터에서 그리 멀리 떨어져 있지 않은 대광원으로 향했다. 오스칸논역大須觀音駅 근처였다. 노부나가 등 전국시대에 활약한 무장들과 인연이 깊은 만송사 등 사찰이 대거 포진하고 있는 이곳에 통신사의 숙소가 있을 가능성이 컸다. 통신사의 흔적을 찾아 대광원을 둘러본 후 곧바로 성고원으로 발걸음을 옮겼다. 이에야스의 넷째 아들인 마쓰다이라 다다요시松平忠吉, 1580~1607가 일찍 죽은 모친을 위해 지은 보리사로 통신사가 머물렀다고 한다. 야후 재팬Yahoo Japan에 접속해 주소를 검색하니 지쿠사구千種区 고가와정幸川町이라고 나왔다. 나고야대학 근처로 원래는 만송사 옆에 있었다고 한다. 제2차 세계대전 때 연합군의 공습으로 불타버려 지금의 자리로 옮겼단다. 어렵게 찾아가니 이럴 수가, 8층짜리 빌딩이 떡하니 자리를 차지하고 있는 것 아닌가! 통신사가 묵었던 시절에는 장려하고 누각이 높아 나고야를 내려다보았다는데, 그때의 모습을 전혀 상상할 수 없었다.

아쉬운 마음에 서둘러 대광원으로 이동했다. 많은 사찰 가운데 흥국산興国山 대광원이라고 쓰여 있는 표찰을 찾았다. 많이 쇠락한 절의 관리인에게 통신사를 아느냐고 물으니 모르는 눈치였다. 사찰 앞에 나고야성으로 들어가는 옛길이 있었다고만 했다.

나고야성을 지키는 긴샤치

사찰 답사를 얼추 마치고 대망의 나고야성으로 향했다. 비가 계속 왔지만 여기저기서 한국인 관광객과 중국인 관광객의 목소리가 섞여 들렸다. 그렇게 얼마나 걸었을까? 나고야성 특유의 흰색 담벼락과 초록색 기와가 우리를 맞아주었다. 수령이 오래된 나무들이 가지를 내려 도개교를 덮으니 운치가 있었다. 그 앞에 놓인 큼직한 비석이 '사원리궁명고옥'賜元離宮名古屋임을 알리고 있었다. 성을 구성하는 돌들에는 성을 쌓은 다이묘들과 가신들의 이름이 각인되어 있었다. 힘들여 운반한 돌이 다른 다이묘가 운반한 돌과 섞일 것을 우려한 조치였다. 자세히 살펴보니 축성에 고도의 기술이 필요한 천수각의 석축은 기요마사 것이었다. 그는 성이 완공되자 아이치현 북서지역에 가신, 주민을 이주시키고 사찰을 옮겨 지었다.

제일 먼저 다이묘가 거주하던 방을 관람했다. 1620년 이후 장군이 교토로 들어갈 때 이용한 방이다. 그 때문에 니조성에 필적할 만한 벽화로 장식했다. 어용 화공인 가노파가 그린 「죽림표호도」竹林豹

▲「**죽림표호도**」.

▼「**죽림표호도**」**의 호랑이와 표범**. 일본인들은 표범을 암컷 호랑이로 생각했다. 호랑이와 표범의 대조적인 모습이 오래도록 기억에 남았다.

© Wikimedia Commons

표서원의 벽화. 나고야성의 각 방을 꾸민 벽화는 입이 다물어지지 않을 정도로 화려했다. 일전에 방문한 니조성의 벽화도 아름다웠으나 사진을 촬영하지 못해 아쉬웠는데, 나고야성의 벽화를 카메라에 담으며 충분히 위안 삼을 수 있었다.

虎図가 눈에 띄었다. 호랑이가 불만스러운 표정으로 온화하게 새끼의 털을 핥고 있는 어미 표범을 노려보고 있었다. 그 대조적인 모습이 오래도록 기억에 남았다.

다음으로 표서원表書院을 보았다. 에도시대에 오히로바로 불린 이곳은 다이묘가 손님이나 가신을 만나는 장소였다. 다이묘가 앉는 곳이 약간 높도록 단차를 두어 그 권위를 나타냈다. 금칠로 꾸민 벽화가 니조성 못지않게 화려했다.

마지막으로 천수각에 올랐다. 우선 밖에서 천수각 지붕에 얹혀 빛나고 있는 나고야성의 상징 긴샤치金鯱 한 쌍을 촬영했다. 긴샤치는 샤치에 금박을 입힌 것으로 1612년 천수각이 완성되었을 당

나고야성.
나고야성 특유의 흰색 담벼락과 초록색 기와가 아름답다.
오래된 나무들이 가지를 내려 도개교를 덮으니 운치가 있었다.

나고야성의 긴샤치. 금박을 입힌 샤치로 처음 만들어졌을 때는 금 215킬로그램을 사용했다고 한다. 지금 천수각을 지키고 있는 긴샤치는 제2차 세계대전 때 공습으로 파괴되었던 것을 약간 작게 복원한 것이다.

시의 것은 크기가 2.74미터에 달했다. 박을 입히기 위해 쓴 금만 자그마치 215킬로그램이었다고 한다. 지금으로 치자면 금값만 100~200억 원이 든 것이다. 안타깝게도 이 초호화 긴샤치는 제2차 세계대전 때 공습으로 파괴되었다. 지금의 긴샤치는 약간 작게 복원한 것이다.

긴샤치가 시선을 뺏어가기는 하지만 나고야성의 천수각은 특유의 푸른색 때문에 그 자체로 아름답다. 총 5층으로 층마다 성과 관련된 자료를 전시해놓았다. 플래시만 터뜨리지 않는다면 카메라로 얼마든지 촬영할 수 있었다.

전시품 중 웃음을 자아낸 것은 '사다메'定라고 해서 규정을 적어놓은 표찰들이었다. 관리사무소에서 사다메에 적힌 규정을 패러디해 "술을 마신 자 출입금지, 음식물 휴대금지, 동물 반입금지. 이상의 규정을 어긴 자는 즉각 퇴장을 명한다"라고 적힌 표찰을 걸어두었다.

책을 파는 곳도 있기에 가보니 상호가 '영락옥'永楽屋이었다. 영락은 명나라의 제3대 황제 영락제永樂帝, 1360~1424를 가리키는데 어떤 이유로 이런 이름을 붙였는지 의아했다. 오와리번의 장서를 잔뜩 수장하고 있는 호사문고蓬左文庫에 통신사 관련 문헌기록과 그림자료, 창화집 등이 보관되어 있다는 얘기를 들었으나, 시간이 없어 차후를 기약했다.

36 오카자키성에서 이에야스를 만나다 34, 35

나루미에서 다시 바다를 만나다

나고야역에서 메이테츠나고야본선을 이용해 나루미역鳴海駅으로 이동했다. 나루미는 거센 파도가 휘몰아쳐 우렛소리가 들린다 해 붙여진 이름으로 예부터 소금을 굽고 상선이 정박하는 곳이었다. 이곳의 숙장은 도카이도 53개의 숙장 중 40번째로 혼진 한 채, 와키혼진 두 채, 하타고 68채가 설치되어 있었다. 통신사는 이곳의 오차야에서 바다를 바라보며 중식을 들었다. "땅을 밟다가 다시 바다를 보니 가슴이 시원하다"라며 미소 짓는 이도 있었고, "바다를 건너온 것을 다시 생각하니 마음이 몹시 괴롭다"라며 찌푸리는 이도 있었다. 우리가 탄 붉은색 열차도 태평양을 연해 달렸다. 다만 이제는 건물이 많이 들어서 바다가 점멸하듯 보이다가 안 보이기를 반복했다. 통신사처럼 탁 트인 바다를 볼 수 있었다면 얼마나 좋았을까!

나루미역은 무인 물품보관함이 설치되어 있지 않아 짐을 지고 다

나루미 성터. 나루미성은 천혜의 요새로 만조 때 바로 아래까지 바닷물이 들어왔다. 덴쇼 연간 말기에 폐성된 후 지금은 공원으로 사용되고 있다.

녀야 했다. 어깨가 무거웠다. 다행히도 주변에 어떤 사적이 있는지 알려주는 안내판을 금방 찾을 수 있었다. 안내판에는 에도시대의 숙장과 옛길이 표시되어 있었다. 다만 지도가 부실해 지나가던 학생에게 숙장의 위치를 물으니, 우리가 짐작하던 방향의 정반대편을 가리켰다. 큰일 날 뻔했다.

학생이 알려준 대로 오기천扇川을 건너 언덕을 오르자 서원사誓願寺, 원도사円道寺가 나왔다. 반대편에 천신사天神社, 창사성해신사創祠成海神社도 있었다. 원래 네고야성根古屋城이라고도 불린 나루미성이 있던 곳이다. 바다에 접한 성으로 만조 때는 성 바로 아래까지 바닷물이 들어왔다고 한다. 천혜의 요새인 셈인데, 1560년 오케하자마 전투에서 요시모토가 패배하자 그의 부하들은 나루미성에 들어가

고사츠바. 에도시대에 설치한 일종의 대민 안내판이다. 제도와 규정 등을 종이에 적어 게시했다. 주로 교통의 요지에 설치했다.

끝까지 항전했다. 그러면서 주군의 수급을 되찾기 위해 노부나가와 교섭한 끝에 결국 성과 맞바꾸었다. 이후 덴쇼天正 연간1573~93 말기에 폐성이 되었다. 지금은 공원으로 사용되고 있다.

언덕을 내려와 고사츠바高札場를 보았다. 에도시대 때 설치한 일종의 대민對民 안내판으로 막부의 기본이념, 제도와 규정 따위를 나무판에 적어 게시했다. 구체적으로는 자식, 형제, 배우자, 친척에게 공손히 대할 것, 하인 등을 불쌍히 여길 것, 가업을 게을리하지 말고 만사에 분수를 지킬 것, 거짓말하지 말고 사람을 해치지 말 것, 도박하지 말 것, 싸움이나 말다툼하지 말 것 등이었다. 이 외에도 그리스도교는 엄금한다는 규정, 숙소 간의 운반비나 인건비에 관한 규정 등이 쓰여 있었다. 고사츠바는 주로 사람이 많이 다니는 시장이나

상야등. 통신사가 걸은 길을 100년 넘게 지키고 있다. 여행객의 이정표이자 숙장의 안전을 지키는 액막이 역할을 했다.

교통의 요지에 설치했는데, 우리가 본 것은 높이 4미터, 길이 5미터 40센티미터, 폭 30센티미터 크기였다.

언덕을 더 내려와 오른쪽으로 꺾어 들어가니 폭 3미터 정도의 통신사의 길이 나왔다. 여의사如意寺가 보였고 그 앞이 혼진이었다. 동복원東福院도 있었는데, 담벼락을 검은색으로 칠해 접근을 불허하는 듯 위압감을 느끼게 했다. 더 안쪽으로 들어가니 동서로 1.5킬로미터 정도 뻗은 거리를 100년 넘게 지키고 있는 상야등이 묵묵히 이정표 역할을 하고 있었다. 등 앞쪽에는 '추엽대권현'秋葉大権現이라는 문구를, 오른쪽에는 '숙장에서의 안전을 위해'라는 문구를, 왼쪽에는 '영원 대대로의 상야등'이라는 문구를, 뒤쪽에는 건립연도를 새겼다. 여행객의 이정표가 되었음은 물론이고, 숙장의 안전을 지키는 액막이이자 화방신火防神으로 마을의 소중한 존재였다.

장군이 보낸 사자가 마중 나오다

답사를 마치고 나루미역으로 돌아가 다시 메이테츠나고야본선을 타고 히가시오카자키역으로 갔다. 역에서 내려 호텔까지 걸어갔다. 폭이 꽤 넓은 오토천乙川을 가로지르는 명대교明代橋를 건너니 제법 운치 있었다. 호텔에 도착하니 장기투숙자에게 우선 방을 배정한다고 해 우리는 2층, 4층, 6층으로 각각 떨어져 묵게 되었다. 호텔 앞으로 국도 1호선인 도카이도가 지나갔다. 위치상 통신사가 걸은 도카이도는 아니었다.

잠을 설치다가 늦잠을 잤다. 7시에 일어나 서둘러 머리를 감고 짐을 챙겼다. 1층 식당으로 헐레벌떡 내려가니 토스트와 연어구이, 참치와 마요네즈를 넣은 주먹밥이 전부였다. 통신사도 늘 진수성찬을 먹지는 못했을 거라 생각하며 간단히 요기했다. 열심히 답사하려면 굶을 수는 없지 않은가.

통신사는 미카와 태수의 오차야에 머물렀다. 시설은 다른 곳의 오차야와 비슷했으나 태수가 바친 여러 종류의 과자가 굉장히 이상하게 생겼다고 한다. 사실 과자의 모양은 문제가 아니었다. 객관에 도착한 통신사의 꼴이 더 해괴했으니 말이다. 여행의 막바지였기 때문이다.

종사관 햇볕이 따듯하게 내리쬐도 모자랄 6월인데 어제의 비바람은 너무 추웠습니다. 고생이 많으셨지요?

정사 필 비바람을 뚫고 길을 가려니 굉장히 피곤했다네. 자네는 어떠한가?

종사관 이곳 객관에 짐을 풀고 옷을 갈아입었는데도 어찌나 추운지 몸이 오그라들더군요. 다른 수행원들도 다들 만신창이였습니다. 갓이 찢어져 귀밑으로 늘어진 자도 있고, 갓과 탕건 전부를 잃어 유의로 덮어쓴 자도 있었습니다. 말을 탄 자들은 푸른 옷이 붉은색으로 물들었습니다. 말의 털 때문이지요. 가마를 탄 관리들도 허리 밑까지 물이 차오르니 말을 탄 것만 못했습니다.

정사 필 수로와 육로를 지나면서 점점 괴로움이 쌓여만 가니 큰일일세. 게다가 서로 고생하는 처지에 제 몰골이 귀신 꼴인 줄은 모르고 남을 보고 비웃는 자들까지 있어 몹시 민망할 따름이네.

오카자키는 에도에서 파견한 사자가 통신사를 마중하는 곳이었다. 장군의 명을 받은 노중이 직접 마중 나왔다. 이때 쓰시마번 관원이 방석을 까는데, 정사와 노중의 자리를 똑같이 맞추려고 줄로 재어 방석의 네 모퉁이에 못을 박았다. 조금이라도 상하의 차이가 나지 않도록 하기 위해서였다. 지나친 의전은 때때로 실소를 짓게 한다.

이에야스가 태어난 오카자키성

나도 꼴이 엉망으로 보일까 잠시 옷매무새를 다듬고 제1대 장군 이에야스의 탄생지인 오카자키성으로 갔다. 그의 부친은 미카와국의 영주 마쓰다이라 히로타다松平広忠, 1526~49이고, 모친은 오와리국의 영주 미즈노 다다마사水野忠政, 1493~1543의 딸 미즈노 오다水野於大, 1528~1602였다. 그 둘은 각각 17세, 15세에 만나 이에야스를 낳았다. 그의 어릴 적 이름은 다케치요竹千代였다. 6세 때 마쓰다이라가松平家의 종주인 요시모토의 인질이 되어 모친의 품을 떠나 슨푸로 길을 떠났다. 도중에 오다 노부히데織田信秀, 1510~51에게 약탈당하기도 했다. 이후 19세까지 요시모토의 인질로 살다가, 요시모토가 노부나가와의 싸움에서 패해 죽자 독립했다. 그는 미카와국의 통일을 위해 전력투구했다. 1566년 미카와 태수로 임명되고 성을 도쿠가와로 바꿨다. 1600년 세키가하라전투에서 승리해 천하의 패권을 잡고, 1603년 정이대장군征夷大將軍에 올라 에도시대를 열었다. 2년 뒤인 1605년에는 아들 히데타다에게 양위하고 슨푸로 물러나 오고쇼가 되었다. 물론 제2선으로 물러났다고 해 이빨 빠진 호랑이가 된 것은 아니어서, 1615년 오사카성을 공략해 히데요리가 최후를 맞게 했다. 이듬해 슨푸에서 병사했다.

파란만장한 이에야스의 삶을 더듬으며 하천을 따라가자 오카자키성의 윤곽이 보이기 시작했다. 가는 길에 스고우신사管生神社가 있었다. 이에야스가 운을 기원하던 곳이다. 이것이 전통으로 굳어져 성주들은 대대로 스고우신사에서 복을 빌었다. 신사 옆으로 흰색으로 칠한 오카자키성이 눈에 들어왔다. 하천과 하천이 만나는 지점에 있는 산 위에 쌓은 듯 보였다.

성 입구에 또 다른 신사가 있었는데, 바로 타츠키신사龍城神社다. 이름 그대로 용의 전설이 깃든 곳으로 이에야스가 태어날 때 성루

스고우신사. 이에야스가 들러 운을 빌던 곳이다. 이것이 전통으로 굳어져 오카자키성의 성주들은 대대로 스고우신사에서 복을 빌었다.

에 금색 비늘을 두르고 구름과 바람을 부르는 용이 출현했다는 내용이다. 이에야스의 절대적인 권위가 신사에 투영된 것이리라.

건립 당시 동해지역에서 세 번째로 웅장한 성이었으나, 1873년 메이지정부가 내린 폐성령廢城令 이후 쇠잔을 면치 못했다. 그러다가 1959년 철근콘크리트로 천수각을 재건했다. 성 입구 오른쪽에는 이에야스의 유훈비遺訓碑도 세워 기념했다. 새겨진 내용이 이에야스의 삶을 잘 대변하는 것 같아 소개한다.

"사람의 일생은 무거운 짐을 지고 가는 먼 길과 같다. 그러니 서두르지 마라. 무슨 일이든 마음대로 되는 것이 없음을 알면 오히려 불만을 품을 이유도 없다. 인내는 무사장구無事長久의 근본이고, 분노는 적이다. 이기

▲**오카자키성**. 건립 당시 동해지역에서 세 번째로 웅장한 성이었으나 메이지정부가 내린 폐성령 이후 쇠잔을 면치 못했다. 1959년에 천수각을 재건했다.

▼**이에야스의 유훈비**. 이에야스의 삶을 잘 대변하는 글귀가 새겨져 있다.

는 것만 알고 지는 것을 모른다면 반드시 해가 미치게 된다. 오로지 자신만을 탓할 것이며 남을 탓하지 마라. 모자라는 것이 넘치는 것보다 낫다."

경계의 글귀였다. 다른 쪽에는 "장군의 정치의 도리가 길을 벗어나 많은 사람이 고통받는다면 누구든지 그 자리를 대신해도 좋다. 천하는 한 사람의 천하가 아니다. 천하 사람들의 천하다"라는 이에야스의 신념을 새겨놓았다. 이 말은 본래 주나라 문왕文王이 위수渭水 강가에서 강태공을 처음 만나 나눈 대화의 일부다.

문왕 어떻게 민심을 다독이고 나라를 다스려야 만민이 귀속해 천하를 얻을 수 있습니까?

강태공 천하는 군주 한 사람의 천하가 아니라 천하 만물의 천하입니다 天下非一人天下, 乃天下之天下也.

위정자라면 필히 가슴에 새겨야 할 격언이다. 본인 또는 본인이 속한 집단의 이익이 아닌 만인의 이익을 추구하는 정치를 해야 한다. 아름다운 말이 오갈 때는 감동하지만 거기서 끝이다. 실행이 뒤따르지 않으면 무용지물이다.

격언을 새기며 오카자키성을 마저 둘러보았다. 작은 우물이 있어 살펴보니, 팻말에 "이에야스 공公이 태어났을 때 목욕물을 길은 우물"이라고 쓰여 있었다.

'걸인의 찬, 황후의 밥'

성을 빠져나와 도카이도를 걷자 다리가 나왔다. 시작천矢作川을 가로지르는 시작교였다. 에도시대에 오사카에서 에도로 가는 길에 놓인 다리 중 가장 길고 웅장한 다리였다. 돛대 달린 배가 통과할 수 있을 정도로 높았다. 그 거대함이 인상적이었는지 여러 통신사가 길이를 기록했는데, 1마장馬場, 300~600보步, 150~450칸間 등 제각기였다. 1마장은 60미터, 1보는 1.45미터, 1칸은 1.8미터다. 그렇다면 보로 계산 시 435~870미터, 칸으로 계산 시 273~818미터인 셈이다. 오늘날 정확히 측량한 결과 300미터라고 하는데, 당시 기준으로 굉장한 크기임에는 틀림없다.

통신사는 시작교를 지은 기술을 부러워하면서도 조선 함흥咸興의 만세교萬世橋와 비교하면 3분의 1 크기에 지나지 않는다고 우쭐거렸다. 천하에 만세교보다 큰 것은 없다고까지 했다. 조선의 통신사도 지금의 우리처럼 일본에는 절대 지고 싶지 않았으리라.

사실 통신사가 건넌 시작교는 지금 것보다 약간 북쪽에 있었다. 물건을 실어나르는 배가 다리 아래 정박했는데, 주로 밀감을 운반했다. 실제로 오카자키에서는 길이나 가게에 밀감을 산처럼 쌓아놓고 팔았다고 한다. 문인이나 승려가 통신사 만나기를 청할 때도 반드시 밀감을 대나무 바구니에 한가득 담아 와서 선물했단다. 제술관 신유한도 푸른 잎이 붙어 있는 싱싱한 밀감 한 광주리를 받아 술안주로 몽땅 먹어치웠다. 그가 "뱃속의 시가 모두 가을향기를 얻어 꿀벌이 꽃술을 따다가 꿀을 만드는 것 같다"라고 하니 일본 문인이

"공公의 시는 귤 속의 신선 같다"라고 답했다.

우리가 오카자키를 찾았을 때는 아직 밀감이 익지 않은 계절이었다. 크게 상관없었다. 우리는 무엇을 먹든지 배만 채우면 행복했으니. '걸인의 찬, 황후의 밥'이라는 말도 있지 않은가! 유훈비에 쓰여 있는 글귀가 생각났다. "사람은 다만 자신의 분수를 알라. 풀잎의 이슬도 무거워지면 떨어진다." 욕심 부리지 않고 겸허하게 길을 걸으련다.

37 후지카와숙에서 요시다숙까지 36~38

일리총이 안내한 후지카와숙

시작교를 건너 통신사가 묵은 후지카와숙藤川宿을 찾아 걷고 또 걸었지만 아무것도 나오지 않았다. 지도를 살펴보려고 꺼내니 아뿔싸 전혀 다른 지역의 지도를 챙겨온 것 아닌가! 일행의 불만을 잠재우기 위해 결국 택시를 타고 후지카와숙까지 가기로 했다. 그런데 기사도 숙장의 위치를 모르는 눈치였다. 그래서 옛 도카이도를 달려달라고 말했다. 무엇이든 하나는 나오겠지 하는 생각에서였다. 얼마나 달렸을까? 삼하별원三河別院이라고 적힌 안내판과 종루가 나타났다. 부지가 대단히 넓고 건물도 장대했다.

종루를 지나쳐 국도에 오르니 얼마 안 가 도카이도라고 쓰인 비석이 나왔다. 역시나 좁은 길이 나 있고 길가로 소나무가 늘어져 있었다. 사실 답사 중에는 도카이도의 소나무에 그리 관심을 쏟지 않았다. 통신사가 이곳을 지날 때 더위를 식혔겠구나 생각하는 정도였다. 하지만 답사를 마치고 자료를 찾아보니 이 소나무는 장군이

도카이도의 소나무. 도카이도의 소나무는 장군이 통신사를 위해 특별히 심도록 한 것이다. 이후 누구든 함부로 소나무를 자르면 처벌받았다.

통신사를 위해 특별히 심고 가꾼 것이었다. 이는 제1대 장군 이에야스의 통치철학과도 연결된다. 그는 중앙집권의 통일국가를 만들기 위해 적극적으로 도로를 정비했다. 지방영주라고 할지라도 소나무를 멋대로 자르면 벌을 내렸다. 시든 소나무는 싱싱한 소나무로 바꿔 심었다.

소나무를 심을 때도 그냥 땅바닥에 심지 않고 흙으로 언덕을 먼저 쌓았다. 이 언덕을 일리총一里塚이라 하는데, 1리里, 조선의 10리, 즉 4킬로미터마다 사방 9미터, 높이 1.7미터 크기로 조성했다. 여기에 소나무뿐 아니라 팽나무, 삼나무 등을 심었다. 여름에는 찌는 더위를, 겨울에는 찬바람을 막아주었고, 길을 잃지 않도록 일종의 이정표 역할도 했다. 통신사 중에는 소나무가 늘어선 마을의 정경과 우거진 숲속을 흐르는 맑은 시내, 솔가지를 베어 말리는 풍속이 고향의 경치와 비슷해 향수를 자아낸다며 감상에 빠진 이도 적지 않았다.

이 소나무가 우리에게도 이정표 역할을 했다. 대략 1킬로미터 정도 줄지어 심어진 소나무를 따라가니 후지카와숙이 나온 것이다. 숙장에 딸린 자료관 앞에 택시를 세웠다. 주변에 사람이 없어 무작정 들어가니 자유롭게 안내책자를 보라고 메모해놓았다. 벽에는 당시 거리를 500분의 1로 축약한 「숙장모형도」가 걸려 있었다. 방명록에 우리 세 사람의 이름을 기재했다.

후지카와숙은 자료관 뒤쪽에 있었다. 도카이도의 37번째 숙장이자 혼진이었다. 지금은 석축만이 남아 그 옛날 이곳을 지나간 사람들의 이야기를 전해주었다. 통신사가 지나갔을 무렵인 1660년 호수는 43호였고, 도이야는 한 채였다.

후지카와숙 근처의 후지카와역으로 이동, 다음 행선지를 정하려는데 도카이도를 걷는 아주머니 두 명을 우연히 마주쳤다. 자동판매기에서 커피를 뽑아 대접하며 말문을 텄다. 여성들은 도쿄에 살면서 한 달에 한 번 도카이도를 걷는다고 했다.

서인범 500킬로미터가 넘는 도카이도를 걷는다니 정말 대단하십니다. 이 길을 걷는 사람이 많나요?

아주머니 2001년이 도카이도 건립 400주년이었답니다. 그때를 계기로 걷기 붐이 일었어요. 10만 명 정도가 걸었답니다. 여전히 많은 사람이 걷는데, 주말에는 물론이고 평일에도 걷는 사람이 꽤 있지요. 역사탐방도 할 수 있어 좋습니다.

서인범 그렇군요. 완주하려면 얼마나 걸리나요?

아주머니 주말만 걸으면 대략 2년 정도 걸립니다.

아주머니의 말처럼 답사 내내 도카이도를 걷는 노인들을 자주 목격했다. 그들이 참으로 부러웠다. 건강도 챙기고 역사의 현장도 보고 향토요리도 즐기니 말이다. 우리나라 노인들은 지하철을 타다가 할아버지들은 종로3가역에, 할머니들은 청량리역과 회기역에 주로 내린다는 기사를 읽은 적이 있었다. 그들이 모여 노년을 보낼 공간이 매우 한정적이라는 얘기다. 어느덧 우리나라도 고령사회가 되었으니 노인을 위한 문화시설을 잘 갖추어야 할 것이다.

21세기에도 영업한 아카사카숙의 오하시야

아주머니들을 보내고 메이테츠나고야본선에 몸을 실었다. 메이덴아카사카역名電赤坂駅까지 가 아카사카숙赤坂宿을 보기로 했다. 철도와 도카이도가 나란히 달렸다. 역 주변은 완전 시골이었다. 평야에 역만 덜렁 있었는데, 더군다나 무인역이라 쥐 죽은 듯이 조용했다. 역에서 나와 주변을 살피니 산을 끼고 길이 뻗어 있었다. 도카이도다. 오키데定를 내건 고사츠바가 보였다.

아카사카숙은 도카이도의 36번째 숙장이다. 35번째 숙장인 고유숙御油宿과 2킬로미터밖에 떨어져 있지 않은데, 도카이도에서 숙장 간 거리가 가장 짧은 구간이다. 이렇게 붙어 있던 아카사카숙과 고유숙 그리고 34번째 숙장인 요시다숙吉田宿은 메시모리온나가 많기로 유명했다. "고유숙이나 아카사카숙, 요시다숙이 없으면 무슨 연

장복사의 벚나무. 이별의 슬픔을 참지 못하고 자해한 여인을 기리기 위해 세운 절이다. 300년 풍상을 오롯이 버텨낸 벚나무가 참으로 아름다웠다.

고로 에도에 가는가"라는 말이 있을 정도로 활기가 넘쳤으니, 요즘으로 치면 사막 한가운데 지은 라스베이거스 같은 곳 아니었을까? 특히 아카사카숙은 혼진 네 채, 하타고 83채로 규모가 큰 편이었으며, 하타고 중에는 1649년에 개업해 2015년까지 영업한 오하시야大橋屋가 있었다. 도카이도에서 21세기까지 문을 연 숙박시설은 오하시야가 유일하다.

그 명맥이 오래 유지된 덕일까? 혼진이 원형에 가깝게 보존돼 있었다. 이별의 슬픔을 참지 못하고 자해한 여인을 기리기 위해 지은 장복사長福寺의 벚나무도 300년 풍상에 꺾이지 않고 곧게 서 있었다. 이 벚나무는 앞으로 오래도록 이곳에 남아 우리의 방문을 전해주리라.

통신사는 숙장에서 밥을 먹었을 텐데, 우리는 식당을 찾을 수 없어 국도를 따라 한참을 헤매야 했다. 그러다가 라면집을 발견했는데, 유명한 집인지 자그마치 45분을 기다렸다. 880엔짜리 스태미나라면을 시켰다. 잘게 썬 배추와 고춧가루를 듬뿍 넣어 시원하고 얼큰했다. 얇게 썬 돼지고기도 다섯 개나 들어 있었다. 볶음밥과 군만두도 시켰다. 입맛을 돋우는 맛이었다.

유녀의 노래가 감미로운 요시다숙

식사를 마친 후 다시 메이덴아카사카역으로 돌아가 메이테츠나고야본선을 타고 통신사가 머문 도요하시시豊橋市로 이동했다. 요시다숙이 있던 곳으로, 통신사가 묵은 오진사悟眞寺를 찾아 나섰다. 기록에는 굉장히 웅장하고 화려한 사찰이라고 나온다. 연못도 있고 그 주변으로 화초가 우거져 아름답다고 해 잔뜩 기대했다. 하지만 원형을 상상할 수 없을 정도로 완전히 변해 있었다. 다만 기록대로 큰 사찰이기는 했다. 사찰 내에 조성된 넓은 묘지와 유치원이 증거였다. 사찰의 역사를 물어보기 위해 주지를 찾았으나 아쉽게도 출타 중이었다. 부인과 딸이 나와 간단히 설명해주었으나, 다른 지역에서 시집온 탓인지 구체적으로 알지는 못했다. 예전에 부산대학의 어느 교수가 들렀다고 했다.

오진사 근처에는 다른 사찰도 많았다. 그렇다면 필시 도카이도가 근처에 있으리라 생각하고 부인에게 물었다. 역시나 가까운 곳에 도카이도가 있어 따라 걸었다. 곧 요시다성이 나왔다. 축성할 때 지은 이름은 이마하시성今橋城이었으나, 이마가와가문이 지배하면

오진사. 통신사가 묵은 곳으로 굉장히 웅장하고 화려했다고 하는데, 지금은 많이 변해서인지 그런 느낌을 받지 못했다. 다만 묘지가 매우 넓은 것은 확인했다.

서부터 요시다성으로 불렀다. 메이지유신 이후에는 요시다번이 도요하시번으로 개칭되면서 성 이름도 자연스럽게 도요하시성이 되었다. 지금은 가장 우여곡절이 많았던 시기의 이름인 요시다성으로 부른다. 토요천豊川에 인접해 석축을 쌓았다. 천수각은 사라지고 소나무와 망루만이 남아 옛 영화를 웅변하고 있었다.

요시다숙은 요시다성 아래 있는 핫초통八町通에 있었다. 동서로 2.6킬로미터 정도 뻗은 거리였다. 18세기 초에는 7,200여 명이 살았다고 한다. 19세기 초가 되면 혼진 두 채, 와키혼진 한 채, 하타고 65채가 들어서는데, 앞에서도 설명했듯이 유녀가 많기로 유명했다. 핫초통을 걷는데 "요시다 지나치려면 2층에서 부르네. 사슴 반점의 비단 소매를 한 여인이"라는 노래가 들리는 듯했다.

요시다성.

이 성은 이름이 두 번 개칭되었다.
축성할 때는 이마하시성이었으나 이후 요시다성으로,
메이지유신 이후에는 도요하시성으로 바뀌었다.
지금은 가장 우여곡절이 많았던 시기의 이름인
요시다성으로 부른다.

38 금절하에서 보여준 조선 관원의 기개 39

에도와 교토의 중간 관문 아라이관소

다음 행선지는 시즈오카현 하마마쓰시浜松市에 있는 벤텐지마역으로 정했다. 요시다숙에서 빠져나와 다시 메이테츠나고야본선에 몸을 실었다. 도요하시역에서 JR도카이도본선으로 갈아타니 곧 하마나호浜名湖가 드넓게 펼쳐졌다. 벤텐지마역에서 내려 차를 몰고 마중 나온 민박집주인을 만났다. 민박집은 도카이도 근처 고즈넉한 곳에 있었다. 상호가 '활어의 집 아사시오あさしお'였는데, 원주탄遠州灘, 즉 태평양에서 풍겨오는 바다 내음을 맡을 수 있었다. 창문을 여니 저 멀리 길이 630미터의 하마나대교가 자태를 드러냈다.

민박집에 묵는 손님은 우리 일행뿐으로 한산했다. 다음 날 아침 일찍 일어나 새벽바람을 맞으려고 창문을 여니 기분 좋은 해풍이 얼굴을 스쳤다. 햇살이 바다에 되비쳐 눈부셨다. 이곳에서 잡은 생선이 아침을 풍성하게 해줄 거라는 생각에 콧노래가 절로 나왔다. 그러나 기대가 크면 실망도 큰 법! 된장국에 아주 간단한 밑반찬 몇 개가 전부였다. 너무나 간소했다. 방값이 싼 탓이다. 나고야성에서 욕심 부리지 말자고 다짐한 것을 되새기며 감사하게 먹었다. 식사를 마치니 주인이 아라이관소까지 안내해주었다. 정식 명칭은 이마기레관소今切関所로 1600년에 설치했다. 관동의 요새인 하코네관소보다 20년이나 빨리 지은 것이다.

아라이관소는 벤텐지마역에서 한 정거장 거슬러 올라가면 나오는 아라이마치역新居町駅 근처에 있었다. 에도와 교토의 중간 지점이다. 요도성에서부터 통신사를 수행해온 인마는 이곳에서 되돌아갔다.

통신사는 황정荒井, 아라이, 기송記松으로 기록했다. 나고야에서 이곳까지의 길은 대체적으로 안락한 편이었다. 100여 리 길에 소나무가 줄지어 심겨 있는 데다가 풍광도 뛰어났다. 길은 해변에 접해 있고 갈대가 너울거렸다. 떼를 지어 날아가는 기러기의 울음소리가 통신사의 피로를 녹여주었다. 녹음이 땅에 가득하고 서늘한 기운이 길 위에 깔려, 온종일 가마를 타도 덥지 않았다. 객관 사이의 거리도 적당해 아침에 출발해 저녁이면 다음 객관에 도착했다.

아라이관소는 하코네관소와 더불어 관동지역을 방어하는 제일의 관문이었다. 드나드는 사람과 물품을 철저히 감시했다. 에도로 들어가는 장수들의 무기와 총을 모두 압수했고, 부녀자가 에도에서 나오지 못하게 했다. 수색이 굉장히 철저했는데, 관소를 지날 때는 가마의 창문을 열어야 했고, 삿갓과 두건도 벗어야 했다. 상처 입은 병사, 사망한 자, 불심자不審子는 신원을 보증해줄 사람이 없으면 통과시키지 않았다. 장삿배도 공문이 없으면 통과하지 못했다. 한번은 1682년 에도로 여행을 떠났던 시코쿠의 한 여인이 관소를 넘

아라이관소. 아라이관소는 하코네관소와 더불어 관동지역을 방어하는 제일의 관문이었다. 요도성에서부터 통신사를 수행해온 인마는 이곳에서 되돌아가고 통신사만 통과했다.

지 못한 적도 있었다. 공문에 '처녀'라고 써야 하는데 단지 '여자'라고만 썼기 때문이다. 누가 봐도 소녀의 복장을 하고 있었는데도, 공문의 내용이 정확치 않음을 이유로 돌려보냈다. 통신사가 검문당한 적도 있었다. 통신사 일행에 속한 어느 여인이 검문관에게 심문받은 것인데, 쓰시마번주가 하코네에서 파견한 에도 사람이라며 공문을 내보이자 비로소 통과시켰다.

검문소는 참 거북하고 불쾌한 곳이다. 검문관은 본분을 다한다고 생각하겠지만 당하는 처지에서 보면 완장을 찬 무소불위의 권력자 같은 존재다. 예나 지금이나, 한국이든 일본이든 중국이든, 나아가 서양이든 검문소는 다 비슷하다. 나는 철원에서 군복무를 했는데, 휴가를 얻어 버스를 타고 부대에서 나오면 만세교에 이르러 반드시 헌병의 검문을 받아야 했다. 철모를 쓰고 총을 쥔 헌병 앞에서 장교도 예외는 아니었다. 아라이관소도 그 엄격함이 뒤지지 않았다. 산킨코타이를 위해 에도로 향하던 후쿠이번주 마쓰다이라 요시나가松平慶永, 1828~90가 이곳을 통과할 때 가마의 문을 열고 검문관에게 인사했다는 기록이 있을 정도다.

아라이관소에는 57명 정도의 관리가 아침 6시부터 저녁 6시까지 교대로 근무했다. 1601년에는 36필의 전마傳馬와 도선渡船이 편성되어 있었다. 17세기 중엽이 되면 교통량이 비약적으로 증대해, 1638년 무렵에는 화물운반이나 토목공사에 종사하는 노동자인 닌소쿠人足 100명, 말 100필이 편성되었다. 도선은 아라이숙이 소유하고 있는 120척을 가져와 썼다. 부족하면 근처 마을이나 하마나호 연안, 시즈오카현의 서부지역인 엔슈遠州, 도토미국遠江国으로 오이천大井川의 이서以西, 아이치현의 동부지역인 미카와에서 조달했다. 정사 조태억의 행차 때는 아라이숙에서 157척, 엔슈에서 139척, 미카와에서 169척 등 총 465척을 동원했다.

만물상점 기이노쿠니야

아라이관소에 사료관이 있다고 해 갔더니 아쉽게도 월요일이라 휴무였다. 다행히 관소를 복원해놓아 당시 모습을 추측하는 데 부족함이 없었다. 옆에 고사츠바를 설치해 백성이 지켜야 할 여러 규정을 적어놓았다. 대문인 대어문大御門은 검게 칠했다. 성문처럼 문에 지붕을 올려 높이가 거의 6미터에 달했다. 목책도 검어 이곳을 통과하려는 사람들을 압도하기에 충분했다. 우리도 괜히 쭈뼛거릴 정도였다. 안으로 들어가자 거대한 소나무가 위용을 뽐내고 있었다. 관소에는 2층 모양의 지붕을 올렸다.

사료관 앞에는 수로도 있었다. 원래는 바다까지 이어지는 수로로 배가 통행했지만 지금은 지형이 변해 끊어져 있다.

아라이관소를 넘은 통신사는 아라이숙의 저택 40채에 나누어 숙박했다. 후지카와숙 쪽으로 이어지는 도카이도를 따라 걷자 실제로 길가의 집마다 숙장임을 알리는 표지판이 걸려 있었다. 아라이숙은 도카이도의 31번째 숙장으로, 전마소, 머리 묶는 집 등이 즐비하고 사람들로 북적거렸다. 머리 묶는 집은 말 그대로 여성의 머리를 묶어주는 집이었는데, 관소에서 쪽 찐 머리를 풀어헤쳐서까지 검문했기 때문에 생겨난 가게다. 이곳에는 그 유명한 기이노쿠니야紀伊国屋도 있었다. 2층짜리 나무집으로 하타고이자 만물상점이었다. 하타고로 돈을 벌어 전당포를 차리고, 전당포를 운영해 모은 자금으로 만물상점을 열었다고 한다. 이곳 특산품인 장어를 구워 팔았다.

길가에서 흥미로운 비석을 발견했다. 무인도에 표류한 이들의 이야기가 새겨져 있었다. 1719년 하타고이자 만물상점인 요로즈야万屋의 주인 츠츠야마 고베에筒山五兵衛 소유의 배가 먼바다로 나갔다. 원래 선원 11명이 타고 있었는데, 센다이번의 아라하마항荒浜港에서 화물감시인 한 명이 추가로 승선했다. 얼마 안 가 폭풍우를 만난 배는 무인도인 조도鳥島에 표착했다. 그들은 21년이나 무인도에 갇혀 있었는데, 12명 중 아홉 명이 죽고 세 명만이 살아남아 구조되었다. 애석하게도 그 세 명 중 두 명은 기력이 많이 상했는지 귀향 후

아라이숙의 기이노쿠니야. 단층처럼 보이지만 2층짜리 건물이다. 하타고로 돈을 벌어 전당포를 차리고, 전당포를 운영해 모은 자금으로 만물상점을 열었다.

2년을 버티지 못하고 세상을 떴다. 비석에는 선원들의 이름과 사망 시 나이를 적어놓았다.

아라이숙을 지나는 도카이도는 도요하시로 이어진다. 4.5킬로미터 떨어진 곳에 32번째 숙장 시라스카숙白須賀宿이 있다는 내용의 표지판이 홀로 길을 지키고 있었다. 그 부근에서 인마가 모여 대기하는 기마적寄馬跡과 혼진의 터를 발견했다.

조선 관원이 금을 강에 버리다

우리가 아라이숙을 찾아온 가장 큰 이유는 금절하, 속칭 투금포投金浦 또는 투금하投金河의 위치를 확인하기 위해서였다.

이도희 금절하라니, 이 근처는 죄다 바다인데 무슨 강이 있다고 해?

서인범 나도 그게 이상해. "수백 년 전에 스스로 갈라져서 하수가 되었다"라는 기록이 전해지기는 하는데, 믿을 수 없다고 의문을 품은 사람이 많아. 한번 꼭 보고 싶은데 말이야.

이도희 신비로운 이야기군. 이름이 '금절'인 것도 특이해. 그렇게 불린 이유는 기록되어 있어?

서인범 물론이지. 아주 재미있는 이야기가 있어. 정사 임광이 에도에서 장군을 알현하고 돌아올 때의 일이야. 그는 일본에서 받은 쌀과 찬을 남겨두고 오려고 했어. 너무 많아 도저히 지고 다닐 수가 없을 정도였거든. 예의상 돌려받을 수 없었던 일본인들은 장군에게 아뢰어 부피가 큰 쌀과 찬을 받는 대신 황금 170정錠을 선물했어. 당시 황금 1정이 6~7냥 정도였으니, 총 1,202~1,190냥인 셈이지. 임광은 이 금 역시 받을 수 없다며 강에 버렸다고 해. 바로 그래서 금절하야.

후세 사람들은 돈을 던진 강이라는 뜻에서 투금하라고도 불렀다. 이 사건은 조선 관원의 청렴함을 일본인에게 보여준 대표적인 사례로 길이 회자되었다. 에도시대의 기무라 리에몬木村理右衛門으로 추정되는 오키 게이코沖慶子가 서술한 아동용 역사서 『조선물어』朝鮮物語에도 "삼사는 일본에서 하사받은 은을 기뻐하지 않았다. 통신사는 수령한 은을 개인적으로 사용하지 않고 조선에 가져가지도 않았다. 귀국할 때 부교에게 전해 관장官藏에 들여보내도록 했다. 금은을 지참하고 귀국하면 타국에서 뇌물을 받은 것이 되어 사명使命을 욕

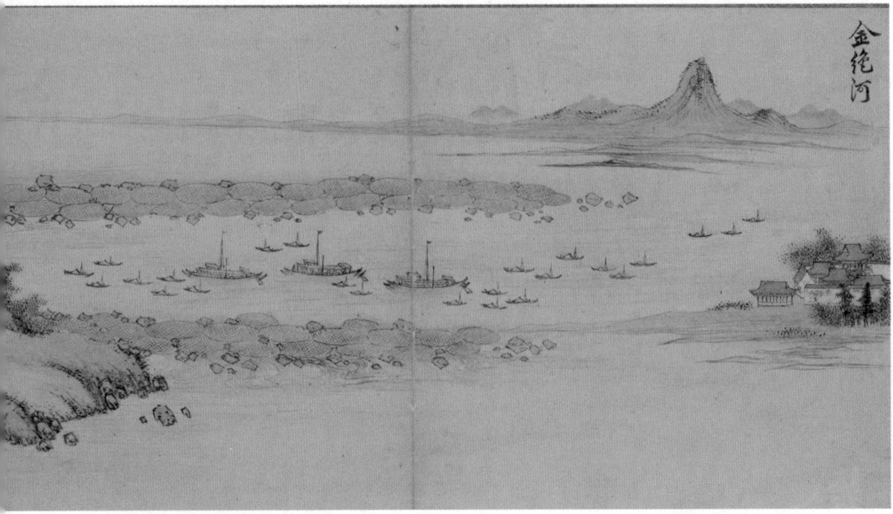

「사로승구도」의 제23폭 '금절하'. 임광은 일본인이 준 금을 받을 수 없다며 강에 버렸다. 조선 관원의 청렴함을 일본인에게 보여준 대표적인 사례다.

되게 한다고 생각했다"라고 기록했다. 이후의 통신사도 이를 본받아 연회에 사용했던 모든 물자를 객관에 그대로 남겨두거나 쓰시마번에 전달했다.

그런데 통신사의 이러한 행동은 전혀 예상 못 한 결과를 낳았으니 바로 쓰시마번을 혼돈에 빠뜨린 것이다. 쓰시마번주는 통신사가 장군의 선물 등을 가져가지 않을 경우 자신이 처벌받을까 봐 굉장히 두려워했다. 그래서 이를 금이나 은으로 바꿔놓고 통신사가 부산에 도착할 때를 기다렸다가 재빨리 건넸다. 그러면 통신사와 쓰시마번주 사이에 작은 실랑이가 벌어졌다. 통신사는 쓰시마번이 긴 여행을 돕고 배를 수리하느라 이래저래 쓴 비용이 많을 테니 가져가 공금에 보태라고 하고, 쓰시마번주는 본인이 썼다가는 장군에게 불벼락을 맞는다며 어서 가져가시라고 했다. 실랑이가 길어지면 조선이 쓰시마번에서 수입해가는 면포의 값을 받지 않는 조건으로 쓰시마번주가 금은을 받기도 했다. 서로 돈을 가져가라며 애걸하다니 요즘 같아서는 상상도 못 할 일이다.

김상일 임광의 청렴함이 대단하네요. 그런데 궁금한 게 있습니다. 연행사는 중국 황제에게 하사받은 물품을 조선으로 가지고 돌아와 임금에게 보고하잖습니까? 그런데 통신사는 어째서 일본 장군에게 받은 금은을 가져오려고 하지 않았죠?

서인범 당시 조선의 중국과 일본에 대한 인식 차이가 드러나는 대목입니다. 황제에게 받은 것은 굉장히 소중하게 여겼어요. '하사', 즉 윗사람에게 받은 것이니까요. 반대로 일본은 야만의 나라이자 철천지 원수의 나라였습니다. 통신사 파견도 외교전략상 어쩔 수 없이 한다는 인식이 강했죠. 그러니 돈을 받을 수 있었겠어요? 치욕이라 여겼던 겁니다.

김상일 그렇군요. 여하튼 금은을 강에 버리지 말자고 주장하는 이는 없었나요?

서인범 당연히 있었습니다. 금은을 가지고 가 궁궐 짓는 비용이나 중국 사신을 접대하는 비용으로 쓰자는 의견이 나왔어요. 하지만 대부분 통신사는 임금을 존대하고 나라에 충성하는 뜻이 아니라고 반대했죠.

후세 사람들은 임광의 정신을 우러러 사모했다. 일본군 위안부 문제에도 금절하의 사례를 참조할 수 있지 않을까? 일본의 역사인식이 변하지 않은 상황에서 100억 원에 일본군 위안부 문제가 '불가역적으로' 해결되었다고 주장하는 이들에게 선조들은 뭐라 말할까?

금절하의 실체를 찾아서

역사의 교훈으로 삼기 위해서라도 금절하를 찾았으면 좋으련만, 결국 발견하지 못했다. 다만 관련 자료를 워낙 많이 찾아봐 꼭 가본 것만 같았다. 대신 신춘호 교수에게 받은 자료에 소개돼 있던 신궁사神宮寺를 찾아갔다. 매우 작고 한적한 사찰이었다. 대충 둘러보고 나오려는 순간 유난히 밝게 빛나는 간판이 눈에 띄었다. 그 내용을 보고 만면에 미소가 번졌다. 세키쇼이나리신사關所稻荷神社였다. 이 신사에는 금절하와 관련된 이야기가 전해진다. 정사 윤지완 일행이 배를 타고 금절하를 건널 때 이를 담당한 하타모토旗本 쓰치야 슈제이土屋主稅가 꿈을 꿨는데 벼의 여신 이나리稻荷가 요진사要津寺를 지키고 있었다. 영험한 꿈임을 직감한 슈제이는 가로 등을 시켜 아라이관소 북쪽 부지에 사당을 짓게 하고는 돈독하게 신봉했다. 이것이 바로 세키쇼이나리신사로 길을 지나는 많은 여행객이 참배하러 들렀다. 그러다 보니 근처에 찻집들이 들어서고 사람이 점점 많아졌다. 이후 200여 년간 아라이숙 번창의 근원이 돼 사람들에게 존숭받았다는 이야기다.

통신사 관련 이야기를 들어보고자 신사의 벨을 눌렀다. 한국에서 왔다고 말하자 기다리라는 답변이 돌아왔다. 잠시 후 50대 중반의 가마다 가쿠도鎌田嶽道 주지가 얼굴을 내밀었다. 가마다 주지는 청바

가마다 주지(가운데). 호쾌한 성격의 가마다 주지는 통신사가 묵은 아라이숙에 관한 각종 자료를 보여주었다.

지를 입을 정도로 개성 넘치고 활달하며 도량이 넓은 성품의 소유자였다. 이전에도 호세이대학法政大學의 한국 연구자가 찾아온 적이 있다고 했다. 시간이 있으면 차 한잔하자며 우리를 안으로 이끌었다. 부인이 녹차를 내왔다. 아라이숙의 배치도, 신궁사의 내력을 소개한 글과 관련 사진자료 등을 보여주었다.

서인범 통신사와 관련 있는 신사라는 얘기를 듣고 이렇게 찾아왔습니다. 에도시대에도 지금 위치에 있었나요?

가마다 아닙니다. 세 번 정도 위치가 바뀌었어요.

서인범 그렇군요. 그러면 혹시 금절하나 또는 이마기레구치今切口에 관

이마기레가와. 가마다 주지와 대화하며 금절하가 실은 이마기레가와가 아닌지 추측해보았다. 어떤 강인지는 정확한 사료가 남아 있지 않아 특정하지 못했다.

해 들어보신 적 있나요? 통신사가 남긴 기록을 보면 100여 년 전에는 육지였으나 풍랑으로 호수의 물이 넘쳐 결국 바다와 통하게 되었다고 합니다.

가마다 재미있는 이야기지요. 일단 아쉽게도 금절하는 현존하지 않습니다. 어떤 강이나 하천을 금절하라고 특정하지는 않는다는 것이지요. 다만 이마기레가와今切河를 말하는 게 아닐까 싶네요. 이마기레구치는 잘못 표기한 것일 테고요. 어제 숙박하셨다는 곳에서 보이는 큰 다리가 이마기레가와를 가로지릅니다. 지진으로 육지가 갈라져 바닷물이 들어왔다고 하는데 세월이 워낙 많이 흘러 애초의 모습은 찾아볼 수 없어요.

가마다 주지의 말이 맞는다면 통신사의 설명은 잘못된 것이다. 통신사가 말한 호수는 하마나호로 원래는 마이자카숙舞坂宿과 대안의 아라이숙까지 이어진 모래톱으로 단절된 담수호淡水湖였다. 그런데 명응明應 7년1498 일어난 대지진과 쓰나미로 모래톱이 붕괴했다. 다음 해에도 폭풍우가 휘몰아치고 대홍수가 나 모래톱이 완전히 무너져 호수와 바다가 이어졌다. 이후 모래톱이 무너진 곳을 이마기리라 부르며 배로 건넜다.

도토미 팔경 시오미자카

얘기를 마친 가마다 주지가 잠시 생각해보더니 통신사 관련 기록은 사찰에 없다고 했다. 주지가 없던 시절이 있었는데 그때 어떤 이유에서인지 사찰의 고문서 일부가 사라졌다는 것이다. 아쉬운 마음에 작게 탄식하니 그가 고사이시湖西市 교육위원회에 전화해 통신사 관련 기록이 어디에 있는지 물어봐주었다. 마침 시립도서관에 관련 논문이 있다고 해 방문을 약속했다.

가마다 시립도서관에 통신사 관련 자료가 있어 다행입니다. 그런데 선생님들은 이곳에 어떻게 오셨나요? 시오미자카潮見坂를 지나오셨나요?

서인범 아니요. 저희는 자동차로 이동하는 게 아니라서 시오미자카는 볼 수 없었어요. 통신사가 그곳을 지나 아라이숙에 도착했다는 기록은 확인했습니다.

시오미자카. 여기서 보는 풍경은 도토미 팔경 중 하나다. 통신사는 저 멀리 보이는 바다를 보며 감탄하면서도 황폐한 촌락의 곤궁함을 알고는 안타까워했다.

가마다 통신사의 길을 따라 걸으시는데, 시오미자카를 빼놓으시면 안 되죠! 제가 안내해드리겠습니다.

전혀 예상하지 못한 호의로 시오미자카를 둘러보게 되었다. 일명 염견판鹽見坂으로 불리던 곳이다. 통신사는 이곳이 바다와 통한다며 그 경치의 아름다움을 칭송하면서도 촌락이 황폐해 생활이 곤란함을 안타까워했다.

가마다 주지가 모는 차가 도카이도를 달리다가 산 쪽으로 꺾어 들자 언덕이 나왔다. 불량배가 많아 경찰이 순시한다는 내용의 팻말이 걸려 있었다. 그만큼 외진 곳이었다. 시오미자카는 일종의 고개다. 이번 답사는 주로 열차를 이용했기에 고개를 보지 못했는데,

가마다 주지 덕분에 시오미자카에 오를 수 있었다. 정상에 오르자 바다가 한눈에 들어왔다. 한켠에 간판을 세워 "도토미 팔경八景 중 하나가 시오미자카에서 바라다보는 일몰"이라고 써놓았다. 오미에 살던 자가 이곳을 지나면서 '오미 팔경'에 빗대어 '도토미 팔경'이라 부른 게 시초라 한다. 도쿠가와가 노부나가에게 차를 대접한 곳이기도 하다. 통신사도 산길을 걷다가 시오미자카에 오르면 일순 저 멀리까지 바다가 펼쳐지는 풍광에 입을 다물지 못했으리라.

다시 가마다 주지의 차를 타고 돌아오는 길에 입장적立場跡이라고 쓰인 팻말을 발견했다. 입장은 숙장과 숙장 사이에 여행객이나 인부, 마부, 가마꾼 등이 휴식을 취할 수 있도록 설치한 찻집을 가리킨다. 어느 높은 사람이 "입장마다 물 마셔 물 마셔라고 하는데 붕어나 금붕어가 아님에야"라는 우스갯소리를 남겼단다. 누군지는 모르겠으나 그의 실없는 농담에 웃으며 가마다 주지와 헤어질 수 있었다. 그는 마지막까지 친절을 베풀었는데, 시즈오카현에서 발행한 조선통신사 책자를 구매해서 보내주겠다고 약속했다. 우연히 만난 가마다 주지 덕분에 아마기레가와에 관한 이야기도 듣고 시오미자카도 구경할 수 있었다. 답사를 마칠 때쯤 그가 보내준 책도 받았다.

39 후지산은 일본에서 두 번째로 높다 40~42

엉성하게 쌓았지만 400년을 버틴 하마마쓰성

통신사는 아라이관소에서 100여 보 떨어진 선착장까지 교자를 타고 이동했다. 배를 타는 곳에는 돗자리가 깔렸는데, 일본이 교자에서 내린 통신사가 땅을 밟지 않도록 배려한 것이다. 통신사가 탈 배로는 누선 여섯 척과 작은 배 300여 척이 동원되었다. 누선은 겨우 네다섯 명만이 앉을 수 있는 작은 배였다. 검게 옻칠해 마치 거울처럼 풍경이 비치고, 2층으로 꾸민 난간에 영롱하게 채색한 장막을 덮어 굉장히 아름다웠다.

우리는 열차로 움직였다. 아라이마치역 근처에서 멸치 등의 치어로 만든 시라스덮밥을 먹고 하마마쓰역으로 갔다. 하마마쓰는 지명에 송松 자가 들어 있을 정도로 소나무가 많은 곳이다. 통신사는 띠처럼 정연하게 늘어진 소나무숲을 걸었다. 시들거나 바람에 쓰러진 것 외에는 가지 하나 잘리지 않았다. 일본 법령의 엄격함을 몸소 체험하는 계기가 되었다.

하마마쓰성. 이에야스가 엔슈 공략을 위해 축조한 성이다. 성주 중 노중으로 승진한 자가 많아 '출세의 성'으로도 불린다. 하지만 직접 보니 이름만큼 화려한 성은 못 되었다.

이곳의 영주도 통신사가 행차할 때 주민들을 강력히 단속했다. 항상 예의 있게 행동할 것, 오본お盆축제 시에 염불하지 말 것 등을 강제했다. 통신사에게는 이곳의 특산품인 귤을 내놓았다. 각 마을마다 야채와 사슴 고기, 멧돼지 고기를 바치도록 했다. 고기는 깨끗한 통에 넣어 소금에 절이는 방식으로 통신사가 올 때까지 신선하게 보관했다.

하마마쓰역에서 도보로 10여 분 거리의 루트인 호텔에 묵었다. 한 시간가량 휴식을 취한 후 하마마쓰성을 보러 길을 나섰다. 앞서 언급한 NHK의 대하드라마 「여자 성주 나오토라」의 무대가 되는 성이다.

하마마쓰성은 이에야스가 엔슈 공략의 거점으로 삼기 위해 축조한 성으로, 성주를 지낸 이 중에서 노중으로 승진한 자가 대거 나와 '출세의 성'으로도 불린다. 성의 별칭도 그러하고 대하드라마의 배경이 된다기에 화려할 것으로 기대했으나 막상 가서 보니 많이 쇠락했다. 게다가 다른 성과 달리 돌을 엉성하게 쌓은 듯했다. 그런데 이는 짧은 생각이었다. 나처럼 여기는 이가 많은지 안내판에는 "엉성하게 쌓은 듯하지만 이 성이 400여 년을 버틴 것은 축성기술이 뛰어난 덕분이다"라고 쓰여 있었다. 사람들의 보는 눈이 다 비슷하다는 생각에 웃음이 나왔다.

다음 목적지는 미쓰케숙見附宿으로 다이묘가 통행할 때 6척尺, 대략 18미터 봉을 휴대한 병사들이 인마의 출입을 검문하며 치안을 유지하던 곳이다. 원주탄까지 길게 뻗은 덴류천天龍川을 따라 만들어진 마을로 '물에 접한 토지'라는 뜻의 미쓰케로 불렸으나, 지금은 이와타磐田로 명칭이 바뀌었다. 통신사는 이곳에서 처음으로 후지산富士山을 보았다.

통신사는 배 60여 척을 연결한 부교를 걸어 덴류천을 건넌 다음 미쓰케숙에서 점심을 해결했다. 조선인이 멧돼지 고기를 좋아한다는 것을 안 일본인들은 도야마촌에서 미리 멧돼지를 포획해 소금에 절여 이곳으로 운반했다. 닭고기, 파, 고추, 참깨 등도 제공했다. 접대에 굉장히 신경 쓴 것인데, 통신사가 당도하기 2년 전부터 옛 사례를 치밀하게 조사했다. 예전에는 어떤 물자를 준비했는지, 어느 마을에 협조를 구했는지 등을 일일이 검토했다. 이를 바탕으로 소나무, 땔나무, 띠, 등나무 끈, 대나무, 짚과 새끼로 만든 자리거적 등을 각 마을에 부과했다.

산의 정치학

하마마쓰역에서 JR도카이도본선을 타고 텐류천을 건넌 우리는 이와타역에 내려 무인 물품보관함에 짐을 놓고 관광안내소를 찾아갔다. 직원에게 통신사 이야기를 꺼내자 갑자기 뒤쪽에 있던 중년 남성과 노인이 반가운 듯 말을 걸어왔다. 알고 보니 미쓰케 교류회의 회원들이었다. 한국에서 온 연구자들이 반가웠는지 신나게 이 지역의 도카이도와 유적지에 관한 이야기를 풀어냈다. 그것도 모자랐는지 회장에게 전화해 자초지종을 설명하고 한 시간 정도 답사 안내를 약속받아주었다. 회장을 만나기로 한 장소에 가자 중절모를 쓴 노인이 우리를 기다리고 있었다. 74세의 이데노 도키오出野時男 회장이었다. 이데노 회장은 인사를 마치자마자 우리를 이끌고 곧바로 서광사西光寺로 향했다.

사찰까지 가는 길에 미쓰케숙의 옛 거리임을 알리는 비석을 발견했다. 본격적으로 도카이도로 접어들자 와키혼진이 모습을 드러냈다. 바로 뒤에 최근에 다시 수축한 오차야도 있었다. 무료로 운영돼 누구든지 가벼운 마음으로 들어가 차를 마시며 쉴 수 있게 해놓았다. 통신사가 왕래할 당시에도 이처럼 쉴 수 있는 곳이 길 곳곳에 있어 여행객의 피로를 풀어주었으리라. 무엇보다 길 자체가 걷기 편했다. 이번 답사에서 가장 놀랐던 것은 어디를 가도 길이 참 잘 닦여 있다는 점이었다. 통신사가 편히 걷도록 바닷가에서 작은 돌을 골라 모아 길에 깔고 그 위에 모래를 뿌린 다음 단단히 다져 먼지가 일지 않았다는 말이 실감 났다.

서광사. 이에야스가 별장으로 사용하던 곳으로 그 때문인지 대문을 성문처럼 만들어놓았다. 그 외에는 전반적으로 소박했다.

우리도 통신사처럼 편히 걸어 서광사에 도착했다. 이 사찰은 이에야스가 별장으로 사용하던 곳이다. 대문을 성문의 일종인 약의문藥醫門처럼 만들어놓았는데, 바깥쪽으로 약간 기울어져 있어 더 크고 훌륭하게 보인다. 그 외에는 전반적으로 소박했다. 다만 유독 녹나무와 죽백나무가 많아 사찰 경내를 뒤덮을 정도였는데, 연분을 맺어주는 기운이 있다고 해 근방에서 유명하단다. 사찰에서 알려준 대로 해야 소원이 이루어진다니, 여러모로 이 시대의 정령신앙이지 않은가!

서광사를 나와 총사摠社로 발걸음을 옮겼다. 막부시대에는 중앙에서 파견한 국부国府, 그 이전에는 총사대신摠社大神가 지역의 행정을 돌볼 뿐 아니라 그곳의 신사를 전부 돌며 기도해야 했다. 그런데 미쓰케

총사. 막부시대에 중앙에서 파견한 국부가 기도를 올린 신사다. 원래는 지역의 모든 신사를 돌며 기도해야 하지만 귀찮았던지 이곳에 신들을 전부 몰아 한 번만 의식을 치렀다.

지역의 국부는 그 일이 귀찮았던지 이곳에 신들을 전부 몰아 한 번만 의식을 치렀다. 귀찮은 일은 어떻게든 간소화하려는 사람의 심정은 그때나 지금이나 변함이 없다.

총사 옆에는 일본에서 가장 오래된 학교인 미쓰케학교見付學校가 있었다. 1875년에 지은 서양식 목조건물로, 개교한 첫 해에 남자 176명, 여자 115명이 입학했다. 작은 칠판에 석필로 글을 쓰며 공부하는 학생모형이 있었다. 책에 쓰인 글은 히라가나가 아니라 가타가나였다.

이데노 당시 교과서에는 후지산이 일본에서 두 번째로 높은 산이라고 쓰여 있었어요. 그 이유를 짐작하시겠습니까?

미쓰케학교. 1875년에 지어진 일본에서 가장 오래된 학교다. 안으로 들어가니 공부하는 학생모형이 있었는데, 책에 쓰인 글이 히라가나가 아니라 가타가나였다.

서인범 글쎄요, 잘 모르겠습니다. 측량이 잘못되었거나 아니면 신화 등에 나오는 산을 첫 번째로 둔 것 아닐까요?

이데노 그런 이유라면 차라리 좋았을 텐데요. 당시 일본은 제국의 길을 걷고 있었습니다. 청일전쟁에서 패배한 청나라가 타이완을 일본에 할양한 게 1895년이지요. 일본은 그 몇십 년 전부터 타이완을 자국령이라고 생각하고 있었습니다. 그러다 보니 타이완의 옥산玉山을 일본의 가장 높은 산으로 가르친 것이죠.

옥산은 해발 3,952미터, 후지산은 해발 3,776미터다. 메이지시대에 타이완을 일본령으로 인식한 일본인들의 생각이 놀라웠다.

계속해서 통신사와 관련 있을 법한 사찰을 탐문했다. 장군이 차를 마신 대견사大見寺, 이에야스와 관련된 이야기를 품은 선광사宣光寺를 차례로 둘러보았다. 다케다 신겐武田信玄, 1521~73과의 전투에서 패한 이에야스는 상대의 진군을 막으려고 불을 질렀는데, 이때 많은 부하가 죽었다. 훗날 선광사의 지장보살에게 죽은 자들의 명복을 빌고 종을 만들어 기진했다. 다만 종을 치는 봉은 만들지 않았으니, 이에야스를 치는 형상을 피하기 위해서였다. 제2차 세계대전 때 무기를 주조하기 위해 이 종도 공출될 뻔했으나, 이에야스의 명문이 있어 피해를 면했다.

이데노 회장은 노구를 이끌고 두 시간 넘게 통신사 관련 유적을 안내해주었다. 그의 지식보따리에는 없는 게 없었다. 굉장히 유익했다. 시간이 늦어 연신 고마운 마음을 전하고 헤어졌다. 그런데 아뿔싸, 이와타역으로 돌아가려는데 버스가 없었다. 아침 여섯 시부

선광사. 신겐과의 전투에서 패한 이에야스는 상대의 진군을 막기 위해 불을 질렀는데, 이때 많은 부하가 죽었다. 훗날 이들의 명복을 빌어준 곳이 바로 선광사다.

터 일곱 시까지, 오후 네 시부터 여섯 시까지 시간마다 한 대만 운행한다고 했다. 어쩔 수 없이 택시를 탔다.

산보다 높은 가케가와성의 천수각

역에서 과자를 사 관광안내소에 전달하고 가케가와역掛川駅으로 가는 열차에 몸을 실었다. 『해행총재』에는 현천懸川으로 기록된 가케가와는 들이 널찍하고 기름진 데다가 바다에도 연해 있어 어염魚鹽으로 수익을 많이 내는 고장이었다. 산꼭대기에 우뚝 솟은 가케가와성의 천수각이 하늘을 찌를 듯하고, 성 아래에는 여염과 상점 수천 호가 모여 있어 눈이 어지러울 지경이었다고 한다.

긴지로의 동상. 에도시대 후기의 경세가이자 농정가, 사상가다. 그래서 인지 동상도 오른손에는 책을 들고, 등에는 땔감을 진 모습이다.

역에 내려 주위를 둘러보니 니노미야 긴지로二宮金次郎, 1787~1856의 동상이 세워져 있었다. 본래 이름은 니노미야 다카노리二宮尊德로, 에도시대 후기의 경세가, 농정가農政家, 사상가다. 동상도 오른손에는 책을 들고 등에는 땔감을 진 모습이었다. 긴지로는 1787년에 가나가와현神奈川県 오다와라시小田原市 교외의 풍족한 농가에서 태어났다. 하지만 강이 빈번하게 범람해 논밭이 황폐해지자 먹을 식량이 없을 정도로 가난해졌다. 부친까지 병이 들자 그나마 있던 논밭마저 다른 사람에게 넘어갔다. 긴지로는 모친과 함께 낮에는 산에 올라 땔감을 줍고 밤에는 늦게까지 짚신을 만들었다. 그 와중에 조금이라도 틈이 나면 공부에 열중했다. 하지만 하늘도 무심하게 13세에는 부친이, 15세에는 모친이 눈을 감았다. 그와 형제들은 각자 다른 친척 집에 맡겨져 생이별하게 되었다. 이 모든 역경에도 긴

가케가와성. 천수각이 산 위에 있어 매우 높아 보였다. 1854년에 대지진으로 무너진 것을 1994년에 재건했다.

지로는 굴하지 않고 열심히 일해 돈을 모아 20세가 되던 해에 논밭을 되사들였다. 마을 사람들은 그의 노력에 감동했다. 이러한 성실함이 막부에도 전해져 인정받기에 이르렀다. 이후 황폐해진 마을을 재건하는 데 크게 이바지했다. 죽을 때까지 더 좋은 세상을 만들기 위해 일하고 공부했다. 그의 이러한 마음자세는 많은 사람에게 감동을 주었다. 일본의 초등학교라면 으레 그의 동상이 세워져 있을 정도다.

역에서 대기하고 있던 택시기사가 가케가와성이 멋있으니 한번 보라고 권유했다. 그의 말대로 멋진 성이었다. 해자를 따라 걸어가자 번소가 나왔다. 성내로 출입하는 사람들을 검문하거나 경비를 담당하는 자들이 대기하던 곳이다. 통신사의 기록대로 천수각이 산

위에 있어 매우 높아 보였다. 1854년 동해지역을 뒤흔든 대지진에 무너진 것을 1994년 재건했다고 한다. 통신사의 길을 따라 걸으며 답사한 대부분 성은 자연재해나 제2차 세계대전의 전화로 파괴되었다가 재건한 역사가 있다.

장군에게 166회 참부한 상관장

성에서 나와 통신사가 숙박한 천연사天然寺에 들렀다. 사찰 옆에는 데지마 상관장이었던 의사 헤이스버르트 헤메이Gijsbert Hemmij, 1747~98가 잠들어 있는 묘지가 있었다. 그는 일행 70명과 제11대 장군 이에나리를 알현하고 데지마로 돌아가는 중에 병이 들어 이곳 혼진에서 51세의 나이로 죽었다. 그의 묘는 어묵 모양으로 만들어 매우 독특했다. 묘지 표면에 네덜란드어로 글귀를 새겼는데, 풍우와 이끼로 판독이 어려웠다. 1925년에 비석을 세워 그를 기렸다.

데지마는 에도시대에 일본이 네덜란드, 중국과 무역하던 창구다. 네덜란드는 세키가하라전투가 있기 반년 전에 처음으로 모습을 드러냈는데, 1609년 니콜라스 파위크Nicholas Puyck가 슨푸에서 이에야스를 알현하고 통상을 허락받았다. 처음에는 히라도에 상관商館을 개설했다. 이후 히라도 상관장은 1633년부터 매년 1회 에도로 가 장군을 배알함으로써 통상을 허가해준 데 대해 예를 표했다. 이를 에도 참부參府라고 한다. 하지만 1635년에 막부는 쇄국령鎖國令을 발표하고, 4년 뒤인 1639년에는 포르투갈선의 내항을 금지시켰다. 1641년에는 상관을 데지마로 옮겼다. 1790년 이후에는 에도

▲**데지마.** 에도시대에 일본이 네덜란드, 중국과 무역하기 위해 만든 창구로 인공섬이다. 이곳의 상관장은 총 166회나 에도 참부를 수행했는데, 그 정도로 네덜란드는 일본에 공을 들였다.

▼**상관장 헤메이의 묘지.** 이에나리를 알현하고 데지마로 돌아오는 중에 병을 얻어 이곳에서 죽었다.

참부를 4년에 1회로 축소했다. 상관장이 에도 참부를 수행한 횟수가 166회에 달한다는데, 막부와 교류를 이어가려 한 네덜란드의 노력이 엿보이는 대목이다.

가케가와숙은 도카이도의 26번째 숙장이다. 거리에는 그 옛날의 숙장을 재현하려는 듯 포장마차가 들어서 있었다. 1843년에는 혼진 두 채, 하타고 30채 등 960채의 주택이 들어서 있었고, 인구는 3,443명이었다. 통신사는 천연사만이 아니라 원만사円滿寺, 점사店舍에도 묵었다. 경우에 따라 민가에 묵기도 했다. 앞으로 가야 할 길에 있는 하천의 물이 불면 하루 정도 더 체류하기도 했다. 오이천에 홍수가 났을 때는 이틀이나 더 머물렀다. 통신사가 오래 체류할수록 가케가와번의 재정부담도 1,000냥에서 3,000냥으로 급격히 증가했다. 통신사가 도착했을 때는 마냥 신기해하고 좋아하던 백성도 통신사가 오래 머물수록 불만을 토로했음이 당연하다.

40 건너려야 건널 수 없는 오이천 43, 44

택배 서비스의 원조 삼도비각

원망을 듣지 않으려면 빨리 떠나는 게 상책이란 소리다. 마음을 다잡고 총을 차듯 카메라를 목에 걸었다. 다시 출발이다. 가케가와역에서 열차를 타니 15분 만에 가나야역金谷駅에 도착했다. 차밭으로 빼곡한 산이 우리를 반겨주었다. 그 유명한 마키노하라다원牧之原大茶園으로, 푸르른 초목도 인상적이었지만 차밭의 신선함과 새큼함이 지친 심신의 원기를 회복시켜주는 듯했다. 역 근처에 있던 안내판을 보니 이곳의 차밭은 동양 제일의 규모로 면적이 5,000헥타르에 이른다고 했다. 1869년 제15대 장군 요시노부가 슨푸로 이주할 때 보좌한 무사가 처음 개척했다. 찻잎을 따 1~3분 정도 쪄내는 게 특징이란다. 참고로 시즈오카현은 2016년도 기준 일본 국내 차 생산량의 39퍼센트를 차지하는 등 차를 가장 많이 만드는 지역이다.

안내판을 제외하고는 정보를 얻을 수 있는 곳이 없어 일단 언덕을 따라 걸어 내려갔다. 곧 마을이 나왔는데, 산으로 둘러싸여 움푹 파인 지형에 형성되어 있었다. 또 다른 안내판에 성벽이 남아 있다는 내용이 있어 걸음을 재촉했다. 성벽은 못 찾고 대신 일리총 터를 발견했다. 앞에 세워진 표지판에 "1746년의 『도카이도순람기』東海道巡覽記에 따르면 팽나무를 심었다"라고 적혀 있었다. 근처를 서성이다가 지나가던 이에게 혼진의 위치를 물었다. 지역 교류센터 앞에 관련 유적지가 있다고 했다. 가나야숙은 도카이도의 24번째 숙장이다. 이곳에 머물던 여행객들은 에도로 가기 위해 오이천을 건너야 했는데, 홍수가 나면 발이 묶일 수밖에 없었다. 자연스레 숙장의 규모는 점점 커져 1791년이 되면 혼진 두 채, 와키혼진 한 채, 하타고 52채가 들어선다. 그중 몇 채는 화재와 대지진으로 소실되기도 했다.

낯선 이의 안내로 찾아간 곳에 정말로 혼진, 와키혼진 유적지가 있었다. 독특한 정비각문옥定飛脚問屋, 일명 삼도옥三度屋 유적지도 볼 수 있었다. 가나야숙은 에도와 오사카를 정기적으로 왕복하는 삼도비각三度飛脚, 또는 삼도정비각三都定飛脚을 운영했는데, 비각은 서신, 금전, 환어음, 화물 등을 수송하는 직업이나 그 직에 종사하는 자를 가리킨다. 쉽게 말해 일종의 택배 서비스다. 민간이 운영했으며, 한 달에 세 번, 즉 2일, 12일, 22일에 출발했다. 편지는 주간에만 배송했으며, 주야로 쉬지 않고 가는 특별급행은 에도에서 오사카까지 6일만에 주파했다.

오이천의 차디찬 물에도 자리를 지킨 일본인들

가나야숙을 다 둘러보고 오이천을 건넜다. 열차를 탔는데, 순식간에 하천을 건너 후지에다시藤枝市에 도착했다. 이와타시와 시즈오카시의 경계에 있는 도시로 전형적인 베드타운bed town이다. 지금이야 아무 힘 들이지 않고 오이천을 건널 수 있지만 옛날에는 "하코네 8리는 말을 타고 넘을 수 있지만 오이천은 건너려야 건널 수 없다"라는 말이 돌 정도로 도카이도의 유명한 난소難所였다. 가나야숙에서 점심을 먹고 한숨 돌리던 통신사의 눈앞이 깜깜해졌으리라.

오이천은 3,000미터급 산들로 구성된 남알프스에서부터 흘러 내려온다. 일본의 하천 중에서도 손꼽히는 급류다. 에도시대에는 에도 방위를 위해 다리를 놓거나 배를 정박시키지 않았다. 물결이 세고 급하기가 화살 같아 부교를 설치할 수도 없었다. 연간 강수량도 3,000밀리미터나 돼 물이 불었을 때는 도강을 아예 포기해야 했다. 수위가 76센티미터를 넘지 않을 때 말을 타고 건널 수 있었고, 106센티미터가 넘으면 걸어서만 건널 수 있었다. 136센티미터가 넘으면 강에 접근하지 못하게 막았다. 어떤 경우든 혼자서 건너는 것은 매우 위험했기에 강 양안에 도강을 돕는 인부를 350명씩 편성해놓았다. 이들이 목말을 태우거나 가마를 들거나 하면서 여행객이 강을 건너게 해주었다.

정사 필 저기 보게. 오이천일세. 물이 굉장히 세차구먼.

종사관 듣던 것 이상입니다. 보기만 해도 아찔하네요.

정사 필 강 양안의 인부 수백 명이 보이는가? 저들이 우리 가마를 들어 줄 걸세.

종사관 목마를 태워주기도 하네요. 그런데, 저것 좀 보십시오! 인부들이 물속으로 쑥 들어가는데요!

정사 필 몸이 물 밖으로 많이 나와 있을수록 급류의 영향을 더 받는다네. 그래서 조금이나마 편하게 건너려고 물속으로 들어가는 게지. 여하튼 인부들의 고생이 대단했어. 찬비라도 내리면, 또 찬바람이라도 불면 어떠했겠는가? 그런 날이면 얼굴은 하얗게 되고 입술은 푸르게 변했지. 허리 아래가 얼어 몸은 또 어찌나 떨던지. 그래도 그 태도에 흐트러짐이 없어 다들 일본의 법령이 얼마나 엄격한지 알게 되었다네.

통신사가 오이천을 안전하게 건널 수 있도록 인부 1,400여 명이 동원되었다. 정사 조엄이 강을 건널 때는 인부 5,506명이 힘을 썼다. 나무로 만든 들것 위에 가마를 올리고 떠내려가지 않도록 굵은 밧줄로 묶었다. 들것 주위로 인부가 네 명씩 들러붙어 급류를 조금이나마 누그러뜨렸다. 강물이 어찌나 찬지 인부들의 살은 얼고 입에서 서린 김이 나왔다. 온몸을 덜덜 떨었다. 오이천을 무사히 건넌 통신사는 고마운 마음에 인부들에게 술과 음식을 보냈다. 그들은 감사하다며 연신 머리를 숙였다.

일본은 통신사가 오이천과 하코네 8리를 무사히 지나면 도쿠가와 고산케 중 한 명인 기이번주를 시켜 위로연慰勞宴을 열어주었다. 통신사가 무사하다는 소식이 에도에 당도하면, 막부가 축하의 서신

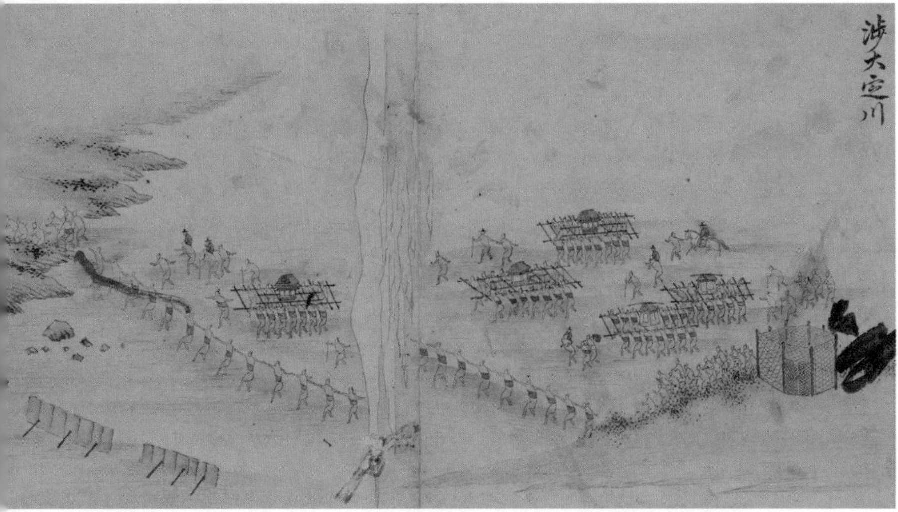

「사로승구도」의 제25폭 '오이천'. 그림이 잘 묘사했듯이 일본인들은 몸으로 오이천의 물살을 막아내며 통신사의 도강을 도왔다. 강물이 굉장히 찼기 때문에 일본인들은 온몸을 덜덜 떨면서도 누구 하나 대열을 흐트러뜨리지 않았다.

을 보낼 정도였다.

우리는 열차를 타고 오이천을 건넜기 때문에 다행히도 저런 고생을 겪지 않아도 되었다. 안도하면서도 약간은 아쉬운 마음이 들었는데, 여행의 진면목은 저런 고생이 아닌가 하는 생각에서였다. 주로 열차를 이용하다 보니 주요한 역사의 현장을 놓친 경우가 허다해 아쉬움을 금할 수 없었다.

예상 못 한 실망감과 예상 못 한 기쁨

우여곡절 끝에 후지에다에 도착한 통신사는 이곳이 바둑판 같다고 감상을 적었다. 높은 곳에 올라 내려다보면 1,000리나 뻗은 기름진 들판에 경계가 분명하게 나뉜 논밭이 가득했기 때문이다. 우리가 도착했을 때는 논에 심은 모가 바람에 넘실거리고 있었다. 답사를 시작했을 때는 논에 막 물을 대고 있었는데, 여러 현県을 거치는 동안 벼가 그만큼 자란 것이다. 감회가 새로웠다.

통신사는 동운사洞雲寺, 오와리주와 기이주의 오차야, 민가 등에 짐을 풀었다. 우리는 후지에다역 앞의 호텔에 방을 잡았다. 김상일 교수는 개인적인 용무가 있어 나와 이도희만 답사에 나섰다. 일단 동운사에 가기로 했는데 호텔 직원은 걸어서 30분 이상 걸린다고 했다. 이미 지칠 대로 지쳤던지라 택시를 불렀다. 15분 정도 달렸을까? 도카이도를 따라가다가 작은 하천을 건너 왼쪽으로 꺾으니 동운사가 나왔다. 거대한 나무들이 숲을 이뤄 사찰을 옹위하고 있었다. '홍법대사'라고 쓰인 편액과 시다군志太郡의 88개 사찰 중 동운사가 첫 번째 사찰이라고 알리는 푯말이 가장 먼저 보였다.

사찰에 관해 이것저것 물어보기 위해 사택의 벨을 눌렀다. 아주머니가 문을 열고 빼꼼히 얼굴을 내밀었다. 정중하게 통신사의 자취를 찾아왔다고 말을 건네자 문을 활짝 열어주었다. 집 안으로 들어가 앉으니 녹차를 한 잔 주었다. 남편인 주지는 다른 일로 출타 중이라면서 본인은 이곳에 통신사가 묵었다는 것 정도만 알고, 게다가 오래전에 불이 나 통신사 관련 자료도 남아 있지 않다고 했다. 우리가 실망해하자 대신 2015년에 통신사의 길을 걸은 여행객들의 사진을 보여주었다. 헛헛한 마음에 주위를 둘러보니 웬걸 풍광이 매우 아름다운 것 아닌가! '계성산색'溪聲山色이라고 쓰인 편액과 참으로 어울렸다. 당송팔대가唐宋八大家 중 한 사람인 소동파蘇東坡, 1037~1101의 시에서 따온 글귀다.

동운사. 사찰 주위로 거대한 나무들이 마치 숲처럼 사찰을 둘러싸고 있었다. 시다군의 88개 사찰 중 첫 번째 사찰이다.

냇물소리 그대로가 부처님의 장광설이요,
산빛이 어찌 청정법신이 아니랴
溪聲便是長廣舌 山色豈非淸淨身

방에서 보이는 정경은 온통 파랬다. 몇 개의 부처상을 나무 사이에 배치해놓았다. 잔잔한 물소리와 부드러운 푸른빛이 마음을 편하게 해주었다. 아, 예상 못 한 실망감과 예상 못 한 기쁨이 연신 교차하는 게 여행의 묘미인 것을!

사찰의 격을 높이는 소나무

호텔로 되돌아오는 길에 신불습합神佛習合의 신인 냐쿠이치왕자若一王子를 받든 냐쿠이치오지신사若一王子神社에 들렀다. 미나모토노 요시이에源義家, 1039~1106가 오슈의 난을 평정하러 갈 때 들러 무운장구武運長久를 기원한 신사다. 그때 오래된 소나무를 휘감고 있던 등나무 줄기에서 꽃이 곱게 피어났다. 이를 본 그는 작게 노래 불렀다.

"소나무에 꽃 피운 등나무 가지의 일왕자一王子의 황거는 풍족해 수천 년을 지났네."

노래를 마친 요시이에는 신사에 소나무를 심었다. 이후 이 소나무는 '1,000년의 소나무'로, 이 지역 일대는 '등나무 가지'[藤枝]라는 뜻의 '후지에다'로 불리게 되었다.

요시이에의 아름다운 이야기에 마음이 동해 호텔로 바로 가지 말고 다른 사찰들도 마저 둘러보기로 했다. 우선 가까운 연생사蓮生寺로 향했다. 그런데 이 사찰도 화마에 모든 사료를 소실했다는 것 아닌가! 산불이 옮겨붙었다고 했다. 다만 700년을 묵묵히 견뎌낸 향나무가 홀로 곧아 사찰의 역사를 전해주고 있을 뿐이었다. 일본의 사찰이나 성 등은 대부분 나무로 지어져서인지 유독 불에 약하다. 화재로 소실된 건물이나 사료가 헤아릴 수 없으니 안타까울 따름이다.

연생사 근처에 연화사지蓮華寺池가 있다고 해 가보았다. 작은 동산에 둘러싸여 있는 연못으로 도시의 바쁜 삶에서 잠시 벗어나 편히 쉴 수 있는 공간이었다. 연못가에는 후지에다시 향토박물관도 있어 찾아가보았다. 건물을 붉은색으로 칠해 시선을 사로잡았다. 문학관도 겸하고 있다는데, 통신사 관련 자료는 딱히 없어 그냥 나왔다.

아쉬움이 남아 계속 시내를 돌아다니다가 입이 다물어지지 않을 정도로 멋진 소나무를 발견했다. 일련상인日蓮上人이 심었다는 대경사大慶寺의 흑송黑松이었다. 가지를 어찌나 넓게 뻗쳤는지 세상을 품을 듯했다. 천연기념물로 현지인들은 '구원久遠의 소나무'로 부르는데, 구원은 『법화경』에 나오는 말로 '영원'을 의미한다. 실제로 750년 이상 된 소나무라 한다. 크기도 거대했다. 둘레 5미터, 높이 27미터에, 옆으로 퍼진 가지는 30미터에 달했다. 보는 이를 압도했다. 지지대를 몇 개 설치했지만 지탱하는 게 힘들어 보였다. 소나무는 용틀임하며 생을 이어가는 듯했다.

다음으로 도착한 곳은 정정사正定寺였다. 이곳에도 유명한 흑송이 있다. 에도시대에 다나카번주가 심은 것인데, 그는 일곱 가지 복을 내리는 신인 벤자이텐弁財天을 열심히 믿는 이로 정정사에서 참배했다. 정말 벤자이텐이 도왔는지 그는 크게 출세했고 이를 기념해 정정사에 흑송을 심었다는 것이다. 그 후 '본원本願의 소나무' '소원을 달성하는 소나무'로 불리게 되었다. 이 흑송도 우산 모양으로 가지를 넓게 뻗쳤다.

모든 답사를 마치고 호텔로 가기 위해 세토천瀨戶川을 가로지르는 승초교勝草橋를 건넜다. 하천을 따라 소나무가 심겨 있었다. 넓게 뻗친 가지로 더위를 식혀주어 고마웠다.

흑송.
후지에다 시내에 있는 소나무로
대경사의 일련상인이 심었다고 한다. 천연기념물이며
'구원의 소나무'로 불린다. 수령이 750년 이상이라는데,
그래서인지 정말 거대했다.

정정사의 흑송. 에도시대에 평소 벤자이텐을 열심히 믿은 다나카번주가 정말로 출세하자 이를 기념하기 위해 정정사에 심었다고 한다. 이후 '소원을 달성하는 소나무'로 불리게 되었다.

항상 푸른 소나무와 달리 이곳의 도카이도 주변은 많이 쇠락해 보였다. 상점은 많이 들어서 있으나 대부분 문을 닫았다. 한 채소가게에서 노부부가 무료하게 시간을 때우고 있었다. 이곳 후지에다숙은 도카이도의 22번째 숙장으로 통신사가 지날 적에는 나름 활기 넘치는 곳이었다. 우키요에浮世絵, 일종의 풍속화 화가 우타가와 히로시게歌川広重, 1797~1858가 속옷 차림의 인부들이 가마를 운반하는 모습, 등의 땀을 닦아내는 모습 등을 재미있게 묘사하기도 했다.

후지에다숙은 2킬로미터 정도 뻗어 있는데, 그 중심에 도이야가 있었다. 마을이나 촌이 하나의 숙장을 구성하는 다른 숙장과 달리 연도沿道에 인접한 여러 마을이 숙장의 업무를 분담했다. 그중 가장 중요한 건 상전마정上傳馬町과 하전마정下傳馬町이었다. 상전마정에서는 교토에서 에도로 가는 화물을, 하전마정에서는 에도에서 교토로 가는 화물을 취급했다. 하타고와 상가 670채가 다닥다닥 붙어 있어 늘 여행객들로 붐볐다고 한다.

「도카이도53차」로 보는 에도시대의 풍경

「도카이도53차」東海道五十三次는 히로시게가 도카이도의 53개 숙장을 그린 판화다. 에도시대 일본의 생활상을 생생히 묘사했다. 통신사는 교토와 에도 사이를 이동할 때 도카이도를 주로 이용했다.

그림별로 숙장의 이름과 에도시대의 행정구역명, 현재의 행정구역명을 밝혔다.

1. 시나가와숙品川宿 | 무사시국武蔵国 에바라군荏原郡 | 도쿄도東京都 시나가와구品川区

2. 가와사키숙川崎宿 ▎무사시국 다치바나군橘樹郡 ▎가나가와현神奈川県 가와사키시川崎市 가와사키구川崎区

3. 가나가와숙神奈川宿 ▎무사시국 다치바나군 ▎가나가와현 요코하마시横浜市 가나가와구神奈川区

4. 호도가야숙程ヶ谷宿 | 무사시국 다치바나군 | 가나가와현 요코하마시 호도가야구保土ヶ谷区

5. 도쓰카숙戸塚宿 | 사가미국相模国 가마쿠라군鎌倉郡 | 가나가와현 요코하마시 도쓰카구戸塚区

6. 후지사와숙藤沢宿 ▮ 사가미국 고자군高座郡 ▮ 가나가와현 후지사와시藤沢市

7. 히라쓰카숙平塚宿 ▮ 사가미국 오스미군大住郡 ▮ 가나가와현 히라쓰카시平塚市

8. 오이소숙大磯宿 ▎사가미국 유루기군淘綾郡 ▎가나가와현 나카군中郡 오이소정大磯町

9. 오다와라숙小田原宿 ▎사가미국 아시노시모군足下郡 ▎가나가와현 오다와라시小田原市

10. 하코네숙箱根宿 ▌사가미국 아시노시모군 ▌가나가와현 아시가라시모군足柄下郡 하코네정箱根町

11. 미시마숙三島宿 ▌이즈국伊豆国 기미사와군君沢郡 ▌시즈오카현静岡県 미시마시三島市

12. 누마즈숙沼津宿 ▍스루가국駿河国 슨토군駿東郡 ▍시즈오카현 누마즈시沼津市

13. 하라숙原宿 ▍스루가국 슨토군 ▍시즈오카현 누마즈시

14. 요시와라숙吉原宿 ▌스루가국 후지군富士郡 ▌시즈오카현 후지시富士市

15. 간바라숙蒲原宿 ▌스루가국 이하라군庵原郡 ▌시즈오카현 시즈오카시静岡市 시미즈구清水区

16. 유이숙由比宿 ▌스루가국 이하라군 ▌시즈오카현 시즈오카시 시미즈구

17. 오키쓰숙興津宿 ▌스루가국 이하라군 ▌시즈오카현 시즈오카시 시미즈구

18. 에지리숙江尻宿 ▌스루가국 이하라군 ▌시즈오카현 시즈오카시 시미즈구

19. 후추숙府中宿 ▌스루가국 우도군有度郡 ▌시즈오카현 시즈오카시 아오이구葵区

20. 마리코숙鞠子宿 ▎스루가국 우도군 ▎시즈오카현 시즈오카시 스루가구駿河区

21. 오카베숙岡部宿 ▎스루가국 시다군志太郡 ▎시즈오카현 후지에다시藤枝市

22. 후지에다숙藤枝宿 ▎스루가국 시다군 ▎시즈오카현 후지에다시

23. 시마다숙島田宿 ▎스루가국 시다군 ▎시즈오카현 시마다시島田市

24. 가나야숙金谷宿 ▌도토미국遠江国 하이바라군榛原郡 ▌시즈오카현 시마다시

25. 닛사카숙日坂宿 ▌도토미국 사야군佐野郡 ▌시즈오카현 가케가와시掛川市

26. 가케가와숙掛川宿 ▎도토미국 사야군 ▎시즈오카현 가케가와시

27. 후쿠로이숙袋井宿 ▎도토미국 야마나군山名郡 ▎시즈오카현 후쿠로이시袋井市

28. 미쓰케숙見附宿 ▎도토미국 이와타군磐田郡 ▎시즈오카현 이와타시磐田市

29. 하마마쓰숙浜松宿 ▎도토미국 후치군敷知郡 ▎시즈오카현 하마마쓰시浜松市 나카구中区

30. 마이사카숙舞坂宿 ▎도토미국 후치군 ▎시즈오카현 하마마쓰시 니시구西区

31. 아라이숙新居宿 ▎도토미국 후치군 ▎시즈오카현 고사이시湖西市

32. 시라스카숙白須賀宿 ▌도토미국 하마나군浜名郡 ▌시즈오카현 고사이시

33. 후타가와숙二川宿 ▌미카와국三河国 아쓰미군渥美郡 ▌아이치현愛知県 도요하시시豊橋市

34. 요시다숙吉田宿 ▌미카와국 아쓰미군 ▌아이치현 도요하시시

35. 고유숙御油宿 ▌미카와국 호이군宝飯郡 ▌아이치현 도요카와시豊川市

36. 아카사카숙赤坂宿 ▌미카와국 호이군 ▌아이치현 도요카와시

37. 후지카와숙藤川宿 ▌미카와국 누가타군額田郡 ▌아이치현 오카자키시岡崎市

38. 오카자키숙岡崎宿 ▌미카와국 누가타군 ▌아이치현 오카자키시

39. 지류숙池鯉鮒宿 ▌미카와국 헤키카이군碧海郡 ▌아이치현 지류시知立市

40. 나루미숙鳴海宿 ▎오와리국尾張国 아이치군愛知郡 ▎아이치현 나고야시名古屋市 미도리구緑区

41. 미야숙宮宿 ▎오와리국 아이치군 ▎아이치현 나고야시 아쓰타구熱田区

42. 구와나숙桑名宿 ▌이세국伊勢国 구와나군桑名郡 ▌미에현三重県 구와나시桑名市

43. 욧카이치숙四日市宿 ▌이세국 미에군三重郡 ▌미에현 욧카이치시四日市市

44. 이시야쿠시숙石薬師宿 ▌이세국 스즈카군鈴鹿郡 ▌미에현 스즈카시鈴鹿市

45. 요노숙庄野宿 ▌이세국 스즈카군 ▌미에현 스즈카시

46. 가메야마슉亀山宿 ▎이세국 스즈카군 ▎미에현 가메야마시亀山市

47. 세키슉関宿 ▎이세국 스즈카군 ▎미에현 가메야마시

48. 사카시카숙坂下宿 ▌이세국 스즈카군 ▌미에현 가메야마시

49. 쓰치야마숙土山宿 ▌오미국近江国 고카군甲賀郡 ▌시가현滋賀県 고카시甲賀市

50. 미나쿠치숙水口宿 ▎오미국 고카군 ▎시가현 고카시

51. 이시베숙石部宿 ▎오미국 고카군 ▎시가현 고난시湖南市

52. 구사쓰숙草津宿 ▌오미국 구리타군栗太郡 ▌시가현 구사쓰시草津市

53. 오쓰숙大津宿 ▌오미국 시가군滋賀郡 ▌시가현 오쓰시大津市

41 슨푸의 오고쇼는 건재하다 45

늙어서도 비범했던 사나이 이에야스

시즈오카행 기차에 올랐다. 시즈오카에는 스루가국의 정무를 집행하는 기관이 있어 슨푸 또는 후추라 불렸다. 앞에서 서술했듯이 제1대 장군 이에야스는 8세 때 요시모토의 인질이 된 후 19세가 될 때까지 이곳에서 생활했다. 이후 요시모토가 죽자 인질의 신분에서 벗어나 세력을 키워 미카와 태수가 되고 이어 1583년에 슨푸성을 짓기 시작해 4년 만에 완공한다. 성 아랫마을도 정비해 번영의 토대를 마련한 이에야스는 에도막부가 시작된 지 4년만인 1607년에 슨푸성으로 거처를 옮긴다. 이때 장군에서 오고쇼의 자리로 물러나는데, 1616년 죽을 때까지 실권을 놓지 않고 '에도의 장군'을 조종하며 정치를 좌지우지했다. 당시 슨푸는 에도, 오사카, 교토 다음으로 인구가 많았으며, 정치, 경제, 문화 면에서는 에도를 뛰어넘었다. 하지만 1868년 들어선 메이지정부가 도쿠가와가문의 연고지라는 이유로 지명을 바꿔버리는데, 지역의 명산인 천기산賤機山에서 이름을 따와 시즈오카로 개칭했다.

통신사가 보기에 시즈오카는 산으로 빙 둘러싸이고 물이 가로놓여 있어 방어에 절대적으로 유리한 천혜의 요새였다. 게다가 슨푸성은 완고하고 물자는 풍부해 관방關防의 형세를 제대로 갖춘 듯 보였다.

종사관 이에야스가 비록 오고쇼로 물러났다고는 하나 실권을 쥐고 있었으니 통신사는 이에야스를 알현해야 할지, 아니면 제2대 장군 히데타다를 알현해야 할지 헷갈렸을 듯합니다. 가령 정사 여우길은 일본에 도착할 때까지도 이에야스가 자기 아들에게 양위한 사실을 몰랐다고 하던데요?

정사 필 그랬지. 나중에 이 사실을 알고는 적잖이 당황해했네. 여우길은 일단 슨푸성에 있는 이에야스에게 국서를 전달한 후 에도로 가겠다고 했어.

종사관 실권을 쥔 이에야스를 더 중요하게 생각한 거로군요. 막부 측에서 응하던가요?

정사 필 아니지. 새로이 장군으로 등극한 히데타다를 만나는 게 사리에 맞는다며 응하지 않았어.

당시 이에야스는 서신을 써 자신이 이미 양위해 국서를 받을 수 없으니, 대신 통신사가 귀국할 때 접견하겠다는 뜻을 전했다. 통신사가 조선으로 돌아가는 길에 잠시 청견사淸見寺에 머물자 자신의 배를 보내 바다를 유람시켜주는 호의를 베풀기도 했다. 이에야스의 배는 굉장히 화려했다. 금은으로 장식하고, 좌우에 각각 노 36개를 두었다. 이때 길이 300척尺, 90미터, 너비 70척21미터이 넘는 남만인의 배와 조우했다고 한다. 선원들이 평지를 거닐듯, 거미가 실을 타듯 줄을 타고 돛대에 오르는 기술을 보고 혀를 내둘렀다. 날쌘 원숭이도 당해낼 수 없을 거라며 눈이 휘둥그레졌다.

통신사는 유람 다음 날 관대를 갖추고 슨푸성에 들어가 이에야스를 만나 재배례再拜禮를 행했다. 중요한 자리니만큼 굉장히 자세하게 기록해두었는데, 짧게 소개하면 이렇다.

"이에야스는 관복을 갖추고 서협당西俠堂에 앉았다. 단차가 있는 방이다. 예물을 서쪽 기둥 밖에 차려놓았다. 정사가 중당에 들어가서 재배례를 행하고는 동쪽 벽에 앉았다. 당상역관 두 사람은 기둥 밖에서 재배례를 행했다. 예를 끝내고 나오는데 관복을 갖추고 외당外堂에서 문안드리는 왜관倭官이 얼마인지 그 수를 셀 수 없었다. 이에야스의 좌석 옆에는 별다른 도구가 놓여 있지 않았다. 기둥 밖에 왜관 대여섯 명이 명령받을 뿐이었다. 히데타다의 처소와 똑같았다. 그의 나이는 66세였다. 형체는 장대했으며, 기력은 쇠로衰老하지 않았다."

당시 이에야스는 비록 오고쇼로 물러나 있었지만 여전히 에도의 장군 이상으로 권력을 행사하고 있었다. 재미있는 점은 그런 그가 통신사를 접견한 방이 매우 소박했다는 것이다.

모든 이가 이에야스를 활력 넘치는 모습으로 묘사한 것은 아니다. 여우길이 이에야스를 접견하고 2년이 지나 스페인의 필리핀식

민지 총독 로드리고 데비베로Rodrigo de Vivero, 1564~1636가 필리핀에서 출발해 뉴스페인미대륙의 스페인 식민지로 향하던 중 태풍을 만나 표류한 끝에 일본에 표착했다. 에도성에 들른 후 슨푸성에서 이에야스를 알현한 데비베로는 『일본견문록』에서 그에 대한 인상을 이렇게 기록했다.

"이에야스는 늙었고 죽음을 두려워해 아들보다도 많은 병사와 무기를 갖추고 조심스럽게 생활하고 있다. 황제, 즉 장군의 의복은 청색 빛이 나는 직물에 은으로 별이나 반달을 자수해 넣었다. 허리에 칼을 차고 있고, 머리에 모자 등을 쓰고 있지 않았다. 머리를 색 있는 끈으로 묶었다. 황제의 나이는 60세 정도로 보통 키의 노인이었다. 존경할 만한 유쾌한 용모였다. 아들 히데타다보다 비만이었다."

이에야스는 스페인과의 교역에 관심을 품고 데비베로에게 돌아갈 배를 내주었다. 데비베로의 묘사처럼 외모는 평범했지만 국제정세를 꿰뚫어보는 통찰력을 지녔던 것이다.

조모의 사랑에 보은하다

『해행총재』에는 통신사가 보태사宝泰寺 또는 화양원華陽院에서 숙박했다고 기록돼 있다. 정사 조엄은 이 두 곳이 같다고 보았다. 어떻게 생각했든 두 사찰을 모두 이에야스의 원당으로 파악한 점에서는 차이가 없다. 앞에서 대덕사는 여러 사찰을 원院으로 두고 있다고

화양원. 이에야스는 3세 때 모친과 떨어졌는데, 이후 조모가 지극정성으로 키웠다. 조모의 부탁으로 화양원의 주지가 이에야스에게 글을 가르치기도 했다. 이에야스는 조모의 사랑을 한시도 잊지 않았다. 화양원이란 이름 자체도 조모를 생각하는 마음이 반영된 것이다.

설명했다. 보태사와 화양원의 관계도 이와 비슷한 것 아니었을까? 그런데 따지고 보면 화양원은 정토종이고 보태사는 선종 계열인 임제종이다. 그렇다면 조엄이 단순히 착각한 것 아니었을까?

우리는 먼저 화양원을 보기로 했다. 후추사라고도 불리는 이곳은 이에야스의 조모 겐오니源應尼, 1492~1560의 보리사다. 인터넷에서 찾아보니 아오이구葵区 다카죠鷹匠에 있다고 나왔다. 히요시초역日吉町駅에서 가까웠고, 히요시초 보육원 옆에 붙어 있어 쉽게 찾을 수 있었다. 사찰에는 묘비가 많았다. 묘지인지 사찰인지 구분하기 어려울 정도였다. 나무들이 그늘을 드리워 망인을 위로하고 있었다.

이에야스가 인질로 잡혀 있을 때 화양원 근처에 출가한 조모가 거주했다. 조모는 3세 때 모친과 떨어진 그를 정성으로 키웠다. 조모의 부탁으로 화양원의 주지가 이에야스에게 글을 가르치기도 했다. 이에야스는 이러한 조모의 사랑을 한시도 잊은 적이 없다. 화양원이 옛 이름인 지원원知源院을 버리고 지금의 이름을 얻은 것도 조모를 생각하는 그의 마음이 반영된 결과다. 슨푸로 물러난 이에야스는 1609년 조모의 서거 50주기를 맞아 법요를 베풀었다. 이때 조모의 법명을 좇아 절의 이름을 화양원으로 고쳤다. 경내에는 조모의 묘와 측실 사이에서 낳은 딸로 다섯 해를 넘기지 못하고 죽은 도쿠가와 이치히메德川市姬, 1607~10의 묘도 있었다. 근처에 측실의 묘도 조성했다.

에도시대의 화양원은 부지가 매우 넓었다고 한다. 바로 앞에 도카이도가 있어 부근이 굉장히 번성했다. '화양원 문전 마을'이라는 호칭이 생길 정도였다.

화양원을 뒤로하고 보태사로 발걸음을 옮겼다. 후에 조사해보니 시즈오카역에서 도보로 3분 거리였다. 우리는 화양원을 먼저 들른 탓에 빙 돌아갔다. 아오이구 덴바정傳馬町에 있었다. 통신사뿐 아니라 류큐 사절도 이곳에 머물렀다.

보태사에 도착하니 한창 공사 중이었다. 1940년의 대화재와 제2차 세계대전의 전화 탓에 옛 모습이 거의 남아 있지 않다는데, 가뜩이나 공사장 인부들이 출입을 통제해 내부를 확인할 수 없어 못내 아쉬웠다. 바깥에서 슬쩍 보니 널찍하게 지어져 여행객이 편히 쉬었을 듯싶다. 후원後苑에는 이름을 알 수 없는 기화요초가 심겨 있고, 일찍이 보지 못한 기암괴석奇巖怪石이 열 지어 연못을 에워싸고

보태사. 우리가 방문했을 때는 공사 중이어서 제대로 보지 못해 아쉬웠다. 슬쩍 보니 후원이 굉장히 아름답게 꾸며져 있었다.

있었다. 하지만 볼 수 있는 건 그게 전부였다. 통신사가 숙박했을 때의 구체적인 모습은 이제 상상 속에서나 볼 수 있으려나.

자리를 뜨기 아쉬워 서성이다가 작업 중이던 목수와 이야기를 나눌 수 있었다. 다행히도 사찰을 완전히 없애는 게 아니라 무너뜨린 후 새로이 짓는다고 했다. 경내를 보고 싶다고 말하자 입구를 알려주었다. 조심스럽게 들어가니 노스님이 홀로 정원의 화초를 가꾸는 중이었다. 몇몇 통신사는 보태사가 일본에서 제일 아름다운 사찰이라고 평했는데, 과연 산문 안쪽으로 소나무, 벚나무, 돌이 조화를 이루고 있었다. 정원에는 물길을 내고 그 위로 돌다리를 놓았다. 철쭉이 연꽃, 단풍과 어울려 수려했다.

노스님에게 혹시 통신사와 관련된 자료가 있느냐고 묻자 남은 게

▲**슨푸성**. 이에야스가 은거하기 위해 축성했다. 전국의 다이묘들이 협력했고 각지에서 우수한 기술자와 양질의 자재가 모였다. 일본 역사상 가장 큰 천수각이 있었다고 하는데, 화재로 소실돼 지금은 볼 수 없다.

▼**이에야스의 동상**. 왠지 모르게 서양인처럼 생겼다는 느낌이 강하게 들었다.

없다며 퉁명스럽게 답했다. 별로 관심 없다는 태도였다. 확실히 일본도 시골보다 대도회지의 인심이 박했다.

후에 보태사의 주지 후지와라 도엔藤原東演이 쓴 글을 읽으니 사찰에 『조선인래빙각서』朝鮮人來聘覺書가 세 부 남아 있다고 해 아차 싶었다. 이 세 부는 각각 1711년, 1719년, 1784년의 것으로 통신사가 사찰에 들르기 반년 전 마을의 역인이 사전조사차 방문했을 때 작성한 것이라고 한다. 건물이나 방의 상태를 일일이 살피고 신축해야 할지, 개수해야 할지 정했다.

보태사와 화양원을 모두 보았으니 이제 이에야스가 머문 슨푸성을 볼 차례다. 후추성 또는 시즈오카성으로도 불린다. 천하의 이에야스가 은거할 성인 만큼 전국의 다이묘들이 협력했다. 각지에서 우수한 기술자와 양질의 자재가 모였다. 지금은 성 일부를 공원으로 조성해 많은 이가 휴식을 취하고 있었다. 일본 역사상 가장 크게 지었다는 천수각은 아쉽게도 실화로 소실돼 볼 수 없었다. 성의 해자는 3중으로 만들었는데, 제일 안쪽 해자를 흙으로 메운 상태였다. 망루는 20년 전에 재건한 것으로 전통공법을 따랐다고 한다. 천수각 발굴조사가 한창 진행 중이었다. 이에야스의 동상을 설치해놓았는데 왠지 서양인 같다는 느낌이 강하게 들었다.

42 통신사를 감동케 한 절경 중의 절경 청견사[46]

나무인가 용인가

다음 날에는 청견사를 방문했다. 많은 통신사가 이곳에서 절경 중의 절경을 보았노라고 기록했다. 정사 조엄은 청견사의 절경이 일본 제일의 절경으로 유명한 토모노우라와 백중지세라고 치켜세웠다. 토모노우라가 탁 트여 시원하다면 청견사는 사시四時의 봄빛이 무척 아름답다고 했다.

이런 청견사를 둘러볼 생각에 감정이 고조되고 괜히 긴장되었다. 기화요초로 잘 꾸민 정원에서 드넓은 바다를 보며 시를 읊는 통신사의 모습이 눈앞에 아른거렸다. 시즈오카역에서 열차를 타고 오키쓰역興津駅에서 내렸다. 청견사에 가려면 역에서 시미즈항清水港 쪽으로 가야 했는데, 버스 편이 없어 택시를 타야 했다. 도카이도를 따라 달리던 택시가 사찰로 이어지는 계단 앞에 멈춰 섰다. 한 단 한 단 차근차근 오르며 마음을 가다듬었다. 그렇게 다다른 사찰 바로 앞으로 철도가 나 있었다. 그 풍경이 어디선가 본 듯해 묘하게 향수

▲**청견사**. 이곳에서 바라보는 바다가 그렇게 아름다웠다는데, 지금은 조선소가 시야를 가로막고 있어 통신사가 느낀 감동을 누릴 수 없다.

▼**나한상**. 청견사의 산문 좌측에 나한상 500개가 어지럽게 흩트러져 있다. 18세기 전국을 덮친 기근으로 피폐해진 사람들의 마음을 위로하기 위해 안치한 것이다.

불전을 모신 건물. 편액에 '흥국'이라고 쓰여 있는데, 조형이 썼다.

가 일었다. 산문으로 들어서며 잠시 뒤돌아 바다를 바라보았다. 아쉽게도 항구의 조선소가 시야를 가로막고 있었다. 언젠가 그 멋진 풍경을 다시 볼 날이 있겠지!

산문에는 동해명구東海名区라고 쓰인 편액이 걸려 있었다. 통사 현덕윤이 쓴 글씨였다. 경내는 조용하고 아늑했다. 인적도 없었다. 오로지 사찰 뒤편으로 빽빽하게 심은 나무들만이 바람에 흔들리며 우리를 반겼다. 흘러간 세월이 단박에 느껴질 정도로 거대한 수목들이었다. 산문 좌측에는 돌로 만든 나한상羅漢像 500개가 어지럽게 흩트려져 있었다. 1783년 전국을 덮친 기근으로 피폐해진 사람들의 마음을 위로하기 위해 안치한 것이다. 표정이 각양각색이었다. 여성의 얼굴도, 하늘을 응시하는 얼굴도 있었다. 어딘가에 친한 이

「사로승구도」의 제26폭 '청견사'. 에도시대의 청견사를 볼 수 있는 그림이다. 푸른 바다와 병풍처럼 둘러쳐진 산이 절경 중의 절경이라 불린 이유를 알게 한다.

의 얼굴이 숨어 있을 것 같았다. 불전을 모신 건물의 편액에는 '흥국'興国이라고 쓰여 있었는데, 정사 조형의 글씨였다.

서인범 통신사는 청견사를 절경 중의 절경이라고 했는데, 어떤가요?

김상일 글쎄요, 솔직히 말해 많이 변한 것 같습니다. 일단 절 앞으로 대해가 바라다보여 시야가 확 트였다고 했는데, 지금은 조선소가 가로막고 있죠. 사찰 앞으로는 돛단배와 노 젓는 배가 유유히 바다 위를 미끄러지고, 사찰 뒤로는 산이 병풍처럼 둘러쳐 있다는 통신사의 기록이 무색합니다.

통신사의 기록처럼 에도시대의 청견사는 지금과 매우 다른 모습이었다. 당시에는 사찰 앞으로 망망대해가 아득히 펼쳐져 있고, 포구 밖에 떠 있는 섬은 소나무로 가득해 푸른 보석처럼 보였다고 한

번매. '용이 기어가는 듯한 매화나무'라는 뜻에서 '와룡매'라고도 불린다. 정확한 길이를 재기 위해 비단을 사용했다고 한다.

다. 지금은 조선소의 얽히고설킨 전선과 시미즈시와 시즈오카를 잇는 바이패스Bypass, 일본의 자동차 전용도로 때문에 절경이라는 표현이 어울리지 않는다.

그래도 실망하기 이른 것은 '번매'幡梅가 있기 때문이다. 부사 강홍중은 청견사의 번매가 천하장관天下壯觀 중의 하나라고 치켜세웠다. 번매는 가지가 몹시 굽은 나무다. 그 모습이 놀라 구불거리는 용이나 뱀 같았다고 한다. 좌우의 곁가지 길이는 3간間, 대략 5.5미터으로 꽃이 피면 향이 어찌나 진한지 취할 지경이었단다.

우리도 그 번매를 보았다. 참으로 기이한 모양이었다. 안내판에는 '와룡매'臥龍梅, 즉 '용이 기어가는 듯한 매화나무'라고 쓰여 있었다. 400여 년의 풍상을 견딘 번매의 가지가 꿈틀거리며 옆으로 뻗어나가는 듯했다.

청견사를 가득 채운 통신사의 시와 그림

번매를 감상한 후 웅대한 종루를 지나 본전으로 들어섰다. 입장료 300엔을 내야 했다. 한 스님이 사찰을 안내하고 있었는데, 주지는 아닌 듯했다. 통신사에 관해서는 아는 게 거의 없었다. 우리가 이것저것 자꾸 캐묻자 청견사의 역사를 잘 안다는 자원봉사자 두 명의 전화번호를 알려주었다.

본전의 입구 옆 기둥에는 '도원'桃源이라고 쓰인 편액이 걸려 있었다. 정사 조태억이 쓴 글씨로, 이곳의 아름다움을 도원경에 빗댄 것이리라.

본전으로 들어가니 창문 가득히 스루가만이 보였다. 문설주에는 통신사의 시를 적은 나무판이 줄줄이 걸려 있었다. 본전을 받치는 기둥에는 서기 김인겸金仁謙, 1707~72의 시를 새겨놓기까지 했다.

> 창밖으로 서녘 재엔 천년설이 쌓여 있고
> 문밖에는 동오 가는 만 리 선이 대어 있네.
> 窓含西嶺千秋雪 門泊東吳萬里船

두보가 지은 시의 일부를 차운한 것이다. 고향으로 돌아가고 싶은 심정을 담은 듯했다.

삼사인 정사 여우길, 부사 경섬, 종사관 정호관丁好寬, 1568~1618의

통신사의 시를 새긴 편액(위쪽)과 김인겸의 시를 새긴 본전 기둥. 청견사 곳곳에는 시나 글귀가 새겨져 있는데, 당시 일본인이 조선인의 어문語文을 어떻게 생각했는지 잘 알 수 있다.

시가 적힌 편액, 정사 홍계희 등이 여우길의 시를 차운한 시가 적힌 편액, 정사 윤순지의 제술관 박안기朴安期, 1608~?가 '제불댁'諸佛宅, '김계천'金啓舛, '잠룡실'潛龍室이라고 쓴 편액도 있었다. 특히 박안기의 글씨는 붓에 힘을 실어 쓴 듯해 눈에 띄었다.

조엄은 주지가 내보인 통신사의 시장詩章 중 볼 만한 게 없다고 자신만만하게 평했다. 귀로에 시를 써주겠노라 약속한 그는 요시하라에 도착했을 때 일행에게 '청견사에 대한 운'으로 시를 짓자고 제안했다.

푸른 그늘 꽃다운 풀, 꽃 필 때보다 낫구나.
綠陰芳草勝花時

조엄은 사찰의 숲과 꽃의 아름다움을 보면 자신의 시가 거짓이 아님을 알 수 있다고 설명했다. 이어서 주지가 칠언절구를 한 수 짓자 조엄과 부사 이인배李仁培, 1716~74, 종사관 김상익金相翊, 1721~?이 붓을 휘갈겨 수응酬應했으니, 종사관 남용익이 지은 시의 '다'多자에 차운했다. 그중 한 시는 청견사를 조선의 낙산사洛山寺에 비유했다. 조엄은 매화를 소재로 시를 지었다.

깊숙한 냇가에 솔길이 이어졌고
푸른 산그늘 속에 절집이 비치네
매화가 핀 걸 보니 늦봄임을 알겠고,
폭포소리 들리나니 찬비라 해 싫어하랴!

松逕逶迤幽澗濆 琳宮隱暎曉山㵳
看梅已覺春光晩 聽瀑何妨雨色寒

주지는 낙산사를 그려달라고도 간절히 부탁했다. 화원 김유성이 그려 선물했다.

청견사에는 남용익과 그의 아들 남성중南聖重, 1666~?에 관한 이야기도 전해진다. 남성중은 남용익을 닮아 문장에 탁월했는데, 통신사 서기로 선발돼 부친이 청견사에 시를 남겨놓은 지 50년 만에 사찰을 방문하게 된다. 이곳에서 부친의 시를 발견한 남성중은 굵은 눈물을 뚝뚝 흘리며 차운했다고 한다.

주지는 통신사가 써준 시가 훼손될까 봐 곧바로 등사해 보존했다. 이후 다른 통신사가 와도 원본이 아닌 등사본을 보여주었다. 현재 이곳에 걸린 편액도 모두 모사품이다.

드디어 마주한 통신사의 진품 글

본전의 뒤뜰에는 신비로운 식물인 패왕초覇王草가 있었다고 하는데 흔적을 찾을 수 없었다. 패왕초를 처음 본 사람들은 호기심 어린 눈으로 신기한 듯 쳐다보았다고 한다. 나무도 아니고 풀도 아니며, 한 자가 넘게 뻗은 줄기는 부드럽지도 않고 단단하지도 않으며, 잎은 두꺼운 손바닥이나 버섯 같았다. 꽃은 잎끝에 피고 연분홍색이었다. 통신사가 신기해하며 뚫어져라 쳐다보자 근처에 있던 한 군관이 그 꽃을 북경에서 봤다며 그곳에서는 선인장이라고 부른다고 일러주었다.

패왕초는 사라졌어도 자그마한 연못은 남아 있었다. 기록을 보면 연못을 둘러싼 푸른 석벽과 뾰족한 바위에서 폭포가 흘러내리니 기다란 비단을 드리운 듯하다고 했다. 우리가 방문했을 때는 봄이라 물길은 끊겨 있고 풀만 무성하게 자라 연못을 거의 덮어버렸다. 대신 이름 모를 거대한 나무들만 마치 사찰에 바람을 불어주듯 흔들리고 있었다.

청견사는 류큐 사절과도 관련이 깊은 곳이다. 1609년 류큐의 상녕왕尙寧王, 1564~1620과 동생인 상굉尙宏 등 대신 100여 명이 슨푸성에서 이에야스를 알현했다. 에도로 출발하기 전에 상굉 등 몇몇 사람이 병사하자 이곳 청견사에 묻었다.

답사를 마치고 호텔로 돌아가 이것저것 자료를 정리하는데, 청견사를 자세하게 답사하지 못한 것이 계속 마음에 걸렸다. 혹시나 하는 마음에 청견사의 스님이 소개해준 자원봉사자 우에다 하루코上田治子 씨에게 전화를 걸어 청견사를 안내해줄 수 있느냐고 물었다. 다행히도 흔쾌히 그러겠다고 해 다음 날 오전 일찍 청견사에서 만났다. 우에다 씨가 우리를 먼저 알아보고 인사해왔다. 키가 작은 여성으로 나이는 70세였다. 제주도에 다녀온 적이 있다고 했다.

서인범 이렇게 시간을 내주셔서 정말 감사드려요. 많은 도움이 될 것 같습니다. 청견사 관련해서 꼭 묻고 싶은 게 있었거든요. 여기에 통신사 관련 유물 중 진품은 남아 있지 않나요?

우에다 있고말고요! 사찰 뒤쪽에 통신사가 글을 쓴 편액이 남아 있답니다.

우에다 씨는 사찰의 각 방을 돌며 자세하게 설명해주었다. 기억에 남는 건 이에야스가 공부하던 방으로 본전 뒤쪽에 있었다. 후에는 메이지천황이 머물렀다고 한다. 방에 만리장성과 매화를 그려 넣었는데, 일본의 상징인 벚꽃은 없었다. 그 이유를 물으니 벚꽃이 지는 것을 꺼렸기 때문이란다. 즉 정권이 무너지는 것을 암시할까 봐 그리지 않았다는 것이다.

본전에서 사찰 뒤쪽으로 이어지는 통로에는 높은 곳에 공간을 만들어 함을 여러 개 놓았다. 불경을 보관한 함이라고 한다. 1724년에 간행한 『반야심경』과 불경은 아니지만 『사서삼경』도 들어 있었다. 통로를 빠져나와 통신사의 글이 새겨진 편액을 음미했다. 그중에는 '조음각'潮音閣이라 쓰인 편액도 있었다. 스루가만의 파도치는 소리가 귓가를 때린다는 뜻일까? 편액 앞에서 눈을 감고 귀를 기울이니 파도소리가 들리는 듯했다. 정사 임광도 이 소리가 궁금했던지 청견사를 꼭 방문하고 싶어 했다. 하지만 막부 측에서 훼손될 수 있다며 거절했다. 임광은 유감을 표명했으나 달리 방법이 없었다. 사실 막부가 훼손 운운한 것은 핑계에 불과했는데, 주변의 숙장을 정비해 더는 청견사를 객관으로 삼지 않으려 했던 것이다. 결국 임광은 에지리숙江尻宿에 묵었다.

신발끈을 고쳐 매는 오키쓰숙

사찰을 나와 도카이도를 따라 걸었다. 오키쓰숙의 위치를 밝힌 비석을 발견했다. 도카이도의 17번째 숙장이다. 1843년에는 혼진

오키쓰숙의 위치를 알리는 비석. 오키쓰숙에서 유이숙으로 가기 위해서는 굉장히 험한 삿타토게를 넘어야 했다. 여행객들에게 이보다 긴장되는 일이 또 있을까.

두 채, 와키혼진 두 채, 도이야 두 채, 하타고 34채가 설치되어 있었다. 에도시대 중후기에 오키쓰천 유역에서 생산한 와시和紙, 즉 종이의 집산지였다. 다음 숙장인 유이숙由比宿에 가려면 너무 힘들어 아버지도 아들을 몰라보고 아들도 아버지를 몰라본다는 삿타토게薩埵峠를 넘어야 한다. 이 고개를 넘어 오키쓰숙에 온 사람들은 지칠 대로 지쳐 거친 숨을 몰아쉬었고, 반대로 유이숙으로 가려는 사람들은 신발끈을 질끈 동여맸다.

청견사 서쪽에 있는 오키쓰숙의 와키혼진인 일벽루一碧樓 미나구치야水口屋를 둘러봤다. 저택의 주인은 400년 전에 이 지역으로 이주한 모치즈키씨望月氏로 신겐의 가신이자 소금이나 생선을 구매한

후 가이국에 내다 파는 상인이었다. 이 지역의 대부분 주민은 소금 굽는 일을 생업으로 삼았다는데, 통신사도 길가에서 소금 굽는 가마솥을 많이 보았다고 기록했다.

미나구치야는 1582년 처음으로 여행객을 받았다. 본격적으로 숙박업을 시작한 것이다. 메이지시대 이후에는 정치인 사이온지 긴모치西園寺公望, 1849~1940, 소설가 나쓰메 소세키夏目漱石, 1867~1916 등 유명인사들이 이곳을 이용했다. 하지만 숙박업의 쇠퇴를 피해가지는 못해 1985년 문을 닫았다. 지금은 주방을 박물관으로 개조해 역사의 현장을 후세에게 전해주고 있다.

이곳까지 열심히 안내해준 우에다 씨에게 작게나마 성의를 표하고 싶어 근처 찻집으로 들어갔다. 시즈오카의 명차를 주문했다. 하얀 찻잔에 담긴 노란빛 찻물이 모두에게 기운을 북돋아 주었다.

43 쓰나미가 요시하라숙을 밀어내다[47]

오른쪽에서 왼쪽으로, 후지산이 옮겨지다

우에다 씨와 헤어진 후 오키쓰역에서 열차를 타고 요시하라역으로 이동했다. 현재 요시하라시는 후지시富士市에 흡수된 상태인데, 역에 내리니 그 이유를 알 것 같았다. 완전 시골이었다. 관광안내소조차 없었다. 옛 영화는 어디로 갔단 말인가!

현지인으로 보이는 중년 남성이 마침 역 앞을 지나가기에 도카이도의 위치와 식사할 만한 곳을 물어보았다. 도카이도는 가까운 곳에 있다고 일러주었으나 식당은 없단다. 가뜩이나 정오를 훌쩍 넘긴 시간이라 배는 밥 달라고 아우성이었다. 배낭은 돌덩어리를 하나 더 얹은 듯 어깨를 짓눌렀다. 식당을 찾아 얼마나 걸었을까. 하합교河合橋를 건너니 스루가만으로 통하는 내항內港에 배들이 정박해 있었다. 수증기를 뿜어내는 굴뚝이 있어 무심코 시선을 돌리니 식품공장이었다. 순간 저기 가서 먹을 것 좀 얻어볼까 하는 생각이 스쳤다. 그 옆에 있는 공장에는 아사히카세이旭化成라고 적혀 있었는데, 일본의 유명한 화학제품 회사다. 다른 공장들에도 제각기 회사명이 붙어 있었던 것으로 보아 공업지구인 듯싶다.

큰 창고들이 몰려 있는 사거리로 향했다. 그곳에는 식당이 있을 거라고 생각했는데, 오산이었다. 매처럼 눈을 부라리며 사방을 둘러봐도 식당은 보이지 않았다. 우연히 마주친 젊은 노동자들에게 물어보았으나 머리를 저었다. 어쩔 수 없이 근처 편의점으로 들어가 김치라면과 삼각김밥을 사서 주차장 한구석에 쭈그려 앉아 먹었다. 나무그늘이 그나마 더위를 식혀주었다. 너무 배가 고파 다른 사람의 시선을 의식할 겨를도 없었다. 게 눈 감추듯 먹어치웠다. 일순 편의점에서 풍겨오는 커피의 향기가 기분을 몽롱하게 했다.

꼼지락거리며 주변을 정리하고 편의점 직원에게 택시회사 전화번호를 받았다. 경험상 낯선 곳에서는 어떤 택시기사와 만나는지가 여행의 질을 결정한다. 그리고 여행의 목적이 답사라면 어느 정도 나이가 있는 기사가 좋다. 해당 지역의 지리와 역사에 정통하기 때문이다. 우리가 요시하라시에서 만난 택시기사도 나이가 지긋했다. 모르는 게 없었다. 그는 제일 먼저 도카이도의 14번째 숙장인 요시하라숙으로 택시를 몰았다. 현재는 상점가가 들어서 있는 곳이다. 후지시와 유이를 연결하는 바이패스를 횡단해 도카이도로 접어들었다.

가는 길에 택시기사가 흥미로운 얘기를 해주었다. 요시하라숙이 원래 요시하라역 근처에 있었다는 것이다. 지금까지 두 번 옮겼다는데, 모두 쓰나미 때문이었단다. 특히 안세이安政 연간1854~59에 발생한 대지진 때 거대한 쓰나미가 밀려와 도카이도가 큰 피해를 입

'요시하라숙 좌부산' 표지판. 길이 갈라지는 곳이다. 이곳에서 9킬로미터만 더 가면 하라숙이 나온다. 공장과 주택이 잔뜩 들어서 옛 흔적은 찾을 수 없었다.

었다고 했다. 쓰나미가 어찌나 컸던지 요시하라역 근처에 거대한 모래산이 생겼을 정도였다고. 그 일로 도시 자체를 뒤로 물러 재건했기 때문에 지금은 옛 모습을 찾을 수 없다는 택시기사의 설명에 못내 아쉬웠다.

안세이 연간은 도쿠가와 이에사다德川家定, 1824~58가 통치하고 있던 시기로 유독 일본 각지에서 지진이 많이 발생했다. 안세이 1년1854 12월에 발생한 '안정동해지진'安政東海地震은 진도 8.4였을 거로 추정된다. 요시하라의 대부분 마을이 사라졌다.

택시기사는 '요시하라숙 좌부산左富山'이라고 쓰인 표지판이 세워진 곳에서 차를 멈췄다. 길이 갈라지는 곳으로 9킬로미터만 더 가면 하라숙原宿이라고 알려주는 표지판도 있었다. 공장과 주택이

「사로승구도」의 제27폭 '요시하라숙의 후지산'. 후지산을 왼쪽에 그렸다. 숙장의 위치를 옮기고 길을 휘게 한 쓰나미의 위력이 새삼 느껴졌다.

잔뜩 들어서 옛 흔적은 찾을 수 없었다. 다만 소나무 한 그루가 남아 옛 정취를 느끼게 해줄 뿐이었다. 무분별한 개발로 도카이도의 소나무는 대부분 사라졌다.

하라숙과 요시하라숙 사이의 바다에 연한 도카이도는 요시하라숙 바로 앞에서 내륙으로 크게 휜다. 쓰나미 때문에 요시하라숙의 위치를 옮기면서 그렇게 된 것이다. 길이 어찌나 활처럼 휘었는지 에도에서 교토로 갈 때 줄곧 오른쪽에서 보이던 후지산이 왼쪽에서 보이게 되었다. '좌부산'이라는 별칭이 붙은 이유다.

에도시대의 우키요에 화가 히로시게가 도카이도의 53개 숙장을 그리면서, 14번째 그림으로 요시하라의 좌부산을 화폭에 담았다. 그러면서 도카이도의 명승지가 되었다. 그림을 보면 소나무 사이로 말을 탄 이들이 지나가는데, 후지산은 그 왼쪽에 있다. 13번째 그림까지는 후지산을 오른쪽에 그렸는데, 하합교와 의전교依田橋 사이의 약 150미터 정도 구간만은 후지산을 왼쪽에 그린 것이다.

일본군 위안부 문제

우리가 요시하라숙에 갔을 때는 날이 흐려 후지산을 보지 못했다. 택시기사가 이런 날도 있다며 너무 실망하지 말라고 위로해주었다. 다시 택시에 몸을 싣고 예약한 호텔로 가 짐을 풀었다. 산책이라도 할 겸 밖으로 나갔다. 상점가를 걷다가 한 할머니를 만나 도카이도의 위치를 묻자 자신은 시집온 사람이기 때문에 잘 모른다며 미안해했다. 또 다른 할머니에게 묻자 우리를 갑자기 라면가게로 끌고 들어갔다. 그곳 사장인 남편이 잘 알거라면서 말이다. 라면가게에는 중년의 남녀가 술을 마시던 중이었다. 여성은 이미 얼큰하게 취해 빈 소주병만 붙잡고 있었다. 꼬부라진 혀로 자신은 한국이 좋다며 연신 한국말로 친근감을 표현했다. 테라오寺尾라는 이름의 남성은 우리보다 두 살 위로 한국에 20번이나 다녀왔다며 술을 한 잔 건넸다. 그러더니 갑자기 일본군 위안부 문제에 대한 생각을 물었다.

테라오 이보시오, 한국에서 오신 선생, 일본군 위안부 문제를 제기하는 심정도 이해하지만, 한국인도 베트남에서 저지른 일을 상기해야 하지 않습니까?

서인범 베트남전쟁에서 한국인이 베트남인에게 몹쓸 짓을 저질렀다면 당연히 사과해야죠. 하지만 일본군 위안부 문제와 비교하기에는 전혀 성격이 다릅니다.

딱 부러지게 대답하니 테라오 씨는 나이가 지극한 식당주인을 가리키며 화제를 바꿨다. 미코시를 일곱 대나 만든 장인이라고 했다. 주인과 얘기를 나누니 통신사와 관련된 얘기도 많이 알고 있었다. 옛 후지시의 거리 모습이 담긴 도록을 복사해주기까지 했다. 『시즈오카신문』도 보여주었는데, 우리가 이곳에 도착하기 바로 전날 만난 통신사의 길을 걷는 이들의 소식이 실려 있었다. 기사에 첨부된 사진을 보니 후지시에 도착해서 평화의 종을 울리는 모습이었다.

술자리에서 벗어나 본격적으로 상점가를 누비며 요시하라숙의 옛 모습을 찾아 나섰다. 육로와 수로의 거점이었을 뿐 아니라 후지산 참배객이 머물던 곳이다. 혼진 두 채, 와키혼진 세 채, 하타고 60채가 들어서 있었다. 그중 몇 개는 아직 남아 있는데, 1682년 문을 연 '타이아鯛屋 여관 요시하라 본숙本宿'이 대표적이다. 6월 10일과 11일에는 이곳에서 여섯 개 마을의 신사들이 참여하는 축제가 열리는데, 그중 한 마을이 보태사가 있는 덴바정이라 해 기록해두었다.

상점가에는 이상하리만치 한국 음식점이 많았다. 상호가 '어머니'인 식당으로 들어갔다. 경상도 출신 아주머니가 운영하는 곳으로 동태찌개가 맛있었다. 밥을 먹으며 아주머니와 대화를 나누었는데, 한국 음식점이 많은 이유를 물으니 공장 주위로 식당이 늘면서 자연스럽게 한국 음식점도 많아진 것 아니겠느냐고 했다. 예전에는 한국 음식을 파는 스낵바만 80개가 넘어 한국인의 거리라 해도 무방할 정도였단다. 하지만 지금은 사람들이 교외로 빠져나가 활력을 잃고 빈 점포도 하나둘 늘고 있다고 했다. 아주머니의 근심 어린 얼굴을 뒤로하고 숙소로 돌아왔다.

기록 속 후지산

오랜만에 먹은 한국 음식 때문에 속이 매우 편안했다. 그래서인지 잠을 푹 잤다. 새벽에 눈이 떠져 후지산이 잘 보인다는 신사에 가볼까 했으나 잠이 너무 달콤해 내쳐 잤다. 다만 아침에 택시를 타고 요시하라역으로 가는 길에 눈 쌓인 후지산의 정상을 볼 수 있었다. 급히 내려 카메라에 담았지만, 아뿔싸 전선이 후지산을 가렸구나!

아쉬운 마음에 통신사가 후지산을 보고 남긴 기록을 이것저것 찾아보았다. 많은 이가 다양한 감상을 남겼다.

종사관 저것이 일본의 명산 후지산이로군요. 참으로 거대한 산입니다.

정사 필 어디 거대하기만 할 뿐인가. 꼭 산이 공중에 떠 있는 것 같아. 산허리에서는 쉴 새 없이 흰 구름이 일어 하늘을 가리고, 산꼭대기에는 사시사철 늘 눈이 쌓여 있지. 가히 만년설이라 오뉴월 염천炎天에도 녹지 않으니 많은 통신사가 천하의 장관으로 손꼽았다네. 그 모양이 연못 위의 연꽃 같으니, 부용봉芙蓉峯이라 불러야 마땅하다는 사람도 있었지.

종사관 부용봉이라니 적절한 표현 같습니다. 다른 얘기로 후지산 정상에 못이 있다고 들었는데, 참으로 놀랍습니다. 믿지 못한 자도 많았

후지산. 전선에 가렸지만 공중에 떠 있는 듯한 모습이 가히 신비롭다. 통신사는 후지산을 금강산과 비교했다.

다죠?

정사 필 그랬지. 통신사 중에는 직접 후지산에 오른 이가 없으니 헛소문이라고 생각했던 게야.

종사관 사실 저도 잘 믿기지 않습니다. 저 높은 곳에 못이 있다니요! 조선의 명산 금강산에서도 그런 경우는 보지 못했습니다. 그런데 저처럼 후지산과 금강산을 비교한 이가 또 있었나요?

정사 필 아무렴, 있고말고! 정확히 말하자면 후지산이 금강산만 못하다고 했어. 정사 조엄은 일찍이 금강산의 마천령摩天嶺, 마운령摩雲嶺 고개를 넘은 적이 있었어. 그 고개들도 매우 높았기 때문에 굳이 금강산을 후지산에 견주고 싶지 않다는 심정을 피력했네. 일종의 기개였지. 후지산은 흰 구슬 같은 금강산의 봉우리 1만 2,000개의 기이한 경치에 비할 수 없다고 했어.

제술관 신유한은 「부사산부」富士山賦에서 다음과 같이 읊었다.

어느 뉘 옥을 쪼아 비녀를 만들었나
흰옷 입은 여인의 살결처럼 희고 곱네.
밝은 달이 춤을 추며 교태를 부리는 듯
긴 가을밤을 멀리서 밝히누나.
맑고도 뾰족함에 짝이 될 게 없나니
아, 너는 어찌해 왜 땅에 서 있는고!
夫誰斲琳瑰以爲笄兮
素娥之膚皚皚而婀娜
若望舒傞傞而逞媚兮
逴秋輪鬲皦於長夜
夫旣淑朗峭麗天下莫與對兮
咄爾奚立乎夷亶之埜

후지산은 일본의 상징이자 일본인들에게 신성시되는 산이다. 수많은 예술작품의 소재가 되었다. 후지산은 보는 장소, 각도, 계절, 시간에 따라 다양한 표정을 짓는다. 그래서 종종 푸른색이 아니라 붉은색으로도 표현된다.

최근 후지산이 분화할지도 모른다는 뉴스가 보도되자 많은 일본인이 불안감에 떨었다. 300여 년 전인 1707년 부사 임수간은 후지

호쿠사이가 그린 통신사와 후지산. 호쿠사이는 하라숙에 머물며 이 그림을 그렸다. 놀랍게도 상상으로 그린 것이다.

산에 저절로 불이 나 화염이 하늘을 찌르고 모래와 돌이 비 오듯 내리더니 큰 봉우리 곁에 작은 봉우리가 생겼다고 기록했다. 에도에서도 10일간 하늘을 볼 수 없었다고 하는데, 후지산 동남쪽의 보영산宝永山이 폭발했던 것이다.

우키요에 화가 가쓰시카 호쿠사이葛飾北斎, 1760~1849는 하라숙에 머물며 후지산을 지나는 통신사를 그렸다. 그림을 보면 병사들이 깃발을 앞세워 걷고 있고, 말을 탄 통신사가 그 뒤를 따라 후지산을 지나고 있다. 이때 호쿠사이가 그린 것은 조엄이 이끈 1764년의 통신사다. 그가 1760년에 태어났으니 상상으로 그린 것이다.

44 통신사 대접에 최선을 다한 미시마숙[48]

복덕의 신 에비스

요시하라숙에서 점심을 해결한 통신사는 도카이도의 11번째 숙장인 미시마숙으로 길을 떠났다. 우리는 열차를 타고 그 뒤를 좇아 미시마역으로 갔다. 미시마숙은 동서를 연결하는 도카이도와 남북을 연결하는 시모다下田 가도 및 고슈 가도가 모두 교차하는 곳에 있었다. 이즈伊豆의 중심지로, 옛날부터 다양한 지역의 문화와 산업이 만나는 곳이기도 했다. 그러다 보니 워낙 많은 사람으로 붐벼 미시마숙에는 등촉燈燭이 다른 숙장보다 두 배나 많이 걸려 있었다고 한다. 특히 이즈 제일의 신사로, 산림, 농산, 복덕福德 등의 신을 모신 미시마대사三嶋大社를 참배하러 온 사람들로 대단히 떠들썩했다. 지명 자체도 이 신사에서 유래했다. 그중 어업, 상업, 공업에 종사하는 자들이 모시는 복덕의 신인 에비스恵比壽는 일본을 여행한 사람이라면 익숙할 텐데, 에비스라는 상표의 맥주도 있고, 한 손에는 낚싯대를 한 손에는 도미나 잉어를 잡은 채 후덕하게 웃고 있는 인물상도 여기저기 많이 그려져 있기 때문이다. 그가 바로 칠복신七福神 중 한 명인 에비스다.

우리도 에비스에게 복을 받을 수 있지 않을까 내심 기대하며 미시마역에 내렸다. 관광안내소로 들어가 통신사의 길을 답사 중이라 하니 작은 체구에 안경을 낀 50대 중반의 직원이 다가왔다. 자신은 경기도 안산시에 사업차 다녀온 적이 있다고 하면서 친절하게 맞아주고는 미시마역 근처의 지도를 펼쳐놓고 주요한 관광지와 유적지를 차근차근 설명해주었다. 내친김에 혹시 이 지역을 안내해줄 수 있는 가이드도 소개해줄 수 있느냐고 물었다. 마침 관광안내소 안에 가이드라고 적힌 명패를 달고 있는 노인이 있었는데, 그가 본인은 근무 중이라 자리를 뜰 수 없으니 다른 이를 소개해주겠다며 어딘가로 전화를 걸었다. 20분 정도 기다리자 모자를 푹 눌러쓴 노인이 들어왔다. 전형적인 시골 노인이었다. 명함을 건네며 통성명하니 이름은 오무라 기요노부大村皖伸로, 며느리가 재일동포라고 했다. 우리 때문에 갑자기 온 것인데도 자료를 복사하느라 늦었다며 오히려 미안해했다. 그가 가지고 온 것은 도쿄 국립박물관이 소장한 미시마 숙장의 배치도였다. 그것만으로도 감사했는데 그가 시청 직원에게 전화해 다른 자료를 가지고 와달라고 부탁하는 것 아닌가! 잠시 후 젊은 청년이 자료를 챙겨왔다. 통신사 관련 자료가 수록된 책으로 두께가 얇았는데도 가격은 1,300엔이었다.

책을 훑어보며 오무라와 통신사가 머문 곳에 대해 얘기를 나누었다. 대명사에 머물지 않았느냐고 묻자 그가 고개를 갸웃거리며 본인이 확보한 기록에는 본각사本覺寺에 머문 것으로 나온다고 했다.

본각사. 오무라는 본각사에 통신사가 머물렀다고 했다. 본각사는 사찰로 보이지 않을 만큼 독특한 형태였는데, 투구가 연상되는 건물이 인상적이었다.

통신사가 여러 곳에 숙박해 기록에 차이가 생긴 것 같았다. 오무라는 우선 본각사로 우리를 안내했다. 가는 도중 후지산이 분화했을 때 흘러내린 용암이 멈춘 곳과 용암 때문에 펄펄 끓은 지하수가 용솟음친 곳을 보여주었다. 지금은 수온이 대략 14~15도 정도를 유지한단다.

본각사는 미시마시 향토자료관 뒤쪽에 있었다. 사찰로 보이지 않을 만큼 독특한 형태였는데, 투구가 연상되는 흰색 반원형 건물이었다. 벚나무가 세월의 무게만큼 가지를 축 늘어뜨린 모습이 인상적이었다.

세코혼진 유적지. 이 반대편은 히구치혼진이다. 통신사가 머물렀을 당시 화장실이 개별적으로 설치돼 있을 정도로 최고급 시설을 자랑했다.

개들에게 복덕을 빌어주다

사찰에서 나와 옛 도카이도를 따라 걸었다. 재밌게도 거리에 삼각형 모양의 비석을 놓아 숙장의 위치를 밝혔다. 이것이 바로 세코혼진世古本陣 유적지로 그 반대편은 히구치혼진樋口本陣 유적지다. 세코혼진에는 통신사가 투숙했을 때의 풍경을 묘사한 그림이 걸려 있었는데, 이를 보면 그 당시 혼진의 시설이 얼마나 좋았는지 알 수 있다. 정사와 부사가 머문 방에는 화장실이 개별적으로 설치돼 있기까지 했다. 정사 조엄이 행차했을 때 마을이 무엇을 얼마나 부담했는지, 통신사가 오기 전에 무엇을 수리했는지, 통신사가 무엇을 요청했는지 등에 관한 기록도 보관하고 있었다. 도이야에는 '조선인인마소옥'朝鮮人人馬小屋이라 쓴 등을 달아놓았다.

다음으로 대명사를 방문했다. 『해행총재』에는 원명사圓明寺로 기록되어 있다. 에도시대에는 다이묘들이 묵기도 한 곳이다. 대명사 가까운 곳에 있는 백롱白瀧공원에서 물길을 따라 내려가면 시바모토정芝本町에 다다르는데 통신사는 이곳에도 머물렀다. 통신사는 대명사 전경을 이렇게 묘사했다.

"불전과 승방僧房이 크고 화려해 딴 데와 비할 바가 아니었다. 들보와 처마, 마루와 창에는 꽃, 나무, 용, 봉황 따위를 새겼고, 찬란하게 금과 은을 칠해서 자줏빛, 푸른빛이 어지러워 쳐다볼 수가 없었다. 불상을 앉힌 감실 앞에 놓아둔 깨끗한 병에는 금으로 만든 연꽃 두세 송이를 꽂았다. 진흙을 부어 만든 개 두 마리와 금을 부어 만든 사자 두 마리가 놓였는데, 만든 것이 몹시 묘해서 사람의 손으로 만든 것 같지가 않았다."

경내에는 개 동상도 있었다. 여기에는 슬픈 전설이 있다. 본당 마루 밑에 어미 개와 강아지 다섯 마리가 사이좋게 살고 있었다. 개들을 귀여워한 주지가 이름까지 지어주었다. 개들은 절을 잘 지켰다. 그러던 어느 겨울 몹시도 추운 날씨 탓에 강아지 한 마리가 죽었다. 그러자 어미 개도 병들었다. 새끼들은 마치 간호하는 듯 한시도 어미의 곁을 떠나지 않았다. 가끔 먹을 게 떨어지면 마을로 내려가 마구 짖어댔다. 무엇인가 호소하는 듯한 애처로운 울부짖음이었다. 사람들이 집에서 나와 먹을 것을 주면 먹지 않고 절로 가지고 가 어미에게 먹였다. 강아지들의 극진한 보살핌에도 어미는 반년이 지난 어느 여름날 숨을 거두었다. 얼마 안 가 강아지들도 어미를 따라

대명사의 개 동상. 대명사에는 효심 깊은 개들의 이야기가 전설처럼 전해진다. 그 전설이 참으로 놀라워 우리도 개들의 명복을 빌어주었다.

갔다. 이 모습을 쭉 지켜본 주지는 효를 다하는 강아지들의 태도에 감심感心해 묘를 만들고, 개의 이름을 새긴 묘비를 세웠다. 매년 4월 18일이 되면 불경을 외우며 개들의 명복을 빌어주었다.

그 이야기가 참으로 놀라워 우리도 개들의 명복을 빌어주는 새에 정오가 되었다. 시내 중심가에 있는 식당을 예약하고 오무라와 함께 갔다. 그가 추천하는 사쿠라에비櫻海老덮밥을 시켰다. 제철인 사쿠라에비, 즉 벚꽃새우를 야채와 튀겨 밥 위에 올리고 간장과 설탕으로 만든 달짝지근한 소스를 부은 요리다. 그 맛이 일품이었다.

아무리 금지해도 끊이지 않은 매춘

통신사도 우리만큼이나 맛있는 음식을 대접받았는데, 미시마가 도쿠가와막부의 직할령이었기에 좀더 신경 쓴 덕분이었다. 막부는 스루가만 연안 마을에 말린 도미, 소금에 잰 도미, 가다랑어, 참치 등을 할당했다. 활어를 잡아 접대하기 위해 수조를 만들기까지 했다.

밥을 먹으며 지도를 보니 당인정이라고 있어 오무라에게 어떤 곳인지 아느냐고 물었다. 그가 잠시 웃더니 뜬금없이 어릴 적 얘기를 시작했다. 일본어를 잘 못하는 사람을 '도진'당인, 즉 외국인이라 불렀다는 것인데, 당인정 역시 외국인인 통신사가 머물러서 붙여진 이름이라고 설명해주었다.

도이야가 있던 주오정中央町, 현재의 미시마시청 별관 자리에서 남쪽으로 난 길의 이름도 당인정이었다. 통신사의 하급관리들이 당인정 근처의 저택에서 숙박했다고도 하고, 미시마대사 앞으로 지나는 것을 피하고자 돌아 걷던 길이었다고도 한다.

당인정을 걸으며 오무라가 이곳의 유녀에 관한 이야기를 들려주었다. 과거 '미시마숙 유녀'는 민요에 나올 정도로 전국에 이름을 떨쳤다. 에도시대에 미시마숙의 하타고를 메시모리 하타고라고 불렀는데, 슈쿠바조로, 메시모리조로로 불린 미천한 여인들이 이곳에서 여행객들을 상대했다. 에도에서 교토나 오사카로 가던 여행객들은 이 여인들과 하룻밤을 보내며 천하의 난소인 하코네관소를 무사히 통과한 것을 자축했다. 히데요시가 오다와라의 호조北条를 공격할 때 병사들을 격려하고자 여인들을 모은 게 '미시마숙 유녀'의 시

당인정. 통신사의 하급관리들이 이곳 근처의 저택에서 숙박했다고도 하고, 미시마대사 앞으로 지나는 것을 피하고자 돌아 건던 길이었다고도 한다.

작이었다. 이후 막부가 매춘을 금지했지만, 숙장이 이 여인들로 버는 돈이 엄청났기에 좀처럼 사라지지 않았다. 금지령이 유명무실해지자 1718년 하타고 한 채에 메시모리온나 두 명을 두도록 규정을 완화했지만, 숙장 중에는 이조차 지키지 않아 다섯 명이나 둔 곳도 있었다. 유녀와 여행객으로 붐볐던 이곳도 메이지시대 도카이도선이 개통되자 여행객이 극감하면서 자연스레 쇠퇴했다.

얘기를 다 들으니 어느새 미시마역에서 열차를 타야 할 시간이었다. 서둘러 과자를 사 오무라에게 건네며 감사의 마음을 전했다.

제5부

에도에 들어가 장군을 알현하다

북
서
동
남
57
도치기현
栃木県
군마현
群馬県
이바라키현
茨城県
사이타마현
埼玉県
56
도쿄도
東京都
54
55
53
가나가와현
神奈川県
지바현
千葉県
49
50
51
52

제5부 세부 경로

제5부는 하코네에서 닛코까지 다룬다.
에도를 지키는 마지막 관문 하코네관소를 지난 통신사는
드디어 에도에 도착, 장군을 알현한다.
국서를 전달하고 답서를 받은 뒤 그 형식에 이상은 없는지
확인을 마칠 때까지 한시도 긴장을 놓을 수 없었다.
장군이 요청한 마상재를 공연하고, 이에야스의 사묘가 있는
닛코에 참배하는 일 모두 외교전의 연장선에 있었다.
그 치열한 순간순간을 놓칠까 부지런히 답사를 이어갔다.
양국의 평화를 위해 노력한 통신사의 깊은 뜻을 알게 된 시간이었다.

49 **하코네** 箱根, 하코네관소
50 **오다와라** 小田原
51 **오이소** 大磯
52 **후지사와** 藤沢
53 **가나가와** 神奈川
54 **시나가와** 品川
55 **도쿄** 東京, 에도江戸
56 **아사쿠사** 浅草
57 **닛코** 日光

45 에도 방어의 최전선 하코네관소 49

화산의 열탕 위를 지나다

미시마역에서 아타미시熱海市로 가는 열차를 탔다. 간나미역函南駅을 지나자 갑자기 암흑천지가 되었다. 7.8킬로미터에 달하는 단나丹那터널에 들어선 탓이다. 터널을 벗어나자 아타미시의 절경이 눈에 들어왔다. 아찔하게도 단애斷崖에 지어 올린 호텔이 아득하게 이어진 해안선과 묘한 조화를 이뤘다. 해안선을 따라 달리던 열차가 온천으로 유명한 유가와라정湯河原町을 빠른 속도로 통과했다.

미시마숙에서 출발한 통신사는 천하의 험지인 하코네 8리를 거쳐 오다와라로 진입했다. 우리는 그런 고생을 하지 않고 열차에 올라 너무나도 손쉽게 산을 넘었다. 시즈오카현에서 가나가와현으로, 또다시 현県의 경계를 넘었다.

오다와라역에서 열차를 갈아타고 15분 정도 더 가 유모토역湯本駅에서 내렸다. 거기서 다시 고라역強羅駅으로 향하는 두 칸짜리 붉은색 열차에 몸을 실었다. 시계 반대 방향으로 이동하는 셈이었다. 고

등산열차. 사진에 보이는 조운산 정상까지 올라가는 열차다. 스위스 융프라우에 있는 것과 같은 열차라고 한다.

라역은 외국인 관광객으로 문전성시였다. 가파른 곳이라 열차는 스위치백switchback 방식으로 움직였다. 지그재그 모양을 만들며 산을 오르는데, 그래서 꼬리가 머리가 되는 구간이 있다. 우리가 탄 열차는 세 번이나 방향을 바꾸며 고도를 높였다. 그럴 때마다 운전사와 차장이 자리를 바꾸었다. 40여 분만에 고라역에 도착하자 사진이나 TV 프로그램에서만 보았던 등산열차가 눈에 띄었다. 스위스의 융프라우에 있는 것과 같은 열차다. 이 등산열차가 우리가 탄 두 칸짜리 열차를 757미터 높이의 조운산早雲山 정상까지 끌고 갔다. 올라가면서 보니 산 주위로 전통적인 양식으로 지은 별장과 미술관, 박물관 등이 곳곳에 포진해 있었다. 조운산 정상에 도착해 곧바로 로프웨이ropeway를 타러 갔다. 오와쿠다니大涌谷계곡에 가기 위해서였다. 오와쿠다니계곡은 기원전 1000년을 기점으로 하코네산이 두

오와쿠다니계곡의 유황 가스. 생각보다 굉장히 짙게 유황 가스가 뿜어져 나왔다. 가슴이 철렁하고 정신은 사나웠다.

번 분화했을 때의 흔적이 남아 있는 곳으로, 조운산 정상보다 300미터 정도 높았다. 승강장 입구에서 물기 있는 마스크를 한 개 받았다. 로프웨이가 하늘로 뜨자 산속에 점점이 박혀 있는 집들이 눈에 들어왔다. 순간 짙은 연기가 하늘로 치솟았다. 깜짝 놀라 시선을 떨구니 저 아래 누렇게 변한 대지에서 쉼 없이 유황 가스가 뿜어져 나왔다. 가슴이 철렁하고 정신은 사나웠다. 그제야 승강장에서 나누어준 마스크의 용도를 눈치챘다.

가스가 산등성이를 타고 오르다가 하늘과 산이 맞닿는 공제선에서 흩어졌다. 장관이었다. 추억을 남기기에 분주한 관광객들이 사진 찍기에 가장 좋은 장소를 차지하고 연신 셔터를 눌러댔다. 나는 가스가 분출되는 장면을 찍으려 했는데, 자세히 보니 곳곳에 공사한 흔적이 있었다. 가스를 분산시키기 위해서인가 하고 의아했는데, 우연히 NHK의 어느 여행 프로그램을 보다가 궁금증이 풀렸다. 인공적으로 온천을 만들기 위해, 뿜어져 나오는 가스에서 물을 받아 그렇지 않은 곳으로 끌어 오는 장치를 설치했던 것이다. 그렇게 받아온 물은 온도가 자그마치 92도로 유황 냄새가 그대로 배어 있다고 한다. 무려 90년 전에 이런 방법을 고안해냈다고 하니 신기하기조차 했다. 궁하면 통한다는 말이 실감 났다.

줄을 선 끝에 계곡의 열탕에서 끓여낸 검은 달걀을 샀다. 다섯 개 한 묶음으로 가격은 500엔이었다. 달걀을 까먹으며 로프웨이를 타러 가는 길에 공중에 떠 있는 듯한 후지산을 만났다. 머리 부분만 모습을 드러내 신비했다. 마치 우주선 같았다. 사진을 몇 장 찍은 다음 로프웨이를 타고 아부코姥子를 거쳐 도겐다이桃源台로 내려갔다.

하코네 8리를 넘어 유람한 하코네호

하코네 8리는 도카이도 3대 난소 중 한 곳이다. 에도시대의 승려 아사히 료이浅井了意, 1612~91는 『도카이도명소기』東海道名所記에 "힘들어서 닭똥 같은 눈물이 흘러내렸다"라고 썼는데 과연 그럴 만하다. 고개까지 오르는 길을 히가시자카東坡, 동쪽 언덕, 미시마숙까지 내려가는 길을 니시자카西坡, 서쪽 언덕라고 했다. 그 거리는 846미터였다.

종사관 말로만 듣던 하코네 8리이군요. 험준하기가 이루 말할 수 없을 정도입니다.

정사 필 두말하면 잔소리지. 내 중국에도 다녀왔지만 이런 곳은 흔치 않아. 인부들이 남여藍輿를 매고 고갯길을 올랐는데 굽이굽이 험한 길을 올라가는 모습이 참 안쓰러워. 자주 교대하며 쉬어도 금방 숨이 차 콧숨을 거칠게 내뿜더군.

종사관 그럴 수밖에요. 중간중간 진흙길도 있어 더 고생했을 것 같습니다. 이런 길에는 면죽綿竹, 솜대으로 만든 울타리를 깔아놓았네요.

여름 장마철에는 비가 많이 내려 흙탕물에 정강이까지 빠질 정도였고, 겨울에는 눈이 많이 와 길이 매우 미끄러웠다. 대나무를 엮어 깐 이유다.

도겐다이에서 영화 「캐리비안의 해적」에 등장할 법한 해적선에 승선했다. 돛대가 세 개인 붉은색 유람선으로, 아시노호芦ノ湖를 관광하기 위해서였다. 칼을 뽑아든 로마 장군 모양의 인물상이 선수에서 물길을 갈랐다. 멋들어지게 선글라스를 쓴 한국 관광객들의 웃음이 여기저기서 끊이지 않았다. 아시노호는 하코네호의 오늘날 이름으로, 번역하자면 갈대호수다. 하지만 갈대는 찾아볼 수 없었다. 가을이 되면 강가에 심은 활엽수의 잎이 붉게 타오르는 듯한 색으로 바뀐다고 한다. 거울같이 투명한 호수 너머로 후지산 상부가 웅장한 자태를 뽐내며 하늘에 떠 있었다.

통신사는 호수의 길이가 40리 또는 수백 리라고 기록했는데, 실제로는 21킬로미터다. 면적은 7제곱킬로미터로 210만 평이나 된다. 최대 수심 43미터, 평균 수심 15미터로 꽤 깊다. 송어가 많다는데, 실제로 낚시꾼들이 찌를 드리우고 있었다. 강태공처럼 시간을 낚는 듯한 모습에서 여유로움이 느껴졌다. 우리가 탄 배는 하코네 선착장에서, 다른 배는 모토하코네元箱根 선착장에서 탑승객을 내렸다.

이도희 호수와 후지산이 어우러지니 가히 절경이야.

서인범 가슴이 탁 트이는 것 같아. 통신사는 호수에 구두룡九頭龍, 즉 머리 아홉 개의 신룡神龍이 있어 사람이 가까이 가면 잡아먹히거나 배가 침몰한다고 들었어. 지금이야 믿을 사람이 없겠지만, 여하튼 후지산이 비치는 기이한 호수임에는 틀림없는 듯해.

정사 조엄도 비와호보다 크기는 작지만, 지리적 위치나 경치로 보면 더욱 기묘한 곳이라고 감상을 남겼다. 그의 감상처럼 하코네호는 아름다움보다 신비로움을 느끼게 하는 호수였다. 특히 호수에 은은하게 비치는 붉은 도리이를 본 사람들이라면 누구나 다 동의할 것이다. 모토하코네 선착장 근처에서 찾을 수 있는 이 도리이가 바로 구두룡신사의 입구다. 용, 그것도 독용毒龍의 전설을 담고 있는 절이다. 전설에 따르면 호수에 사는 독용이 사람을 잡아먹었다고 한다. 특히 기분을 상하게 하면 수해나 역병을 일으켰기 때문에 근처 마을에서 처녀를 선발해 바쳤다. 그러다가 나라奈良시대에 이르러 승려 만간쇼닌万巻上人이 난폭한 용을 항복시키고 수호신으로 삼았단다. 과연 전설 속 독용의 실체는 무엇이었을까? 호수 근처에서 자라던 20미터 크기의 거대한 나무들이 아니었을까? 화산이 터지며 산사태가 일어나자 토사와 함께 쓸려 내려가 호수 밑바닥에 처

아시노호와 후지산.
하코네호는 비와호보다 작지만 배경으로
후지산이 보이니 훨씬 운치가 있었다.
통신사의 감상도 비슷했으리라.

구두룡신사의 붉은 도리이. 구두룡신사는 독용의 전설을 품은 곳이다. 호수에 해를 끼치는 독용이 살았는데, 나라시대의 승려 만간쇼닌이 독용을 항복시키고 수호신으로 삼았다고 한다.

박힌 나무들이 물속을 유영하는 용처럼 보였을 테다.

하코네 선착장 출구에는 띠를 걸치고 하코네 8리를 내달리는 형상의 동상이 설치되어 있었다. 10명의 대학생 선수가 각자 맡은 거리를 뛰고 띠를 건네며 왕복 217.9킬로미터의 거리를 완주하는 하코네역전箱根駅傳 마라톤을 기념하는 동상이었다. 실제로 이곳은 대학생들의 땀과 눈물이 어린 곳이다. 건각健脚들이 결승선을 앞두고 다리가 풀리거나 완주 직후 쓰러지는 처절한 장면을 연출했다. 지금도 매년 11월 중순이 되면 하코네역전 마라톤 참가 자격을 가리는 관동지역 예선이 치러진다. 전년도 우승팀을 비롯한 10개 대학이 시드를 받아 자동으로 출전하고, 예선에서 10개 대학을 선발해 새해 정월 2일, 3일 이틀간 대회를 연다. 근소한 차이로 10위에 들

하코네역전 마라톤 동상. 관동지역의 최대 스포츠행사 중 하나인 하코네역전 마라톤을 기념하는 동상이다. 10명이 왕복 217.9킬로미터를 달려야 하는 마라톤으로 청춘의 땀이 배어 있는 경기다.

지 못해 예선에서 탈락한 학생들이 흘리는 비장한 눈물에서 그들의 열정과 꿈을 읽을 수 있다. 부푼 가슴으로 새해를 여는 청춘들이 일본 마라톤의 미래를 책임지고 있다고 생각하니 부러움이 앞섰다. 자신의 명예와 모교의 영광을 위해 끈질기게 토해내는 호흡을 우리나라에서도 기대해본다. 신성처럼 반짝 등장했다가 사라지는 천재의 탄생만 기다려서야.

'입철포출녀' 하코네관소

호수에 인접한 유기리소夕霧荘에 숙박했다. 20개의 방이 있는 호텔이었다. 비용은 조식과 석식을 빼고 1인당 1만 2,000엔이었다.

처음에는 저렴하다고만 생각해 마냥 좋아했을 뿐, 석식을 뺀 탓으로 겪을 고생은 짐작도 못 하고 있었다.

호텔에서 저녁을 먹으려면 1인당 4,000엔을 추가로 내야 했다. 비싸다는 생각에 근처 식당에서 해결하기로 하고 호텔을 나섰다. 그런데 가는 날이 장날이라고, 비가 내리기 시작하는 것 아닌가. 불 켜진 식당을 찾을 수 없었다. 동네 노인들 말로는 호텔에서 투숙객들에게 식사를 제공하니 다른 식당들은 일찍 문을 닫는다고 했다. 그러면서 모토하코네에 가면 편의점과 피자가게가 있을 거라고 일러주었다. 그 와중에 빗방울이 더욱 거세졌다. 바람도 심하게 불어 바지가 축축하게 젖었다. 세상이 어두컴컴했다. 나방처럼 불이 켜진 곳이면 일단 얼굴을 들이밀고 밥을 파는지 물어보았다. 마을 안쪽으로 더 들어가자 피자가게가 불을 밝히고 영업 중이었다. 늦은 밤이었는데도 가족이나 연인들이 저녁을 즐기고 있었다. 모차렐라 피자와 적포도주를 시켰다. 비를 맞아가며 고생한 탓인지 피자를 먹어도 허전함이 가시지 않아 편의점에 들러 삼각김밥과 컵라면을 사들고 호텔로 돌아왔다.

다음 날 아침 일어나니 비가 그쳐 있었다. 잎새에 맺힌 물방울이 무거워 보였다. 혹여나 다시 비가 올까 서둘러 하코네관소로 출발했다. 천하를 통일하고 제1대 장군에 오른 이에야스는 에도로 통하는 가도를 정비했다. 또한 에도를 방비하기 위해 아라이와 하코네에 관소를 설치했다. 하코네관소는 '입철포출녀'入鐵砲出女로 유명했다. 제3대 장군 이에미쓰가 다스리면서부터 아라이관소에서는 주로 에도로 반입되는 철포를, 하코네관소에서는 에도를 빠져나가는

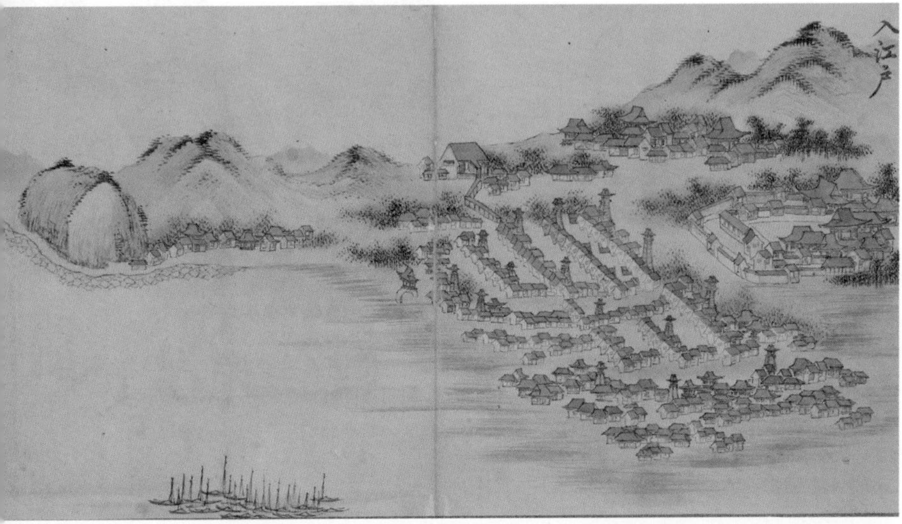

▲「**사로승구도**」**의 제28폭 '에도'**. 에도로 들어가며 본 풍경을 소박하게 그렸다.

▼「**사로승구도**」**의 제29폭 '하코네관소'**. 하코네호와 하코네관소를 그렸다. 하코네관소는 아라이 관소와 함께 에도 방비의 최전선이었다.

▲**하코네관소 전경**. 검게 칠해 지나는 이에게 굉장한 위압감을 주었다.

▼**경구어문**. 하코네관소의 입구로 교토로 가는 문이다. 에도로 가는 문인 강구어문과는 18미터 정도 떨어져 있었다. 20 여명의 관리가 아침 6시부터 저녁 6시까지 철통같이 경계했다.

여인을 검문했기 때문이다. 총이 에도로 밀반입되어 반란을 일으키는 것은 아닌지, 에도에 머물고 있는 다이묘의 처자가 몰래 자기 번국藩國으로 도망가는 것은 아닌지 눈을 부라리며 감시했다. 특히 인질에 다름 아닌 다이묘의 처자가 하코네관소를 빠져나가면 다이묘들이 반란을 일으킬까 봐 굉장히 신경 썼다.

직접 가서 보니 검게 칠한 하코네관소의 관문이 여전히 보는 이를 주눅 들게 했다. 위압감이 상당했다. 하코네의 여러 명소를 둘러볼 수 있는 하코네 프리패스를 지닌 덕에 100엔을 할인받아 400엔만으로 입장할 수 있었다. 표를 받는 직원이 하코네관소의 입구는 경구어문京口御門, 즉 교토로 가는 문이요, 반대편에 설치된 문은 강구어문江口御門, 즉 에도로 가는 문이라고 설명했다. 두 문 사이의 거리는 18미터 정도였다. 20여 명의 관리와 병사가 활과 총, 긴 창 등을 휴대하고 아침 6시부터 저녁 6시까지 철통같이 경계했다.

종사관 문을 지키는 병사들의 눈빛이 매섭습니다. 꿰뚫어볼 듯하네요. 통신사도 예외 없이 말에서 내려 지나가라고 합니다. 상상관 이하는 교자와 말에서 내리는 게 관례라네요.

정사 필 일본인들이 이처럼 삼엄하게 구는 건 이곳을 잘 지켜야 에도를 지킬 수 있다고 생각하기 때문이지.

삼사를 제외한 나머지 수행원은 말에서 내렸다. 입구 왼쪽에 마구간이 있었는데, 지금은 말인형을 세워놓았다. 그 옆은 관소를 지키는 병사들의 방이었다. 주전자를 걸어놓고 찻물을 끓이는 관리의 모습을 본뜬 밀랍인형이 살아 있는 듯했다. 병사들이 사용한 화장실 앞에는 '하설은'下雪隱이라고 적힌 팻말이 있었는데 절로 웃음이 나왔다. 눈이 내려 변을 덮는다는 뜻일까?

통신사가 남긴 기록에도 '설은'이라는 용어가 나온다. 통신사가 지나는 길에는 3리마다 설은을 세 개씩 설치했다. 각각 상관, 중관, 하관이 나눠 사용했기 때문이다. 이후 설은의 유래를 찾아보니 설두선사雪竇禪師가 설은사雪隱寺에 은거할 적에 화장실 청소를 맡아서 그리 이름 붙였다는 설도 있고, 옛날에는 변기를 푸른 동백나무로 막았는데 일본어로는 둘 다 '셋친'으로 발음돼서 그리 이름 붙였다는 설도 있었다.

그다음으로 눈에 띈 것은 오다와라성에서 파견한 관리의 집무실 앞에서 여인의 머리를 검사하는 노파인형이었다. 머리카락을 풀어 헤쳐 속속들이 살펴보는 여인을 히토미온나人見女라고 했다. 보통 아라타메 바바改め婆라고 불린 이 역할은 이곳 관소의 하급병사인 아시가루의 모친이 맡았다. 여성의 증명서에는 본성, 여행의 목적, 여행지, 머리 모양, 얼굴과 손발의 특징이 자세하게 기록되어 있었다. 이를 근거로 히토미온나는 여성의 머리카락, 얼굴의 점, 기타 신체적인 특징, 심지어 임신 여부까지 철저히 조사했다. 여성이 남성으로 변장하지는 않았을지 의심해 남성도 조사했다. 관소를 통과하는 허가증과 조금이라도 다른 점이 있으면 통행을 막았다. 관소를 통하지 않고 몰래 산이나 바다를 넘다가 발각되면 관소돌파라는 죄명으로 나무에 매달아 찢어 죽이는 형벌인 책형磔刑에 처했다.

사실 당시만 해도 여성이 여행을 떠난다는 것은 쉬운 일이 아니

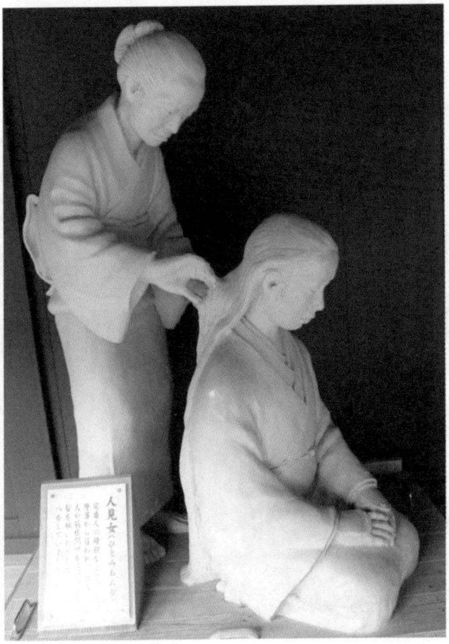

히토미온나. 하코네관소의 검문은 굉장히 철저했는데, 여인들의 경우 머리카락까지 풀어헤쳐 검사했다. 이 일을 하는 여인을 히토미온나라고 불렀다.

었다. 가사에 전념하는 것을 여성의 미덕이라고 여겼기 때문에 사람들의 따가운 눈총을 감내해야 했다. 힐난하지는 않아도 최소한 이상하게는 보았다. 당시 여행하는 여인은 마치 남자처럼 손등을 가리고, 무릎 아래부터 발목까지 헝겊을 띠처럼 둘렀다. 기모노 위에 무명옷을 걸치고, 머리에는 삿갓이나 손수건을 덮어 썼으며, 지팡이를 짚었다.

목숨을 건 관소돌파

집무실 맞은편은 죄인을 가두거나 병사들이 쉬는 곳이었다. 그 뒤로 69개의 계단을 오르니 망루가 나왔다. 한눈에 호수가 보이는 위치였다. 헤엄을 쳐서 호수를 건너는 것도, 망루 뒤의 산을 넘는 것

하코네관소의 망루. 한눈에 하코네관소의 전경과 호수가 보이는 위치에 있었다. 이처럼 철저히 경계했으나 그렇다고 관소돌파가 아예 없던 것은 아니다.

도 상상하기 어려웠다.

그래도 관소돌파가 아예 없던 것은 아니다. 1702년에는 이런 일도 있었다. 시즈오카 태생의 오타마お玉라고 하는 젊은 여인이 에도의 친척 집에 살며 가사를 돕고 있었다. 얼마간 세월이 흘러 고향이 그리워진 오타마는 귀향을 결심하고 친척 집을 몰래 빠져나왔다. 하코네관소까지 오는 데는 별 문제가 없었으나 증명서가 없었다. 오타마는 삼엄한 관소의 경비를 피해 산을 넘으려고 했다. 하지만 하코네호에서부터 산 위까지 목책이 둘러쳐져 있었다. 이를 넘으려다 몸이 걸려 마을 사람들에게 발각되고 말았다. 결국 오타마는 관소돌파의 죄명으로 2개월가량 옥에 갇혔다가 재판을 받고 사형당했다.

중국에 이런 말이 있다. 정부에 정책이 있으면 백성에게는 대책이 있다고. 통과하지 못하게 하면 다른 방법을 고안해내 어떻게든 통과하려고 애쓰는 사람들이 생겨나는 게 인지상정이다. 법과 불법의 투쟁은 영원하다. 하코네관소도 마찬가지다. 통과가 어려워지자 이를 크게 우회하는 길이 생겨났다. 이를 히메姬 가도라 한다. 하마숙浜宿에서 하마나호의 북쪽에 있는 밋카비三ヶ日를 거쳐 고유숙에 이르는 길이었다.

에도 쪽으로 난 문으로 나가기 직전 '어제찰장'御制札場이라고 쓰인 고사츠바를 살폈다. 1711년 막부에서 지시한 내용이 실려 있었다.

· 관소를 통과하는 자는 삿갓, 두건을 벗고 얼굴을 확인받는다.
· 가마를 탄 여행객은 창문을 열어 안을 확인하게 한다.
· 관 밖에도에서 교토으로 나가는 여인은 증명서를 상세하게 조회한다.
· 상처 난 자, 죽은 자, 수상한 자는 증명서가 없으면 통과하지 못한다.
· 공가의 통행이나 산킨코타이의 경우, 사전에 관소에 통달하면 검사하지 않는다. 단 일행 중에 수상한 사람이 섞여 있는 경우 검사한다.

호숫가 쪽에 자료실을 설치해 관소와 관련된 다양한 자료를 전시하고 있었다. 관소를 재건하는 과정을 영상으로 보여주었다. 어찌나 전통공법을 준수해서 정교하게 지었는지 깜짝 놀랄 정도였다. 히카리츠케光付라는 독특한 공법을 사용했는데, 기단을 구성하는 돌의 굴곡에 맞춰 나무를 파냈다. 그렇게 나무를 돌에 맞춰 세우면 나무가 아무리 커도 쓰러지지 않는다며 은근히 자랑했다. 일본인들의 정밀함에 혀를 내둘렀다.

사실 우리나라에도 신라시대에 이러한 공법이 존재했다. 그랭이라고 한다. 돌을 쌓을 때 윗돌과 아랫돌이 딱 들어맞도록 정밀하게 깎아 맞추었다. 그랭이로 지은 대표적인 건축물이 불국사다. 이곳에서 신라인의 기예를 엿볼 수 있다.

절벽에 난 길로 떨며 내려가다

자료실을 나와 모토하코네 방향으로 난 국도를 걸었다. 매표소 직원이 가르쳐준 옛길을 찾기 위해서였다. 버스나 승용차가 달리는 포장도로는 도카이도가 아니었다. 길을 건너니 삼나무가 죽 심어진 흙길이 나왔다. 통신사가 걸은 길임을 직감했다. 처음에는 소나무를 심었는데 환경이 맞지 않아 말라 죽자 삼나무로 교체했다고 한다. 이 삼나무들은 통신사의 길을 얼마나 오래 지키고 있었을까? 에도시대 초기에 심었다고 하면 400년은 족히 넘었을 것이다. 통신사가 남긴 기록 중 소나무, 삼나무가 산에 가득하고 가는 대나무가 그 사이에 섞여 있다고 쓴 구절이 떠올랐다. 삼나무들은 저 멀리 보이는 후지산에 걸맞은 거대한 모습으로 우뚝 서 있었다.

통신사는 전통공예로 명성을 떨친 하타숙畑宿에서 점심을 먹고 방향을 오른쪽으로 틀어 시모후타고야마下二子山의 산록을 지나 유모토로 내려갔다. 하타숙 이후의 길이 구절양장九折羊腸이라 크게 심호흡부터 했으리라.

삼나무가 심어진 길. 원래는 소나무를 심었는데 말라 죽자 삼나무를 심었다고 한다. 에도시대 초기에 심었다고 가정하면 400년 이상 된 삼나무들이다. 통신사도 분명 이 길을 걸었을 것이다.

종사관 내려가는 길이 올라오는 길보다 배는 험합니다.

정사 필 길 좌우는 절벽이라네. 조심하게.

종사관 남여를 멘 사람들이 소리를 내며 힘을 쓰는 것이 꼭 풍파에 노櫓 젓기를 독촉하는 것 같습니다.

큰 골짜기에 난 길이라 양옆이 절벽이었다. 돌도 마구 흩어져 있어 지나는 이는 한결같이 크게 무서워했다. 비라도 오면 흙탕물이 흘렀고 곧잘 안개가 숲을 메웠다. 말조차 떨며 자주 자빠졌다.

통신사와 달리 우리는 모토하코네에서 버스에 올라 하코네 신도新道를 타고 하코네유모토역箱根湯本駅으로 향했다. 통신사가 내려간 길의 정반대에 있는 길이었지만 이곳도 구불구불하긴 마찬가지였다. 버스가 방향을 틀 때마다 몸이 반대편으로 쏠려 차멀미가 날 정도였다. 핸들을 꽉 잡은 기사가 조심조심 버스를 몰아 산을 내려갔다.

통신사 중에는 비를 맞고 고개를 넘느라 병에 걸린 자도 있었다는데, 우리는 버스를 타고 쉽사리 역에 도착했다. 근처에 온천이 있어 인당 1,500엔을 내고 들어가 피로를 풀었다. 노천탕이라 저무는 산의 풍광을 즐길 수 있었다. 온천에서 나와 저녁을 먹으려 하니 문 연 식당이 없어 지역특산품인 팥빵을 사서 허기를 채웠다. 입안에 감도는 단맛을 음미하며 기차를 타고 오다와라로 출발했다.

46 난공불락의 오다와라성이 함락되다 50

역사 속으로 사라진 관동의 맹주

다음 날 일찍 하코네유모토역에서 다섯 정거장 떨어진 오다와라역으로 가 관광안내소를 찾았다. 직원이 '오다와라숙 나리와이なりわい 교류관'을 찾아가라고 일러주었다. 아미토이아網問屋를 재정비해 시민과 관광객이 휴식을 취할 수 있도록 꾸민 교류관은 상가와 주택이 함께 있는 전통적인 형태의 건물이었다. 안에는 몇 명의 여성이 차를 마시고 있었다. 우리에게도 직원이 시원한 보리차를 내왔다. 원본은 도쿄 국립박물관에서 소장되어 있는, 1800년 무렵의 오다와라숙을 그린 배치도가 걸려 있어 살펴보았다. 도카이도 아홉 번째 숙장인 오다와라숙에는 혼진 네 채, 와키혼진 네 채가 있었다. 하타고는 무려 90채로 도카이도에서 가장 많았다. 교류관 주위 마을이 숙장의 중심지였다.

넓게 보면 오다와라의 동쪽에는 사카와천酒匂川이, 서쪽에는 하코네관소가 버티고 있다. 정사 조엄 일행이 건넜던 사카와천은 10월

본정을 알리는 비석. 지진 때문에 오다와라숙에는 에도시대의 유적이 거의 남아 있지 않았다. 다만 비석을 세워 이곳에 혼진 두 채, 와키혼진 두 채, 하타고 26채가 있었음을 기록해 놓았다.

부터 3월까지만 부교를 가설해놓았다. 그 외에는 맨발로 건너야 했다. 이러한 이유로 대부분 여행객은 보통 이곳에서 하루 정도 쉬었다가 길을 떠났다.

지진 때문에 에도시대의 유적은 거의 남아 있지 않았다. 최근에 세운 비석이 옛 역사를 전해주고 있을 뿐이었다. 비석은 이 거리가 바로 본정으로 혼진 두 채, 와키혼진 두 채, 하타고 26채가 있었으며, 미야마에정宮前町과 함께 오다와라의 중심지를 이루었다고 기록해놓았다. 이처럼 다양한 정보를 길가에 세워진 여러 비석에서 얻을 수 있었다.

비석 조사를 마치고 오다와라성으로 들어갔다. 이 성은 난공불락의 성으로 유명했는데, 특히 전국통일을 눈앞에 둔 히데요시와의 일대 결전이 유명하다. 히데요시가 규슈의 최남단까지 평정했는데

오다와라성. 난공불락의 성으로 전국통일을 눈앞에 둔 히데요시와의 일대 결전이 유명하다. 호조가는 약 3개월 정도 수성하며 버텼지만 내부에서 이반하는 자가 나와 결국 히데요시에게 무릎을 꿇었다.

도 관동과 오우奥羽, 동북지역의 영주들은 그에게 복속하는 태도를 보이지 않았다. 그 대표적인 가문이 호조가北条家였다. 성주 호조 우지나오北条氏直, 1562~91나 그의 아버지로 실권을 쥔 호조 우지마사北条氏政, 1538~90는 복속을 단호히 거부했다. 당시 히데요시를 받들던 이에야스의 둘째 딸이 우지나오와 혼인한 상태였기에 표면적으로는 동맹이었지만 말이다.

역설적으로 이런 혼인관계가 호조가에게 불복할 여지를 주었다. 이에야스가 방패막이 되어줄 것이라 굳게 믿었던 것이다. 하지만 결국 이에야스조차 등을 돌리고 호조가를 정벌하는 데 동의했다. 1590년 4월 히데요시는 육군과 수군 등 총 21만여 명의 군사를 동원해 오다와라로 진격했다. 호조가는 지형의 험난함을 믿고 5만 명의 병력으로 농성 작전을 펼치며 대항했다. 히데요시는 수군을 동원해 바다도 철저히 봉쇄했다. 지성이 차례차례 함락당하고 있던 때에 동맹을 맺고 있던 마사무네도 히데요시에게 귀순했다. 호조가로서는 절체절명의 위기였다.

내부에서 이반하는 자가 나왔으니 무릎을 꿇지 않을 수 없었다. 7월 우지나오가 히데요시 진영에 나아가 투항했다. 자신이 셋푸쿠하는 대신 성안의 병사들은 살려줄 것을 청했다. 히데요시는 우지나오를 죽이지는 않았지만 자신의 딸과 이혼시킨 다음 기이국의 고야산高野山으로 추방하고, 주전론을 주장한 그의 아버지와 숙부 등에게는 셋푸쿠를 명했다. 이때 우지마사의 목을 내리친 이는 다름 아닌 동생 호조 우지노리北条氏規, 1545~1600였다. 운명의 장난이었다. 전국시대의 유력 다이묘가문으로 100여 년 동안 관동지역을 호령했던 호조가는 이렇게 역사 속으로 사라졌다.

종사관 전국을 평정한 히데요시의 집념이 정말 대단합니다. 히데요시가 오다와라를 정벌하러 가 왕명을 전달하지 못한 통신사가 오랫동안 교토에 머무르기도 했다죠?

정사 필 그렇다네. 오다와라를 함락함으로써 말 그대로 전 일본을 통일한 히데요시는 이후 조선 침략을 계획하고 2년 뒤에 실행에 옮기지. 만약 히데요시의 야망을 조금만 일찍 눈치 챘다면 하는 아쉬움이 커.

선조 23년1590 7월 정사 황윤길, 부사 김성일, 서장관 허성이 교토에 도착했다. 그들은 히데요시의 오다와라 정벌이 끝난 11월이 돼서야 왕명을 전달할 수 있었다.

당시 오다와라성 아래에는 무사의 주거지나 상점, 사찰, 신사들이 들어선 마을이 있었다. 통신사는 점사와 사찰에 머물렀는데, 장군이 특별히 관리를 파견해 통신사를 맞았다. 한번은 통신사가 오다와라에서 중국인을 만난 일이 있다. 그는 복건 출신의 섭칠관葉七官이라는 자로, 40여 년 전에 표류하다가 일본에 도착해 이곳에 자리 잡았다고 했다. 일행 50여 명 중 30여 명은 본토로 돌아갔다는데, 나머지는 일본인과 결혼해 생활이 안정되자 고국으로 돌아갈 마음을 잊었다는 것이다. 일본인들은 이들 중국인이 사는 마을을 '당인촌'唐人村이라 불렀다.

천당과 지옥을 오가다

성을 둘러보다가 만난 관광안내원에게 통신사 이야기를 꺼내자 옆에 있던 중년 남성이 대련사大蓮寺가 숙박지라고 일러주었다. 사찰은 성에서 약간 떨어져 있었다. 찾아가니 주지는 출타 중이었다. 대신 본전을 덮을 정도로 거대한 수목 두 개가 사찰을 지키고 있었다. 혹시 다른 이가 있을까 하고 벨을 누르자 주지의 부인이 얼굴을 내밀었다. 우리를 간단하게 소개하자 반가워하면서 통신사를 조사하기 위해 일본 학자들이 자주 방문한다고 했다. 부인의 안내를 받아 사찰로 들어가니 칠복신 중 복록수福祿壽를 모셔두었다. 복록수

▲**대련사**. 통신사가 묵었던 사찰이다.
▼**대련사의 거목**. 본전을 덮을 정도로 거대했다.

는 도교道教에서 강렬히 원하는 세 희망인 행복, 봉록재산, 장수를 구현한 신이다. 부처보다 이 복록수를 참배하러 들리는 사찰이 아닌가 싶었다.

사찰을 모두 둘러본 후 인접한 바다를 찾아 다리를 쭉 뻗고 편히 쉬었다. 사가미만相模灣의 바닷바람이 땀을 식혀주었다. 저 멀리 유가와라에서 뻗쳐 나온 산맥이 바다로 이어졌다. 바로 이 바다에 히데요시의 군선들이 깃발을 휘날리며 진을 치고는 호조를 궁지에 몰아넣었으리라.

어느 정도 기력을 회복한 후 다시 오다와라성으로 되돌아갔다. 몇백 년간 풍파를 견딘 소나무가 위용을 자랑하며 버티고 서 있었다. 그 색이 붉어 우리나라의 적송 같았다.

성에서 나와 오다와라역으로 갔다. 워낙 많은 여행객이 찾는 곳이다 보니 토산물 따위를 파는 상점이 줄지어 있었다. 어묵의 일종인 가마보코蒲鉾, 매실 장아찌인 우메보시梅幹, 찐 과자의 일종인 우이로ういろ, 초롱불이 이 지역의 특산품이다. 열차를 기다리며 여섯 개에 1,300엔이나 하는 가마보코를 먹었다. 캔 맥주까지 곁들이니 금상첨화였다. 통신사를 접대하기 위해 아타미에서 생선을 잡아 산 채로 오다와라까지 운반해온 역사가 있어서일까. 가마보코가 야들야들하면서도 쫄깃쫄깃했다.

곧 도착한 오이소大磯행 열차에 몸을 실었다. 미끄러지듯 역을 빠져나가는 열차의 작은 흔들림과 적당한 포만감에 기분이 좋았다. 이 행복한 순간은 오래가지 않았으니 아뿔싸, 역 벤치에 사료집과 메모장을 모두 두고 온 것이 퍼뜩 떠오른 것이다. 크게 당황할 수밖에 없었다. 이제까지의 여정과 감상, 길에서 만난 사람들과 나눈 대화를 정리해놓았기 때문이다. 정신이 사나워졌다. 열차 직원에게 유실물이 있다고 말하자 오다와라역 유실물센터의 전화번호를 알려주었다. 마침 열차가 터널을 지나는 통에 몇 번 전화를 걸었으나 신호가 잘 가지 않았다. 겨우 연락이 닿아 보관하고 있다는 답변을 들었다. 그때의 기분이란. 지옥과 천당을 오간 순간이었다. 곧 마음의 평정을 되찾아 생각해보니 늦게라도 분실했음을 안 게 다행이었다.

사실 일전에 지나간 가나야역에서도 비슷한 일이 있었다. 이도희가 삼각대를 열차에 놓고 내린 것이다. 어쩔 줄 몰라 하다가 역무원에게 도움을 요청해 삼각대를 찾았었다.

이도희 그래도 일본에서 물건을 잃어버리면 매번 잘 찾는 거 같아. 언젠가 일본에 들렀을 때 히로시마의 한 식당에서 시계를 풀고 빙수를 먹다가 깜빡하고 그냥 나온 적이 있어. 부처상을 새긴 시계였지. 내게 의미가 있는 시계였는데, 귀국하기 바빠 찾지 못한 거야. 6개월 뒤 일본을 방문할 일이 또 생겨 혹시나 하고 그 식당을 찾아갔는데, 웬걸 그 시계를 포장까지 해서 잘 보관하고 있더라고. 보통 시계가 아니라고 직감한 주인이 포장해놓은 거야. 내가 오기를 기다렸다는 거지. 그 마음에 감동했던 기억이 나네.

남의 물건에 좀처럼 손대지 않는 그들의 품성에 너무나 고마웠다. 마침 도쿄를 방문한 국사편찬위원회의 고성훈 박사에게 이 이야기를 들려주었다. 그러자 그가 자신이 미국 필라델피아의 한 미술관에서 카메라를 분실했던 일을 얘기해주었다. 카메라를 찾으러 급히 발길을 돌렸으나 감쪽같이 사라져버렸다는 것이다. 20분도 채 안 되는 짧은 시간이었는데 말이다. 미술관이라 의식 있는 사람들만 있을 것이라고 여겼는데 오산이었다며 씁쓸해했다.

47 오이소의 고려인 마을 51, 52

고구려인 약광을 만나다

오이소역으로 가는 길 중간에 사카와천이 있었는데, 통신사는 90척의 배를 연결해 만든 부교로 건넜다. 오이소에 도착한 통신사는 오차야 등지에서 점심을 들었다. 관소는 태수의 객관으로 각종 도구가 사치스러웠고 기이한 꽃이 뜰에 가득해 아름다웠다고 한다. 일본의 정원은 조선의 마당과는 개념이 전혀 다르다. 나무와 돌, 기화요초로 정원을 가꾸는 것이 일본인들의 취향이었다.

오이소정은 남으로는 사가미만, 북으로는 고려산高麗山에 둘러싸여 있다. 오이소역 관광안내소에 물었더니 쓰나미로 에도시대의 문물이 남아 있지 않다고 했다. 아쉬운 마음에 벽에 걸린 지도를 살펴보니 '고려산'이라고 표시된 곳이 눈에 들어와 찾아 나섰다. 길을 따라가니 JR도카이도본선과 교차하는 곳이 나왔다. 길은 요코하마横浜 방면과 에노시마江ノ島 방면으로 갈렸다. 우리는 에노시마 방향으로 갔다. 대략 30여 분 걸었을까. 저택들의 문패에 고마高麗 1정목

町目, 고마 2정목, 고마 3정목 순으로 적혀 있었다. '고마'는 마을 이름인데, 원래 '고려'는 일본어로 '고라이'라고 발음되지만, 이 동네는 '고마'로 발음했다.

통신사도 마을 이름에 '고려'가 들어간 게 궁금했는지, 통사에게 그 까닭을 묻게 했다. 일본인들은 마을 뒤에 고려산이 있어서 그렇게 지었다고 답변했다. 실체를 확인하기 위해 마을 안으로 발을 내디뎠다. 마침 고려산에 다카쿠신사高來神社가 있다기에 찾아가보기로 했다. 골목길을 이리저리 헤매다가 몇 명인가 모여 그림연습을 하고 있는 집으로 들어가 길을 물었다. 미술선생이 신사까지 직접 안내해주었다. 가는 길에 왜 '고마'라 발음하는지 묻자 잘 모르겠다면서 다만 이곳에 살던 고려인들이 사이타마埼玉로 이주해갔다는 얘기가 전해진다고 했다. 다카쿠신사도 예전에는 절이었던 것을 부수고 다시 신사로 지었다고도 귀띔해주었다.

신사가 있는 고려산은 표고 168미터의 야트막한 산이었다. 일찍부터 신이 거처하는 산이라고 해서 주민들이 신앙했다. 정상 부근에 횡혈식 묘가 있고, 정상에는 어민들이 바다에서 건져낸 천수관음千手觀音과 고려권현을 받든 다카쿠신사가 있었다. 이에야스가 영지와 산림을 하사했다. 후에 동조권현東照權現, 즉 이에야스 본인을 제사 지내도록 했다.

신사 옆에 설치한 안내판을 읽어보니 고려가 아니라 고구려와 관련된 곳이었다. 고구려가 멸망하자 왕족 약광若光이 이곳으로 와 문화를 전파했다. 그 후 717년 백제계 승려 행기行基, 668~749가 이 지역을 방문했을 때 천수관음을 배알하고 고려권현사高麗權現社를 창

다카쿠신사. 천수관음과 고려권현을 받든 신사로 원래는 사찰이었다고 한다. 고구려의 왕족 약광이 지은 고려권현사가 시초다.

건했다. 가마쿠라鎌倉시대에 사찰의 규모가 굉장히 커졌으나, 요충지였기 때문에 전쟁터가 되어 피해를 입었다. 그러다 메이지시대에 이르러 신불분리 정책이 실행되면서 폐사廢寺가 되었다. 1897년에 다카쿠신사로 개칭했다. '고려'高麗가 '고래'高來가 된 것인데, 한자는 비슷하지만 발음은 '다카쿠'로 완전히 바뀌었다. 명칭을 바꾼 이유는 자세히 알 수 없었다.

716년 약광은 사이타마현 고려군현재의 히다카시日高市으로 이주했다. 그곳에는 약광을 모신 고려신사高麗神社가 있는데, 약광이 죽은 해에 지었으니 일본에서 가장 오래된 사찰 중 하나다. 사찰 내에 약광의 묘와 동상이 있다. 약광의 후손이 대대로 고려신사의 궁사宮司를 맡을 정도로 전통을 잘 지키는 사찰이다. 고려신사는 일제강점기에 조선에도 널리 알려졌다. 도요대학의 사토 아츠시佐藤厚 강사가 쓴 논문에 관련된 이야기가 자세하게 실려 있다. 1920년 조선총독부는 조선 팔도에서 선발한 참여관參與官 두 명과 군수 30명을 시찰단 명목으로 일본에 파견했다. 이후 유림, 유생, 면장, 총독부 직원, 왕족인 이은李垠, 1897~1970 등이 고려신사를 방문했다. 1940년에는 고려신사와 조선의 조선신궁朝鮮神宮 사이에 수목을 교환했다. 고려신사는 벚꽃을, 조선신궁은 오엽송五葉松과 개나리를 보냈다. 고려신사는 내선일체內鮮一體, 내선융합內鮮融合의 상징으로 이용되었다. 고려신사 근처에는 성천원승낙사聖天院勝楽寺가 있는데, 고려의 보리사로 약광의 셋째 아들 성운聖雲이 건립했다.

뜻하지 않게 고구려인 약광을 만난 기쁨으로 역으로 돌아오는 발걸음이 가뿐했다. 역 앞 식당에서 카레로 늦은 점심을 때우고 후지사와역藤沢駅으로 출발했다.

동물을 사랑한 장군

지명에 '못'[沢]이 들어 있을 정도로 물이 많은 지역이라 통신사도 이를 기록으로 남겼다. 산을 등진 채 냇물을 끼고 있고, 전답과 들이 넓으며, 못에는 물이 가득했다고 한다. 후지산에서 흘러나온 물이 이곳에 모여 못을 만들었다. 둘레가 수십 리나 되는 부사택富士沢이다. 여기서 잡히는 은어가 전국 제일이란다. 후지사와에 도착한 통신사는 점사나 객관으로 들어가 휴식을 취했다.

종사관 지명을 처음 들었을 때 혹시나 했는데 역시나 물이 많군요. 그런데 좀 전에 몸에 문신한 사람을 보셨나요?

정사 필 봤네. 옷 벗은 왜인을 봤어. 어깨와 등, 팔뚝, 다리에 칼로 피부를 도려내고 먹물을 들였더군. 마치 자자刺字한 것처럼 말이야. 새긴 것이 글자나 어떤 물건처럼 보였어.

종사관 등에 뜸질한 흔적이 있는 자도 열에 아홉은 되는 것 같습니다.

정사 필 그러게 말이야. 이상해서 통사에게 물어봤어. 그랬더니 질병 때문에 그런 게 아니라 방중술房中術이라는 거야. 그런 걸 저렇게 드러내놓고 다니다니, 참 괴이한 일이지.

통신사의 숙박처가 여염이나 사가미相模 태수의 사처私處였기 때문에 찾기가 어려웠다. 관광안내소의 직원은 통신사에 대해 잘 모르는 눈치였다. 그래서 지역의 가장 유서 깊은 사찰이 어디인지 물었다. 보통 크거나 역사가 오래된 사찰은 통신사와 어느 한 부분이라도 엮이게 마련이기 때문이다. 직원은 유행사遊行寺라고 알려주며 사찰 앞으로 도카이도가 지난다고 했다. 역시나 통신사와 접점이 있었다.

지도를 몇 장이나 펼쳐본 끝에 유행사를 찾았다. 직원이 형광펜으로 도카이도와 사찰을 표시해주었다. 걸어서 30분 정도 걸린다기에 택시를 탔다. 점심을 먹고 후지사와역까지 걸어왔기 때문에 힘이 다하기도 했지만, 다른 때에도 힘들다는 핑계로 택시를 타는 날이 점점 늘고 있었다. 5월 말로 여름에 접어들었고, 이미 한 달이나 답사한 상태였기 때문에 다들 다리 떼기가 힘들었다.

유행사. 동물을 사랑한 쓰나요시의 명을 따라 유행사는 시중에서 거래되는 금붕어를 보호하는 일에 앞장섰다.

청정광사清浄光寺라고 불린 유행사는 정토종의 한 종파인 시종時宗의 총본산이다. 산킨코타이 때는 다이묘의 숙박처로 이용되었다. 도카이도 유수의 사찰로 참배객들의 발길이 끊이지 않았다. 절을 창건한 조사의 기일에는 스모대회가 열리고 각종 유흥을 제공한 여러 가게가 문을 열었다. 그러면 경내에 인파와 수레가 붐벼 통행이 어려울 정도였다.

유행사에는 재미있는 일화가 있는데, 시중에서 거래되는 금붕어를 보호한 일이다. 제5대 장군 쓰나요시는 살생을 금지하는 '쇼루이 아와레미노 레이'生類憐れみの令를 반포했다. 소, 말, 개, 새 등은 물론 어류, 조개류, 곤충류 등 살아 있는 모든 것에 상처를 입히지 말라는 내용이었다. 특히 쓰나요시가 개띠였기에 개를 다치게 하면

일편상인의 동상. 염불하면서 춤추는 방법으로 수양하면 극락정토에서 새로운 사람으로 태어난다고 가르쳤던 인물이다. 동북지역에서 규슈까지 여행하며 명성을 떨쳤다.

무거운 처벌을 받았다. 그래서 거리에 개가 넘쳐났다. 이때 유행사는 개는 아니어도 금붕어를 보호했던 것이다.

여하튼 유행사는 대단히 큰 절로, 수령 600년의 은행나무에 달린 번성한 잎사귀가 사찰의 역사를 알려주고 있었다. 본당은 관동대지진 때 붕괴되어 이후 다시 지었다. 얼굴이 서양인처럼 생긴 일편상인一遍上人의 동상이 사찰 한쪽을 차지하고 있었다. 염불하면서 춤추는 방법으로 수양하면 극락정토에서 새로운 사람으로 태어난다고 가르쳤던 인물이다. 동북지역에서 규슈까지 여행하며 명성을 떨쳤다. 사찰의 편액에 등령대登靈臺라 쓰인 이유를 알 수 있었다.

길과 길이 이어지는 곳 후지사와

사찰에서 내려와 오른쪽 길로 접어드니 오구마천이 흘렀다. 히로시게가 유행사를 묘사한 그림과 이곳을 기점으로 오른쪽은 도쓰카戸塚, 좌측은 에노시마라는 설명이 실린 안내판이 보였다. 이곳이 혼진과 도이야가 있었던 거리다. 길가에서 우연히 비석 하나를 발견했다. 왼쪽 면에는 '이세안락'二世安楽이라는 글귀와 에노시마로 가는 길이, 오른쪽 면에는 '일체중생'一切衆生이라는 글귀가 새겨져 있었다. 에노시마를 걷는 모든 이의 현세와 내세의 안온安穩, 극락의 희망을 기원한 글귀였다. 현재 에노시마는 도쿄를 여행하는 젊은 관광객들이 즐겨 찾는 곳이다.

이처럼 후지사와는 여러 길이 교차하는 곳이다. '오야마 모우데'大山詣, '벤자이텐 모우데'弁財天詣, '에노시마'로 모두 이어진다. 남쪽으로 내려가면 에노시마신사江島神社도 참배할 수 있다.

길가에는 혼진과 와키혼진의 위치를 설명한 안내판도 있었다. 후지사와숙은 도카이도의 여섯 번째 숙장이었다. 1843년에는 혼진 한 채, 와키혼진 한 채, 하타고 45채가 있었다.

도쿠가와가문의 숙박시설인 후지사와어전을 찾아 나섰다. 골목을 누비며 여기저기 기웃거렸으나 좀처럼 모습을 드러내지 않았다. 우연히 공민관에 걸린 안내판을 보고 위치를 특정할 수 있었다. 공민관 뒤에 교회가 있었는데 바로 그 자리였다. 마침 전통의상을 입은 일본인 목사를 만나 대화를 나누었다. 그도 교회 자리에 어전이 있었다고 확인해주었다.

에도시대 초에는 후지사와에 혼진을 설치하지 않았다. 따라서 장군이나 다이묘들은 유행사 등의 사찰에 숙박했는데, 너무 비좁아 이곳에 어전을 조성했다. 약 2만 제곱미터에 달하는 넓은 부지였다. 이에야스가 교토로 들어갈 때 숙박했으며 제2대와 제3대 장군도 이용했다. 그러다가 17세기 중반에 문을 닫았다.

후지사와에서 통신사와 관련된 자료는 거의 찾을 수 없었다. 앞으로 이곳의 사료를 발굴해 통신사의 자취를 더욱 자세하게 복원하는 작업이 필요하다.

48 요코하마의 밤을 밝히는 랜드마크타워 53

우라시마 타로 전설

게이큐본선京急本線을 타고 가나가와역으로 이동했다. 역은 가나가와숙에서 이름을 따왔다. 요코하마역이 가까이 있기 때문에 가나가와역을 이용하는 사람이 적었다. 행정구역상으로는 요코하마시 가나가와구에 속해 있다. 예전에는 금천金川이라 불린 지역이다.

JR도카이도본선을 따라 가설된 청목교青木橋를 건너며 보니 콘크리트 벽에 사찰명인 '본각사'가 적혀 있었다. 다리 한구석에서 '가나가와숙 역사의 길'이라고 적힌 안내판을 찾아냈다. 히가시가네가와역東神奈川駅 방향으로 혼진과 금장원金蔵院이, 다이정台町에 일리총과 관문 유적지가 있었다.

이곳의 혼진은 두 채였다. 1843년 자료에 따르면, 가나가와숙에는 하타고 58채가 있어, 가나가와현 내에서는 오다와라숙 다음 가는 규모였다. 혼진을 찾아 철도를 따라 걸었다. 개항기 영국영사관이 있던 정룡사淨瀧寺를 지나니 물길이 나왔다. 다키노천滝野川으로 요코하마항으로 이어지는 하천이었다. 물가에 기둥과 계단을 설치해 중국 운하의 선착장처럼 바로 집으로 들어갈 수 있게 했다. 더 나아가니 프랑스영사관이 있던 경운사慶運寺가 나왔다. 포도사浦島寺라고도 불린 곳으로 우라시마 타로浦島太郎가 용궁에서 가지고 왔다는 관음상 등 우라시마 타로 전설과 관련된 유품을 보전하고 있었다.

이 전설은 일본에서 모르는 사람이 없을 정도로 유명하다. 지방마다 약간씩 변형되어 전승되었는데, 일반적으로 널리 알려진 내용으로 소개해보겠다. 먼 옛날 타로가 아이들에게 괴롭힘 당하고 있는 거북을 풀어주었다. 거북은 고마움의 뜻으로 타로를 용궁으로 데리고 갔다. 용왕의 딸이 잔치를 베풀어주었다. 그리고 상자를 선물하며 절대로 열어봐서는 안 된다고 주의시켰다. 잔치가 끝나고 타로는 뭍으로 나왔으나 아는 사람이 모두 사라지고 없었다. 당황스러워 그만 경고를 잊고 상자를 열었다. 하얀 연기가 새어나오더니 이윽고 타로는 백발노인으로 변해버렸다.

우라시마 타로 전설을 거북이나 용왕의 딸이 보은한 이야기라 할 수 있을까? 용궁에서 융숭하게 대접받았지만, 현실 세계로 돌아오자마자 주름진 늙은이로 변하지 않았던가? 절대로 뒤를 돌아봐서는 안 된다는 오르페우스와 에우리디케의 신화에서처럼 애초에 지킬 수 없는 약속을 지키라고 강요한 것은 아닐까?

가나가와에는 우라시마 타로 전설이 조금 변형되어 전해지고 있었다. 그 내용을 살펴보면, 가나가와 출신의 태부太夫가 교토 북부지역에 부임했다. 그의 아들 타로는 용왕의 딸에게 상자와 관음상을 받았는데, 이를 부친에게 전해주려 했으나 찾을 수 없었다. 양친의 묘가 시라하타白幡에 있다는 소식을 들은 타로가 노인이 된 채 전전긍긍하자 용왕의 딸이 소나무 가지에 빛을 비춰 묘의 위치를 알려주었다. 타로는 양친의 묘가 있던 자리에 암자를 짓고 관음상을 안치했다. 그가 죽자 암자를 중건한고 이름도 관복사觀福寺로 바꾸었다. 에도 말기에 화재로 폐사가 되었고, 1872년 경운사에 병합되면서 관세음보살상이 안치되었다.

황금색 처마로 치장한 금장원

다키노천 근처에서 혼진 유적지를 발견했으나 건물은 남아 있지 않았다. 숙장 유적지도 물가에 있었는데, 그 옆으로 수도首都고속도로가 달렸다. 하천을 따라 가로수가 정비되어 있어 따라 걸었다. 삼거리가 나와 안내판을 보니 가나가와숙 역사의 길인 송병목松幷木, 즉 소나무 길과 막부 말에 설치한 포대의 일종인 다이바台場 유적지가 있는 길로 갈라졌다. 소나무 길을 택했다. 이 길이 도카이도라 판단했기 때문이다. 폭은 그리 넓지 않았고, 길 양쪽으로 소나무를 심어놓았다. 물론 에도시대에 심은 소나무는 아니었다. 길을 따라 걷다 보니 곧 성불사成佛寺가 나왔다. 본전 옆에 심긴 거대한 나무가 위용을 자랑했다. 이 사찰은 본래 제3대 장군 이에미쓰가 교토로 들어갈 때 숙박하던 곳이다. 개항기에는 외국선교사들의 숙소로 사용되었다.

관광안내소에 들러 이 지역의 지도와 역사 관련 자료를 받았다. 가나가와숙을 재현한 모형도도 보여주었다. 에도시대부터 현대에

송병목. 통신사가 걸은 도카이도로 소나무를 심어놓았다.

이르기까지 요코하마가 변모해가는 사진들도 볼 수 있었다. 사진에서 옛날에는 바닷가에 인가들이 연해 있었으나, 근대에 들어서면서 서양 각국의 배가 운집하자 항구가 자리 잡는 변화를 읽어낼 수 있었다.

다시 소나무 길로 돌아와 걸으니 고사츠바가 나왔다. 거기서 조금 더 간 곳에 금장원이 있었다. 이에야스에게 10석을 생산해낼 수 있는 토지를 하사받은 사찰로, 부사 경섬이 묵었다. 다른 통신사는 점사에서 숙박하거나 이곳에서 점심만 먹은 탓에 자세한 기록이 없다. 옆문을 통해 경내로 들어갔다. 거대한 느티나무가 위압감을 주었다. 목화 비슷한 꽃으로 정원을 예쁘게 꾸몄다. 본당 앞에 이에야스의 '어수절매'御手折梅라 불린 매화나무가 그려져 있었다. 이에야

금장원. 송병목을 따라 걸으니 금장원이 나왔다. 통신사는 보통 이곳에서 묵지 않고 점심만 먹었다. 황금색 처마가 인상적이었다.

스 자신이 가지를 꺾었던 모양이다. 매년 1월에 주지가 이 매화나무의 가지를 하나 꺾어 에도로 가지고 가 헌상했다. 황금색 처마가 사찰의 위상을 짐작케 했다.

과감히 사찰의 벨을 눌렀다. 간단하게 우리를 소개하고 답사 중이라고 말하자 머리가 희끗희끗한 여인이 문을 열어주었다. 통신사 이야기를 꺼내자 잘 모르겠다며 미안해했다.

큰 수확을 얻지 못하고 금장사에서 청목교로 되돌아왔다. 수업을 끝내고 귀가하는 꼬마들을 만났다. 횡단보도가 나오자 한 아이가 뛰어 건너려고 했다. 다른 아이들이 일제히 "빨간 신호다"라고 외치자 중간까지 건넜던 아이가 되돌아왔다. 길 양쪽의 사람들이 이를 흐뭇하게 보았다.

상업의 중심지가 된 요코하마

일정을 그냥 마칠 수 없어 본각사를 둘러보기로 했다. 계단을 오르자 거대한 잣밤나무가 모습을 드러냈다. 그 고고高古한 모습이 사찰의 역사를 웅변하는 듯했다. 그런데 나무 앞에 뜬금없이 '사적 아메리칸영사관 유적지'라고 쓰인 비석이 있는 게 아닌가. 개항 당시 미국의 초대 일본공사 타운젠드 해리스Townsend Harris, 1804~78가 도선장이 가깝고 언덕 위에서 요코하마 시내와 항구를 한눈에 내려다볼 수 있다는 이유로 이곳을 영사관으로 삼았다. 산문은 이 지역 일대에서 유일하게 남은 에도시대 건물이었다. 경내는 넓고 웅장했다. 특이하게도 전국의 도장塗裝업자들을 위한 합동위령비가 있었다. 영사관을 지으며 도장할 때 산문에도 흰 칠을 했다. 이것이 서양식 도장의 선구적 사례가 되었다고 여기고 그 인연으로 이곳에 위령비를 세운 것이다.

본각사에서 나와 일리총 유적지 방향으로 걸었다. 완만한 언덕길이었다. 항구가 있고 상인들이 왕래하던 길이어서인지 고토히라궁이 조성되어 있었다. 벽 한쪽에 에도시대 후기의 화가 지펜샤이쿠十返舍一九, 1765~1831가 가나가와숙 소데가우라袖ケ浦의 정경을 그린 그림이 걸려 있었다. 그림에는 "이곳에 도착하면 한쪽에 다점이 줄줄이 늘어서 있다. 모두 좌식의 2층 건물로 난간을 설치했다. 잔교棧橋를 지나 파도치는 물가는 경치가 특히 좋다"라고 쓰여 있었다.

통신사도 비슷한 감상을 남겼다. 가나가와는 배를 대던 곳으로 여행객이 머문 숙사宿舍와 상가, 찻집이 늘어서 있었는데, 집들은 2

▲**본각사**. 거대한 잣밤나무가 방문객을 맞아주고 있었다.

▼**'사적 아메리칸영사관 유적지' 비석**. 개항 당시 미국의 초대 일본공사 해리스는 지리적 이점 때문에 본각사를 영사관으로 삼았다.

가나가와숙의 유일한 요정. 에도시대의 모습을 잘 유지하고 있었다. 료마의 아내 오료가 일했던 곳이기도 하다.

층으로 복도에 난간을 설치했다고 한다. 그림을 좀더 음미하다가 다시 언덕을 오르니 담벼락이 검은 저택이 나왔다. 다나카가田中家라고 쓰인 문패가 걸려 있었다. 입구에 설치된 안내판을 보니 숙장이 활기찼던 시기에 세운 유일한 요정이었다. 문구文久 3년1863에 창업했다. 막부체제를 종식하고 근대 일본의 토대를 구축한 사카모토 료마坂本龍馬, 1836~67의 아내 오료おりょう, 1841~1906가 일했던 곳이기도 하다.

언덕 꼭대기에 올랐다. 시원하게 부는 바람을 따라 손님들을 불러 모으던 요정 여인들의 고운 목소리가 들려오는 듯했다. 예전에는 항구를 내려다볼 수 있는 곳이었으나 지금은 건물들로 시야가 막혀 있었다. 그나마 관문 유적지는 잘 보였다. 막부는 1859년 이

관문 유적지. 막부는 개항 후에 요코하마의 주요 지점마다 관문을 설치했다. 외국인이 일본인에게 살해당하자 각국의 영사가 거세게 항의했기 때문이다. 가나가와숙에도 동서에 하나씩 설치했다.

후 요코하마의 주요 지점에 관문이나 번소를 설치해 경비를 강화했다. 가나가와숙에도 동서에 관문을 설치했다. 개항 후에 외국인이 살해당하자 영국을 위시해 각국의 영사가 막부에 격렬히 항의했기 때문이다.

언덕을 내려가니 상태교上台橋라는 다리가 나왔다. 가나가와숙 답사가 끝나는 순간이었다. 발바닥이 아파왔다. 잠시 쉴 겸 자동판매기에서 커피를 꺼냈다.

수많은 상인과 물자가 경유하던 가나가와는 막부 말기 개항장으로 지정되었다. 하지만 엄밀히 말해 개항된 곳은 대안의 요코하마촌현재의 중구 관내關內지역이었다. 그런 이유로 상업의 중심지는 외국인 거류지가 형성된 요코하마로 옮겨졌다.

랜드마크타워에서 바라본 풍경과 야경.

16:20

모처럼 시간이 남았기에 요코하마를 둘러보기로 했다. 구두가게의 점원이 요코하마 제일의 관광지인 랜드마크타워를 추천했다. 역에서 택시를 타니 정확히 1,000엔이 나왔다. 현재 요코하마시의 인구는 370만여 명이다. 명실상부 대도회지다. 69층의 랜드마크타워는 높이가 273미터였다. 엘리베이터가 시속 45킬로미터 속도로 40초 만에 꼭대기 층까지 관광객을 실어 날랐다. 까마득하게 내려다보이는 인공섬의 놀이기구가 현란한 빛을 내뿜고 있었다. 색과 빛의 도시였다. 우리나라에서도 섬이나 항구를 개발할 때 한 번쯤 견학하고 아이디어를 얻을 만한 도시였다.

야경이 멋지다는 말에 일몰을 기다렸다. 입이 심심해 아이스크림을 사 먹으려고 보니 한 개에 550엔이나 해 대신 자동판매기에서 재스민차를 꺼냈다. 마침내 어둠이 찾아오자 요코하마 베이브리지에 불이 들어오기 시작했다. 관람차가 형용색색의 빛을 발하며 천천히 원을 그렸다. 야경을 카메라에 담고 유명한 차이나타운으로 향했다. 기사가 현지에서는 차이나타운이라 하지 않고 중화거리로 부른다고 알려주었다. 1인당 1,780엔에 맘껏 먹을 수 있는 중국집을 택했다. 갈증이 심해 맥주를 단숨에 들이켰다. 식사 겸 안주로 가져온 동파육東坡肉은 질감이 부드러웠다. 어찌나 급히 먹었는지, 좀 안돼 보였나 보다. 종업원이 천천히 즐기라고 말을 건네왔다. 나이 들수록 식탐을 줄여야 한다. 몇 가지 요리만 맛보는 것이 입도 즐겁고 배도 편안하다는 진리를 어겼다.

49 시나가와에서 관복으로 갈아입다 54

자나 깨나 불조심

통신사는 길이가 500~600보步, 대략 725~870미터에 달하는 육향교六鄕橋를 지나 시나가와品川로 들어갔다. 육향교는 다마천多摩川에 걸쳐 있는 다리로 정향貞享 원년1684에 가설했으며 길이 202미터, 폭 8미터다. 최근 다리를 새로 지었는데 길이가 443미터를 약간 넘을 정도로 크다. 1688년 홍수로 다리가 붕괴되자 그 이후에 도착한 통신사는 색을 칠한 배를 타고 에도로 들어갔다. 배는 오사카의 금루선金樓船처럼 여러 층으로 높게 지은 누각은 없었지만, 비단으로 덮어서 오색찬란했다. 물이 얕아 배가 어디에라도 걸려 움직이지 않으면 일본인들이 옷을 벗고 물에 들어가 좌우에서 직접 배를 끌었다.

강을 건넌 통신사는 바닷가를 따라 걸었다. 해안을 따라 일렬로 정박한 배들의 돛대가 매우 높았다는데, 그 수가 너무나 많아 몇 척이나 되는지 알 수 없었다. 에도로 장사하러 가는 나가사키의 장삿배였다고 한다. 해안에는 돌로 제방을 쌓아 파도가 넘치지 못했다.

풍랑이 일어 위태로운데도 많은 남녀노소가 배에 올라 태연하게 구경했다.

그렇게 도착한 시나가와는 거리와 물품이 매우 번성하고 여염이 즐비한 곳이었다. 옥상에는 물통을 놓아두고, 사다리를 만들어 화재를 방비했다. 통신사 체류 중에 화재가 발생하면 집주인이 집을 몰수당하고 투옥되었을 뿐 아니라, 마을 전체에도 책임을 물었다. 그래서 아예 참호塹壕를 파고 바닷물을 끌어온 곳이 대여섯 군데나 되었다. 불을 크게 때는 목욕탕은 통신사가 도착하는 날, 에도에 들어가는 날, 귀국하는 날에는 아예 영업하지 않았다. 백성은 여러 불편을 감수해야 했다.

종사관 처벌이 강력해서인지 화재 대비가 굉장히 철저하네요. 그래도 어찌 완벽하게 화마를 피할 수 있겠습니까. 일전에 화포수火砲手가 화약을 찧어 말리다가 그만 화기에 닿아 방에 불이 붙은 사건이 생각나네요.

정사 필 맞아, 그런 일이 있었지. 그때 무척 당황했네.

종사관 객관이 몹시 소란스러운 중에 불 끄는 사람들이 몹시 민첩하게 움직이던 기억이 나네요.

정사 필 나도 기억나네. 목조주택이라 불이 금방 옮겨붙어 촌각을 다투는 상황이었어. 불 끄는 게 마치 군사작전 같더군. 복장을 갖춘 병사들이 긴 사다리를 세우고 지붕 위로 올라갔다네. 몸놀림이 어찌나 잽싸던지 평탄한 땅을 달리는 듯했지. 불이 더 번지지 않도록 도끼로 끊고 갈고리로 무너뜨리는 데 거침이 없고 굉장히 용맹했어.

다른 사람들이 병사들을 돕기 위해 작은 통에 물을 담아 지붕으로 던져 올렸지.

종사관 태수 이하 불 끄는 자가 1,000여 명이나 돼 다행히도 불이 번지기 전에 진화했지요.

동해사에서 깨달음을 얻은 이에미쓰

현재의 시나가와는 도쿄에서도 부유층이 거주하는 곳이다. 가나가와 답사를 마치고 시나가와에 도착한 우리는 도카이도 근처의 상점가를 걷다가 우연히 한 노인과 대화를 나누었다. 63세인 그는 20대 때 데이트하러 이곳에 자주 왔는데, 바다에서 잡아 온 생선이 신선해서 굉장히 맛있었다고 했다. 그의 말처럼 생선도 싱싱하지만 사실 이곳의 명물은 김이다. 색이 붉고 닭의 볏처럼 작은 게 특징이다. 아쉽게도 우리가 갔을 때는 상점가에 사람이 그리 많지 않았다. 한때 어항으로 번화했지만, 도쿄만의 매립으로 환경이 급변해 쇠퇴한 탓이다. 노인도 지금은 상점가가 점점 생기를 잃고 있다며 옛날을 그리워했다.

하지만 도카이도를 벗어나 시나가와역으로 향할수록 하늘을 찌를 듯 솟아 있는 빌딩들이 점점 많아졌다. 건물 사이로 나무를 심고, 2층으로 통할 수 있는 통로를 만들었는데 굉장히 길었다.

상가가 밀집한 거리에는 사찰과 신사가 빠짐없이 들어서 있다. 사찰이나 신사가 세워지고 참배객이 모여들면서 번화한 도시로 발전하는 경우가 많기 때문이다. 통신사는 백성이 불교를 독실하게 믿는 모습을 눈여겨보았다. 한번은 통신사가 지나는 길옆에 천수관음의 금불상을 세워두고, 검정 옷과 가사袈裟를 두른 승려들이 금경金磬을 두드리고 있었다. 그들의 시주받는 모습이 인상적이었는지 기록으로 남겼다. 참고로 통신사가 지나는 길은 누구도 함부로 밟을 수 없었다. 보통 통신사가 행차하기 2, 3일 전에 도로를 정비했는데, 우마차 등이 다니면 다시 훼손될 수 있기 때문에 이용을 아예 금지했던 것이다.

시나가와에서 통신사는 본광사本光寺, 서태사誓泰寺, 법화사法華寺, 동해사東海寺 등에 머물렀다. 이 중 동해사 현성원玄性院에 짐을 푸는 경우가 많았다. 동해사는 크기가 4~5리는 되는 대찰大刹로 푸른 소나무가 10리나 심겨 있었단다. 극성기에는 17개의 사원을 소유했다는데, 외문外門 안쪽으로 경복사景福寺, 조음각 등 10여 개의 사찰이 있어 울타리를 치고 수행원들이 나눠 거처했다고 한다.

통신사가 주로 머물렀다니 동해사를 안 찾아볼 수 없었다. 기타시나가와역北品川駅에서 게이큐본선을 타고 신반바역新馬場駅에서 내렸다. 동해사는 기타시나천北品川 근처에 있는 33층짜리 빌딩 뒤쪽에 있었다. 도카이도와는 두 블록 정도 떨어진 곳이다. 동해사는 에도 직전의 마지막 숙박지로 통신사는 이곳에서 관복으로 갈아입었다. 사찰 앞으로 메구로천目黑川이 흘렀다.

동해사는 제3대 장군 이에미쓰가 창건한 절로 막부의 보호를 받았다. 개산조사開山祖師는 교토 대덕사의 주지였던 다쿠안 소호沢庵宗彭, 1573~1645다. 화재로 전소되었으나 제5대 장군 쓰나요시가 재건했다. 약 12만 제곱미터의 광대한 사찰로 하사받은 토지에서 쌀

동해사. 에도에 들어가기 직전 마지막으로 통신사가 묵었던 곳이다. 통신사는 동해사에서 관복으로 갈아입었다.

500석을 생산할 수 있었다. 메이지시대 이후 관용지官用地나 택지로 전용되면서 쇠퇴의 길을 걸었다.

이도희 옛날에는 '단무지'를 '다쿠안'이라고 했잖아. 중국집에서 짜장면 먹을 때도 다쿠안 달라고 했지. 기억나?

서인범 기억나지. 그런데 왜?

이도희 다쿠안이 왜 다쿠안이냐면 바로 다쿠안 소호가 만들었기 때문이야.

이도희 덕분에 새로운 사실을 알게 되었다. 좀더 자세한 이야기는 이렇다. 어느 해 12월 하순 동해사를 찾은 이에미쓰가 소호와 이런저런 얘기를 나누다가 요즘 입맛이 없으니 무언가 맛있는 걸 추천해달라고 했다. 그러자 소호가 선뜻 다음 날 아침 10시에 다시 오라고 했다. 하필 새벽에 눈이 와 눈 두는 곳이 모두 은세계였다. 그 추위를 뚫고 약속한 시각에 맞춰 이에미쓰가 도착했다. 그런데 소호가 오후 늦을 때까지 얼굴조차 안 내미는 것 아닌가. 이에미쓰가 허기에 지쳐 돌아가려는 찰나 소호가 나타나 짐짓 아무렇지도 않은 척하며 음식을 내놓았다. 이에미쓰가 상을 받으니 거기에는 접시에 올린 노란 것 두 쪽과 뜨거운 물을 부은 밥 한 공기가 전부였다. 그 외에는 아무것도 없었다. 그래도 이에미쓰는 밥을 깨끗이 비웠다. 스스로 놀란 이에미쓰가 소호에게 이 노란 것이 무엇인지 물었다. 무를 쌀겨에 절인 것이라는 간단한 대답이 돌아왔다.

이에미쓰는 장군이었다. 최상의 부귀를 누리며 산해진미를 맛보았다. 그런데도 입맛이 없는 것은 그런 사치스러움 때문이라고 선사는 생각했다. 이에 공복에 식사하라는 경계의 말을 던진 것이다. 배고플 때는 어떤 음식도 맛있는 법이다. 오래 숙성시킨 김치에 기름기 있는 돼지고기를 넣어 끓여주는 허름한 식당의 김치찌개가 일품인 이유다. 철갑상어 알이 부럽지 않다.

통신사 전문가 다나카 씨

동해사를 나와 숙장이 있던 거리를 걸었다. '시나가와숙 교류관'이라고 쓰인 간판이 눈에 들어와 문을 열었다. 긴 의자 몇 개와 인력거가 있고, 허술한 진열대에 과자를 올려놓고 팔고 있었다. 오늘날

다나카 씨. 통신사에 관해서라면 웬만한 학자보다 해박한 지식을 자랑한 그는 이번 답사에 큰 도움을 주었다. 모은 서적만 5만 여 권에 달한다고 했다.

과 어울리지 않는 분위기 때문에 시간여행을 하는 듯했다. 상점을 지키고 있던 사토佐藤라는 이름의 할머니에게 통신사에 관해 묻자 친절하게도 여러 자료를 내주었다. 게다가 이 지역을 제일 잘 알고 있다는 다나카 요시미田中義巳를 소개해주었다. 사토 씨가 다나카 씨에게 전화한 뒤 북카페를 찾아가라고 했다. 도로를 건너 좀더 안쪽으로 걸어가자 책을 벽면 가득히 꽂아놓은 카페가 나왔다. 콧수염을 기른 점장이 다나카 씨는 2층에서 손님과 대화 중이라고 귀띔해주었다. 2층으로 올라가 눈인사를 나누었다. 마음씨 고운 시골 아저씨 같은 인상이었다. 용건을 말하자 관련 서적이 집에 있다며 잠시 기다리라고 했다. 커피를 한 잔 시키고 교류관에서 받은 자료를 탐독했다. 곧 다나카 씨가 『도카이도 품천숙』東海道 品川宿이라는 책을 가지고 왔다. 그는 가도 관련 서적을 자그마치 5만여 권이나 수집했다고 한다.

서인범 5만 권이라니, 웬만한 학자보다 사료를 많이 보유하셨네요. 혹시 직업을 여쭤봐도 될까요?

다나카 공무원이었어요. 급여의 반은 책을 사는 데 썼습니다.

서인범 그러셨군요. 대단하십니다. 혹시 고서도 수집하셨나요?

다나카 아니요. 그보다는 가도를 다룬 책을 거의 다 수집했어요.

서인범 통신사 관련 책도 가지고 계시겠죠?

다나카 그럼요, 물론이죠. 100권 정도 가지고 있습니다.

다나카 씨와 대화를 나눌 수록 그의 해박한 지식에 빠져들었다. 이후에도 몇 번이고 다나카 씨를 찾아 도움받았다. 한번은 그가 쓰시마번주가 잠들어 있는 양옥원養玉院을 안내했다. 교류관에서 택시로 10분 정도 거리였다. 산문으로 들어가자 본전을 가릴 정도로 거대한 나무들이 우리를 맞아주었다. 거대한 목조불상에서 유서 깊은 사찰임을 알 수 있었다. 본전 뒤로 돌아가 쓰시마번주의 묘를 찾았다. 추운 계절인데도 꽃들이 피어 아름다웠다. 가지런하게 늘어선 석등의 오른쪽 끝에 제2대 쓰시마번주 소 요시나리의 묘가 있었다. 소 요시나리는 에도의 야나기하라柳原, 현재의 아다치구足立区에서 54세의 나이로 영면했다. 앞에서 서술했듯이 쓰시마의 만송원에 그의 묘가 조성되어 있다. 당시는 시신을 매장했기 때문에 그의 시신도 쓰시마로 운반돼 묻혔다. 이곳 묘지는 에도에 거주하는 쓰시마번주

▲**양옥원**. 소 요시나리의 묘가 있는 곳이다.

▼**소 요시나리의 묘**. 에도에 거주하는 쓰시마번주의 가족이나 인척들이 제사를 지낼 수 있도록 만든 가묘다.

의 가족이나 인척들이 제사를 지낼 수 있도록 조성한 가묘였던 것이다.

여행객을 불러들이는 시나가와숙의 유녀

시나가와숙은 도카이도 53개의 숙장 중 첫 번째 숙장으로 여러모로 사람이 많이 드나들어 대단히 번화하고 시끌벅적한 곳이었다. 에도시대에는 숙장에 7,000여 명이 살았으며 저택 1,600채가 있었다.

현재의 성적聖蹟공원이 혼진이 있었던 자리다. 시나가와에는 메구로천을 경계로 남북에 숙장이 하나씩 있었다. 1722년 기타시나천의 북쪽에 보행신숙步行新宿이 세워졌다. 보통 숙장에는 말과 인부가 머무는데, 보행신숙은 인부만 받았다. 시나가와숙은 남쪽에 설치되었는데, 바닷가에 인접했기 때문에 풍광이 뛰어나 왕래하는 사람이 많았다. 하타고나 찻집이 많이 들어섰고, 청루青樓, 즉 유녀도 많아 유흥을 즐기기 위해 찾아오는 손님으로 문전성시를 이뤘다. 유녀를 둔 하타고가 1843년에는 무려 93채나 되었다. 1,000명 정도의 메시모리온나로 북적댔다. 요시하라현재 도쿄 다이토구台東区의 동북지역인 아사쿠사浅草에 막부가 공인한 유곽이 있었다면, 시나가와숙은 비공인 유곽이었던 셈이다. 하지만 실제로는 공인받은 상태나 마찬가지여서, 북쪽의 요시하라를 '북'北이라 칭했고, 남쪽의 시나가와숙을 '남'南이라 불렀다. 『도카이도명소기』에 "품천숙品川宿에는 유녀가 많다. 여행객이 지나면 손을 씻은 여성이 달려 나와 여행객을 불

시나가와숙 터. 기타시나천 남쪽에 설치된 시나가와숙은 유흥으로 유명한 곳이었다. 막부가 공인하지 않은 숙장이었는데도 워낙 많은 사람이 드나들다 보니 자연스럽게 유녀가 늘어난 탓이다.

러들인다"라고 기록되어 있듯이, 불야성의 숙장이자 도카이도 제일의 번화가였다. 교토로 떠나는 사람, 배웅하는 사람, 유흥을 위해 놀러왔던 사람들로 북적댔다.

막부는 통신사에게 이 지역의 부끄러운 모습을 보여주지 않기 위해 주민들을 아예 이주시켰다. 주민들이 통신사 접대에 막대한 비용이 들자 저항해 강제로 이주시켰다는 기록도 있다. 하지만 진실은 그렇지 않다. 막부는 주민들에게 이주에 따른 반대급부를 제공했다.

이곳을 지나던 통신사 일행 중 몇몇은 아름다운 여인에게 이끌렸다. 소동 김운용金雲龍은 달빛처럼 아름다운 여인을 보고는 나이를 물었다. 그녀가 파과破瓜, 즉 15세가 지났다고 대꾸했다. 김운용이 눈여겨보니 참으로 아름답고 고왔다. 붓을 들어 시 한 수를 지었다.

복숭아 자두 같은 얼굴빛인데,
올해 나이 열다섯 살 먹었다 한다.
그대는 왕王 자 위에 점이 없으니,
내가 천天 자 위에 점 하나를 붙이고 싶네.
顔色如桃李 春秋十五年
君無王上點 我作出頭天

'왕'王 자 위에 점을 찍으면 '주'主 자가 된다. '출두천'出頭天은 머리를 하늘 위로 내민 형상이니 '부'夫 자가 된다. 그대에게 남편이 없으니 내가 지아비가 되고 싶다는, 즉 동침 또는 결혼하고 싶다는 속내를 읊은 것이다. 그러자 여인이 얼굴을 붉히며 시를 지어 응수했다.

바다 밖 조선국의 손님이시여,
풍류 있고 아름다운 소년이시나
예서부터 천 리 멀리 떠나게 되면
이 몸은 부산 하늘 바라만 볼 뿐.
海外西方客 翩翩美少年
從成千裏別 猶望釜山天

김운용과 여인은 몇 차례 더 시를 주고받으며 노래 불렀다. 좀처럼 길을 떠나려 하지 않자 종자가 말을 재촉했다. 당시 일본에서는 여인의 화답시가 외설스럽고 잡스럽다고 평가했다. 아예 아녀자가

『경개집』(傾蓋集)에 실린 통신사. 1764년 3월 11일 사와다 토코(澤田東江, 1732~96)가 시나가와숙에서 만난 통신사와 나눈 필담을 엮은 책이다. 왼쪽부터 서기 김인겸, 제술관 남옥, 서기 성대중, 서기 원중거다.

오이란. 시나가와숙 관련 축제의 풍경으로 지위가 높은 유녀인 오이란으로 분한 여인들의 하얀 얼굴과 붉은 입술이 굉장히 인상적이었다.

시를 지었을 리 없다고 깔본 이도 있었다.

답사를 마치고 도요대학 기숙사로 돌아와 원고를 작성하다가 우연히 시나가와숙 관련 축제가 열린다는 소식을 접했다. 카메라를 가지고 기숙사를 나섰다. 수많은 사람이 행렬이 지나는 도카이도를 메웠다. 인파가 길가의 아파트 계단까지 점령했다. 도대체 무슨 축제이기에 이렇게 많이 모인 것일까 하고 의아했다. 길가는 이미 만원이어서 파고 들어갈 틈조차 없었다. 하여 실례를 무릅쓰고 아파트 3층으로 올라갔다. 그렇게 한 시간 정도를 기다리니 드디어 행렬이 시작되었다. 에도시대 전통복장을 한 무사가 선두에 서고, 그 뒤로 얼굴을 붉고 화사하게 치장한 채 곱게 채색된 비단기모노를 입은 여인들이 남성의 부축을 받으며 걸었다. 얼굴은 하얗고 입술은 앵두처럼 붉은 여인이 나비처럼 한 걸음 한 걸음 내디디면서 좌우의 관광객들에게 미소를 던졌다. 셔터소리가 여기저기서 쉼 없이 들려왔다. 근처의 노인에게 저 여인들이 시나가와숙의 유녀들을 재현한 것인지 묻자 유녀 중에서도 오이란花魁이라고 답해주었다.

오이란은 지위가 높은 유녀다. 언젠가 「사쿠란」이란 영화를 본 적 있다. 오이란이었던 여주인공 기요하가 원색의 기모노를 입고 있지 않았던가. 무사와 오이란의 행렬을 보며 잠시 에도시대로 돌아간 듯 착각에 빠졌다.

50 풍악을 울리며 입성한 에도성 55, 56

통신사가 묵은 세 사찰

통신사 삼사와 원역들은 오사모烏紗帽에 홍포紅袍를, 비장은 융복을 입어 위의威儀를 갖추었다. 50명으로 구성된 악대가 나팔, 태평소, 징, 북, 피리 등을 연주하며 풍악을 울렸다. 시나가와숙을 출발한 통신사는 니혼바시 방향으로 걸었다.

에도성으로 들어가는 길 좌우에 구경하는 남녀들이 가득했다. 죽봉을 든 관원들이 인파를 통제했다. 인파가 길을 횡단하지 못하도록 대나무를 엮어 울타리를 쳤다. 빗자루를 든 자들이 길가에 열 지어 앉아 있다가 말이 똥을 싸면 곧바로 치웠다. 도성都城이 가까워지자 층층으로 지은 누각과 저택들이 처마를 잇대고 있었다. 특히 저택은 채색된 주렴을 내리고 있어 풍경을 더욱 화려하게 했다. 장관의 아내나 첩들은 붉은 담요를 깔고 옹기종기 앉아 있었다. 막부의 집정과 무사들도 통신사의 행렬을 먼발치서 관람했다. 장군도 에도성 7층의 천수각에서 내려다보았다.

통신사의 객관은 본서사, 실상사, 동본원사였다. 제술관 신유한은 이 세 사찰을 모두 같은 사찰이라고 기록했으나 이는 잘못된 것이다. 우선 본서사는 제1대 장군 이에야스의 원당이다. 1595년 야에스八重洲, 현재의 도쿄역東京駅 일대의 강기슭에 건립했다. 1606년에 약간 더 북쪽에 있는 바쿠로정馬喰町으로 이전했다. 이후 통신사의 숙소로 이용되다가 명력明暦 3년1657 정월 에도시대 최대의 화재로 소실되었다. 이때 시가지의 3분의 2가 불타고, 죽은 자가 최소 3만 명에서 최대 10만 명에 달했다니 대재앙 수준의 화재였다. 이후 사찰을 재건해 1682년 재차 통신사의 숙소로 이용했으나, 이해 12월 또 불이 나 사찰을 기요스미清澄, 현재의 강동구江東区 후카가와다이구정深川大工町로 옮겼다. 이를 계기로 통신사를 아사쿠사의 동본원사에 묵게 하고, 본당 주변에 40개의 자사子寺를 건립했다.

신유한은 자신들이 방문하기 전인 봄에 잿더미가 된 사찰을 수천 칸의 건물로 새로이 중건했다며 동본원사의 전경을 자세히 기술했다.

> "단청한 벽과 금칠한 기둥은 광채가 눈부셨다. 지극히 웅장하고 수려했다. 통신사는 국서를 정청에 봉안했다. 사찰이 거대해 일행이 모두 한 구내構内에 체재했다. 대소 수백 명이 기거했다. 잠자는 곳, 부엌, 측간 등이 회랑으로 연결되어 있었다. 뜰에는 연못을 만들었고 못가의 작은 언덕에는 화초를 심었다."

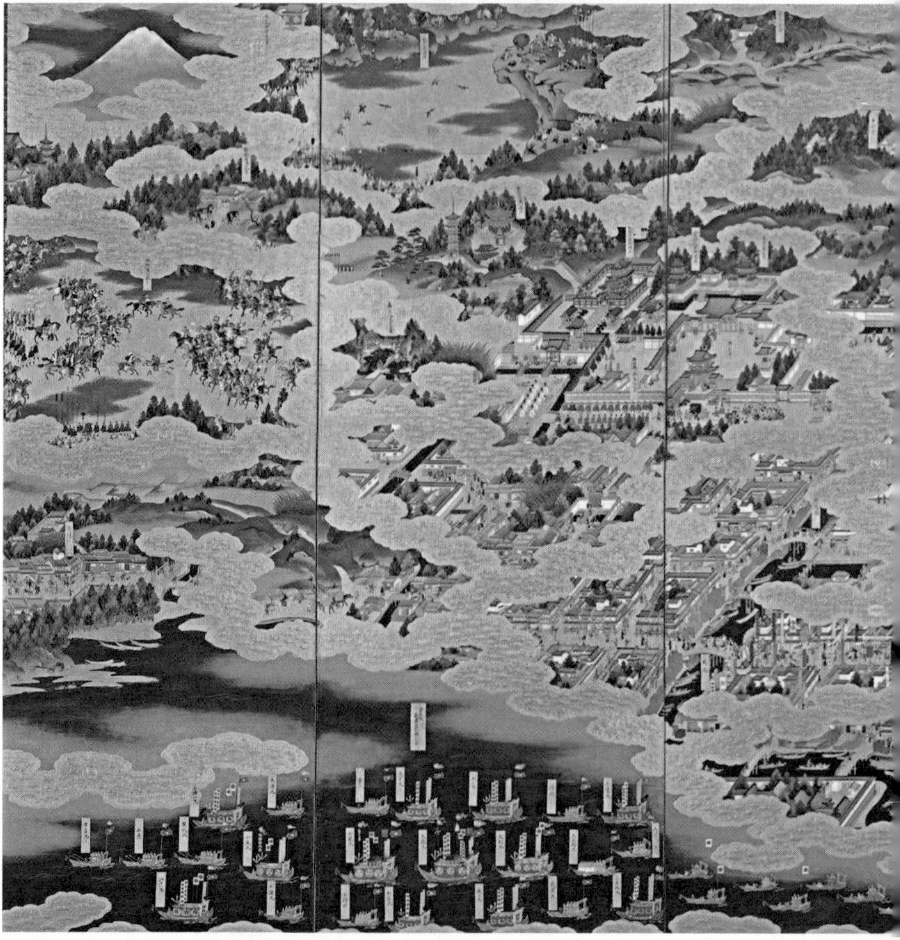

「강호도병풍」(江户图屏風). 17세기의 에도를 그린 이 병풍은 통신사가 에도성에 들어가는 장면이 묘사되어 있어 사료적 가치가 굉장히 크다.

▲ **동본원사**. 통신사가 묵은 사찰로 거대했지만 모든 일행이 머물 수 없어 하관들은 센소사에 짐을 풀었다.

▼ **동본원사의 불상**.

관광명소 센소사

동본원사만으로는 통신사를 모두 소화할 수 없어 센소사浅草寺도 일부 사용했다. 주로 하관들이 이용했다. 센소사는 1,400년 가까운 역사를 지닌 관음도량觀音道場이다. 1590년 에도에 들어온 이에야스가 신임하는 승려 덴카이天海, 1536~1643의 진언을 듣고 기원사찰로 삼아 비호하는 조치를 취했다. 쌀 500석을 생산할 수 있는 토지도 받았다. 1631년과 1642년에 화재로 소실되었으나, 제3대 장군 이에미쓰의 원조를 받아 1648년에 5층탑을, 이듬해에 본당을 재건했다. 이후 300년간 본당에서 불이 나는 일은 없었다.

현재의 센소사는 일본을 여행하는 관광객이라면 반드시 방문하는 명소 중 하나다. 국내외 관광객과 참배객이 연간 3,000만 명에 달한다. 새해 정월 초하루 새벽에 이곳을 찾아 참배하는 문화가 있기 때문에 참배객 숫자가 늘 전국 10위 안에 든다.

아사쿠사역浅草駅에 내리면 얼굴이 검게 그을리고 다리가 건장한 인력거꾼들을 만나게 된다. 아치 모양의 장식으로 꾸민 상점가는 볼거리와 먹거리가 풍성해 눈과 입이 즐겁다. 기모노를 입고 나막신을 신은 외국인들이 종종걸음으로 활보한다.

붉은색 산문에는 뇌문雷門이라 쓰인 초롱을 걸어놓았다. 자그마치 700킬로그램이다. 초롱의 정식 이름은 '풍뇌신문'風雷神門이다. 뇌문의 오른쪽 기둥이 풍신風神, 왼쪽 기둥이 뇌신雷神이다. 뇌문을 지나면 길 양옆으로 과자나 젓가락 등의 선물을 파는 상가가 줄지어 들어서 있다. 사실 엄밀히 말해 이 구역도 사찰인데, 주민들에게 경내를 청소하는 조건으로 장사를 허가해준 것이다. 상가가 끝나는 지점에 웅장한 2층짜리 건물이 나온다. 건물의 문 좌우에는 금강역사가 안치되어 있다. 문 뒤쪽에는 마귀를 쫓는다는 의미로 거대한 짚신을 걸어놓았다. 짚 2,500킬로그램을 사용했다고 한다. 그 옆에서 높이 48미터의 5층탑이 빛나고 있다. 본당에는 관음상을 안치했다.

영웅 이에야스

장군은 동본원사로 집정을 보내 에도까지 온 통신사의 노고를 위문했다. 공복을 입은 집정은 대문 밖에서 칼을 풀고 신을 벗고 들어왔다. 삼사도 관대를 정제하고 대청으로 나아갔다. 정당에서 서로 읍례를 행했다. 이때 쓰시마번주가 중개를 맡았다.

집정 바다와 육지를 넘나드는 여행길에 노고가 많으셨습니다.

정사 필 임금의 명을 받들고 사신으로 왔는데 감히 노고를 말하겠습니까? 멀리까지 사자를 보내 중간에 맞이해주시고, 이제 집정을 보내시니, 장군의 후의에 깊이 감사드립니다. 국서를 전하는 일이 급합니다. 언제 전할 수 있을까요?

집정 돌아가서 장군에게 그리 아뢰고 날짜를 확정하겠습니다.

읍례가 끝나면 곧 다연茶宴을 베풀었다. 접대하고 보살피는 임무를 맡은 왜인 수십 명이 대청에 촛불을 밝혀놓았다. 그들은 조용히 무릎 꿇고 앉아 조금도 태만한 빛을 보이지 않았다. 통신사 일행과 지나치다 만나면 소매를 들어 손님과 주인의 예를 취했다.

장군이 있던 에도성은 일반적으로는 고조江城, 또는 치요다성千代田城이라 불렸다. 앞에서 서술했듯이 1590년 히데요시는 오다와라의 호조가北条家를 멸망시켰다. 이해 8월 히데요시의 명으로 이에야스는 자신의 거점인 스루가국 등 다섯 개국을 바치고, 그 대신 호조가의 영토였던 무사시국武蔵国, 현재의 도쿄, 사이타마현, 가나가와현의 일부 등 관동팔주関東八州를 영지로 받았다. 이에야스에게 굉장히 불리한 '거래'였다. 물론 이에야스는 군말 없이 에도로 들어갔다. 당시 이 지역은 띠나 풀로 엮은 집 정도만 몇 채 들어서 있던 열악하기 그지없는 곳이었다. 수하의 장수들은 망연자실했다. 이에야스는 부하들을 위로했다.

"완성된 것을 받는 것은 누구나 할 수 있다. 아무것도 없는 것을 받아 자신이 만들어가는 것은 아무나 할 수 없다."

과연 영웅다운 면모였다. 정이대장군에 임명된 이듬해인 1604년 이에야스는 에도성 건립계획을 발표했다. 우선 주고쿠, 시코쿠, 규슈지역 다이묘에게 석재를 조달시켜 공사를 준비하고, 2년 뒤부터 본격적으로 삽을 들었다. 5층짜리 천수각은 1년 만에 완공되었다. 하지만 해자 등 각종 부속시설까지 모두 완성돼 에도성의 전체 면모가 드러나는 데는 45년이라는 세월이 걸렸다. 오사카성의 크기가 2리인 데 반해 에도성은 그 두 배인 4리에 달한 까닭이다. 3

대에 걸쳐 완성했으니 가히 도쿠가와가문의 유산이었다. 1721년 에도성의 인구는 100만 명을 넘었다. 무가는 52~53만 명, 서민은 104~106만 명 정도였다. 당시 일본 전체 인구가 2,800만 명이었으니, 에도성이 얼마나 번화한 곳이었는지 짐작할 수 있다. 성을 모두 완공한 후에도 장군이 거주하는 혼마루는 총 일곱 번이나 다시 지었다. 하지만 1657년의 대화재로 천수각을 포함한 대부분 시설이 소실되었고, 막부가 종언을 고할 때까지 더는 재건하지 않았다.

메이지유신이 선포되고 이듬해인 1888년에 궁성宮城으로, 1948년에 황거로 지정되었다. 에도성의 중심부였던 혼마루 등은 황실의 정원인 황거동어원皇居東御苑으로 변했다. 동남쪽의 황거외원皇居外苑과 북쪽의 기타노마루北の丸공원은 상시 개방하고 있다.

공원에 가려면 도쿄역에서 내려 걸어가거나 치요다선을 타고 오테마치역大手駅과 히비야역日比谷駅 사이에서 내려 걸어가면 된다. 해자를 건너면 곧바로 황거외원이 나온다. 광대한 부지에 소나무가 울창한 숲을 이루고 있다. 저 옛날 대화재로 에도성이 불탄 것을 경계해서인 듯했다. 공원을 가로질러 큰 도로를 건너자 단체로 온 중국 관광객들이 몰려들고 있었다.

혼마루의 서쪽 일곽一郭인 니시노마루西の丸의 그림 같은 경치가 시선을 사로잡았다. 황거 정문에 놓인 돌다리가 특히 눈에 띄었는데, 더는 접근할 수 없었다. 아치 두 개가 이어진 형태로 투명한 물에 다리가 비쳐 완전한 원 두 개가 만들어졌다. 물은 황거 안으로 흘러갔다. 그 물길이 꺾이는 곳에 흰색으로 칠한 일종의 망루인 후시미야구라伏見櫓가 있어 에도성의 옛 추억을 전해주고 있었다. 해자

황거외원의 소나무와 해자. 황거외원은 에도성의 동남쪽에 있으며 상시 개방 중이니 도쿄를 방문하는 사람이라면 꼭 가보길 권한다.

황거 정문의 돌다리와 사쿠라다문, 후시미야구라. 통신사는 이 돌다리와 문을 지나 에도성으로 들어갔을 것이다.

를 따라 왼쪽으로 돌아가니 사쿠라다문櫻田門이 나왔다. 그 앞에는 법무성과 경시청이 있었다. 표지판에 니혼바시 방향이 표시되어 있으니, 통신사가 성으로 들어간 바로 그 길일 터였다.

51 장군을 알현하다 55

만나는 날을 정하는 것도 일

통신사는 20일에서 30일 정도 에도에 체류했다. 국서 전달, 연회 출석, 막부 관료와의 회담, 마상재 시연, 국서의 수취 등 여러 가지 공식행사로 분주했다.

통신사가 에도성에 들어오자 장군이 연향宴享을 베풀었다. 이른바 하마연下馬宴이다. 삼사와 원역은 공복을, 군관은 융복을 갖추었다. 환복을 마치고 대청에 앉았는데 제일 위쪽에 삼사가 서쪽을 보고 앉았다. 통신사가 모두 자리에 앉으면 막부의 관반과 부교 등이 인삼차를 한 잔씩 마신 뒤 재배례를 행한 다음 연향에 참석했다. 관반과 부교가 요리를 검사했다. 연수宴需, 찬품饌品, 화상花床이 오사카성보다 뛰어났다.

오후에는 대청에서 집정을 만났다. 장군이 통신사를 위문하는 자리였다. 쓰시마번주가 문밖으로 나가 통신사를 영접했다. 공복 차림의 삼사가 대청에 올라 두 번 읍례하고 세 번 차를 마셨다. 집정과 대화를 나눈 후 역시 두 번 읍례하고 파했다.

하마연이 끝났어도 장군을 알현하기 전까지는 마음 편히 쉬지 못했다. 통신사는 역관을 계속해서 재촉했다.

정사 필 이보시오, 역관. 장군을 알현하는 날은 결정되었는가? 시일을 미룬 지가 거의 한 달이나 되지 않았소? 일정이 대략 어떻게 진행되는지 알려주시오.

역관 알아보니 장군이 꺼리는 날이 많아서 그렇답니다. 다만 대략 전명傳命하는 날은 이달 27일, 마상재는 다음 달 1일, 쓰시마번주의 집에서 사연私宴을 베푸는 날은 5일, 활 쏘는 기예를 시험하는 날은 6일, 회답하는 서계를 내리는 날은 7일, 에도를 출발하는 날은 11일로 약정했습니다.

이렇게 대략적인 일정이 나오면 통신사는 객관을 찾아오는 관료나 유자 등과 담화를 나누기도 하고, 시를 짓기도 하면서 시간을 보냈다. 역관은 집정과 국서를 전할 때의 절차를 논의한 다음 이를 삼사에게 보고했다. 장군에게 임금의 명을 전하기 하루 전날에는 관례대로 예단禮單을 장군의 처소에 먼저 들여보냈다.

국서를 전달하는 날이 정해지면 장군은 다이묘 중에서도 격이 다른 도쿠가와 고산케인 기이紀伊 도노, 미토水戶 도노, 오와리尾張 도노 등에게 참석을 통보하고, 이때의 향응은 기이 도노, 미토 도노, 고후甲府 도노에게 맡겼다.

장군을 만날 때는 배가 고프다

드디어 장군을 알현하는 날이 되면 삼사는 수행원의 절반만 데리고 에도성으로 들어갔다. 악대가 행렬의 제일 앞에 서서 곡을 연주하며 행차가 시작됨을 알렸다. 지금으로 치면 의장대인 셈이다. 북이 울리고 나팔이 연주되었다. 청도기가 길을 열고 순시기 등 다양한 깃발이 찬란하게 펄럭이며 조선의 위엄을 알렸다. 우립羽笠과 금포錦袍를 갖추고 칼을 찬 채 준마에 올라 기와 절월節鉞을 곧게 든 군관들이 악대의 뒤를 이었다. 용정자龍亭子에는 국서를 받들었다. 삼사는 금관과 관복을 갖추고 옥패를 찬 채 조선인이 멘 가마에 올라 홀笏을 쥐었다. 당상역관과 제술관, 상통사上通事는 흑단령을 입고 현교를 탔다. 서기와 의관醫官도 흑단령에 사모를 쓰고 띠를 둘렀다. 굉장히 현란한 행차였다. 막부에서 보낸 철포를 소지한 병사들이 경호했다. 비단옷을 입은 구경꾼들이 빼곡히 들어찼다.

객관에서 출발한 행차는 아사쿠사바시고몬浅草橋御門, 요코야마정横山町, 덴바정, 본정, 도키와바시고몬常盤橋御門을 거쳤다. 오전 10시경 오테고몬大手御門을 지났다. 이후 쓰시마번주가 보낸 관리의 안내를 받아 총 아홉 개의 문을 통과해야 했다. 군관 이하는 제1문인 궁성문에서부터 말에서 내려 무관의 정장正裝과 칼과 패를 풀고 걸어 들어갔다. 제5문에 이르면 악대는 연주를 멈추고 머물렀다. 상관 이하는 이곳에서부터 말에서 내려 걸어 들어갔다. 제6문인 삼지어문三之御門부터는 상상관, 제술관, 의사도 가마에서 내려 걸어 들어갔다. 이곳에는 에도성 최대의 검문소 중 하나인 백인조장번소百人組張

「사로승구도」의 제30폭 '관백 연회'. 통신사가 이날만을 기다렸다고 해도 과언이 아니다. 장군에게 국서를 전달하고 답신을 받는 일이야말로 가장 큰 임무였기 때문이다.

番所가 설치되어 있어, 이름 그대로 100명으로 구성된 철포대가 철통같이 경비했다. 혼마루의 입구로 하승교下乘橋가 놓여 있었다. 제7문인 중지어문中之御門은 니노마루가 설치된 곳으로 삼사는 이곳에서 가마에서 내렸다. 길에 돗자리를 깔아두어 삼사가 흙을 밟지 않게 했다. 관복을 차려입은 쓰시마번주와 노중이 관반 두 명과 함께 삼사 일행을 맞이해 인도했다. 제8문을 지나 드디어 어문御門으로 들어갔다. 용정자에서 내린 국서를 수역관이 받들고 나아갔다. 삼사가 그 뒤를 따랐다.

삼사와 상관 이상은 중작어문中雀御門을 지나 현관으로 들어갔다. 직물로 테두리를 두른 돗자리가 깔려 있었다. 중관 이하는 문밖에 늘어섰고, 다이묘가 대기하는 방인 마쓰노마松の間 남쪽에 삼사의 자리가, 동쪽의 기둥 뒤에 상상관의 자리가 마련되었다. 수역관이 국서를 받들고 나아가면 쓰시마번주가 무릎을 꿇고 받아 집정에게

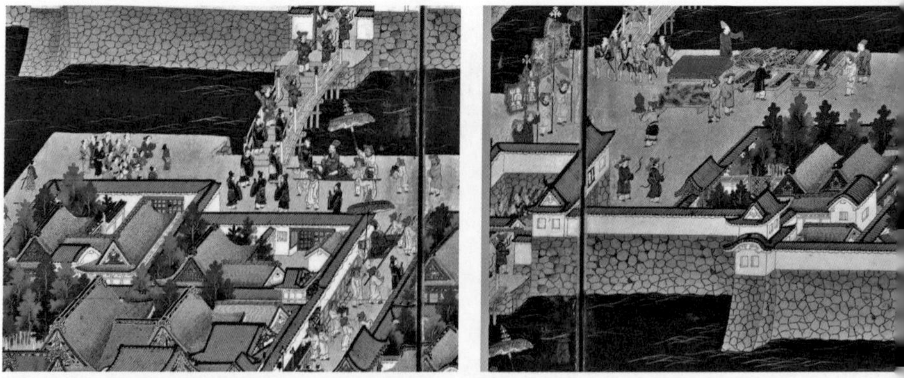

에도성으로 들어가는 통신사(왼쪽)와 준비한 호피 예단. 「강호도병풍」의 일부분이다.

전달했다. 집정이 국서를 장군 오른쪽에 놓으면 장관 등이 다시 공경히 받들어 상단 중앙에 두었다.

장군은 묵서원墨書院에서 의장을 갖추고 오히로바로 나왔다. 머리에 일각一角의 검은색 사모를 썼고, 몸에는 천담색淺淡色 도포를 입었다. 겹으로 깐 방석 위에 앉았다. 마쓰노마에는 삼사와 상상관 외에도 각지의 신반 다이묘, 장군의 측근인 근습近習, 도자마 다이묘가 의관을 갖추고 열을 지어 나란히 앉아 있었다.

예단은 오히로바의 판연板緣 하단에 진열했다. 예단마도 정원으로 끌고 왔다. 장군이 근신近臣에게 국서를 낭독시켰다. 낭독이 끝나면 삼사가 북면해 사배했다. 이때 동쪽 기둥 뒤에 있던 상상관이 안으로 들어와 다다미에서, 상관 등은 마루에서, 제술관과 군관, 서기, 의관, 역관, 서화관書畫官은 기둥 밖에서, 차관次官과 소동 이하는 퇴청退廳에서, 중관과 하관은 뜰아래에서 사배했다. 사배가 끝나면 장군이 먼저 술을 한 잔 입에 대고 삼사에게 술을 권했다. 이때 호피를 장군이 볼 수 있도록 펼쳐놓았다. 쓰시마번주가 장군과 삼사 사이에서 말을 전달했다.

장군 그래, 먼 길 오느라 수고하셨소. 국왕께서는 편안하신가?

정사 필 옥체만강하십니다.

장군 좋은 소식이구먼. 오기까지 고생이 많았다 들었소. 내가 오래 앉아 있고 싶으나 그대들이 피로할까 염려되오. 종실들이 접대할 것이니 편하게 있으시오.

삼사가 당 안으로 들어가 사배하고 마쓰노마로 물러나자 장군이 자리를 떴다. 이후 도쿠가와 고산케의 다이묘가 삼사와 대작했다. 술 석 잔을 돌리고서 파했다.

이렇게 모든 의례가 끝나는 시간이 오후 3시경이다. 어느새 해가 저물려고 했다. 통신사 일행은 몹시 배가 고팠다. 의례가 늦게 끝난다는 소문을 듣고 주먹밥과 말린 대구를 미리 품속에 챙겨놓은 이도 있었다. 일본도 작은 상에 과자나 떡 따위를 준비해놓았지만 워낙 중요한 행사이다 보니 아무도 선뜻 손을 대지 못했다. 하지만 쓰시마번주는 의례 중에 멋대로 음식을 먹는 꼴사나운 상황이 벌어질까 봐 노심초사했다. 조선인은 인내심이 부족해 언제든 이런 일이 벌어질 수 있으니 경계해야 한다고 막부에 진언하기도 했다.

세 살짜리 아이에게 절을 하라니!

의례가 끝나자 집정이 읍하며 통신사 일행을 전송했다. 차례로 가마나 말을 타고 성을 빠져나왔다. 다시 정렬한 악대가 군악을 올리며 객관으로 돌아가는 길을 앞장섰다.

종사관 드디어 의례가 끝났네요. 속된 말로 뱃가죽이 등가죽에 붙는 줄 알았습니다. 중요한 의례이니 티도 못 내고 허기를 참느라 혼났네요. 참! 이전에는 장군의 아들에게도 인사한 적이 있지요?

정사 필 그렇지. 아들을 약군若君이라고 칭했어. 제3대 장군 이에미쓰가 40세의 늦은 나이에 아들을 본 거야. 그 아들이 바로 제4대 장군 이에쓰나라네. 여하튼 강보에 싸인 세 살짜리 아이에게 절을 하라니 기가 차지 않았겠나.

종사관 정말 그랬겠군요. 그리고 사실 장군이 아들을 낳았다고 사신을 보내 축하한 사례도 없지 않았습니까?

정사 필 그러니까 말일세. 하지만 두 나라가 외교적 마찰 없이 평화롭게 지내고 있는 데다가, 나이 들어 아이를 얻었으니 기분 좋게 축하해 주자는 의미에서 약군의 처소를 찾아갔다네.

이에쓰나는 이에미쓰가 측실과의 사이에서 낳은 아들로, 정사 윤순지가 에도를 방문하기 2년 전인 1641년에 태어났다. 쓰시마번주가 이에쓰나에게도 절할 것을 요구했다. 윤순지는 이웃 나라의 왕자王子에게도 절하지 않는 법인데 더구나 세 살짜리 어린아이에게 절한다는 게 이치에 맞지 않는다며 단호히 거부했다. 결국 집정들이 다시 논의하고 쓰시마번주가 중재한 끝에 약군이 나와 앉지는 않되, 잔치를 베풀어준 데 대한 감사로 두 번 절하기로 했다. 이에쓰나는 보답으로 삼사와 수행원에게 은을 보냈다. 정사 홍계희가 파견되었을 때도 막부가 훗날 제10대 장군이 되는 약군 이에하루와 태대군太大君 이에쓰나에게 사배할 것을 요구했다. 그러자 역관들이 근거 없는 예의를 새로 만들어 두 나라의 화목을 깨려 한다고 강하게 항의해 두 번 절하는 것으로 굳어졌다.

정사 조태억의 행차 때는 차왜가 약군 이하에 대한 예단은 생략하라고 요청해왔다. 조선은 엄연히 양국의 교제에 관한 예절로 굳어진 것인데 일개 차왜의 말만 듣고 갑자기 뺄 수 없다는 자세를 견지했다. 최종적으로는 논의 끝에 예단을 준비하지 않기로 했다.

장군을 무사히 알현하고 다음 날이 되면 수역관이 예조의 서간과 별폭, 삼사의 사례단私禮單을 노중 등에게 전달했다. 그들이 관청에 출근해 있는 탓에 오후 다섯 시에나 만날 수 있었다. 길에 세워둔 장대에 등롱이 달려 있었다. 새벽녘이 돼서야 일을 끝내고 객관으로 복귀했다.

52 금빛 찬란한 닛코의 동조궁[57]

닛코 방문의 숨은 뜻

정사 임광은 에도로 향하는 도중에 언뜻 닛코를 방문할 수도 있다는 말을 들었다. 에도에 도착해 본서사에 짐을 풀자 제2대 쓰시마번주 소 요시나리가 찾아와 일본의 명산 중 으뜸이 닛코라며 왕복에 2~3일밖에 걸리지 않으니 방문해볼 것을 권했다.

이 제안에는 숨겨진 의도가 있었다. 임광이 조선에서 출발하기 6개월 전 제3대 장군 이에미쓰가 닛코에 호화롭고 장려한 동조궁을 완공하고는 참배했다. 동조궁은 그의 조부이자 제1대 장군 이에야스의 사묘를 조성한 곳이다.

1616년 이에야스가 75세의 나이로 슨푸에서 죽자 시즈오카에 있는 구노산久能山에 묻었다. 그의 신호神號를 두고 이견이 있었는데, 승려 스덴은 대명신大明神을, 108세까지 살았던 승려 덴카이는 동조대권현東照大權現을 주장했다. 제2대 장군 히데타다는 덴카이의 의견을 따랐다. 이듬해 그는 막부의 위신을 걸고 닛코에 사전祠殿을 지은 다음 부친의 유해를 옮겼다. 작은 사당을 지으라는 부친의 유훈을 어긴 것이다.

이에미쓰는 막대한 경비를 들여 사전을 더욱 장엄하게 확장했다. 사전의 대부분 건물이 이때 완공되었다. 1년 반 동안 453만 명이 동원되고, 현재의 금액으로 2,000억 원이 들어갔다. 1645년 궁호宮號를 하사했으니, 동조대권현을 동조궁으로 부르게 되었다.

동조궁을 화려하게 조영한 이유는 무엇일까? 손자 이에미쓰에게 조부 이에야스의 절대적인 권위가 필요했기 때문이다. 이에미쓰는 어려서부터 나약해 부모는 그의 동생을 더욱 좋아했다. 조부의 도움으로 장군직에 오른 그가 즉위하면서 처음 내뱉은 말이 "나는 태어나면서부터 장군이다"라고 한다. 어릴 적의 열등감을 극복해냈다는 자신감에서 한 말일 것이다. 다이묘들 앞에서 자신에게 대항하고 싶은 자가 있으면 나오라고 하자 마사무네가 제일 먼저 장군으로 모시겠다고 선언했다.

닛코는 에도에서 정북 쪽에 있는데, 밤이 되면 그 방향으로 밤하늘의 왕 북극성이 떠오른다. 이에야스는 천제天帝와 일체화하겠다는 의도로 닛코에 묻히고 싶다는 뜻을 밝히기도 했다. 이에미쓰는 조부의 위광에 기대어 자신의 위신을 공고히 하려 했다. 그는 아홉 번이나 닛코를 참배했다. 장군 중에서 가장 많은 횟수다. 통신사의 닛코 방문이 절실했던 이유다.

이에미쓰는 두 번이나 통신사를 맞이하는 영광을 누렸다. 그는 이에야스 때에 조선과 화친을 맺었다며 사묘에 분향할 것을 강력히 요구했다. 통신사의 행차를 위해 도로를 닦고 숙소를 수선했다. 경비가 수만 냥에 달했다. 노중은 소 요시나리에게 통신사가 닛코에 가지 않으면 한 사람도 살려서 돌려보내지 않겠다고 협박했다. 양국의 눈치를 살필 수밖에 없는 소 요시나리는 절박하게 닛코 방문을 청했다.

종사관 임광은 사신의 임무를 맡고 사사로이 유람이나 할 수 없다고 거절했다죠?

정사 필 아주 단호하게 거절했네. 임금이 명령한 것이 아니라고 이유를 댔지. 그런데 당시 소 요시나리는 난국에 처해 있었어. 야나가와 잇켄으로 시게오키와 분쟁 중이었거든. 여러모로 위태로운 상황이었던 거지.

닛코 방문을 결정하다

쓰시마번주의 계속되는 요청을 마냥 거절할 수 없었던 임광은 유람이라는 명목으로 수락했다. 당시 막부 내부에서는 권력투쟁이 한창이었다. 부산에서 출발할 때 소 요시나리는 이에미쓰에게 이번 통신사가 대관大官이라고 보고했다. 이에미쓰는 통신사를 극진히 대접하겠지만 동시에 조선이 보여주는 성신의 도리가 어떠한지도 분명히 살피겠다고 피력했다. 장군의 지시로 역참驛站의 천막을 사치스럽게 꾸미고, 그릇에 금칠까지 했다. 시중들고 삼가는 태도의 공손함이 이전의 10배는 되었다.

에도에 도착한 임광에게 이에미쓰가 관품을 묻자 겐소가 나서 다섯 번째 등급의 관직이라 아뢰었다. 이를 들은 라잔이 따지길, 쓰시마번주가 이번 통신사의 관품이 높고 명망이 중하다고 했는데, 실상 통정대부通政大夫와 통훈대부通訓大夫로 이전과 다름없고, 역관 홍희남洪喜男, 1595~?은 종2품의 가선대부嘉善大夫인데도 급에 맞지 않게 삼사의 종관從官을 맡았다고 했다. 쓰시마번주가 막부를 기만한 것과 조선의 박대함을 성토한 것이다.

당시 임광은 통정대부로 정3품의 당상관이었다. 이전 통신사의 정사들과 동일한 관품이었다. 다만 부사나 종사관의 관품은 이전과 비슷하거나 그 위였다. 결국 이에미쓰는 집정과 라잔의 반대를 무시하고 전명할 때는 전례보다 더 우대하라고 명했다.

라잔은 소 요시나리가 통신사의 닛코 방문을 설득하지 못할 경우 그를 무능력자로 몰아붙여 추락시키려고 작정했다. 조선의 처사에 불만을 품었던 막부 대신들은 통신사 접대를 소홀히 했다. 통신사가 오다와라에 도착하면 장군의 사자를 파견해 위문하는 행사, 에도에 도착하면 술과 고기를 접대해 환대하는 행사를 하지 않았다.

평소부平掃部의 이즈 태수와 사누키讚岐 태수 정도만이 어둠을 틈타 객관을 방문할 정도로 다른 다이묘나 관원들은 코빼기도 보이지 않았다. 소 요시나리뿐 아니라 통신사에게도 난처한 일이었다. 임광은 부사, 종사관과 상의해 닛코 방문을 결단했다. 조일외교의 한 축을 떠맡고 있는 소 요시나리를 구해줄 필요가 있었다. 아울러 당시 동아시아 정세는 굉장히 혼란스러운 형국이었으니, 명나라에서 청나라로 중국의 왕조가 교체되는 중이었다. 만일의 사태를 대비해 조선은 화약의 연료인 유황을 충분히 확보해야 했다. 이를 일본에서 들여올 수 있게 막부와 중개한 이가 바로 쓰시마번주였다. 물론 권력을 잡은 지 얼마 안 된 이에미쓰의 체면을 살려줄 필요도 있었다.

막부는 통신사의 닛코 방문을 위해 도네천에 부교를 설치했고, 은 1만 냥을 들여 각 참站에 주방을 설치했다. 통신사는 오야마숙小山宿, 현재의 도치기현栃木県 남부 근처에서 우연히 경주 출신 요리사를 만나기도 했다. 그는 임란 때 포로로 잡혀 와 장군의 요리사로 일하던 중에 닛코를 방문하는 통신사에게 대접할 음식을 만들라는 명을 받아 오야마숙에 왔다고 했다. 그는 막부가 서로西路보다 통신사의 닛코 방문길을 더욱 세심하게 닦았다고 알려주었다. 실제로 진흙이 있는 곳은 일일이 가는 모래로 덮을 정도였다.

통신사는 인가 500~600호 정도 규모의 이마이치숙今市宿에서 두 밤을 잤다. 숙소는 방이 수백 칸에 달했는데, 보리밭을 다진 뒤 에도에서 수송해온 자재로 지은 것이라고 했다. 숙장 부근을 당인소옥唐人小屋이라 부르기도 했다.

막부는 통신사가 지나는 길 근처에 사는 주민들에게 준수해야 할 규정을 반포했다. 길옆의 부서진 집은 흉하지 않게 벽을 새로 칠하고 지붕을 수리할 것, 숙박소는 출입구에 경비를 세울 것, 집 2층에서 구경할 경우 발을 내릴 것, 손가락질하거나 큰 소리로 웃지 말 것, 사거리나 다리에서는 구경하지 말 것, 버릇없이 굴지 말 것, 통신사가 밤에 도착할 경우 숙소나 가도 근처의 집은 등불을 밝힐 것 등이었다.

통신사의 닛코 방문기

통신사는 닛코를 총 세 번 방문했다. 1643년의 두 번째 방문은 제4대 장군 이에쓰나의 탄생을 축하하고 제사 지내는 것이 목적이었다. 통신사 일행 중 169명은 에도에 잔류하고 정사 윤순지를 필두로 217명만 갔다. 7월 23일 쓰시마번주의 선도로 출발해 26일 이마이치숙에 도착했다. 27일 권현묘權現廟에서 향을 피우고 축문祝文을 읽으며 재배의 예를 행했다. 저녁에 이마이치숙으로 돌아왔다. 다음 날 객관을 출발해 30일 저녁 에도로 복귀하자 관반들이 위문했다. 8일간의 여정이었다.

당시 일본은 닛코 방문 외에도 임금의 어필御筆과 시, 종, 화로, 대장경 등의 물품을 요청했다. 어필과 시문을 얻어 천추만대에 전해줄 보물로 삼고자 한다는 것이었다. 인조가 친히 '일광정계창효도량'日光精界彰孝道場이라는 여덟 자를 써주었다. 종도 주조해 보내면서 이조판서 이명한李明漢, 1595~1645이 서序를, 후에 예조판서에 오르는 이식李植, 1584~1647이 명銘을 짓고 후에 형조판서에 오르는 오준吳竣, 1587~1666이 글을 썼다. 또한 시문에 뛰어난 이명한 등 10인에게 명해 각각 시 한 수를 짓게 했다. 종이에 쓰면 볼품없을 듯해서 짙게 물들이고 금을 뿌려 정갈하게 만든 비단이나 깁 위에 글을 썼다. 여기에 삼구족과 과자 20종류도 갖추어 보냈다.

이에 대한 답례로 일본은 조선에 구리와 납을 보냈다. 조선에서는 구리가 많이 산출되지 않았다. 겨우 생필품 정도만 만들 수 있는 수준이었다.

통신사가 두 번째로 닛코를 방문한 그다음 해에는 류큐의 사절이 참배에 나섰다. 류큐가 막부에 사절을 보낸 것은 1609년의 사건에서 기인한다. 1609년 사쓰마번주 이에히사가 이에야스의 승낙을 받고 류큐를 공격한 것이다. 교전을 회피한 류큐의 상녕왕은 다음 해 슨푸에서 이에야스를, 에도에서 히데타다를, 1634년에는 교토에서 이에미쓰를 알현했다. 하경사賀慶使, 사은사恩謝使의 시작이었다. 명나라와 사쓰마번에 양속된 류큐는 장군 습직을 축하하는 경우 하경사를, 왕위 계승을 승인해준 데 감사를 표하는 경우 사은사를 보냈다. 류큐국왕이 직접 에도에 행차하지는 않았다. 왕자를 정사로 삼았고, 수행원은 100명 미만으로 편성했다. 하경사와 사은사를 겸할 경우에는 규모가 170명 전후였다. 류큐 사절은 6월에 류큐를 출발해 먼저 가고시마鹿兒島로 들어가 두세 달 체류한 다음 본격적으로 길을 나섰다. 에도에는 11, 12월에 도착했다. 통신사와 비슷하게 대략 한 달 정도 체재했다. 1850년까지 18번 에도를 방문했는데, 1644년에는 하경사, 사은사가 닛코를 참배했다. 1651년 이에미쓰가 죽자 2년 뒤인 1653년 동조궁 왼쪽에 그의 사묘인 대유원大猷院을 건립했는데, 같은 해 9월 에도에 들어온 류큐 사절이 동조궁과 대유원에 참배하고 분향하기도 했다.

통신사의 세 번째 닛코 방문은 정사 조형이 파견된 1655년의 일이었다. 통신사는 대유원에서 효종의 제문을 읽는 제전祭典의식을 행하고 제물을 바쳤다. 이때 효종은 '영산법계숭효정원'靈山法界崇孝淨院이라는 여덟 글자를 써주고, 시문이 뛰어난 신하에게 글을 지어 제사 지내도록 했다. 아울러 거문고 등 악기 11종을 보냈다. 막부는 명문이 새겨진 등롱을 요청했다. 대제학 채유후蔡裕後, 1599~1660가 명문을 짓고, 오준이 썼다. 막부는 제사 지닐 때 축문을 읽는 독축관讀祝官으로 특히 목소리가 낭랑하고 잘 읽는 사람을 보내달라고도 했다. 흥미로운 사실은 제사를 지내기 위해 소를 싣고 갔다는 점이다. 당연히 소를 잡는 백정도 동행했다.

앞에서 서술했듯이 일본인들은 조선인이 짓고 쓴 글을 매우 선호했다. 제사를 지낸 후 불태우는 게 상례인 축문과 폐백까지도 조선인이 쓴 것이라면 받아 가보로 보관하려 했을 정도다.

통신사의 닛코 방문은 제5대 장군 쓰나요시 때 끝났다. 당시 행차한 정사 윤지완이 닛코를 방문하려 하자 쓰나요시는 자신도 아직 참배하지 않았다며 이를 중지시켰다. 다만 폐백과 향촉香燭만은 가져오라고 요구했다. 사실은 이러한데, 당시 태풍과 지진 등으로 피해가 너무 커 닛코에 갈 상황 자체가 되지 않았다. 이로써 닛코 방문은 완전히 중지되었다.

분리되는 열차를 타고 닛코로 가다

이처럼 방문한 횟수는 많지 않지만 조일외교의 주요한 무대 중 한 곳이었기에 이번 답사에서 가지 않을 수 없었다. 아사쿠사역에서 도부닛코선東武日光線을 운행하는 특급열차 리버티게곤Revaty華厳호를 탔다. 1시간 45분 만에 도부닛코역東武日光駅에 도착했다. 요금은 왕복 2,740엔이었다. 역마다 정차하는 쾌속열차는 도부닛코역까지 2시간 5분이 걸린다. 시간 차이는 얼마 나지 않지만, 도중에 열차를 갈아타는 불편을 감수해야 한다. 닛코 여행객이 좋아할 만한 티켓이 판매 중인데, 나흘간 닛코 전 지역의 온천은 물론 주젠지中禪寺 온천과 기누천鬼怒川 온천까지 이용할 수 있는 자유이용권으로 4,520엔이다. 닛코의 중요 사적을 관람할 수 있는 자유이용권도 판매한다.

아사쿠사역에서 출발한 열차는 곧 도쿄의 새로운 랜드마크로 자리매김한 스카이트리SKYTREE를 지난다. 도네천을 통과하면 왼쪽에는 신록이 우거진 삼림이, 오른쪽에는 보리를 심은 밭들이 넓게 펼쳐진다. 스쳐 가는 풍경을 구경하느라 넋을 놓고 있었다. 그러던 중에 안내방송이 나와 귀를 세우고 들으니, 열차의 앞쪽 네 칸은 기누천 온천행이고, 뒤쪽 두 칸은 닛코행으로, 시모이마이치역下今市駅에서 열차가 분리된다는 것이었다. 상상도 못 한 일이라 내가 제대로 이해한 것인지 옆의 일본인에게 물었더니 맞는다고 했다. 열차가 미끄러지듯 역으로 들어가자 철도원이 깃발을 흔들며 지시하는 대로 열차가 분리되었다.

종착역인 도부닛코역에 내려 유네스코 세계유산에 등재된 동조궁행 버스에 올라탔다. 창밖으로 보니 2,486미터의 남체산男體山과 이황산二荒山이 동조궁을 옹위하듯 솟아 있었다. 동조궁으로 진입하는 신도에는 삼나무들이 심겨 있는데, 수령 400~800년의 위용을 자랑하며 신비감을 더하고 있었다. 버스에서 내리니 이곳의 표고가 스카이트리와 똑같은 734미터라고 홍보하는 내용이 적힌 표지판이 보였다. 그 옆에는 검게 옻칠한 문으로 유명한 린노사輪王寺가 있었다. 조선국왕의 어필 외에 악기 네 개가 보물전에 소장되어 있었

린노사. 검게 옻칠한 문이 유명하다. 조선국왕의 어필 외에 악기 네 개를 소장하고 있다.

다. 삼불당三佛堂은 수리 중이라 제대로 보지 못했다.

린노사를 빠져나오자 도쿠가와가문의 상징인 이파리가 세 개 달린 아욱 문형紋形을 새겨놓은 거대한 비석이 동조궁에 왔음을 알리고 있었다. 규슈에서 운반해온 돌로 만든 도리이도 웅장했다.

매표소 앞에 세운 붉은색의 5층탑이 아름다웠다. 본래 후쿠이번에서 바친 것이나 화재로 소실돼 19세기 초에 재건했다. 입장료는 1,300엔이었다. 줄을 선 끝에 표를 받아 중문으로 들어가니 눈부실 정도로 잘 꾸며져 있었다. 돌로 만든 등롱에 두껍게 낀 이끼가 오랜 역사를 대변하는 듯했다. 도쿠가와가문의 문형을 새긴 등롱이 121개나 되었다. 도쿠가와가문의 자손들과 도자마 다이묘가 진헌했다고 한다.

돌로 만든 도리이. 규슈에서 운반해온 돌로 만들었다고 한다. 굉장히 웅장했다.

봄과 가을에 열리는 축제 때 무사들이 사용하는 마구馬具나 치장품을 보관하는 삼신고三神庫는 황금을 입혀 찬란했다. 그 옆으로 신마神馬를 매어두는 마구간인 신구사神廐舍가 있었다. 동조궁을 상징하는 유명한 부조인 원숭이 세 마리가 보였다. 일본인들은 옛날부터 원숭이가 말을 지킨다고 생각했는데, 신구사 외벽에도 원숭이를 주제로 한 부조 총 여덟 개를 새겨놓았다. 원숭이의 일생을 묘사한 이 부조 중에서 '보지 않고, 말하지 않고, 듣지 않는' 형상을 묘사한 것이 가장 큰 사랑을 받고 있다. 살아가면서 무엇을 조심해야 하는지 알려주는 내용이다. 동조궁 곳곳에는 여러 종류의 영수靈獸, 예를 들면 용, 기린, 비룡飛龍, 용마龍馬 등이 조각되어 있었다. 특히 용은 권력이나 풍요의 상징이었다.

삼신고 중 '상신고'(上神庫, **위쪽)와 '중신고'**. 축제 때 무사들이 사용하는 마구나 치장품을 보관하는 곳이다.

신구사의 세 원숭이 부조. 신구사는 신마를 매어두는 마구간인데, 일본인들은 옛날부터 원숭이가 말을 지킨다고 믿었다. 신구사 외벽에도 원숭이 부조 총 여덟 개를 새겼다.

평화가 찾아오니 고양이가 잠에 든다

신구사를 지나 동조궁의 정문인 양명문陽明門에 이르니 그 화려함에 압도당했다. 흰색, 검은색, 금색, 붉은색, 푸른색으로 칠해 아름다움의 극치를 보여주었는데, 날이 저물도록 봐도 싫증이 나지 않는다고 해서 '일모日暮의 문'이라고도 불린다. 오른쪽에는 종루를, 왼쪽에는 고루鼓樓를 배치했다. 고루 가까이에 네덜란드에서 진상한 등롱이 있었다. 특이하게도 회전하는 등롱이었는데, 도쿠가와가문의 문형이 거꾸로 새겨져 있었다. 불길한 징조로 해석해서 문제 삼을 수 있지만 막부는 네덜란드가 외국이라는 점을 배려해 수령했다고 한다.

양명문을 수놓은 조각들에는 숨겨진 의미가 있다. 용은 황제를, 사자는 성역을 지키는 수호자를 상징한다. 성인과 현인, 아이 등 인물 500명을 새겼는데, 싸움 없는 세상을 구현했다고 한다. 좌우의 담벼락에는 꽃과 새가 조각되어 있다. 동조문의 두 기둥을 유심히 살펴보면 소용돌이치는 듯한 문양이 조각되어 있는데, 상하가 뒤집어져 있다. 일부러 이렇게 작업한 것인데, 불완전한 형태가 마귀를 쫓기 때문이란다. 동조궁 전체로 보면 조각상은 5,200개, 그림은 500개가 있다.

양명문을 지나면 카라몬이 나온다. 조가비를 태워서 만든 안료로 하얗게 칠해놓아 인상적이었다. 크기는 양명문의 3분의 1에 지나지 않는데, 느티나무로 만든 문의 윗부분에 인물 27명을 세밀하게 새겨놓았다. 고대 중국의 성인 중 한 명인 순舜임금도 찾아볼 수 있었다. 순임금은 이상理想을 꿈꾼 정치가다. 그를 조각한 데는 능력 있는 자가 왕이 된다는 의미가 있다고 한다. 자세히 보면 순임금의 얼굴이 이에야스와 닮았다.

카라몬까지 통과하면 드디어 이에야스의 혼령을 받드는 어본사御本社, 즉 본전이 나온다. 벽에 기린이 그려져 있었다. 기린은 정치가 잘 행해지거나 평화로운 시대가 되면 나타난다는 상상 속 동물이다. 이에야스는 자신이 난세를 평정하고 평화와 안정을 가져왔다는 것을 세상 사람들에게 보이고 싶었던 것 같다.

이러한 의도는 잠자는 고양이 조각에서도 엿보였다. 동조궁에서 가장 인기 있는 조각으로 모란에 둘러싸여 햇볕을 받으며 선잠을 자는 고양이가 새겨져 있다. 관광객들이 멈춰 서서 사진을 찍느라

양명문. 굉장히 화려한 색채로 칠해 아름다움의 극치를 보여주는데, 날이 저물도록 봐도 싫증이 나지 않는다고 해서 '일모의 문'이라고도 불린다.

카라몬.
조가비를 태워서 만든 안료로 하얗게 칠해놓아
인상적이었다. 크기가 양명문의 3분의 1에 지나지
않지만 굉장히 세밀하게 꾸며놓아
화려함은 뒤지지 않았다.

잠자는 고양이 조각(왼쪽)과 날개를 펼치고 노니는 새들 조각. 이에야스는 고양이 앞에서 새들이 자유롭게 노닐 정도로 평화로운 세상이 도래했음을 알리고 싶었던 것일까.

좀처럼 앞으로 나아가기 힘들 정도였다. 재미있는 점은 바로 반대편에 날개를 펼치고 노니는 새들이 조각되어 있다는 것이다. 천적인 고양이가 있는데도 안심하고 노는 새들은 평화로운 세상을 상징한다. 정말로 평화로운 세상이 온 것일까? 대부분 관광객이 새들에게는 눈길도 주지 않고 무심히 지나쳤다.

본전에서 이어지는 207개의 계단을 오르면 오궁奧宮이 나온다. 그 뒤편에 이에야스의 사묘가 있다. 사묘를 오르는 계단에 "사람의 인생은 무거운 짐을 지고 먼 길을 가는 것 같으니 서두르지 마라"는 이에야스의 유훈이 적힌 간판이 있어 생각할 거리를 준다. 유골을 모신 보탑宝塔 앞에는 조선이 보낸 삼구족이 가지런히 놓여 있었다. 이는 복제품으로 진품은 1812년 발생한 화재로 소실되었다.

전설을 품은 신교

동조궁을 나와 매표소 옆쪽으로 난 길을 따라 이에미쓰의 사묘인 대유원으로 갔다. 대부분 관광객은 동조궁에 눈이 홀리고 정신을

▲**이에야스의 사묘.**

▼**이에야스의 유골을 모신 보탑.** 조선이 보낸 삼구족을 앞에 가지런히 놓아두었다.

대유원. 동조궁과 달리 이에미쓰의 사묘가 본전 오른쪽에 있다.

빼앗겨 이곳을 그냥 지나친다. 건물 형태와 구조는 동조궁과 유사했다. 다만 동조궁에서 이에야스의 사묘가 본전 뒤쪽에 있던 데 반해, 대유원에서 이에미쓰의 사묘는 본전 오른쪽에 있었다.

동조궁과 대유원 답사를 마치고 도부닛코역으로 돌아오는 중에 붉은색의 다리가 대곡천大谷川의 청류 위에 걸쳐 있는 전경을 보았다. 길이 28미터의 신교神橋였다. 통신사는 산관교山菅橋라고 기록했다. 이 다리에는 전설이 얽혀 있다. 그 옛날 신이 골풀을 떨어뜨리자 큰 뱀으로 변했다는 것인데, 이후 사람들은 뱀을 기어올라 계곡을 건넜다고 한다. 이와 비슷한 내용의 쇼도쇼닌勝道上人, 735~817과 관련된 전설도 있다. 766년 쇼도쇼닌이 남체산을 가기 위해 이곳에 왔을 때 높은 절벽과 세차게 치닫는 격류로 도저히 건널 수 없었다.

신교. 길이 28미터의 다리로 쇼도쇼닌과 심사대왕에 관한 전설이 전해진다.

제자들과 함께 신불神佛에 기도하자 계곡 건너편에서 심사대왕深沙大王이 나타나 푸른 뱀과 붉은 뱀을 대곡천에 던졌다. 그러자 곧바로 무지개처럼 긴 다리가 생겨났다. 쇼도쇼닌과 제자들이 선뜻 건너지 못하자 다리 위에 뿌리를 넓게 뻗은 왕골이 자라 안심하고 건넜다. 다리를 건넌 직후 심사대왕을 제사 지내는 신사를 만들었다.

신교 근처 식당에 들어가니 중년의 여주인과 90세 가까운 할머니가 반갑게 맞이해주었다. 유바ゆば두부를 시켰다. 두유를 가열했을 때 뜨는 얇은 막을 걷어내 만든 유바두부는 본래 이곳이 아니라 교토의 특산품이다. 닛코를 참배하러 온 교토 사람들이 전해준 것이다. 이전에 맛본 유바두부보다 맛도 정결하고 입에 맞았다. 할머니가 진짜 이곳의 특산품인 매실 장아찌 몇 개를 선물로 주었다.

여주인에게 통신사를 아느냐고 묻자 맞은편 가게에 통신사 관련 그림이 있다고 알려주었다. 그러더니 본인이 직접 소개해주겠다며 두건을 벗고는 가게를 나서기에 카메라를 들고 잽싸게 뒤를 쫓았다. 과자 등 토산물을 파는 상점이었다. 2층으로 올라가 용건을 말하자 가게를 지키던 노인이 계면쩍게 웃으며 통신사가 아니라 다이묘와 관련된 그림이 있다고 했다. 혹시 통신사 관련 자료가 이 지역에 있느냐고 물었으나, 사료관에 한번 들러보라는 답변만 들을 수 있었다.

53 장군이 사랑한 마상재 55

쓰시마에서 미리 선보이다

통신사가 닛코로 길을 떠나면 장군은 에도에 남은 조선의 군관이 선보인 마상재를 관람했다. 마상재는 인조 12년1634 제3대 장군 이에미쓰가 제2대 쓰시마번주 소 요시나리를 통해 청하면서 시작되었다. 쓰시마번주는 장군에게 조선이 일본을 박대한다는 건 거짓말이라며 본인이 청하면 반드시 허락할 것이라고 장담했다. 또한 조선의 마상재는 천하제일이니 기대해도 좋다고 했다. 조선과 일본 사이에서 각종 사안을 중재하는 역할을 맡은 쓰시마번주로서는 자신의 능력을 인정받기 위해서라도 반드시 성사시켜야 할 일이었다.

쓰시마번주는 차왜 등지승藤智繩을 조선에 급파해 마상재를 펼칠 이들을 보내달라고 요청했다. 인조는 이를 수락하고 정사 임광의 행차에 마상재를 동행시켰다.

종사관 임금께서 너그럽게 허락하셨군요. 조정에서 이견은 없었나요?

정사 필 장군이 마상재를 한두 번 보고 돌려보낸다고 해서 딱히 반대하지는 않았네. 예조와 비변사가 피로인 쇄환에 유리하게 작용하리라 판단한 점도 한몫했지.

파견이 결정된 이듬해 역관 홍희남이 시게오키가 조선을 심하게 참소하고 통신사의 일을 훼방했다고 조정에 고했다. 실제로 장군은 쓰시마번주의 능력과 조선의 반응을 엿보려고 했다. 즉 마상재를 요구해 교린의 진심을 떠보는 동시에 쓰시마번주의 주선이 사실인지 거짓인지를 정탐한 것이다.

마상재를 펼칠 이로 사과司果 김정金貞과 장효인張孝仁을 선발했다. 이들은 마상재만이 아니라 검무에도 능했다. 일본으로 떠나기 전 영천에서 마상재를 시연했다. 영천군수를 위시해 인근 지역의 현감, 선비들이 통신사를 영접했다. 마상재는 여덟 가지 기예로 구성되었다. 말 위에 서기, 말 위에 물구나무서기, 등자에 발목을 걸어 거꾸로 선 채 끌려가기, 달리는 말을 잡고 좌우로 일곱 걸음씩 걷고 나서 다시 말에 오르기, 말 위에 가로로 눕기, 말 엉덩이 위에 눕기, 말의 옆구리에 몸 숨기기, 말 두 마리 타기 등이었다. 여기에 말 위에서 창과 언월도偃月刀 쓰기, 두 칼 쓰기 등이 추가되었다.

임광은 조양각朝陽閣에 올라 성 밖 냇가에서 펼쳐지는 마상재를 구경했다. 두 군관은 말과 혼연일체가 된 듯했다. 단번에 말 등에 올라 고삐와 재갈을 사용하지 않고 치달리며 귀신처럼 달려나갔다. 섰다가 누웠다가 거꾸로 섰다가 옆으로 붙었다가 하는 몸놀림이 잽쌌다. 운집한 구경꾼들이 열렬히 환호했다.

「마상재도」(馬上才図). 일본 무사들이 통신사가 준비한 마상재를 보고 있다. 당시 일본인들에게 조선의 마상재는 최고의 볼거리였다.

말이 주인공인 공연인지라 말 상태가 대단히 중요했다. 말 세 필을 데리고 갔다. 동래를 출발해 쓰시마에 이르렀을 때 말이 병들었다. 조선은 즉시 수의사를 파견해 치료했다. 하지만 효험도 보지 못하고 말이 죽어버렸다. 도감都監에서 지급한 말이라 가죽을 벗겨서 증거로 삼아야 했으나 종사관이 파묻도록 조치했다.

말의 죽음과 상관없이 쓰시마에서도 마상재를 선보였다. 소 요시나리와 겐소 등이 무리를 이끌고 참관했다. 섬의 남녀노소가 산을 두르고 들판을 메웠다. 심지어는 쓰시마번주의 모친과 관료의 가속들까지도 장막을 치고 구경했다. 그들은 활 쏘는 솜씨와 말 타는 재주에 혀를 내두르며 탄복했다. 시연이 끝나자 종사관은 평소 연습할 때보다 더욱 잘했다며 상으로 각각 20금을 주었다.

쓰시마번주의 집에 꾸민 특설무대

1635년 3월 통신사가 마상재를 펼칠 군관, 준마와 함께 에도에 도착했다. 장군은 만족해 소 요시나리에게 홍희남과 판사判事 최의길崔義吉, 마상재를 펼칠 군관들에게 쌀 300석씩을 사여했다. 소 요시나리는 통신사를 자신의 집에 초대했다.

마상재를 볼 생각에 들뜬 장군이 통신사가 방문할 쓰시마번주의 집이 좁다며 그 옆에 공터 500여 칸間을 특별히 하사했다. 쓰시마번주는 그 땅에 활 쏘는 터를 만들어놓고 마상재를 연습할 수 있게 해주었다. 이때도 각 지역의 다이묘들이 모여들었다. 창과 깃발, 기마와 교자가 문 앞과 마당을 메웠다. 문 안에 판잣집을 새로이 만들어놓고 통신사를 맞이했다. 술과 안주, 과자를 접대하면서 기예를 보여달라고 청했다. 일종의 리허설이었다. 아쉽게도 마장이 대단히 작아서 재주를 다 보여주지 못했다. 이때 쓰시마번주는 전례에 따라 마상재를 펼칠 군관들이 입을 쾌자[掛子], 즉 무늬가 있는 비단 전투복을 한 벌씩 만들어주었다. 우아한 차림으로 장군과 다이묘들 앞에서 멋지게 공연하라는 배려였다. 이렇게 시연이 펼쳐질 때 장군도 은밀히 와서 관람했다. 장군이 감상할 공연장도 이미 닦아놓은 상태였는데, 하루빨리 마상재를 보고 싶어 했기 때문이다.

마상재를 시연한 쓰시마번주의 저택은 어디 있을까? 일전에 다

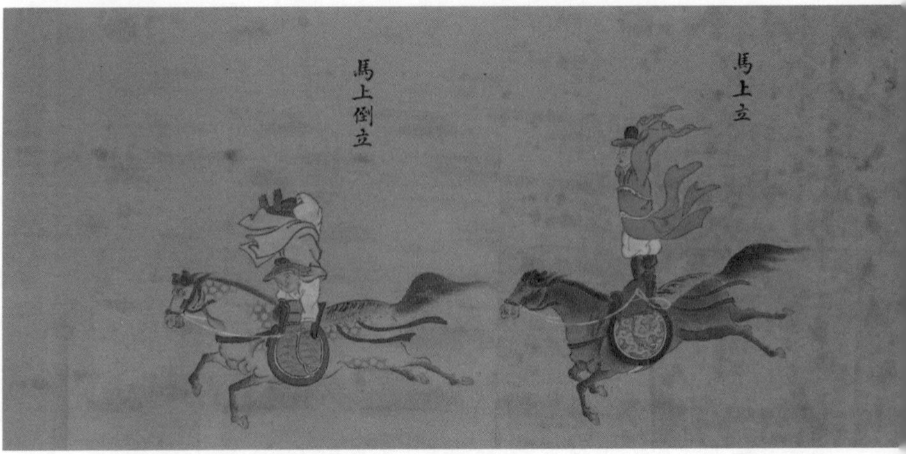

「마상재도권」(馬上才図巻). 에도에 있는 쓰시마번주의 저택에서 마상재를 연습할 수 있었다. 이때 장군이 몰래 와 구경하기도 했다.

나카에게 쓰시마번주의 저택이 어디 있는지 아느냐고 물은 적이 있다. 다나카 씨는 총 세 군데라며, 무카이야나기하라向柳原, 현재의 아사쿠사바시浅草橋의 가미야시키上屋敷, 수이도바시水道橋 근처의 나카야시키中屋敷, 미노와三ノ輪의 시모야시키下屋敷라고 알려주었다.

가미야시키는 1625년 이에미쓰에게 하사받은 부지다. 현재의 다이토구台東区로, 아키하바라秋葉原와 아사쿠사바시 사이에 있다. 그 동쪽에는 히젠肥前, 즉 히라도번을 다스린 마쓰우라가松浦家의 저택이 있다.

쓰시마번주의 저택은 그 규모가 대단했다. 외랑外廊이 400칸에, 외양간에 기르는 말이 100여 필이나 되었다. 이곳에서 통신사에게 향연을 베풀었는데, 음식이 몹시 사치스러웠다.

장군은 1661년에도 닛코 가는 길에 있는 센주숙南千宿, 현재의 아라카와구荒川区 미나미센주南千住에 또 다른 저택을 하사했다. 제술관 신유한의 기록에 따르면 쓰시마번주의 저택은 객관에서 서남쪽으로 5리쯤 떨어진 곳에 있었다. 문과 담벼락, 누각이 극히 화려했다. 통신사가 방문하자 쓰시마번주가 삼사에게 평복으로 갈아입고 별관으로 가 잡희雜戲를 구경하자고 청했다. 악수樂手 대여섯 명이 비파, 피리, 장구 등을 각각 두어 벌씩 가지고 앉아 있었고, 노래하는 자도 몇 사람 있었다. 총 10명으로 그중 다섯은 매춘부의 차림을 하고 청루에서 애교를 부렸고, 나머지 다섯은 소년의 차림을 하고 방탕한 흉내를 냈다.

'조선의 마상재가 천하제일'

지금까지는 모두 맛보기에 불과했으니, 드디어 장군 앞에서 마상재를 펼치는 날이 되었다. 공연장은 에도성 북쪽의 취상吹上에 있는 마장이었다. 1711년 이후에는 전안田安과 청수淸水 사이에 있는 마장을 사용했다. 소나무와 전나무가 울창한 홍엽산紅葉山 근방의 후원에 있었다. 이를 조선마장이라 불렀는데, 원활한 공연을 위해 누대와 못은 따로 만들지 않았다. 묘기를 보일 군관들은 선명하게 채색한 비단옷을 입었다. 종사관의 병비兵裨 및 수역관 세 명이 인솔했다. 통인通引과 하속下屬 30여 명이 뒤따랐다. 공연은 장군과 그 가문의 가족, 당주와 도쿠가와 고산케, 노중 등의 막부 관료 등 쟁쟁한 인물들이 참관했다. 자리가 자리인 만큼 참석자의 명단과 복장, 관람석의 위치와 착석시간까지 지정했다.

주렴과 비단휘장을 드리운 높은 누각에 장군이 앉았다. 누각 아래에는 관료들이 담요를 깔고 꿇어앉아 있었다. 금도왜들이 조총

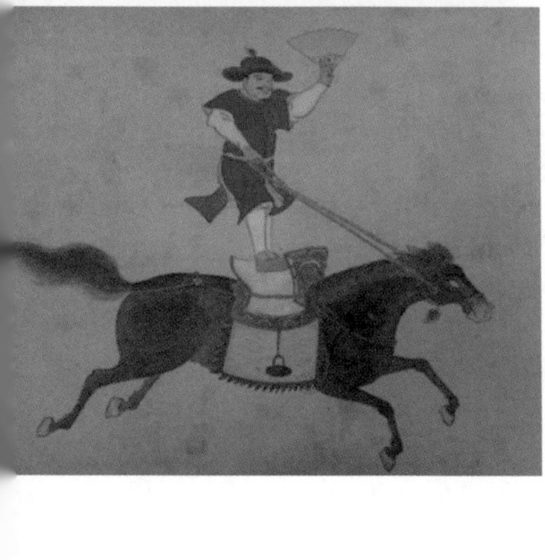

마상재의 다양한 종목. 에도에서는 ① 말 위에 서서 달리기, ② 말 위에서 거꾸로 서기, ③ 몸 숨기기, ④ 말 위에서 가로 눕기, ⑤ 뒤로 눕기, ⑥ 좌우 7보, ⑦ 말 등 넘나들기, ⑧ 쌍마(雙馬) 등 총 여덟 종목을 공연했다.

과 창칼을 메고 경비를 섰다. 말이 나가고 정지하는 곳에서는 부교가 말의 상태를 계속 확인하도록 했다. 말이 공연장으로 나갈 때 누각 아래에서 부교가 장군에게 고했다. 길은 펀펀하고 넓었으나 간간이 수렁이 있어 말발굽이 빠졌다. 이 수렁은 군관들의 실력을 시험해보기 위해 일부러 설치한 것이었다. 수렁에서 잠시 주춤하기는 해도 낙마하는 이가 없었다. 말이 수렁을 완전히 빠져나가자 구경하는 이들이 갈채를 보냈다. 바람을 가르듯 말을 몰면서 신기에 가까운 묘기를 보여주는 군관들의 실력에 장군과 관람객들이 연신 탄성을 내질렀다. 마상재가 끝나자 장군은 수고한 군관들에게 은 50매씩을 상으로 하사했다. 말과 군관들은 날이 저물어서야 객관으로 돌아왔다.

특히 정사 홍계희가 데리고 온 군관들의 기예가 뛰어났던 모양이다. 장군이 "조선의 마상재가 천하제일"이라고 극찬할 정도였다.

종사관 '조선의 마상재가 천하제일'이라니, 괜히 제가 우쭐해지네요. 국위선양이 따로 없습니다. 마상재 외에 활쏘기도 선보였다죠?

정사 필 그렇지. 일반 화살보다 훨씬 길고 몇 배나 무거운 육량전六兩箭과 육량전 전용 활인 육량궁六兩弓을 가지고 갔네.

종사관 그렇군요. 육량궁은 아무나 다루지 못하는 활 아닌가요?

정사 필 물론이지. 건장한 왜인이 허세를 부리며 육량궁을 쏴보겠다고 나섰어. 이를 악물고 팔뚝에 힘줄이 튀어나오도록 시위를 잡아당겼으나 육량전이 원체 무거워 제대로 쏘지 못했지. 그러자 활을 내팽개치고 낯을 붉힌 채 잰걸음으로 도망치듯 빠져나갔다네.

병조에서 육량궁과 평궁을 잘 다루는 군관을 한 명씩 선발해 통신사에 배속했다. 마상재만이 아니라 활쏘기도 선보였기 때문이다. 홍계희가 서계 문제로 막부 측과 팽팽한 신경전을 벌이고 있을 때 막부가 쓰시마번주에게 명을 내렸다. 조선에 청해 활쏘기를 시연하도록 하라는 것이었다. 장소는 우에노上野 도에이잔東叡山의 구르마자카車坂, 현재의 시다데라정下寺町였다. 사장射場을 설치하고 병풍을 쳐 관람석을 꾸몄다. 장군과 쓰시마번주, 막부 관료 등이 관람하러 왔다. 조선의 군관, 상관, 소동, 중관, 하관 등 16명이 활쏘기를 선보였다. 이들은 과녁과 130보 떨어진 곳에서 화살을 다섯 발씩 쏘아 명중시켰다. 이어 말을 몰면서 시위를 당겨 역시 명중시켰다. 그들의 솜씨에 모든 관람객이 감복했다. 시연이 끝나자 과자, 음료, 술을 대접했다. 또한 장군이 직접 은 60매씩을 상으로 하사했다.

정사 조엄이 파견되었을 때도 장군이 활쏘기를 관람하고 싶어 했다. 이에 군관 여덟 명을 선발했다. 사장은 200보 정도 길이였고 과녁은 매우 작았다. 풀로 만든 허수아비도 준비해놓았다. 군관들이 가볍게 시위를 당기자 활이 멀리 날아가 목표를 맞췄다. 관람객들이 일제히 환성을 질렀다. 허수아비를 전부 명중시킨 군관이 네 명이나 되었다. 드문 일이라 해 무명베 다섯 필을 상으로 주었다.

마상재의 말은 군문軍門에서 값을 치르고 사 온 것이었다. 에도에서의 공연이 끝나자 쓰시마번주가 말을 사고 싶어 했다. 통신사가 귀국길에 들른 쓰시마에서 그에게 말 두 필을 선물했다.

54 나라를 뒤흔든 야나가와 잇켄[55]

가신이 번주를 고발하다

정사 임광이 닛코 방문과 마상재 공연을 수락하게 된 데에는 중요한 이유가 있었다. 바로 야나가와 잇켄이다.

종사관 도대체 야나가와 잇켄이라는 게 무엇인가요?

정사 필 간단히 말해, 제2대 쓰시마번주 소 요시나리의 가신 시게오키가 점차 세력이 커지면서 쓰시마번주의 약점을 잡고 늘어져 벌어진 사건이지.

종사관 가신이 쓰시마번주를 흔들다니 엄청난 일이네요. 일종의 권력다툼이군요. 그러면 쓰시마번주의 약점은 무엇이었나요?

정사 필 그 약점이 사실 쉬이 무마할 수 있는 게 아니었어. 통신사를 맞이하는 과정에서 제1대 쓰시마번주 소 요시토시와 그의 아들 소 요시나리가 조선과 막부의 국서를 개작 또는 위조한 것이었네.

쓰시마번주는 대담하게도 국서를 개찬하고 장군의 국서까지 위조했다. 당연히 문제가 될 일이었다.

시게오키는 어떤 인물일까? 그의 조부는 시게노부다. 조선과 무역하던 상인 출신으로, 임란과 정유재란 때 소 요시토시와 분주히 화평공작을 이끌었다. 전쟁이 끝난 후에는 조선과 일본의 국교회복을 위해 겐소와 힘을 쏟았다. 비천한 신분이라는 한계를 뛰어넘어 큰 역할을 맡았던 것이다.

시게노부는 장군의 은혜를 입게 되자 신하의 예절을 잊고 쓰시마번주 대하기를 마치 차관이 장관 대하듯 했다. 쓰시마 사람들은 시게오키의 간악한 행동이 조부에게 배운 것이라 여겼다. 사명대사와 손문욱이 제2대 장군 히데타다를 접견하도록 중개한 시게노부에게 선조는 가선대부를 제수했다. 이처럼 시게노부, 그의 아들 야나가와 도시나가柳川智永, ?~1613, 손자 시게오키 3대가 조선과의 외교에서 공을 세웠다.

소 요시토시가 죽자 쓰시마번주 소씨宗氏와 가로 야나가와가문의 이원통치체제가 더욱 굳어졌다. 이후 소 요시나리와 시게오키의 대립과 반목은 쓰시마번의 골칫거리가 되었다. 시게오키가 소 요시나리보다 한 살 위였다. 시게오키는 말과 행동이 영리하고 민첩했다. 교활한 면도 있었다. 반면에 요시나리는 매사에 정신이 없어 어리석은 듯했다. 시게오키의 아내는 요시나리의 누이였다. 시게오키는 어렸을 때 제3대 장군 이에미쓰의 시중을 들었다. 부친의 뒤를 이어 소씨의 가로가 된 후에도 여전히 에도에서 장군을 섬겼다. 이때 막부 각료들과 인맥을 쌓았다. 자연스럽게 막부와의 교섭을 주도

하는 경우가 빈번해졌다. 사실상 조선과의 외교도 시게오키가 이끌었다.

문제는 쓰시마번주와의 사이에서 30여 년간 '대립'의 관계가 단단히 굳어졌다는 것이다. 결정적으로 영지귀속이 문제가 되었다. 이를 계기로 시게오키는 쓰시마번주에게서 독립하고 막부 직속의 하타모토로 승격하고자 했다. 이를 위해 우선 장군에게 조선을 참소했는데, 쓰시마번주의 무능을 드러내기 위해서였다.

> "조선이 우리를 박대함이 지극합니다. 쓰시마번주는 조선과 통하는 것을 이롭게 여겨 모욕을 달갑게 받아들입니다. 쓰시마번주는 조선의 번신일 따름입니다. 더욱 통탄스러운 것은 통신사가 왔을 때 예단을 스스로 부담했습니다. 조선이 보낸 예단은 거칠고 좋지 않습니다. 일본 사신이 궁궐에 들어가면 뜰에서 절하니 굴욕이 막심합니다."

이때 통신사를 청하는 과정에서 소 요시토시와 소 요시나리가 국서를 개작 또는 위조했음을 폭로했다. 쓰시마번의 극비사항을 누설한 것이다. 앞에서도 서술했듯이 제1대 장군 이에야스의 명을 받고 조선과의 국교회복을 중개한 이는 쓰시마번주였다. 쓰시마번주가 적극적으로 나선 이유는 조선과의 무역이 그들의 생존에 필요충분조건이었기 때문이다. 임란 이후 단절된 조선과의 관계를 회복하는 건 급무이자 중차대한 일이었다.

통신사 파견 전에 조선은 일본에 선결조건 두 가지를 내걸었다. 하나는 이에야스가 먼저 국서를 조선에 보내라는 것이었다. 조선은 그의 진심을 알고 싶었다. 소 요시토시는 장군이 절대로 먼저 국서를 보내지 않으리라는 사실을 알고 있었다. 장군의 국서를 위조하는 방법밖에 없었다. 이렇게 위조된 국서를 수령한 조선은 통신사를 파견하기로 했다. 그런데 또 넘어야 할 산이 있었다. 정사 여우길이 에도에서 히데타다를 알현할 때 조선국왕의 답서를 전달할 텐데, 이는 당연히 장군이 보낸 국서에 대한 답장 형식일 것이었다. 보낸 적 없는 국서에 대한 답장이라니, 장군이 쓰시마번주의 속임수를 알게 될 터였다. 위기에 처한 쓰시마번주는 또 한 번 손을 썼다. 조선국왕의 국서를 개찬한 것이다. 이후 정사 정립이 일본에 왔을 때도 위조와 개찬을 되풀이했다. 이때는 소 요시토시가 죽고 소 요시나리가 뒤를 이었을 때다.

시비의 기준이 된 조선과의 외교

이렇게 2대에 걸쳐 은밀히 꾸며낸 거짓은 시게오키의 폭로로 만천하에 드러나게 되었다. 얼마나 충격적인 사실이었던지 이를 들은 노중 도이 도시카쓰土井利勝, 1573~1644가 놀라 입을 다물지 못할 정도였다. 사건은 즉각 이에미쓰에게 보고되었다. 마침 쓰시마번주가 교토에 체류하고 있어 이듬해부터 심문이 개시되었다. 국서를 위조, 개찬한 관계자들을 쓰시마에서 붙잡아 포박해 에도로 연행했다.

도시카쓰는 쓰시마에 사자를 보내 현지조사를 실시했다. 소 요시토시와 소 요시나리가 벌인 비밀공작이 백일하에 드러났다. 당시 도시카쓰, 라잔 등의 권력자들은 시게오키를 지지했다. 라잔은 장군에게 소 요시나리가 통신사를 제대로 요청하지도 못할 것이라 말하며 노골적으로 비난했다.

1635년 3월 각로閣老들이 예비심문을 위해 소 요시나리를 도시카쓰의 저택으로 불러들였다. 그다음 날 에도성 혼마루의 오히로바에서 이에미쓰와 다이묘들의 입회하에 심문이 이루어졌다. 이에미쓰에게 이 사건은 조선과의 외교는 물론 막부의 위신, 더 나아가 이에미쓰 자신의 윤리적·정치적 판단에도 타격을 입힐 수 있는 중대한 문제였다.

여러 지역의 다이묘들이 모여 소 요시나리의 죄를 논의하는 동시에 군사를 일으켜 조선을 치자고 건의했다. 이때 마사무네가 큰소리로 반대했다.

"조선은 우호국입니다. 히데요시가 까닭 없이 군사를 일으켰다가 오래지 않아 멸망해 사람들이 하늘의 재앙이라 했습니다. 만약 시게오키를 죄 주지 않으면 장수들은 절로 위태로울 것입니다. 가로의 신분으로 쓰시마번주를 모함하고 막부의 신하가 되려고 하지 않았습니까?"

노중 사카이 다다카쓰酒井忠勝, 1587~1662, 히코네번주 이이 나오타카井伊直孝, 1590~1659가 소 요시나리를 편들었다. 국서 위조, 개찬은 이미 죽은 소 요시토시가 처음 저질렀고, 소 요시나리는 어릴 때여서 이 일의 중차대함을 자세히 숙지하지 못했을 뿐 아니라, 1621년에 국왕사를 사칭해 조선에 일본 사신을 보낸 것은 시게오키가 제멋대로 계획한 것이라고 변해辯解했다. 결론적으로 소 요시나리는 과오가 없다는 것이었다. 결국 장군은 그들의 의견을 따라 막부의 위신을 떨어뜨리고, 주종의 질서를 문란하게 한 시게오키에게만 죄를 물었다. 소 요시나리에게는 죄를 눈감아주는 대신 조선에 통신사를 청하도록 명했다. 조선이 본인들을 업신여기고 화호의 의리를 저버렸으니 이제는 정식으로 통신사를 보내라는 논리였다.

이처럼 장군은 조선과의 외교와 무역은 쓰시마번주에게 맡기는 것이 상책이라고 판단했다. 곧 소 요시나리가 쓰시마번으로 복귀하면서 그의 완승으로 사건은 막을 내렸다. 국서 위조, 개찬을 실행한 이들은 사죄死罪로 다스리고 재산은 몰수했다. 어려서부터 시게오키를 시중들었던 가신 마쓰오 시치우에몬松尾七右衛門과 그 아들에게는 참죄斬罪를 내렸다. 시게오키는 가산을 몰수하고 쓰가루번津軽藩, 현재의 아오모리에 유배했다. 스승 겐소에 이어 조선과의 외교를 담당하면서 국서 위조, 개찬에 관여한 승려 기하쿠 겐포規伯玄方, 1588~1661는 모리오카번盛岡藩에, 시게오키가 그의 부친을 위해 세운 원당인 유방원流芳院의 주지 현호玄昊는 아키타번에 유배했다.

당시 임광, 역관 홍희남 등도 소 요시나리를 거들었다. 쓰시마번주를 빼고서는 조선과 일본이 관계할 수 없기 때문이었다. 쓰시마번주가 죄를 지은 것으로 되고 시게오키가 등용되면 화가 양국에 뻗칠 것은 불 보듯이 뻔한 일이었다. 조선에서도 쓰시마번주를 돕는 것이 변경을 안정되게 하는 방편이라고 여겼다. 통신사를 파견하고 마상재를 펼친 것도, 닛코 방문을 수락한 데에도 이러한 의도가 숨어 있었다.

55 장군은 일본국왕인가 대군인가 55

명칭을 놓고 벌어진 치열한 외교전

통신사는 대체로 20~30일간 에도에 머물렀다. 일체의 공식행사가 종료되면 장군의 답서를 받아 홀가분하게 에도를 떠났다. 삼사는 하루라도 빨리 국서를 받아 왕명을 완수하기 위해 역관들을 재촉했다. 며칠을 기다린 후에야 답서의 초안이 정사에게 건네졌다. 들뜬 마음도 잠시, 정사는 아연실색하고 말았다. 장군이 국서에 임금의 휘諱, 즉 이름을 쓰고, 답서를 제대로 봉하지 않은 채 '봉복조선국왕전하서'奉復朝鮮国王殿下書라고만 쓴 뒤 자신의 성명을 밝히지 않았던 것이다.

종사관 임금의 휘를 범하다니, 저들의 행태가 정녕 무엄하기 이를 데 없습니다!

정사 필 그렇고말고! 정사 조태억이 파견되었을 때의 일이었어. 당시 일본은 제6대 장군 도쿠가와 이에노부德川家宣, 1662~1712가 다스리고 있었지. 그런데 막부가 답서에 중종 임금의 이름을 쓴 거야. 즉시 이 사실을 지적하고 쓰시마번주에게 다시 고치라고 요구했지.

종사관 우리의 요구에 바로 응하던가요?

정사 필 그랬다면 별문제가 안 되었겠지. 오히려 난색을 표하더군. 조선에서 보낸 국서에도 제3대 장군 이에미쓰의 '광'光 자가 들어갔다고 맞섰어.

종사관 통신사도 난처했겠어요.

정사 필 물론이지. 그래도 조선을 대표하는 사신으로서 물러설 수 없는 사안이었어. 국서를 고쳐주기 전에는 일본에서 죽을지언정 결코 귀국할 수 없다고 버텼네. 이 뜻을 장군에게 아뢰라고 성화를 부렸지.

당시 조선은 일본이 피휘避諱, 즉 장군의 이름을 쓰지 않는다는 사실을 알지 못해 관례대로 국서를 작성했다. 막부도 처음에는 딱히 문제 삼지 않았다. 그런데 조선이 임금의 휘를 쓰면 안 된다고 하자 '광' 자를 꼬투리 잡은 것이다. 막부는 조선이 먼저 국서를 고쳐서 다시 보내면 자신들도 고치겠다고 우겼다. 삼사가 급히 중지를 모았다. 답서를 그냥 가지고 갈 수도, 그렇다고 빈손으로 귀국할 수도 없었다. 난처한 형국이었다. 삼사 자신들이 곤욕을 치르는 것은 차치하고서라도 임금과 나라가 욕을 당할까 걱정했다. 삼사는 임금에게 장계狀啓를 보내 국서를 고쳐 다시 보내도록 하고, 장군의 답서도 고치도록 해 중간에서 서로 교환하는 방안을 제안했다. 삼사의 장계를 받은 숙종은 적절하게 대처하지 못했다며 삼사는 물론 수역관과 상통사까지 잡아들여 처벌하라는 어명을 내렸다. 한편 조정은 논의 끝에 '광' 자 및 서식을 고친 국서를 다시 작성해 보냈다. 통신사가 쓰시마에 도착하기 전에 양국이 서로 수정한 국서를 교환하는 것으로 결착되었다.

이후 국서 말미에 관례로 붙이는 '쓸 말은 많으나 다 쓰지 못하다'라는 뜻의 '불선'不宣을 '불비'不備로 바꾸었다. 이에노부의 이름에 들어가는 '선'宣 자를 회피한 것이다.

일본의 기인 하쿠세키

명칭 문제는 다른 단어에서도 불거졌다. 조선은 장군을 '일본국왕'日本國王으로 칭했다. 1635년 야나가와 잇켄이 일단락되자 이듬해 왜사 평지우平智友가 조선에 들어와 '대군'으로 고쳐달라고 했다. 이에 조선에서는 '일본국대군전하'日本国大君殿下라 적었다. 반면에 막부는 단지 '일본국원모'日本国源某라고만 썼다.

피휘 문제를 끄집어낸 이는 원여源璵, 즉 하쿠세키였다. 당시 일본 최고의 시인이었고, 학식에서도 비견될 자가 없다고 평가받는 인물이었다. 일찍이 1682년 쓰시마 출신 유생의 알선으로 제술관 성완成椀, 1639~1710 등을 에도의 본서사에서 만나 시를 짓고 주고받은 적이 있었다. 그 자리에서 하쿠세키가 자신의 첫 시집인 『도정시집』陶情詩集에 대한 비평을 부탁하자 성완이 서문을 써주었다. 성완은 그를 "일본의 기인奇人이다"라고 치켜세웠다.

1711년 조태억이 파견될 때 하쿠세키는 56세였다. 이에노부가 장군이 되면서 그를 시강으로 임명하자 '정덕의 치治'라 불리는 정치개혁을 단행하기도 했다. 또한 조선의 일본 인식 및 일본문화 멸시에 불만을 품고 이를 바로잡으려고 했다. 통신사에게 장군의 위엄과 일본문화의 우수성을 인식시키려고 한 것이다. 그의 역사 인식은 독특했는데, 조선이 문사文事로 일본에 복수하려 한다고 이해했다. 제1대 장군 이에야스 덕분에 조선은 재조再造의 은혜를 입었고, 배후에 일본이 버티고 서 있기 때문에 청나라의 완전한 속국이 되지 않은 것이라고 이해했다. 여기서 전자는 다름 아닌 히데요시가 죽은 후 화평을 제안해 명나라 군대의 횡포에서 조선 백성을 구했다는 것이다. 또한 후자는 청나라 강희제康熙帝, 1654~1722가 왕자 한 명을 조선국왕의 양자로 보내려고 했을 때 일본이 이의를 제기해 중지시킨 것을 말한다. 이로써 조선이 청나라의 속국 처지에서 벗어났다는 게 하쿠세키의 논리였다.

하쿠세키는 개정안 10개조를 제시했다. 통신사의 목적을 '래조'來朝에서 '래빙'來聘으로 바꿀 것, '일본국대군전하'를 '일본국왕'으로 바꿔 쓸 것, 세자 알현, 노중에 대한 진헌을 폐지하고 각지의 향응을 5회로 축소해 경비를 절감할 것, 에도의 객관으로 들어갈 때 가마에서 내릴 것, 막부가 객관에 파견하는 관료를 계단 아래에서 맞이할 것, 관료의 자리는 정사와 대좌하고 있는 쓰시마번주보다 위일 것, 관료는 노중 대신 막부의 의식이나 전례, 칙사나 사절, 공문 작성 등의 업무를 담당한 고위 관료로 할 것, 진헌과 사연은 다른 날에 할 것, 국서는 종래 상상관이 봉정하던 것을 정사가 상상관에게 받아 무릎을 꿇고 고위 관료에게 전달할 것, 사연 때 사신의 자리를 동쪽에서 서쪽으로 옮길 것이 그 주된 내용이었다. 여기에 더해

왕로는 시모노세키를 지나는 길로, 귀로는 우시마도, 오사카, 교토, 나고야, 스루가를 지나는 길로 제한했다.

'대군' 대신 '일본국왕'이라는 호칭을 쓰자고 한 데는 장군이 최고의 무관인 것은 맞지만 그렇다고 한 나라를 대표하는 호칭으로는 '대군'이 걸맞지 않다고 생각했기 때문이다. '대군'이 『주역』에서는 천자를 가리키며, 후한後漢 허신許愼, 58~148의 『설문』說文에서는 삼황三皇을 가리키고 있음을 근거로 들었다. 즉 일본에서 '대군'이라 하면 천황이 되니, 장군에게 붙일 용어는 아니라는 것이다. 게다가 조선에서는 국왕의 적자를 세자, 서자를 왕자, 그 왕자의 적자를 대군이라고 칭한다는 점도 근거로 제시했다. 그러한 의미에서도 '대군'의 칭호는 맞지 않으니 답서에 '일본국왕'이라고 칭하자고 건의했다.

일본에서도 잘 쓰지 않은 일본국왕 칭호

조선으로서는 당혹스러웠다. 이는 돌발적인 요구였다. 70여 년간 사용한 대군 칭호를 버리고 쉽게 일본국왕으로 부를 수는 없는 일이었다.

종사관 그런데 우리 조선에서 일본에 국서를 보낼 때 종종 일본국왕이라 표기하지 않았습니까?

정사 필 맞아. 조선 초부터 국서에 일본국왕이라고 표기했어. 1607년부터 1624년까지 통신사가 전달한 국서에도 일본국왕이라고 썼지.

조선만이 아니라 명나라도 일본에 보내는 국서에 일본국왕이라 명기했다. 1401년 무로마치막부의 제3대 장군 요시미쓰가 명나라 건문제建文帝, 1377~1402에게 국서를 보냈다. 이듬해 명나라는 일본 사신이 돌아가는 편에 '일본국왕원도의'日本國王源道義 앞으로 조서詔書와 대통력大統曆을 보냈다. 조카를 죽음으로 내몰고 황위에 오른 영락제도 고명誥命과 '일본국왕'이라고 새긴 금인을 하사했다. 그다음 해 5월에는 명나라의 책봉사가 교토로 들어가 정식으로 책봉의식을 행했다. 이로써 일본은 명나라를 중심으로 하는 국제질서체제에 편입되었다. 이는 일본 국내에서 큰 반발을 불러일으켰다. 일본에 엄연히 천황이 있고, 장군은 조정의 요직에 지나지 않는다는 인식이 팽배했기 때문이다. 심지어 요시미쓰의 아들 아시카가 요시모치足利義持, 1386~1428조차 책봉에 비판적이었다. 결국 명나라와의 통교가 단절되었고, 요시노리가 제6대 장군으로 등극한 다음에야 명나라와의 국교가 재개되었다.

오히려 일본이야말로 일본국왕 호칭을 잘 사용하지 않았다. 상국사의 승려 즈이케이 슈호瑞溪周鳳, 1392~1473가 쓴 15세기 중엽의 외교자료집인 『선린국보기』善隣国宝記를 보면, 조선국왕 앞으로 보낸 국서의 명의가 거의 '일본국원○○'日本国源○○으로 되어 있다. 일본국왕이라 칭한 사례는 거의 찾아볼 수 없다. 이에야스의 고문이었던 승려 조타이가 초안한 답서에도 일본국왕이 아닌 '일본국원수충'日本国源秀忠이라고 표기되어 있다. 이를 받은 정사 여우길이 일본국왕이라는 글자가 없자 처벌받을 것을 우려해 '왕'王 자를 첨가했다.

라잔이 조선과의 외교를 담당하면서부터 국서의 형식이 크게 바뀌었다. '일본국왕' 대신 '대군'으로 칭해줄 것을 요청했다. 또 하나는 연호의 사용이다. 조선은 명나라의 연호를 사용했지만, 일본은 그해[當年]를 의미하는 용집龍集이라는 용어를 썼다. 위조한 국서에만 명나라의 연호가 표기되어 있다. 그 외에는 명나라의 책봉국이 아니라는 의미에서 자신들의 연호를 사용했다.

하쿠세키의 추방으로 해결된 칭호 문제

하쿠세키의 기본방침은 세 가지로 화평, 간소, 대등이었다. 그는 통신사 접대에 막부나 다이묘들은 물론이고 백성까지 부담이 크다고 지적했다. 심지어 통신사가 에도까지 올 필요도 없고 쓰시마에서 응접하면 그만이라고 생각했다. 연장선에서 통신사가 에도에 도착할 때까지 받는 접대와 에도성에서의 응접을 간소화했다. 그러자 응접비용이 종래 100만 냥에서 60만 냥으로 감소했다. 1709년 기준 막부의 세입이 76~77만 냥이었으니, 통신사를 접대하는 비용이 얼마나 막대했는지 알 수 있다. 100만 냥을 현재의 가치로 환산하면 무려 6,000억 원에 달한다.

하지만 막부 내에서 하쿠세키에게 증오나 반감을 품은 자가 적지 않았다. 제도개혁에 커다란 공적을 세운 그였지만 기슈번주 요시무네가 제8대 장군이 되자 추방당했다. 막부는 '정덕의 사례'를 파기하고 '천화天和의 구례舊例', 즉 제5대 장군 쓰나요시 시대의 사례를 복원했다. 통신사 대우도 이전으로 회복시키고 칭호도 '대군'을 사

하쿠세키의 묘가 있는 고덕사(高德寺, 위쪽)와 그의 묘. 하쿠세키는 개혁가이자 기인이었다. 국서에 장군을 '대군'이 아닌 '일본국왕'으로 표기해야 한다고 주장해 갈등을 빚기도 했다.

용했다.

나카오 교수는 하쿠세키를 일본 중심적인 민족주의자라기보다 보편성과 합리성을 존중한 사람이라고 평했다. 사실 하쿠세키는 막부의 차원을 떠나 개인적으로 통신사를 환대하고 위로했다. 사명을 무사히 마칠 수 있도록 배려했다. 에도성에서 원래 연주하던 능악 대신 조선 음악인 아악雅樂을 연주하게 했다. 통신사도 그의 탁월함을 인정하고 박식함에 경의를 표했다. 그는 신숙주의『해동제국기』에 기술된 화호의 마음가짐으로 양국이 서로를 대하는 것이 모두에게 행운이라고 설파했다.『백석시초』를 애독한 제술관 신유한도 하쿠세키를 만나 대화를 나누고 싶었으나 이미 그가 은퇴한 후라 아쉬움만 삼켰다.

앞서 얘기한 도요대학 기숙사 근처의 북카페에서『세계제일의 도시 에도의 번영』이라는 책을 구입했다. 저자는 역사학자가 아닌 영어학자이자 문명비판가였다. 책은 하쿠세키를 시인으로서는 굴지의 명인으로, 학자로서는 문학의 신으로 추앙받는 스가와라 미치자네管原道眞, 845~903를 능가하는 인물로, 정치가로서는 성덕태자聖德太子, 574~622 등과 비견되는 인물로 대단히 높이 평가했다. 그러면서 조선이 도쿠가와막부 초기까지 일본의 학술, 즉 유교가 수준이 낮다며 경멸, 멸시했다고 설명했다. 다만 하쿠세키만큼은 달랐다고 썼다. 통신사의 한문을 다루고 한시를 짓는 수준이 높았지만 하쿠세키가 더 뛰어났다는 것이다. 가령 조태억은 상당히 학식 있는 인물이었지만, 유학에 관한 지식이나 한문을 다루고 한시를 짓는 능력, 의논을 하는 데서 하쿠세키의 상대가 되지 못했다며 일본의 위

「조선통신사행렬도」에 묘사된 정사. 각각 에도로 들어가는 길(위쪽)과 조선으로 돌아가는 길이다. 막중한 임무를 띠고 일본을 가로지를 때의 책임감과 일을 마치고 귀로길에 올랐을 때의 홀가분함이 한 그림에서 모두 느껴진다.

신을 높였다. 하쿠세키를 추숭하려는 의도가 너무 노골적인 저작이었다. 저자는 과연 조태억, 부사 임수간, 종사관 이방언과 하쿠세키가 나눈 대화를 제대로 음미하고 글을 썼을까? 그는 삼사와 하쿠세키가 대화를 나누면서 서로를 인정하고 치켜세웠다는 사실을 간과했다.

칭호 문제가 해결되자 삼사는 오사카에 체류하고 있던 군관에게 편지를 보냈다. 에도에서 출발하니 도착하는 대로 출항할 수 있게 단단히 준비하라고 일렀다. 드디어 외교의례에 흠결이 날 것을 우려하는 나날에서 벗어난 것이다. 한결 기분이 상쾌했으리라.

제6부

우여곡절 끝에 귀환하다

56 피로인의 슬픔을 누가 달래줄까

또 다른 '화냥년'이 된 피로인

통신사는 쓰시마를 거쳐 동래로 복귀할 때까지 피눈물 흘리며 슬퍼하는 피로인을 많이 만났다. 울며불며 고국으로 돌아가게 해달라고 애원하는 이가 있는가 하면 눈치만 보다가 돌아가는 이도 있었다.

정사 필 임란과 정유재란 때 일본으로 끌려간 피로인의 수가 얼마나 되는지 아는가? 셀 수도 없을 만큼 많았다네. 그들의 아픔을 달래주기 위해 사명대사가 제1 대 장군 이에야스를 만나 피로인 쇄환을 요청했지.

종사관 예, 그 이야기는 저도 들었습니다. 하지만 사명대사가 쇄환한 숫자는 그리 많지 않았지요.

피로인의 수에 대해 한국 학자는 10만 명 전후에서 최대 40만 명으로, 일본 학자는 2~3만 명으로 추정해 큰 차이가 난다. 그중 조선으로 돌아온 이는 6,000여 명에 지나지 않았다. 소 아홉 마리 가운데 털 한 개 수준에 불과했던 것이다.

정유재란이 끝나고 얼마 지나지 않은 때에 정사 여우길이 행차했다. 그러자 고향을 그리는 자들이 객관에 모여들어 돌아가고 싶다고 통곡했다. 통신사는 귀국할 때 데리고 가겠다며 그들을 안심시켰다. 먼 지역에 있는 사람들은 통신사에게 서찰書札을 보내 자신들의 주소를 알렸다. 사족士族의 여자가 언문諺文으로 쓴 편지를 보내기도 했다.

교토 대덕사에 이르렀을 즈음에 구경꾼 사이에서 한 여인이 울부짖었다. 전라도 창평昌平에 살던 사족의 딸이었다. 고향 생각이 간절하나 돌아갈 기회가 없었다며 통신사 일행 중에 동향 사람을 찾았다. 고향 소식이라도 듣고자 한 것이다.

종사관 피로인들의 이야기는 언제 들어도 참 딱합니다. 하지만 조정의 대신들은 사족의 딸이 절개를 지키지 못해 몸이 더러워졌다며 금수와 다를 것이 없다고 생각했죠.

정사 필 참 안된 일이지. 피치 못해 붙잡혀갔는데도 유자들은 그녀의 몸이 더럽다고만 여겼으니 말이야. 불쌍하고 가엾은 일이었네. 여인만이 그런 대우를 받은 게 아니었어. 관료나 사족 출신 남자 역시 운 좋게 돌아와도 시골에 은거하거나 몸을 낮추며 살아갔지.

쇄환한 피로인은 부산에 도착하자마자 본적지로 돌려보냈다. 굶

주리고 추위에 떨 것을 염려해 경상감사가 의복과 식량을 넉넉히 지급도록 조치했다. 하지만 돌아온 자들에 대한 대우가 열악하다는 소식이 일본에 남은 피로인들에게까지 악영향을 끼쳤다.

이를 꼬투리 잡아 히데요시의 처가 거주하는 북정전北政殿에서 사령使令 노릇을 하던 자들이 통신사를 몰아세웠다. 일본으로 잡혀 온 게 제 뜻도 아닌데, 기껏 쇄환해갔으면 잘해주어야지 어째서 박대하느냐는 것이었다. 역관들이 아무리 반박해도 사령들의 비아냥거림이 멈추지 않았다.

그렇다면 과연 피로인 대우에 관한 조선의 공식적인 견해는 어떠했을까? 당시 피로인을 쇄환하며 내건 유시문諭示文을 살펴보자.

> "쇄환하는 사람들에 대해서는 특별히 관대한 은전을 베풀어 모든 죄를 용서한다. 신역身役이 있는 자는 이를 면제하며, 공천公賤과 사천私賤은 천민의 신분에서 벗어나게 하며, 호戶에 부과하던 요역을 면제해 본토에 편안하게 정착케 한다."

노역勞役을 면제하고, 공노비이든 사노비이든 천민의 신분에서 벗어나게 했으며, 호에 부과하던 요역을 면제해준 것으로 가히 파격적인 대우였다. 하지만 실상은 어떠한가? 피로인들은 보통 일본에 오래 있었기 때문에 조선에 돌아와도 당장 의지할 곳이 없었다. 고향으로 가는 길을 잊은 이도 많았다. 하지만 공식적인 지원이라고는 부산에 도착할 때까지 제공하는 식량과 의복 정도가 다였다. 결국 피로인들은 울며 다시 한번 통신사를 찾을 수밖에 없었다. 그 모습이 지극히 가련해 어느 때는 통신사가 5일치 양식을 나누어주기도 했다. 문서를 써주며 고향의 관청에 제출하라고 일렀다.

조선보다 일본이 좋다

이와는 정반대의 상황도 있었다. 일본에 너무나 잘 적응해 돌아가고 싶어 하지 않는 피로인이 있었던 것이다. 통신사는 오쓰에서 그런 피로인을 만나 황당해했다. 교토에서 점을 쳐주며 생계를 유지하는 이문장李文長이라는 자였다. 그는 조선의 법이 일본만 못하고 그곳에서는 생계가 심히 어려워 살 수 없으니, 돌아가는 것이 조금도 이롭지 않다고 했다. 더 나아가 이문장은 각지를 돌며 피로인들을 현혹해 고국을 흠모하는 마음을 접게 했다. 피로인들은 그의 말에 속아 통신사에게 심문당할까 염려하고는 숨어버렸다. 이를 안 통신사는 간사한 자가 일본에서 날뛴다며 분개했다.

종사관 미꾸라지 한 마리가 온 웅덩이를 흐린다는 말이 틀리지 않습니다. 이문장 같은 자에게 속아 고향에 부모나 형제가 생존해 있는 것을 알면서도 돌아가지 않으려고 하는 피로인들 때문에 마음이 꽤 상하네요.

정사 필 나도 마찬가지라네. 귀국하겠다고 하고는 나타나지 않는 피로인들 때문에 분개한 이들이 많았어. 오랑캐의 풍속에 물들어 본심을 잃었기 때문이라고 간주했지.

어찌 보면 당연한 일일 수도 있다. 경우에 따라 30년에서 최대 60년을 일본에 머문 이들이었다. 고국을 그리워하는 생각이 자연스럽게 사라져갔다. 이미 늙은 데다가 결혼해 가족을 이루고 있는 경우도 있었다. 그들은 가족이 있다는 핑계를 대고 통신사를 피했다. 어떤 이는 조선으로 돌아가봤자 군졸軍卒이나 노비가 될 뿐이라며 일본에서 편히 지내겠다는 뜻을 서슴없이 내뱉었다. 본국에서 고난을 겪기보다는 차라리 일본에서 편안히 지내겠다는 생각이 들불처럼 번져나갔다.

피로인 중에는 교수가 된 이도 있었다. 기슈에 거주하고 있던 이전직李全直의 부친 이직영李直榮은 경상도 영산靈山 사람으로 23세 때 일본에 붙잡혀 왔다. 일본 각지를 유랑하며 외롭게 살다가 기슈로 흘러들어 교수가 되었다. 쇄환을 희망했으나 뜻을 이루지 못하자 일본 여성과 결혼해 이전직을 낳았다. 이전직은 문사가, 둘째 아들은 의관이 되었다. 그는 부친을 추모하는 마음에서 통신사에게 글과 시를 부탁했다.

대구의 사족 출신인 안경우安慶佑는 의술醫術이 뛰어나 녹봉을 300석이나 받았고 자녀도 두었다. 아들도 의원이 되었다. 그는 영주가 자신을 놓아주지 않는다며 귀국을 꺼렸다. 심지어 사족인데도 승려가 되어 의술을 익힌 자도 있었다. 전 선공감판관繕工監判官 박우朴佑인데 이름도 일본식으로 개명했다.

사족 출신 피로인들은 글을 알고 학문을 익혔기 때문에 다이묘나 유력자가 등용했다. 반면 평범한 백성이었던 피로인들은 삶이 매우 어려웠다. 대부분 왜인의 심부름꾼이나 노복奴僕이 되었다. 전라도

순창淳昌 출신의 한 여인은 사족 출신이었는데도 노비가 되었다. 15세 때 붙잡혀 온 그녀는 20년간 후쿠오카에서 살았다.

이처럼 날품팔이로 겨우 먹고사는 자들이 고향으로 돌아가려 했지, 생계가 조금이라도 넉넉하고 뿌리내린 자들은 돌아갈 뜻이 전혀 없었다. 어린 나이에 피로인이 된 자들은 더했다. 거주하던 곳과 성명, 부모나 형제의 유무를 모르는 데다가 조선어를 하거나 알아듣지도 못했다. 더는 조선인이라 할 수 없었다. 그들은 자연스레 일본인과 동화되었다.

피로인 관련 논문을 쓴 청주대학 민덕기 교수는 귀환할 것인지 일본에 남을 것인지를 결정하는 요소를 정리했다. 조선어를 할 수 있는 15세 이상인 자, 부모가 함께 잡혀 온 자, 생활이 곤궁한 자, 양반 출신인 자는 귀환하려고 했다. 이때 양반 출신의 피로인들은 절의를 잃은 것으로 인식되어 재야에서 살아갔고, 천민 출신 피로인들은 천민 지위에 재편입되었다.

조선의 피로인에 대한 처우는 적절했을까? 의구심이 남는다. 7년간의 전쟁으로 폐허가 된 상황이라 이들을 보듬기가 어려웠을 것이다. 그래도 아쉬움이 남는다. 만약 적극적으로 피로인을 지원했다면 어땠을까? 그러면 일본에 남아 있던 자들도 조선의 조치를 듣고 환영해 돌아오지 않았을까? 상식적으로 지조와 절개를 잃은 선비와 정절을 잃은 여인으로 몰아가는 세론世論이 달가웠을 리 없다. 백성에게 잘못이 있던 것은 아니다. 관리의 실책을 백성에게 돌리면 그들은 설 자리를 잃는다.

57 오사카의 원혼이 된 최천종

비극의 시작

통신사는 집정에게서 장군의 답서를 수령하고 발걸음 가볍게 에도를 나섰다. 더위와 추위를 견디며 터덜터덜 걸었던 그 길을 다시 밟았다. 지루하기만 했던 그 길이 왠지 여유롭고 상쾌하게 느껴졌다. 음식도 달콤했다. 그래도 고향을 생각하면 눈물이 소매를 적셨다. 부산에서 출발해 파도치는 바다를 건너 일본에 도착했다. 그때는 음침하고 습한 겨울이었으나 어느새 새가 날고 목련이 만개한 봄이 되었다. 꽃이 핀 길을 걸으니 흥이 절로 나 고국을 향하는 발걸음이 날아갈 것처럼 가벼웠다. 이윽고 배가 정박해 있던 오사카에 이르러 객관에 짐을 풀었다. 두 달여를 배에 갇혀 무료하게 지내던 군관과 선원들이 잰걸음으로 마중 나왔다. 서로 손을 맞잡고 안부를 물으며 환호했다.

종사관 드디어 오사카에 돌아오다니, 바로 내일이라도 고향에 도착할 것 같습니다. 그런데 이처럼 기쁨이 넘치는 곳에서 살인 사건이 벌어졌다죠?

정사 필 맞아, 그런 비극이 있었지. 정사 조엄의 도훈도였던 최천종崔天宗이 왜인에게 살해당한 거야. 전대미문의 사건이었네.

살인 사건의 경과를 쫓아가보자. 조엄이 오사카에 도착한 날이 영조 36년1760 4월 5일이었다. 이틀 뒤인 7일 꼭두새벽에 최천종이 왜인에게 칼을 맞아 사경을 헤맸다. 조엄은 즉시 군관과 의관 등을 보내 살피도록 했다. 목을 찔려 피가 낭자했다. 최천종이 필사적으로 어떤 일이 있었는지 증언했다.

"닭이 운 뒤 침소에 누워 새벽잠을 곤히 자고 있었는데 가슴이 답답해서 깨보니 어떤 사람이 가슴에 걸터앉아 있었습니다. 제가 놀래하니 칼로 목을 찔렀습니다. 소리를 지르며 황급히 칼날을 뽑고 일어나 붙잡으려 하자 상대가 재빨리 달아났습니다. 이웃 방의 불빛에 달아나는 모습이 보였는데, 분명 왜인이었습니다."

방 안에서 범행에 쓰인 자루가 짧은 창과 날이 가는 호신용 검을 발견했다. 검에 새겨진 문양이나 장식이 틀림없는 왜인의 물건이었다. 범인이 도망갈 때 실수로 격군 강우문姜右文의 발을 밟았다. 강우문이 큰 소리로 "도둑이 도망간다"라고 외쳐 깬 사람 중에 범인을 목격한 자가 10여 명에 달했다. 그들도 모두 범인을 왜인으로 증언했다.

의관이 한약을 정성껏 다려 마시게 했지만 최천종은 기력을 회복하지 못했다. 결국 해가 뜬 뒤 숨이 끊어졌다. 최천종은 조엄이 경상도 감영監營에 있을 적에 신임하던 장교였다. 사람됨이 순실하고 맡은 일에 부지런하며 군무에 밝았다. 언젠가 중국 배가 표류하다가 남해에 정박했을 때에도 일을 깔끔하게 처리했다. 조엄은 그를 매우 신임해 통신사 행차에 동행시켰다. 일본에 도착한 뒤에는 나졸들을 무난히 통솔했다. 왜인들이 "도훈도는 순하다"라고 칭찬할 정도였다. 목숨이 경각에 달린 상황에서도 의관이 기를 돌게 한다며 약에 술을 타서 주려고 하자 나라에서 금한 술을 마실 수 없다며 거절했다. 이를 본 조엄의 심정이 어떠했으랴.

과연 누구의 짓인가

조엄은 즉시 수역관을 시켜 차왜에게 최천종이 칼 맞은 사실을 알리고 흉기 등 증거물을 건네도록 했다. 곧이어 쓰시마번 부교, 오사카의 치안을 담당하는 조다이城代 아베 마사치카阿部正允, 1716~80와 통신사 사이에서 말을 전한 요닌用人, 다이묘 등을 감시하는 감찰관인 오메쓰케大目付, 조선의 군관, 수역관 및 원역 세 명이 입회해 시신을 검시했다. 일본인들도 칼 맞아 죽은 것이 확실하다고 결론지었다.

비장은 상구喪具를 갖추는 일을 맡았고, 대구 출신의 역관 최수인崔壽仁, 1728~91 등은 시신을 거두는 일을 맡았다. 향서기鄕書記는 장례 치르는 모든 절차를 최천종의 가족에게 전하는 데 부족함이 없도록 빠짐없이 기록했다.

다음 날인 8일 조엄은 재검을 재촉하는 한편 수역관 최학령崔鶴齡을 시켜 '죄인을 조사해 처벌하라'는 내용의 서계를 쓰시마번주에게 전했다.

9일 일들이 원활히 처리되지 않자 수역관을 잡아다가 곤장을 쳤다. 요닌, 오메쓰케 등이 비장, 원역과 함께 최천종이 칼에 찔린 자국을 다시 한번 확인했다. 아울러 당일 객관에 숙직했던 왜인의 성명을 기록했다. 재검이 끝나자 시신을 염습했다. 얼굴은 흡사 살아 있는 듯했다.

조엄은 어서 빨리 승선하자는 의견을 물리치고 도훈도 부재라는 초유의 사태를 막기 위해 체제를 재정비했다. 향서기 김광호金光虎를 도훈도로, 영리하고 문장에 능한 통인 박태수朴泰秀를 향서기로 삼았다.

10일 사건이 에도와 오사카의 조다이에게 보고되었음을 파악했다. 쓰시마 사람들은 "최천종이 자결했다"라거나 또는 "일본인 소행이 아니다"라고 떠들어댔다. 조엄은 쓰시마 사람들을 의심했다. 왜냐하면 그들이 경비를 담당했고, 일을 질질 끌고 있었고, 이런 일이 벌어졌는데도 놀라지 않는 태도가 이상했기 때문이다. 관棺을 만들 긴 널빤지가 없어 일단 일본 소나무를 잘라 쓰되, 귀국하는 대로 우리나라 소나무로 교체하도록 했다.

11일 쓰시마번주의 회답서를 독촉했다. 중관과 하관 무리는 분통을 터뜨리면서 쓰시마 사람들을 욕했다. 일도 제대로 처리하지 못하면서 괜히 꼬투리나 잡을까 봐 얼씬도 못 하게 했다. 관을 만들고 입관했다. 비장과 원역은 친분이 없어도 모두 참관했다. 삼사 이하 중관과 하관에 이르기까지 곡했다. 목 놓아 울며 친척인 양 슬퍼했다. 조엄이 직접 제문을 지었다. 상여를 중관과 하관 100여 명이 메고 따랐다. 곡하면서 객관을 나가려 하자, 금도들이 부교의 허락을 받아야 한다며 저지했다. 어쩔 수 없이 관청에 관을 안치했다.

12일 오사카성에 머물며 장군의 회답서를 기다렸다. 장군의 지시가 있어야만 죄인 수사와 체포가 원활히 진행되었기 때문이다.

13일 새벽 관이 객관을 나갔다. 중관과 하관 100여 명이 곡을 하며 뒤를 밟았다. 쓰시마번주의 회답서 초본을 얻어 보니 조사를 오사카 조다이에게 떠넘긴 채 자신들의 잘못은 덮으려고 해 분노했다. 잘못된 부분을 지적해서 고치도록 요구했다. 그러자 쓰시마번주가 오사카 조다이를 만나 미봉책을 제안했으나 책망만 당했다. 결국 쓰시마번주는 간사한 계책이 통하지 않음을 깨닫고 회답서를 고쳤다. 이 과정에서 일본의 전어관傳語官, 즉 통사 한 사람이 도주해 의심스럽다는 정황을 파악했다.

14일 오후 오사카 영내의 행정과 사무를 담당하는 마치부교町奉行 두 명이 객관의 대청에서 조사를 개시했다. 대청 위아래가 오사카인들로 꽉 찼다. 널찍한 뜰 사방에 새끼줄을 둘러친 뒤 금도들을 세워 지키게 했다. 쓰시마번의 재판과 부교, 사건이 벌어진 5일에 근무한 통사 두세 명, 역시 같은 날 숙직하거나 근무한 쓰시마 사람들을 잡아들인 후 칼, 문서, 약주머니 등의 물건을 빼앗고는 헛간에 가두었다. 한 명씩 불러내 문초하는데, 형장에서 맞아 죽는 것보다 죄를 실토하는 편이 나을 정도로 혹독했다. 결국 범인이 밝혀졌으니 도망한 통사 스즈키 덴조鈴木傳藏였다.

덴조는 도망 후 청복사淸福寺에서 잠시 눈을 붙인 뒤 사라졌다. 그는 최천종과 서로 원망을 품은 적이 없었다. 사건이 발생하기 전날 최천종과 사소한 말다툼을 벌인 것이 전부였다. 쓰시마번주도 덴조가 범인임을 인정했다. 오사카 마치부교가 철야로 심문한 끝에 사정을 알고 있던 덴조의 부하, 승려 그리고 물건을 판다며 왕래한 자 세 명을 포박했다.

열흘 만에 붙잡은 범인

15일 궁궐을 바라보고 예를 표하는 망궐례望闕禮를 행했다. 마을의 금도들이 수색에 나섰다. 나루터에서도 관리들이 매서운 눈으로 사람들을 감시했다.

16일 오사카 마치부교가 외청에서 심문을 이어갔다. 수역관에게 조사에 참여해도 좋다고 전달했으나 오히려 방해될까 봐 거절했다. 심문은 가혹했다. 목 뒤에 돌을 달고 두 팔을 묶었다. 역시 꽁꽁 묶은 두 다리의 무릎 사이에 나무를 끼워 눌러댔다. 조선의 주리를 트는 형벌과 비슷했다. 찬물을 가득 먹여 목까지 차게 한 뒤 둥근 나무로 가슴과 배를 세게 문질렀다. 일곱 구멍으로 물이 나오게 하는 고문이었다. 매로 등을 치기도 했으며, 등을 칼날처럼 깎은 마목馬木 위에 걸터앉히고 두 발에 돌을 달아 잡아당기기도 했다. 이 밖에도 다양한 방법으로 고문했으니 죄를 범한 자는 실토할 수밖에 없었다. 참으로 잔혹했다.

17일 장군의 명령으로 군사 2,000명과 배 600척이 동원되어 범인을 수색했다.

18일 마침내 덴조가 붙잡혔다. 당시 그는 오사카 경내의 지전향池田鄕에서 40리 정도 떨어진 곳에 숨어 있었다. 오사카 마치부교가 즉시 말을 몰아 덴조가 구금된 곳으로 달려갔다. 이후 밤이 깊도록 심문했다. 덴조의 진술에 따르면 그는 아프다는 핑계로 종형從兄인 승려 우예祐譽의 사찰을 찾아가 사흘간 몰래 숨어 있었다. 이후에도 마음이 편치 않자 교토로 들어갔는데, 하인에게는 셋쓰주의 유마촌有馬村에 온천을 즐기러 간다고 말했다. 그러고 나서 오바마小濱를 지나다가 나졸에게 붙잡힌 것이다.

19일 범인이 범행 일체를 실토했다는 사실을 전해 들었다. 덴조는 최천종을 죽인 이유를 이렇게 진술했다.

> "최천종이 거울 하나를 잃고 내가 훔쳐갔다고 의심하며 말채찍으로 때려 그 분을 이기지 못하고 살해했습니다. 누구와도 공모하지 않고 저 혼자서 저지른 일입니다. 도망치다가 그만 잘못해서 조선인의 발을 밟아 많은 사람이 놀라서 고함을 질렀습니다. 급히 도망하느라 깨진 사기沙器에 발을 다쳐 멀리 달아나지 못했습니다."

덴조는 최천종이 "일본인은 도둑질을 잘한다"라며 비난하기에 "조선인이야말로 도둑질을 잘한다"라고 맞받아치자 그가 덴조를 채찍으로 때렸다고 토로했다. 거울을 훔쳤다는 누명을 쓴 데다가 매질까지 당해 살인을 저질렀다는 것이다. 하지만 당시 이 둘의 다

틈을 본 사람이 없었고, 최천종도 숨을 거두기 전에 일본인의 원한을 산 적이 없다고 말했으니, 덴조의 진술을 모두 믿을 수는 없다.

20일 이정암의 장로가 막부의 회답서를 조엄에게 보여주겠다고 제안했으나 쓰시마번주와의 접견 전에 만나는 것은 전례에 어긋난다며 거절했다. 막부는 범인을 엄히 조사할 목적으로 오메쓰케를 오사카성에 파견했다. 그러자 쓰시마번주가 뻔뻔하게도 오사카 마치부교에게 억울하게 체포된 자가 매우 많다며 이들을 풀어주라고 요구했다. 지각이 있는 자들은 일제히 분개했다.

통신사의 수행원을 죽인 것은 진실로 일본의 크나큰 수치다. 통신사는 장군의 경사를 축하하기 위해 왔는데, 그 일행에게 이처럼 흉악한 일을 저지른 것은 매우 잘못된 일이다. 당연히 이 일로 쓰시마 사람 중에는 조선과 일본 양쪽에서 모두 인심을 잃은 자가 많았다. 조엄은 쓰시마 사람들이 수십 년 동안 더욱 교활해졌다고 여겼다. 그들은 동래의 왜관에서 매매할 때 온갖 간사한 꾀를 내어 뭇 역관들의 생계를 빼앗았다. 심지어 통신사를 빙자해 일본의 각 주州에서 침탈을 자행하기도 했다. 그 원독怨毒이 이미 두 나라에 깊었고, 그 죄악이 쌓여 하늘에 이르렀다. 만약 천도天道가 있다면 재앙을 어찌 받지 않겠는가!

죄인을 참수하라

28일 조엄은 오메쓰케와 그 일행 아홉 명이 오사카성에 들어온 사실을 알았다. 오메쓰케는 오사카 마치부교, 이정암의 장로 등과 함께 죄인 20여 명을 심문했다. 고문당하는 죄인들의 신음이 관청 바깥에까지 울려 퍼졌다. 밤이 되어서야 심문이 끝났다. 통사와 금도 중 심문을 당한 자가 100여 명이 넘었다. 구속된 자는 20여 명이었다. 조엄은 선래군관先來軍官과 역관을 동래로 먼저 보내 사건을 보고하기로 했다.

29일 오사카 마치부교가 하인을 보내 범인 덴조를 처형하겠다고 알려왔다.

30일 선래군관 파견과 처형식 참관에 대해 오사카 조다이의 허락을 기다렸다. 죄인을 처형하기 위해 강변의 풀을 제거하고 터를 만들었다는 말을 전해 들었다.

5월 1일 망궐례를 행했다. 오사카 조다이가 처형식 참관을 허락했다. 사건 조사에 관한 문서를 수령할 때 수역관 세 명이, 형을 집행할 때 비장 몇 사람이 참여하기로 했다.

2일 날이 밝을 무렵 오메쓰케, 오사카 마치부교 두 명, 이정암의 장로 두 명이 바깥 대청에 모여 앉아 수역관 세 명에게 '죄인이 살인하고 도주했으니 극형을 시행한다'는 내용의 결정문을 전했다. 아침에 군관과 도훈도 등이 처형식을 참관하고 와서 조엄에게 아뢰었다.

"죄인 덴조를 강변의 언덕 위에서 참수했습니다. 형을 집행하는 곳 좌우를 울타리로 두른 뒤 죄인을 꿇어앉히고 칼로 베었습니다. 그 머리를 씻어 언덕 위에 두고 사람들에게 보였습니다."

처형식이 끝나자 조엄은 다른 죄수의 옥안獄案을 베껴 보내라고 요구하는 동시에 처형식 참관을 허락해준 데 대해 막부와 오메쓰케에게 감사의 편지를 보냈다. 이어서 최천종이 살해당한 사건의 자초지종을 기록한 『선래장계』先來狀啓와 『옥안별단』獄案別單, 즉 재판 조서의 초본을 만들기 시작했다.

3일 이정암의 장로가 옥안의 초본을 보내왔다. 덴조가 자신의 하인과 종형 등은 공범이 아니라고 진술했다는 내용이었다.

4일 이정암의 장로가 또다시 옥안을 보내왔다. 범인의 종형 등은 징역을 살고 이후 먼 곳으로 추방한다는 내용이었다. 조엄은 다른 죄인들의 형벌을 알려주지 않으면 출항하지 않겠다는 결연한 태도를 내보였다. 그러자 장로가 계속해서 옥안을 보내왔다.

통신사 일행을 제대로 호위하지 못해 변괴가 발생했다는 죄로 쓰시마번의 부교, 재판, 감사관 등이 오사카성에 구류당했다.

조선과 쓰시마번의 관계

5일 제문을 짓고 떡과 과일을 갖추어 제사를 지냈다. 당시 최천종만 죽은 것은 아니었다. 질병 등 다른 이유로 김한중과 이광하李光河도 명을 달리했는데, 이들의 영구를 왜선에 실어 부산으로 보냈다. 아울러 공문을 보내 영남지역의 감영과 비변사는 주검을 운반할 말과 소를 지급해줄 것을, 대구, 나주, 동래는 후하게 장례 지내줄 것을 요청했다. 선박의 격군들에게도 따로 쌀을 지급해 부산까지 잘 호위하도록 지시했다. 선래군관이 탄 배는 조금 떨어져서 출발토록

했다. 다만 영구를 실은 배가 뱃삯을 지급하지 못해 제때 출발하지 못했다. 8일이 되어서야 겨우 출항했다.

6일 이정암의 장로가 옥안의 별록別錄을 보내왔다. 그에 따르면 통신사를 수행한 쓰시마번의 가신과 통사는 덴조와 같은 방을 썼거나, 그의 투서를 은닉했거나, 즉시 관아에 고하지 않은 죄로 고문당하고 옥에 갇혔다. 다만 이들은 범인과 긴밀한 관계가 아니었기 때문에 기한이 차면 풀어주고 추방하기로 했다. 덴조의 종형과 하인, 접주인接主人에 대해서는 유배형을 확정했다. 일본 법령에 "죄가 중한 자는 무인도로 추방해 평생 석방되지 못한다"라는 조항이 있었다.

이날 오후 통신사 일행이 드디어 오사카성을 나섰다. 객관을 나오려 할 때 관반과 오사카 마치부교 등이 바깥 대청에서 고별인사를 전했다. 안 좋은 일이 있었으나 양국의 관계에 누가 되지 않았으면 하는 마음이었을 것이다.

청천벽력 같은 소식을 전해 들은 최천종의 부친과 그의 형제들은 부산으로 급히 달려와 배를 기다렸다. 조엄은 최천종의 집에 300금을 주어 장례를 치르게 했다. 영조는 불미스러운 일의 책임을 물어 통신사의 관직을 삭탈削奪했음을 왜인들에게 전하도록 왜관과 왜학훈도倭學訓導 등에게 지시했다. 조선에도 법령이 있음을 알리려는 조치였다. 이에 죄인이 된 조엄은 부산에서 한양까지 객관에 들어가지 못하고 사택에 머물렀다. 부사와 종사관도 마찬가지였다.

막부는 쓰시마번에 책임을 물었으나, 쓰시마번은 잘못이 조선에 있다고 강변했다. 자신들의 과실을 인정하려 하지 않은 것이다. 쓰시마번주의 가로는 조선과 일본이 서로 국법과 예의를 지켜 분쟁을 피하자고 약조했는데, 이번 사건은 최천종이 일본인을 구타한 데서 비롯되었다며 책임을 조선 측에 전가했다.

막부는 원래 사건의 처리를 쓰시마번에 알리지 않고 이정암의 장로를 거쳐 조선에 직접 전달하려고 했다. 이를 인지한 쓰시마번이 맹렬히 저항했다. 조선과의 외교는 쓰시마번이 맡고 있고, 또한 조선은 옛적부터 막부의 위광, 일본의 무위에 눌려왔는데 약한 모습을 보이면 일본인을 두려워하지 않고 멸시한다는 것이 그 이유였다. 조선이 불법을 저질러도 용서하면 교만심이 강해져 억누를 수 없다고 강변했다.

이처럼 조선과 쓰시마번 사이에는 불만과 멸시가 팽배해 있었었다. 언제 터질지 모를 휴화산이었다. 쓰시마번은 조선인들이 일본 법령을 잘 지키지 않고 멋대로 행동하는 데 불만이 많았다. 반면 조선은 쓰시마번이 조선의 원조를 받아 안정된 생활을 영위하고 있는데도 교활한 행동을 그치지 않는다고 늘 의심했다. 사실 쓰시마번주는 통신사 덕에 산킨코타이도 면제받았다.

최천종이 살해당한 사건은 이후 소설이나 가부키歌舞伎로도 만들어졌다. 통속소설인 『보력물어』에는 최천종이 고향에 처와 자식 두 명을 둔 35세의 색전송塞傳宋이라는 인물로 등장하는데, 인삼 무역을 둘러싸고 살인 사건이 발생했다고 묘사한다.

58 수행원의 다툼과 죽음

싸움 그칠 날이 없다

종사관은 동래로 출발하면서 수행원들의 행동을 바르게 하고 금지한 물품을 가지고 있는지 감찰하며 그날그날의 일을 기록하느라 눈코 뜰 새가 없었다. 몇몇 수행원은 금지된 물품을 몰래 숨겨왔다. 군관들이 귀띔해줘 한 역관의 행장을 수색하니 인삼 12근과 은 2,150냥, 금 24냥이 나왔다. 다른 역관의 행장에서도 인삼 10근이 나왔다. 두 역관을 포박해 자물쇠를 채우고 큰 칼을 씌웠다. 쓰시마에 도착하는 즉시 벌을 내리기로 했다. 통신사 행차 시에 일본인과 인삼과 기타 물품을 은밀히 무역하는 것을 국법으로 금했다. 이때 10냥 이상의 이득을 취했으면 참형斬刑에 처했다. 그런데도 이익을 탐하는 역관들이 죽음을 무릅쓰고 법을 어겼다. 목이 베일 걸 안 어떤 역관은 배에서 독약을 마시고 자살했다. 죄는 용서하기 어려우나 인정상 불쌍했다. 종사관이 갑판에서 시신을 검시하고 다른 역관들에게 초상 치르게 했다.

수행원 중에는 조선의 법령뿐 아니라 일본의 법령도 잘 지키지 않는 자들이 꽤 있었다. 통신사가 대동한 비장들은 문벌이 높은 이름난 무관들이었다. 이들은 교만방자해 멋대로 행동했다. 정사 홍계희가 파견되었을 때 관대하게 대해주자 도착하는 곳마다 거리낌 없이 횡포를 부려 문제가 되었다.

하인들이 규정을 준수하지 않고 함부로 건물에 출입하다가 왜인과 다투는 일도 종종 발생했다. 질서의식이 대단히 부족했다. 출발하기 전에 일본인들을 절대로 업신여기거나 비웃지 말고 충신忠信과 성심誠心으로 대하라고 단단히 일렀다. 그런데도 왜인들을 때리고 욕하는 자가 나왔다. 관소 밖을 마구 쏘다니며 물품을 몰래 매매했다. 좋은 말을 빼앗아 타려는 무례한 행동도 했다. 도대체 상중하의 구별이 없었다. 왜인들에게 폐를 끼칠 뿐만 아니라, 기강이 해이해졌기에 엄격히 다스려야 했다.

한번은 격군이 쓰시마 사람과 싸우다가 다치는 일이 벌어졌다. 종사관은 그를 뜰아래 엎어놓고 곤장 40대를 쳤다. 그러자 불만을 품은 하인들이 떼를 지어 역관에게 행패를 부렸다. 앞장선 자들을 잡아들여 또 곤장을 쳤다. 그런데도 밤이 되자 돈을 걸고 내기를 하다가 다툼이 벌어져 군관에게 조사시킨 다음 처벌했다.

심지어 노비가 술에 취해 칼을 뽑아 휘두른 경우도 있었다. 주위 사람들이 놀라 달아났다. 칼을 빼앗고는 인가에 가두었다. 긴 여행이다 보니 몸도 힘들고 마음도 지쳤으리라. 그러다 보니 술을 마셨고 그것이 과해 문제가 되었다. 술을 얼큰하게 마시고 흠뻑 취해 방을 어지럽히기 일쑤였다. 부질없이 문이나 기둥에 문자를 새기기도 했다. 다다미를 자르고 병풍에 글을 쓰며 당堂과 벽에 침을 뱉었다. 계단에 오줌을 누기도 했다. 말을 내몰아 엎어져 죽게 하는 자도 있었다.

한번은 격군이 수직守直하는 왜인과 시비가 붙었다. 왜인이 군관에게 호소했지만, 군관조차 술에 취해 왜인을 때리고 묶으려 했다. 왜인이 성을 내고는 칼을 뽑아 창문을 내리쳤다. 결국 왜인과 격군의 난투극이 벌어졌다. 두어 명이 칼날에 상처를 입었다. 종사관은 사실을 보고받은 즉시 역관과 군관을 시켜 싸움을 건 격군을 잡아들여 곤장을 쳤다.

조선보다 엄한 일본의 법령

일본의 법령은 더욱 엄격했다. 싸운 왜인을 참형에 처하려고 했다. 이를 전해 들은 종사관이 죄는 다스려야 함이 마땅하지만 죽이는 것은 지나치다며 용서하라는 뜻을 전했다.

미시마三島를 지날 때는 어떤 왜인이 조선 하인이 차고 있던 주머니를 훔쳐 달아난 일이 발생했다. 왜관이 그를 잡아다가 목을 베려고 하자 이번에도 너무 과하다고 말렸다. 하지만 나라의 법령에 도적을 용서하는 법이 없다며 그를 죽였다. 이처럼 일본의 법령은 매우 엄했다.

서로 싸우는 사건이 자주 발생하자 쓰시마번주가 글을 보내길, 조선인이 일본인을 구타할 경우 중관 이하는 붙잡아 통보할 테니 처벌해주길 바라고, 일본인이 조선인을 구타할 때는 처벌 후 사과하겠다는 내용이었다.

정사 필 일본의 법령은 굉장히 엄격하고 강해. 그래서인지 전반적으로 규율이 굉장히 잘 잡혀 있지. 자네는 오이천을 건널 때 기억이 나나?

종사관 예, 기억하고 있습니다. 강에 도착했을 때 찬비가 부슬부슬 내리고 싸늘한 바람이 불었지요. 우리를 호위하는 일본 병사들이 물속에 서 있느라 허리 아래가 얼어 부들부들 떨면서도 조금도 흐트러지지 않았죠. 일본의 법령이 얼마나 엄격한지를 알 수 있었습니다.

앞에서 설명했듯이 오이천은 물살이 매우 거셌다. 물의 흐름을 누그러뜨리기 위해 통신사가 강을 건너는 동안 일본 병사들이 물속에 들어가 있었다. 그들의 태도가 두려울 정도로 침착했던 것이다.

종사관이 에도에서 쓰시마번주의 저택에 초대받았을 때의 이야기다. 뜰 구석의 자갈 위에 왜인 몇 사람이 종일 꿇어앉아 잡인의 출입을 막고 있었다. 그들은 고개를 숙이고 무릎을 응시할 뿐 단 한 번도 저택 안쪽으로 눈을 돌리지 않았다. 그러니 시끄럽게 떠들며 함부로 출입하는 자가 한 명도 없었다. 그 엄정함을 목격한 종사관이 일본에서 볼 만한 것은 기율뿐이라고 혀를 내둘렀다.

『보력물어』에는 일본인과의 다툼만이 아니라 조선인끼리의 다툼도 실려 있다. 오사카에서 비가 내려 길이 지체되었을 때의 일이다. 통신사 일행 중에 한 형제가 있었는데, 출발할 때부터 빈번히 말다툼했다. 그 때문에 상관에게 질책당하고 매도 맞았다. 오사카에 도착했을 때 형이 상상관의 숙소에 들어가 금박을 벗겨내다가 들켰다. 상관은 나장에게 채찍 50대를 때리게 했고, 종사관은 이들 형제를 배로 쫓아냈다. 이렇게 벌을 받는 중에도 다음 날 아침 형제는 또다시 말다툼을 벌였다. 형은 자신이 매를 맞아 허리가 아픈데도 동생이 이전에 품은 악감정 때문에 병구완을 하지 않는다며 화냈다. 그날 밤 갑자기 세찬 비가 내렸다. 누워 있는 형 옆으로 동생이 피리를 불며 다가왔다. 형이 무례하다며 크게 성내고는 칼을 꺼내 동생의 배를 찔렀다. 동생은 비명을 지르며 도망치다가 배에서 떨어져 죽었다. 형도 자신의 목을 찌르고 바다로 몸을 던졌다. 뱃사람들이 이를 보고는 재빨리 건져냈다. 형은 간신히 목숨을 건졌고 치료받아 완쾌했다.

조선의 문서나 책에는 이 사건이 기록되어 있지 않아 사실 여부를 알 수 없다. 비슷한 사건을 부풀려 소설화한 것일 수도 있다. 조선인들의 불같은 성격을 익히 알고 있던 일본인들이 흥미를 일으키려고 꾸민 이야기일지도 모른다.

침몰한 것인가 살해당한 것인가

사람만이 문제된 것은 아니었다. 추위와 더위, 폭풍우 때문에 죽는 자가 속출했다. 바다를 건너거나 길을 걷는 도중에 마마나 이질, 기타 전염병에 걸려 목숨을 잃는 자도 나왔다. 의원이 최선을 다해 치료했으나 효험을 거두지 못했다. 군관, 사공, 소동, 취수吹手 등 여러 직군의 사람이 죽었다.

정사 김이교가 행차했을 때의 일이다. 쓰시마의 와니우라에 도착한 선장과 통사 한 명이 쌀 한 섬과 제물을 들고 사당을 찾아 제사 지냈다. 숙종 29년1703 배 한 척이 이곳에서 침몰하자 갯가에 세운 사당이었다. 이곳을 지나가는 자는 반드시 들러 제사 지냈다. 사당의 신위로는 수역관 한천석韓天錫, 1653~1703, 첨정僉正 박세량朴世亮, 1650~1703 등 배와 함께 수장된 105명을 모셨다. 배에 탄 113명이 모두 사망하고 그중 여덟 구의 시신만 건졌으니 큰 참사였다. 이 사건은 여러모로 의문스러운 점이 많은데, 우선 배가 침몰한 곳이 험한 바다가 아니었고, 조선인은 다 죽었는데 차왜는 살아남았다.

김이교와 함께 일본에 간 군관 유상필柳相弼, 1782~?의 『동사록』東槎錄에 사건의 전모가 담겨 있다. 계미년1643에 쓴 일기를 인용한 부분에 따르면, 어느 해인지 확실치 않지만, 통신사가 와니우라에 이르렀을 때 일본 측에서 갑자기 물품을 검색하겠다고 나섰다. 한천석이 항의하자 양측 간에 다툼이 벌어져 왜인들이 칼을 뽑았다. 격렬한 싸움 끝에 조선인 100여 명이 바다에 빠져 죽고, 왜인은 7명밖에 죽지 않았다. 반면 『숙종실록』에는 한천석 등 113명이 단순히 바다에 빠져 죽은 거로 기록되어 있다. 유상필이 조선인을 학살한 왜인들의 포악한 만행을 밝혀낸 것인지, 한천석이 금지된 물품을 몰래 무역하려고 했던 것인지, 아니면 실제로 큰바람을 만나 파선되어 몰살한 것인지 확실히 알 수 없다.

다만 한천석이 어떤 인물인지를 살펴볼 필요는 있다. 한천석은 본래 왜역훈도倭譯訓導였는데, 왜인을 밤낮으로 상대하는 긴요한 직책이었다. 당연히 이래저래 이익도 많이 생겼다. 당시 한천석은 동래에 집을 짓고 첩을 살게 했다. 이 사실을 탐지한 조정에서 그를 잡아다가 추문하고 동래의 집을 헐어버렸다. 국가의 체모體貌를 손상시켰다고 판단했던 것이다.

소설로 각색된 김한중의 죽음

정사 조엄의 행차 때는 네 명이나 죽었다. 살해당한 최천종 외에도 나주 출신의 격군 이광하, 선원 유진원兪進源, 소동 김한중이 명을 달리했다. 이광하는 죽기 전해에도 정신이 이상해져 제 목을 찌른 적이 있었다. 그때의 상처가 제대로 아물지 않고 병이 나 죽음에 이른 것이다. 무명 바지저고리, 종이, 씨를 뺀 솜 등의 물품을 주어 후하게 염습하도록 했다. 부산 출신의 유진원은 쓰시마에서 배의 곳간에 떨어졌다가 병들어 죽었다. 초량에 살던 김한중은 본래 병이 있어 오사카에 상륙했을 때 배에 머무르게 했으나 시름시름 앓다가 끝내 죽었다. 477명의 수행원 중에 네 사람이나 불귀의 객이 되었던 것이다.

쓰시마의 종가宗家가 남긴 『종가기록』宗家記錄에 김한중의 죽음이 자세히 실려 있다. 조선 쪽 기록에는 없는 내용도 있다. 김한중의 병세가 위독해지자 쓰시마의 의사 히라야마 후미테쓰平山文徹가 배에서는 치료할 수 없다며 그를 죽림사로 옮겼다. 후미테쓰는 음양이 깨져 화가 발동한 것이라고 진단하고 자음강화탕滋陰降火湯을 처방했다. 탕약을 복용했으나 기침과 가래가 심하게 끓었다. 피가 섞인 가래가 나오자 인삼을 넣은 약을 먹였다. 그렇지만 호전될 기미를

죽림사(위쪽)와 그곳에 있는 김한중의 묘. 이역만리 타향에서 죽음을 맞이했으니 숨이 끊어지는 순간까지 얼마나 고향을 그리워했을까.

보이지 않고 결국 짧은 생을 마쳤다.

『보력물어』에는 김한중의 죽음을 소재로 한 소설이 실려 있다. 그 소설에서 김한중은 종사관 김상익의 일족인 김민강金岷江으로 등장한다. 그는 굉장히 음란했는데, 하루는 기분이 불쾌해 의사에게 맥을 짚게 했더니 방사房事를 멀리하고 양생하라고 할 정도였다. 김민강은 통신사의 일행으로 선발돼 일본을 둘러보게 된 것을 행운으로 여겼다. 하지만 몸이 문제였다. 지쿠젠에 도착했을 때 기분이 썩 좋지 않았다. 종사관의 의관 상암尙庵이 약을 지어주자 차도가 있었다. 건강이 호전되자 처음 보는 일본의 풍광을 즐겼다. 기분이 상쾌해졌다. 그런데 오사카에 이르자 병이 재발했다. 상암이 이런저런 처방을 내리고 치료했으나 효험을 보지 못했다. 다른 의관과 상의했으나 치료하기 어려운 병이라는 결론에 도달했다. 다만 갑자기 환경이 변해 병이 났으리라고만 추측했다. 다행히 오사카는 번화지여서 일본 의사에게도 진찰받을 수 있었다. 쓰시마번의 역인들이 상의해 텐만규天滿宮 근처에 살던 쓰시마 출신의 의사 히라야마 분초平山文徵를 섭외했다. 마침 친구를 보러 오사카에 와 있었기 때문에 부르기가 어렵지 않았다. 역인을 붙여 김만강이 있던 죽림사로 보냈다. 분초는 조선 의관과 상의하며 그의 상태를 살폈다. 비쩍 마른 몸에 보라색으로 변한 혀, 붉게 충혈된 눈에 검어진 눈가가 딱 봐도 극도로 병약한 상태였다. 상암이 자음강화탕을 처방하고 싶다고 했다. 두 나라의 의관이 협력해 약을 다려 먹였으나 효험이 없었다. 김민강에게는 아들이 둘 있었다. 마음의 위안을 얻고자 역인에게 아들과 비슷하게 생긴 일본 아이를 데려와 달라고 부탁했다. 죽은 사람 소원도 들어주는데 산 사람 소원을 어찌 안 들어줄 수 있으랴. 역인이 어찌어찌 일본 아이를 데려오니 김민강이 멍하니 바라다보며 즐거워했다. 그 모습이 참으로 딱했다. 얼마 후 죽음을 예감한 김민강이 가족과 종사관 앞으로 서신을 한 통씩 썼다. 그날 저녁 잠드는 것처럼 죽었다. 21세의 나이였다. 죽림사에 김민강의 묘비를 세우고 그 측면에 그가 지은 시를 새겼다.

금년 봄은 일본에 온 손님이나
작년에는 조선국의 한인이었지.
뜬세상 그 어디에 만날 것인가?
이 봄날 높은 곳에 머물 만하네.
今春倭國客 去年朝中人
浮世何會定 可歸高地春

죽림사 근처의 마쓰시마松島공원에 놓인 비석에 이 시가 새겨져 있는데, '고지'高地를 '고지'古池로 표기해 "옛 땅의 봄을 다시 느낄 수 있을 것인가"로도 해석된다. 어쨌든 조선의 기록을 보면 죽은 이는 김한중이고, 종사관이 붙여준 의사는 부사맹副司猛 성호成灝, 1721~?였다. 『보력물어』는 통속소설인 탓에 대중에게 흥미를 유발하려고 김한중을 음란한 자로 각색해 서술했던 것이다.

고향으로 돌아간 망자

죽은 자는 배편이 확보되면 즉시 실어 보냈고, 여의치 않으면 관棺을 사서 일단 현지에 매장했다가 돌아올 때 파내어 싣고 왔다. 오사카에서 관노가 죽었을 때 그렇게 했다.

종사관 이역만리에서 동포가 죽으니 참으로 서럽습니다. 그 처리도 문제였지요. 초분草墳, 즉 시신을 짚으로 싸서 임시로 묻으려고 하자 일본인들의 반대가 심했습니다.

정사 필 맞아. 그래서 더 안타까웠네. 한번은 사자관의 노자奴子가 병으로 죽었지. 우선 초분을 하고 귀국할 때 다시 거둬 비선飛船에 실으려 했더니 반대했어.

종사관 그러면 일본인들은 도대체 어떻게 하라는 것이었나요?

정사 필 완전히 일본에 묻든, 아니면 독 속에 넣은 후 소금을 채워 썩지 않게 처리해서 보관하라고 했어. 우리로서는 경악할 만한 방법이었지만 일본인들로서는 땅에 묻은 시신을 다시 꺼내는 게 더 끔찍한 일이었던 거야.

일본인들이 주장한 방법을 받아들일 수 없어 역관들이 질책하자, 그들은 얇은 널빤지에 시신을 올리고 산골짜기에 지은 작은 집 안에 묻었다. 그러고는 통신사가 귀국길에 시신을 다시 거둘 때까지 지켰다.

시신을 조선에 보내기 전에는 제수를 마련해 제사를 지내고 시신을 염해 관에 넣었다. 그리고 일본이 마련해준 비선에 실어 조선으로 보냈다. 동시에 지방관과 동래부사, 해당 지역의 목사에게 공문을 보내 후하게 매장해달라고 요청했다.

59 임금 앞에 복명하다

여독이 문제랴, 어서 한양으로 가자

오사카에서 출항한 배가 세토나이카이를 거쳐 쓰시마에 도착했다. 쓰시마번주는 통신사가 무사히 쓰시마에 도착했다고 막부에 보고할 서신을 썼다. 한편으로 통신사에게 아무런 사고 없이 귀환했으며, 각 지역의 객관에서 받은 향응과 대우가 정성스러웠다는 내용의 서신을 써달라고 요청했다. 자신이 쓴 서신과 통신사가 쓴 서신을 함께 막부에 보내려는 생각이었다. 통신사는 이를 흔쾌히 수락했다. 오고가는 바닷길에서 연일 바람이 거셌으나 쓰시마번주의 덕으로 왜인들이 힘써 안내해 안전하게 통행했기 때문이다. 또한 이런 부탁에 호의로 대하는 것이 두 나라의 우의를 유지하는 데 도움이 된다고도 판단했다. 편지 끝에 연월일을 기재하고 삼사의 성명을 적은 뒤 각각 도장을 찍었다.

통신사를 호위하고 수행한 쓰시마번주 이하의 왜인들에게 예물을 나누어주기도 했다. 동시에 무사히 쓰시마에 도착했다는 장계와 기타 공문을 작성해 몇몇 역관과 군관을 뽑아 선발대로 먼저 귀국시키는 편에 보냈다. 공문은 장군 등에게서 받은 각종 물품을 실을 말과 마부를 준비해달라는 내용으로 동래부와 해당 군영軍營에 전달할 것이었다. 수행원들도 각자 집으로 보내는 편지를 작성해 부쳐달라고 부탁했다.

이윽고 쓰시마에서 출항했다. 부산에서 불어오는 바람을 느꼈다. 마음을 달래고 기쁨을 주는 산뜻한 고향의 내음이었다. 고래가 물을 뿜어대며 배 옆을 유영하듯 지나갔다. 점점 쓰시마가 흐릿해지고 대신 고국의 산하는 뚜렷해졌다. 부산이 저 멀리 자태를 드러내자 통신사 일행은 하나같이 환호작약했다. 얼마 만이던가. 관리들이 탄 배가 영접하러 나왔다. 선착장에 구름처럼 몰려든 사람들의 모습이 눈에 들어왔다. 마중 나온 가족과 친지, 동래의 장리將吏 등 해안을 메운 남녀노소 가운데 누구 하나 기뻐하지 않는 이가 없었다. 환호하는 소리가 우레 같았다. 통신사는 부산에 발을 딛자마자 무사히 바다를 건넜다는 내용의 장계를 조정에 보냈다.

여독이 풀리지 않았지만 한양으로의 길을 재촉했다. 한양의 관왕묘關王廟에 이르자 정사는 홍단령으로 갈아입었다. 절월을 든 비장이 길을 인도하며 힘차게 나아갔다. 원역들이 뒤를 따랐다. 곧 입궐하니, 임금이 선정당宣政堂에 삼사를 불러들였다.

임금 험한 길을 보내 일찍부터 염려하고 있었소. 무사히 돌아오니 심히 기쁘게 여기는 바이오. 그대들이 그려온 지도를 보고서 깊숙한 곳까지 들어간 것을 알았소. 정말 고생 많았구려. 해외에 사신으로 갔다가 1년이 지나 돌아왔는데 어디 아픈 곳은 없으시오?

정사 필 황공하옵니다. 하해 같은 성은 덕분에 아픈 곳 없이 잘 다녀왔습니다.

임금 그 말을 들으니 안심이 되오. 장군의 사람됨과 그들의 정치는 어떠하오?

정사 필 장군의 속마음은 알 수 없으나 외모로 볼 때 용렬한 사람은 아니었습니다. 흉년을 당했을 때는 힘껏 너그러운 정치를 행했다니, 기본적인 인정은 갖춘 듯하고, 재화를 좋아하지 않는 검소한 인물이었습니다.

임금 흥미롭구려. 접대하는 예의는 어떠하던가? 그대들을 박하게 대하지는 않을까 염려했다오.

정사 필 전혀 박하지 않았사옵니다. 그릇은 정결하고 진수珍羞가 가득했으며 대단히 사치스러웠습니다.

임금 참으로 다행이오. 종사관은 일본에서 무엇을 보았는가?

종사관 일본의 상업이 매우 발달한 모습에 놀랐습니다. 다만 사치가 너무 심했습니다.

임금 매우 발달하고 사치가 심하다니 의외로군. 중국과 비교해서 어떠하든가?

정사 필 여염의 성대함이 중국에 뒤지지 않았습니다. 가택은 모두 금칠해 눈이 부실 정도였습니다. 장관의 마구간은 수백 칸에 달하고 모두 오색으로 단장했습니다.

종사관 예로부터 사치보다 큰 재화災禍가 없다고 했는데, 이는 재변의 큰 요인이라 생각됩니다.

임금 그 말이 매우 옳다. 국가의 걱정은 반드시 사치에서 나온다.

여정을 기록으로 남기다

삼사가 임금을 알현하고 나오자 내시가 인정전 남월랑南月廊에서 통신사 일행에게 임금이 하사하는 술을 건넸다.

정사 필 정사관 자네는 "남자가 태어나면 뽕나무 활로 쑥대 화살을 사방으로 쏘아야 한다"라는 말을 아는가? 남자는 큰 뜻을 품어야 한다는 말이지. 그대가 통신사의 일원으로 수행원들을 통솔하며 일본의 산천을 두루 살펴보았으니 견문을 크게 넓히는 기회가 되었을 걸세.

종사관 맞습니다. 정말 유익한 여정이었습니다.

정사 필 통신사의 길은 북경으로 가는 연행길보다 세 배나 길지. 그 노정에서도 뱃길이 5분의 3을 차지해 굉장히 힘들었을 거야. 그간 일행을 통제하고 세세히 기록하느라 고생이 많았네.

종사관 감사합니다. 저야말로 정사를 모시고 많은 것을 배웠습니다.

정사 필 나도 고맙네. 일본에서 보고 듣고 느낀 것을 잘 헤아려 나라의 안위와 발전을 위해 힘쓰게나.

종사관은 집으로 가 사당에 배알하고 부모님을 뵙고 절을 올렸다. 일가친척이 모두 모여 눈물을 흘리며 맞아주었다. 다행히도 집안은 무탈했다. 이후 일본 행차 중에 관찰한 사실을 『문견별록』聞見別錄으로 정리해 보고했다.

임금은 통신사 일행에게 전례를 헤아려 상을 주라고 명했다. 정사와 부사는 자급을 더했고, 종사관은 승직昇職시켰다. 역관들은 실직實職을 주거나 숙마熟馬 한 필을 하사했다. 선래군관은 승직시키고, 사자관과 화원, 군관과 한학역관漢學譯官 등은 고액의 녹봉을 주었다.

통신사는 이처럼 고생을 마다치 않고 나라를 위해 헌신했다. 한번은 일본에 도착해 여러 섬을 지나는데 막부가 붙인 패문牌文에 "조선에서 조공을 바치러 들어온다"라는 문구가 들어 있음을 보았다. 사신 개인뿐 아니라 나라에도 굉장한 수치였다. 하지만 사명을 받들고 간 통신사는 못 본 체 못 들은 체했다. 정사 홍계희가 행차했을 때는 역관들이 재화를 탐하느라 일본의 사정을 전혀 탐지하지 않았다. 게다가 나라의 사정을 누설하기조차 했다. 일본의 정치와 법령이 중화를 본받은 조선의 제도보다 엄하기도 했다. 통신사는 이런 사실을 가슴에 담고 일본에서 겪었던 일들을 기록으로 남겨 후손에게 전해주며 역사 속으로 사라져갔다.

역사 해석의 간극

• 맺는말

일본인의 내면을 들여다보다

부산을 떠나 쓰시마, 시모노세키, 세토나이카이, 오사카, 교토, 나고야, 시즈오카, 도쿄를 거쳐 닛코까지 가는 데 대략 40일이 걸렸다. 서울부터 도쿄까지의 거리가 2,000킬로미터라 한다. 서울에서부터 부산까지의 400여 킬로미터는 KTX를 타고 한 번에 이동했다. 그 대신 닛코를 답사했으니 이래저래 2,000킬로미터를 주파한 셈이다. 두 다리와 문명의 이기인 열차, 버스, 택시를 이용해 답사를 무사히 마쳤다.

도쿄까지의 답사를 마친 후 이도희, 김상일 교수와 후지사와까지 동행한 후 나는 일단 도요대학의 기숙사로 돌아와 그간 보고 들은 것을 정리했다. 이후 다시 닛코로 가 기누천 온천에서 하룻밤 자며 답사를 무사히 끝낸 것을 축하하는 소소한 파티를 열었다. 제자 임경준 군도 함께했다. 일전에 연행사의 길을 함께 걸었던 제자다. 다음 날 닛코를 답사하면서 통신사의 숨결과 자취를 전부 담아냈다.

이후 원고를 정리하면서 몇 번 더 방문했다. 가족들, 친구들, 은사 조영록 선생, 페르시아사를 전공하신 김정위 선생과 닛코를 찾았다. 그때마다 새로운 사실을 알게 돼 즐거움과 만족감이 배가되었다.

답사하면서 일본인들의 내면을 들여다보고자 애썼다. 물론 몇 명과 나눈 대화만으로 답을 얻을 수 있는 문제는 아니었다. 다만 바란 것은 통신사를 가교로 삼아 한일관계의 과거와 현재를 파악하고 미래를 그려보고자 했다. 하지만 북한, 일본군 위안부, 독도 등으로 조성된 간극이 만만치 않다는 점을 실감했다.

후쿠야마에서는 이도희의 오랜 친구들과 술잔을 기울였다. 포항청년상공회의소와 자매결연을 맺은 후쿠야마청년상공회의소의 회원들로, 영화관과 식당을 경영하는 요시무라 씨와 건설 회사를 운영하는 후시모토 씨였다. 2017년에 자매결연을 맺은 지 30주년이 되었다고 했다. 요시무라 씨는 우리 일행을 초대해 술과 요리를 내놓았다. 특히 소고기의 식감이 굉장히 부드러웠다. 50그램에 2,400엔이나 하는 비싼 소고기였다. 그 두 사람은 우리나라의 역사, 정치, 문화, 경제 전반에 대한 지식이 풍부한 사람들이었다. 일본군 위안부 문제에 대해서도 허심탄회하게 대화할 수 있었다.

요시무라 나는 부산에 세운 소녀상에 대해 반대하지 않아요. 일본도 미국의 원자폭탄 공격을 받고 그 남은 터를 평화의 공원으로 만들어 알리고 있잖아요. 평화의 상징이죠. 다만 이러한 것을 정치가들이 정략적으로 이용하기 때문에 문제가 돼요.

서인범 다른 일본인들도 그렇게 생각하나요?

요시무라 일본인들의 80~90퍼센트는 한국을 '침략'했다고 생각합니다. 다만 사과와 보상을 계속 요구하는 부분은 좀 생각해볼 부분이 있습니다.

꾸준히 한국을 왕래하며 보고 느낀 일본인들의 진솔한 속내를 들을 수 있는 자리였다. 사실 답사 중에 만난 일본인들이 가장 많이 얘기한 것은 아무래도 북핵 문제였다.

TV에서 하루가 멀다 하고 북한 전문가를 초청해 북핵 문제를 다루며 일본이 위협받는다는 식으로 말하니 평범한 일본인들이 놀라는 것도 당연했다. 2017년 4월 북한이 '인민군 창건 85주년' 행사를 하고 며칠 뒤에 북한 영내로 미사일을 쏘아 올리자 관방장관이 이른 아침엔 긴급 기자회견을 열었다. 북한이 발사한 미사일이 일본 영공을 통과하면, 그 궤도에 있는 지역에서는 긴급경보를 울렸다. 우리가 보기에 북핵과 미사일 문제로 지나치게 시민들을 겁주는 게 아닌가 싶을 정도였다.

일본군 위안부 문제를 어떻게 풀어야 할까

히코네시에서 열린 통신사 발표회에 참가한 역사선생들과도 대화를 나누었다. 일본군 위안부와 소녀상으로까지 화제가 미쳤다.

역사선생 소녀상을 너무 정치적으로 이용하는 것은 아닌가요? 버스에 소녀상을 앉혀놓고 그 옆에 서서 손을 잡는 서울 시장의 행동은 정치적인 퍼포먼스 같아요.

서인범 아직 일본군 위안부 피해자들이 생존해 있어요. 아베 총리가 진심으로 한번 사죄하면 어떨까요. 그러면 일단락될 듯싶은데요.

역사선생 어려울 거예요. 한국이나 일본이나 물러나지 않을 성싶네요. 다들 정략적으로 이용하니까요. 1990년대에는 일본군 위안부 문제를 가르쳐도 학부모들이 간섭을 안 했어요. 최근에는 학교로 전화를 걸어 항의해요. 그래서 교사들이 스스로 통제해요.

한국에서 유학했고 부인도 한국인인 도요대학의 사토 강사가 중간고사 문제로 현시점에서 일본군 위안부 문제를 해결할 수 있는 최선의 방법이 무엇인지를 물었다고 했다. 그러면서 예시 네 개를 제시했단다. 결과가 어찌 나왔느냐고 물으니 한일 간의 합의를 재검토하자는 예시를 가장 많이 골랐고, 그다음으로 정부 간에 맺어진 합의를 그대로 이행해야 한다는 예시를 골랐다고 했다. 일본군 위안부 피해자의 요구를 들어주는 형태로 재교섭하자는 예시도 소수가 지지했다고 하니, 젊은 일본 대학생들의 사고가 건전함을 엿볼 수 있었다.

사토 강사는 아베 총리가 사과할 일은 절대로 없을 것이라고 단언했다. 진보적인 정권으로 교체되지 않는 한 '위안부 합의'를 재검토하는 일은 없지 않겠느냐고 했다. 통신사를 가교 삼아 두 국가의 미래를 설계하는 문제에 관해서도 이야기를 나누었다. 이 역시 해결책을 찾기가 쉽지 않았다. 사실 이성과 감정이 격하게 교차하는 간극을 메우고 피해자들의 응어리를 녹일 수 있는 속 시원한 방안을 찾기란 불가능에 가깝다. 한국을 빈번히 방문하고 이해하는 학자들도 역사 문제는 일단 선반 위에 올려놓고 먼저 관계를 회복하는 게 어떻겠느냐고 제안할 정도다.

답사 중에 시나가와에서 야키니쿠가게를 40여 년간 경영하고 있는 재일동포 권동품 씨를 만났다. 그도 일본군 위안부 피해자들을 양국이 정치적으로 이용하는 데 불만을 표시했다. 생존해 있는 피해자들의 처지도 이해는 하지만, 협약을 맺었다가 뒤집는 것은 외교행위로서 마뜩잖다는 의견이었다.

그들도 겪은 위안부

원고 작성에 골몰하고 있던 8월 9일 자정이었다. 졸음을 쫓기 위해 틀어놓은 NHK에서 다큐멘터리를 방송하고 있었다. 흘깃흘깃 엿보다가 자판을 두드리던 손을 멈추고 TV에 눈을 고정했다. 「고백: 만몽滿蒙 개척단의 여인들」이라는 한 시간짜리 다큐멘터리로 기후현의 산간지역에 거주하다가 농지를 개간하러 만주의 도뢰소陶賴昭로 떠난 구로가와黒川 개척단 650명의 이야기를 다루었다. 제2차 세계대전에서 일본이 패하자 중국인들에게 습격당한 그들은 자결을 결심할 정도로 극한 상황까지 몰렸다. 이때 만주를 접수하러 소련 군대가 들어오자 절박하게 도움을 요청했다. 소련 군대는 보호해주는 대가로 처녀 15명을 받치라고 했다. 일종의 위안부였다. 그 15명 중에는 자매도 있었다. 언니는 18세, 동생은 17세였다. 언니는 한 살 어린 동생을 보호하기 위해 더 '희생'했다. 이미 노인이 된

「性接待」語る 満蒙開拓の女性たち

岐阜から入植 敗戦直後、旧ソ連兵相手に

「なかったことにできない」

岐阜県の旧黒川村など（現・白川町）から戦時中に旧満州（中国東北部）へ入植した満蒙開拓団の女性たちが、敗戦直後に団幹部の指示で旧ソ連兵に「性接待」をさせられたと告白し、衝撃を与えている。長く伏せられてきたが、「なかったことにできない」と公の場で語るようになった。過酷な歴史の語り継ぎを支えるのは、女性の妹や息子たちだ。

開拓団での体験などを語る佐藤ハルエさん＝岐阜市、吉本美奈子撮影

「一（夫が）兵隊に行かれた奥さんたちには、頼めん。あんたら娘が犠牲になってくれ」と言われた」

今月10日、岐阜市民会館であった証言集会。元黒川開拓団員で、終戦当時20歳だった佐藤ハルエさん(93)＝岐阜県郡上市＝が話し始めると、空気はピンと張り詰めた。

「白川町誌」などによると、黒川開拓団は1941年以降、600余人が吉林省陶頼昭に入植した。敗戦後、旧日本軍に置き去りにされ、現地住民らによる襲撃や略奪を受け、隣の開拓団は集団自決した。

当事者の証言によると、黒川開拓団は幹部が近くの旧ソ連軍部隊に治安維持を依頼。17～21歳の未婚女性15人前後を「接待」に出した。45年9月から11月ごろまで続き、一時期、中国兵の相手もさせたという。

都内在住の女性(90)は当時17歳。初めは飲酒の接待と思っていたという。ふとんが多数敷かれた仕切りもない部屋で、他の女性たちと共に暴行された。

逃げようとしたこともあったが、相手にスコップの柄で打たれた。当時のメモを書き写したノートには、「乙女ささげて数百の命守る」などとある。自分たちを差し出した大人が許せず、帰国後、旧黒川村には2回しか行っていない。

当時21歳だった安江善子さん（2016年、91歳で死去）は13年、長野県阿智村の満蒙開拓平和記念館で講演した。録画によると、性接待を切り出された女性

満蒙開拓 日本政府は1936年から国策として旧満州への開拓政策を進め、敗戦直前に旧ソ連が侵攻した際、国境地帯や鉄道沿線などに約27万人がいた。日本の関東軍主力は先に撤退しており、住民避難は難航した。敗戦後の政府の帰国支援も遅く、現地住民や旧ソ連兵による暴行、略奪を受けた。旧満州での民間人死者約18万人中、開拓団が約8万人。

㊧慰霊碑の隣に建立された、説明のない「乙女の碑」＝岐阜県白川町
㊨都内在住の女性が戦後に書き写した「性接待」当時のメモ

『아사히신문』에 실린 구로가와 개척단. 시간이 흘러 이제야 그때의 일을 말할 수 있게 되었다는 내용의 기사다. 백발의 노인에게서 일본군 위안부 피해자 할머니들의 얼굴이 보이는 듯하다.

한 남성은 그들의 비명이 들려올 때마다 가슴이 찢어지는 듯했다고 고백했다. 이들은 모두 일본으로 돌아왔지만, 사람들의 손가락질을 견디지 못하고 산간오지로 들어가 척박한 토지를 개간하며 살았다. 자식을 낳을 수 없을 정도로 몸이 망가진 언니를 위해 동생은 자신의 장남을 양자로 보냈다. 언니는 91세로 숨을 거두기 직전 아들에게 자신이 중국에서 겪었던 일과 양자로 오게 된 사연을 풀어놨다.

구로가와 개척단의 남성들은 굉장한 죄책감을 안고 있었다. 자신들의 나약함 때문에 벌어진 일이라고 자책했다. 여인들에 대한 고마움이 마음에 가득하면서도 세상의 눈이 두려워 진실을 숨기고 산 것도 미안해했다. 하지만 세월이 흐르면서 숨겨두었던 이야기를 후손들에게 전해야 한다는 것을 서서히 깨닫기 시작했다. 뒤틀린 허리를 부여잡고 밭을 일구며 살던 또 다른 할머니는 죽느냐 사느냐가 당시 가장 절실한 문제였다고 회고했다. 할머니의 눈에서 당시의 처절함을 읽어낼 수 있었다. 구로가와 개척단의 여인들은 모두 평화를 힘주어 말했다.

그 여인들의 슬프고 굴곡진 삶을 보면서 일본군 위안부 피해자들의 삶을 떠올렸다. 꼭 일본군 위안부 피해자만이 아니다. 여진족에게 끌려갔던 여인들이 어렵게 고향에 돌아왔을 때 우리나라 사람들은 그들을 어떻게 대했던가? 절개 잃은 화냥년으로 몰아붙이지 않았던가. 임란과 정유재란을 겪으며 일본 각지로 끌려갔던 이름 모를 수많은 여인도 마찬가지였다. 운 좋게 귀국해도 성리학적 관점에서 정절을 판단하고 바라보는 시선이 그들을 숨도 쉬지 못할 정도로 압박했다. 우리와 동시대를 살아가는 일본군 위안부 피해자들의 삶이 겹쳐졌다.

일본군 위안부 피해자에 대한 국가의 의무를 되돌아보지 않을 수 없었다. 제1대 장군 이에야스가 조선과의 수호를 요청하자, 불구대천의 원수라는 일본을 받아들인 조선의 태도가 양국에 평화를 가져왔다. 구로가와 개척단 여인들이 품은 평화의 염원이 이뤄져 일본이 일본군 위안부 피해자들에게 진정한 사과를 하길 바랄 뿐이다. 아베 총리는 이에야스의 정신과 혜안을 기억할 필요가 있다. 양국의 성신과 교린이 오늘날 다시 재현되어야 할 것이다.

350여 년 전에 일본을 방문했던 정사 조엄의 말을 되새겨보자. 그는 통신사 일행이 바다를 건넌 뒤로 고관이나 백성이나 무슨 일만 생기면 왜인의 간교함을 욕한다면서 자신 나름의 견해를 다음과 같이 피력했다.

"사람의 떳떳한 마음은 다 같이 하늘에서 타고났으니, 거짓이 습속으로 된 중에라도 어찌 진실한 자가 없겠는가? 다른 나라의 사례를 자세히 알지 못하고 일시 전해 들은 것에 따라서만 의심한다면 들은 바가 그르지 않고, 본 바가 어긋남이 있지 않음을 어찌 알겠는가?"

조엄이 쓰시마번주와 작별하면서 "양국의 교린에 귀한 것은 성誠과 신信이다"라고 글을 써주었다. 이 말은 호슈가 역설한 '성신'과 일맥상통한다. 우리가 살아가는 이 시대에도 절실히 요구되는 교훈이 아닐까?

세 가지 즐거움을 누린 시간

원고를 쓰면서 삼락三樂, 즉 세 가지 즐거움을 얻었다. 첫 번째 즐거움은 출발 전에 『해행총재』를 읽으면서 선조들의 기행을 상상해 본 것이고, 두 번째 즐거움은 선조들의 자취를 현지에서 확인한 것이었다. 세 번째 즐거움은 답사한 것을 원고로 옮기면서 다시 한번 상상의 나래를 펼친 것이다.

도요대학의 다케무라 총장이 배려해준 덕에 연구실도 쓸 수 있었다. 다만 수도도 없고 창문도 없어 원고는 기숙사에서 작성했다. 기숙사는 나만의 공간이었다. 1년간의 연구년 중 상당 기간을 기숙사에 틀어박혀 있었다. 전반기에는 명나라 황제의 후궁이 된 청주 출신의 한씨 자매 이야기 원고를, 후반기에는 통신사의 길 답사 원고를 작성하는 데 골몰했다.

매일 오후 한 차례 기숙사를 벗어나 우에노공원 일대를 산책했다. 어느 날은 한마디도 뱉지 않았다. 이제 원고를 마쳤으니 이번 답사에서 인연을 맺은 사람들의 이야기를 조금 풀어놓고자 한다. 초빙교수이자 일본에서의 생활에 도움을 준 도요대학 사학과의 모리 교수, 일본 근세사를 전공한 이와시타 교수, 도호쿠대학 동문으로 서양사를 전공하고 지금은 제자 임경준 군을 지도하고 있는 도쿄대학의 스즈키 미치야鈴木道也 교수, 주오대학中央大學에서 박사과정을 밟고 있는 제자 김영림을 지도하고 있는 사토 모토에이佐藤元英 교수, 와세다대학에서 연구 중인 제자 홍성민 박사를 지도하고 있는 이성시李成市 교수, 같은 대학의 이이야마 토모야스飯山知保 교수에게 큰 도움을 받았다. 특히 고치대학의 엔도 다카토시遠藤隆俊 교수는 나를 특별히 초빙해줘 연행사와 통신사에 대해 강의할 수 있었다. 주오대학의 가와고에 야스히로川越泰博 명예교수, 한중관계사를 전공한 하스미 모리요시荷見守義 교수, 스즈키 교수는 오사케와 맛있는 요리를 대접해주었다. 모든 분께 감사를 전한다.

귀국 직전 일본의 조선사연구회에서 「근세 조선에서의 호피와 표피의 생성, 유통, 소비」라는 논문의 구상을 발표했다. 통신사가 장군, 노중, 집정, 쓰시마번주에게 증정하거나 하사한 호피와 표피를 바탕으로 당시의 국제질서를 다룰 생각이다. 조선사연구회의 대부분 일본 연구자가 우리나라에서 유학한 분들이었다. 좋은 기회를 허락해준 조선사연구회에도 고마운 마음뿐이다.

원고를 작성하는 중인 2017년 10월 31일에 통신사 기록물이 유네스코 세계유산에 등재되는 쾌거를 이루었다는 소식을 접했다. 통신사 기록물은 외교기록, 여정기록, 문화교류기록 등으로 나뉘며 111건, 333점이다. 그중 한국 기록이 63건 124점, 일본 기록이 48건 209점이라 한다. 이번 답사에 참고했던 1719년 작성된 신유한의 『해유록』도 포함되었다.

원고를 쓰면서 통신사 연구를 두 가지 측면에서 진행할 필요성을 느꼈다. 하나는 일본에 있는 사료를 발굴, 수집하는 것이다. 통신사 관련 각종 일기나 사료는 물론, 한시와 그림 등을 종합, 정리할 필요가 있다. 또 하나는 일본사를 전공한 연구자들이 통신사에 관해 대중이 쉽게 읽고 이해할 수 있는 책을 집필해야 할 것이다.

아울러 조선과 밀접한 관계를 맺고 있던 지역인 쓰시마, 규슈, 야마구치지역에 대한 연구가 절실하다고 느꼈다. 이 지역의 외교, 사람, 문화, 신앙 등 다양한 정보를 발굴할 필요가 있다. 한일관계사를 연구하는 학자들의 심도 있는 연구에서 한일관계를 재조명하고 미래를 설계할 수 있는 대안이 제시되었으면 하는 바람이다. 나는 일본사를 전공하지 않아 더욱 전문적이고 깊이 있는 분석이 부족했음을 자인하지 않을 수 없다.

이번에도 알코올중독자와 정신장애를 앓고 있는 사람들을 간호하느라 바쁜 아내 김말순, 일본 여행을 마치고 귀국할 때 남은 돈을 컴퓨터 속에 넣는 재치를 보여준 딸 서우리와 서우인, 여주시의원에 당선되어 고향을 위해 뛰는 동생 서광범, 멀리 시드니에서 성원을 보내준 동생 서광휘에게 고마움을 전한다. 일본사를 전공해 원고를 꼼꼼하게 검토해준 강준 선생과 육군사관학교의 김연옥 교수,

올해 박사학위를 취득한 제자 김성연, 한국사를 전공하고 박사과정 중인 제자 임현진, 석사과정 중인 박정희에게도 도움을 받았다.

추석 연휴 때 절친한 친구인 국사편찬위원회의 고성훈 박사가 아내와 함께 도쿄를 방문했다. 하코네관소에 들러 통신사에 관한 이야기를 나누고, 선조의 더위를 식혀준 그 삼나무 길을 같이 걸었다. 삼귀문화사의 김수철 대표, 동국대학 일문과의 김환기 교수, 이화여자대학 사학과의 남종국 교수, ROTC 제21기 동기 문동철, 이택현, 강미찬은 우에노에서 술자리를 열어줘 내 지친 몸을 쉬게 해주었다.

그렇게 많은 사람의 도움을 얻어 쓴 이 원고가 한국출판문화산업진흥원에서 시행한 2018년 우수출판콘텐츠 제작 지원사업에 선정되었다. 인문, 교양 등 총 다섯 개 분야에 2,678편이 응모해 137편이 선정되었는데 내 원고가 선정되는 영광을 얻었다. 『연행사의 길을 가다』를 간행할 때 처음 만나 이후 이 책의 편집도 맡아 머리를 맞댄 한길사 편집부의 김광연 과장 덕분이다.

역사는 기록으로 이야기한다. 통신사가 무엇을 보고 듣고 느끼고 전했는지, 그것이 실제로 외교정책이 입안되는 데 반영되었는지 되돌아볼 필요가 있다. 『조선왕조실록』에서는 통신사를 한글로 입력하면 488건의 사료가, 『승정원일기』에서는 990건의 사료가 검색된다. 세 차례나 통신사를 파견한 인조와 숙종 부분을 살펴보면 인조의 경우 『조선왕조실록』에서 13건, 『승정원실록』에서 45건이 검색되고, 숙종의 경우 『조선왕조실록』에서 66건, 『승정원일기』에서

136건이 검색된다. 영조와 정조의 부분은 상대적으로 적으나, 영조의 경우 『승정원일기』에서 208건이 검색된다. 제법 많은 편이다. 통신사가 일본에서 보고 들은 것을 기록한 『문견별록』이 존재하는 데서 일본 내부의 정보를 탐지하려던 움직임이 있었다는 사실을 확인할 수 있다. 다만 개인적으로 일본의 사정이 조선에 정확히 전해져 공유되었는지는 의문이다. 조선의 외교가 오로지 중국에 집중한 탓에 일본의 발전과 변화를 외면한 것은 아닌가 싶다. 임란은 300여 년 후 한일강제병합으로 되살아나지 않았던가.

나 같은 연구자는 결과로 지난 역사를 평가하고 교훈을 끄집어내는 경향이 강하다. 반면 국가 안위에 지대한 영향을 미치는 위정자들은 현재 일어나고 있는 일에 즉각적으로 대처해야 한다. 외교 담당자는 10년 앞을, 대통령은 100년 앞을 내다보고 나라의 안정과 국민의 행복을 위한 계획을 입안하고 실행해나가야 할 것이다.

통신사의 길에서 만난 한·중·일 118인

각 인물소개 끝에 붙어 있는 숫자는 이 책의 본문 쪽수를 뜻한다.

한국

강항
姜沆, 1567~1618

조선 중기의 문신으로, 자는 태초太初, 호는 수은睡隱이다. 1593년 전주 별시문과에 병과로 급제했고, 형조좌랑을 지냈다. 정유재란 때 피로인으로 오쓰성大津城에 유폐되었다가 1598년 오사카를 거쳐 교토京都의 후시미성伏見城으로 이송되었다. 이곳에서 후지와라 세이카藤原惺窩, 1561~1619 등과 교유하며 그들에게 학문적인 영향을 미쳤다. 1600년에 귀국했다. 저서로 『운제록』雲堤錄, 『간양록』看羊錄, 『수은집』睡隱集 등이 있다. ▸ 176, 217, 292, 318, 353

강홍중
姜弘重, 1577~1642

조선 중기의 문신으로, 자는 임보任甫, 호는 도촌道村이다. 1606년 식년문과에 병과로 급제했고, 동지의금부사, 성천부사를 지냈다. 1624년 통신사通信使 부사로 일본에 다녀왔다. 일본의 화포술火砲術을 군에 도입할 것을 제안했고, 1633년 후금後金의 침입에 대비하여 영병營兵에 조총과 화약을 지급해야 한다고 주청, 실행했다. 저서로 『동사록』東槎錄이 있다. ▸ 166, 257, 280, 316, 353

경섬
慶暹, 1562~1620

조선 중기의 문신으로, 자는 퇴부退夫, 호는 삼휴자三休子, 석촌石村, 칠송七松이다. 1590년 증광문과에 병과로 급제하고, 호조참판을 지냈다. 1598년 진주사陳奏使 서장관書狀官으로 명나라에 다녀왔다. 1607년 통신사 통신부로 일본에 건너가 피로인을 쇄환했다. 저서로 『해사록』海槎錄이 있다. ▸ 138, 544, 616

고득종
高得宗, 1388~1452

조선 전기의 문신으로, 자는 자부子傅, 호는 영곡靈穀이다. 태종 14년1414 친시문과에 을과로 급제했고, 한성부판윤을 지냈다. 종마진공사種馬進貢使, 성절사聖節使로 두 차례 명나라에 다녀왔다. 1439년 통신사로 일본에 파견되어 아시카가 요시노리足利義教,

1394~1441의 서계書契를 가지고 돌아왔다. 문장과 서예에 뛰어났으며, 효성이 지극하여 사후에 정문旌門이 세워졌다. 시호는 문충文忠이다. ▶757

기두문
奇斗文, ?~?

조선 후기의 의원醫員으로, 호는 상백헌嘗百軒이다. 직장直長을 지냈다. 1711년 통신사 의원으로 일본에 다녀왔다. 일본 의원 기타오 슌포北尾春圃, 1658~1741와 전창사全昌寺에서 의학문답을 나누었다. 그 내용이 『상한의담』桑韓醫談, 『조선국기상백헌필어』朝鮮國奇嘗百軒筆語에 남아 있다. ▶428

김상익
金相翊, 1721~?

조선 후기의 문신으로, 자는 중우仲祐, 호는 현암弦庵이다. 1763년 통신사 종사관從事官으로 일본에 다녀왔다. 일본인들과 나눈 필담과 시가 『한관창화』韓館唱和, 『양동투어』兩東鬪語, 『문패집』問佩集에 수록되어 있다. ▶546, 736

김성일
金誠一, 1538~93

조선 중기의 문신으로, 자는 사순士純, 호는 학봉鶴峰이다. 1568년 증광문과에 병과로 급제하여 경상우도순찰사를 역임했다. 1590년 통신사 부사로 일본에 파견되었다. 이후 돌아와 정사 황윤길黃允吉, 1536~?이 왜가 반드시 침입할 것이라 하자 민심이 흉흉할 것을 우려해 그럴 기색은 보이지 않는다고 상반된 견해를 밝혔다. 임란이 발생하자 의병을 규합하여 전투에 나섰다. 이조판서에 추증되었으며, 시호는 문충文忠이다. ▶31, 98, 292, 337, 599

김유성
金有聲, 1725~?

조선 후기의 도화서 화원으로, 자는 중옥仲玉, 호는 서암西巖이다. 도화서 첨정僉正을 지냈다. 1763년 통신사 화원으로 일본에 다녀왔다. ▶291, 547

김지남
金指南, 1654~1718

조선 후기의 역관譯官으로, 자는 계명季明, 호는 광천廣川이다. 1671년 역과에 급제했고, 사역원司譯院 정正, 지중추부사知中樞府事 등을 지냈다. 1682년 통신사 한학통사漢學通事로 일본에 다녀왔다. 청나라에서는 화약 만드는 법을 배워왔다. 1712년 청나라 목극등穆克登과 백두산정계비를 획정하는 데 공을 세웠다. 저서로 『동사일록』東槎日錄과 사대와 교린에 관한 연혁, 역사, 행사, 제도 등을 체계화한 『통문관지』通文館志가 있다. ▶168, 432

나흥유
羅興儒, ?~?

고려 후기의 무신으로, 호는 중순당中順堂이다. 사농소경, 판전객시사判典客寺事를 역임했다. 우왕 1년1375에 판전객시사가 되어 일본과 화친할 것을 진언하고 통신사를 자청하여 일본에 가서 왜구의 출몰을 금지할 것을 요구했다. 저서로 『중순당집』中順堂集이 있다. ▶29

남성중
南聖重, 1666~?

조선 후기의 문신으로, 자는 중용仲容, 호는 범수泛叟다. 남용익南龍翼, 1628~92의 서자다. 1711년 통신사 종사관서기從事官書記로 일본에 다녀왔다. 일본 문사들과 나눈 시와 필담이 『계림창화집』鷄林唱和集, 『양동창화록』兩東唱和錄 등에 수록되어 있다. ▶247

남옥
南玉, 1722~70

조선 후기의 문신으로, 자는 시온時韞, 호는 추월秋月이다. 1753년 계유정시문과癸酉庭試文科 병과에 합격했고, 수안군수遂安郡守를 지냈다. 1763년 통신사 제술관製述官으로 정사 조엄趙曮, 1719~77을 모시고 일본에 파견되었다. 저서로는 『일관기』日觀記, 『일관창수』日觀唱酬, 『일관시초』日觀詩草, 『할반록』割胖錄이 있다. ▶157

남용익
南龍翼, 1628~92

조선 후기의 문신으로, 자는 운경雲卿, 호는 호곡壺穀이다. 1648년 정시문과에 병과로 급제했고, 좌참찬, 예문관제학을 역임했다. 1655년 통신사 종사관으로 일본에 다녀왔다. 저서로 일본 문사들과 나눈 필담을 엮은 『한사증답일록』韓使贈答日錄이 있다. 일본에서의 경험을 『문견별록』聞見別錄, 『부상록』扶桑錄으로 남겼다. 이외 『호곡집』壺穀集이 있다. ▶201, 217, 280, 546, 547

민정
閔貞, ?~?

조선 전기의 문신으로, 자는 자간子幹이다. 문종 즉위년1450 식년문과에 급제했고, 성균관사성, 원주목사를 역임했다. 선정을 베풀어 어진 목민관으로 숭앙받았다. ▶30

박돈지
朴惇之, 1342~1422

자는 계신季信, 돈지敦之다. 공민왕 9년1360 문과에 급제하고, 비서감秘書監을 지냈다. 창왕 원년1388 하정사賀正使로 명나라의 남경南京을 다녀왔다. ▶29

박서생
朴瑞生, ?~?

조선 전기의 문신으로, 자는 여상汝祥, 호는 율정栗亭이다. 태종 1년1401 증광시增廣試 병과로 급제했고, 병조참의, 판안동대도호부사를 역임했다. 세종 10년1428 통신사로 일본에 다녀왔는데, 이때

수차水車의 이점을 살피고 그 도입을 건의해 농사기술의 혁신을 가져왔다. 청백리로 선발되었다. ▶30

박세량
朴世亮, 1650~1703

조선 중기의 역관으로, 자는 명부明夫다. 1672년 식년시式年試 역과에 합격했다. 1703년 역관 한천석韓天錫, 1653~1703과 쓰시마對馬島로 향하다 익사했다. ▶733

박안기
朴安期, 1608~?

조선 중기의 천문학자로, 호는 나산螺山이다. 1643년 통신사 독축관讀祝官으로 일본에 다녀왔다. 에도江戸에 머무는 동안 교토의 천문학자 오카노이 겐테이岡野井玄貞, ?~?가 찾아와 역법을 배워갔다. 그의 제자 시부카와 슌카이澁川春海, 1639~1715는 이를 바탕으로 일본 최초의 역법을 완성했으니, 1683년 채용된 정향력貞享曆이다. 시미즈시淸水市 세이켄사淸見寺에 박안기가 '경요세계'瓊瑤世界라고 쓴 현판이 걸려 있다. 일본에서 그의 이름을 용나산容螺山으로 잘못 기록했다. ▶546

박지원
朴趾源, 1737~1805

조선 후기의 문신이자 학자로, 자는 미중美仲, 중미仲美, 호는 연암燕巖, 연상煙湘, 열상외사洌上外史다. 한성부판관, 양양부사를 역임했다. 정조 4년1780 청나라 건륭제乾隆帝, 1711~99의 70세 탄생일 축하사절로 삼종형인 박명원朴明源, 1725~90이 파견되자 함께 갔다. 이때 남긴 견문록이 『열하일기』熱河日記이다. 순종 4년1910 좌찬성에 추증되었다. 시호는 문도공文度公이다. ▶264, 293

변박
卞璞, ?~?

조선 후기의 화가로, 자는 탁지琢之, 호는 술재述齋다. 동래부 소속의 화원이다. 1763년 통신사 행차 때 요도우라淀浦의 수차를 그림으로 그려 보고했고, 쓰시마 지도와 일본 지도 및 풍물을 모사했다. 초량왜관의 건물 배치도인 「왜관도」倭館圖를 남겼다. ▶310

변효문
卞孝文, 1396~?

조선 전기의 문신으로, 자는 일민一敏이다. 태종 14년1414 알성문과에 을과 3등으로 급제했고, 경주부윤, 전주부윤을 역임했다. 1443년 통신사로 일본에 다녀왔다. 1444년 『오례의주』五禮儀注를 상정詳定했고, 『신주무원록』新註無冤錄을 편찬했다. ▶30

사명대사
四溟大師, 1544~1610

조선 중기의 고승이자 승병장이다. 법명은 유정惟政, 속명은 임응규任應奎, 자는 이환離幻, 호는 사명당四溟堂 또는 송운松雲, 송운대사松雲大師다. 승과僧科에 합격했다. 임란 때 승장으로 활약했고, 1604년 선조의 명을 받들고 일본으로 건너가 도쿠가와 이에야스德川家康, 1543~1616와 강화를 맺었다. 피로인 3,500명을 쇄환했다. 저서로 『사명당대사집』泗溟堂大師集, 『분충서난록』奮忠紓難錄이 있다. ▶23, 31, 693, 710

성대중
成大中, 1732~1809

조선 후기의 문신으로, 자는 사집士執, 호는 청성青城이다. 1756년에 정시문과에 병과로 급제했고, 흥해군수興海郡守를 지냈다. 1763년 통신사 서기書記로 정사 조엄을 수행하며 일본에 다녀왔다. 저서로 『청성집』青城集이 있다. ▶157

성완
成琬, 1639~1710

조선 후기의 문신으로, 본관은 창녕昌寧, 자는 백규伯圭, 호는 취허翠虛, 해월海月이다. 1666년 병오丙午 식년시에 합격했고, 찰방察訪을 지냈다. 1682년 통신사 제술관으로 일본에 다녀왔다. 일본 문사들과 나눈 시와 필담이 『상한필어창화집』桑韓筆語唱和集, 『화한창수집』和韓唱酬集, 『조선인필담병증답시』朝鮮人筆談幷贈答詩 등에 남아 있다. 저서로 『취허집』翠虛集이 있다. ▶700

성호
成灝, 1721~?

조선 후기 의원으로, 자는 대심大心, 대심大深, 호는 상암尙菴이다. 1763년 통신사 의원으로 일본에 다녀왔다. 오사카 객관客館에서 일본인과 나눈 필담이 『한객인상필화』韓客人相筆話, 『양호여화』兩好餘話에 수록되었다. ▶737

손문욱
孫文彧, ?~?

조선 전기의 문신으로, 첨지중추부사를 지냈다. 1604년 사명대사와 함께 일본에 들어가 임란을 수습하는 데 공을 세우고 피로인 3,000여 명을 이끌고 돌아왔다. 2년 뒤 서장관으로 쓰시마에 파견되어 전란의 뒤처리를 위해 노력했다. ▶23, 31, 693

송상현
宋象賢, 1551~92

조선 중기의 문신으로, 본관은 여산礪山, 자는 덕구德求, 호는 천곡泉穀이다. 선조 9년1576 별시문과에 병과로 급제했다. 1591년 통정대부通政大夫에 오르고 동래부사東萊府使가 되었다. 이듬해 동래성이 함락당하자 조복朝服을 덮어 입고 단좌한 채 순사했다. 이조판서, 좌찬성에 추증되었다. 시호는 충렬忠烈이다. ▶59

신유한
申維翰, 1681~1752

본관은 영해寧海. 자는 주백周伯, 호는 청천青泉이다. 경상도 밀양에서 출생했다. 숙종 31년1705 진사시에 합격하고, 1713년 증광문과에 병과로 급제했다. 1719년 통신사 제술관으로 일본에 다녀왔다. 시와 문장으로 명성을 떨쳤으며, 저서로 『해유록』, 『청천집』이 있다. ▶65~67, 88, 89, 111~113, 180, 183, 192, 204, 210, 218, 231, 246, 250, 259, 264, 277, 286, 288, 329, 346, 347, 387, 431, 452, 560, 641, 686, 706, 754

약광
若光, ?~?

고구려 마지막 왕인 보장왕의 아들이다. 고구려가 멸망할 즈음인 666년 유민을 이끌고 일본에 건너갔다. 『일본서기』日本書紀에 현무약광玄武若光이라는 이름의 고구려 사절로 기록되어 있다. 716년 도카이도東海道가 지나는 7개국에서 1,799명의 고구려인을 이주시켜 무사시국(武蔵國, 현재의 도쿄도東京都, 사이타마현埼玉県, 가나가와현神奈川県 일부)에 고려군高麗郡을 설치했다. ▶605~607

여우길
呂祐吉, 1567~1632

조선 후기의 문신으로, 자는 상부尙夫, 호는 치계稚溪, 癡溪다. 1591년 별시문과에 을과로 급제했고, 평안도안무사平安道安撫使, 강원도관찰사를 지냈다. 1607년 임란 때 회답 겸 쇄환사回答兼刷還使로 일본에 건너가 피로인 쇄환에 공을 세웠다. ▶24, 34, 531, 532, 544, 546, 703, 711

오준
吳竣, 1587~1666

조선 중기의 문신으로, 자는 여완汝完, 호는 죽남竹南이다. 광해군 10년1618 증광문과에 을과로 급제했다. 예조판서, 대사헌을 역임했다. 문장에 능하고 글씨를 잘 써서 왕가의 길흉책문吉凶冊文, 삼전도비三田渡碑의 비문 등 수많은 공사公私의 비명을 썼다. 특히 왕희지체王羲之體를 따라 단아한 모양의 해서楷書를 잘 썼다. 저서로 시문집인 『죽남당집』이 있다. ▶665, 667

원중거
元重擧, 1719~90

조선 중기의 문신으로, 자는 자재子才, 호는 현천玄川, 손암遜菴, 물천勿川이다. 영조 26년1750 경오식년사마시庚午式年司馬試에 합격했고, 장원서주부掌苑署主簿를 지냈다. 영조 39년1763 통신사 서기로 일본에 다녀왔다. 저서로 『화국지』和國志, 『승사록』乘槎錄이 있다. ▶157

유상필 柳相弼, 1782~?

조선 후기의 문신으로, 자는 사익士翼이다. 음서蔭敍로 기용되어 여러 무관직을 지냈고, 훈련대장, 형조판서를 역임했다. 1811년 통신사 정사군관正使軍官으로 일본에 다녀왔다. 이때 경험한 것을 『동사록』으로 썼다. 시호는 무숙武肅이다. ▶733

윤순지 尹順之, 1591~1666

조선 중기의 문신으로, 자는 낙천樂天, 호는 행명涬溟이다. 1620년 정시문과에 병과로 급제했고, 한성판윤, 공조판서를 역임했다. 1640년 심양瀋陽에, 1643년 통신사 정사로 일본에 다녀왔다. 저서로 『행명집』涬溟集이 있다. ▶217, 280, 546, 658, 665

윤안성 尹安性, 1542~1615

조선 중기의 문신으로, 본관은 파평坡平. 자는 계초季初, 호는 명관冥觀이다. 선조 5년1572 별시문과에 병과로 급제했다. 선조 32년1599 성절사로 명나라에 다녀왔다. 우승지, 경주부윤, 형조참판 등을 역임하였다. 광해군 7년1615 능창군陵昌君 이전李佺, 1599~1615의 추대 사건에 관련한 혐의로 사형당했다. ▶45, 46

윤정우 尹廷羽, ?~?

조선 중기의 역관이다. 사역원 직장, 봉사奉事 등을 역임했다. 1636년 통신사 한학통사로 전 판관判官 피득침皮得忱, ?~?과 함께 일본에 다녀왔다. ▶148

윤지완 尹趾完, 1635~1718

자는 숙린叔麟, 호는 동산東山이다. 현종 3년1662 증광문과에 을과로 급제했고, 예조판서, 우의정을 역임했다. 1682년 통신사 정사로 일본에 파견되었다. 청백리로 선정되었다. 시호는 충정忠正이다. ▶118, 158, 198, 228, 356, 367, 471, 667

이명한 李明漢, 1595~1645

본관은 연안延安이다. 자는 천장天章, 호는 백주白洲다. 1616년 증광문과에 을과로 급제했다. 대제학, 이조판서 등을 역임했다. 1643년 척화파로 지목되어 심양에 잡혀가 억류되었다. 이듬해 세자이사世子貳師가 되어 소현세자昭顯世子, 1612~45를 모시고 돌아왔다. 1645년 명나라와 밀통한 자문咨文을 썼다고 해 재차 청나라에 잡혀갔다가 풀려난 후 예조판서가 되었다. 저서로 『백주집』이 있다. 시호는 문정文靖이다. ▶665

이방언 李邦彦, 1675~?

조선 후기의 문신으로, 자는 미백美伯, 호는 남강南岡이다. 1696년 병자丙子 식년시에 합격했고, 지제교知製敎, 경연시독관經筵侍讀官

을 역임했다. 1711년 통신사 부사로 일본에 건너가 아라이 하쿠세키新井白石, 1657~1725 등과 교유했다. 이들과 나눈 시가 『계림창화집』, 『칠가창화집』七家唱和集, 『한객사장』韓客詞章 등에 수록되어 있다. 도모노우라鞆の浦 후쿠젠사福禪寺의 대조루対潮樓에서 풍광을 조망한 후 현판에 '일동제일형승'日東第一形勝이라고 썼는데, 그 현판이 지금까지 대조루에 걸려 있다. 일본에서 가지고 온 국서國書가 격식에 어긋났다는 이유로 관작이 삭탈당하고 문외출송門外黜送되었다가 풀려났다. ▶210, 212, 372, 708

이성린
李聖麟, 1718~77

조선 후기의 화가로, 자는 덕후德厚, 호는 소재蘇齋다. 도화서의 화원이었으며, 주부主簿와 첨사를 지냈다. 1747년 통신사 정사 홍계희를 모시고 최북崔北, 1720~?과 함께 화원으로 일본에 다녀왔다. 소나무와 대나무를 잘 그렸다고 전해지는데, 산수와 도석인물에도 능했다. 대부분 작품은 일본에 있다. 부산에서부터 에도까지의 통신사 행차를 그린 총 30매의 「사로승구도」槎路勝區圖가 전해진다. ▶179

이수장
李壽長, 1661~1733

조선 후기의 서예가로, 자는 인수仁叟, 호는 정곡貞穀이다. 찰방을 지냈다. 청나라 사신 연갱요年羹堯, 1679~1726에게 동방 제일이라는 찬사를 받았다. 1711년 통신사 사자관으로 일본에 파견되어 명성을 떨쳤다. 저서로 각종 문헌을 수집, 정리한 『묵지간금』墨池揀金이 있다. ▶184

이식
李植, 1584~1647

조선 후기의 문신으로 본관은 덕수德水. 자는 여고汝固, 호는 택당澤堂이다. 광해군 2년1610 별시문과에 급제했다. 대사간, 대사성大司成, 예조판서 등을 지냈다. 후에 영의정에 추증되었다. 문장이 뛰어나 신흠申欽, 1566~1628, 이정구李廷龜, 1564~1635, 장유張維, 1587~1638와 함께 한문사대가로 꼽혔다. 저서로 『택당집』이 있다. 시호는 문정文靖이다. ▶665

이예
李藝, 1373~1445

호는 학파鶴坡다. 본래 울산군의 기관記官 출신이다. 태조 5년1396 왜적에게 잡혀간 지울산군사 이은李殷 등을 시종한 공으로 아전의 역에서 면제되고 벼슬을 제수받았다. 회례관回禮官, 통신사의 자격으로 40여 차례 일본에 다녀와 쓰시마, 류큐琉球 등지의 피로인 500여 명을 쇄환했다. 시호는 충숙忠肅이다. 저서로 『학파실기』鶴

坡實紀가 있다. ▶101, 102

이인배
李仁培, 1716~74

조선 후기의 문신으로, 자는 계수季修, 호는 회계廻溪, 길암吉菴이다. 1756년 식년문과에 병과로 급제했고, 대사간, 예조참의를 역임했다. 1763년 통신사 부사로 일본에 다녀왔다. 일본 문사들과 나눈 필담과 시가 『아사관창화』韓館唱和에 수록되었다. ▶546

임광
任絖, 1579~1644

조선 중기의 문신으로, 자는 자정子瀞, 호는 백록白麓이다. 1624년 별시문과에 갑과로 급제했고, 동지중추부사, 도승지를 역임했다. 1636년 통신사 정사로 일본에 다녀왔다. 사행기록인 『병자일본일기』丙子日本日記를 남겼다. 1644년 소현세자를 환국시키려고 심양에 갔다가 그곳에서 죽었다. 좌의정에 추증되었으며, 시호는 충간忠簡이다. ▶148, 217, 430, 468, 470, 549, 660, 662, 663, 682, 683, 692, 697

장효인
張孝仁, ?~?

조선 후기의 재인才人으로, 말 위에서 기예를 부리는 마상재인馬上才人이다. 도감별대都監別隊다. 1635년 파견된 통신사에 소속되어 일본에 건너가 마상재를 피로했다. ▶683

정호관
丁好寬, 1568~1618

조선 중기의 문신으로, 자는 희율希栗, 호는 금역琴易이다. 선조 35년1602 별시문과에 을과로 급제했고, 군자감정을 지냈다. 1607년 통신사 서장관으로 일본에 다녀왔다. ▶544

조엄
趙曮, 1719~77

조선 후기의 문신으로, 자는 명서明瑞, 호는 영호永湖다. 1752년 정시문과에 을과로 급제했고, 이조판서, 평안도관찰사를 역임했다. 1763년 통신사 정사로 일본에 다녀올 때 쓰시마에서 고구마 종자를 가져와 보급에 힘썼다. 저서에 『해사일기』海槎日記가 있다. ▶157, 163, 164, 179, 210, 261, 277, 280, 291, 310, 494, 533, 534, 539, 546, 559, 561, 565, 579, 595, 691, 717~720, 723~726, 734, 751, 752

조태억
趙泰億, 1675~1728

조선 후기의 문신으로, 자는 대년大年, 호는 겸재謙齋, 태록당胎祿堂이다. 1702년 식년문과에 을과로 급제했고, 병조판서, 좌의정을 역임했다. 1711년 통신사 정사로 일본에 다녀왔다. 왜인의 국서가 격식에 어긋났다는 이유로 관작을 삭탈당했다. 하쿠세키를 만나

필담을 나누었고, 그것을 『강관필담』江關筆談으로 엮었다. 『겸재집』에 사행기록인 『동사록』을 수록했다. 시호는 문충文忠이다.
▶88, 110, 157, 158, 163, 177, 210, 212, 228, 315, 428, 433, 544, 659, 698, 700, 706, 708

채유후
蔡裕後, 1599~1660

조선 중기의 문신으로, 자는 백창伯昌, 호는 호주湖洲다. 인조 1년 1623 개시문과改試文科에 장원급제했다. 대제학, 예조판서를 역임했다. 『효종실록』 편찬의 공으로 숭정대부崇政大夫 좌찬성에 추증되었다. 술 때문에 여러 차례 탄핵당했으나 문재文才에 뛰어나 중용되었다. 저서로 『호주집』이 있다. 시호는 문혜文惠다. ▶667

최의길
崔義吉, ?~?

조선 중기의 왜학역관倭學譯官이다. 1607년, 1617년, 1636년 통신사 역관으로 일본에 다녀왔다. 1635년에는 제2대 쓰시마번주 소 요시나리宗義成, 1604~57가 에도에서 환도還島하자 문위행問慰行의 일원으로 쓰시마에 다녀왔다. ▶685

한천석
韓天錫, 1653~1703

왜역훈도倭譯訓導다. 자는 성초聖初다. 1675년 증광시에 합격했다. 1683년 장군의 태자太子가 죽자 일본에 파견되었다. 1703년 2월 제3대 쓰시마번주 소 요시자네宗義眞, 1639~1702의 조문과 제5대 쓰시마번주 소 요시미치宗義方, 1684~1718의 습봉襲封을 축하하러 쓰시마로 가다가 태풍을 만나 익사했다. ▶733

현덕윤
玄德潤, 1676~1737

조선 후기의 왜학역관으로, 본관은 천녕川寧, 자는 도이道以, 호는 금곡錦穀이다. 1705년 증광시 역과에 급제했다. 부산훈도로 덕망이 높아 백성들이 송덕비를 세웠다. 1711년 일본에 파견된 통신사 정사 조태억을 역관으로 수종했다. 일본 청견사淸見寺 입구에 그가 '동해명구'東海名區라 쓴 편액이 걸려 있다. ▶68

홍계희
洪啓禧, 1703~71

조선 후기의 문신으로, 자는 순보純甫, 호는 담와澹窩다. 영조 13년 1737 별시문과에 장원급제했고, 이조판서, 예문관대제학을 역임했다. 1747년 통신사 정사로 일본에 다녀왔다. 손자가 정조 시해미수사건에 연루되어 관작이 추탈당하고 역안逆案에 이름이 올랐다. 저서로 『삼운성휘』三韻聲彙가 있다. 시호는 문간文簡이다.
▶46, 71, 121, 179, 198, 202, 209, 212, 245, 246, 296, 306, 423, 546, 658, 690, 744

홍치중
洪致中, 1667~1732

조선 후기의 문신으로, 자는 사능士能, 호는 북곡北穀이다. 1706년 정시문과에 병과로 급제했고, 형조판서, 영의정을 역임했다. 1719년 통신사 정사로 일본에 다녀왔다. 저서로 『해사일록』海槎日錄이 있다. 시호는 충간忠簡이다. ▶110, 145, 262, 292, 315, 339

홍희남
洪喜男, 1595~?

조선 후기의 역관으로, 자는 자열子悅이다. 1613년 증광시 역과에 급제했다. 전공은 왜학이다. 사역원교회司譯院敎誨, 지중추부사를 역임했다. 1624년부터 1655년까지 통신사 역관으로 네 차례 일본에 다녀왔다. 문위행으로 쓰시마에 파견되었다. 유황의 필요성을 설파했다. ▶663, 683, 697

황신
黃愼, 1560~1617

조선 전기의 문신으로, 자는 사숙思叔, 호는 추포秋浦다. 1588년 알성문과에 장원급제했고, 공조판서, 호조판서를 역임했다. 1596년 통신사로 명나라 사신 양방형楊邦亨, ?~?, 심유경沈惟敬, ?~1597을 따라 일본에 다녀왔다. 저서로 『일본왕환일기』日本往還日記, 『추포집』 등이 있다. 시호는 문민文敏이다. ▶274

중국

강희제
康熙帝, 1654~1722
재위 1661~1722

청나라 제4대 황제로, 휘는 현엽玄燁, 묘호는 성조成祖, 연호는 강희康熙다. 8세의 어린 나이에 황제에 즉위하여 61년간 재위했다. 중국 역사상 가장 오래 재위한 황제다. 삼번三藩의 난 평정, 대만 복속, 러시아와 네르친스크 조약 체결, 중가르 정벌, 티베트 정복 등으로 영토를 확대하고 국경을 안정시켰다. 강건성세康乾盛世, 즉 강희제, 옹정제雍正帝, 1678~1735, 건륭제의 태평성대를 여는 기초를 닦았다. 경릉景陵에 묻혔다. ▶701

구양순
歐陽詢, 557~641

자는 신본信本이다. 호남성湖南省 담주潭州 임상臨湘 출신이다. 당나라 4대 서법가 중 한 명으로 해서에 뛰어났다. 태자솔경령太子率更令, 홍문관학사弘文館學士를 지냈다. 저서로 『구성궁예천명』九成宮醴泉銘이 있다. ▶332

동월
董越, ?~?

자는 상구常矩, 호는 규봉圭峰이다. 강서江西 감주贛州 출신이다. 1469년 진사가 되어 한림원수찬翰林院修撰으로 즉위한다. 남경공

부상서南京工部尙書를 지냈다. 명나라 홍치제弘治帝, 1470~1505가 즉위하자 사신으로 조선에 파견되었다. 저서로 『동월부』董越賦, 『조선잡지』朝鮮雜志가 있다. 시호는 문희文嬉다. ▶292

소동파
蘇東坡, 1037~1101

자는 자첨子瞻, 화중和仲, 호는 철관도인鐵冠道人, 동파거사東坡居士다. 사천성 미주眉州 출신이다. 아버지 소순, 동생 소철과 함께 '3소'三蘇라 일컫는다. 당송팔대가의 한 사람이다. 지항주知杭州, 예부상서禮部尙書를 지냈다. 북송 중기 문단의 영수로 시詩, 사詞, 산문, 서화 등에 커다란 족적을 남겼다. 시호는 문충文忠이다. ▶496

심유경
沈惟敬, ?~1597

절강성浙江省 가흥嘉興 출신이다. 임란 때 유격장군遊擊將軍으로 조선을 도왔다. 1596년 책봉사冊封使 부사로 일본에 들어갔다. 화의 성립과 도요토미 히데요시豊臣秀吉, 1537~98 책봉이 거짓임이 탄로 나 감금당하기도 했다. 후에 처형당했다. ▶274

우세남
虞世南, 558~638

자는 백시伯施다. 절강성 월주越州 여요餘姚 출신이다. 당나라가 들어서기 이전 남북조시대부터 활동한 서법가, 문학가다. 해서의 일인자로 알려져 있다. 구양순, 저수량褚遂良, 596~659, 설직薛稷, 649~713과 함께 당나라 초기의 4대가로 불린다. 저서로 당나라 4대 유서(類書, 백과사전)의 하나인 『북당서초』北堂書鈔가 있다. ▶332

저수량
褚遂良, 596~659

자는 등선登善이다. 절강성 항주杭州 전당錢塘 출신이다. 당나라의 정치가, 서법가다. 상서유복야尙書右仆射, 지정사知政事 등을 역임했다. 처음에는 우세남에게 배웠고, 후에는 왕희지王羲之, 303~361의 서법을 따랐다. 특히 해서에 뛰어났다. ▶332

허신
許愼, 58~148

후한後漢 중기의 학자로, 자는 숙중叔重이다. 하남성 예주豫州 출신이다. 태위남각좨주太尉南閣祭酒를 지냈다. 저서에 중국 최고最古의 자전字典으로 한자의 구조와 의미를 논술한 『설문해자』說文解字가 있다. ▶702

일본

가노 단유
狩野探幽, 1602~74

에도시대 초기의 가노파狩野派 화가다. 법호法號는 탐유재探幽齋다. 교토 출신이다. 어릴 적부터 천재로 유명했다. 1617년 에도막부江戶幕府의 어용화가가 되었다. 1636년 통신사 일행의 닛코日光 방문을 그린「동조사연기회권」東照社緣起繪卷이 있다. ▶344

가쓰시카 호쿠사이
葛飾北斎, 1760~1849

에도시대 후기의 우키요에浮世絵 화가다. 문화문정시대文化文政時代, 1804~30에 전성기를 맞은 정인(町人, 도시에 거주한 직인이나 상인) 문화를 대표하는 화가다. 삼라만상을 그렸고, 생애 3만 점이 넘는 작품을 발표했다. 깃발을 앞세워 걷고 있는 병사들과 말을 탄 통신사 일행이 후지산을 배경으로 하라숙原宿을 지나는 장면을 그리기도 했다. ▶561

가토 기요마사
加藤清正, 1562~1611

아즈치모모야마安土桃山시대와 에도시대 전기의 무장이자, 히고국肥後國 다이묘大名다. 임란 때 조선에 출병하여 2번대二番隊 주장主將으로 한양을 공략했다. 함경도 방면으로 출병했다. 왕자 순화군順和君, 1580~1607과 임해군臨海君, 1572~1609을 포로로 붙잡았다. 1594년부터 사명대사와 네 차례 협상했다. 조선에서 퇴각할 때 도공陶工을 데리고 갔다. 아가노야키上野燒와 고다야키高田燒를 생산했다. 조선인들은 그를 '악귀 기요마사'라고 불렀다. ▶128, 135, 346, 352, 356, 435

게이테쓰 겐소
景轍玄蘇, 1537~1611

아즈치모모야마시대부터 에도시대까지 활동한 임제종 승려다. 자는 경철, 호는 선소仙巢다. 문하생으로 기하쿠 겐포規伯玄方, 1588~1661가 있다. 교토 동복사東福寺 주지로 있다가 1580년 제17대 쓰시마번주 소 요시시게宗義調, 1532~89의 초빙을 받고 쓰시마에서 일본국왕사日本國王使로 조선외교를 담당했다. 1611년 이정암以酊菴을 개창했으나 곧 병사했다. ▶29, 30, 85, 95, 96, 98, 135, 217, 337, 662, 684, 693, 697

고바야카와 히데아키
小早川秀秋, 1577~1602

아즈치모모야마시대의 무장으로, 오카야마성岡山城의 성주다. 이름은 세키가하라전투關ヶ原の戰い 후 히데아키秀詮로 개명했다. 히데요시의 정실 고다이인高台院, 1546~1624의 생질로, 도요토미가문에서 양자로 삼았다. 임란 때 행주대첩幸州大捷에서 처영處英, ?~?이 이끈 승군에게 격파당했다. 세키가하라전투에서 서군西軍을 배신하고 이에야스의 동군東軍을 도와 도요토미가문이 쇠퇴하는 결정적 계기를 제공했다. ▶242, 399, 402, 403

구로다 나가마사
黒田長政, 1568~1623

규슈九州 정벌에 공을 세웠고, 세키가하라전투에서의 무공으로 지쿠젠국築前國 후쿠오카번福岡藩의 초대 번주藩主가 되었다. 임란과 정유재란 때 선봉을 맡았다. 후퇴할 때 붙잡아 간 조선인 도공들로 다카토리야키高取燒의 기틀을 닦았다. 1607년, 1617년 통신사를 아이노시마藍島에서 관반館伴으로 접대했다. ▶146

구카이
空海, 774~835

헤이안平安시대 초기의 승려로, 홍법대사弘法大師로 잘 알려져 있다. 진언종眞言宗의 개조다. 일본 천태종의 개조 사이초最澄, 767~822와 함께 일본 불교의 대세가 나라불교奈良佛教에서 헤이안불교平安佛教로 전환하는 계기를 마련했다. 중국에서 진언밀교眞言密教를 가져왔다. 서도에 능했다. ▶330, 332

기노시타 준안
木下順庵, 1621~99

에도시대 전기의 유학자다. 조선에서는 목하순암木下順菴, 목순암木順菴, 목정간木貞幹으로 표기했다. 이름은 정간貞幹, 자는 직부直夫, 호는 금리錦裏, 순암順庵, 민신재敏愼齋, 장미동薔薇洞이다. 제5대 장군 도쿠가와 쓰나요시德川綱吉, 1646~1709의 시강侍講이 되었다. 목문십철木門十哲이라 불리는 뛰어난 인재를 배출했다. ▶108, 110

기무라 겐카도
木村蒹葭堂, 1736~1802

에도시대 중기의 문인, 화가, 장서가, 박물학자다. 이름은 공경孔恭, 자는 세숙世肅, 손재巽齋, 호는 겸가당蒹葭堂이다. 평정옥坪井屋, 길우위문吉右衛門으로 불렸다. 오사카 출신으로, 서화, 전적, 지도 등 3만 권의 책을 소장했다. 그의 사후 대부분 장서는 막부의 명령으로 쇼헤이자카 가쿠몬조昌平坂學問所에 기증되었다. 1763년 통신사와 교유했다. ▶293

기타오 슌포
北尾春圃, 1658~1741

미노국美濃國 오가키성大垣城 출신이다. 호는 당장암當壯庵, 송은松隱이다. 에도시대 중기의 의사로 진맥을 보는 데 탁월했다. 1711년 통신사 의원 기두문과 나눈 문답은 『상한의담』에, 1719년 신유한과 나눈 필담은 『상한훈지』桑韓塤篪에 수록되어 있다. ▶428

기하쿠 겐포
規伯玄方, 1558~1661

에도시대 전기의 임제종 승려다. 쓰시마번에서 대조선외교를 담당했던 겐소의 문하생이다. 1621년, 1629년 두 차례 사신 자격으로 조선에 들어갔다. 국서 개찬 사건의 책임을 지고 1635년 모리오카번盛岡藩에 유배당했다. 1658년 사면받아 남선사南禪寺에 머물

렸다. ▶697

나쓰메 소세키
夏目漱石, 1867~1916

소설가이자 평론가, 영문학자다. 본명은 나쓰메 긴노스케夏目金之助다. 『나는 고양이로소이다』吾輩は猫である, 『도련님』坊っちゃん 등의 작품으로 유명하다. 모리 오가이森鷗外, 1862~1922와 더불어 메이지明治시대의 대문호로 꼽힌다. 소설, 수필, 하이쿠俳句, 한시 등 여러 장르에 걸쳐 다양한 작품을 남겼다. ▶551

다이라노 기요모리
平清盛, 1118~81

헤이안시대 말기의 무장이자 공경公卿이다. '헤이지平治의 난'으로 겐씨源氏에게 승리를 거두어 '헤이가平家 천하'를 이루었다. 헤이가 일문의 '교만'과 '독재'를 문제 삼아 전국의 겐씨 일족이 '헤이가 타도'를 외치며 잇따라 거병하던 와중에 사망했다. 그가 죽은 뒤 헤이가는 쇠락하고 정권은 몰락했다. ▶167, 216, 219, 262, 266, 267

다케다 신겐
武田信玄, 1521~73

전국戰國시대의 무장이자 센고쿠 다이묘戰國大名로 가이국(甲斐國, 현재의 야마나시현山梨県)을 다스렸다. 신겐信玄은 출가 후의 법명이다. 에치고국(越後國, 현재의 니이가타현新潟県)의 우에스기 겐신上杉謙信, 1530~78과 벌인 가와나카지마전투川中島の戦い에서 시나노국(信濃國, 현재의 나가노長野県)을 거의 영국화領國化했다. '가이의 용'이라고도 불렸다. 무적으로 불리던 기마군단을 이끌었다. ▶484, 550

다쿠안 소호
沢庵宗彭, 1573~1645

아즈치모모야마시대부터 에도시대 초기까지 활동한 임제종 승려로, 대덕사大德寺 주지였다. 호는 동해東海, 모옹暮翁이다. 서화, 시문에 능통했고, 단무지를 발명했다고 알려졌으나 이설이 있다. ▶628~630

다테 마사무네
伊達正宗, 1567~1636

초대 센다이번주仙台藩主다. 어렸을 때 천연두를 앓아 오른쪽 눈을 실명하여 '독안룡'獨眼龍으로 불렸다. 임란에 참가했으나 정유재란에는 불참했다. ▶135, 598, 661, 696

덴카이
天海, 1536~1643

아즈치모모야마시대부터 에도시대 초기까지 활동한 천태종 승려다. 남광방천해南光坊天海, 지락원智楽院으로도 불렸다. 대승정大僧正으로, 시호는 자안대사慈眼大師다. 이에야스의 측근으로 에도막부 초기의 종교정책 등에 깊이 관여했다. 1625년 관영사寬永寺를 창건했다. 1643년 통신사 접대를 맡았으나 병을 얻어 하지 못했다. ▶645, 660

도요토미 히데요시
豊臣秀吉, 1537~98

하시바 히데요시羽柴秀吉라고도 불린다. 전국시대부터 아즈치모모야마시대까지 활동한 무장이자 다이묘다. 오다 노부나가織田信長, 1534~82 사후 오사카성을 쌓고 관백関白, 태정대신太政大臣에 취임했다. 조정朝廷에서 성 풍신豊臣을 하사받았다. 일본 전국을 통일했다. 입명가도入明假道를 명분으로 내세우고 조선을 침략했다. ▶21, 23, 31, 45, 96, 132, 133, 135, 139, 237, 281, 288, 301, 308, 315, 316, 319, 346, 353, 354, 358~363, 368, 385, 391, 392, 398, 402, 417, 568, 596~599, 647, 696, 701, 712

도이 도시카쓰
土井利勝, 1573~1644

아즈치모모야마시대의 무장이자 정치가이자 에도시대 초기의 후다이 다이묘譜代大名, 에도막부의 노중老中, 대로大老다. 제2대 장군 도쿠가와 히데타다德川秀忠, 1579~1632의 노중으로 절대적인 권세를 휘둘렀다. 1607년, 1624년, 1636년 통신사를 접대했다. ▶695

도쿠가와 이에야스
德川家康, 1543~1616

에도막부의 초대 정이대장군征夷大將軍이다. 부친은 미카와국(三河國, 현재의 아이치현 동부)의 영주인 마쓰다이라 히로타다松平広忠, 1526~49다. 1566년 미카와 태수에 임명되자 성을 도쿠가와德川로 바꿨다. 1600년 세키가하라전투에서 승리하여 천하의 패권을 잡았다. 1603년에 정이대장군에 올라 에도막부를 열었다. 2년 뒤인 1605년에 아들 히데타다에게 양위하고 슨푸(駿府, 현재의 시즈오카)로 물러나 오고쇼大御所가 된다. 신호神號는 동조대권현東照大權現이다. ▶20~24, 31, 35, 135, 217, 277, 281, 289, 297, 316, 317, 339, 343, 348, 354, 356, 357, 360~362, 366, 372, 375, 379, 380, 398, 399, 402, 404, 415, 417, 431, 434, 447~449, 451, 478, 484, 530~535, 538, 548, 549, 584, 597, 605, 612, 616, 641, 645, 647, 660, 661, 666, 673, 677, 679, 694, 701, 703, 710, 751

마쓰다이라 노부쓰나
松平信綱, 1596~1662

에도시대 전기의 다이묘로 무사시국 오시번주(忍藩主, 오시번은 현재의 사이타마현)이자, 가와고에번주川越藩主다. 노중이다. 어려서부터 재지才智가 뛰어났고, 관직에 있을 때는 '지혜 이즈'知恵伊豆로 불렸다. 1636년, 1655년 에도에서 통신사를 접견했다.

마쓰다이라 사다노부
松平定信, 1759~1829

에도시대 중기의 다이묘, 노중이다. 제3대 시라카와번주(白河藩主, 현재의 후쿠시마현 히로시마시)다. 1787년부터 1793년까지 관정개혁寬政改革을 단행했다. 통신사 접대를 축소할 목적으로 역지통신易地通信을 추진했다. 에도가 아닌 쓰시마에서 통신사를 맞이할 것을 주장했다. ▶37

마쓰오 바쇼
松尾芭蕉, 1644~94

에도시대 초기의 하이쿠 시인이다. 현재의 미에현三重県 출신으로 배호(俳號, 하이쿠를 지을 때의 호)가 바쇼芭蕉다. 배해(俳諧, 연구連句)의 예술적 완성자다. 후세에는 배성俳聖으로 이름을 떨쳤다. 1689년 5월 에도를 떠나 동북, 북륙北陸을 돌아 미노국의 오가키성까지 여행하고 쓴 기행문『오쿠노 호소미치』おくのほそ道가 유명하다. ▶411

모리 요시모토
毛利吉元, 1677~1731

제5대 조슈번주長州藩主다. 번교藩校인 명륜관明倫館을 창립했다. 1711년, 1719년 통신사를 접대했다. ▶163, 379, 443, 448, 530

미나모토노 요리토모
源頼朝, 1147~99

헤이안시대 말부터 가마쿠라鎌倉시대 초기까지 활동한 무사, 정치가다. 가마쿠라막부의 초대 정이대장군이다. ▶166, 168

사카모토 료마
坂本龍馬, 1836~67

에도시대 말기의 지사志士이자 도사번土佐藩 향사郷士다. 유복한 상인 집안에서 태어났다. 사쓰마번薩摩藩과 조슈번의 정치적·군사적 동맹인 삿초동맹薩長同盟 성립에 진력하는 등 막부 타도 및 메이지유신 탄생에 관여했다. 대정봉환大政奉還이 성립되고 한 달 뒤 암살당했다. ▶620

사카이 다다카쓰
酒井忠勝, 1587~1662

무사시국 가와고에번의 제2대 번주로, 후에 와카사오바마번若狭小浜藩의 초대 번주가 되었다. 제3대 장군 이에미쓰부터 제4대 장군 도쿠가와 이에쓰나德川家綱, 1641~80까지 노중이자 대로로 섬겼다. 1643년, 1655년의 통신사를 접대했다. ▶696

사카키바라 마사쿠니
榊原政邦, 1675~1726

에도시대 중기의 다이묘다. 호지조虎之助, 승승勝乘, 정진政辰으로 불렸다. 에치고국 무라카미번村上藩의 제2대 번주로, 후에 하리마국(播磨國, 현재의 효고현) 히메지번姬路藩의 초대 번주가 된다. 1711년, 1719년 관반으로 무로쓰室津에서 통신사를 접대했다. ▶251

상녕왕
尙寧王, 1564~1620
재위 1589~1620

류큐 제2상씨第二尙氏의 제7대 국왕이다. 1609년에 사쓰마번주 이에하사가 침공하자 항복했다. 이후 류큐는 일본의 사쓰마번과 명明나라에 양속兩屬되었다. 왕은 에도로 연행되어 제2대 장군 히데타다를 알현한 후 류큐로 돌아갔다. ▶548, 666

세이쇼 조타이
西笑承兌, 1548~1608

전국시대부터 에도시대 초기까지 활동한 임제종 승려다. 상국사 승태相國寺承兌라고도 불렸다. 호는 월보月甫, 남양南陽이다. 교토 출신이다. 히데요시나 이에야스의 고문, 외교승이었다. 1605년 후시미성에서 사명대사가 이에야스와 회견할 때 접반역接伴役을 맡았다. ▶359, 703

소 요시토시
宗義智, 1568~1615

초대 쓰시마번주다. 히데요시에게 대륙 침략을 목표로 조선과 교섭하라는 지시를 받았다. 임란 때 병사 5,000명을 이끌고 고니시 유키나가小西行長, ?~1600의 제1군에 배속되어 조선을 침략했다. 임란 후 이에야스의 명을 받아 조선과 화평을 맺는 데 앞장섰다. 그 공적을 인정받아 소씨宗氏는 막부에 독립된 기관으로 조선과 무역할 수 있었다. 조선도 그의 공적을 인정하여 만송원万松院에 도서圖書, 銅印를 하사했고, 특별히 사선(使船, 만송원 송사선) 파견을 허가했다. ▶22, 30, 85, 90, 93, 96, 135, 405, 692~696

스가와라 미치자네
管原道眞, 845~903

헤이안시대의 귀족, 학자, 한시인漢詩人, 정치가다. 충신으로 명성이 높아 우대신右大臣에 승지했으나, 좌대신左大臣의 참소를 받아 좌천당해 죽었다. '천만천신天滿天神'으로서 신앙의 대상이 되었다. 현재는 학문의 신으로 추앙받는다. ▶706

시마즈 이에히사
島津家久, 1547~87

시마즈 타다쓰네島津忠恒라고도 불린다. 에도시대의 도자마 다이묘外樣大名이자, 초대 사쓰마번주다. 정유재란에 참가했고, 1609년에는 3,000명의 군사를 이끌고 류큐를 공격하여 점령했다. ▶352, 666

아라이 하쿠세키
新井白石, 1657~1725

에도시대 중기의 하타모토旗本, 정치가, 주자학자, 시인이다. 원여源璵, 황정백석荒井白石, 축후수원여築後守源璵로 불렸다. 제6대 장군 도쿠가와 이에노부德川家宣, 1662~1712의 시강으로 정치를 주도하여 '정덕正德의 치治'라 불리는 정치개혁을 단행했다. 조선의 일본 인식 및 통신사의 일본문화 멸시에 불만을 품었다. 그는 통신사에게 장군의 위엄과 일본문화의 우수성을 인식시키려고 했다. 국서에서 장군을 '일본국대군전하' 대신 '일본국왕'으로 표기하는 등의 내용이 담긴 10개 항목의 개정안을 내놓았다. ▶108, 110, 700, 701, 704, 706, 708

아메노모리 호슈
雨森芳洲, 1668~1755

에도시대 중기의 유학자다. 오미국(近江國, 현재의 시가현滋賀県) 출신이다. 자는 백양伯陽, 우삼동雨森東, 호는 방주芳洲다. 등오랑藤五郎, 동오랑東五郎으로도 불렸다. 한국어, 중국어에 능통했고, 쓰시마번주를 섬기며 조선과의 외교에 진력했다. 준안에게 배웠다. 하쿠세키 등과 함께 목문오선생木門五先生으로 불렸다. ▶26, 68, 100, 108, 110~114, 120, 229, 360, 361, 363, 384, 389, 391, 393, 395, 396, 752

아베 마사치카
阿部正允, 1716~80

에도시대 중기의 하타모토, 다이묘, 노중이다. 무사시국 오시번주였다. 1762년 오사카 조다이大阪城代가 되었다. 이때 도훈도都訓導 최천종崔天宗이 일본인에게 살해당한 사건을 조사했다. 이후 노중이 된다. ▶718

아사히 시게아키
朝日重章, 1674~1718

에도시대의 오와리번사尾張藩士로, 문자에몬文左衛門으로도 불렸다. 일기 『앵무농중기』鸚鵡籠中記에 1711년 통신사와 나눈 필담을 기록했다. ▶433, 434

아시카가 요시미쓰
足利義滿, 1358~1408

무로마치室町막부의 제3대 장군이다. 남북조의 통일을 완성하고 슈고 다이묘守護大名의 세력을 억누르며 막부 권력을 확립했다. 녹원사鹿苑寺, 금각金閣을 건립하여 북산문화北山文化를 꽃피우는 등 정치, 경제, 문화 모든 면에서 무로마치시대의 전성기를 구축했다. 조선은 그에게 왜구를 금지해달라고 요청했다. ▶192, 703

안토쿠천황
安德天皇, 1178~85

제81대 천황이다. 모친은 기요모리의 딸이다. 헤이가는 1185년 가마쿠라막부를 창립한 요리토모의 군대와 벌인 단노우라전투壇ノ浦の戦い에서 패배하여 멸망했다. 이때 8세의 안토쿠천황은 외조모 품에 안겨 바다에 몸을 던졌다. 통신사는 그에 대해 많은 글을

남겼다. ▶165~169

에기 가쿠스
江木鰐水, 1811~81

에도시대 후기부터 메이지시대까지 후쿠야마번(福山藩, 현재의 히로시마현)에서 활동한 유학자, 개항론자다. 번藩의 학교 세이시관誠之館의 교수, 의사이기도 했다. 후쿠야마번주 아베 마사히로阿部正弘, 1819~57에 중용되어 노중에 취임했다. ▶212

오구라 쇼사이
小倉尙齋, 1677~1737

에도시대 중기의 유학자로, 자는 실조實操다. 히코베에彦兵衛로 불렸다. 에도에서 하야시 호코林鳳岡, 1644~1732의 문하에 들어갔다. 제6대 장군 이에노부의 시강으로 초빙되었다. 1711년 통신사와 주고받은 시가 『계림창화집』, 『한객수창록』韓客酬唱錄에 수록되어 있다. 1719년 번교인 명륜관이 창건되자 초대 학두學頭가 되었다. 아카마가세키赤間関에서 제술관 신유한 등과 교유했다. 이때 나눈 시가 『양관창화집』兩関唱和集에 수록되어 있다. ▶183

오다 노부나가
織田信長, 1534~82

전국시대부터 아즈치모모야마시대까지 활동한 무장이자 다이묘다. 오와리국(尾張國, 현재의 아치현) 고도성古渡城의 성주 오다 노부히데織田信秀, 1510~51의 아들이다. 전국의 통일을 앞두고 1582년 6월 중신 아케치 미쓰히데明智光秀, 1528~82의 모반으로 본능사本能寺에서 자인自盡했다. 이를 '본능사의 변變'이라 한다. ▶334, 339, 340, 362, 378, 395, 431, 434, 444, 448, 476

와타나베 젠우에몬
渡辺善上衛門, ?~?

통신사 정사 홍계희 일행이 요도에 도착한 모습을 『조선인래빙기』朝鮮人來聘記, 「조선빙례사정성래착도」朝鮮聘礼使淀城來着図로 남겼다. ▶306, 312

우타가와 히로시게
歌川広重, 1797~1858

에도시대 말기의 우키요에 화가다. 안도 히로시게安藤広重라고 불렸다. 안도는 본성, 호가 히로시게다. 작품에서 남색藍色을 아름답게 잘 쓴 것으로 평가받는다. 「도카이도오십삼차」東海道五十三次를 발표하며 풍경화가로서 명성을 떨치게 되었다. 서양의 반 고흐나 모네에게 영향을 미쳤다. ▶501, 503, 555

이시다 미쓰나리
石田三成, 1560~1600

아즈치모모야마시대의 무장이자 다이묘다. 도요토미가문의 가신으로 사와야마성佐和山城의 성주다. 히데요시를 모신 다섯 봉행奉行 중 한 명이다. 임란, 정유재란 때 조선을 침략했다. 히데요시가 죽자 다이묘들과 서군을 조직했으나 세키가하라전투에서 패배해 교토에서 처형당했다. ▶380, 398, 399, 402, 404, 417

이신 스덴
以心崇伝, 1569~1633

아즈치모모야마시대부터 에도시대까지 활동한 임제종 승려다. 자는 이심以心, 법명法名은 숭전崇傳이다. 남선사 금지원金地院에 주석하여 보통 곤치인 스덴金地院崇傳으로 불렸다. 이에야스 밑에서 에도막부의 법률, 외교, 종교를 총괄했다. 조선과 교환하는 국서에서 왕이라 칭할 수 없다고 주장했다. ▶357, 660

이이 나오타카
井伊直孝, 1590~1659

에도시대 전기의 무장이자 후다이 다이묘다. 오미국 히코네번彦根藩의 제2대 번주다. 관위는 가몬노스케掃部助, 가몬노카미掃部頭였다. 통신사를 응접하는 데 막부 각료의 우두머리 역할을 맡았다. 관반으로 1624년, 1655년 통신사를 히코네와 미노국 이마스今須에서, 1636년, 1643년 통신사를 히코네에서 접대했다. ▶696

즈이케이 슈호
瑞渓周鳳, 1392~1473

무로마치시대 중기의 임제종 승려다. 자는 서계瑞溪이고 와운산인臥雲山人이라고 불렸다. 제8대 장군 아시카가 요시마사足利義政, 1436~90이 중용했다. 문필이 뛰어나 무로마치막부의 외교문서 작성을 맡았다. 일본, 중국, 조선과 나눈 외교사서를 엮은 『선린국보기』善隣國寶記를 편집했고, 요시미쓰가 명나라와 조공형식으로 외교하자 비난했다. ▶703

하나부사 잇초
英一蝶, 1652~1724

에도시대 중기의 화가다. 본래 성은 다가多賀다. 그림에 재능을 보여 가노 야스노부狩野安信, 1614~850를 사사했다. 다가 조코多賀朝湖라는 이름으로 가노파풍의 마을 화가로 활약했다. 1711년 통신사 행차를 그린 「조선소동도」朝鮮小童図를 남겼다. ▶313

하야시 가호
林鵞峰, 1618~80

에도시대 전기의 유자로, 하야시 라잔林羅山, 1583~1657의 셋째 아들이다. 이름은 우삼랑又三郎, 춘승春勝, 서恕이고, 자는 자화子和, 지도之道, 호는 춘재春斎, 아봉鵞峰, 향양헌向陽軒 등이다. 1636년, 1643년 통신사와 나눈 필담이 『나산춘재독경삼선생필담』羅山春斎讀耕三先生筆談, 『한사증답일록』에 수록되어 있다. 1655년 통신사 종사관 남용익은 그를 시문은 다소 지을 줄 알지만, 미련하며 거만하다고 평했다. 실학자 이덕무李德懋, 1741~93는 그를 부친과 함께 박학한 인물로 꼽았다. ▶217, 218

하야시 라잔
林羅山, 1583~1657

에도시대 초기의 주자학파 유학자다. 하야시가林家의 시조다. 자는 자신子信, 호는 라잔羅山, 이름은 신승信勝이다. 우삼랑又三郎으로 불리며, 출가한 후의 호는 도춘道春이다. 세이카에게 주자학을 배웠다. 이에야스의 시강이었으며 이는 4대에 걸쳐 이어진다. 1636년, 1643년 통신사와 주고받은 시문이 『조선통신총록』朝鮮通信總錄, 『한사증답일록』, 『한객필어』韓客筆語, 『통항일람』通航一覽에 수록되어 있다. 저서로 『춘감초』春鑑抄, 『임나산문집』林羅山文集 등이 있다. ▸217, 218, 352, 357, 663, 695, 704

하야시 호코
林鳳岡, 1644~1732

에도시대 전기와 중기의 유학자다. 부는 가호다. 이름은 우사랑又四郎, 춘상春常, 신돈信篤, 자는 직민直民, 호는 봉강鳳岡, 정우整宇다. 제5대 장군 쓰나요시를 도와 문치정책을 추진했다. 1682년, 1711년, 1719년 통신사와 주고받은 필담과 시문이 『상한필어창화집』, 『계림창화집』, 『삼림한객창화집』三林韓客唱和集 등에 수록되어 있다. ▸218

후지와라 세이카
藤原惺窩, 1561~1619

에도시대 전기의 유학자다. 집안 이름인 냉천冷泉 대신 중국식으로 본성本姓인 등원藤原 및 등籐을 따랐다. 이름은 숙肅, 자는 염부斂夫, 호는 성와惺窩, 법명法名은 순舜이다. 교토 상국사相國寺의 승려였으나 환속했다. 정유재란 때 피로인으로 잡힌 강항에게서 주자학과 이황李滉, 1502~71의 학문을 전수받고 근세 일본 유학의 창시자가 되었다. 문하생으로 라잔 등이 있다. ▸217, 357

역사용어·역사지명 풀이 113선

각 용어·지명해설 끝에 붙어 있는 숫자는 이 책의 본문 쪽수다.

가로 家老

무가武家의 가신 중에서 최고 지위에 있던 직책이다. 수 명으로 구성했고 합의로 정치, 경제를 운영했다. ▶100, 229, 693, 696, 726

가와고자부네 川御座船

막부와 시코쿠 다이묘西國大名가 오사카에 배치한 지붕이 달린 화려한 배다. 산킨코타이參勤交代 중인 다이묘나 통신사, 류큐 사절이 요도천淀川을 왕래할 때 사용했다. 이에야스의 열째 아들이 통치하는 기이국(紀伊國, 현재의 와카야마현)의 배 등 막부 누선樓船 네 척과 규슈, 시코쿠四國, 주고쿠中國 등의 서국 다이묘 소유의 배 일곱 척, 쓰시마번주 소유의 배 한 척이 배치되어 있었다. ▶160, 163, 276~279

간기 雁木

돌로 만든 계단식 선착장이다. 기러기가 날아가는 형상과 비슷하여 이러한 이름이 붙었다. ▶201, 213, 310

고명 誥命

중국 황제가 조선의 왕이나 왕비, 세자를 책봉하는 문서다. 명나라는 조선만이 아니라 류큐, 서역西域 제위諸衛의 장長에게도 고명을 하사했다. 공公, 후侯, 백伯 및 제1품品에서 제5품까지의 관원에게는 고명을, 제6품 이하의 관원에게는 칙명勅命을 하사했다. ▶703

고사츠바 高箚場

고사츠高箚를 게시하는 일종의 안내판이다. 막부나 영주가 정한 법도나 규정을 적어 높이 걸어놓았다. ▶444, 457, 465, 591, 616

고이노보리 鯉のぼり

일본의 풍습으로 에도시대 무가에서 시작했다. 단오절인 음력 5월 5일까지 비가 내리는 날이면 남자아이의 출세와 건강을 기원하는 의미로 종이, 베, 부직포 등에 잉어를 그리고 장대에 달아 바람에 나부끼도록 했다. ▶192

고쿠다카
石高

근세 일본에서는 토지의 생산량을 석石으로 표시했다. 다이묘, 하타모토의 수입이나 지행知行, 군역軍役 등 각종 역의 기준이 되었다. 영지領地의 규모는 면적이 아니라 고쿠다카로 표기했다. 농민의 년공(年貢, 해마다 바치는 공물)도 고쿠다카를 기초로 징수했다.
▶85, 144, 161

공작미
公作米

공미公米, 공목작미公木作米라고도 한다. 조선 후기 동래의 왜관倭館에서 일본과 공무역을 했는데, 조선이 일본에 물건값으로 지급한 쌀을 말한다. 본래 조선은 공목公木이라 해 면포로 값을 치렀는데, 효종 2년1651부터 공목의 일부를 공작미, 즉 쌀로 지급했다.
▶118

관선
關船

전국시대부터 에도시대까지 사용한 중형 군용선이다. ▶177

관수왜
館守倭

쓰시마번의 지시를 받아 조일 간의 외교를 관장하는 왜관의 책임자다. 직무는 왜관 내 규약 준수, 조선과의 통교 및 무역의 원활한 수행, 조선과 중국에 관한 정보 수집과 보고, 외교 서한의 검수, 일기 작성 등이다. ▶55

국서 위작
國書僞作

임란 후 이에야스는 쓰시마번주에게 국교 정상화를 목표로 조선과 교섭할 것을 명했다. 조선은 일본이 먼저 국서를 보낼 것을 요구했다. 쓰시마번주는 국서를 위조하여 조선에 보냈다. 조선은 국서가 위조된 것이라고 의심했지만, 강화를 위해 일본에 '회답사'回答使를 파견했다. 쓰시마번주는 조선의 국서만이 아니라 장군의 답서答書도 위조했다. 1617년, 1624년의 교섭에서도 양국의 국서를 개작하거나 위조했다. ▶217, 337, 662, 692, 700

국학
國學

에도시대 중기에 발흥한 학문이다. 난학蘭學과 더불어 에도시대를 대표하는 학문이다. 화학和學, 황조학皇朝學, 고학古學 등으로도 불린다. 범위는 국어학, 국문학, 가도歌道, 역사학, 지리학, 신학 등을 다룬다. 학문에 대한 태도는 학자마다 다르다. ▶362

기유조약
己酉條約

광해군 1년1609 에도막부江戶幕府의 외교권을 행사한 쓰시마번주와 맺은 강화조약으로 일본의 통교를 허락했다. 이 조약으로 조선과 일본의 관계가 정상화되었다. 『통문관지』에 전문 13조가 실려 있는데, "쓰시마번주에게 내린 세사미두歲賜米豆는 모두 100석으로 한다" 등이다. ▶34, 85, 96

노부세 路浮稅

조선 시대 초량왜관에서 일본과 무역할 때 조선 상인이 일본 상인에게 진 빚, 즉 왜채倭債다. ▶53, 70

노중 老中

에도막부의 직역職域으로, 정무를 담당했다. 가록家祿 2만 5,000석石 이상의 후다이 다이묘譜代大名가 임용되었다. 노중은 대목부大目付, 정봉행町奉行 등을 지휘, 감독하고, 조정, 공가公家, 다이묘, 사찰과 신사神社에 관한 일을 총괄했다. 정원은 4~5인으로 매달 한 명씩 돌아가며 맡았다. 중요한 사항은 합의했다. 조선은 노중을 집중執中이라고 불렀다. ▶37, 43, 55, 163, 346, 347, 390, 447, 479, 655, 659, 662, 687, 695, 696, 701, 753

누선 樓船

층루層樓나 망루望樓가 있는 배다. 2층짜리 누각을 올려서 삼나무 판으로 덮고, 배의 안과 밖을 검은색이나 붉은색으로 칠했다. 처마, 기둥, 난간, 창살, 뱃머리, 배꼬리는 모두 금칠했다. 처마에 색색의 비단장막을 치고 사방에 금박을 입혔다. 인물, 화초, 새, 동물 등을 그려 넣었다. ▶245, 277, 280, 296, 477

니조성 二条城

세키가하라전투에서 승리한 이에야스가 교토에 체재하기 위해 1603년 축조를 시작해, 1626년 제3대 장군 이에미쓰가 완공하였다. 낙뢰로 천수각이 불탔다. 이에야스가 장군으로 취임한 곳이자 제15대 장군 도쿠가와 요시노부德川慶喜, 1837~1913가 정권을 메이지천황에게 반납한 대정봉환이 이루어진 장소다. 근대에는 교토부京都府의 부청府廳이나 황실의 이궁離宮으로 사용되었다. ▶322, 343, 344, 349, 350, 435, 437

닛코 日光

도치기현栃木県 서북의 닛코시에 있는 윤왕사(輪王寺, 린오지)의 산호山號다. 에도시대에는 닛코의 사찰과 신사를 총칭하여 일광산이라 불렀다. 메이지시대의 신불불리령神仏分離令에 따라 윤왕사의 산호가 되었다. 남체산(男體山, 2,486미터), 여봉산(女峰山, 2,464미터), 태랑산(太郎山, 2,368미터) 세 산을 중심으로 하는 산맥을 일광산이라고도 한다. ▶20, 21, 365, 660~668, 680, 682, 686, 692, 697,

745, 746

다이묘 大名

본래는 지방에서 세력을 떨치는 자를 가리켰다. 무가사회에서 많은 영지나 부하를 소유하는 무사를 의미했다. 에도시대에는 막부가 고쿠다카 1만 석石 이상의 영지를 봉록으로 사여한 번주를 가리킨다. ▶24, 28, 35, 46, 78, 85, 132~135, 144, 157, 160, 163, 166, 178, 181, 239, 242, 244, 246, 251, 254, 261, 263, 268, 277, 297, 299, 315, 334, 345, 347, 348, 380, 398, 399, 402, 403, 416, 421, 422, 434, 435, 437, 479, 538, 566, 587, 598, 609, 612, 647, 653, 655~657, 661, 663, 669, 685, 696, 704, 714, 718

대관소 代官所

에도막부의 직할 영지(지배소支配所, 장군의 직할지인 천령天領)에 설치한 관청으로, 대관代官을 파견하여 통치했다. 제번諸藩에도 대관을 편성했다. ▶144

대유원 大猷院

닛코에 있는 제3대 장군 이에미쓰의 사당이다. 경내에는 유네스코 세계유산에 등록된 22건의 국보 및 중요문화재와 315기基의 등롱燈籠이 설치되어 있다. ▶666, 677, 679

대통력 大統曆

태음태양력太陰太陽曆의 역법으로, 명나라 초기 유기劉基, 1311~75가 태조 홍무제洪武帝, 1328~98에게 진헌했다. 원나라 곽수경郭守敬, 1231~1316이 편찬한 수시력授時曆을 약간 변형한 것이다. 명나라는 조선에 매년 대통력 100본을 하사했다. 일본은 에도시대의 정향력에 적용했다. ▶703

도래인 渡來人

넓게는 해외에서 일본에 건너 온 사람을 의미하지만, 역사용어로는 4세기부터 7세기경까지 한반도 및 중국에서 일본으로 이주한 사람들을 가리킨다. ▶289

도리이 鳥居

신사 등에서 신의 영역과 인간의 속세를 구획하는 것으로, 신의 영역으로 들어가는 일종의 문이다. 이나리신사稲荷神社 등의 도리이가 붉은색인 이유는 옛날부터 그 색깔이 생명의 약동과 재난 방지를 상징했기 때문이다. ▶102, 217~219, 289, 579, 669

도이야 또는 돈야
問屋

숙장宿場의 중심시설로 업무를 지휘, 감독하는 최고책임자가 사무를 보는 곳이다. 큰 저울을 갖추고 화물의 무게를 달아 임금을 정했다. 인마의 교체, 공무를 띤 여행자의 숙박 준비 등에 관한 사무 일체를 맡고 민간의 수송에도 관여했다. 이곳에는 인부 100명, 말 100필이 편성되어 있었다. ▶298, 383, 421, 434, 456, 501, 550, 565, 568, 611

도자마 다이묘
外樣大名

세키가하라전투 이후 새로이 도쿠가와가문의 지배를 받게 된 다이묘를 가리킨다. ▶254, 656, 669

도쿠가와 고산케
德川御三家

에도시대에 도쿠가와가문 중에서 장군 다음가는 지위를 지닌 세 다이묘를 일컫는다. 바로 이에야스의 아홉째 아들인 오와리번주 도쿠가와 요시나오德川義直, 1601~50와 열째 아들인 기슈번주紀州藩主 도쿠가와 요리노부德川賴宣, 1602~71, 열한째 아들인 미토번주水戶藩主 도쿠가와 요리후사德川賴房, 1603~61다. 이들은 에도성에서 통신사에게 향응을 베풀었다. ▶317, 421, 432, 653, 657, 687

동래부사
東萊府使

동래부사는 문관 정3품의 당상관堂上官 중에 임명했다. 임기는 2년 6개월이었다. 일반 행정업무 외에 대일외교의 최전선에서 일본 사절을 접대하는 일을 담당했다. 1642년 비변사備邊司에서 동래부사를 천거하기 시작하면서 까다롭게 선정했다. ▶43, 55, 58~60, 77, 89, 138, 739

동정호
洞庭湖

중국에서 두 번째로 큰 담수호로 호남성 북부에 있다. 옛날에는 운몽雲夢, 구강九江, 중호重湖라 불렀다. 면적은 계절에 따라 차이가 있으나 대략 2,580제곱킬로미터, 호수 둘레는 803킬로미터다. 당나라 시성詩聖 두보杜甫, 712~770가 시를 지은 악양루嶽陽樓는 호수의 대표적인 절경지다. ▶210, 261

동조궁
東照宮

이에야스를 제사 지내는 신사다. 그가 1616년 75세의 나이로 슨푸에서 죽자 동남쪽에 있는 구능산久能山에 묻었다. 제2대 장군 히데타다는 닛코에 사전祀典을 완성하고, 부친의 유해를 이곳으로 옮겼다. 제3대 장군 이에미쓰는 사전의 규모를 확장했다. 1645년 궁호宮號를 하사받아 동조궁으로 칭하게 되었다. ▶20, 21, 660, 661,

668~670, 672, 673, 677, 679

라쿠이치라쿠좌
楽市楽座

아즈치모모야마시대에 다이묘가 조카마치(城下町, 성하城下) 등의 시장에서 행한 경제정책이다. 기존의 독점판매권, 비과세권, 불입권不入権 등의 특권을 지닌 상공업자(시좌市座, 도이야問屋 등)를 배제하고 자유거래시장을 만들어 좌(座, 상공업자조합)를 해산시켰다. 다이묘는 절대적 영주권을 확립하는 동시에 세稅를 감면해 신흥 상공업자를 육성함으로써 경제를 활성화시켰다. ▶368

마쓰우라당
松浦黨

헤이안시대부터 센고쿠시대까지 히젠국肥前國 마쓰우라군松浦郡에서 조직한 마쓰우라씨松浦氏의 무사단을 일컫는다. 일족은 48개로 분리되어 마쓰우라48당松浦四十八黨이라 불렸다. 이들은 다도해 연안에 거주했다. 바다를 사이에 두고 조선이나 중국과 무역했다. 수군 또는 해적의 이미지가 귀족이나 일반인에게 정착되어 마쓰우라당이라고 불렸다. ▶135

만송원
万松院

쓰시마시 이즈하라정厳原町에 있다. 1615년 제2대 쓰미사주 소 요시나리가 부친 소 요시토시의 명복을 빌며 송음사松音寺를 창건한 다음 부친의 법호를 따서 만송원이라 개칭했다. 가나자와시金沢市의 마에다번前田藩 묘지, 하기시萩市의 모리번毛利藩 묘지와 함께 일본 3대 묘지로 꼽힌다. 1691년의 화재로 건물은 불타고 산문山門만 당시의 형태를 유지하고 있다. ▶90, 91, 92, 95, 632

메시모리온나
飯盛女

본래 봉공인奉公人의 하녀로 음식을 접대하는 일을 맡았다. 겉으로는 하타고야旅籠屋에서 음식을 팔았지만, 실상 여행객을 상대로 한 매춘부였다. 슈쿠바조로宿場女郎, 데온나出女 등으로 불렸다.
▶300, 457, 569, 634

무라카미 수군
村上水軍

일본 중세에 세토나이카이瀬戸内海에서 활동한 수군, 즉 해적이다. 그들의 거점은 세토나이카이 서부의 게요제도芸予諸島를 중심으로 한 주고쿠지역과 시코쿠지역 사이의 해역이다. 수송선을 파괴, 약탈하고, 서신을 훔쳐 동맹을 붕괴시키는 등 악랄한 짓을 많이 했다. 안전을 보장하는 대신 세토나이카이의 여러 해협海峽을 관소關所, 簖浦로 설정하여 통항료通航料를 징수하기도 했다. 평시는 어업에 종사했다. ▶189

문위행 問慰行

쓰시마번주의 환도 및 장군이나 도주의 경조사를 치하致賀, 조위弔慰하는 사행이다. 문위행의 최고책임자가 역관이었기 때문에 이를 문위관問慰官 또는 문위역관問慰譯官이라고 했다. 1632년부터 1860년까지 모두 54차례나 쓰시마에 파견했다. ▶57

물마루 水宗

수종水宗이라고 한다. 바다에서 물살이 세차게 이는 험난한 곳이라 해 이러한 이름이 붙었다. 물마루가 조선과 일본의 해양경계라는 설도 있으나, 파도가 높게 치는 물마루는 바다에서 종종 볼 수 있어 경계로 삼기 어렵다. ▶79, 80, 82

번소 番所

에도시대에 경비나 망을 볼 목적으로 설치한 시설이다. 교통의 요충지에 설치하여 통행인이나 하물, 선박 등을 검사, 징세했다. ▶163, 182, 183, 201, 424, 487, 621

『보력물어』 寶曆物語

정식 명칭은 『조선래빙보력물어』朝鮮來聘寶曆物語이다. 총 10권이고, 35개의 이야기로 구성되었다. 1764년 통신사를 주제로 쓴 통속소설이다. ▶276, 727, 731, 736, 737

보빙사 報聘使

예로부터 중국에서 제후는 천자에게 1년마다 한 차례의 소빙小聘을, 3년마다 한 차례의 대빙大聘을 거행했다. 따라서 조선이 일본에 보빙사를 보낸 데에는 일본이 조선에 빙례한 데 대한 답례로 파견한다는 의미가 있었다. 장군을 위시해 오우치大內 도노殿, 구주절도사九州節度使, 쓰시마번주가 그 대상이었다. 일본도 조선에 파견하는 사절을 보빙사라 칭했다. ▶28, 29

부교 奉行

헤이안시대부터 에도시대까지 유지된 무가의 관직이다. 봉행인奉行人이라고도 하며, 직무를 행하는 장소를 봉행소奉行所라 한다. 에도막부에서는 노중이 담당하는 직책을 부교, 도시요리年寄라고 했는데, 직제가 정비된 후에는 정봉행, 감정봉행勘定奉行, 사사봉행寺社奉行 등 각종 부교를 두었다. 제번에도 각종 부교를 두었다. ▶88, 89, 144, 145, 192, 228, 433, 468, 652, 690, 718, 720, 725

불선, 불비 不宣 不備

조선과 일본이 주고받은 국서 및 서계의 끝에 '아직 쓸 말은 많으나 다 쓰지 못했다'는 뜻으로 쓴 용어다. 일본은 1711년 통신사의 서계에 쓰인 '불선'을 문제시했다. 제6대 장군 이에노부의 휘諱를 범했다는 이유였다. 이후 '불선' 대신 '불비'를 사용했다. ▶700

비변사 備邊司

비국備局, 묘당廟堂, 주사籌司라고도 불렀다. 조선 중후기 의정부議政府를 대신하여 국정 전반을 총괄한 실질적인 최고 관청이다. ▶31, 34, 43, 683, 725

비와호 琵琶湖

시가현에 있는 호수다. 일본 최대의 면적과 저수량을 자랑한다. 면적 669제곱킬로미터, 둘레 241킬로미터, 평균 수심 41미터다. 통신사는 비와호를 지나며 절경에 감탄했고, 그 흥취를 시문으로 남겼다. ▶274, 364, 366, 380, 385, 387, 388, 579

산킨코타이 參勤交代

제3대 장군 이에미쓰는 1635년 무가제법도武家諸法度를 개정하면서 새로운 조항으로 산킨코타이를 추가했다. 이는 다이묘의 가장 중요한 의무로 에도와 각자의 영지를 1년에 1회 교대로 왕복하는 것이었다. 다만 마쓰마에번松前藩은 6년에 1회, 쓰시마번은 조선과의 외교가 최우선이므로 3년에 1회, 관동關東 주변의 번藩은 반년에 1회였다. 그 교대 시기는 매년 4월현재의 5월 중으로 했다. 고산케 다이묘인 오와리번, 기슈번은 3월에 교대했고, 미토번은 에도에서 장군을 시중들고 있었기에 산킨코타이를 행하지 않았다. 그 행렬은 적은 경우는 수십 명, 많은 경우는 2,000명에 달했다. ▶163, 178, 192, 244, 277, 297, 421, 422, 465, 591, 609, 727

삼구족 三具足

불전에 차리는 법구法具의 하나다. 향로香爐, 화병花瓶, 촉대燭臺 등 세 가지 도구를 가리킨다. 본전本尊을 향해 왼쪽에 촉대, 중앙에 향로, 오른쪽에 촛대를 놓는다. 조선국왕은 통신사 편에 동조궁에 놓을 삼구족을 보냈다. ▶93, 665, 677

상상관 上上官

일본은 통신사의 등급을 삼사三使, 상상관, 상관上官, 차관次官, 중관中官, 하관下官 등으로 구분했다. 상상관은 정3품의 수역인 당상왜학역관堂上倭學譯官 세 명이다. ▶166, 432, 587, 654~656, 701, 732

상야등 常夜燈

밤길의 안전을 위해 밤새 켜두는 불빛이다. 가도街道에 설치했다. 초나 채종유(菜種油, 유채 기름)을 태워 불을 밝혔다. 주로 돌로 만

들었다. 신사에는 청동으로 만든 것도 있다. ▶201, 213, 215, 411, 445

서산사
西山寺

제11대 쓰시마번주 소 사다쿠니宗貞國, 1422~94 부인의 보리사菩提寺로 1512년 그녀의 법호를 따서 서산사로 개칭했다. 에도시대에는 조선과의 외교를 담당했던 외교승이 기거했던 곳으로, 통신사 일행이 숙박하기도 했다. 현재는 숙박시설로 바뀌어 있다. ▶95~97

세토나이카이
瀬戸內海

혼슈本州·시코쿠·규슈에 둘러싸인 내해內海다. 동서 450킬로미터, 남북 15~55킬로미터, 평균 수심 38미터, 최대 수심 105미터로, 3,000여 개의 섬이 있다. 조수간만의 차가 심하다. 옛날부터 기내畿內와 규슈를 연결하는 항로로 번영했다. 기후가 온난하고 우량이 적다. 통신사는 이곳을 지나 오사카로 들어갔다. ▶72, 171, 179, 185, 201, 203, 208, 222, 225, 255, 740, 745

소동
小童

나이가 어린 10대 아동이다. 배소동陪小童, 소동자小童子라고도 한다. 통신사 행차 때 삼사는 네 명씩, 당상관은 두 명씩, 제술관은 한 명을 거느렸다. 시중들고, 때로는 춤추거나 노래해 무료함을 달래주는 역할을 맡았다. 글을 아는 소동은 시를 짓기도 했다. ▶72, 73, 159, 234, 276, 635, 656, 691, 732, 734

소씨
宗氏

중세부터 근세에 걸쳐 쓰시마번을 지배한 다이묘가문이다. 소 요시토시, 소 요시나리, 소 요시자네의 3대에 걸친 치세에 기초가 다져졌다. 조선과의 외교를 맡았다. 통신사가 일본으로 건너가는 데 혁혁한 외교적 성과를 거두었다. 이후 에도막부는 소씨를 공식적으로 조선과의 외교를 책임지는 다이묘로 인정했다. 1609년에는 조선과 기유조약을 체결하여 무역을 재개했다. 막부는 실제 2만 석에 불과한 쓰시마번의 고쿠다카를 조선과의 외교를 담당케 할 목적으로 10만 석으로 높여주었다. ▶85, 90, 92, 93, 99~101, 693

소조선
小早船

평시의 정찰 임무에 적합한 쾌속선이다. 에도시대에는 대형선박을 건조하지 못하게 했다. 관선을 유지하는 데 비용이 많이 들어 대부분 군선이 소조선일 정도였다. ▶177

쇼루이 아와레미노 레이
生類憐れみの令

에도시대 초기, 제5대 장군 쓰나요시가 '생명을 지닌 존재를 불쌍히 여긴다'는 취지로 동물개, 고양이, 새, 어류, 조개류, 곤충류, 영아, 병든 사람을 보호하기 위해 만든 법령이다. 천하의 악법이라고 평가받았다. 최근에는 살벌한 전국시대의 유풍을 유교, 불교로 불식하려 한 정책이었다고 해석한다. ▶609

쇼시다이
所司代

교토의 치안 유지를 담당하던 막부의 부서部署다. 정원은 한 명이고, 3만 석石 이상의 후다이 다이묘 중에서 임명했다. 교토 통제, 조정과 공가 감찰, 시코쿠 다이묘 감시 및 오미국, 단바국(丹波國, 현재의 교토, 효고현), 하리마국 등 8개국의 민정을 총괄했다. ▶35, 337

숙공, 건공
熟供 乾供

숙공은 일본인들이 음식을 조리하여 통신사를 접대하는 것을 말한다. 건공은 말린 음식으로 접대하는 것인데, 일본인들에게 건량乾糧을 받아 통신사 일행이 직접 음식을 만들어 먹었다. ▶146

순시기
巡視旗

순찰하여 범법자를 잡을 때 사용하는 깃발이다. 영기令旗와 같은 모양으로 '순시'巡視라고 붉게 쓰여 있다. 임금의 명을 전하는 전명의례傳命儀禮 때 의장대가 북을 치고 나팔을 부는데, 이때 청도기淸道旗가 맨 앞에 서고, 순시기와 영기가 그 뒤를 따른다. ▶77, 654

신불습합, 신불불리
神佛習合 神佛不離

신불습합은 신불혼효神佛混淆라고도 하며, 일본 토착신앙인 신도神道와 불교가 혼합하여 하나의 신앙체계로 재구성, 즉 습합된 종교다. 1868년 메이지정부는 고대 이래의 신불습합을 금지했다. 신도와 불교, 신神과 불佛, 신사와 사원을 명확히 구별했다. 전국에 폐불훼석廢佛毁釋 운동이 일어났다. ▶498

실직
實職

고려시대와 조선시대에 직사職事가 있는 문신, 무신의 종9품 이상의 관직을 일컫는다. 현직現職, 정직正職, 현관顯官, 실관實官, 유품관流品官이라고도 한다. ▶744

야나가와 잇켄
柳川一件

제2대 쓰시마번주 소 요시나리와 가로 야나가와 시게오키柳川調興, 1603~84 사이에서 조선과 일본이 교환한 국서를 개작, 위조한 것을 두고 벌어진 사건이다. 시게오키는 소 요시나리에게 독립하여 하타모토로 승격할 야심을 품고 그와 대립했다. 이 과정에서 국서 개작 사건을 폭로했다. 1635년 3월 제3대 장군 이에미쓰의 참여하에 재판이 열렸다. 막부는 조일외교를 쓰시마번주에게 맡기는 편이 득이라고 판단했다. 막부의 위신을 세우는 동시에 주종질서를 문란하게 한 시게오키의 죄를 물었다. 요시나리는 무죄로 풀려났고, 시게오키는 쓰가루(津輕, 현재의 아오모리현靑森県 서부)에 유배되었다. ▶217, 337, 662, 692, 700

엄유원 巖有院

도쿄도 다이토구台東區 우에노上野 간에이사寬永寺에 있는 제4대 장군 이에쓰나의 사당이다.

에도막부 江戶幕府

1603년에 정이대장군征夷大將軍에 취임한 이에야스가 창설한 무가정권이다. 일반적으로 1867년 제15대 장군 요시노부가 메이지 천황에게 통치권을 반납한 대정봉환을 막부의 종언으로 보고 있다. ▶23, 85, 530

역지통신 易地通信

통신사는 에도로 들어가 장군을 알현하는 것이 상례였다. 하지만 마지막인 제12차 통신사는 역지통신이라 해 쓰시마까지만 갔다. 1787년 제11대 장군 도쿠가와 이에나리德川家斉, 1773~1841가 즉위했으나, 일본은 에도와 교토의 대화재, 연이은 흉년으로 도시와 농촌에서 소요가 발생하고, 재정이 궁핍하자 통신사 파견을 연기해달라고 요청했다. 이 때문에 1811년 제12차 통신사는 쓰시마까지만 갔다. ▶37, 72, 232

영가대 永嘉臺

통신사가 일본으로 출항하기 전에 항해의 무사를 기원하던 곳이다. 부산의 8대臺 가운데 하나다. 현재 부산광역시 동구東區 자성대子城臺에 복원되어 있다. 실제 위치는 범일동 성남초등학교 서쪽의 철로 변이다. ▶48, 63, 64, 67

오고쇼 大御所

옛날에는 친왕親王이 은거하는 곳을 어소御所로 불렀다. 에도막부에서는 정이대장군에서 물러나 은거한 전 장군을 존경하는 호칭이다. 이에야스는 오고쇼가 된 후에도 정치를 주도했다. 이를 오고쇼 정치라 했다. ▶23, 35, 281, 354, 448, 530~532

오미 팔경 近江八景

일본의 오미국에서 보는 뛰어난 풍경 여덟 가지를 일컫는다. 중국 호남성 동정호와 상강湘江부터 그 지류인 소수瀟水까지 아우르는 정경을 그린 북송시대의 「소상팔경도」瀟湘八景圖에 빗대, 비파호琵琶湖 남부부터 여덟 개 명소를 선정해 그렸다. ▶476

오사모 烏紗帽

왕이나 관료들이 관복을 입을 때 착용한 검은색 사紗로 만든 모자다. ▶640

오사카 조다이 大阪城代

에도막부의 직역으로, 유력한 후다이 다이묘를 임용했다. 오사카성의 성주인 장군 대신에 오사카성을 관리했다. 에도시대 중기 이후부터 오사카 조다이, 교토 소시다이京都所司代를 거쳐 노중에 취임하는 사례가 많다. ▶720, 724

오우치씨 大內氏

옛날부터 '오우치'라는 지명은 일본 각지에 있었다. 본문의 오우치는 스오국(周防國, 현재의 야마구치현山口県 동남부)를 가리킨다. ▶156, 203

오차야 御茶屋

에도시대에 가도를 걷는 다이묘 등이 숙사宿舍, 휴식할 수 있게 숙장에 설치한 시설이다. 혼진本陣으로도 불렸다. ▶173, 179, 180, 181, 186, 187, 201, 202, 228, 229, 238, 244, 245, 247, 255, 263, 301, 311, 442, 446, 480, 496, 604

오차야어전 御茶屋御殿

어전오차야御殿御茶屋라고도 한다. 에도시대에 장군이 여행하거나 외출할 때 휴식을 취하고 숙박하는 장소다. 보통 어전御殿이라 하고 규모가 작을 경우 오차야御茶屋라 불렀다. ▶301

오케하자마전투 桶狭間の戦い

오와리국 오케하자마에서 벌어진 전투다. 스루가駿河의 센고쿠 다이묘 이마가와 요시모토今川義元, 1519~60는 대군을 이끌고 오와리국을 침공하였다. 오와리국 다이묘 노부나가는 소수의 병력으로 기습하여 승리를 거두었다. '일본삼대기습'日本三大奇襲으로 손꼽힌다. ▶378, 443

왜관 倭館

15세기 초부터 19세기 말까지 우리나라에서 일본 사절을 접대하기 위해 설치한 시설로, 넓게는 객관과 그 주변의 일본인 거주구역도 포함한다. 조공하러 온 일본 사신의 숙소이자, 동시에 무역하려고 내항하는 일본인—주로 쓰시마 사람—을 접대, 통제하기 위해 설치한 시설이다. 숙종 4년1678에 초량으로 왜관을 이전했다. 지금의 용두산 공원 일대다. 대략 400~600명의 일본인이 거주했다.
▶38, 43, 49~51, 53~56, 64, 119, 392, 723

왜물고 倭物庫

성종 3년1472 대구 화원현花園縣에 설치한 창고다. 화원창花園倉이라고도 한다. 일본 상인이 무역을 위해 가져온 물품을 저장했으며, 단기간의 무역소 역할을 했다. ▶51

왜학훈도 倭學訓導

조선시대 사역원의 왜학생도倭學生徒를 가르치던 정9품, 종9품 관직이다. 사역원에 정9품관으로 두 명이 있었으며, 부산포富山浦와 제포薺浦에 종9품 관인이 한 명씩 있었다. 왜학훈도의 중요한 업무는 역관의 양성이었다. ▶726

융복 戎服

전명의례 때 군관이 입었던 의복으로, 군복軍服이라고도 한다. 원래는 무관이 입었던 옷의 하나인 철릭[天翼]과 붉은 갓인 주립朱笠으로 구성된 옛 군복을 일컫던 말이다. 왕의 행차를 수행할 때, 외국에 사신으로 파견될 때, 국난을 당했을 때 주로 착용했다. ▶323, 640, 652

이정암 윤번제 以酊菴輪番制

야나가와 잇켄이 일단락된 후 재발을 방지하기 위해 막부가 직접 관리하는 체재가 만들어졌다. 막부는 교토 오산五山의 석학승을 1년후에는 2년을 기한으로 쓰시마에 파견했다. 이들은 외교문서 작성, 통신사 응접, 무역 감시, 왕복 서신 정리 등을 담당했다. ▶97

이정암 以酊菴

조선과의 외교를 담당하던 겐소가 주석하던 사찰이다. 그는 쓰시마 할려산瞎驢山에 암자를 세우고 이름을 이정암이라 했다. 그가 태어난 해가 정유년丁酉年이라 여기에서 이름을 따왔다고 한다.
▶88, 95~97, 337, 374, 723~727

일련종 日蓮宗

일본 불교의 종파로, 법화종法華宗이라고도 한다. 가마쿠라시대 중기에 니치렌日蓮, 1222~82이 세웠다. 최고 무상의 경전인 『묘법연화경』妙法蓮華經을 독경하는 것, 즉 "남무묘법연화경"南無妙法蓮華經이라고 읊는 것을 중시한다. ▶332

임제종 臨濟宗

일본 불교의 선종(禪宗, 임제종, 조동종曹洞宗, 일본달마종日本達磨宗, 황벽종黃檗宗, 보화종普化宗) 중 하나다. 가마쿠라불교로, 송나라 때 중국에 유학한 에이사이榮西, 1141~1215 등이 일본에 전했다. 에도시대에 백은선서白隱禪師가 임제종을 재건했다. ▶51, 113, 123, 334, 337

정덕의 치 正徳の治

에도시대 정덕 연간을 중심으로 추진된 정치개혁이다. 정덕은 제6대 장군 이에노부, 제7대 장군 이에쓰구 치세의 연호로, 주로 하쿠세키와 마나베 아키후사間部詮房, 1666~1720 등이 실권을 잡고, 하쿠세키의 유학사상을 기초로 문치주의라 불리는 여러 정책을 추진했다. 제8대 장군 요시무네가 행한 향보享保개혁으로 상당 부분 수정되었다. ▶700

정이대장군 征夷大將軍

정이征夷는 에조(蝦夷, 아니누족)를 정벌한다는 의미다. 나라奈良시대와 헤이안시대에 동쪽 지역인 에조를 정벌하기 위해 파견된 장군의 명칭이다. 가마쿠라막부의 창시자 요리토모가 정이대장군에 임명되면서 막부의 수장을 지칭하는 말이 되었다. 이후 대정봉환 전까지 사실상 최고권력자였다. ▶448, 647

조슈번 長州藩

에도시대 스오국과 나가토국(長門國, 현재의 야마구치현 서부지역)을 다스린 도자마 다이묘 모리씨毛利氏를 번주로 하는 번藩이다. 번청藩廳을 오랫동안 하기성(현재의 하기시)에 설치해서 하기번이라고도 불렸다. 지번支藩으로 조후번, 도쿠야마번德山藩, 이와쿠니번岩國藩이 있다. ▶161, 163, 177

조후번 長府藩

조슈번의 지번으로 나가토후추번長門府中藩이라고도 한다. 번주는 모리씨다. ▶157, 161, 163

종사관 從事官

통신사의 정사는 문관의 당상관정3품, 부사는 당하관종3품, 종사관은 정5품이나 정6품에서 선발했다. 본래 조선 전기의 통신사를 서장관이라 칭했으나, 선조 23년1590부터 종사관으로 바꾸었다.
▶27, 43~46, 53, 55, 59, 64, 71, 73~75, 80, 87, 89, 114, 117, 134, 135, 146, 148, 180, 185, 198, 201, 204, 208, 210, 212, 217, 218, 229, 245, 263, 278, 280, 281, 283, 284, 287, 291, 312, 316, 323, 328, 360, 361, 370~372, 387, 446, 447, 493, 494, 531, 544, 546, 558, 559, 577, 578, 587, 594, 598, 608, 626, 627, 658, 662, 663, 682, 684, 685, 687, 690, 692, 698,

699, 702, 708, 710, 711, 713, 716, 726, 728~732, 736, 737, 738, 742~744

지쿠젠국
築前國

현재의 후쿠오카 서부지역이다. ▶144

진문역
眞文役

쓰시마번의 직책으로, 각종 외교문서를 해독, 기초하고 통신사를 접대했다. ▶110, 229

집정
執政

에도시대 막부의 노중 또는 각 번藩의 가로를 가리킨다. 통신사를 파견할 때 예조禮曹는 집정 앞으로 서계나 예단禮單 등을 보냈다. ▶317, 640, 646, 652, 653, 655~658, 663, 716, 753

차왜
差倭

장군 또는 쓰시마번주의 필요에 따라 특별히 파견한 사신이다. 맡은 임무에 따라 대차왜大差倭, 소차왜小差倭, 별차왜別差倭로 구분한다. 특히 조선이 외교사행으로 인정한 차왜를 별차왜라고 했다. 광해군 1년1609 기유조약을 체결할 당시, 상경을 요청한 사신에게 '도주차왜'島主差倭라는 명칭을 붙인 데서 비롯되었다. 숙종 6년1680 이후부터 차왜의 역할과 응접 방식이 정착되었다. ▶43, 119, 659, 682, 718, 733

청도기
淸道旗

행차 시 앞서가면서 길을 열어주는 역할을 하는 깃발이다. 원래는 행군할 때 사용하는 군기軍旗의 일종이다. 바탕은 남색이고, 가장자리와 화염火焰 무늬는 붉은색이며, '청도'淸道라고 쓰여 있다. ▶77, 193, 278, 315, 654

취락제
聚楽第

취락정聚楽亭, 취락성聚楽城으로도 불린다. 관백이 된 히데요시가 현재의 교토시 상경구上京區에 세운 정청政廳, 저택邸宅, 성곽이다. 1586년에 축성했고, 1595년에 폐성廢城이 되었다. ▶31

카라몬
唐門

중앙부가 돌출되고 양 끝단이 들어간 곡선 형태의 지붕으로 화려하게 장식한 문이다. 기둥이 네 개인 사각문四脚門의 일종이다. ▶334, 344, 358, 375, 673

탐제 探題

가마쿠라막부나 무로마치막부에서 지방에 파견되어 정치, 군사, 재판을 담당했다. ▶254

통선 通船

하천이나 해협을 왕래하는 배다. ▶177

통신사 通信使

조선의 대일외교 기본정책인 '교린을 실현하기 위해 외교적인 목적을 지니고 신의로 대하는' 사절이다. 고려 우왕 원년1375에 일본과 화친을 맺을 목적으로 처음 통신사를 파견했다. 왜란 이후 통신사 파견이 중단되었다. 임란 후 일본이 강화를 요청하자 조선은 이를 받아들여 총 12차의 통신사를 파견했다. 일본에서는 신사信使, 내빙사內聘使, 한사韓使, 조선국사朝鮮國使 등으로 칭했다. ▶19, 38, 55, 60, 65, 107, 111, 115, 120, 138, 151, 165, 190, 193, 210, 214, 222, 246, 250, 255, 259, 272, 283, 290, 297, 310, 316, 330, 340, 366, 375, 387, 392, 411, 421, 427, 432, 452, 466, 479, 487, 501, 531, 539, 547, 565, 568, 588, 605, 625, 630, 641, 652, 662, 666, 682, 686, 696, 706, 712, 716, 726, 729, 744, 747, 756

『통항일람』 通航一覽

에도막부의 명을 받고 하야시 후쿠사이林復斎, 1800~59가 편찬한 1566년부터 1825년까지 일본이 각국을 상대하며 경험한 것을 정리한 총 350권의 대외관계사료집이다. 나라별, 연대순으로 기록했다. 통신사에 관한 기록도 자세하게 수록되어 있다. ▶38, 315

하타고 旅籠

하타고야라고도 하며, 서민이나 일반 무사가 숙박하는 시설로 식사를 제공했다. ▶297, 298, 300, 311, 442, 458, 460, 466, 490, 502, 550, 557, 568, 569, 595, 596, 611, 613, 634

『해행총재』 海行摠載

고려시대부터 조선시대까지 사행이나 포로로, 또는 표류해서 일본을 다녀온 이들이 남긴 기록이다. 총 28책이다. 통신사 정사 홍계희가 기록을 널리 수집하여 엮은 후 『해행총재』라고 이름 지었다. 부제학副提學 서명응徐命膺, 1716~87이 이를 다시 베껴 써서 『식파록』息波錄이라고 제목을 달았다. 총 61편이다. 일본의 산천, 풍속, 관직, 법제, 제도, 역사는 물론 의복, 음식, 기명器皿, 화훼花卉, 의절儀節도 자세히 기록했다. 통신사에게 지급되는 물품도 기록되

어 있다. ▶46, 47, 127, 159, 192, 321, 323, 485, 533, 566, 752

현계탄
玄界灘

우리나라에서는 현해탄玄海灘이라고 한다. 대한해협의 남쪽과 일본 규슈 북서쪽 사이에 있는 바다다. 대륙붕이 펼쳐져 있고, 쓰시마해류対馬海流가 흘러 세계 유수의 어장이다. ▶144

형명기
形名旗

조선왕조의 상징인 용이 그려져 있는 깃발로, 형명기독形名旗纛이라고도 한다. 형形은 깃발을, 명名은 징이나 북을 뜻한다. 행차 때 북과 기폭旗幅으로 신호를 보낸다. ▶315

호조씨
北条氏

후북조씨後北条氏라 하며, 관동 센고쿠 다이묘의 씨족氏族이다. 본성은 평씨平氏다. 거성居城 사가미국相模國 오다와라小田原의 지명을 따서 오다와라 호조씨小田原北条氏 또는 사가미 호조씨相模北条氏라고 불렸다. 전성기에는 관팔주関八州 240만 석의 일대판도를 지배했다. 1590년 히데요시에게 정벌당한 후 후북조씨는 멸망했다. ▶597, 598, 647

혼마루
本丸

일본 성城의 중심이 되는 곡륜曲輪, 성곽을 말한다. 근세 들어 성주와 그 가족이 거주하는 오쿠고덴奥御殿, 어전과 정청인 오모테고덴表御殿에, 필요에 따라 여러 층의 천수天守나 망루를 올리는 방식으로 지었다. 성주의 권위를 보여주는 상징으로서, 또는 최후의 방비시설로서 사용되었다. ▶133, 343, 349, 648, 655, 696

혼진, 와키혼진
本陣 脇本陣

혼진은 에도시대 이후 숙장에 만든 숙박시설로, 다이묘, 하타모토, 막부역인幕府役人, 칙사, 황족, 공가의 주직住職인 궁宮 등이 묵도록 지정된 집을 가리킨다. 주로 도이야나 역인의 주택이 지정되었다. 와키혼진은 혼진의 예비시설이다. 혼진만으로 전부 숙박할 수 없는 경우나 번주들이 마주칠 경우 격이 낮은 번주가 이용했다. 다이묘, 칙사 등이 이용하지 않을 때는 일반 백성도 숙박할 수 있었다. ▶166, 201, 202, 229, 244, 246, 247, 297~299, 311, 383, 420~422, 427, 434, 442, 445, 456, 458, 460, 467, 480, 488, 492, 549, 550, 557, 565, 595, 596, 611~613, 615, 634

『화한삼재도회』
和漢三才図會

『왜한삼재도회』倭漢三才図會라고도 한다. 오사카의 의사 데라지마 료안寺島良安이 편찬한 에도시대 중기의 유서다. 1712년에 완성되었다. 총 105권 81책이다. 명나라 왕기王圻, 1529~1612가 편찬한 『삼재도회』三才圖會를 모방하여 그림을 넣었다. 통신사 서기 성대중은 『화한삼재도회』를 실제로 보았다. ▶360

황모필
黃毛筆

족제비 꼬리털로 맨 붓이다. 족제비 꼬리털이 강하고 탄력이 좋아 붓을 만들 때 최고급 재료로 사용되었다. 일본은 조선의 황모필을 선호하여 회사回謝나 구청求請 등의 물품으로 자주 요구했다. ▶230

회답 겸 쇄환사
回答兼刷還使

임란 때 일본에 끌려간 피로인 쇄환을 목적으로 파견한 사절의 명칭이다. 통신사라는 명칭을 피함으로써 일본의 요청에 회답한다는 명분을 담았다. 총 12차의 통신사 파견 중 1607년, 1617년, 1624년의 세 차례는 회답 겸 쇄환사였다. 이 호칭은 후금, 즉 청나라에 사신을 파견할 때도 사용했다. ▶34

회례사
回禮使

조선 태조는 피로인을 쇄환해주고 해적을 금지해준 데 대한 사례를 표시하기 위해 일본에 회례사를 파견했다. 목적은 보빙과 조상弔喪, 조선국왕의 즉위를 축하하고 화호和好를 요청한 것에 대한 답례, 장군의 계위 등이었다. 장군 또는 현재의 야마구치현, 시마네현島根県 등 6주州를 통치한 다이묘 오우치 요시히로大内義弘, 1356~99를 만나고 왔다. ▶28, 30

후나도이야 또는 후나돈야
船問屋

가이센돈야廻船問屋, 가이소돈야廻漕問屋, 가이소텐回漕店이라고 불렀다. 에도시대부터 메이지시대까지 강기슭이나 항구의 회선廻船 등 상선을 대상으로 각종 업무를 보았던 도이야를 가리킨다. 넓게는 후나야도船宿도 포함한다. ▶411

후다이 다이묘
譜代大名

세키가하라전투 이전부터 도쿠가와가문에 신종臣從한 다이묘이다. 수대에 걸쳐 주가主家를 받들고, 가정家政에도 관여했다. 막부 요직에 오를 수 있는 자격을 갖췄다. 주가와의 군신관계가 강하고, 주가가 멸망할 때 이반하면 세상 사람들에게 격렬하게 비난받았다. ▶261, 263, 297, 348, 380, 416, 422

후시미성
伏見城

교토시 후시미구 모모야마桃山지구에 있는 성으로, 후시미모모야마성伏見桃山城이라고도 불린다. 히데요시가 아들 도요토미 히데쓰구豊臣秀次, 1568~95에게 관백을 양위하고 은거하기 위해 축조한 성이다. 사명대사와 이에야스가 회견한 장소였다. 제3대 장군 이에미쓰가 폐성을 명했다. 현재의 성은 1964년에 철근콘크리트로 재건한 것이다. ▸23, 31, 35, 308, 315, 316

후추 府中

쓰시마부중対馬府中으로, 현재의 나가사키현長崎県 쓰시마시 이즈하라정에 속하는 행정구역이다. 에도시대 들어 1국國 1성城의 조카마치가 되었다. 15세기 후반 제11대 쓰시마번주 소 사다쿠니가 본거지를 사가佐賀에서 이즈하라로 옮기면서 쓰시마번의 중심이 되었다. 통신사가 이곳에서 숙박했다. ▸70, 102

히라도번 平戸藩

세키가하라전투 당시 동군에 속했던 마쓰우라씨가 이에야스에게 6만 3,000석石의 영지를 받으면서 히라도번이 생겼다. 히젠국 마쓰우라군과 소노기군彼杵郡의 일부 및 이키국壱岐國을 포함한다. 번청은 히라도성平戸城, 현재의 나가사키현 히라도시이다. ▸127, 686

히토미온나 人見女

아라타메 바바改め婆라고도 한다. 하코네관소의 하급병사인 아시가루足軽의 모친이 이 일을 맡았다. 하코네관소를 통과하는 여성의 증명서에는 본성, 여행 목적, 여행지, 머리 형태, 얼굴과 손발의 특징이 자세하게 기록되어 있었다. 이를 근거로 히토미온나는 여성의 머리, 신체 특징, 얼굴의 점이나 임신 여부를 철저히 조사했다. ▸588

표로 정리한 통신사 파견

회차	서력	조선	일본	정사	부사	종사관
제1차	1607	선조 40년	게이초(慶長) 12년	여우길	경섬	정호관
제2차	1617	광해군 9년	겐나(元和) 3년	오윤겸	박재	이경직
제3차	1624	인조 2년	간에이(寛永) 원년	정립	김홍중	신계영
제4차	1636	인조 14년	간에이 13년	임광	김세렴	황호
제5차	1643	인조 21년	간에이 20년	윤순지	조정	신유
제6차	1655	효종 6년	메이레키(明暦) 원년	조형	유창	남용익
제7차	1682	숙종 8년	덴나(天和) 2년	윤지완	이언강	박경후, 박경희
제8차	1711	숙종 37년	쇼토쿠(正徳) 원년	조태억	임수간	이방언
제9차	1719	숙종 45년	교호(享保) 4년	홍치중	황선	이명언
제10차	1748	영조 24년	엔쿄(延享) 5년 간엔(寛延) 원년	홍계희	남태기	조명채
제11차	1764	영조 40년	호레키(寶曆) 14년 메이와(明和) 원년	조엄	이인배	김상익
제12차	1811	순조 11년	분카(文化) 8년	김이교	이면구	

* '체류' 항목은 통신사 일행 중 에도까지 가지 않고 교토나 오사카 등의 경유지에 머문 인원을 표시한 것이다. 단 닛코는 닛코에 간 인원을 말한다.

* 사료마다 기록에 차이가 있다.

지(명)	사명	비고	일본 기행문
	수호		경섬, 『해사록』 장희춘, 『해동기』
	오사카 평정, 일본 통합 축하		이경직, 『부상록』 오윤겸, 『동사상일록』 박재, 『동사일기』
	도쿠가와 이에미쓰의 세습		강홍중, 『동사록』
닛코, 217	태평 하례	마상재 시작	임광, 『병자일본일기』 김세렴, 『해사록』 황호, 『동사록』
	도쿠가와 이에츠나의 탄생	동조궁 치제	조경, 『동사록』 신유, 『해사록』 미상, 『계미동사일기』
닛코, 322	도쿠가와 이에츠나의 세습	대유원 치제	조형, 『부상일기』 남용익, 『부상록』 미상, 『일본기행』
	도쿠가와 쓰나요시의 세습		홍우재, 『동사록』 김지남, 『동사일록』
	도쿠가와 이에노부의 세습		조태억, 『동사록』 임수간, 『동사일기』 김현문, 『동사록』
	도쿠가와 요시무네의 세습		홍치중, 『해사일록』 신유한, 『해유록』 정후교, 『부상기행』 김흡, 『부상록』
	도쿠가와 이에시게의 세습		조명채, 『봉사일본시견문록』 미상, 『일본일기』 홍경해, 『수사일록』 남태기, 『사상부』
	도쿠가와 이에하루의 세습		조엄, 『해사일록』 오대령, 『계미사행일기』 김인겸, 『일동장유가』 미상, 『계미수사록』 남옥, 『일관기』 성대중, 『일본록』 원중거, 『승사록』
	도쿠가와 아에나리의 세습		김이교, 『신미통신일록』 김선신, 『도유록』 유상필, 『동사록』

통신사 관련 유네스코 세계기록유산 등재 목록

한국 등재 목록(총 63건 124점)

1. 외교기록(2건 32점)

번호	명칭	사행연도	제작자	제작연도	수량	소장처
1	通信使謄錄		禮曹	1641~1811	14	서울대학교 규장각
2	邊例集要		禮曹 典客司	1841 以後	18	서울대학교 규장각

2. 여정의 기록(38건 67점)

번호	명칭	사행연도	제작자	제작연도	수량	소장처
1	慶七松海槎錄	1607	慶暹	1607	1	국립중앙도서관
2	吳秋灘東槎上日記	1617	吳允謙	1617	1	국립중앙도서관
3	李石門扶桑錄	1617	李景稷	1617	1	국립중앙도서관
4	東槎日記	1617	朴梓	1617	1	서울대학교 규장각
5	姜弘重東槎錄	1624	姜弘重	1624	1	국립중앙도서관
6	任叅判丙子日本日記	1636	任絖	1636	1	국립중앙도서관
7	金東溟海槎錄上·下	1636	金世濂	1636	2	국립중앙도서관
8	金東溟槎上錄	1636	金世濂	1636	1	국립중앙도서관
9	黃漫浪東槎錄	1636	黃杘	1636	1	국립중앙도서관
10	趙龍洲東槎錄	1643	趙絅	1643	1	국립중앙도서관
	申竹堂海槎錄上	1643	申濡	1643		
11	申竹堂海槎錄	1643	申濡	1643	1	국립중앙도서관
	癸未東槎日記	1643	작자미상	1643		
12	南壺谷扶桑錄上·下	1655	南龍翼	1655	2	국립중앙도서관
13	南壺谷聞見別錄	1655	南龍翼	1655	1	국립중앙도서관
14	洪譯士東槎錄	1682	洪禹載	1682	1	국립중앙도서관

번호	명칭	사행연도	제작자	제작연도	수량	소장처
15	金譯士東槎日錄	1682	金指南	1682	1	국립중앙도서관
16	申青川海遊錄 上·中·下	1719~20	申維翰	1719	3	국립중앙도서관
17	扶桑錄	1719~20	金潝	1719	2	국립중앙도서관
18	隨槎日錄	1747~48	洪景海	1747	2	서울대학교 규장각
19	奉使日本時聞見錄	1747~48	曺命采	1748	2	서울대학교 규장각
20	趙濟谷海槎日記 一~五	1763~64	趙曮	1763	5	국립중앙도서관
21	日觀記	1763~64	南玉	1763	4	국사편찬위원회
22	日觀唱酬	1763~64	南玉	1763	2	국립중앙도서관
23	日觀詩草	1763~64	南玉	1763	2	국립중앙도서관
24	日本錄	1763~64	成大中	1763	2	고려대도서관
25	乘槎錄	1763~64	元重擧	1763	5	고려대도서관
26	槎錄	1763~64	閔惠洙	1763	1	고려대도서관
27	溟槎錄	1763~64	吳大齡	1763	1	국립중앙도서관
28	癸未隨槎錄	1763~64	卞琢	1763	1	국립중앙도서관
29	日東壯遊歌	1763~64	金仁謙	1763	4	서울대학교 규장각
30	辛未通信日錄	1811	金履喬	1811	3	충남역사박물관
31	清山島遊錄	1811	金善臣	1811	1	국립중앙도서관
32	東槎錄	1811	柳相弼	1811	1	고려대도서관
33	仁祖2年通信使 行列圖	1624	작자미상	1624	1	국립중앙도서관
34	仁祖14年通信使入 江戶城圖	1636	작자미상	1636	1	국립중앙박물관
35	肅宗37年通信使 行列圖	1711	俵喜左衛門	1711	4	국사편찬위원회
36	槎路勝區圖	1748	李聖麟	1748	1	국립중앙박물관
37	倭館圖	1783	卞璞	1783	1	국립중앙박물관
38	國書樓船圖	미상	작자미상	미상	1	국립중앙박물관

3. 문화교류의 기록(23건 25점)

번호	명칭	사행연도	제작자	제작연도	수량	소장처
1	金世濂等筆跡(詩)	1636	金世濂 외	1636	1	국사편찬위원회
2	兪瑒筆跡(詩)	1655	兪瑒	1655	1	국사편찬위원회
3	李明彦筆跡(詩)	1719~20	李明彦	1719	1	국사편찬위원회
4	朝鮮通信使詩稿	1811	皮宗鼎	1811	1	국립해양박물관
5	金義信書帖	1655	金義信	17세기	1	부산박물관
6	秦東益筆行書	1811	秦東益	19세기	1	부산박물관
7	達磨折蘆渡江圖	1636	金明國	1640년대	1	국립중앙박물관
8	墨梅圖	1763~64	卞璞	1764	1	부산박물관
9	石蘭圖	1763~64	金有聲	1764	1	부산박물관
10	鷹圖	1811	李義養	1811	1	부산박물관
11	山水圖	1811	李義養	1811	1	부산박물관
12	山水圖	1811	李義養	1811	1	부산박물관
13	山水圖	1811	松菴	1811	1	부산박물관
14	花鳥圖	1811	李義養	1811	1	국립해양박물관
15	花鳥圖	1811	槐園	1811	1	부산박물관
16	朝鮮通信使奉別詩稿	1811	松崎慊堂 외	1811	1	국립해양박물관
17	趙泰億像	1711	狩野常信	1711	1	국립중앙박물관
18	芙蓉雁圖屛風1雙	1747~48	狩野宴信	1748	2	국립고궁박물관
19	源氏物語團扇屛風	18세기	長谷川光信	18세기	1	국립고궁박물관
20	牧丹圖屛風	1811	狩野師信	1762	1	국립고궁박물관
21	義軒·成夢良筆行書	1719~20	義軒, 成夢良	18세기	1	부산박물관
22	朝鮮通信使 酬唱詩	1682	山田復軒 외	1683	1	국립해양박물관
23	東槎唱酬集	1763~64	成大中 외	1764	2	국립중앙도서관

일본 등재 목록(총 48건 209점)

1. 외교기록(3건 19점)

번호	명칭	사행연도	제작자	제작연도	수량	소장처
1	朝鮮國書	1607/1617	對馬藩作成	1607/1617	3	京都大学総合博物館
2	正德元年 朝鮮通信使進物目錄 毛利吉元宛	1711	通信使	1711	1	山口県立山口博物館
3	朝鮮國書	1617~1811	對馬藩作成 朝鮮王朝	1617~1811	15	東京國立博物館

2. 여정의 기록(27건 69점)

번호	명칭	사행연도	제작자	제작연도	수량	소장처
1	朝鮮信使御記錄	1711	長州藩	1711, 1712	13	山口県文書館
2	福岡藩朝鮮通信使記錄 (朝鮮人來聘記 외)	1763~64	福岡藩	1763, 1764	15	福岡県立図書館
3	甲申韓人來聘記事	1763~64	尾張藩 (松平君山)	1764	1	名古屋市蓬左文庫
4	小倉藩朝鮮通信使 對馬易地聘禮記錄 (對州御下向海陸日記 외)	1811	小倉藩	1811	6	福岡県立育德館高校 錦陵同窓会 みやこ町歷史民俗 博物館寄託
5	朝鮮通信使迎接 所繪圖(土肥家文書)			18世紀	1	土肥純子(個人)
6	江洲蒲生郡八幡町 惣繪圖			1700頃	1	近江八幡市図書館
7	正德度朝鮮通信使 行列圖卷	1711	對馬藩 (俵喜左衛門 외)	1711	3	大阪歷史博物館

번호	명칭	사행연도	제작자	제작연도	수량	소장처
8	朝鮮信使参着歸路 行列圖	1711	對馬藩 (俵喜左 衛門 외)	1711	4	(公財)高麗美術館
9	宗對馬守護行歸路 行列圖	1711	對馬藩 (俵喜左 衛門 외)	1711	4	(公財)高麗美術館
10	延享五年朝鮮通信使 登城行列圖	1747~48	郡司某	1748	1	下関市立長府博物館
11	朝鮮國信使繪卷 (上下卷)		對馬藩	寛永~ 寶曆度	2	長崎県立 對馬歷史民俗資料館
12	朝鮮國信使繪卷 (文化度)		對馬藩	19世紀	1	長崎県立 對馬歷史民俗資料館
13	天和度朝鮮通信使 登城行列圖屛風	1682		17世紀	1	大阪歷史博物館
14	朝鮮人來朝覺 備前御馳走船行列圖	1748		1748	1	呉市 (公財)松濤園管理
15	朝鮮通信使船団上關 來航圖	1763~64		18世紀	1	超専寺
16	正德度朝鮮通信使國書 先導船圖屛風	1711		1711頃	1	大阪歷史博物館
17	正德度朝鮮通信使 上上官第三船圖· 同供船圖	1711		1712	2	大阪歷史博物館
18	朝鮮通信使御樓船圖 屛風			18世紀	1	大阪歷史博物館
19	朝鮮人物旗杖轎輿之圖	1811	猪飼正㝅	19世紀	1	名古屋市蓬左文庫
20	七五三盛付繰出 順之繪圖		對馬藩	18世紀	1	長崎県立 對馬歷史民俗資料館
21	朝鮮人御饗應七 五三膳部圖	1811	猪飼正㝅	19世紀	1	名古屋市蓬左文庫
22	馬上才圖卷		廣渡雪之進	18世紀	1	松原一征 對馬民俗資料館寄託

번호	명칭	사행연도	제작자	제작연도	수량	소장처
23	馬上才圖		二代目 鳥居清信	18世紀	1	(公財)高麗美術館
24	琵琶湖圖		円山應震	1824	1	滋賀県立琵琶湖文化館
25	朝鮮通信使小童圖	1711	英一蝶	18世紀	1	大阪歷史博物館
26	釜山浦富士圖		狩野典信	18世紀	1	大阪歷史博物館
27	朝鮮通信使 歓待圖屛風	1655	狩野益信	17世紀	2	泉湧寺

3. 문화교류의 기록(18건 121점)

번호	명칭	사행연도	제작자	제작연도	수량	소장처
1	雨森芳洲關係資料	1711, 1719	雨森芳洲 외	18世紀	36	芳洲会 高月町観音の里歴史 民俗資料館寄託
2	通信副使任守幹 壇浦懷古詩	1711	任守幹	1711	1	赤間神宮
3	福禪寺對潮樓 朝鮮通信使關係資料	1711, 1747~48	趙泰億 李邦彦 洪啓禧 외	1711, 1747~48	6	福禪寺 福山市鞆の浦歴史 民俗資料館寄託
4	本蓮寺朝鮮 通信使詩書	1643, 1655, 1711	申濡 朴安期 趙珩 외	1643, 1655, 1711	9	本蓮寺 岡山県立 博物館寄託
5	朝鮮通信使從事 官李邦彦詩書	1711	李邦彦	1711	1	本願寺八幡別院
6	清見寺朝鮮通信使詩書	1643 외	朴安期 외	1643 외	48	清見寺
7	金明國筆 拾得圖	1636 또는 1643	金明國	1636 또는 1643	1	下関市立長府博物館
8	波田嵩山朝鮮通信使 唱酬詩並筆語	1763, 1764	南玉 成大中 元重擧	1763, 1764	6	波田兼昭 下関市立長府 博物館寄託
9	韓客詞章	1711	趙泰億 외	1711	4	相國寺慈照院

번호	명칭	사행연도	제작자	제작연도	수량	소장처
10	瀟相八景圖卷	1682	狩野清真書 李鵬溟贊	1682	1	大阪歷史博物館
11	壽老人圖	1636	荷潭畵 古賀精里贊	1636	1	大阪歷史博物館
12	松下虎圖	1763, 1764	卞璞	1764	1	大阪歷史博物館
13	朝鮮國王孝宗 親筆額字	1655	孝宗	1655	1	日光山輪王寺
14	東照社緣起(仮名本) 5巻중 第4巻	1636	狩野探幽 외	1640	1	日光東照宮
15	東照社緣起(眞名本) 3巻중 中巻	1636	親王·公家	1640	1	日光東照宮
16	寶曆十四年通信 正使趙曮書帖	1763, 1764	趙曮	1764	1	下関市立長府 博物館
17	彦根藩岡本半介筆錄 任絖謝詩並岡本半 介唱酬詩	1636	岡本半介	1637	1	大阪歷史博物館
18	朝鮮國三使 口占聯句	1682	尹趾完 李彦綱 朴慶後	1682	1	名古屋市 蓬左文庫